PEARSON AL

D1063594

Conexiones
Comunicación y cultura
and *La dama del alba*
Special Savings Edition

Taken from:

Conexiones: Comunicación y cultura, Fifth Edition
by Eduardo Zayas-Bazán, Susan M. Bacon, and Dulce M. García

La dama del alba
by Alejandro Casona
edited by Juan Rodríguez-Castellano

Cover Art: Courtesy of iStock

Taken from:

Conexiones: Comunicacion y cultura, Fifth Edition
by Eduardo Zayas-Bazán, Susan M. Bacon, and Dulce M. García
Copyright © 2014, 2010, 2006, 2002 by Pearson Education, Inc.
Published by Prentice Hall, Inc.
Upper Saddle River, New Jersey 07458

La dama del alba
by Alejandro Casona
Edited by Juan Rodríguez-Castellano
Copyright © 1975 by Helen Castellano
Copyright © 1947 by Prentice Hall, Inc.
A Pearson Education Company

All rights reserved. No part of this book may be reproduced, in any form or by any means, without permission in writing from the publisher.

This special edition published in cooperation with Pearson Learning Solutions.

All trademarks, service marks, registered trademarks, and registered service marks are the property of their respective owners and are used herein for identification purposes only.

Pearson Learning Solutions, 501 Boylston Street, Suite 900,
Boston, MA 02116
A Pearson Education Company
www.pearsoned.com

Printed in the United States of America

14   17

00020010271763005

CT

ISBN 10: 1-269-20774-1
ISBN 13: 978-126-920774-4

MySpanishLab®

Part of the award-winning MyLanguageLabs suite of online learning and assessment systems for basic language courses, MySpanishLab brings together—in one convenient, easily navigable site—a wide array of language-learning tools and resources, including an interactive version of the **Conexiones** student text, an online Student Activities Manual, and all materials from the audio and video programs. Chapter Practice Tests, tutorials, and English grammar Readiness Checks personalize instruction to meet the unique needs of individual students. Instructors can use the system to make assignments, set grading parameters, listen to student-created audio recordings, and provide feedback on student work. MySpanishLab can be packaged with the text at a substantial savings. For more information, visit us online at http://www.mylanguagelabs.com.

A GUIDE TO *CONEXIONES* ICONS

	Recycle icon	This icon identifies recycling activities that highlight structures from previous chapters using the current chapter theme and vocabulary.
	Grammar tutorial	This icon, located in the grammar section and next to some of the *De nuevo* recycling activities, reminds students that interactive grammar explanations with audio are available for review in MySpanishLab.
	Text Audio Program	This icon indicates that recorded material to accompany *Conexiones* is available in MySpanishLab (www.mylanguagelabs.com), on audio CD, or on the Companion Website.
	Pair Activity	This icon indicates that the activity has been designed for students working in pairs.
	Group Activity	This icon indicates that the activity has been designed for students working in small groups or as a whole class.
	Gavel	This icon indicates a debate activity that encourages critical thinking. The debate activity is typically done as a pair or group.
	e-Text	This icon indicates that a version of the activity is available in MySpanishlab. e-Text activities are modified for the online environment and are machine-graded
	Video icon	This icon indicates that a video segment is available for the *Videoblog* that accompanies the *Conexiones* program. The video is available on DVD and in MySpanishLab.
	Art Tour	This icon accompanies the works of art highlighted in the *Imágenes* section of each chapter. It links to a virtual art tour and interactive activity about the work of art found in MySpanishLab.
	Student Activities Manual	This icon indicates that there are practice activities available in the *Conexiones* Student Activities Manual. The activities may be found either in the printed version of the manual or in the interactive version available through MySpanishLab. Activity numbers are indicated in the text for ease of reference.

Brief Contents

Scope and Sequence

Capítulo	Objetivos comunicativos	Vocabulario	
Preliminar **¡Conectémonos!** 2–27	• Discussing social networks and their impact on society both at home and in Spanish-speaking countries • Saying what happens habitually, what's going on now, or what will happen in the near future • Describing in the present	**¡Así es la vida!** • ¿Estás conectado/a? **¡Así lo decimos!** • Los medios que facilitan la comunicación	
1 **De moda** 28–67	• Discussing fashion trends and fads • Saying what occurred in the past • Describing in the past • Talking about the influence of fashion on cars • Narrating in the past	**¡Así es la vida!** • En esa década • El automóvil y la moda **¡Así lo decimos!** • Las modas • Los autos	
2 **Por un mundo más verde** 68–103	• Discussing environmental issues affecting your world • Describing people, places, and things • Describing what will or might be • Predicting future issues • Expressing hopes, desires • Speculating	**¡Así es la vida!** • E^2.org • El desarrollo sostenible **¡Así lo decimos!** • El medioambiente • Actividades para un futuro sostenible	

Estructuras	Cultura	
¡Así lo hacemos! • Review of the present tense • Review of uses, position, and forms of adjectives	**Conéctate** **Ritmos:** *Amor de Feisbuk* (Danilo Parra, y AU-D Ecuador) **Videoblog:** *El proyecto de Mauricio* **Imágenes:** *Los pretendientes* (Ernesto de la Peña Folch, 1960–, México)	**Páginas:** *¿Cuál es el tuyo? Los perfiles de Facebook* (Chicaviva, España) **Taller:** Tu página personal
¡Así lo hacemos! • Preterit • Imperfect • Preterit vs. imperfect **De nuevo** • Soy una moda (*Present indicative*) • Una marca de automóvil que ya no se fabrica (*Preterit*)	**Conéctate** **Videoblog:** *La moda* **Comparaciones:** La casa Pineda Covalín **Ritmos:** *Un de vez en cuando* (Las Ketchup, España)	**¡Así lo expresamos!** **Imágenes:** *El arte de la moda* (El Corte Inglés, España) **Páginas:** *A la moda* (isabel_la_fantasiosa, EE. UU.) **Taller:** Un reportaje para una revista popular
¡Así lo hacemos! • Uses of **ser, estar,** and **haber** • Future tense • The subjunctive in noun clauses **De nuevo** • Así era (*Imperfect*) • Un día todo cambió (*Preterit/ imperfect*)	**Conéctate** **Videoblog:** *Proyectos verdes en la capital de México* **Comparaciones:** ECOBICI, la manera inteligente de moverse **Ritmos:** *Latinoamérica* (Calle 13, Puerto Rico)	**¡Así lo expresamos!** **Imágenes:** *Mar, 2010* (Alejandro Durán, 19–, México, EE. UU.) **Páginas:** *Génesis y Apocalipsis* (Marco Denevi, Argentina) **Taller:** Expresa tu opinión

Capítulo	Objetivos comunicativos	Vocabulario
3 **Por un mundo mejor** 104–137	• Discussing human rights and foreign policy • Reacting to issues • Willing yourselves and others to act • Discussing the work of charitable organizations • Describing what is done for you and others • Expressing likes and opinions	**¡Así es la vida!** • Libertad, igualdad y fraternidad • ¡Échale una mano! **¡Así lo decimos!** • Los derechos humanos • La justicia social
4 **Somos lo que somos** 138–171	• Talking about yourself and others: personality and routines • Talking about styles of communication and relationships with friends and family • Talking about what has happened • Expressing an opinion about what has happened • Making predictions and describing what had happened before, or will have happened by some time in the future	**¡Así es la vida!** • ¿Eres imaginativo/a, intuitivo/a o analítico/a? • La comunicación interpersonal **¡Así lo decimos!** • Características personales • Las relaciones personales
5 **¡Luz, cámara, acción!** 172–205	• Talking about your favorite entertainers, films and shows • Describing people, places, and things that may or may not exist • Talking about actions that depend on time or circumstances • Talking about Hispanic music, musicians, and musical events • Telling others what to do	**¡Así es la vida!** • **Hola.com** quiere saber… • Actores hispanos, ya no tan desesperados **¡Así lo decimos!** • El entretenimiento • El mundo del espectáculo

Estructuras		Cultura

¡Así lo hacemos!
- **Nosotros** commands
- Indirect commands
- Direct and indirect object pronouns
- **Gustar** and similar verbs

De nuevo
- Un informe a la Comisión de Derechos Humanos (*Ser, estar,* and *haber*)
- Una conferencia de prensa (*Subjunctive in noun clauses*)

Conéctate
Videoblog: *Un hogar digno*
Comparaciones: Hábitat para la Humanidad
Ritmos: *¡Ay, Haití!* (Carlos Jean, España)

¡Así lo expresamos!
Imágenes: *Una arpillera chilena* (Violeta Morales, †2000, Chile)
Páginas: *Masa* (César Vallejo, Perú)
Taller: Crear poesía

¡Así lo hacemos!
- Reflexive constructions
- Reciprocal actions
- Present perfect indicative and subjunctive
- Future perfect and pluperfect tenses

De nuevo
- Hacia la tranquilidad (*Present subjunctive, present indicative, and infinitive with impersonal expressions*)
- Preferencias personales (Gustar and similar verbs)

Conéctate
Videoblog: *Los tatuajes y la expresión personal*
Comparaciones: La expresión personal y la movida madrileña
Ritmos: *Ella* (Bebe, España)

¡Así lo expresamos!
Imágenes: *Las dos Fridas* (Frida Kahlo, 1907–1954, México)
Páginas: *A Julia de Burgos* (Julia de Burgos, Puerto Rico)
Taller: Un perfil para **apego.com**

¡Así lo hacemos!
- Subjunctive or indicative in adjective clauses
- Subjunctive or indicative in adverbial clauses
- Formal commands
- Informal commands

De nuevo
- Chismes de la farándula (*Showbiz gossip*) (*Preterit and imperfect*)
- Una entrevista con famosos (*Ser/estar*)

Conéctate
Videoblog: *La música y los castillos humanos*
Comparaciones: El tango y el cine
Ritmos: *El wanabi* (Fiel a la Vega, Puerto Rico)

¡Así lo expresamos!
Imágenes: *¿Quién lleva el ritmo?* (Aída Emart, 1962–, México)
Páginas: *El concierto* (Augusto Monterroso, Guatemala)
Taller: Una escena dramática

Capítulo	Objetivos comunicativos	Vocabulario	
6 **Todos somos uno** 206–245	• Discussing changes in attitudes toward race, ethnicity, gender, language, and religion • Comparing the past with the present • Expressing how long an action has been going on and how long ago an action happened • Discussing race, gender, and cultural identity • Answering the questions *Why?* and *What for?* • Sharing experiences that promote positive behavior • Expressing ideas without attributing them to anyone	**¡Así es la vida!** • ¿Cuánto sabes tú? • Algunos beneficios de ser multilingüe/multicultural **¡Así lo decimos!** • Igualdad de oportunidades • La diversidad étnica y de género	
7 **Cuerpo sano, mente sana** 246–283	• Talking about foods and their preparation • Describing food and family traditions • Talking about nutrition and health • Expressing what you would do or would have done • Discussing hypothetical situations	**¡Así es la vida!** • MédicoFamiliar.com • Tu inteligencia nutricional **¡Así lo decimos!** • Los ingredientes y la preparación de la comida • La dieta sana	
8 **Buscándonos la vida** 284–323	• Discussing career choices and the interview process • Understanding the training and skills required for different careers and professions • Reporting on hypothetical events and conditions in the past • Expressing attitudes, wishes, feelings, emotions, and doubts about past events • Talking about finances • Debating national and international economic issues • Clarifying information	**¡Así es la vida!** • ¿Empleo o profesión? • Mitos y verdades sobre tu informe de crédito **¡Así lo decimos!** • Empleos y profesiones • Cuestiones financieras	

Estructuras	Cultura

¡Así lo hacemos!

- Review of preterit and imperfect
- **Hacer** and **desde** in time expressions
- **Por** and **para**
- Uses of **se** with impersonal and passive constructions

De nuevo

- Un mensaje al Planeta Igualitario.
- El futuro del multiculturalismo.

Conéctate

Videoblog: *La identidad cultural y lingüística*

Comparaciones: Joaquín Cortés, un gitano que lucha por el respeto a su gente

Ritmos: *Bandera de manos* (Juanes, Colombia)

¡Así lo expresamos!

Imágenes: *Coexistence* (Xavier Cortada, 1964–, EE. UU.)

Páginas: *Tú me quieres blanca* (Alfonsina Storni, Argentina)

Taller: Un reportaje periodístico

¡Así lo hacemos!

- Imperfect subjunctive
- Conditional
- The indicative or subjunctive in **si** clauses

De nuevo

- Mi propio restaurante (*Present subjunctive with adjective clauses*)
- Tu restaurante (*Commands*)

Conéctate

Videoblog: *Delicioso, fresco y saludable*

Comparaciones: Productos oriundos de las Américas y productos introducidos allí por los españoles

Ritmos: *Ojalá que llueva café* (Juan Luis Guerra y 4:40, República Dominicana)

¡Así lo expresamos!

Imágenes: *Nature Morte Vivante* (Salvador Dalí, 1904–1986, España)

Páginas: *La leyenda del chocolate* (Anónimo)

Taller: Una receta

¡Así lo hacemos!

- Pluperfect subjunctive
- Conditional perfect and **si** clauses in the past
- The relative pronouns **que**, **quien**, and **lo que**, and the relative adjective **cuyo/a(s)**
- The relative pronouns **el/la cual** and **los/las cuales**

De nuevo

- Mejorar las condiciones de trabajo (*Si clauses*)
- Un cliente para el Banco Continental (*Subjunctive and indicative with adverbial clauses*)

Conéctate

Videoblog: *¿Trabajar para vivir o vivir para trabajar?*

Comparaciones: Mark López hace que Google se dirija al público hispano

Ritmos: *Plata* (Árbol, Argentina)

¡Así lo expresamos!

Imágenes: *Paisajes humanos n° 65* (Melesio Casas, 1929–, EE. UU.)

Páginas: *Fiebre de lotto* (José O. Álvarez, Colombia)

Taller: Un relato irónico

Estructuras		Cultura

¡Así lo hacemos!

- Sequence of tenses with the subjunctive
- Uses of definite and indefinite articles
- Uses of the infinitive and present participle (gerund)

De nuevo

- ¿Cómo se juega? (*Por/para*)
- ¡Nunca lo olvidaré! (*Preterit/imperfect*)

Conéctate

Videoblog: *Los Juegos Olímpicos del 2012*

Comparaciones: La pelota vasca

Ritmos: *Me gusta la noche* (Adrianigual, Chile)

¡Así lo expresamos!

Imágenes: *Son de la loma* (Agustín Gainza, 1943–, Cuba/EE. UU.)

Páginas: *Este domingo* (María Milán, Cuba)

Taller: Un relato

¡Así lo hacemos!

- **Se** for unplanned events
- The passive voice
- Verbs that require a preposition before an infinitive

De nuevo

- En tu opinión (*Sequence of tenses in the subjunctive*)
- Tecnología casera (*Subjunctive/indicative*)

Conéctate

Videoblog: *El futuro de la educación*

Comparaciones: Atlantis y la educación global

Ritmos: *Oleada* (Julieta Venegas, EE. UU.)

¡Así lo expresamos!

Imágenes: *Ciencia inútil* o *El Alquimista* (Remedios Varo, 1908–1963, España/México)

Páginas: *La asamblea médica* (Adela González Frías, República Dominicana)

Taller: Un ensayo editorial

Preface

You hold in your hands the fifth edition of *Conexiones: Comunicación y cultura*. When the first edition of this intermediate program was published, it had been eagerly anticipated and was received with great enthusiasm. Back then, when we visited campuses to speak with instructors of the core Spanish language program, we heard over and over the plaintive request, "Do you have anything new for intermediate Spanish?" Instructors clamored for a full and complete intermediate program which would bring their students to a *true intermediate level of proficiency*. Thus, *Conexiones: Comunicación y cultura* was conceived, offering a radically different approach to teaching intermediate Spanish.

For this edition, we thought it was time to look back and recall what made its approach so innovative, even revolutionary. So much of what was true then is still true today. What made, and still makes, *Conexiones* such an effective tool for language learning?

❏ **A true intermediate grammar sequence.** Intermediate texts typically repeat elementary Spanish grammar sequencing from the present tense forward. Consequently, students progress to advanced levels without a thorough understanding of the indicative and subjunctive moods and without a concrete grounding in the forms and usage of certain tenses, especially preterit and imperfect.

   Conexiones brings students to a true intermediate-level of proficiency and gives them the necessary foundation to succeed in advanced classes. However, we recognize that some students will benefit from a quick review of essential first-year concepts and forms. Therefore, we have added a brief new preliminary chapter about social media, a topic that will engage students immediately. Chapter 1 is a fun chapter dealing with fads, fashions and cars, which fits nicely with a review of the preterit and the imperfect tenses, equipping students to shift back and forth naturally between the present and the past as they speak, read, and write throughout the course. The review of the present subjunctive begins in Chapter 2 with the timely topics of environmentalism and sustainability; students see and use the subjunctive mood alongside the indicative all through the program, refining their understanding of both essential concepts and uses of mood in Spanish.

❏ **Thorough integration of language and culture.** *Conexiones* took the view, from its inception, that language and culture are inseparable, part of the same mosaic, each informing the other. Rich in cultural input throughout chapters, *Conexiones* also integrates video, music, art, and literature to expand upon chapter topics in the *Conéctate* and *Así lo expresamos* sections.

❏ **Topics relevant to the real world.** Just as with the grammar scope and sequence, many intermediate texts repeat the standard topics of first-year books, ignoring the world beyond what we wear, what we eat, and how we greet each other! *Conexiones* connects to the world students live in and are exposed to in the media, as well as to academic disciplines in the university. Later, when students must use Spanish in their work or personal lives, they will have developed the ability to think about and express themselves on topics relevant to the issues of our time. This critical ability will also be of great use for those who pursue advanced study. Until now, the lack of articulation between basic language study and advanced study has been abrupt and difficult to bridge for both students and instructors of advanced courses. We've made it easier!

Those are the broad strokes of what makes *Conexiones* relevant and important for study of the intermediate level of Spanish. Let's take a look now at what is new in *Conexiones*, continuing the journey that began some years ago. After that, we offer you a chapter walkthrough detailing how *Conexiones* connects all the pieces, bringing language and communication to your classroom.

New to This Edition

Students will benefit from a variety of new content and features in this edition, including:

❏ **NEW** modern design with color-coded navigation allows students and instructors to better identify the different sections of each chapter. Updated, contemporary images reflect the diversity of the Spanish-speaking world. The larger page size and attractive, culturally focused photographs suggest a popular magazine making *Conexiones, 5th Edition* appeal to the visual orientation of today's students.

❏ **NEW** *Capítulo preliminar*. As suggested by our users and reviewers, we have included a brief preliminary chapter to bridge the gap between beginning and intermediate Spanish. The present tense and the use, position, and forms of adjectives are quickly reviewed through the relevant and appealing topic of social media.

❏ **NEW** or **updated** chapter openers provide students with the opportunity to interact with the theme of the chapter from the very first page. The communicative objectives at the start of the chapter keep meaningful communication at the forefront, and the new color-coded chapter organization makes it even easier to navigate the chapter contents.

❏ **NEW** or **updated** surveys encourage students to express opinions, preferences, practices and knowledge related to the chapter theme, and then to compare their responses and explain their opinions with other class members, all while using active chapter vocabulary in context. New vocabulary is introduced in manageable chunks, while previously learned vocabulary is recycled with the objective of providing and building a solid lexical foundation.

❏ A revised *Conéctate* section found between the *Primera* and *Segunda parte* features a videoblog, updated music selections, and several new *Comparaciones* readings that seamlessly piece together language and culture.

- Eleven **NEW** videoblog segments were filmed on location in Mexico, Spain, and the United States. The videoblog takes viewers on a fascinating journey through the dynamic contemporary Spanish-speaking world, with the young energetic Mauricio, a film student studying in Southern California, as your guide. Students will meet tattoo artists from Mexico City, Olympic athletes from various countries, famous Puerto Rican salsa singer Choco Otra, famous chef Ingrid Hoffman, and a wealth of other captivating individuals exposing viewers to authentic language and culture.

- **NEW** music selections in *Ritmos* feature a variety of upbeat, popular music by renowned Hispanic artists. Each song ties to the chapter theme and they collectively represent a variety of countries and musical styles. Students search for video and lyrics online to be able to see and hear the best representations of the songs. **NEW** artists include Danilo Parra, Ecuador (*Amor de Feisbuk*), Las Ketchup, España (*Un de vez en cuando*), Calle 13, Puerto Rico (*Latinoamérica*), Carlos Jean and other Latin American and Spanish artists (*¡Ay, Haití!*), Bebe, España (*Ella*), Juanes, Colombia (*Bandera de manos*), Juan Luis Guerra, República Dominicana (*Ojála que llueva café*), Árbol, Argentina (*Plata*), Adrianigual, Chile (*Me gusta la noche*), and Julieta Venegas, EE. UU. (*Oleada*).

- The *Conexiones* and *Comunidades* activities (previously in the *Conéctate* section) have been integrated at relevant points within the chapter to reinforce the grammar and vocabulary presented. These activities expressly relate to the 5C's of the *National Standards*.

❑ **NEW length.** Based on market research and feedback from our users, we have added a short preliminary chapter that serves as a refresher for students and helps to bridge the gap from beginning Spanish to the intermediate Spanish curriculum. The text has also been reduced to ten chapters to make the material more manageable in a two-semester program.

❑ **NEW and revised themes.** Chapter topics have been refocused and revised to provide more opportunities for students to connect and personally identify with the chapter's theme. Many activities were revised to further explore realistic solutions to the challenges that face young people today.

❑ **NEW** selections in *¡Así lo expresamos!* (fine art, literary selection, and guided writing activity).

- The *Imágenes* selections include several **NEW** artists: Mexican painter and sculptor, Ernesto de la Peña Folch; New York/Mexican photographer, Alejandro Durán; Chilean *arpillerista* Violeta Morales; and Cuban American muralist, Xavier Cortada and Cuban American painter, Agustín Gainza. All works are closely tied to the chapter theme.
- The *Páginas* have been revised and updated to include a **NEW** blog, a short drama, and two short stories by contemporary authors. The *Taller* section has also been revised and updated to be more closely tied to the *Páginas* selections.

❑ **NEW** *Aplicación* activities in every chapter now include one additional guided activity after each vocabulary presentation and after each grammar point to guide students in their comprehension and acquisition of vocabulary and grammar.

❑ **NEW and expanded instructor annotations.** Instructors will find chapter **Warm-up activities** and pedagogical **Suggestions** for working with the chapter content in different ways. **Follow-up notes** and **Expansion activities** provide ideas for additional classroom activities. **Notes** include tips and strategies for instructors interested in additional details about the structures introduced in the program. Instructors will also find **Comprehension assessment notes** suggesting how to assess students' understanding of the language and cultural content introduced in a given section of the chapter.

Written entirely in Spanish, with the exception of grammar explanations, the newly designed 5th edition of *Conexiones* features ten thematically focused chapters plus a distinctive *Capítulo preliminar* about social media, a topic that students love. Each of the ten chapters is divided into two parts. The *Primera parte* includes the presentation of vocabulary in the *¡Así es la vida!* and the *¡Así lo decimos!* sections, grammar in the *¡Así lo hacemos!* section, and culture tightly integrated throughout the chapter and highlighted in the *Conéctate* section. The *Segunda parte* also includes presentations of vocabulary and grammar in the *¡Así es la vida!*, *¡Así lo decimos!*, and *¡Así lo hacemos!* sections, plus a culminating cultural introduction to art and literature and guided writing (*Taller*) in the *¡Así lo expresamos!* section.

Join us for a visual walkthrough of *Conexiones, 5th Edition.*

CHAPTER Opener

The chapter opener provides a visual advance organizer of the chapter theme.

The communicative objectives are clearly presented at the beginning of the chapter, which helps you focus on what you will learn.

At a glance, you can clearly preview the goals for the chapter through the color-coded chapter organization, which makes navigating the materials easy. Each thematically focused part (**Primera parte, Segunda parte**) includes manageable grammar and vocabulary chunks. Cultural presentations are integrated throughout the chapter and highlighted in the **Conéctate** and **¡Así lo expresamos!** sections, seamlessly immersing you in both the language and the richness of Hispanic culture.

A empezar and **Curiosidades** serve as advance organizers for the chapter theme. These activities activate prior knowledge and pique your interest for what is to come.

¡Así es la vida! | ¡Así lo decimos!

Each *parte* opens with a survey or other interactive text in the ***¡Así es la vida!*** section, where you will be asked to respond with your opinions, habits, or preferences. You will see new vocabulary in context, encouraging you to hypothesize and guess instead of translating.

The ***¡Así lo decimos!*** section found in both parts of the chapter features ***Vocabulario básico***, which recycles previously learned vocabulary and cognates, giving you an opportunity to build on previous knowledge.

Vocabulario clave introduces active vocabulary found in each *parte* of the chapter, clearly orienting you to new vocabulary that is required in the chapter.

¡Cuidado! discusses differences in usage between Spanish and English, and alerts you to false cognates such as *soportar* and *apoyar*, both meaning **support** in English. The accompanying fun drawings illustrate these differences in context, helping those who are primarily visual learners.

The activities in **Aplicación** progress from receptive to productive, from acquiring skills to using skills, always with an emphasis on contextualized and meaningful communication. Illustrations and photographs connect your world with the Hispanic world, helping you to see the interconnectedness of both worlds.

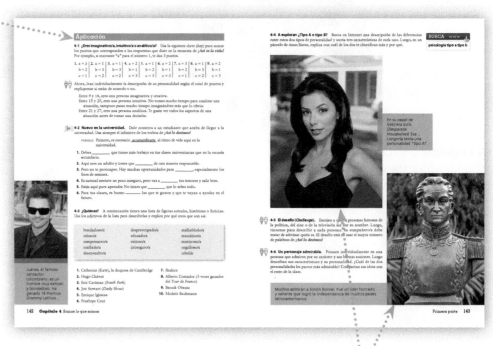

The carefully selected photos represent noteworthy people, both contemporary and historical, and visually introduce the richness of Hispanic culture.

¡Así lo hacemos!

Grammar is presented with clear and concise English explanations, allowing you to prepare material before coming to class. Lively drawings illustrate important grammar points in context.

Verb and other charts stand out visually to allow finding them easily and quickly.

The marginal grammar tips in the **¡OJO!** boxes remind you of previously learned structural uses.

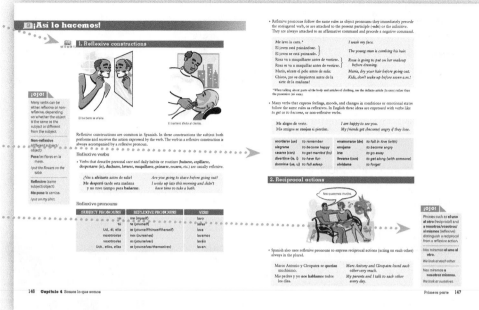

Easily recognizable icons identify in-text listening activities; pair, group, debate, and recycling activities; grammar tutorials, videos, eText activities, and MySpanishLab resources, which allow efficient completion of classwork and homework.

Rafael Nadal, el famoso tenista español.

4-14 Tu vida y la de los ricos y famosos. Escribe un párrafo en el que describas un día típico tuyo. Usa algunos verbos reflexivos (despertarse, maquillarse, acostarse, etc.) para explicar tu rutina diaria, y verbos recíprocos (conocerse, llamarse, verse, etc.) para describir tus relaciones con otras personas. Compara tu vida con la de otras personas famosas como el empresario Donald Trump, la productora, empresaria y filántropa Oprah Winfrey, el tenista español Rafael Nadal o la actriz y cantante, J-Lo.

4-15 Escucho. Cuando los radioyentes (*listeners*) llaman al doctor Francisco Garza, un psicólogo que tiene un programa de radio, él trata de darles consejos para resolver sus problemas. Mientras escuchas las llamadas, indica a quién se refiere en cada oración.

C: Carlos R: Rosario.

MODELO: _R_ Se preocupa por su salud.

1. _____ Es inseguro/a.
2. _____ Es soltero/a.
3. _____ Le da vergüenza hablar.
4. _____ Se enferma fácilmente.
5. _____ Quiere llevarse bien con su jefe.
6. _____ Se queja de las condiciones de su trabajo.
7. _____ Sufre de baja autoestima.
8. _____ Vive con su familia.

Vuelve a escuchar el programa de radio y los consejos del doctor Garza. ¿Qué opinas de sus consejos? ¿Y de su personalidad? ¿Qué consejos/recomendaciones les darías a Carlos y a Rosario?

4-16 Las responsabilidades en las relaciones interpersonales. ¿Qué hacen ustedes para mantener buenas relaciones con sus amistades? De las acciones siguientes, ¿cuáles son las más importantes y las menos importantes en una relación?

MODELO: *Mis amigos y yo siempre nos ayudamos cuando tenemos problemas. Es importante que nos comuniquemos, pero no es necesario que…*

Posibles acciones:

apoyarse	gritarse
ayudarse	hablarse
comprarse	llamarse
comunicarse	verse

4-17 Debate: La personalidad. Preparen su posición a favor o en contra de uno de estos temas.

Resolución: En la política, el liderazgo (*leadership*) es más importante que la inteligencia.

Resolución: Lo correcto es siempre ser flexible en las relaciones personales.

Frases comunicativas

Al contrario,… *On the contrary…* Perdona, pero… *Excuse me, but…*
Por una parte,… / Por otra parte,… Para concluir,… *In conclusion,…*
On the one hand,… / On the other hand…

MODELO: *No es siempre prudente aceptar el otro punto de vista si está en contra de tus creencias personales. Por una parte,…*

Conéctate

Conéctate provides an enriched cultural interlude between the *Primera* and *Segunda parte.* Here you will experience authentic culture and language via the video, readings, and music all related to the chapter's theme.

The captivating **NEW** video program features Mauricio, a Mexican college student studying film in Los Angeles, who travels throughout the Hispanic world to capture authentic clips of native speakers sharing their experiences related to the chapter theme. His videoblog helps you improve listening comprehension while learning about cultural similarities and differences. The engaging segments also serve as a basis for classroom discussion. Among the people you will meet are tattoo artists, Olympic athletes, a famous salsa singer, Habitat for Humanity volunteers, and even a famous chef. Each chapter is filmed on-location in Mexico, Spain, and the United States. Click play and experience the Hispanic world through Mauricio's eyes!

CONÉCTATE

04-16 to 04-18

Videoblog   *Los tatuajes y la expresión personal*

Antes de verlo

4-18 Los tatuajes.   ¿Conoces a personas que tengan tatuajes o tienes tú alguno? Cuáles son algunas de los dibujos más populares? ¿Por qué se tatúa una persona? ¿Cuáles son algunas de las consecuencias positivas y negativas de los tatuajes?

A verlo

4-19 ¿Por qué hacerte uno? En este segmento vas a ver a varias personas con diferentes opiniones sobre los tatuajes. Toma nota de un mínimo de dos razones positivas y dos consecuencias negativas por haberse tatuado. ¿Cuál de los tatuajes, en tu opinión es el más bonito y por qué? ¿Te gustaría tatuarte con un dibujo semejante? Explica.

Después de verlo

4-20 ¡Creo que voy a hacerme uno!   Uno/a de ustedes ha decidido hacerse un tatuaje y el/la otro/a está en total desacuerdo con la decisión. Preparen para la clase una discusión en la que traten de defender sus posiciones a favor o en contra del tatuaje. Pueden incluir algunas de las opiniones del video y otras suyas para que la clase decida cuál tiene el mejor argumento.

Conéctate **151**

Pre-viewing activities help activate knowledge of the video topic, during-viewing activities guide comprehension of the material, and post-viewing activities provide a springboard for interactive discussions in class.

Comparaciones

Comparaciones features readings that focus on comparing your experience with those of others. This section provides contexts to make cultural comparisons that encourage not only an understanding of the target culture, but also reflection on your own home culture.

Comparaciones

4-21 En tu experiencia. Hay muchas maneras de expresar la personalidad o las opiniones políticas y sociales: el tatuaje, el modo de vestir, el peinado, la forma de actuar con los amigos y conocidos y el arte, entre otros. ¿Cuáles usas tú para expresar tu personalidad? ¿Y para expresar una opinión política o social?

La expresión personal y la movida madrileña

La movida madrileña fue un movimiento contracultural español que surgió durante los primeros años de la transición hacia la democracia y que se prolongó desde la muerte del dictador Francisco Franco en 1975 hasta casi el final de los 80.

La noche madrileña fue muy activa no solo por las salidas nocturnas de los jóvenes, sino a causa de un interés inusual en la llamada *cultura alternativa*, las drogas y la contracultura que surgió en Estados Unidos en la década de los 60. Ese movimiento rechazó los valores sociales y el modo de vida establecidos y propuso valores y soluciones alternativas: el pacifismo, la vida en comunas (*communes*), el retorno a la naturaleza, la experimentación con drogas psicodélicas, el amor libre, la espiritualidad oriental y el consumo frugal.

No solo los jóvenes, sino también muchos políticos apoyaron la cultura alternativa como un paso hacia la modernidad, o por lo menos, algo muy diferente a las cuatro décadas de dictadura.

Entre los artistas de la época se encuentra Juan Carlos Argüello (1966–1995) más conocido por su firma "Muelle", un pionero en España de un estilo de grafitos, similar al *tagging* que se había desarrollado en Estados Unidos. En el cine, se destaca Pedro Almodóvar, quien cuestionó con un humor negro los valores tradicionales de la sociedad española en esa época.

Después de la muerte de Francisco Franco los grafitos empezaron a inundar las calles de Madrid. Este edificio icónico llamado "Todo es felicidá" fue pintado por el artista grafitero Jack Babiloni.

4-22 En su opinión. Den su opinión sobre las siguientes afirmaciones y justifíquenlas.

1. Los grafitos son un modo válido de expresión personal o de opiniones políticas y sociales.
2. Los grafitos tienen valor artístico.
3. El movimiento contracultura fue autodestructivo y no se volverá a repetir más en este país.
4. La mejor manera de expresar su opinión política o social es al votar en las elecciones.

152 **Capítulo 4** Somos lo que somos

Ritmos

Ritmos introduces a variety of musical sound in the Hispanic world. Each selection features a well-known artist performing a song related to the chapter theme. The **Busca** search terms direct you to a video online of the song performed by the artists.

Antes de escuchar activities prepare for listening to the music. Guided **A escuchar** activities aid in comprehension and connecting with personal experiences. **Después de escuchar** activities test comprehension and go beyond the music to discuss its content or style.

Ritmos
04-19

Ella (Bebe, España)

La cantautora Bebe es de una familia de músicos. Salió de golpe a la escena musical internacional en el 2005 cuando ganó el premio Grammy Latino al Artista Revelación (*Best New Artist*) por el álbum *Pafuera telarañas* en el cual figura la canción *Ella*. Además de ser cantante, ha actuado en varias películas españolas.

Antes de escuchar

4-23 Un nuevo día. Cuando estás triste o te sientes solo/a, ¿qué haces para sentirte mejor? ¿Haces ejercicio? ¿Te pones alguna ropa en especial? ¿Ves una película divertida? ¿Sales con tus amigos? ¿Escuchas alguna música en particular?

A escuchar

4-24 Ella. Conéctate a Internet para buscar un video de Bebe cantando *Ella*. Luego, escribe un párrafo con la siguiente información.

- Una lista de las cosas que hace ella porque está decidida a mejorar su vida.
- Una descripción de la personalidad de la nueva "Ella", usando adjetivos de *¡Así lo decimos!*
- Una comparación entre la personalidad de "Ella" y la tuya.

BUSCA www
bebe ella video; bebe ella letra

Después de escuchar

4-25 Hoy vas a descubrir... La cantante dice que "Ella" va a descubrir que su futuro es mucho más positivo que su pasado. De las acciones que ha hecho "Ella" para mejorar su vida, ¿cuáles has hecho tú o habrás hecho en algún momento en el futuro?

> MODELO: *Hoy "Ella" se ha maquillado. No me he maquillado todavía, pero me habré maquillado antes de salir para clase.*

 4-26 La música. Piensen en otra canción que les guste, o en español o en inglés, y comparen el tema, la música y el mensaje con esta. ¿Es esta más o menos positiva? ¿Es la música más o menos armónica? ¿Es el ritmo más o menos animado? ¿Cuál prefieren y por qué?

Conéctate   **153**

¡Así lo expresamos!

You will put new vocabulary and grammar to use in **¡Así lo expresamos!**, which includes **Imágenes** (art), **Páginas** (literature) and **Taller** (guided writing). Here you will both observe creative cultural activity, and create a variety of your own texts.

¡ASÍ LO EXPRESAMOS!

Imágenes

06-39 to 06-40

Coexistence (Xavier Cortada, 1964–, EE. UU.)

El cubanoamericano Xavier Cortada crea instalaciones artísticas para concienciar a la gente y promover discusiones sobre temas sociales y del medioambiente. En el 2004 participó en una reunión llamada NCCJ Community Leadership Seminar para personas interesadas en cómo promover la comunicación intercultural. El fruto de esta interacción es el mural *Coexistence* en el que los participantes sugirieron palabras y frases relacionadas al tema principal.

Artists featured in **Imágenes** are important for their contributions not only to Hispanic art, but also to humanity in general. Included in the book are well-known artists, emerging artists, and recently discovered artists. Each selection represents the chapter theme. You will see that art has many forms, but always seeks to touch the soul.

Perspectivas e impresiones

6-53 El mural. Este mural salió de las palabras y frases que sugirieron los participantes en el seminario para promover la comunicación intercultural. Haz una lista de las palabras y frases que se te ocurran al ver el mural. Haz otra lista de cinco o más que falten y que deseas que añada el artista.

6-54 A explorar: Otras imágenes. Busca otras obras de Xavier Cortada en Internet. Elige una que te impresione y descríbela en un párrafo. ¿Es una que tiene un mensaje social? ¿Te gustaría verla en persona o tenerla en tu universidad? Explica.

BUSCA www
xavier cortada murales

¡Así lo expresamos! **239**

Páginas | Taller

Páginas
04-41 to 04-42

Julia de Burgos (1914–1953, Puerto Rico)

Julia de Burgos fue una poeta puertorriqueña que escribió numerosos artículos periodísticos en los que abogaba (*advocated*) por las mujeres, los negros y los trabajadores. Se casó en dos ocasiones, pero fue su segundo marido, José Jimeses Grullón, quién inspiró muchos de sus poemas. Después del fracaso de su matrimonio y a pesar de contar con muchos admiradores, murió pobre y sola, y fue enterrada bajo el nombre de "Jane Doe" hasta que sus amigos pudieron encontrar su tumba y llevar sus restos a Puerto Rico. Hoy en día se le considera una de las más grandes poetas de Latinoamérica.

The ***Páginas*** literary selections are presented with a pre- and post-reading pedagogically focused activities, including biographical information about the selected writers. Pre-reading activities set the stage by raising issues or expressions that appear in the reading.

Antes de leer

4-48 Anticipación. Mira el dibujo. ¿Quién es la mujer del espejo? ¿Quién es la mujer que se mira en el espejo? ¿Cuál se ve más real? ¿Con cuál de las dos te identificas más?

4-49 Estrategias para la lectura. Busca elementos de la lectura que puedan ayudarte a anticipar el tema. Lee la introducción al poema. Ten en cuenta su título. Trata de adivinar el significado de los siguientes cognados que aparecen en el poema.

abismo	enemigo	hipocresía	murmuran	social	voz
aristocracia	esencia	humana	profundo	verso	

The ***Estrategias para la lectura*** present strategies to develop good reading skills. Post-reading activities encourage an appreciation of Hispanic literature while introducing basic techniques of analysis and interpretation. All readings have been selected for their relevance to your life and your experiences as well as for their reflection of the themes and topics explored in the chapter.

166 **Capítulo 4** Somos lo que somos

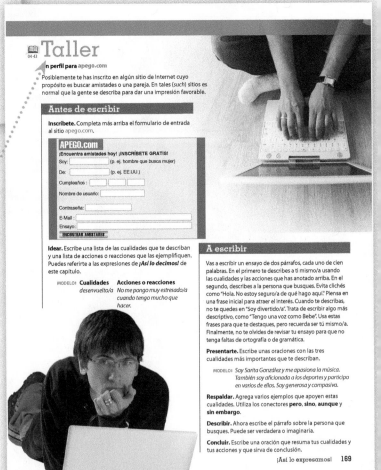

Taller
04-43

Un perfil para apego.com

Posiblemente te has inscrito en algún sitio de Internet cuyo propósito es buscar amistades o una pareja. En tales (*such*) sitios es normal que la gente se describa para dar una impresión favorable.

Antes de escribir

Inscríbete. Completa más arriba el formulario de entrada al sitio apego.com.

APEGO.com
¡Encuentra amistades hoy! ¡¡INSCRÍBETE GRATIS!!
Soy: _____ (p. ej. hombre que busca mujer)
De: _____ (p. ej. EE.UU.)
Cumpleaños : _____
Nombre de usuario: _____
Contraseña: _____
E-Mail : _____
Ensayo: _____
ENCONTRAR AMISTADES

Idear. Escribe una lista de las cualidades que te describan y una lista de acciones o reacciones que las ejemplifiquen. Puedes referirte a las expresiones de *¡Así lo decimos!* de este capítulo.

MODELO: **Cualidades** — **Acciones o reacciones**
desenvuelto/a — *No me pongo muy estresado/a cuando tengo mucho que hacer.*

A escribir

Vas a escribir un ensayo de dos párrafos, cada uno de cien palabras. En el primero te describes a ti mismo/a usando las cualidades y las acciones que has anotado arriba. En el segundo, describes a la persona que busques. Evita clichés como "Hola. No estoy seguro/a de qué hago aquí." Piensa en una frase inicial para atraer el interés. Cuando te describas, no te quedes en "Soy divertido/a." Trata de escribir algo más descriptivo, como "Tengo una voz como Bebe." Usa estas frases para que te destaques, pero recuerda ser tú mismo/a. Finalmente, no te olvides de revisar tu ensayo para que no tenga faltas de ortografía o de gramática.

Presentarte. Escribe unas oraciones con las tres cualidades más importantes que te describan.

MODELO: *Soy Sarita González y me apasiona la música. También soy aficionada a los deportes y participo en varios de ellos. Soy generosa y compasiva.*

Respaldar. Agrega varios ejemplos que apoyen estas cualidades. Utiliza los conectores **pero**, **sino**, **aunque** y **sin embargo**.

Describir. Ahora escribe el párrafo sobre la persona que busques. Puede ser verdadera o imaginaria.

Concluir. Escribe una oración que resuma tus cualidades y tus acciones y que sirva de conclusión.

¡Así lo expresamos! **169**

Taller guides you through the writing process from sentence-level to paragraphs, short compositions, essays and even poetry and drama on topics stemming from ideas explored in the chapter. A mix of process writing techniques and traditional approaches to composition make ***Taller*** effective in helping to develop writing skills in Spanish.

Vocabulario

A complete alphabetical list of active vocabulary appears by part at the end of the chapter. This provides you with a convenient study aid all in one place.

Vocabulario

Primera parte

acostumbrarse (a)	to get used to
adivinar	to guess
analizar	to analyze
ansioso/a	anxious
apresurado/a	hurried
la autoestima	self-esteem
avergonzar (üe)	to shame, to embarrass
el carácter	personality
celoso/a	jealous
comprensivo/a	understanding
confiado/a	confident
la confianza	confidence
desenvuelto/a	outgoing
despreocupado/a	carefree
educado/a	polite
elegir (i, i)	to choose
equivocarse	to make a mistake
evaluar	to evaluate
exitoso/a	successful
fingir	to pretend
el instinto	instinct
maduro/a	mature
malhablado/a	foul-mouthed
maniático/a	compulsive
mentiroso/a	lying, false
orgulloso/a	proud
portarse bien/mal	to behave/to misbehave
relajarse	to relax
vencer	to defeat, to overcome
la vergüenza	embarrassment

¡Cuidado! el recuerdo - la memoria; soportar - apoyar - mantener *See page 141.*
Reflexive verbs *See pages 146-147.*
Frases comunicativas: Al contrario,...; Perdona, pero...; Por una (otra) parte,...; Para concluir,... *See page 150.*

Segunda parte

abrazar	to embrace
la bondad	kindness
calumniar	to slander
cariñoso/a	affectionate
el chisme/cotilleo	gossip
comprometerse	to get engaged, to commit oneself
la conducta	behavior
los/las demás	the others
disculpar	to forgive
discutir	to argue
egoísta	selfish
emocionarse	to get excited, to be moved emotionally
enamorarse (de)	to fall in love (with)
engañar	to deceive
el entendimiento	understanding
el estado de ánimo	mood
experimentar	to experience
el gesto	gesture
hacer las paces	to make peace
herir (ie, i)	to hurt
humilde	humble
(in)fiel	(un)faithful
mandón/mandona	bossy
la molestia	bother
pedir disculpas (i, i)	to ask for forgiveness
el placer	pleasure
el propósito	purpose
sensible	sensitive
sugerir (ie, i)	to suggest
tener celos	to be jealous
superar	to overcome

¡Cuidado! querer - amar *See page 155.*
Irregular past participles *See page 159.*

Vocabulario **171**

▶ VIDEOBLOG

The accompanying video program takes you on a fascinating journey through the dynamic contemporary Spanish-speaking world, with the young energetic Mauricio as your guide. On a mission to educate the public about his beloved Hispanic heritage through his Videoblog, this Southern California film student will escort you to a cultural landscape that you did not know existed: vibrant, sui generis, and local yet with a striking global relevance.

The video program's content covers a vast spectrum of issues and topics, presented in an authentic and engaging way. Students will learn the nuances of Spanish while being exposed to subjects close to their hearts. Fashion, body art, sports and leisure, affordable housing, renewable energy and the need for green innovation, Latin cuisine and its role in nourishing healthy young people, the challenges of bilingual education, just to name a few, are discussed in a exuberant manner by experts in each field, and illustrated with lively images shot on location in Spanish-speaking communities in Europe, Mexico and the United States.

Both fun and probing, entertaining and educational, indigenous and international, the **Conexiones** video program offers students a culturally rich tour of some of the most dynamic aspects of today's Hispanic world.

Program Components

For Students

Student text (ISBN 10: 0-20-588697-3)

In addition to traditional printed texts, *Conexiones* is available in the following formats to offer students more choices and more ways to save.

- ❏ À la carte Student Text (ISBN 10: 0-205-89812-2) offers the same content in a looseleaf, 3-hole punched version at a discounted price. Students bring to class only what they need!

- ❏ CourseSmart eTextbook (ISBN 10: 0-205-89935-8) offers the same content as the paperback text in a convenient online format with highlighting, online search and printing capabilities. **www.coursesmart.com**

MySpanishLab® with eText (6-month ISBN 10: 0-205-95526-6/ 24-month ISBN 10: 0-205-89853-X)

MySpanishLab, part of our **MyLanguageLabs** suite of products, is an online homework, tutorial, and assessment product designed to improve results by helping students quickly master concepts, and by providing educators with a robust set of tools for easily gauging and addressing the performance of individuals and classrooms.

  MyLanguageLabs has helped almost one million students successfully learn a language by providing them everything they need: full eText, online activities, instant feedback, and an engaging collection of language-specific learning tools, all in one online program. For more information, including case studies that illustrate how **MyLanguageLabs** improves results, visit www.mylanguagelabs.com.

Student Activities Manual (ISBN 10: 0-205-89929-3)

The Student Activities Manual consists of workbook and listening comprehension activities directly tied to material in the textbook. The organization of this student resource parallels that of the main text, facilitating assignment of homework corresponding to specific sections of the text.

Student Activities Manual Answer Key (ISBN 10: 0-205-89808-4)

A separate Answer Key for the Student Activities Manual is available for instructors who wish to have students check their own work.

Audio CDs for Student Activities Manual (ISBN 10: 0-205-89833-5)

The Audio CDs for the Student Activities Manual contain the audio recordings that accompany the listening comprehension activities in the manual.

Audio CD for Student Text (ISBN 10: 0-205-90698-2)

The Audio CD for the Student Text contains recordings for the in-text listening activities identified by an audio icon within the chapters.

For Instructors

Annotated Instructor's Edition (ISBN 10: 0-205-89934-X)

Marginal notations in the Annotated Instructor's Edition include expanded cultural information, responses to convergent activities, teaching tips, alternate activities, and hints on effective classroom techniques. Additional notations include audioscripts for the listening activities found in the back of the textbook.

Instructor's Resource Manual for download only

The Instructor's Resource Manual (IRM) contains an introduction to the text, providing information for instructors on how to teach with *Conexiones*. A complete integrated

Syllabus and corresponding complete Lesson Plan are also included as well as guidance on integrating the Videoblog into the course.

Testing Program for download only

A highly flexible testing program allows instructors to customize tests by selecting the modules they wish to use or by changing individual items in the pre-built chapter exams, midterms, and finals. The assessment goal, content area, and response type are identified for each module. The full testing program is available within MySpanishLab. MySpanishLab also includes a user-friendly test-generating program known as **MyTest** that allows instructors to select, arrange, and customize testing modules to meet the needs of their courses. Once created, tests can be administered online.

Audio for Testing Program (ISBN 10: 0-205-89926-9)

Recordings are available to accompany the listening modules in the Testing Program. The audio is also available within MySpanishLab.

Companion Website (http://www.pearsonhighered.com/*conexiones*)

The *Conexiones* Website contains the in-text audio and the Student Activities Manual audio at no additional cost.

Acknowledgments

The 5th edition of *Conexiones* is the result of careful planning between the authors and our publisher, and ongoing collaboration with students and you—our colleagues—who have been using previous editions of *Conexiones*. We are indebted to all those people whose ideas, suggestions, and criticisms have helped shape this program. The authors and publishers would especially like to acknowledge and thank:

Kathleen Aguilar, Fort Lewis College
Geraldine Ameriks, University of Notre Dame
Dorothy Álvarez, Wright State University
An Chung Cheng, University of Toledo
Ashlee S. Balena, The University of North Carolina – Wilmington
Susana Blanco-Iglesias, Macalester College
Anne Calderón, Georgetown University
Elizabeth Calvera, Virginia Tech
Angela Carlson-Lombardi, University of Minnesota
Chyi Chung, Northwestern University
Daria Cohen, Rider University
Carolyn Crocker, Samford University
Lisa DeWaard, Clemson University
Héctor M. Enríquez, The University of Texas at El Paso
Diane J. Forbes, Rochester Institute of Technology
Ana Francisco, University of Wisconsin - Milwaukee
Mark Harpring, University of Puget Sound
Dennis C. Harrod, Syracuse University
Tatiana Johnston, Colorado State University - Pueblo
Deborah P. Kessler, Bradley University
Josefa Lago-Graña, University of Puget Sound
Lance Lee Durham, Technical Community College
Tasha N. Lewis, Loyola University Maryland
Frances Matos-Schultz, University of Minnesota
Almitra Medina, Auburn University
Adriana Merino, Villanova University

Deanna H. Mihaly, Eastern Michigan University
Nancy Mínguez, Old Dominion University
Yelgy Parada, Los Angeles City College
Cristina Pardo-Ballester, Iowa State University
Teresa Pérez-Gamboa, University of Georgia
Nieves Pérez Knapp, Brigham Young University
Alicia V. Tabler, University of Colorado - Boulder
Sandra Watts, The University of North Carolina at Charlotte
Barry Weingarten, Johns Hopkins University

We are indebted to our friends and colleagues at Pearson Education, especially **Scott Gravina,** Development Editor and **Tiziana Aime,** Senior Acquisitions Editor, World Language, for their dedication, insight, and thoughtful advice throughout the editorial process of the 5th edition, and to **Bob Hemmer,** Editor in Chief, for his encouragement over the years in this and other projects. We would also like to thank the many people at Pearson Education who contributed their ideas, efforts, and publishing experience to the 5th edition of *Conexiones.* We are grateful to **Mary Rottino,** Senior Managing Editor (Production), and **Janice Stangel,** Associate Managing Editor (Production) for their attention to art and literary permissions; **Samantha Alducin,** Senior Digital Product Manager, and **Bill Bliss,** MyLanguageLabs Development Editor, for their great work on the MySpanishLab program; **María García,** Sponsoring Editor, for her diligent work on the video program and the textbook, **Meriel Martínez,** Development Editor, for her efficient and careful review of the textbook and the supplements; **Regina Rivera,** Media Editor for her management of the audio program, video, and website; **Jonathan Ortiz,** Editorial Assistant, for his hard work and efficiency obtaining reviews and attending to many administrative details. Furthermore, we would like to sincerely thank **Steve Debow,** Vice-President, World Languages, for his support and commitment to the success of the text; **Denise Miller,** Senior Marketing Manager; and the World Languages Product Specialists for their creativity and efforts in coordinating marketing and promotion for the new edition. We would also like to thank the contributors who assisted us in the preparation of the fifth edition: **Mark A. Harpring, Pepa Lago-Grana,** and **Sandro Barros.**

The authors would also like to thank **Harriet Dishman,** Production Editor (PreMedia Global) and her project management team. The work of PreMedia Global's copy editor and proofreaders has been indispensable, and we thank them for their careful and professional work.

We are grateful, as well, to our institutions: East Tennessee State University, the University of Cincinnati, and the City College of New York for supporting and recognizing the value of this project. Most importantly, we thank our friends and families for their patience and support, as ever.

*Conexiones is dedicated to Lourdes, Eddy, Cindy, Lindsey, Ed, Elena,
Lauren, Will, Wayne, Alexis, Camille, Chris, Sandro, Eleanor,
Teresa, Ignacio, Isla, Tobias, Ozzie, and Jackie Rey.*

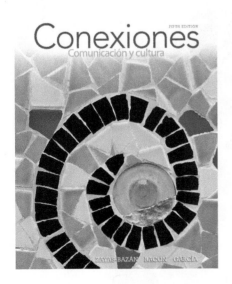

Ever since the Moors introduced the beautiful and intricate *azulejos* to Spain, the tradition of ceramics and mosaics have spread throughout the Iberian Peninsula and the Americas. The striking mosaic on the cover is taken from Park Güell, a UNESCO World Heritage Site in Barcelona, Spain, designed and executed by Antoni Gaudí with collaboration from fellow architect, Josep Maria Jujol Gibert. We believe this image reflects *Conexiones'* popular approach to intermediate Spanish. It conveys the fantastical and the vibrant in a way that appears natural and unintimidating through its seamless interconnectivity. Gaudí's mosaics and architectural structures blend together to create something that feels exotic yet familiar all at once.

Just as the traditions of ceramic art have spread beyond Spain and have been adapted to new contexts and uses throughout the Spanish-speaking world, so has the language and culture of Spain spread across the globe and been adapted in new places. Your experience with *Conexiones: Comunicación y cultura,* 5th edition, will help you connect your current knowledge of the world with new facets of Spanish language and its rich cultures.

Preliminar

¡Conectémonos!

☑ OBJETIVOS COMUNICATIVOS

- Discussing social networks and their impact on society both at home and in Spanish-speaking countries
- Saying what happens habitually, what's going on now, or what will happen in the near future
- Describing in the present

A empezar

Las redes sociales de comunicación. ¿Cuál es la red social más popular para ti y tus amigos? ¿Por qué crees que son tan populares?

3

¿Estás conectado/a?

Completa la encuesta a continuación sobre tus experiencias. Después compara tus resultados con los de otros usuarios.

1. **Edad:**

2. **¿Qué redes sociales prefieres?**
   ○ Twitter
   ○ Tuenti
   ○ Facebook
   ○ Hi5
   ○ LinkedIn
   ○ otra:

3. **¿Para qué usas una red social?**
   ○ conectarte con amigos y familiares
   ○ subir fotos o videos
   ○ compartir experiencias personales
   ○ promover un interés político o social
   ○ hacer recomendaciones sobre compras
   ○ jugar
   ○ buscar pareja
   ○ ¿otro uso?

4. **¿Agregas como contactos a personas que no conoces?**
   ○ sí
   ○ no

5. **¿Publicas solamente datos verídicos?**
   ○ sí
   ○ no
   ○ generalmente

6. **¿Con qué frecuencia visitas tus redes sociales?**
   ○ diariamente
   ○ a menudo
   ○ raramente

7. **¿Cómo participas en foros en línea?**
   ○ Escribo uno regularmente.
   ○ Respondo a preguntas o comentarios que me interesan.
   ○ Los leo de vez en cuando.

8. **¿Piensas en los riesgos de publicar datos o fotos personales en las redes sociales?**
   ○ sí
   ○ no
   ○ Depende.   Explica.

9. **¿Has cancelado alguna cuenta de Facebook, Hi5 u otra?**
   ○ sí   Explica.
   ○ no

🔊 Vocabulario clave: Los medios que facilitan la comunicación

Verbos

agregar (a un/a amigo/a)	to add (a friend)	los medios	media
bajar	to download	el miembro	member
borrar	to erase	el mensaje	message
chatear	to chat (online)	el muro	wall
conectarse con	to connect up with	el nivel	level
difundir	to disseminate	la página de inicio	home page
etiquetar	to tag (on Facebook)	la pareja	partner, couple
mandar un *tweet**	to tweet	el perfil	profile
soler (ue)	to be in the habit of	la red/la Red	network/Internet
subir	to upload	el riesgo	risk
unirse a	to join	el/la usuario/a	user

Sustantivos

el buzón	mailbox
el círculo	circle
la contraseña	password
el correo basura	spam
la cuenta	account
el enlace	link
el familiar	family member
el grado	degree
la herramienta	tool

Adjetivos

complejo/a	complex
diario/a	daily
diverso/a	diverse
útil	useful
verídico/a	truthful

Otras expresiones

a menudo	often
de vez en cuando	sometimes

*Many terms related to technology originate in English and are borrowed by other languages. Terms such as *twittear* or *tuitear* and *textear* are common on the Internet, though not yet accepted by the **Real Academia Española**.

🔊 Ampliación

Verbos	**Sustantivos**	**Adjetivos**
arriesgarse *to risk*	el riesgo	riesgoso/a *risky*
emparejar *match*	la pareja	emparejado/a
conectarse	la conexión	conectado/a
difundir *spread*	la difusión	difundido/a

¡Cuidado!

Verbs that do not require a preposition

Some Spanish verbs are not followed by a preposition, even though their English equivalents always require a preposition before a direct object.

- **buscar:** *to look for*

  Busco un sitio de compras.   *I am looking for a shopping site.*

- **esperar:** *to wait for/to hope for*

  Ana **espera** un mensaje de texto de Daniel.   *Ana is waiting for/hoping for a text message from Daniel.*

- **pagar:** *to pay for*

  Tengo que **pagar** mi servicio de Internet.*   *I have to pay for my Internet service.*

*If an amount precedes the object, use *por*. Tengo que pagar **demasiado** por mi servicio de Internet.

¿Qué buscas?

Espero encontrar el sitio para pagar mi donación con tarjeta de crédito.

WI-FI

P-1 Las redes sociales. Comparen sus respuestas en *¡Así es la vida!* ¿Usan las redes sociales con mucha frecuencia? ¿Qué tienen en común y cómo se diferencian ustedes?

P-2 ¿Es riesgoso? Pongan en orden de riesgo (1: muy riesgoso – 6: no muy riesgoso) la siguiente información que a veces aparece en los foros de una red social. Indiquen con qué frecuencia incluyen ustedes esta información y expliquen por qué.

	A menudo	De vez en cuando	Nunca
___ las fotos y los nombres de familiares	yo ☐ él/ella ☐	yo ☐ él/ella ☐	yo ☐ él/ella ☐
___ la fecha y el año de nacimiento	yo ☐ él/ella ☐	yo ☐ él/ella ☐	yo ☐ él/ella ☐
___ la dirección y el teléfono	yo ☐ él/ella ☐	yo ☐ él/ella ☐	yo ☐ él/ella ☐
___ los enlaces a sitios políticos o de causas sociales	yo ☐ él/ella ☐	yo ☐ él/ella ☐	yo ☐ él/ella ☐
___ los planes para estar fuera de casa	yo ☐ él/ella ☐	yo ☐ él/ella ☐	yo ☐ él/ella ☐
___ los problemas en el trabajo o en la universidad	yo ☐ él/ella ☐	yo ☐ él/ella ☐	yo ☐ él/ella ☐

P-3 Algunas experiencias con las redes sociales. Completa las oraciones con expresiones lógicas de *¡Así es la vida!*

1. Cancelé mi _____ de Twitter el año pasado.
2. En Facebook, mis amigos escriben muchos comentarios en mi _____.
3. Me gusta _____ las fotos con los nombres de mis amigos.
4. Es una tentación _____ con mis amigos en Facebook cuando estoy en clase.
5. Solo _____ a mis mejores amigos a mi red social.
6. Es divertido _____ fotos y videos a mi red social.
7. Una vez _____ un programa que tenía un virus que me infectó la computadora.
8. Cuando me conecto a Internet veo mi _____ en Google+.
9. Mi banco insiste en que cambie mi _____ cada seis meses para mantener segura mi cuenta.
10. La universidad acaba de agregar un programa en nuestro correo electrónico para impedir que recibamos tanto _____.

P-4 A explorar: Otras redes sociales. A continuación hay algunas redes sociales populares en otras partes del mundo. Escoge una e investígala. Luego, escribe un párrafo sobre ella (número de usuarios, un enfoque en particular, servicios que tiene, etc.) ¿Te interesa unirte a esa red? Explica.

Habbo	Hi5	Tuenti
Sónico	Taringa	Latinosenred

BUSCA www

habbo; hi5; tuenti; etc.

Ritmos

Amor de Feisbuk (Danilo Parra y AU-D, Ecuador)

Estos dos músicos ecuatorianos son conocidos no solo en su país sino también mundialmente. El cantante de pop latino Danilo Parra y el rapero AU-D han colaborado para grabar esta canción divertida que se trata de una relación por Facebook.

BUSCA www

amor feisbuk escuchar;
amor feisbuk video

Antes de escuchar

P-5 En tu red social. Hay varios términos que se relacionan con las redes sociales. Algunos son anglicismos, como los que vas a escuchar en esta canción. ¿Cuáles de las siguientes acciones has hecho últimamente?

_____ chatear con alguien por Facebook

_____ confirmar una amistad

_____ agregar a un/a amigo/a

_____ entrar tu contraseña

_____ etiquetar a alguien

_____ enviar una solicitud de amigo/ de amistad.

_____ leer mensajes en tu muro

_____ mandar un mensaje por Facebook

_____ recibir un correo por Facebook

_____ subir una foto o un video

_____ visitar tu página de inicio

A escuchar

P-6 *Amor de Feisbuk*. Busca una versión de esta canción en Internet y anota cuáles de las acciones en la actividad **P-5** se mencionan en la canción.

Después de escuchar

 P-7 En su opinión. Lean las siguientes oraciones sobre el uso de Facebook y las redes sociales. Luego, digan si están de acuerdo y justifiquen sus opiniones.

1. Es emocionante reconectar con viejas amistades a través de las redes sociales.
2. El amor por Facebook puede resultar adictivo.
3. Es posible enamorarse de una foto.
4. El amor virtual es más emocionante que el amor en vivo.

¡Así lo hacemos!

1. Review of the present tense

P-08 to P-13

Uses of the present tense

Remember that the present tense can report events that occur habitually in the present, are ocurring now, or will occur in the near future:

Todos los días **chateo** con mis amigos.	*I chat with my friends every day.* (habitual action)
Subes muchas fotos a tu página personal.	*You are uploading many pictures to your page.* (action in progress)
Esta noche **bajamos** el último video de Shakira.	*Tonight we'll (we are going to) download the latest Shakira video.* (action in near future)

Regular forms of the present

	TOMAR	COMER	VIVIR
yo	tom**o**	com**o**	viv**o**
tú	tom**as**	com**es**	viv**es**
Ud., él, ella	tom**a**	com**e**	viv**e**
nosotros/as	tom**amos**	com**emos**	viv**imos**
vosotros/as	tom**áis**	com**éis**	viv**ís**
Uds., ellos, ellas	tom**an**	com**en**	viv**en**

Irregular verbs in the present

Vamos a ver cuántos de ustedes están en línea ahora.

$Log_3 (x+L)(x-4) = 3$

$3^3 = (x+2)(x-4)$

$= x^2 - 4x + 2x - \ldots$

- Some commonly used verbs, including **ir**, **estar**, **ser**, and **haber** are irregular in the present.

ir	voy, vas, va, vamos, vais, van
estar	estoy, estás, está, estamos, estáis, están
ser	soy, eres, es, somos, sois, son
haber	hay

¡OJO!

The form **hay** (there is/are) is invariable. Differences between **ser, estar,** and **haber** will be explored further in *Capítulo 2.*

Voy a escribirle un mensaje a mi profesor.	*I am going to write a message to my professor.*
No **están** seguros de su contraseña.	*You aren't sure of your password.*
¿**Eres** aficionado a Facebook?	*Are you a fan of Facebook?*
¿Cuántos comentarios **hay** en tu muro?	*How many comments are there on your wall?*

- Some verbs in the present tense have changes in the stem in all persons except **nosotros/as** and **vosotros/as**. The stem change may be e→ie, o→ue or e→i and will appear in parentheses after the infinitive in the glossary to remind you. See the following examples.

Quiero encontrar el sitio que tiene descuentos en videojuegos.

querer (ie)	¿Quieren ustedes bajar la canción de Danilo Parra?	*Do you want to download Danilo Parra's song?*
preferir (ie)	Prefiero ver su video en Internet.	*I prefer to see his video on the Internet.*
dormir (ue)	Algunas veces me duermo en frente de la computadora.	*Sometimes I fall asleep in front of the computer.*
soler (ue)	Suelen seguir enlaces seguros.	*They tend to follow secure links.*
pedir (i)	¿Pides ayuda cuando no puedes conectarte a Internet?	*Do you ask for help when you can't connect to the Internet?*
repetir (i)	Jamás repetimos nuestros errores.	*We never repeat our mistakes.*

- A few verbs have an irregularity in the first person in addition to the stem change.

decir (i)	**digo**, dices, dice, decimos, decís, dicen
tener (ie)	**tengo**, tienes, tiene, tenemos, tenéis, tienen
venir (ie)	**vengo**, vienes, viene, venimos, venís, vienen

Si **viene** Jorge a clase, **tengo** que decirle que mañana hay examen.	*If Jorge comes to class, I have to tell him that tomorow there's an exam.*

- Finally, a few other verbs have an irregularity in the first person singular only.

conocer (cono**zco**)	**poner** (pon**go**)	**salir** (sal**go**)
hacer (ha**go**)	**saber** (**sé**)	**traer** (tra**igo**)

Conozco a una persona que tiene miles de amigos en su red social.	*I know a person who has thousands of friends on her social network.*
Sé que no todos son sus mejores amigos.	*I know that they're not all her best friends.*

Aplicación

P-8 Nos conectamos. Empareja las frases y conjuga los verbos para formar oraciones lógicas.

1. _____ ¿Cuando hace demasiado calor, yo…

2. _____ Mis amigos y yo _____ (estar) en un cibercafé donde…

3. _____ ¿Cuántos *tweets* _____ (mandar) tú por día y…

4. _____ Muchos usuarios de amor.com…

5. _____ _____ (Yo: necesitar) conectarme con gente en mi campo profesional. _____ (Creer) que mañana…

6. _____ Cada vez que Manuel _____ (revisar) su correo…

a. _____ (tomar) un refresco y _____ (revisar) nuestro correo electrónico.

b. _____ (borrar) veinte o más mensajes basura.

c. _____ (buscar) pareja o amistades en otro país.

d. _____ (ir) a un cine con aire acondicionado.

e. cuántos _____ (recibir)?

f. _____ (abrir) una cuenta en una red social de ingenieros.

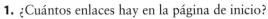

P-9 ¿Es importante, útil o peligroso…? Conversen entre ustedes para decidir si es importante, útil o peligroso hacer las siguientes actividades en Internet. Usen una variedad de verbos en el presente para explicar sus razones.

> MODELO: tener muchos amigos
> *Es útil tener muchos amigos. Yo tengo más de cien y siempre busco más…*

1. unirse a muchas redes sociales

2. subir fotos indiscretas a tu página personal

3. mandar mensajes de texto negativos

4. tener un alto nivel de seguridad en tu cuenta de Facebook

5. hacer clic en cualquier enlace en Internet

6. borrar mensajes del buzón de tu móvil

7. poner datos personales en tu sitio

8. hacer amistades internacionales en Internet

P-10 Terra España. Este sitio recibe millones de visitas todos los días. Visítalo y escribe un párrafo en el que contestes las siguientes preguntas.

1. ¿Cuántos enlaces hay en la página de inicio?

2. ¿Cuáles de estos enlaces te interesan? ¿Cuáles te sorprenden?

3. Haz clic en por los menos cinco de los enlaces y describe lo que encuentres.

4. En tu opinión, ¿son los anuncios comerciales más o menos fastidiosos (*annoying*) que los que encuentras en Facebook o en Google? Explica.

P-11 Tu identidad. En Internet es posible inventarte una nueva identidad y crear tus propias experiencias. Imagínate que te vas a crear una identidad nueva para una red social en la que quieres ser anónimo/a. Escribe un párrafo en el que contestes las preguntas a continuación.

- ¿Quién eres? ¿Cómo eres?
- ¿Qué haces en tu tiempo libre?
- ¿Qué estudias? ¿En qué trabajas?
- ¿Tienes muchos amigos?

- ¿Cuáles son tus intereses?
- ¿Con qué o con quién sueñas?
- ¿Quieres unirte a una red profesional? ¿Por qué?
- ¿Qué vas a hacer en los próximos meses?

 ¿Quién eres? Ahora compartan su nueva identidad. ¿Qué tienen en común y cómo se diferencian?

P-12 El efecto de las redes sociales en la sociedad. Los medios sociales de comunicación son cada vez más importantes para difundir rápidamente información por todo el mundo. Investiga un incidente que te interese y escribe un párrafo en el que incluyas la siguiente información.

BUSCA www

tweet noruega; china; afganistán; libia; somalia; etc.

- la situación que quieren los usuarios comunicarle al mundo
- dónde tiene lugar
- quiénes mandan los mensajes y cómo
- si crees que van a tener éxito y por qué

 P-13 Las redes sociales y la educación. Muchas universidades dan clases a distancia; los estudiantes se conectan por redes sociales, foros y clases virtuales. En tu opinión, ¿es este el futuro de la educación? ¿Se va a apoderar (*take over*) la educación virtual de los recintos universitarios, las residencias estudiantiles y los salones de clases? Primero, hagan individualmente una lista de los pros y los contras y, luego, conversen sobre sus opiniones.

CONÉCTATE

¡Saludos, amigos twiteros!

Me llamo Mauricio Quijano Fernández. Soy del Distrito Federal de México, una ciudad fascinante con más de veinte millones de habitantes. Tengo veintiún años y aunque estudio en Estados Unidos me encuentro de vacaciones en mi ciudad natal. Mi padre, Luis Quijano González, es ingeniero químico y mi madre, Luisa Fernández Blanco, es maestra de inglés en una escuela elemental. Tengo dos hermanos menores que todavía están en el Distrito Federal. No, no tengo novia en estos momentos.

Estoy muy emocionado porque recibí una beca de la Universidad de Southern California para hacer un documental sobre el mundo hispano y tengo total libertad para escoger el tema, los lugares que visitaré y las personas que entrevistaré. Este va a ser un verano con mucho trabajo, pero fructífero, porque recibiré seis créditos por este proyecto.

Para darles una idea, durante los próximos meses visitaré ciudades cosmopolitas como el Distrito Federal, Barcelona, Londres y Los Ángeles. Además entrevistaré a un sinnúmero de personas, y tendré numerosas cosas para contarles. ¡Así que acompáñenme en este recorrido y síganme en mi blog!

¿Entendiste? Contesta las preguntas sobre este pequeño bosquejo biográfico (*biographical sketch*) de Mauricio Quijano.

¿Cuál es el nombre completo de Mauricio?

¿Qué hace Mauricio en estos momentos?

¿Cuál es la profesión de los padres de Mauricio?

¿Cuántos hermanos tiene Mauricio y dónde estan?

¿Qué planes tiene Mauricio para este verano?

¿En qué ciudades va a estar y por qué?

¿Cómo va a ser su verano?

En tu opinión, ¿cómo le va a beneficiar este proyecto a Mauricio en el futuro?

Antes de verlo

P-14 Mauricio.   Mauricio es un estudiante de cine en Los Ángeles. Él admite que está obsesionado con la tecnología de la comunicación. ¿Conoces personas como él? ¿Con qué tipo de tecnología están obsesionadas? ¿Con Facebook, con Twitter o con los constantes mensajes de texto? ¿Tienes algún amigo que se interese en hacer cine? ¿Cuál es su género favorito?

A verlo

P-15 Toma apuntes.   En este segmento vas a conocer a Mauricio, el estudiante cineasta que va a filmar los videos que verás en cada capítulo de *Conexiones*. Toma nota del proyecto que decide hacer y por qué tiene interés en hacerlo. ¿Cómo crees que lo va a dar a conocer al público?

Después de verlo

P-16 ¡Listos, cámara, acción!   Imagínense que estudian cine y que deben filmar un documental como hace Mauricio. ¿Sobre qué o quién lo harían? ¿Cuáles serían los lugares, la gente, los temas, la música, las ideas que presentarían? Identifiquen las características de Mauricio que más se parezcan a las de ustedes. Preséntenle sus respuestas al resto de la clase.

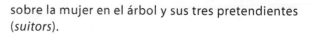

📖 Imágenes

P-16

🖼 *Los pretendientes* (Ernesto de la Peña Folch, 1960–, México)

Perspectivas e impresiones

P-17 La selección de la pareja.

Tradicionalmente muchas familias hispanas han desempeñado un papel (*played a role*) importante en la manera en que los jóvenes seleccionan a su pareja. Antes, las familias sabían con quiénes salían sus hijos, adónde iban y cuándo volvían a casa. Era más normal salir en grupo que solo con la pareja. Sin embargo, ahora muchos sociólogos culpan a los medios de comunicación por la ruptura social de los valores familiares. No siempre los padres conocen a los amigos que sus hijos hacen en línea y la familia pierde control del círculo de amistades. Compara este fenómeno con tu experiencia. ¿Tus padres conocen a todos tus amigos virtuales? En tu opinión, ¿hay demasiada libertad para hacer amistades en línea? Explica.

 P-18 Los pretendientes. Usen las preguntas a continuación para inventar una historia

sobre la mujer en el árbol y sus tres pretendientes (*suitors*).

1. ¿Cómo se llama la joven en la pintura? ¿Cuántas personas en total tiene en su red social?

2. ¿Cómo es ella? ¿Seria? ¿Coqueta? ¿Sociable? ¿Sensible? Expliquen por qué la caracterizan de esa manera.

3. ¿Quiénes son sus pretendientes? ¿Cómo son ellos físicamente? Usen su imaginación para describir el carácter del pretendiente que ella va a aceptar.

4. ¿Quieren ustedes ser miembros de esta red social? ¿Por qué sí o no?

P-19 A explorar: Ernesto de la Peña Folch. Conéctate a Internet para buscar otros cuadros de este artista. Escoge uno que te guste y descríbelo. ¿Cómo se llama? ¿Cuál es el tema? ¿Cómo son los colores? ¿Quiénes son los personajes? ¿Es más o menos lúdico (*playful*) que este cuadro?

BUSCA www ⬇

ernesto peña folch

Imágenes **15**

2. Review of uses, position, and forms of adjectives

P-17 to P-19

Uses of adjectives

Adjectives modify or describe nouns. Those that quantify, limit, make a noun unique, or give a known quality generally precede the noun. Those that simply describe follow the noun.

- **Quantify or limit:**

Tengo **muchos/algunos/cien** amigos en Google+.	*I have **many/some/a hundred** friends on Google+.*
Voy a cerrar **mi** cuenta en Facebook.	*I am going to close **my** account on Facebook.*

- **Make unique or provide a known quality:**

Mi **querida** amiga Antonia me manda mensajes de texto todos los días.	*My dear friend Antonia sends me texts every day.*
Vemos las **altas** montañas andinas en la foto.	*We see the high Andean mountains in the picture.*

- **Describe:**

Trato de siempre hacer clic en enlaces **seguros**.	*I always try to click on safe links.*
Mi computadora **portátil** tiene una garantía de cuatro años.	*My laptop has a 4-year warranty.*

¡OJO!

Some adjectives change meaning depending on whether they precede or follow the noun they modify. These include **grande/gran** (*great/big*), **nuevo/a** (*another/different, brand new*), **pobre** (*unfortunate/poor*), and **viejo/a** (*former/old*).

Esta es mi **vieja** red social.	*This is my old (former) social network.*
Mi móvil **viejo** no tiene todas las aplicaciones que necesito.	*My old (age) cell phone doesn't have all the apps I need.*
La **pobre** chica perdió su móvil con todos sus contactos.	*The poor (unfortunate) girl lost her cell phone with all of her contacts.*

Agreement and forms of adjectives

Adjectives are singular or plural and may also be masculine or feminine. They always agree in number and often in gender with the nouns they modify.

- **Adjectives that agree in number and gender (four forms)**

	MASCULINO	FEMENINO
Singular	el usua**rio** experimenta**do**	la herramienta compleja
Plural	los usuar**ios** experimenta**dos**	las herramien**tas** compleja**s**

- **Adjectives that agree in number (two forms)**

	MASCULINO	FEMENINO
Singular	el enlace útil	la cuenta útil
Plural	los enlaces útil**es**	las cuentas útil**es**

¡OJO!

Adjectives of nationality that end in a consonant add **-a** to form the feminine. If the adjective ends in **-e** or **-a**, the singular has only one form. Adjectives of nationality are not capitalized in Spanish.

El sitio **español** es muy atractivo.	Óscar Arias es **costarricense**.
Las usuarias **españolas** son muy diestras.	Tengo un amigo **vietnamita**.

- Some adjectives vary their forms before nouns. **Bueno, malo, primero, tercero, uno, alguno,** and **ninguno** drop the **–o** before masculine singular nouns; **cualquiera, grande,** and **ciento** shorten before any singular noun; and **santo** shortens before masculine singular nouns, except those beginning with **do-** or **to-**.

Tienes un **buen** perfil en Facebook.	*You have a good profile on Facebook.*
Quiero ver **cualquier** información sobre el incidente.	*I want to see any information about the incident.*
Frida Kahlo fue una **gran** pintora.	*Frida Kahlo was a great painter*
Visitamos **San** Juan, **Santo** Domingo y **Santa** Lucía.	*We visited San Juan, Santo Domingo, and Santa Lucía.*

Aplicación

P-20 Información para los empleadores. Este artículo, que se publicó en informatico.com, explica cómo una empresa puede usar las redes sociales para investigar a los futuros empleados. Escribe la forma correcta de los adjetivos.

¡Ojo con lo que pones en Internet!

Todos sabemos que cuando solicitamos trabajo, es común que la compañía investigue (1) _____ (nuestro) nivel de crédito y que hagan una investigación de nuestros trabajos anteriores[1]. Pero ahora (2) _____ (mucho) empresas también insisten en hacer una verificación de nuestros antecedentes en las redes (3) _____ (social).

La empresa (4) _____ (llamado) Inteligencia Social busca en Internet todo lo que el candidato haya escrito o hecho en línea durante los (5) _____ (último) siete años. Después, reúne un dossier de sus honores (6) _____ (profesional) y obras (7) _____ (humanitario), además de (8) _____ (todo) la información (9) _____ (negativo), por ejemplo comentarios (10) _____ (racista), mención de drogas (11) _____ (ilícito), fotos, mensajes de texto o videos (12) _____ (explícito), armas o materiales para actividades (13) _____ (violento).

Según el director de la empresa, no son detectives; solo agregan información (14) _____ (disponible[2]) en Internet. Sin embargo, este servicio les preocupa a otros que dicen que están buscando información (15) _____ (personal) e (16) _____ (irrelevante) al trabajo y a las cualificaciones del candidato.

Según el director de Inteligencia Social, son las fotos y los videos los que más perjudican[3] al candidato, por ejemplo una vez encontraron una foto de un chico al lado de una planta (17) _____ (gigantesco) de marihuana. El (18) _____ (desafortunado) candidato no consiguió el trabajo.

[1]*background check*   [2]*available*   [3]*perjudicar: to damage*

P-21 ¿Has comprendido? Contesta las preguntas sobre el artículo que se publicó en informatico.com.

1. ¿Por qué quieren las empresas investigar los antecedentes de sus futuros empleados?
2. ¿En qué tipo de información se especializa Inteligencia Social?
3. ¿Por cuántos años forma tu información personal parte de tu perfil para un trabajo?
4. ¿Qué tipo de información es especialmente perjudicial?
5. ¿Por qué critican algunas personas este tipo de investigación por Internet?

 P-22 ¿Qué buscan ustedes? Inventen oraciones sobre los temas a continuación. Usen varios adjetivos lógicos y tengan cuidado con la concordancia (*agreement*) de sustantivos y adjetivos.

> MODELO: un carro… *Voy a comprar un carro pequeño, rápido y económico.*

		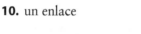
1. unos perfiles	6. unos artículos	
2. una pareja	7. una conexión a Internet	
3. una red social	8. unas fotos	
4. unas clases	9. un video	
5. un trabajo	10. un enlace	

ALGUNOS ADJETIVOS

agradable	feliz	popular
cariñoso	grande/pequeño	práctico
diverso	inocente	seguro
económico	inteligente	útil
emocionante	interesante	verídico
fácil/difícil	largo/corto	viejo/joven/nuevo

 P-23 Identifiquen. Túrnense para identificar y describir lugares, situaciones o personas con estas características.

> MODELO: un/a gran actor/actriz: *Penélope Cruz es una gran actriz.*

1. una persona feliz
2. una nueva idea
3. un hombre viejo
4. Santo Domingo
5. mi propio carro
6. San Juan
7. una gran ciudad
8. la clase media
9. mi viejo/a profesor/a
10. una tarea difícil

 P-24 ¡Desconéctate! A continuación vas a escuchar un anuncio de radio sobre un lugar para escaparte del mundo. Anota por lo menos cinco razones por las cuales esta empresa atrae a gente que busca tranquilidad.

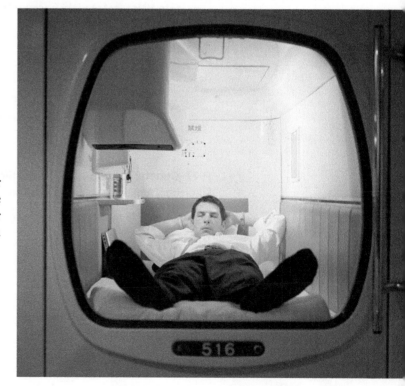

P-25 A explorar: Un lugar tranquilo. ¿Puedes vivir desconectado del mundo? Busca en Internet un sitio del mundo hispano apartado donde no haya mucho contacto con el resto del mundo y descríbelo.

> MODELO: *Las pampas argentinas están apartadas del resto del mundo. Allí, hay muchos animales y un paisaje espectacular…*

BUSCA www

foto patagonia; foto andes; foto amazonia; foto atacama; foto titicaca; foto isla pascua; foto pampas

---

P-26 Sus conexiones. Hablen de los amigos en sus redes sociales y usen adjetivos para describirlos.

> MODELO: *Tengo 200 amigos en Facebook, pero cinco de ellos son mis mejores amigos. Diego y Samuel son hermanos. Samuel es inteligente y trabajador, pero Diego…*

P-27 Debate: La comunicación del Siglo XXI. Formen dos grupos para debatir uno de los siguientes temas. Usen el presente en su discurso.

Resolución: Hay que prohibir llevar los teléfonos móviles al salón de clase.

Resolución: Es imposible expresar una opinión o comunicar una idea en 140 caracteres.

Frases comunicativas
En primer lugar,…
En segundo lugar,…
Finalmente,…

> MODELO: *Los teléfonos móviles no son más que una distracción en los lugares públicos, pero en la clase causan tremendos problemas. En primer lugar,…*

Páginas

Chicaviva es el apodo de una bloguera que escribe un foro en terra.com. Según ella, tiene veinticinco años, es soltera y estudiante de informática; le gusta el cine, especialmente las películas de Almodóvar; es miembro de la organización Comida Sana para Todos, y cuenta con más de 500 amigos (aunque muchos de ellos son amigos de amigos) en su red social. En su muro, tiene fotos de sus perros, su gata, su canario y sus vacaciones en República Dominicana.

Antes de leer

P-28 Tu perfil. Escribe tu perfil para una red social siguiendo el modelo de **Chicaviva**.

A leer

P-29 Los perfiles de Facebook. Mientras lees estos perfiles, trata de identificar a personas que conozcas. ¿Hay alguno que te describa a ti?

¿CUÁL ES EL TUYO? LOS PERFILES DE FACEBOOK

Glosario	
toparse con *to run into*	
con... *with much fanfare* / éxitos	5
not even	10
uncool	
gigantesco / *tag*	
parecer	25
farm, i.e, Farmville, un juego en Facebook	35
cool	
estúpido	
pretentious	40
way / block	

Para los que somos usuarios de Facebook, seguramente nos hemos topado con° alguno de estos personajes, e incluso voluntaria o involuntariamente podemos ser uno de ellos.

El/La presumido/a Es el típico sujeto que anuncia a los cuatro vientos con bombo y platillo° cada uno de sus logros°. ¡Y cuidado con que alguien en su red de amigos mencione una historia de éxito!, él o ella inmediatamente escribirá un comentario con alguna anécdota que sea mejor.

El/La mil-amigos Es esa persona cuya red de amigos sobrepasa los mil contactos y aún así se encuentra en constante crecimiento, aunque personalmente no conozca ni siquiera° a 50. Si es hombre, les presume a las chicas bonitas que se encuentran en su red; si es mujer, lo hará con los chicos guapos de los que es «amiga». Por lo general siempre tendrá más amigos virtuales que verdaderos.

El/La amigo/a de la escuela de quien en realidad no eras tan amigo/a. Era la persona con la que siempre te cruzabas en los pasillos de la escuela, pero aún así pasaba inadvertida. Por lo general lo/la agregas a tu red de contactos porque la mayoría de tus viejos amigos ya lo ha hecho, y tú no quieres ser el/la único/a «mala onda»° que lo/la discrimina. Después de un tiempo habrás notado que cometiste un error garrafal°, pues te etiquetará° en todas las fotos de la escuela en las que te ves horrible.

El/La que siempre te invita a unirte a grupos o a causas en pro de algo Constantemente recibes invitaciones de esta persona para formar parte del «Movimiento en Contra de la Discriminación en el Trabajo o para participar en La Marcha a Favor de los Derechos de los Animales». En realidad la mayoría de las veces estos cibernautas no están interesados en dichas causas, pero estas los hacen lucir como° buenas personas, preocupadas por el planeta y la humanidad.

El/La que siempre escribe de política Se trata de esa persona que inunda tu muro con comentarios en los que hace evidente su postura ideológica. Puede ser de izquierda, centro o derecha, pero todo lo relaciona con la política: el fútbol, el cine, la televisión, etc.

El/La aburrido/a Es aquel contacto que todo el tiempo te invita a usar decenas de nuevas aplicaciones para tu perfil en Facebook o que te pide constantemente que lo/la ayudes a construir algo, como una granja°.

El/La profesor/a o El/La jefe/a en la oficina Cree que hacer uso de las nuevas tecnologías lo/la hará maestro/a «buena onda»°. En el caso de los jefes de oficina, por lo general pretenden ganarse la confianza de sus subordinados. (¡Hay que ser medio bestia° para aceptar en tu red a tu jefe/a, nunca sabes cuándo lo pueda usar en tu contra!)

La pareja cursi° Todo el mundo sabe que son pareja, pero necesitan reafirmarlo constantemente en Facebook. Ponen miles de fotos juntos en su perfil y todo el día se envían mensajes el uno al otro por esta vía°, aunque viven en la misma cuadra°. Les fascina recibir mensajes como «qué linda pareja hacen» o «los envidio, ¡cuánto amor!».

El/La poeta Este/a usuario/a de la red social es el/la que siempre pone versos
de poemas o canciones como su estatus en Facebook. En su muro encuentras
palabras serias y trágicas sobre la vida o el amor. Esta persona es también la que
pone videos de canciones románticas o profundas sobre la vida o el destino y
escribe poemas en los que etiqueta a todos sus contactos.

El/La consejero/a Esta persona usa el lugar donde escribe su estatus para poner
citas de hombres y mujeres célebres sobre el éxito en la vida, el valor del trabajo
o sobre algún aspecto de la moral que contradice, y generalmente, la forma
en que el/la usuario/a conduce su propia vida. Por lo general, las personas que
visitan su muro se mueren de la risa al encontrarse con tal ironía.

El/La paranoico/a Es la persona que jamás pone más información que su
nombre ni pone fotos ni videos en su muro, ¡ni siquiera tiene una foto de perfil!
Tiene muchos amigos, pero en su lista de contactos solo hay cinco.

El/La que da demasiada información sobre lo que hace, siente o quiere,
¡tan íntima y detallada que el lector de su muro pasa vergüenza ajena°!

Y bueno, como estos hay miles de perfiles diferentes de usuarios en
Facebook así como en cualquier otra red social. ¿Cuál es el tuyo?

pasa… *feels embarassment for him/her*

P-30 ¿Quién es quién? A continuación hay seis perfiles. Emparéjalos con las descripciones.

1. ___ El/La mil-amigos
2. ___ El/La pro de algo
3. ___ El/La que escribe de política
4. ___ El/La poeta
5. ___ El/La paranoico/a
6. ___ El/La aburrido/a

a. Nunca pone detalles personales en su página de inicio.
b. Es el/la filósofo/a entre tus amigos.
c. Tiene más amigos que los que puede contar.
d. Tiene ideas muy fijas sobre la política.
e. Tiene una aplicación nueva todos los días.
f. Es miembro de varias organizaciones humanitarias.

 P-31 ¿Cuál es el suyo? De todos los perfiles en el foro de **Chicaviva**, ¿hay uno o más que los describan a ustedes? Expliquen cómo son ustedes y cómo nunca van a ser.

MODELO: *Soy como el paranoico porque no me gusta poner información personal en mi página de inicio. Nunca voy a ser como…*

📖 Taller

P-21

Tu página personal

Vas a crear una página personal para una red social. Puedes usar tu propia información o crear una identidad y personalidad nueva.

Antes de escribir

Tu perfil. ¿Cuáles son los componentes que quieres incluir en tu página personal? ¿Tu identidad? ¿Tus fotos? ¿Tu avatar? ¿Tu educación y pasatiempos? ¿Tus películas, causas e intereses sociales y políticos? Si quieres, puedes seguir el perfil de uno de los tipos expuestos en *Páginas*.

A escribir

Crear tu página. Sigue un modelo de Facebook, Google+ u otra red social para crear tu página de inicio en español. Incluye toda la información de tu perfil. Trata de darle una pinta (*look*) auténtica con fotos y mensajes. Puedes hacer tu página en línea o en un documento.

MODELO:

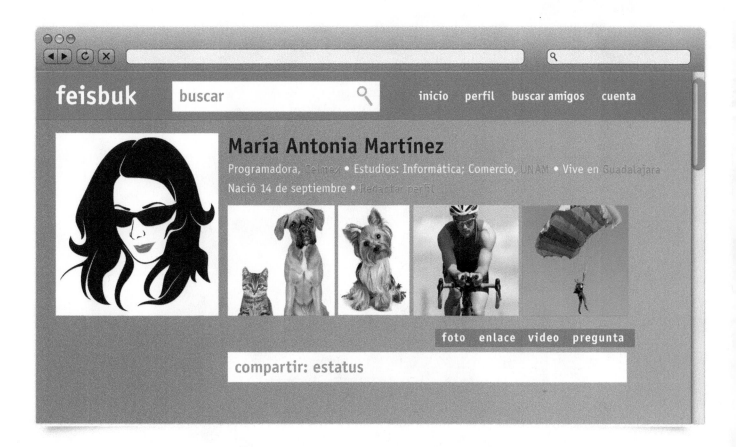

feisbuk   buscar 🔍   inicio   perfil   buscar amigos   cuenta

María Antonia Martínez
Programadora, Celmex • Estudios: Informática; Comercio, UNAM • Vive en Guadalajara
Nació 14 de septiembre • Redactar perfil

foto   enlace   video   pregunta

compartir: estatus

Después de escribir

Revisar. Revisa tu página para verificar los siguientes puntos:

☐ el uso de los verbos en el presente
☐ la concordancia de adjetivos con sustantivos

Responder. Intercambia tu trabajo con el de un/a compañero/a. Mientras revisas el de tu compañero/a, comenta sobre el contenido, la gramática y la creatividad.

Entregar. Pon tu trabajo en limpio y entrégaselo con los comentarios de tu compañero/a a tu profesor/a.

a menudo	*often*
agregar (a un/a amigo)	*add (a friend)*
arriesgarse	*to risk*
bajar	*to download*
borrar	*to erase*
el buzón	*mailbox*
chatear	*to chat (online)*
el círculo	*circle*
complejo/a	*complex*
conectarse con	*to connect up with*
la contraseña	*password*
el correo basura	*spam*
la cuenta	*account*
de vez en cuando	*sometimes*
diario/a	*daily*
difundir	*to disseminate*
diverso/a	*diverse*
el enlace	*link*
etiquetar	*to tag (on Facebook)*
el familiar	*family member*
el grado	*degree*
la herramienta	*tool*
mandar un *tweet*	*to tweet*
los medios	*media*
el mensaje	*message*
el miembro	*member*
el muro	*wall*
el nivel	*level*
la página de inicio	*home page*
la pareja	*partner, couple*
el perfil	*profile*
la red//la Red	*network/Internet*
el riesgo	*risk*
soler (ue)	*to be in the habit of, to tend to*
subir	*to upload*
unirse a	*to join*
el/la usuario/a	*user*
útil	*useful*
verídico/a	*truthful*

¡Cuidado! Verbs that do not require a preposition:
buscar - esperar - pagar See page 5.
Some useful adjectives: *See page 19.*

1 De moda

☑ **OBJETIVOS COMUNICATIVOS**

- ■ Discussing fashion trends and fads
- ■ Saying what occurred in the past
- ■ Describing in the past
- ■ Talking about the influence of fashion on cars
- ■ Narrating in the past

A empezar

La moda. Describe algunas modas populares entre los jóvenes de hoy (la ropa y los zapatos, el peinado, etc.) ¿Crees que son pasajeras o duraderas? Explica por qué las sigues o no.

Curiosidades

¿Sabes...

cuánto le pagaron a Harvey Ball por crear la carita alegre ☺ en los años 60?

a. $4.500
b. $450
c. $45

qué estilo de chaqueta popularizaron los Beatles?

a. la Nehru
b. la de cuero
c. la de manga corta

el nombre de la cantante que no solo canta sobre la moda sino que también está obsesionada por la moda de los grandes diseñadores?

a. Jennifer López
b. Lady Gaga
c. Taylor Swift

En esa década

*L*as modas son pasajeras. Duran unos años, pegan fuerte y se van. Pero son cíclicas.... a veces cambian los diseños y las marcas pero luego vuelven a ser populares.

A continuación verás a algunos hispanos famosos y una lista de las modas que se hicieron populares en su década. ¿Qué sabes de los artistas? ¿Sigues alguna de estas modas? ¿Cuáles han vuelto a estar de moda?

Carlos Santana

De los años **70**
¿Ha(n) vuelto a estar de moda?

- ○ sí ○ no los zapatos plataforma
- ○ sí ○ no el maquillaje glam/glitter (popular entre los roqueros como Alice Cooper)
- ○ sí ○ no los pantalones de pata de elefante[1]

De los años **80**
¿Ha(n) vuelto a estar de moda?

- ○ sí ○ no las gafas de sol aviador
- ○ sí ○ no los tenis de diseñador
- ○ sí ○ no el peinado de la mujer muy inflado con mucho fijador[2]

José Feliciano

Gloria Estefan

De los años **90**
¿Ha(n) vuelto a estar de moda?

- ○ sí ○ no la moda «grunge»
- ○ sí ○ no las chaquetas de cuero
- ○ sí ○ no los aretes grandes

De los años **2000**
¿Son populares todavía?

- ○ sí ○ no las camisetas de tirantes[3]
- ○ sí ○ no los jeans rotos
- ○ sí ○ no las chanclas[4]

Shakira

[1] *bell-bottom* [2] *spray* [3] *tank tops* [4] *flip flops*

Vocabulario básico*

el anuncio
los (años) veinte, treinta, cuarenta, etc.
cambiar
la década
difundirse
el estilo
imitar
llevar
práctico/a
la publicidad
el público
seguir (i, i)

*Terms in *Vocabulario básico* are previously studied expressions or English cognates that can be useful for activities in this chapter. You can find English translations in the glossary at the end of the text.

Vocabulario clave: Las modas

Verbos

destacarse	*to stand out*
durar	*to last*
hacerse popular	*to become popular*
influir en/sobre†	*to influence*
lograr	*to achieve*
pegar fuerte	*to catch on*

Sustantivos

la demanda	*demand*
el diseño	*design*
el género	*type, genre*
el maquillaje	*makeup*
la marca	*brand (of a product), make of a car*
la moda (pasajera)	*(passing) fad*
el/la modelo	*model*
el modo (de vestir, de bailar, etc.)	*way (of dressing, dancing, etc.)*
el movimiento	*movement*
el peinado	*hairstyle*
la tendencia	*tendency*

Otras expresiones

a la moda	*in style/fashion (a person)*
de moda	*in style/fashion (something)*
en onda/boga	*in fashion/vogue*
fuera de onda/boga	*out of fashion/vogue*
pasado/a de moda	*out of style*

†influyo, influyes...

Ampliación

Verbos	Sustantivos	Adjetivos
cambiar	el cambio	cambiado/a
diseñar	el diseño, el/la diseñador/a	diseñado/a
durar	la durabilidad	duradero/a
imitar	la imitación	imitado/a
influir	la influencia	influido/a

¡Cuidado!

solo(a)/solo/solamente, realizar/darse cuenta de

- Use **solo/a** as an adjective to mean *alone.*

  La chica fue **sola** al baile. *The girl went alone to the dance.*

- Use **solo** or **solamente** as an adverb to mean *only.*

  Hay **solo** (**solamente**) una marca de champú que me gusta. *There is only one brand of shampoo that I like.*

- Use **realizar** in the sense of *to carry out, to undertake,* or *to achieve;* use **darse cuenta de** to mean *to realize* or *to recognize.*

  ¿Dónde se puede **realizar** un curso de diseño? *Where can one undertake a course in design?*

  Me di cuenta de que mis zapatos estaban fuera de onda. *I realized my shoes were out of fashion.*

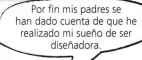

Por fin mis padres se han dado cuenta de que he realizado mi sueño de ser diseñadora.

1-1 Las celebridades. Empareja a las celebridades mencionadas en *¡Así es la vida!* con las descripciones a continuación. ¿A quiénes ya conocías?

1. _____ Carlos Santana

    a. cantautor/a de origen cubano de pop latino; ganador/a de siete premios Grammy; ha vendido más de 100 millones de álbumes

2. _____ José Feliciano

    b. guitarrista y cantautor de rock, salsa y jazz de origen mexicano; ganador/a de trece premios Grammy; miembro del Rock and Roll Hall of Fame

3. _____ Gloria Estefan

    c. cantautor/a y productor/a colombiano/a de música rock, latina y del medio oriente; ganador/a de nueve premios Grammy; produjo "Waka waka", la canción oficial de la Copa Mundial de Fútbol en el 2010

4. _____ Shakira

    d. cantautor/a y guitarrista puertorriqueño/a famoso/a por el sencillo *hit* "Feliz navidad"; ganador/a de ocho premios Grammy; ciego/a desde la niñez

1-2 Las modas pasajeras. Vuelvan a ver las modas que se mencionan en *¡Así es la vida!* ¿Cuáles han vuelto a estar de moda? ¿Las siguen Uds. ahora? ¿Hay alguna que no conozcan? Conversen sobre las razones por las que una moda continúa o no.

1-3 Carolina Herrera. Completa la descripción sobre esta diseñadora venezolana conocida por todo el mundo usando la forma correcta de las expresiones de la lista.

destacarse	diseño	fuera de boga	marca
diseñador/a	estar de moda	influir sobre	moda

Una boutique de Carolina Herrera en Madrid

Carolina Herrera es una (**1**) _____ que se destaca por sus (**2**) _____ sencillos y prácticos que (**3**) _____ la (**4**) _____ femenina. De nacionalidad venezolana, tiene fama de ser una de las mujeres mejor vestidas del mundo. Entre sus clientes se han incluido Jacqueline Kennedy, Renée Zellweger y la ficticia Bella Swan (*The Twilight Saga, Breaking Dawn*). Tiene varias (**5**) _____ de ropa y de perfume, entre las cuales (**6**) _____ "Carolina Herrera CH" con sus diseños "*lifestyle*", es decir, para la mujer a quien le importa vestirse bien, cómoda y económicamente. Ahora tiene *boutiques* por todo el mundo y se admiran sus estilos por siempre (**7**) _____ y nunca (**8**) _____.

1-4 En su opinión. Ustedes tienen la oportunidad de crear una moda nueva (ropa, accesorio, aparato, juego, etc.) que pueda traerles fama y riqueza. Decidan cómo es y cómo la van a hacer popular. La clase luego decidirá cuál de las modas tendrá más éxito comercial.

1-5 A explorar: Pasado/a de moda. Elige dos de las siguientes modas y búscalas en Internet. Luego, escribe un breve párrafo en el que menciones en qué consisten, cuándo y entre quiénes eran populares, y en tu opinión, por qué han pasado de moda o han vuelto a estar de moda.

BUSCA www

botas gogó; cubo rubik; patillas; etc.

las botas gogó	el cubo de Rubik	las patillas
la piedra mascota	las hombreras	la cama de agua
la lámpara de lava	el autocine	el radio CB

1-6 Comunidades: La ropa y el trabajo. Investiga si hay organizaciones que vendan ropa de segunda mano en tu comunidad que ayuden a personas de bajos recursos a lucir bien en el trabajo como, por ejemplo, Dress for Success, Goodwill y Salvation Army. Escribe un informe sobre los servicios que ofrecen estas organizaciones y el número de personas a quienes sirven. Averigua (*Find out*) si está creciendo o disminuyendo el número de sus clientes y por qué esto ocurre.

1-7 De nuevo: Soy una moda (*Present indicative*). Imagínate que eres una moda que se hizo popular en el pasado, como los anillos en la lengua y en la nariz, los tatuajes, los zapatos de plataforma, etc. Escribe una autodescripción y léesela a tus compañeros/as. ¡A ver si adivinan qué moda eres!

RECUERDA

Usa el presente del indicativo. Ve al Capítulo Preliminar y a las tablas de los verbos en el apéndice.

MODELO: —*Soy popular entre los novios.*
—*Me visitan cuando quieren ver una película al aire libre.*
—*Es normal ver la película desde el carro.*
—*¿Qué soy?*
(El autocine)

Reto: Escribe por lo menos seis oraciones y usa varias expresiones de *¡Así lo decimos!*

¡Así lo hacemos!

01-07 to 01-13 **1. Preterit**

¿Quién fue ese?

¡OJO!

The verb **ver** is regular in all persons except it has no accent marks: **vi**, **viste**, **vio**…

¡OJO!

• Verbs that end in **-car**, **-gar**, or **-zar** have a spelling changing only in the **yo** form to preserve the pronunciation: **busqué**, **llegué**, **empecé**.

• Verbs that end in **-er** and **-ir** preceded by a vowel (for example, **creer**, **caer**, **leer**, and **oír**) change the **i** to **y** in the third person singular and plural in order to avoid having three vowels in a row: creí, creiste, **creyó**, creimos, creisteis, **creyeron**

Uses of the preterit

The **preterit** is one of two simple past tenses in Spanish. It is used to indicate the following:

• completed past actions or events

Carolina Herrera **fundó** su casa de diseño en 1980.

Carolina Herrera founded her design house in 1980.

• actions that began or finished (either explicitly or implicitly)

La moda de las hombreras **duró** solo unos pocos años.

The shoulder pad fad only lasted a few years.

• abrupt changes in emotions or in physical or mental states in the past

El chico **se alegró** cuando **vio** el MG en el garaje de su casa.

The boy was happy (got happy) when he saw the MG in his home garage.

• events that took place in an instant or in a limited period of time (whether stated or not)

La modelo **se maquilló** antes de la sesión con el fotógrafo.

The model put on her makeup before the session with the photographer.

• a series of events in a narration (to advance the plot)

El diseñador **terminó** el dibujo, lo **firmó** y lo **echó** al correo.

The designer finished the sketch, signed it, and put it in the mail.

Regular forms of the preterit

	TOMAR	COMER	VIVIR
yo	tomé	comí	viví
tú	tomaste	comiste	viviste
Ud., él, ella	tomó	comió	vivió
nosotros/as	tomamos	comimos	vivimos
vosotros/as	tomasteis	comisteis	vivisteis
Uds., ellos, ellas	tomaron	comieron	vivieron

1-8 Un movimiento musical de los años 60. Lee la descripción de los músicos que más influyeron en la música desde los 1960 hasta hoy en día. Subraya los verbos en el pretérito.

Un movimiento musical impactante

Cuando los Beatles salieron en vivo en el programa de Ed Sullivan en 1964, comenzó la invasión de la música británica en Estados Unidos y en Canadá. Su primera aparición el 9 de febrero, en particular, marcó un hito[1] en la cultura pop norteamericana. Los jóvenes no solo compraron sus discos, sino que también imitaron su modo de vestir y de peinarse. Así, cuando volvieron al programa en septiembre de 1965, más del 60 por

ciento del público norteamericano lo vio. El grupo no perdió influencia en los años siguientes. Grabaron 40 sencillos y varios álbumes. Llegaron a ser el grupo número uno en ventas y popularidad, no solo en Norteamérica sino también en muchos otros países del mundo. Su modo de vestir, su peinado y sus opiniones políticas y sociales les permitieron poder dictar la moda y ver su influencia manifestarse en las revoluciones sociales y culturales de la década de los 60. En el 2000 su álbum con veintisiete sencillos que alcanzaron la primera posición en las listas de pop, llegó a ser el álbum con más ventas de todos los tiempos, con 3,6 millones de unidades vendidas en su primera semana y más de 32 millones hasta la fecha.

[1]*milestone*

1-9 Una invasión musical. Contesta con una oración completa las preguntas basadas en el párrafo anterior.

1. ¿En qué década aparecieron los Beatles por primera vez en EE. UU.?
2. ¿Qué influencia se vio en la moda?
3. ¿Cuántos álbumes y sencillos grabaron?
4. ¿Cómo influyeron en el pensamiento social de su época?
5. ¿Por qúe es importante su álbum que salió en el 2000?
6. ¿Conoces su música? ¿Qué canción te parece la más impactante?

1-10 ¿Es cierto o no? Reacciona a cada afirmación indicando si ocurrió o no.

MODELO: Esta mañana saliste de tu casa a las seis.
No, no es cierto. Salí a las…

1. Trabajaste ayer en el laboratorio de química.
2. Comiste en un restaurante chino el fin de semana pasado.
3. Tú y tus amigos salieron a un bar anoche.
4. Todos tus amigos asistieron a clase hoy.
5. Llamaste a tus padres esta mañana.
6. Tú y tus amigos vieron una película el sábado.
7. Tu último examen de español duró dos horas.
8. Tus profesores cancelaron las clases hoy.

1-11 Menudo. Completa el párrafo siguiente sobre la historia de otro grupo musical famoso usando la forma correcta del pretérito del verbo más apropiado de la lista.

crear	formar	invadir	recorrer	trabajar
decidir	imitar	recibir	tomar	usar

Sin duda, se considera al grupo musical Menudo el fenómeno musical más grande de Latinoamérica del Siglo XX. En 1977 Edgardo Díaz, un productor puertorriqueño, (1) _creó_ un concepto musical innovador con un grupo de muchachos jóvenes. Para conservar una imagen fresca, Díaz (2) _decidió_ sustituir a sus miembros al cumplir los quince años. En preparación, los integrantes (3) _trabajaron_ largas horas y (4) _tomaron_ lecciones de canto y baile para luego presentar un verdadero espectáculo ante un público internacional. Desde Puerto Rico, Menudo (5) _invadió_ el mundo de la música pop. Menudo (6) _recorrió_ cinco continentes y (7) _recibió_ la atención de millones de jóvenes con sus canciones en español, italiano, inglés, portugués y hasta en tagalo. Desde su inicio, 33 adolescentes (8) _formaron_ parte de este grupo histórico. Muchos, como Ricky Martin, (9) _usaron_ esta experiencia como plataforma para iniciar una carrera como solista. En Estados Unidos, algunos grupos juveniles posteriores como New Kids on the Block, Backstreet Boys y N*Sync (10) _imitaron_ su estilo y sus coreografías.

BUSCA www

nuevo menudo +
"more than words"
video

1-12 Más Menudo. En el 2007 se formó el "nuevo" Menudo con integrantes mayores que los originales. Sin embargo, el nuevo conjunto no ha tenido tanto éxito como el original. Busca en Internet una muestra de su música y escribe una descripción de los cantantes y de su estilo.

1-13 Momentos de nuestro pasado. Usen el pretérito para hacerse preguntas sobre las siguientes actividades en su pasado.

MODELO: aprender a manejar
¿Cuándo aprendiste a manejar?
Aprendí a manejar en el 2012. (Nunca aprendí a manejar.)

1. **decidir** asistir a esta universidad
2. **empezar** a estudiar lenguas extranjeras
3. **llegar** a esta ciudad
4. **ver** una película en español
5. **hablar** con el/la profesor/a
6. **trabajar** en la biblioteca
7. **salir** para España
8. **oír** las noticias sobre la economía en Europa

Common irregular verbs in the preterit

Many common verbs in the preterit are irregular.

- The verbs **ser** and **ir** have the same forms in the preterit. The context will clarify the meaning.

SER/IR
fui, fuiste, fue, fuimos, fuisteis, fueron

Fuimos al concierto de rock.	*We went to the rock concert.*
Selena **fue** una cantautora importante.	*Selena was an important singer-songwriter.*

- **Dar** uses the same forms as the **-er** and **-ir** verbs, but without accents.

DAR
di, diste, dio, dimos, disteis, dieron

El músico le **dio** su autógrafo a la joven.	*The musician gave his autograph to the young woman.*

- With the exception of a few spelling changes, the verbs below follow a common pattern.

Note that there are no accents on these endings:

-e	-imos
-iste	-isteis
-o	-ieron

	U IN STEM
andar	anduve, anduviste, anduvo, anduvimos, anduvisteis, anduvieron
estar	estuve, estuviste, estuvo, estuvimos, estuvisteis, estuvieron
haber	hubo
poder	pude, pudiste, pudo, pudimos, pudisteis, pudieron
poner	puse, pusiste, puso, pusimos, pusisteis, pusieron
saber	supe, supiste, supo, supimos, supisteis, supieron
tener	tuve, tuviste, tuvo, tuvimos, tuvisteis, tuvieron

¡OJO!

The verb **haber** has only one form (**hubo**) when it refers completed actions:

En los 70 **hubo** cambios importantes en todos los aspectos de la vida. *In the 70s there were important changes in every aspect of life.*

	I IN STEM
hacer	hice, hiciste, hizo, hicimos, hicisteis, hicieron
querer	quise, quisiste, quiso, quisimos, quisisteis, quisieron
venir	vine, viniste, vino, vinimos, vinisteis, vinieron

	-IERON → -ERON
traer	traje, trajiste, trajo, trajimos, trajisteis, trajeron
conducir*	conduje, condujiste, condujo, condujimos, condujisteis, condujeron
decir	dije, dijiste, dijo, dijimos, dijisteis, dijeron

*Other verbs like **conducir**: introducir, producir, traducir

Stem-changing verbs in preterit

Stem-changing **-ir** verbs in the present tense also have stem changes in the preterit. The changes are:

e → i

o → u

- These changes only occur in the third person singular and plural.

pedir	pedí, pediste, pidió, pedimos, pedisteis, pidieron
dormir	dormí, dormiste, durmió, dormimos, dormisteis, durmieron

- The following verbs follow a similar pattern:

divertirse (i)	morir (u)	reírse (i)	seguir (i)	servir (i)
mentir (i)	preferir (i)	repetir (i)	sentir (i)	vestirse (i)

El cantautor mexicoamericano Ritchie Valens **murió** en un accidente de avión en 1959.	*The Mexican American singer-songwriter Ritchie died in an airplane accident in 1959.*
Todos **siguieron** las noticias sobre el accidente.	*Everyone followed the news about the accident.*

Aplicación

1-14 La historia de los videojuegos. Usa la forma correcta del pretérito para completar este artículo sobre los primeros videojuegos.

En 1958, el ingeniero William Higginbotham (**1**) _____ (querer) entretener a los visitantes del Brookhaven National Laboratory e (**2**) _____ (inventar) un simulador de tenis de mesa, *Tennis for Two*, considerado hoy en día como el primer juego interactivo. Otras figuras importantes que (**3**) _____ (contribuir) al diseño y desarrollo de los videojuegos (**4**) _____ (ser) Steven Russell, Ralph Baer y Nolan Bushnell. Muchos de los videojuegos que los diseñadores (**5**) _____ (traer) al mercado en los 70 (**6**) _____ (tener) orígenes en las creaciones de estos tres genios de la ingeniería y la programación. De Higginbotham, por ejemplo, (**7**) _____ (venir) el conocido juego Pong que (**8**) _____ (aparecer) en los primeros salones de máquinas recreativas. *Space Invaders* (**9**) _____ (hacerse) gracias a la primera versión de Bushnell. Con la colaboración y talento de muchos otros, los videojuegos (**10**) _____ (poder) salir de su ámbito universitario y convertirse en el pasatiempo más popular de esta generación. De estos juegos sencillos (**11**) _____ (evolucionar) los popularísimos juegos actuales, tales como los que se usan con el *Wii* y el *PlayStation*.

 1-15 En su opinión. Digan si están de acuerdo o no con estas afirmaciones y expliquen sus opiniones.

1. El videojuego fue el invento más importante del Siglo XX.
2. La minifalda estuvo de moda hasta esta década.
3. Carolina Herrera tuvo el impacto más importante sobre la moda en los años 90.
4. Los góticos introdujeron el color negro en la moda.
5. Los hippies no quisieron formar parte de la sociedad.

 1-16 ¿Qué hicieron? Imagínense una conversación entre un/a corredor/a de bolsa (*stockbroker*) y un/a diseñador/a. Piensen en la ropa, la música y las actividades típicas de estas personas. Usen los siguientes verbos en el pretérito e inventen respuestas apropiadas según los contextos históricos.

> MODELO: DISEÑADOR/A: *¿Qué almorzaste ayer?*
> CORREDOR/A: *No almorcé nada. Tuve que vender unas acciones de oro (gold stocks). ¿Y tú?*
> DISEÑADORA: *No pude almorzar. Tuve que probar el último juego de Wii.*

abrazar	decir	hacer	pagar	querer
almorzar	descubrir	ir	poder	tocar
buscar	empezar	leer	ponerse	traer
dar	estar	llegar	oír	venir

Joan Báez, 1985 en el concierto de Live Aid.

1-17 Un concierto de *Live Aid*. En 1985 hubo un concierto en el estadio JFK de Filadelfia para beneficiar a las víctimas del hambre en Etiopía. Muchos grupos de rock, entre ellos Joan Báez, Santana y Bob Dylan participaron en ese evento. Combina las preguntas sobre este evento con la respuesta apropiada.

> MODELO: ¿Quiénes organizaron el concierto?
> *Varios músicos de rock.*

1. _____ ¿Por qué hubo un concierto?

2. _____ ¿Dónde fue el concierto?

3. _____ ¿Quiénes estuvieron presentes?

4. _____ ¿Qué pidieron los músicos?

5. _____ ¿Cómo se sintieron todos al día siguiente?

a. Donaciones de comida y dinero para los necesitados.

b. En el estadio JFK de Filadelfia.

c. Cansados pero contentos.

d. Admiradores de Joan Báez y de Santana.

e. Para recaudar fondos y ayudar a la gente en Etiopía.

1-18 *Gran hermano*. Este programa de realidad es popularísimo en muchos países hispanos. Se trata de un grupo de personas que tienen que vivir juntas mientras que el público las puede observar las veinticuatro horas al día. Hagan el papel de reportero/a y uno/a de los protagonistas echados (*thrown out*) de la casa.

1. ¿Cuándo fue el concurso?

2. ¿Qué les explicó el director antes de empezar el concurso?

3. ¿Dónde durmieron todos en la casa?

4. ¿Qué sirvieron en las comidas?

5. ¿Cómo se divirtieron en la casa?

6. ¿Por qué perdió usted la paciencia con algunos de sus compañeros de casa?

7. ¿Cómo se sintió usted después de ser echado/a de la casa?

8. ¿Qué hizo usted cuando fue echado/a de la casa?

1-19 El/La adivino/a. Imagínate que sabes leer la mente de otras personas. Túrnate con tu compañero/a para adivinar cinco cosas que él o ella hizo el año pasado.

> MODELO: *Veo en tus manos que el año pasado hiciste un viaje a...*

2. Imperfect

Use the imperfect to express
• simple past with no particular beginning or end
• past progressive (was/ were + -ing)
• habitual actions (would, used to)

De joven yo era hippie.

Yo siempre llevaba flores en el pelo.

Uses of the imperfect

The imperfect is another simple past tense in Spanish. The Spanish imperfect has three common English equivalents:

El diseñador **hablaba** de las modas más importantes de la década.

The designer {
talked (simple past)
was talking (past progressive)
would (used to) talk (habitual actions in the past)
} *about the most important styles of the decade.*

• The imperfect tense expresses a **continuous past action or state**. It makes no reference as to the exact beginning, duration, or end of the action.

Cuando **estaba** en la escuela secundaria, **era** popular llevar varios aretes.

When I was in high school, it was popular to wear several earrings.

• The imperfect expresses **repeated, habitual, or continuous actions in the past.**

Cuando **tenía** quince años, **leía** revistas sobre gente famosa.

When I was fifteen, I used to read magazines about famous people.

• The imperfect expresses two **simultaneous continuing activities.**

La presentadora **explicaba** los estilos nuevos mientras las modelos **caminaban** por la pasarela.

The presenter explained the new styles as the models walked down the runway.

• When **one action interrupts another,** the action that interrupts is expressed in the **preterit,** and the interrupted action in the **imperfect.**

Era el año 1995 cuando el conjunto Los del Río **popularizó** la canción *Macarena.*

It was the year 1995 when the group Los del Río popularized the song Macarena.

¡OJO!

Only the first person plural of **-ar** verbs has a written accent mark. All **-er** and **-ir** verbs have the same endings in the imperfect tense. All forms have a written accent mark.

Regular forms of the imperfect

Most verbs in the imperfect are regular.

• Note that the three verbs listed end in **-ar**, **-er**, and **-ir**, respectively.

hablar	habl**aba**, habl**abas**, habl**aba**, habl**ábamos**, habl**abais**, habl**aban**
comer	com**ía**, com**ías**, com**ía**, com**íamos**, com**íais**, com**ían**
vivir	viv**ía**, viv**ías**, viv**ía**, viv**íamos**, viv**íais**, viv**ían**

¡OJO!

The verb **haber** has only one form (**había**) when it refers to ongoing or repeated events, or descriptions in the past:

Cuando llegamos al concierto ya **había** mucha gente en el teatro.

When we arrived at the concert, there were already many people in the theater.

Irregular verbs in the imperfect

¡OJO!

Only the first person plural forms of **ir** and **ser** have a written accent mark; all forms of **ver** require an accent mark.

There are only three irregular verbs in the imperfect.

ir	iba, ibas, iba, íbamos, ibais, iban
ser	era, eras, era, éramos, erais, eran
ver	veía, veías, veía, veíamos, veíais, veían

- The expression **ir a** in the imperfect + **infinitive** expresses **future in the past**, especially if the action was interrupted or not completed.

Yo **iba** a escribir sobre el movimiento hippie.	*I was going to write about the hippie movement.*

Aplicación

1-20 Un programa pionero en la televisión. En los 50 y 60 muchos de los programas de televisión se filmaban en vivo. Lee sobre uno de ellos y subraya todos los verbos en el imperfecto. Identifica también el infinitivo de cada verbo.

Detrás de las risas provocadas por las cómicas situaciones de *I Love Lucy*, había una ruptura revolucionaria de los estereotipos. La serie mostraba, por primera vez a un matrimonio intercultural en un programa familiar emitido en horas de máxima audiencia. A través de Lucy y Ricky Ricardo convivían dos culturas, la estadounidense y la cubana, con respeto para ambas. Para comenzar, Ricky Ricardo, el guapo esposo cubano de la estadounidense Lucy, era el más inteligente de la familia. Además, este personaje hispano no era ni bandido, ni drogadicto, ni pobre, ni analfabeto (*illiterate*), habitual imagen de los hispanos aún hoy en la industria del cine y la televisión. *I Love Lucy* incorporó innumerables novedades técnicas y de contenido: se usaban tres cámaras; se grababa en vivo; se contaba con la presencia del público durante la grabación; un hispano interpretaba el papel de un personaje hispano más listo que el personaje anglosajón que interpretaba su coprotagonista. Además, el mismo Desi Arnaz producía la serie.

1-21 Un programa innovador. Contesta con una oración completa las preguntas basadas en el párrafo anterior.

1. ¿Cómo se llamaba la serie?
2. ¿Por qué era innovadora?
3. ¿Quiénes estaban presentes durante la grabación?
4. ¿Quién producía la serie?
5. Antes de ser estrella de la televisión, Desi Arnaz ya era muy conocido. ¿Sabes cuál era la profesión original de Desi Arnaz?

1-22 El factor X. En Colombia esta es la primera versión latinoamericana del programa de televisión de búsqueda de talentos musicales. Es uno de los programas de telerealidad más vistos y con convocatorias que superan las 50.000 audiciones en todo el país. Completa la descripción de una de las audiciones en su primera temporada con el imperfecto de los verbos.

En su audición, un chico que (1 _se llamaba_) (llamarse) Sergio (2 _se parecía_) (parecerse) a Michael Jackson en la manera en que (3) _bailaba_ (bailar) y (4) _cantaba_ (cantar). Al entrar en el escenario, (5) _llevaba_ (llevar) el dichoso guante blanco, y su peinado (6) _lucía_ (lucir) a puro Michael. Su estilo de cantar también (7) _era_ (ser) bastante auténtico. Cuando terminaron los aplausos, el público (8) _lloraba_ (llorar) y (9) _gritaba_ (gritar). El aire (10) _estaba_ (estar) verdaderamente cargado de emoción. Hasta los jueces (11) _sonreía_ (sonreír). Sin embargo, para nosotros los aficionados que (12) _coleccionábamos_ (coleccionar) los discos y (13) _asistíamos_ (asistir) a los conciertos del Michael auténtico, este joven no (14) _era_ (ser) él que todos (15) _amaban_ (amar). Tal vez algún día…

1-23 Un programa ya pasado de moda. Piensen en un programa que gozaba de mucho éxito en el pasado. Cuéntense cómo se llamaba el programa, cuándo era popular, quiénes eran los actores principales y qué hacían. ¿Cuándo y con quién lo veían ustedes? ¿Cómo se sentían cuando lo veían?

> MODELO: *En el 2011 cuando vivía en Maryland veía mucho el programa Ídolo Americano…*

1-24 Cuando era más joven. Usa el imperfecto para contarle a tu compañero/a cinco cosas que no hacías cuando eras más joven, pero que ahora haces normalmente.

> MODELO: *Cuando era más joven no bailaba en público porque me avergonzaba. Pero ahora, me gusta bailar en las fiestas…*

1-25 A explorar: Una década anterior. Escoge una década que te interese para investigar en Internet los estilos y la música que eran populares en un país hispano. Escribe un párrafo en el que describas lo que era popular y tu opinión de la moda y la vida de esa década.

BUSCA www

década 70 (80, 90) españa (argentina, méxico…) moda música

Hay calles y no queremos perder dinero a destruyirlos.

 1-26 Una canción legendaria del Siglo XX. A continuación vas a escuchar información sobre el grupo Los del Río y la canción que se hizo popular por todo el mundo, especialmente en las fiestas y los cruceros. Contesta brevemente las preguntas que siguen.

1. ¿De dónde era el dúo Los del Río?

2. ¿Cómo se llamaba la canción?

3. ¿Durante qué década era popular su canción?

4. ¿Cómo se sabe que también tuvo éxito internacional?

5. ¿En qué eventos norteamericanos se tocó la canción?

6. ¿Cuánto dinero habían recibido Los del Río diez años después de salir la canción?

1-27 Debate: Las modas. Formen dos grupos para debatir uno de los siguientes temas. Utilicen el vocabulario de este capítulo e incluyan comparaciones con el pasado.

Resolución: En las escuelas públicas debe haber normas sobre el modo de vestir de los estudiantes y se debe prohibir que los chicos tengan tatuajes y perforaciones corporales.

Resolución: Debemos boicotear la ropa hecha en países donde no se respetan los derechos humanos de los trabajadores.

Frases comunicativas

En mi opinión,...

Con todo respeto,...

(No) Estoy de acuerdo...

MODELO: *En el pasado, los chicos siempre se vestían de una manera apropiada en las escuelas. Ahora no...*

01-19 to 01-21

CONÉCTATE

Videoblog *La moda*

Antes de verlo

1-28 La moda. ¿Conoces personas que estén obsesionadas con la moda? Explica algunas de sus obsesiones. ¿Tienes algún amigo o amiga que tenga un estilo propio y único de vestir? ¿Cómo es? ¿Conoces personas a quienes no les importe estar de moda? ¿Cómo expresan falta de interés en la moda?

A verlo

1-29 En este segmento vas a ver a varias personas con diferentes opiniones sobre la moda. Toma nota de lo que dicen. ¿Cuál de las opiniones se parece más a la tuya? Prepárate para explicarle tu respuesta a la clase.

Después de verlo

1-30 ¡A la moda! Identifiquen a dos personas en el video con puntos de vista opuestos y tomen cada uno/a de ustedes una posición. Presenten y defiendan sus ideas sobre la moda para que la clase decida con cuál de las dos perspectivas está de acuerdo. Incluyan información sobre la importancia de estar de moda en diferentes contextos (en el trabajo, en la universidad, en una fiesta, en la calle, etc.).

Comparaciones

1-31 En tu experiencia. ¿Cuáles son algunos de los diseños que se incorporan en las camisetas, las camisas y las blusas que son populares entre tus amigos y tú? ¿Son imágenes contemporáneas de la música, de personas famosas, de animales o de otros símbolos? ¿Cuáles colores son más populares, los fluorescentes, los claros o los oscuros? ¿Es popular llevar gorra o sombrero hoy en día? Explica.

La casa Pineda Covalín

Este diseño con su rico plumaje representa al dios Quetzalcóatl.

Si quieres una prenda original, con historia y estilo, los diseños de Pineda Covalín son para ti. La casa de diseño Pineda Covalín fue fundada por dos jóvenes diseñadores mexicanos, Cristina Pineda y Ricardo Covalín. Al principio sus prendas solo se vendían en los museos del Distrito Federal, pero hoy, su marca se ha difundido por las Américas, Asia y Europa.

El secreto de su éxito ha sido la incorporación en ropa y accesorios de varios elementos del patrimonio cultural del país, incluyendo diseños inspirados en las tradiciones prehispánicas, la naturaleza y las pinturas de los grandes artistas mexicanos como Frida Kahlo y Diego Rivera.

Entre sus estilos encontrarás diseños florales, geométricos, de animales y un rico colorido propio de un país como México. Así rinden homenaje al pasado indígena del país a la vez que modernizan los diseños al llevarlos a los cuellos, hombros y pies de las personas más interesadas en la moda, como, por ejemplo, Salma Hayek.

¿Qué te apetece? ¿Una bufanda de seda pintada con hermosas mariposas monarcas? ¿Una bolsa de piel y seda que brilla como un jardín lleno de rosas? ¿Una corbata con la imagen del dios Quetzalcóatl, el ser supremo de muchas culturas prehispánicas? ¿Zapatos para hombre o mujer? Hasta en muebles para la casa encontrarás los diseños más originales en Pineda Covalín.

1-32 En su opinión. Conversen sobre sus preferencias en la moda.

1. ¿Cuáles son algunos de los personajes históricos y contemporáneos que figuran en la ropa popular entre los jóvenes de hoy?

2. ¿Por qué es interesante incluir elementos culturales en la moda?

3. ¿Llevan ustedes ropa que incluya la marca en su diseño, por ejemplo Nike, Aéropostale o Ralph Lauren? ¿Qué opinan del uso de la marca de una manera destacada *(prominent)* en la ropa?

4. Imagínense que son diseñadores de una marca semejante a la de Pineda Covalín, pero norteamericana. ¿Qué elementos históricos y culturales incluirían y por qué?

Ritmos

01-22 to 01-24

*Un de vez en cuando**
(Las Ketchup, España)

Las hermanas Lola, Pilar, Lucía y
Rocío Muñoz de Córdoba, España
forman el grupo, Las Ketchup.
Tomaron su nombre para
honrar a su padre, quien era un
guitarrista famoso de flamenco
y cuyo apodo era "el Tomate".
Su sencillo, *Asereje* conocido en
inglés como *The Ketchup Song*
fue un éxito mundial.

*Every so often

Antes de escuchar

**1-33 Cuando necesitas levantar tu ánimo, ¿vas
de compras?** Muchas veces uno se siente mejor
cuando va de compras. Haz una lista de lo que te
hace sentirte mejor cuando sufres una desilusión.

A escuchar

1-34 *Un de vez en cuando.* Busca una versión
de esta canción en Internet y anota qué hacen las
cantantes cuando se desilusionan. ¿Has hecho algo
semejante alguna vez?

> **BUSCA** www ⬇

> **las ketchup un de vez en cuando video/ letra**

Después de escuchar

1-35 En su opinión. Den su interpretación sobre
el tema de esta canción de Las Ketchup.

1. Expliquen la filosofía de la canción sobre el
   amor y los hombres.

2. ¿Qué hacen ustedes para salir de una relación
   fracasada?

3. El ritmo de esta canción tiene influencia
   flamenca. ¿Pueden nombrar a otro músico de
   estilo flamenco?

El automóvil
y la moda

Los años 30
1. _____

Los años 50
2. _____

Los años 70
3. _____

4. _____

La década actual
5. _____

El automóvil ha cambiado mucho a lo largo de los años y ha llegado a ser no solo una parte integral de la situación económica de su dueño, sino también un símbolo de su personalidad.

A ver si puedes emparejar estos automóviles con algunas modas y acontecimientos de la época.

a. Eran populares los carros híbridos, los teléfonos inteligentes y la imagen de Justin Bieber captó el interés del mundo. Se estrenó la última película de Harry Potter.

b. Dos pasatiempos populares eran coleccionar estampillas y jugar al minigolf. Se consideraba a Frank Lloyd Wright uno de los mejores arquitectos; este diseñó "Falling Waters".

c. El programa Los Simpson era popular en la televisión. Se bailaba la Macarena. Se inventó Internet.

d. La cultura "Beat" era evidente en la literatura, en la moda y en el jazz. En el cine, la novedad de las películas 3D atraía a miles de espectadores. Rosa Parks se negó a levantarse de su asiento en un autobús. Se decoraban las furgonetas con imágenes psicodélicas.

e. Millones de niños gastaban 4 dólares en mascotas de piedra. Se estrenó la película *El padrino*. Murió Elvis Presley, conocido por el apodo "El Rey".

Vocabulario básico

el concepto
considerar
el exterior
el interior
el invento
la preferencia

Vocabulario clave: Los autos

Verbos

conducir(zc)/manejar	to drive (a vehicle)
estacionar	to park
gastar	to spend
negar (ie)	to refuse; to deny

Sustantivos

el apodo	nickname
el/la dueño/a	owner
la época	era
la imagen	image
la novedad	innovation, novelty, news

Adjetivos

ágil	agile, quick
espacioso/a	spacious
lujoso/a	luxurious
manejable	manageable
potente	powerful

Para hablar de los automóviles

los asientos (de cuero)	(leather) seats
el auto compacto	compact car
las bandas decorativas	decorative stripes
la camioneta	pickup truck
el descapotable/convertible	convertible
la furgoneta*	van
el híbrido	hybrid
los kilómetros por hora (km/h)	kilometers per hour
los kilómetros por litro/galón	kilometers per liter/gallon
el todoterreno	all-terrain vehicle (ATV)
el cuatro por cuatro	four-wheel drive vehicle
el vehículo deportivo utilitario	sport utility vehicle (SUV)
la velocidad	speed

*Also *el monovolumen*: minivan

Ampliación

Verbos	**Sustantivos**	**Adjetivos**
fabricar	la fabricación	fabricado/a
gastar	el gasto	gastado/a
inventar	el invento	inventado/a
preferir (ie, i)	la preferencia	preferido/a

¡Cuidado!

Dejar

- **Dejar + direct object** means *to leave (something).*

  Dejé mi auto en el estacionamiento.   *I left my car in the parking lot.*

- **Dejar + infinitive** means *to allow* or *to let.*

  Mis padres no me **dejaban** conducir de noche.   *My parents didn't let me drive at night.*

- **Dejar de + infinitive** means *to stop doing (something).*

  ¿**Dejaste de buscar** un auto nuevo?   *Did you stop looking for a new car?*

1-36 Tu personalidad y tu auto. ¿Eres un auto importado exótico o un auto norteamericano musculoso? ¿Un auto clásico o un cuatro por cuatro? Completa esta encuesta para descubrir tu vehículo interior.

1. ¿Eres apasionado/a?

2. ¿Cambias mucho de dirección?

3. ¿Eres fuerte?

4. ¿Haces mucho ruido?

5. ¿Necesitas mucha atención?

6. ¿Pierdes control fácilmente?

7. ¿Te gusta sentir la brisa en el pelo?

8. ¿Eres competitivo/a?

9. ¿Eres práctico/a?

10. ¿Tienes gustos lujosos?

11. ¿Te gusta pasear por el campo?

12. Si fueras una herramienta (*tool*), ¿cuál serías, un martillo (*hammer*) o un bisturí (*scalpel*)?

Date 1 punto si respondiste "sí" a las preguntas 9, 11 y bisturí (máximo: 3 ptos.).

Date 2 puntos si respondiste "sí" a las preguntas 1, 5, 7, 8, 10 (máximo: 10 ptos.).

Date 3 puntos si respondiste "sí" a las preguntas 2, 3, 4, 6 y martillo (máximo: 12 ptos.).

3–9. Eres práctico y te importa el valor más que el lujo. Sin embargo, te gusta un estilo fluido (*sleek*). Tal vez seas un auto híbrido o eléctrico. Si praticas un deporte, juegas al golf o haces jogging.

10–19. Eres un auto rápido deportivo. No te importa el costo de la gasolina. Es probable que seas descapotable. Si practicas un deporte, juegas al tenis o te gusta nadar.

20–25. Eres un vehículo deportivo utilitario grande y poderoso cuatro por cuatro. Si practicas un deporte, juegas al fútbol americano o al rugby.

Ahora explica si estás de acuerdo con el análisis de tu personalidad.

 1-37 ¿Lujoso, económico o práctico? Trabajen juntos para describir los siguientes vehículos. Usen todas las expresiones posibles de *¡Así es la vida!* y otras palabras descriptivas.

> MODELO: el todoterreno – *divertido, cuatro por cuatro, no muy potente...*

1. la furgoneta

2. el auto compacto

3. el auto deportivo

4. el vehículo deportivo utilitario

5. la camioneta

 1-38 Una encuesta (*poll*) del periódico. Vas a escuchar un informe que apareció en el periódico basado en una encuesta que hizo *The Associated Press*. Indica si las siguientes afirmaciones son ciertas o falsas. Corrige las oraciones falsas.

Según la encuesta...

1. _____ La mayoría de los estadounidenses cree que su auto tiene una personalidad.

2. _____ Hay varios apodos populares para los autos.

3. _____ La personalidad y los apodos son típicamente femeninos.

4. _____ Los hombres generalmente bautizan (*baptize*) sus autos.

5. _____ A los norteamericanos les gusta conducir su auto.

6. _____ Les gusta conducir más a los que tienen entre 30 y 39 años.

7. _____ La marca de auto indica la personalidad de su dueño.

1-39 ¿En onda o fuera de onda? A continuación hay una lista de novedades que se introdujeron en la industria automovilística a partir de los años 50. Hablen de la función de cada novedad (estilo, utilidad, comodidad, seguridad) y si son positivas o negativas en su opinión. ¿Cuáles han perdurado?

las aletas de los años 60	los autos con ocho cilindros
el combustible biodiesel	los autos eléctricos
las ventanillas eléctricas	el estacionarse automáticamente
la casetera	los cinturones de seguridad
el navegador *GPS*	la tecnología *Bluetooth*

1-40 A explorar: Los autos. El estilo de los autos pasa rápidamente de moda según los gustos personales y las campañas publicitarias de las empresas de automóviles. Investiga en Internet algunos autos clásicos de otras épocas. Elige uno y escribe un párrafo en el que lo compares con el que tienes ahora o el que quieres tener algún día.

BUSCA www ⬇

carros de los 50; carros de los 60; etc.

1-41 Conexiones. ¿Un modelo duradero? ¿Creen ustedes que cuando compramos un carro lo debemos tener durante diez años o más? Hablen de las razones en pro y en contra para tener automóviles duraderos que siempre están en boga.

 1-42 De nuevo: Una marca de automóvil que ya no se fabrica (*Preterit*). Elige una marca que se haya dejado de fabricar, por ejemplo, el Oldsmobile, el Yugo, el MG o el Corvair, e investiga en Internet eventos que ocurrieron durante su apogeo (*height*) en algún país hispano. Diseña una línea de tiempo con algunos eventos relacionados a la época en que ese auto era popular.

MODELO: El SEAT 600 (1957–73)

- *1957 La empresa española SEAT <u>introdujo</u> el modelo 600, un auto que <u>llegó</u> a formar parte de la vida española. El mismo año, el partido final de la Copa Europa de Fútbol <u>tuvo lugar</u> en Madrid...*

- *Los 60 El gobierno español montó una iniciativa para producir energía nuclear. El General Franco <u>anunció</u> que el gobierno iba a construir 37 plantas por toda España...*

- *1973 Se <u>dejó</u> de fabricar el SEAT 600. Ese año en España <u>empezó</u> el movimiento antinuclear, el que <u>pudo</u> impedir la construcción de plantas nucleares...*

Reto: Incluye por lo menos cinco puntos en tu línea de tiempo y cinco eventos del mundo hispano.

Los carros con aletas eran populares en los años 60.

RECUERDA

Para escribir la línea de tiempo necesitas utilizar el pretérito de la *Primera parte*.

01-32 to 01-37

3. Preterit vs. imperfect

Hacía un sol brillante. Era un día perfecto y Bond iba paseando en auto por la carretera de la costa cuando de repente se encontró con una enorme roca en el camino.

The **preterit** and the <u>imperfect</u> reflect the way the speaker views an action or event. The **preterit** informs about a finished action. The <u>imperfect</u> describes people, objects, or situations and informs about unfinished actions in the past.

• When used together, the **preterit** refers to actions that took place while the <u>imperfect</u> describes the surroundings or what was happening.

Note: The underlined verbs are in the imperfect tense and the verbs in bold are in the preterit.

Todo <u>estaba</u> oscuro. A lo lejos <u>había</u> una puerta. La **abrí**, **entré** y **encontré** un automóvil T-bird de 1955. <u>Era</u> el auto de mis sueños.	*Everything <u>was</u> dark. In the distance there <u>was</u> a door. **I opened** it, **entered**, and **found** a 1955 T-bird. It <u>was</u> my dream car.*

- Actions may occur while others are under way. The events going on are in the **imperfect**, and events that occurred are in the **preterit**.

<u>Inspeccionaba</u> el interior del auto que <u>pensaba</u> comprar cuando **vi** un billete de cien dólares en el piso.	*I was inspecting* the interior of the car that *I was planning* to buy when **I saw** a hundred-dollar bill on the floor.

Preterit

1. completed actions

El cliente **pagó** mucho por su auto.
The customer paid a lot for his car.

2. beginning/end

Los diseñadores **llegaron** temprano para la reunión y **se fueron** muy de noche.
The designers arrived early for the meeting and left very late into the night.

3. series of completed actions

Henry Ford **fundó** la empresa, **diseñó** los automóviles y **pudo** vender millones.
Henry Ford founded the business, designed the cars, and managed to sell millions.

4. time frame/weather event

El SEAT 600 **fue** popular por veinte años.
The SEAT 600 was popular for twenty years.

5. mental, emotional, and physical changes

La marca SEAT **se convirtió** en un icono español.
The make SEAT became a Spanish icon.

Imperfect

1. background/description

El auto **era** descapotable y **tenía** dos puertas.
The car was a convertible and had two doors.

2. ongoing action

Mientras **conducíamos**, **escuchábamos** la radio.
While we drove (were driving) we listened (were listening) to the radio.

3. habits

Todas las noches **oíamos** los todoterrenos.
Every night we heard the ATVs.

4. time/weather as background

Eran las dos de la tarde y **llovía**.
It was two in the afternoon and it was raining.

5. mental, emotional, and physical conditions

El auto híbrido **era** pequeño y económico. Su dueño **estaba** muy contento con él.
The hybrid car was small and economical. Its owner was very happy with it.

1-43 El auto del agente 007.   Muchas veces los automóviles se convierten en personajes de películas. Esto sucedió con las películas de James Bond. Lee sobre sus autos, <u>subraya</u> los verbos en el pretérito y haz un ⟨círculo⟩ alrededor de los verbos en el imperfecto.

Los vehículos del
agente 007

A través de sus misiones James Bond tenía varios vehículos con lo ultimo en aparatos tecnológicos y armas que le servían bien. Todo comenzó a partir de los años 50 durante la Guerra Fría con el Sunbeam Alpine. Después, consiguió el famoso Aston Martin DB5 de 1963, el que se convirtió en el vehículo oficial de James Bond. En los años 70 conducía el fabuloso Lotus Esprits de 1977. En los 80 volvió el Aston Martin, esta vez el modelo V8 de 1987. En la época actual, lo encontrarán o en un BMW o en un Aston Martin. Sin lugar a duda el Aston Martin con su asiento de eyección[1] y ametralladoras bajo el capó[2] se identifica como el vehículo de James Bond 007. En 1970, se vendía este auto por menos de $10.000. Sin embargo, en el 2006, se vendió uno por más de dos millones de dólares.

A lo largo de sus misiones el agente 007 pudo escapar gracias a un medio de transporte especial, ya fuera[3] por aire, mar o tierra. No siempre utilizaba James Bond su propio vehículo. En ocasiones usaba el que le proporcionaba su jefe, Q, o uno alquilado. Varias veces Bond era solo pasajero en un vehículo que conducía una de sus espectaculares amigas.

[1]*ejection seat*
[2]*machine guns under the hood*
[3]*be it*

1-44 Los autos del agente 007. Contesta las preguntas basadas en el artículo anterior.

1. ¿En qué época empezó la historia de James Bond?
2. ¿Cuál fue el primer auto que tuvo?
3. ¿Qué vehículo se convirtió en "su auto oficial"?
4. ¿Qué opciones especiales tenía su Aston Martin?
5. ¿Cuánto costaba un Aston Martin en 1970?
6. Cuando Bond era pasajero, ¿quiénes lo ayudaban a escaparse?
7. En tu opinión, ¿tenía personalidad su auto?

1-45 Los jefes de estado que vivieron la historia. Identifica quién era el presidente de Estados Unidos cuando ocurrieron los hechos siguientes. Asocia a los presidentes con los siguientes eventos y conjuga los verbos usando el pretérito o el imperfecto para formar oraciones completas.

MODELO: *William McKinley era presidente en 1898 cuando se hundió el Maine en el puerto de La Habana.*

1. _____ John F. Kennedy
2. _____ George W. Bush
3. _____ Bill Clinton
4. _____ Ronald Reagan
5. _____ Richard Nixon
6. _____ Franklin Roosevelt
7. _____ George H. W. Bush
8. _____ Barack Obama

a. La CIA _____ (apoyar) el movimiento antisandinista (los Contras) en Nicaragua en los 80.

b. _____ (Haber) un bloqueo del puerto de La Habana para impedir la entrada de barcos soviéticos.

c. Algunos militares venezolanos _____ (querer) derrocar (*overthrow*) al presidente Hugo Chávez en el 2002.

d. _____ (Terminar) la guerra civil española y el General Francisco Franco _____ (declararse) presidente.

e. _____ (Morir) el presidente chileno Salvador Allende durante un golpe de estado (*coup*) en 1973.

f. _____ (Aprobarse) el Tratado de Libre Comercio (*NAFTA*) entre Canadá, México y Estados Unidos en 1994.

g. España _____ (ganar) la Copa Mundial de Fútbol en Sud África en el 2010.

h. _____ (Mandar) tropas a Panamá a deponer al presidente Manuel Noriega en 1989.

1-46 *Y tu mamá también.* Esta película mexicana salió en el 2001. Completa su descripción con la forma correcta del pretérito o del imperfecto del verbo.

La película mexicana, *Y tu mamá también* (**1**) _____(tener) mucho éxito, primero en su país de origen y después internacionalmente. Su director (**2**) _____(ser) el famoso Alfonso Cuarón, quien también (**3**) _____(dirigir) *Harry Potter and the Prisoner of Azkaban*. En *Y tu mamá también* había dos jóvenes que (**4**) _____(hacer) un viaje en carro con una mujer que (**5**) _____(tener) veinte y tantos años. El año (**6**) _____(ser) 1999, un tiempo cuando México (**7**) _____(ir) a pasar por una transición política importante, el fin del partido PRI que duró 71 años en el poder.

El primer fin de semana la película (**8**) _____(ganar) $2,2 millones de dólares en México, llegando a ser la película con mayores ganancias de todos los tiempos en el país.

La película fue bastante controversial por su fuerte tema sexual, y la *Motion Picture Association of America* la (**9**) _____(calificar) R en Estados Unidos. Sin embargo, (**10**) _____(recibir) varios premios importantes y nominaciones *Oscar* y *Golden Globe*.

1-47 La piloto hispana en la Indie 500.   Lee el siguiente artículo sobre una pionera de la Indie 500 y prepara cinco preguntas sobre esta destacada conductora. Usa el pretérito y el imperfecto en tus preguntas.

> MODELO: *¿Cuántas conductoras compitieron en la Indie 500?*

Talentosa, bella e inteligente son algunos adjetivos que se pueden utilizar para describir a la venezolana Milka Duno, una de las conductoras de autos de carreras más exitosas del mundo. Milka es ingeniera naval y bióloga marina, y tiene cuatro maestrías. En el 2004, Milka llegó a ser la primera mujer en ganar una carrera internacional importante cuando triunfó en la carrera *Grand American Rolex Sports Car Series Grand Prix* en Miami. Ella repitió este éxito con una segunda victoria en el mismo circuito siete meses más tarde. Es más, en el 2005 Milka consiguió su tercera victoria en la misma carrera.

La piloto Milka Duno volvió a hacer historia en el 2007 como la primera mujer hispana en competir en la Indianápolis 500. Ella fue una de solo tres mujeres que compitieron en la carrera. Condujo un Honda y terminó la carrera en el lugar número 31.

"Este es el día más asombroso de mi carrera", les dijo la Srta. Duno a los periodistas después de calificar para la carrera. "Nunca he experimentado tanta presión ni tanta tensión como en los últimos dos días".

 1-48 ¿Qué saben de Milka Duno?   Háganse y contesten las preguntas que escribieron para la actividad 1-47.

 1-49 ¿Qué hacías cuando...?   Piensen cada uno/a en cinco momentos importantes de su vida. Escriban los detalles: dónde estaban entonces, cómo eran y qué hacían; luego compártanlos con su compañero/a.

> MODELO: *Tenía dieciséis años cuando obtuve el permiso de conducir y estaba muy nerviosa porque mi padre era muy estricto. Y tú, ¿a qué edad lo obtuviste?*

 1-50 Otro pasado juntos.   Imagínense que eran uno de los autos de James Bond e inventen una aventura que tuvieron. ¿Qué año era? ¿Dónde estaban? ¿Qué les pasó? ¿Qué hicieron? ¿Cómo terminó el incidente?

Preterit and imperfect with different meanings

Certain Spanish verbs change meaning in the preterit depending on whether the emphasis is given to the beginning of the action, or the effort put forth in doing the action.

Preterit: Beginning of an Action and Effort put Forth	**Imperfect: Ongoing Action (no Particular Beginning or End)**
• **conocer: Conocí** a la conductora en una fiesta. *I met the driver at a party. (beginning of knowing)*	• **conocer: Conocía** a varios conductores de autos de carreras. *I used to know (was acquainted with) several racecar drivers.*
• **saber: Supimos** que viajaríamos en el Porche azul. *We found out we would travel in the blue Porche. (beginning of knowing about it)*	• **saber: Sabíamos** que subía el precio de la gasolina. *We knew that gas prices were going up.*
• **tener: Tuve** una noticia muy emocionante. *I received (beginning of having) very exciting news.*	• **tener:** Mi mamá **tenía** talento para diseñar autos deportivos. *My mom had a talent for designing sports cars.*
• **tener que:** El diseñador de la Nissan **tuvo que** contarme sus planes. *The Nissan designer had to tell me his plans. (He acted upon it.)*	• **tener que: Teníamos que** comprar una carro nuevo. *We had to buy a new car. (We didn't necessarily follow through with the purchase.)*

Aplicación

1-51 Las carreras de Milka Duno.   Combina las preguntas con las respuestas más adecuadas.

1. _____ ¿Cuándo supo Milka que quería estudiar biología marítima?
2. _____ ¿Cuándo conoció al alcalde de Indianapolis?
3. _____ ¿Pudo terminar la Indie 500?
4. _____ ¿Por qué quería ser conductora de autos de carreras?
5. _____ ¿Cuánto costó el auto que manejó para Citgo?

a. Muchos miles de dólares.
b. Sí, pero no ganó.
c. Cuando decidió integrarse a las fuerzas navales.
d. Siempre soñaba con ser la conductora más rápida del mundo.
e. Se conocieron cuando este le dio la llave de la ciudad.

1-52 En la universidad.   Contesta las siguientes preguntas prestando atención al uso del pretérito y el imperfecto.

MODELO: ¿Cuándo supiste que España ganó la Copa Mundial de Fútbol?
Lo supe en el 2010 cuando vi el partido contra Alemania en la televisión.

1. ¿A quiénes conociste la primera vez que visitaste la universidad?
2. ¿Qué tuviste que hacer para ser admitido/a a esta universidad?
3. ¿Cuándo supiste que ibas a asistir a esta universidad?
4. ¿Estabas un poco nervioso/a el primer día? Explica.
5. ¿Ya conocías a tu compañero/a de cuarto o lo/la conociste el primer día?
6. ¿Tuviste suerte en la selección de tus clases? Explica.

Sergio García,
golfista español

 1-53 Preguntas discretas e indiscretas. Escojan un personaje famoso a quien les gustaría entrevistar. Preparen una lista de ocho preguntas para la entrevista. Usen los verbos de la lista en el pretérito o en el imperfecto. Luego túrnense para entrevistarse.

conocer   saber   tener (que)

MODELO: REPORTERO/A: *¿Cuándo supo usted que quería ser jugador de golf?*

SERGIO: *Cuando tenía diez años y asistí a una competencia de golf.*

R: *¿Conoció usted a mucha gente famosa?*

S: ...

1-54 A explorar: Sergio García. Investiga los éxitos de este importante golfista. Escribe un párrafo en el pasado en el que cuentes algunos de sus logros (*achievements*) personales y profesionales. ¿Qué hizo en el 2011?

sergio garcía golf

 1-55 Algunas experiencias personales. Usen los siguientes verbos para contarse algunas experiencias personales. Averigüen (*Find out*) también cómo se sentía su compañero/a en ese momento.

conocer   saber   tener (que)

MODELO: *Desde niña, <u>sabía</u> que iba a jugar al béisbol en el mismo equipo de mi hermano mayor pero...*

1-56 Debate: Los autos. Formen dos grupos para debatir uno de los siguientes temas.

Resolución: Las personas que compran automóviles eléctricos o híbridos deben recibir un reembolso (*rebate*) del gobierno.

Resolución: Se debe prohibir mandar mensajes de texto mientras se maneja un carro.

MODELO: *Escúchenme. Tenemos que conservar la gasolina; antes los carros gastaban más gasolina que ahora, pero...*

¡ASÍ LO EXPRESAMOS!

 ## Imágenes
01-38

 ### *El arte de la moda* (El Corte Inglés, España)

A veces los anuncios de publicidad usan cuadros o imágenes clásicos, como en este caso. Los dos son carteles de publicidad para El Corte Inglés, un almacén español muy conocido.

En el primer cartel, el vestido de la mujer refleja un diseño que hizo el famoso arquitecto español, Antonio Gaudí en el Parque Güell de Barcelona.

En el segundo cartel vemos parte de un cuadro de un pintor español muy famoso. ¿Sabes quién es?

Perspectivas e impresiones

1-57 El arte en la moda. Usen las preguntas a continuación para comparar los dos carteles.

1. Describan los dos cuadros. ¿Cúales son los colores predominantes?
2. ¿En qué sentido se diferencian?
3. ¿Por qué creen que se usaron diseños conocidos en los carteles?
4. En su opinión, ¿el arte crea la moda o la moda crea el arte?
5. ¿Es la moda un arte? Expliquen sus razones.

1-58 A explorar: Las fuentes artísticas. Investiga más sobre uno de estos artistas en Internet y elige una pieza de arte que te guste. Inventa un contexto original que pueda explicar en qué se inspiró el artista para crear su obra.

> MODELO: *Cuando Gaudí era joven, soñaba con dragones y otros seres fantásticos. Un día soñó con un dragón gigantesco que tenía un solo ojo en la cabeza…*

BUSCA www

antonio gaudí biografía/obra; pablo picasso biografía/obra

1-59 Un diseño suyo. Diseñen un anuncio publicitario en el que combinen la obra de un artista o arquitecto famoso con la imagen de un producto que quieran vender. Expliquen por qué han elegido esa obra y lo que representa para ustedes. Pueden dibujar su anuncio o usar recortes de fotos si lo prefieren.

Páginas

01-39 to 01-41

isabel_la_fantasiosa

Isabel la Fantasiosa (Imaginativa) es el seudónimo de una escritora en Internet. Generalmente escribe sobre temas serios, pero de vez en cuando le gusta dejar correr la imaginación en un foro donde critica sutilmente las pretensiones del día. En el pequeño drama a continuación, la autora se burla de la hipocresía de los que critican a otros cuando tienen los mismos defectos, como el dicho español, «es más fácil ver la paja (*piece of straw*) en el ojo ajeno que la viga (*plank*) en el propio».

1-60 ¿Esclavo/a a la moda? Todos sentimos a veces la presión de tener el aparato más moderno o los estilos más de moda. ¿Qué sueles comprar cuando tienes el dinero? ¿Ropa? ¿Zapatos? ¿Aparatos electrónicos? Explica lo que crees que necesitas para estar en boga.

1-61 La paja y la viga. Lee el pequeño drama a continuación y explica la crítica de la autora. ¿Quién, en tu opinión, tiene la razón? ¿Ana, Camila o Ignancio? ¿Por qué?

Escena

Un café popular entre los estudiantes. Acaban de comenzar las clases. Se encuentran en una mesa tres compañeros de clase.

Personajes

ANA

5

Una chica un poco seria, obviamente le presta poca intención a su aspecto físico. Lleva ropa de segunda mano, nada combinada. Está sentada frente a su computadora portátil y parece estar concentrada escribiendo. Está algo despeinada.

CAMILA

Una chica algo más abierta y simpática, tiene el cabello muy estilizado, lleva unos   10
vaqueros *True Religion* y una blusa casual, pero de un estilo muy contemporáneo. Lleva una mochila y unos tenis *Coach* combinados y de último modelo.

IGNACIO

Un chico callado y observador. Lleva una camiseta negra, unos jeans y unos *Converse verdes*. Lleva lentes.   15

CAMILA: (*Se aproxima a la mesa donde está Ana.*) ¿Te molestaría si me siento aquí?

ANA: (*Aún concentrada en la computadora*) No, no, siéntate.

CAMILA: (*Mirando a Ignacio que se acerca, le hace una señal con la mano y le dice en voz alta*) ¡Ignacio ven, siéntate! (*Ignacio llega y se sienta.*)

CAMILA: Ana, te presento a Ignacio, está también en nuestra clase.   20
(*Ambos se saludan.*)

ANA: (*A Camila, sin prestarle mucha atención*) Ah, ah, ah, sí, ya te había visto… Disculpa, es que tengo que terminar esto antes de las 3:00.
(*Ignacio saca un sándwich de su mochila y va comiendo mientras observa a ambas chicas y escucha su conversación.*)   25

ANA: (*Se sonríe ante la computadora y aprieta una tecla como satisfecha de lo que acaba de escribir y la cierra.*) Es mi blog (*les dice a los chicos sonriente*). Es sobre la moda.
(*Ellos la miran y se miran. Suena el teléfono de Ana. Es un mensaje de texto. Lo lee rápido y en silencio. Después, lo pone en su bolsa.*)

CAMILA: ¿La moda? (*Le pregunta evidentemente extrañada mientras saca una botella de agua   30
mineral de su mochila, la abre y toma un sorbo.*)

ANA: Sí, la esclavitud que es la moda. Sin ofender, (*dirigiéndose a Camila*) pero pienso que la gente que siempre quiere estar a la moda tiende a ser más superficial. Además, viven obsesionados con el último grito de la moda para ir a satisfacer este deseo y tienen que comprarse todo… todo lo último… lo del momento… tienen que tener   35
lo más reciente, lo más nuevo… no… no… no…. Si les digo… la moda es una verdadera esclavitud. Hay gente que solo trabaja para mantenerse constantemente a la moda. Viven moda, respiran moda… (*Camila la mira extrañada y, un poco incómoda, se mira a sí misma.*) Miren, voy a leerles mi entrada de hoy…

IGNACIO: (*Mientras Ana abre su laptop*) Ana, disculpa, ¿escribiste en tu *blog* que la computadora   40
que tienes es el último modelo del *MacBook Air*?, ¿que tu móvil es el *iPhone* del momento y que en las clases tomas notas con la *tablet* 3D más caliente del mercado?

1-62 ¿Quién es quién? Identifica a los personajes según las características a continuación. Ana: **A** Camila: **C** Ignacio: **I**

1. ___ Se viste muy de moda.

2. ___ Ve las faltas de los demás pero no las suyas.

3. ___ No le importan las modas actuales de ropa.

4. ___ Le importa tener lo último en los aparatos electrónicos.

5. ___ Se da cuenta de la contradicción de otra persona.

1-63 ¿Una costumbre justificable? Elijan una moda que se intente prohibir por razones de salud, seguridad u otras. Preséntenle su opinión al resto de la clase.

MODELO: Hablar por móvil mientras uno maneja un automóvil.
No tiene sentido prohibir hablar por móvil cuando uno maneja un automóvil. Si hacemos eso, debemos también prohibir comer mientras uno maneja...

📖 Taller

01-42

Un reportaje para una revista popular

Vas a escribir un artículo para una revista popular en el que describas un evento de otra época. El tema puede ser la moda, los carros o el diseño. Haz el papel de reportero/a que informa sobre dónde tuvo lugar, quiénes asistieron, qué llevaban y qué ocurrió.

Antes de escribir

Idear. Piensa en una década del pasado y en un evento que te interese (un desfile de moda, una exposición de automóviles nuevos, etc.). Haz una lista de las personas y las cosas que estaban allí y una descripción de ellos. Haz también una lista de los eventos que ocurrieron.

A escribir

Describir. Usa el imperfecto en cinco o seis oraciones que describan el evento. Incluye tus impresiones del ambiente, de los participantes y del tiempo.

Inventar los sucesos. Usa el pretérito para narrar qué pasó, qué hicieron los participantes, cómo reaccionaron, etc. Usa las siguientes expresiones para dar continuidad a la acción.

al final	de repente	finalmente
al mismo tiempo	después	inmediatamente
al principio	durante	tan pronto como
al rato	entonces	
de pronto	en seguida	

Ampliar el estado psicológico, el suspenso. Indica, al mismo tiempo que narras los eventos, cómo se sentían los participantes, qué pensaban, qué iban a hacer, qué pensaban que iba a pasar, etc.

MODELO: *Anoche fue la exposición de autos nuevos del año 1950. Sin duda, la estrella era el modelo T-Bird…*

Después de escribir

Revisar. Revisa tu reportaje para verificar los siguientes puntos:

☐ el uso del pretérito y del imperfecto

☐ la concordancia y la ortografía

Responder. Intercambia tu ensayo con el de un/a compañero/a y comenta el contenido del otro ensayo.

Entregar. Pon tu ensayo en limpio y entrégaselo a tu profesor/a.

Vocabulario

 ## Primera parte

a la moda	in style/fashion (a person)
con todo respeto	with all due respect
darse cuenta de	to realize, to recognize
de moda	in style/fashion (something)
la demanda	demand
destacar	to stand out
diseñar	to design
el diseño	design
durar	to last
en mi opinión	in my opinion
en onda/boga	in fashion/vogue
(no) estoy de acuerdo	I (don't) agree
fuera de onda/boga	out of fashion/vogue
el género	type, genre
hacerse popular	to become popular
imitar	to imitate
influir en/sobre	to influence
lograr	to achieve
mantenerse (ie)	to maintain oneself
el maquillaje	makeup
la marca	brand (of a product), make of a car
la moda (pasajera)	(passing) fad
el/la modelo	model
el modo (de vestir, de bailar, etc.)	way (of dressing, dancing, etc.)
el movimiento	movement
negar (ie)	to refuse; to deny
pasado/a de moda	out of style
pegar fuerte	to catch on
el peinado	hairstyle
realizar	to carry out, to achieve
la tendencia	tendency

 ## Segunda parte

ágil	agile, quick
el apodo	nickname
los asientos de cuero	leather seats
el auto compacto	compact car
las bandas decorativas	decorative stripes
conducir (zc)	to drive (a vehicle)
la camioneta	pickup truck
el cuatro por cuatro	4-wheel drive vehicle
el descapotable/ convertible	convertible
el/la dueño/a	owner
la época	era
espacioso/a	spacious
fabricar	to manufacture
la furgoneta	van
gastar	to spend, to waste
el híbrido	hybrid
la imagen	image
inventar	to invent
los kilómetros por hora	kilometers per hour (km/h)
los kilómetros por litro/galón	kilometers per liter/gallon
lujoso/a	luxurious
manejable	manageable
manejar	to drive (a vehicle), to handle
la novedad	novelty, news
potente	powerful
preferir (ie, i)	to prefer
el todoterreno	all-terrain vehicle (ATV)
el vehículo deportivo utilitario	sport utility vehicle (SUV)
la velocidad	speed

¡Cuidado! solo(a) - solo - solamente; realizar - darse cuenta de *See page 31.*
Irregular preterit verbs *See pages 37-39.*
Frases comunicativas: En mi opinión,...; Con todo respeto,...; (No) Estoy de acuerdo... *See page 46.*

¡Cuidado! dejar *See page 51.*

2 Por un mundo más verde

Madrid Río

A empezar

¿Qué haces para conservar energía? ¿Montas en bicicleta o caminas en vez de usar el carro? ¿Respetas el límite de velocidad en la carretera? ¿Tienes un carro híbrido o eléctrico?

El coco-taxi es un medio de transporte económico que te llevará por toda La Habana.

Curiosidades

¿Sabes...

el país que produce la mayor cantidad de energía solar per cápita?

a. España
b. Alemania
c. EE. UU.

el orden de éxito en cuanto a su política medioambiental de los tres países a continuación, según un estudio de la universidad de Yale?

a. EE. UU.
b. Colombia
c. Costa Rica

el porcentaje de todos los empleados que trabajan en empresas micro, pequeñas o medianas en América Latina?

a. 25 por ciento
b. 40 por ciento
c. 70 por ciento

E².org

E² es una sociedad independiente de comerciantes, empresarios, inversionistas y profesionales de todos los sectores de la economía. Creemos que es posible proteger el medioambiente a la misma vez que trabajamos para mejorar nuestro bienestar económico. Nuestra misión es promover un desarrollo económico sostenible.

¿Cuál es su opinión?

Para entender mejor cómo piensan nuestros lectores con respecto al medioambiente, les pedimos que completen la siguiente encuesta.

1. La adopción de medidas para proteger el medioambiente tiene que ser...
- ◯ inmediata.
- ◯ a medio plazo.
- ◯ a largo plazo.

2. El cambio climático...
- ◯ es uno de los desafíos más importantes de nuestra generación.
- ◯ es una fabricación de algunos científicos renegados.

3. Nuestro futuro nacional depende de...
- ◯ las fuentes domésticas de combustibles fósiles (el carbón, el gas natural y el petróleo).
- ◯ el desarrollo de recursos renovables e inagotables.
- ◯ una combinación de recursos renovables y combustibles fósiles.

4. El gobierno federal debe...
- ◯ implementar reglas que protejan el medioambiente aunque no favorezcan el desarrollo económico.
- ◯ proteger el desarrollo económico aunque perjudique el medioambiente.
- ◯ dejar que cada estado o provincia implemente sus propias reglas medioambientales.

5. Para el año 2025, las empresas automovilísticas deben diseñar y fabricar autos...
- ◯ que alcancen un mínimo de 60 millas (100 kilómetros) por galón de gasolina.
- ◯ puramente eléctricos.
- ◯ que funcionen por energía solar.

6. Para reducir la contaminación, en el futuro habrá que...
- ◯ multar a las fábricas que produzcan humos tóxicos.
- ◯ premiar a las empresas y a los individuos que implementen tecnología que use recursos renovables.
- ◯ invertir más dinero en la investigación y desarrollo de la energía verde.

7. Para concienciar a la gente sobre la importancia del medioambiente, la organización E² debe...
- ◯ montar una campaña publicitaria.
- ◯ organizar programas educativos en las escuelas primarias y secundarias.
- ◯ presionar a los legisladores y al gobierno para que aprueben leyes estrictas para proteger el medioambiente.

el enfoce — faces

🔊 Vocabulario básico

el cambio climático
conservar
la contaminación
la energía eléctrica, nuclear, solar
generar
la ley
montar (en bicicleta, a caballo)
el petróleo
el plástico
reciclar

De cualquier modo ↓ either way

apagar — turn off

segundamano ↓ second-hand

🔊 Vocabulario clave: El medioambiente

Verbos

agotar	to exhaust
alcanzar	to reach
aumentar	to increase
calentar (ie)	to warm
concienciar	to make aware
desechar	to throw away, to discard
destruir (y)	to destroy
dificultar	to make difficult
disminuir (y)	to diminish
favorecer (-zc)	to favor
invertir (ie, i)	to invest
multar (a)	to fine
perjudicar	to harm
premiar	to reward
presionar	to pressure
prevenir (ie)	to prevent
promover (ue)	to promote
proteger (j)	to protect
renovar (ue)	to renew
rescatar	to rescue

Sustantivos

el agujero	hole
la basura	trash
el bosque	forest
la calidad	quality
la capa de ozono	ozone layer
el carbón	coal
el combustible	fuel
el desafío	challenge
el desecho	waste
la (des)ventaja	(dis)advantage
el efecto invernadero	greenhouse effect
las especies en peligro de extinción	endangered species
la fuente	source
el humo	smoke
la leña	firewood
la medida	measure
el medioambiente	environment
el recurso	resource
la regla	rule
la selva	jungle
la sequía	drought
el vidrio	glass

reciclaje

Adjetivos

(in)agotable	(in)exhaustible
medioambiental	environmental
potable	safe to drink
renovable	renewable
sostenible	sustainable

Otras expresiones

a corto/medio/largo plazo	in the short/mid/long term
sin embargo	however, nevertheless

🔊 Ampliación

voy juntos en coche ↓ car pool

Verbos	Sustantivos	Adjetivos
agotar	el agotamiento	agotable
calentar (ie)	el calentamiento	caliente
desechar	el desecho	desechable
destruir (y)	la destrucción	destruido/a
extinguir	la extinción	extinto/a
proteger	la protección	protegido/a
reciclar	el reciclaje	reciclado/a

¡Cuidado!

un poco de, pocos/as, poco/a, pequeño/a

- Use **un poco de** + noun, or **un poco** + adjective to express *a little*.

  no hay muchas

  Necesitamos **un poco de** combustible.　　We *need a little fuel.*

  Estoy **un poco** preocupado por el cambio climático.　　*I'm a little worried about climate change.*

- Use **pocos/as** to say *few*, with respect to a limited number.

  Quedan **pocas** fuentes de energía.　　*There are few energy sources left.*

Con un molino pequeño podemos generar un poco de energía.

- Use **poco/a** to express *little,* with respect to amount, scope, or degree.

  Tristemente, usamos **poca** energía solar. *Sadly, we use little solar energy.*

- To express *small* or *little* in size, use **pequeño/a(s)**.

  Hasta los bosques **pequeños** son importantes. *Even small forests are important.*

Aplicación

2-1 En su opinión. Comparen sus respuestas a la encuesta en *¡Así es la vida!* Defiendan sus diferencias de opinión.

2-2 Una campaña de Ecoverde. Usa la forma correcta de los verbos para completar los apuntes sobre las posiciones de Ecoverde, una organización medioambiental.

desechar	multar	presionar
— destruir (y)	— perjudicar	prevenir (ie)
— invertir (ie, i)	premiar	promover (ue)

1. La lluvia ácida _destruye_ los bosques.
2. El humo de los carros y las fábricas _perjudica_ la salud de los niños.
3. Es importante _invertir_ en la energía renovable; por eso el gobierno debe favorecer las industrias de energía solar, eólica y geotérmica.
4. Ecoverde _promueve_ el uso de las fuentes de energía renovable.
5. La EPA debe _multar_ a las empresas que contaminan el medioambiente y _premiar_ a las que lo protegen.
6. Es fácil _desechar_ el vidrio y el aluminio, pero es mucho más importante reciclarlos.
7. Tenemos que _prevenir_ el cambio climático.
8. Debemos _presionar_ a los gobiernos para que protejan y rescaten las especies en peligro de extinción.

2-3 El reciclaje y la contaminación medioambiental. Clasifica estos problemas de 1 a 6 según la gravedad de su efecto en el medioambiente, en la economía y en tu vida. (El número 1 representa el más grave en tu opinión.)

Desechos reciclables

PROBLEMA	EFECTO EN EL MEDIOAMBIENTE	EFECTO EN LA ECONOMÍA	EFECTO EN MI VIDA
la contaminación del agua por desechos tóxicos			
el cambio climático			
la contaminación del aire por las emisiones de los autos			
el sobreuso de pesticidas			
el sobreuso de artículos hechos de plástico			
la disminución de las reservas de petróleo			

2-4 En mi opinión. Comparen el orden de importancia que dieron a los problemas de la actividad **2-3**. ¿En qué aspectos están de acuerdo y en cuáles difieren de opinión?

> MODELO: *En mi opinión, el problema más grave para el medioambiente es…*
> *porque… El segundo en importancia es…*

2-5 Madrid Río. Vas a escuchar un informe sobre Madrid Río, un proyecto recién inaugurado en España. Primero, indica si las afirmaciones a continuación son ciertas (**C**) o falsas (**F**) y corrige las falsas. Luego, explica si te parece un proyecto positivo y si te interesaría visitarlo.

1. _____ El proyecto Madrid Río se encuentra cerca de Madrid.

2. _____ Antes de inaugurar el proyecto, el espacio estaba contaminado por el humo y el ruido de los automóviles.

3. _____ Es un parque privado para todos los que tienen la ciudadanía española.

4. _____ Los que visitan el lugar pueden hacer ejercicio o simplemente descansar.

5. _____ La "playa" tiene diecisiete espacios donde puedes tomar el sol o bañarte en el río.

6. _____ La idea de la playa es fruto de un concurso para niños madrileños.

7. _____ En el futuro tendrán que plantar árboles y flores.

8. _____ Madrid Río está al alcance de todos los que viven en la ciudad; puedes llegar a pie, en metro o en bicicleta.

2-6 A explorar: Bogotá verde. Al comienzo de este siglo, y bajo la dirección del alcalde Enrique Peñalosa, la ciudad de Bogotá hizo grandes esfuerzos para mejorar la calidad de vida de sus ciudadanos. Busca más información sobre estos esfuerzos y anota tres de ellos. ¿Cuál te parece el más importante? ¿Cuál te parece el más controversial? Explica.

Bogotá es una ciudad modelo por sus esfuerzos verdes.

BUSCA www

enrique peñalosa
bogotá 1998–2001

2-7 Comunidades. Un cartel de servicio público.   Diseñen un cartel (*poster*) con un anuncio publicitario para proteger el medioambiente o ahorrar energía en su universidad o comunidad. Usen infinitivos para dar por lo menos diez sugerencias para el público.

MODELO: *Debes apagar los aparatos electrónicos.*

2-8 De nuevo: Así era (*Imperfect*).   Piensa en una zona verde que antes era una zona industrial, comercial o en desuso. Primero, descríbela brevemente usando el presente. Después, en un párrafo describe cómo era antes: la naturaleza, el aire, el agua, el nivel de ruido, etc. ¿Qué no se podía hacer allí? ¿Qué había antes en esa zona que ya no hay?

MODELO: *Bilbao es una ciudad que tiene muchas zonas históricas, un impresionante museo Guggenheim…, etc.*
Antes, Bilbao era una ciudad industrial que dependía de la fabricación del acero. El aire estaba sucio…, etc.

RECUERDA

Para hacer tu descripción debes emplear el imperfecto (*Capítulo 1*).

Reto: Trata de hacer tu descripción en forma de poema. Usa muchas palabras de *¡Así lo decimos!*

Bilbao antes era una ciudad industrial.

1. Uses of **ser**, **estar**, and **haber**

02-07 to 02-14

Uses of **ser**

- with a noun or pronoun that identifies the subject:

Juan **es** una persona que lucha por las especies en peligro de extinción.	*John is a person who fights for endangered species.*
Nosotros **somos** conservacionistas.	*We are conservationists.*
Los expertos **eran** científicos.	*The experts were scientists.*

- with adjectives to express characteristics of the subject such as nationality, religious and political affiliations, size, color, or shape:

¿**Eres** costarricense?	*Are you Costa Rican?*
La selva amazónica **es** inmensa.	*The Amazon jungle is immense.*
El petróleo **es** negro.	*Oil is black.*

- with the preposition **de** to indicate origin or possession, and to tell what material something is made of:

El activista **es de** Guatemala.	*The activist is from Guatemala.*
La ventana **es de** vidrio.	*The window is made of glass.*

- to indicate where and when events take place:

La conferencia **fue** en el auditorio.	*The lecture was in the auditorium.*
Las entrevistas **son** a las ocho de la mañana.	*The interviews are at eight in the morning.*

- with the preposition **para** to tell for whom or for what something is intended:

¿**Para** quién **es** el combustible?	*For whom is the fuel?*
Es para el señor Ramírez.	*It's for Mr. Ramírez.*

¡OJO!

Use **ser** to express time, dates, and days of the week, months, and seasons of the year.

Son las cinco de la tarde.

Era miércoles, 26 de junio de 2013.

Es invierno y hace mucho frío.

- in impersonal expressions:

Es alarmante que se disminuya la capa de ozono.	*It is alarming that the ozone layer is getting smaller.*
Es necesario invertir en la energía renovable.	*It's important to invest in renewable energy.*

Uses of **estar**

- to indicate the location of objects and persons:

El agujero de la capa de ozono **está** sobre el Polo Sur.	*The hole in the ozone layer is over the South Pole.*

- with progressive (**-ndo** form) constructions to indicate an ongoing action:

La organización Paz Verde **estaba rescatando** los osos polares.	*The organization Green Peace was rescuing the polar bears.*

- with adjectives to express a physical or mental/emotional state or condition of the subject:

El científico **estaba** emocionado cuando habló.	*The scientist was excited when he spoke.*
El agua del mar **está** fría para ser agosto.	*The ocean water is cold for August.*

- to express change from the norm, whether perceived or real:

Estás muy flaca. ¿Comes bien?	*You're (You look) thin. Are you eating well?*
El director del programa **está** muy simpático hoy.	*The program director is being/acting very nice today.*

Some adjectives have different meanings when used with **ser** or **estar**:

WITH SER	ADJECTIVE	WITH ESTAR
to be boring	**aburrido/a**	*to be bored*
to be clever	**listo/a**	*to be ready*
to be bad, evil	**malo/a**	*to be sick, ill*
to be smart, lively	**vivo/a**	*to be alive*

Uses of **haber**

- in the third-person singular form, **hay** (**había/hubo/habrá,** etc.), to signal the existence of one or more nouns (*there is/are/was/were/will be, etc.*):

Hay bosques pluviales en Ecuador.	*There are rain forests in Ecuador.*
Había aire contaminado en esa ciudad.	*There used to be polluted air in that city.*
Si conservamos ahora, **habrá** menos problemas ecológicos para nuestros nietos.	*If we conserve now, there will be fewer ecological problems for our grandchildren.*

- in the expression **hay** (**había/hubo/habrá**) **que** + infinitive to convey *to be necessary to…* or *one (we) must…*:

Hay que conservar electricidad.	*We must conserve electricity.*
En el futuro **habrá que** usar carros eléctricos.	*In the future it will be necessary to use electric cars.*

ser = linking verb

Aplicación

2-9 Los Jardines de la Reina. Usa la forma correcta de **ser**, **estar** o **haber** en el presente para completar la descripción de esta magnífica reserva ecológica.

Algunos de los arrecifes (*reefs*) más prístinos (1)_____ *(están → Hay)* en la costa sureña de Cuba, protegidos celosamente por el gobierno cubano. Aquí (2)_____ *(son)* especies de coral y de peces que no se encuentran en ninguna otra parte del mundo. Por su belleza natural y sus vivos colores, Cristóbal Colón los llamó los Jardines de la Reina en el siglo XV. Según los científicos, esta (3)_*es*_ la reserva marina más grande del Caribe porque aquí no se permite ni a pescadores ni a turistas. Aquí (4)_*Hay*_ especies de peces que (5)_*están*_ casi extintas, como el mero (*grouper*) de Nassau. Para los pocos científicos norteamericanos que reciben permiso para visitarlo, el lugar (6)_*está*_ lleno de sorpresas. "¡(7)_*Es*_ increíble!", dijo uno de ellos recientemente, "(8)_*es*_ casi como un parque Jurásico. (9)_*Hay*_ un experimento ecológico con coral, peces, cocodrilos y tortugas. El agua (10)_*es*_ de un azul cristalino donde no (11)_*está → Hay*_ contaminación de los seres humanos. Además, (12)_*Hay*_ una abundancia de espesos manglares (*mangroves*) que protegen los peces pequeños y los pájaros. (13) (Yo)_*estoy*_ convencido de que esta (14)_*es*_ nuestra oportunidad para aprender a salvar nuestro medioambiente".

2-10 La mejor energía. La energía renovable es la que se obtiene de fuentes naturales que son virtualmente inagotables. Contesten las preguntas según la información sobre la energía renovable.

1. ¿Qué desventajas tiene el uso de algunas de estas formas de energía renovable?
2. En su opinión, ¿qué fuente de energía es la más práctica para el futuro?
3. La energía biomasa es de origen orgánico: animal o vegetal. Un ejemplo de esta energía es el biodiesel. ¿Qué importancia tiene el biodiesel en Estados Unidos o en Canadá?
4. ¿Cuál es la energía renovable que más perjudica el medioambiente? ¿La usan en su casa o en su carro?
5. Si viven cerca de la costa, ¿qué tipo de energía pueden utilizar? Si viven en una zona desértica, ¿qué fuentes de energía pueden usar?
6. La energía geotérmica usa el calor natural de la tierra. ¿Por qué es una fuente de energía renovable? ¿Creen que es posible usarla en una región no volcánica?
7. ¿Hay instalaciones solares o eólicas donde viven? ¿Hay instalaciones solares en los edificios de su universidad? ¿Saben el porcentaje de la energía de la universidad que generan?

Tipo de energía	Tiempo para renovarse	Importancia actual ¿Verde?	Tipo de energía	Tiempo para renovarse	Importancia actual ¿Verde?
la eólica	continua, pero variable	★★ ☆☆☆ ★★★★★	la mareomotriz	dos veces al día	★ poca ★★★★★
la hidroeléctrica	depende de la cantidad de lluvia	★★★★★ ★★★★☆	la biomasa	continua (La caña de azúcar y el maíz (etanol) cada año; la leña, cada 7 años)	★★ ★★ *Cualquier combustible contribuye a la contaminación.*
la solar	todos los días, cielos claros o nublados	★★ ★★★★★	la geotermal	continua	★★★★★ ★★★★★

BUSCA www

proyectos energía renovable chile (argentina, uruguay, colombia, etc.)

2-11 A explorar: Proyectos de energía renovable en América Latina. Busca en Internet más información sobre un proyecto para desarrollar la energía renovable en un país latinoamericano. En un párrafo, describe el proyecto, si es algo planeado para el futuro o ya establecido y cuánta energía espera generar.

2-12 ¿Dónde? ¿Cómo? Piensa en un lugar y descríbeselo a tu compañero/a sin identificarlo. Explica dónde está, qué hay en él, por qué es famoso y/o por qué ha recibido atención últimamente. Puede ser tu ciudad o pueblo, una ciudad hispana o de EE. UU., o donde estudias. Tu compañero/a debe adivinar qué lugar es.

MODELO: E1: *Está en los Andes de Sudamérica. Es una zona con mucha actividad volcánica; por eso su energía geotérmica es importante. También hay baños termales. Es un país relativamente pequeño. Está entre Colombia y Perú. Su capital es Quito. Guayaquil, su puerto principal, está cerca del mar Pacífico...*
E2: *Es Ecuador.*

2-13 Premio Autoridad Nacional Nicaragua. El gobierno nicaragüense estableció este premio para honrar a las organizaciones que se dedican a mejorar la condición de las playas y los pueblos costeros. Premia a comunidades que logren evitar la contaminación del mar, mantengan la limpieza de las playas y den a la población acceso al agua potable. Imagínense que se encuentran en San Juan del Sur, que acaba de recibir el premio nacional. En un día típico, describan lo que hay en la playa, quiénes están allí y qué están haciendo. Usen los verbos **ser**, **estar** y **haber** (**hay**) en su descripción.

MODELO: *Hay...*

2-14 Una crisis ecológica. A continuación tienen una lista de posibles causas de desastres ecológicos. Elijan una y expliquen cuáles son los peligros que se asocian con ella. Usen los verbos **ser**, **estar** o **haber** para comunicar la seriedad del problema.

MODELO: *El sobreuso de fertilizantes es peligroso porque puede perjudicar los animales y a las personas que habitan la región. Hay una campaña para controlar la cantidad y tipo de fertilizantes que se emplean. Es importante...*

- el cambio climático
- las plantas nucleares
- la bioingeniería
- la construcción de tuberías para llevar petróleo a través de Canadá
- la excavación del petróleo en el mar

2. Future tense

02-15 to 02-20

- The Spanish future tense, like the English *will* + verb structure, expresses what will happen in the future.
- There is only one set of endings for all verbs. Note that all endings, except for the **nosotros** form, have a written accent mark.

¡Pronto llegaremos a Marte!

	TOMAR	COMER	VIVIR
yo	tomar**é**	comer**é**	vivir**é**
tú	tomar**ás**	comer**ás**	vivir**ás**
Ud., él, ella	tomar**á**	comer**á**	vivir**á**
nosotros/as	tomar**emos**	comer**emos**	vivir**emos**
vosotros/as	tomar**éis**	comer**éis**	vivir**éis**
Uds., ellos, ellas	tomar**án**	comer**án**	vivir**án**

En enero **hablaremos** con el científico.   *In January we will talk with the scientist.*
¿**Asistirás** a la conferencia conmigo?   *Will you attend the lecture with me?*

- There are several Spanish verbs that have irregular stems in the future. The irregular stems can be grouped into three categories:

1. The future stem is different from the stem of the regular verb.

decir	**dir-**	diré, dirás, dirá…
hacer	**har-**	haré, harás, hará…

2. The **e** of the infinitive is dropped to form the stem of the future.

haber	**habr-**	habré, habrás, habrá…
poder	**podr-**	podré, podrás, podrá…
querer	**querr-**	querré, querrás, querrá…
saber	**sabr-**	sabré, sabrás, sabrá…

3. The **e** or the **i** of the infinitive is replaced by **d** to form the stem of the future.

poner	**pondr-**	pondré, pondrás, pondrá…
salir	**saldr-**	saldré, saldrás, saldrá…
tener	**tendr-**	tendré, tendrás, tendrá…
venir	**vendr-**	vendré, vendrás, vendrá…

¡OJO!

The Spanish future tense never expresses the idea of willingness, as does the English future.

¿Quieres ayudarme/Me ayudas a buscar otras fuentes de energía?

Will you help me find other sources of energy?

¿Habrá vida en Marte?

- In Spanish, the future tense can often express probability or conjecture in the present.

¿**Estará** contaminado el aire?	*Could the air be contaminated?*
Sí, **será** por el humo de las fábricas.	*Yes, it's probably because of the smoke from the factories.*

¡OJO!

In English, we can use the progressive to express future intent. However, Spanish uses the simple present or the phrase **ir a** + infinitive.

Mañana **llevo** la basura al reciclaje.	*Tomorrow I'm taking the trash for recycling.*
Voy a proteger el medioambiente.	*I am going to protect the environment.*

2-15 La Comisión Europea y la energía renovable. Lee el artículo sobre la posición de la Comisión Europea en cuanto a la energía, y conjuga los verbos en el futuro.

Según la Comisión Europea, "la energía es la sangre vital de nuestra sociedad" y (**1**) _____ (ser) la labor de todos asegurar el bienestar del mundo. Durante los próximos diez años, la Unión Europea (**2**) _____ (invertir) más de un trillón de euros en el desarrollo de recursos renovables de energía: se (**3**) _____ (diversificar) los recursos actuales y se (**4**) _____ (modernizar) las instalaciones y la tecnología para producir aún más energía renovable. La seguridad económica, política y social (**5**) _____ (depender) de la creación de recursos seguros y a buen precio. Sin embargo, uno de los recursos que todos (nosotros) (**6**) _____ (poder) implementar inmediatamente es el ahorro de energía. Primero, (**7**) _____ (haber) que apagar los electrodomésticos (la computadora, el televisor, el estéreo, etc.), después todos (**8**) _____ (tener) que bajar el termostato de la casa en el invierno y subirla en el verano, finalmente (**9**) _____ (desenchufar [*unplug*]) los aparatos electrónicos (el móvil, la tableta). Estas y otras medidas fáciles de hacer en el hogar (**10**) _____ (poder) reducir nuestros gastos de energía un 30 por ciento anualmente. La Comisión Europea dice que para el 2020 se (**11**) _____ (reducir) las emisiones de gases de efecto invernadero un 20 por ciento, se (**12**) _____ (crecer) los recursos renovables un 20 por ciento y se (**13**) _____ (mejorar) la eficiencia un 20 por ciento. ¿Qué (**14**) _____ (hacer) tú para contribuir a esta causa vital y salvar nuestro futuro?

2-16 Los esfuerzos de la Comisión Europea. Ahora, contesta las preguntas basadas en el artículo de la actividad **2-15.**

1. ¿Por qué es la energía la "sangre vital" de la sociedad, según la Comisión Europea? ¿Estás de acuerdo con esta afirmación?

2. ¿Cuántos euros invertirá la Unión Europea en la energía renovable? ¿Te parece suficiente? En tu opinión, ¿qué incentivos podrá dar un gobierno para promover el desarrollo de los recursos renovables?

3. ¿Qué podremos hacer todos para usar menos energía?

4. ¿Crees que es mejor desarrollar los recursos renovables, o los agotables? ¿Por qué?

5. ¿Qué harás tú para contribuir a un futuro sostenible?

2-17 ¿Pasará en el futuro? Primero, completa las oraciones en el futuro. Luego, indica tu opinión sobre cada afirmación.

MODELO: Los políticos no *harán* (hacer) nada para proteger el medioambiente. *(No) estoy de acuerdo porque…*

1. En el futuro, todos nosotros _____ (desechar) el plástico y el vidrio.
2. El gobierno _____ (multar) a las empresas que no reciclen sus desechos.
3. Las empresas _____ (invertir) más en la protección del medioambiente.
4. Las plantas de energía _____ (generar) menos electricidad que hoy.
5. Todos nosotros _____ (promover) medidas para prevenir el efecto invernadero.
6. Los científicos _____ (saber) frenar (*curb*) el cambio climático.
7. Todos nosotros _____ (querer) encontrar una solución viable.
8. Yo _____ (hacer) mi parte.

2-18 Predicciones. Hagan un mínimo de diez predicciones para el mundo en el año 2025. Preséntenselas luego a la clase.

Algunos temas:

la vida universitaria	el medioambiente	la política	la tecnología
los medios de transporte	la economía	la población mundial	la calidad de vida

MODELO: *Todas las clases universitarias tendrán lugar en casa por computadora. Los estudiantes se comunicarán con los profesores solo por correo electrónico. Solo verán su imagen en la pantalla.*

 2-19 Logros suyos en el futuro. ¿Qué harán ustedes en el futuro? Hablen de sus sueños y deseos a ver si tienen algunos en común.

 2-20 ¿Cómo será este producto? A continuación escucharás una invitación a considerar un producto ecológico. Completa cada oración lógicamente según el anuncio.

1. Este anuncio se emite de…
2. La empresa se especializa en…
3. Entre los beneficios de este producto, se incluyen estos dos…
4. Entre los avances que se incluyen, son estos dos…
5. Este producto costará…
6. El beneficio psicológico de este producto es que…
7. La exposición será en la ciudad de…
8. En mi opinión, este producto…

Algún día seré ingeniera medioambiental. Trabajaré para proteger el hábitat de las especies en peligro de extinción…

 2-21 ¿Y ustedes? Vuelvan a escuchar el anuncio en la actividad 2-20 y expliquen en detalle si les interesa o no el producto.

 2-22 Debate: Resoluciones para el futuro. Preparen su posición a favor o en contra de uno de estos temas.

Resolución: Con una población mundial de más de 9 mil millones de personas para el año 2050, todos tendremos que ser vegetarianos.

Resolución: Dejaremos de usar el automóvil en los próximos 25 años.

Resolución: No se permitirá producir artículos que no sean reciclables.

Frases comunicativas

Creo que…	Es cierto que…	Pienso que…

MODELO: *Creo que todos seremos vegetarianos para el año 2050. Primero, no habrá suficiente carne para alimentar a todos y…*

CONÉCTATE

Videoblog *Proyectos verdes en la capital de México*

Antes de verlo

2-23 Proyectos verdes.   Muchas universidades y otras organizaciones promueven proyectos verdes o sostenibles. ¿Qué proyectos ecológicos tiene tu universidad u otra organización en tu comunidad? ¿Cómo participas tú en estos proyectos?

A verlo

2-24 A verlo.   En este segmento vas a acompañar a Mauricio a la Ciudad de México. Mientras ves el video, toma nota de los problemas ambientales de la metrópolis y un mínimo de tres proyectos verdes que se han implementado. ¿Cuáles de ellos podrían implementarse en tu comunidad? Explica tu opinión.

Después de verlo

2-25 Un proyecto sostenible.   Imagínense que su universidad quiere implementar un proyecto sostenible en el que participen el mayor número de personas posible. Trabajen juntos para decidir cuál será el proyecto, cuáles serán los beneficios del programa, y cómo van a educar a los estudiantes y al personal de la universidad para que colaboren. Pueden incluir algunos de los puntos del video en su presentación al resto de la clase.

Comparaciones

2-26 En tu experiencia. ¿Qué significa para ti la idea de la energía verde? Escribe dos características.

2-27 Energía individualmente renovable. Ahora lee sobre este novedoso proyecto en la capital de México. ¿Crees que es una posible alternativa en tu ciudad? ¿Cuáles son otros beneficios de este tipo de transporte?

ECOBICI, la manera inteligente de moverse

ECOBICI es el nuevo sistema de transporte urbano individual que puedes utilizar como complemento a la red de transporte público de la Ciudad de México. Con él podrás moverte de manera cómoda, divertida y ecológica en viajes cortos. En una ciudad de más de ocho millones de personas, hay 64.000 usuarios todos los días.

Recuerda:

Los usuarios tienen que ser mayores de dieciséis años y contar con tarjeta de crédito y tarjeta de identificación.

- Para utilizar el sistema tienes que activar tu tarjeta de ECOBICI. Ingresa tu nombre de usuario y contraseña, y dentro de la Zona de Usuarios encontrarás la opción para activarla.
- Debes usar casco[1] y ropa de color visible, y manejar con cuidado.
- En caso de accidente debes llamarnos al 5005-BICI(2424) para poder atenderte.

Tarifas

- trayectos ilimitados de 45 minutos durante un año - **$300**[2]
- del minuto 46 al minuto 60 - **$10**
- reposición tarjeta ECOBICI por robo o extravío - **$50**
- por bicicleta no devuelta en 24 horas - **$5.000**

Notas

- El uso de la bicicleta por más de dos horas continuas genera una penalización en el sistema.
- Al acumular tres penalizaciones, el sistema dará de baja[3] la tarjeta del usuario ECOBICI de manera definitiva.

[1]*helmet*   [2]*300 pesos=22.50 USD*   [3]*deactivate*

 2-28 En su opinión. ¿Cuáles son los factores a favor o en contra del uso de la bicicleta en los centros urbanos? ¿Viven en una ciudad que apoye el uso de la bicicleta? ¿Qué hacen para acomodarlas? Hace poco una emisora de radio suspendió al comentarista Ángel Verdugo por haber dicho que los conductores de autos deberían "aplastar" a los ciclistas. ¿Cuál es su opinión de tal afirmación?

2-29 A explorar: TuVerde.com. Este sitio da ejemplos de iniciativas para mejorar el medioambiente y la calidad de la vida en varias ciudades latinoamericanas. Busca el sitio en Internet y escribe un párrafo sobre una iniciativa que te interese. Explica qué han hecho y cómo ha mejorado la calidad de la vida.

BUSCA www

tuverde iniciativas

📖 Ritmos

LatinoAmérica (Calle 13, Puerto Rico)

Calle 13 es un grupo de estilo musical ecléctico de Puerto Rico. Los·miembros son los hermanastros René Pérez Joglar (cantante principal y cantautor) y Eduardo José Cabra Martínez (instrumentalista y cantante). Su hermana Iliana también los acompaña como vocalista. En el 2011, su álbum, *Entren los que quieran*, ganó ocho premios Grammy Latino, más que cualquier otro álbum en la historia de los premios. La canción *Latinoamérica* recibió el premio "Disco del año". Terminaron el año con 19 premios en total, más que cualquier otro grupo latino.

Antes de escuchar

2-30 El amor por su patria. Esta canción acentúa el amor que tienen los cantautores por la patria grande, Latinoamérica. Expresan este amor por los elementos que uno no puede comprar, es decir, que son parte del patrimonio universal. Escribe una lista de cinco o más cosas o lugares que admires de tu patria y que no se puedan comprar.

MODELO: *Admiro y amo las calles del Viejo San Juan, el corazón de mi patria.*

A escuchar

2-31 Un banquete visual. El video de esta canción acompaña la letra y la música con vistas impresionantes de Latinoamérica. Al verlo, describe las escenas que más te llamen la atención. ¿En estas escenas, se representan algunos de los elementos que apuntaste en la actividad **2-30**?

> **BUSCA** www ⬇
>
> **calle 13 latinoamérica video; calle 13 latinoamérica letra**

Después de escuchar

2-32 El güiro y el cuatro. Estos son dos instrumentos musicales populares en la música puertorriqueña. Busca más información en Internet sobre ellos, y explica su origen y cómo son. ¿Cuál(es) pudiste ver en el video?

> **BUSCA** www ⬇
>
> **güiro puertorriqueño; cuatro puertorriqueño**

El desarrollo sostenible

Según la Comisión del Desarrollo y del Medio Ambiente, **el desarrollo sostenible** implica cumplir con las necesidades de las generaciones presentes sin comprometer las oportunidades para satisfacer las necesidades del futuro. Inicialmente se dividía en tres pilares: el económico, el social y el ecológico. El fondo cultural se agregó después, y es el pilar fundamental, el que gobierna los otros tres.

A continuación hay algunos aspectos del desarrollo sostenible importantes para preservar el medioambiente mientras que promueven el bienestar de la sociedad. Pon en orden de 1 a 10 la importancia de estos aspectos para ti personalmente, y para los países en vías de desarrollo.

EN ORDEN DE IMPORTANCIA (ALTA: 1—BAJA: 10)	PARA MÍ	PARA LOS PAÍSES EN VÍAS DE DESARROLLO
• la comida saludable		
• la ropa adecuada y económica		
• una vivienda apropiada		
• el agua potable		
• las condiciones seguras de trabajo		
• un nivel de vida adecuado		
• la alta calidad del medioambiente		
• el acceso a medios rápidos de comunicación		
• la conservación del patrimonio cultural		
• el acceso a la educación		

Vocabulario básico

el acceso
agregar
la conservación
la enfermedad
el resultado

Vocabulario clave: Actividades para un futuro sostenible

Verbos

aportar	*to contribute, to provide*
avanzar	*to advance, to further*
comprometer	*to compromise*
cumplir (con)	*to fulfill, to satisfy*
dañar	*to damage*
desarrollar	*to develop*
fomentar	*to promote, to further*
mejorar	*to improve*
predecir (i)*	*to predict*
preservar	*to protect, to preserve*
proponer†	*to propose*

*like *decir*
†like *poner*

Sustantivos

el fondo	*background, essence*
la vivienda	*housing*

Adjetivos

beneficioso/a	*beneficial*
en vías de desarrollo	*developing*
factible	*feasible*
grave	*serious*
nutritivo/a	*nutritious*
saludable	*healthy*
seguro/a	*secure, safe*

Ampliación

Verbos	Sustantivos	Adjetivos
agravar	la gravedad	grave
avanzar	el avance	avanzado/a
dañar	el daño	dañado/a

¡Cuidado!

Calidad/cualidad

Habrá never   Habrán

Calidad and **cualidad** are both cognates of the English word *quality*, but have different meanings:

- **calidad:** *quality,* as in a measure of worth.

  Todo depende de la **calidad** de los materiales.

  Everything depends on the quality of the materials.

- **cualidad:** *quality,* as in a characteristic of a person or thing.

  Su dedicación es la **cualidad** que más admiro en él.

  His dedication is the quality I most admire in him.

Podemos mejorar la calidad de vida con la agricultura sostenible.

Este científico tiene muy buenas cualidades, aunque no siempre acepto su opinión.

Aplicación

2-33 Encuesta: El desarrollo sostenible. Comparen sus respuestas a la encuesta en *¡Así es la vida!* y conversen sobre ellas. Expliquen por qué están de acuerdo o no están de acuerdo con las afirmaciones.

2-34 La calidad de vida. Completa cada oración con la forma correcta del presente o del infinitivo de un verbo lógico de la lista.

MODELO: Los científicos creen que pueden _aumentar_ el número y calidad de plantas nutritivas por medio de la ingeniería genética.

| agravar | cumplir | fomentar | preservar |
| avanzar | dañar | predecir | proponer |

1. Es importante _____ nuestras obligaciones con las generaciones futuras, no solo la presente.
2. Los científicos _____ que podrán eliminar el hambre para el 2030.
3. Es complicado _____ los proyectos sostenibles si la gente no entiende sus metas.
4. El gobierno _____ proyectos de la energía renovable y la construcción sostenible.
5. A veces el desarrollo industrial _____ el medioambiente.
6. Es difícil _____ el medioambiente en zonas donde hay mucha pobreza.
7. Algunas veces, el desarrollo económico puede _____ el medioambiente.
8. Por eso, algunos activistas _____ leyes para proteger el medioambiente.

2-35 Algunos proyectos sostenibles. A continuación tienen algunos proyectos que varias organizaciones sin fines de lucro, junto con organizaciones locales, han llevado a cabo en comunidades latinoamericanas. Expliquen en qué pilar(es) del desarrollo sostenible (el económico, el social o el ecológico) cabe cada uno, y por qué. En su opinión, ¿cuáles les parecen más factibles para la comunidad y por qué?

Un solo panel solar genera suficiente electricidad para conectar un pueblo en los Andes bolivianos con el resto del mundo por medio de un radio.

- En Ecuador, expandir y mejorar el cultivo del cacao.
- En El Salvador, financiar la reforestación para plantar diez mil árboles jóvenes.
- En Colombia, realizar un mapeo por GIS para identificar las pequeñas poblaciones en una zona montañosa.
- En Bolivia, establecer y ayudar en el cultivo de huertos pequeños para suplementar una dieta que depende casi exclusivamente de la papa.
- En Chile, fomentar microempresas para mujeres para fabricar y comercializar artesanías locales.
- En una zona montañosa de Honduras donde no hay escuelas secundarias, darles becas a algunos jóvenes para que vayan a vivir en un pueblo donde puedan continuar su educación.
- En Perú, fomentar el cultivo de abejas y la producción de miel.

 2-36 Conexiones: ¿Un futuro sostenible? ¿Quiénes tienen la responsabilidad de asegurar un futuro sostenible para las próximas generaciones? Den por lo menos un ejemplo de las responsabilidades de las siguientes entidades y personas.

- el gobierno federal, estatal y local
- las organizaciones no gubernamentales como Paz Verde
- las organizaciones internacionales como la ONU
- las grandes empresas como las petroleras
- cada uno de nosotros

 2-37 De nuevo: Un día todo cambió (*Preterit/imperfect*). Imagínate que eres un animal de la selva y que un día todo cambió cuando llegaron los seres humanos. Utiliza el pretérito y el imperfecto para narrar cómo era el lugar, quiénes llegaron, qué hicieron, con qué experimentaron o qué construyeron, cómo afectaron sus acciones tu hábitat y qué tuvieron que hacer tus compañeros y tú para sobrevivir.

MODELO: *Nosotras las ranas, vivíamos en los árboles de la selva de Costa Rica, un lugar donde los únicos sonidos eran de los pájaros y los jaguares. Pero un día llegaron los humanos…, etc.*

Reto: Sé lo más original posible. Usa muchas palabras de la *Primera* y la *Segunda parte* de *¡Así lo decimos!*

RECUERDA

Para escribir tu historia necesitas consultar la sección de los usos del pretérito y el imperfecto (*Capítulo 1*).

3. The subjunctive in noun clauses

02-33 to 02-38

The subjunctive occurs in a dependent or subordinate clause (one that cannot stand by itself) when the main clause expresses wishes, preferences, recommendations, emotions or feelings, doubt or denial. The dependent clause is usually introduced by **que.**

Main (independent) clause subject + verb		Subordinate (dependent) clause different subject + verb
Necesito	+ que	me **traigas** el análisis del cambio climático.
Es importante		

Me sorprende que las ranas tengan cinco patas.

Temo que sea el resultado de la contaminación.

The present subjunctive of most verbs

- The present subjunctive is based on the first-person singular (**yo**) form of the present indicative: drop the **-o** and add the appropriate subjunctive endings. Most verbs that have an irregular **yo** form in the present indicative use the irregular **yo** form to form the subjunctive.

¡OJO!

-**ar** verbs have an **e** with the present subjunctive endings, while -**er** and -**ir** verbs have an **a.** Some people find it helpful to think in terms of "opposite vowel," with **a** being the opposite of **e** and **i.**

	HABLAR	COMER	VIVIR	PENSAR	DECIR
yo	hable	coma	viva	piense	diga
tú	hables	comas	vivas	pienses	digas
Ud., él, ella	hable	coma	viva	piense	diga
nosotros/as	hablemos	comamos	vivamos	pensemos	digamos
vosotros/as	habléis	comáis	viváis	penséis	digáis
Uds., ellos, ellas	hablen	coman	vivan	piensen	digan

¡OJO!

Just like in the indicative, -**ar** and -**er** stem-changing verbs change in all forms except **nosotros** and **vosotros.**

encontrar → enc**ue**ntre, enc**ue**ntres, enc**ue**ntre, encontremos, encontréis, enc**ue**ntren

querer → qu**ie**ra, qu**ie**ras, qu**ie**ra, queramos, queráis, qu**ie**ran

- For **-ir** stem-changing verbs, the unstressed **e** changes to **i,** and the unstressed **o** changes to **u** in the **nosotros** and **vosotros** subjunctive forms.

> sentir → si**e**nta, si**e**ntas, si**e**nta, s**i**ntamos, s**i**ntáis, si**e**ntan
> dormir → d**ue**rma, d**ue**rmas, d**ue**rma, d**u**rmamos, d**u**rmáis, d**ue**rman

¡OJO!

Just as in the preterit, verbs whose infinitives end in **-car, -gar,** and **-zar** have spelling changes in the present subjunctive in order to maintain the original pronunciation.

-car:	c → **qu**	buscar → bus**que**, bus**que**s, bus**que**, bus**que**mos, etc.
-gar:	g → **gu**	llegar → lle**gue**, lle**gue**s, etc.
-zar:	z → **c**	empezar → empie**ce**, empie**ce**s, etc.

Verbs with irregular present subjunctive forms

- Six verbs have irregular present subjunctive forms:

dar	dé, des, dé, demos, deis, den
estar	esté, estés, esté, estemos, estéis, estén
haber	haya
ir	vaya, vayas, vaya, vayamos, vayáis, vayan
saber	sepa, sepas, sepa, sepamos, sepáis, sepan
ser	sea, seas, sea, seamos, seáis, sean

Insisto en que destruyas los clones.

Es cierto que son idénticos.

Subjunctive vs. indicative in noun clauses

- Here are some common expressions in a main clause that can trigger the subjunctive in a subordinate noun clause.

VERBS AND EXPRESSIONS OF WILL AND INFLUENCE		
decir	mandar	proponer
desear (es deseable)	ojalá*	prevenir
esperar	permitir	querer
importar (es importante)	preferir (es preferible)	recomendar (es recomendable)
insistir en	es preciso	es urgente
necesitar (es necesario)	prohibir (es prohibido)	vale la pena

Ojalá from the Arabic *law šá lláh* denotes the strong desire, "May God will it" and is always followed by the subjunctive. In the present, this is usually translated as "I hope."

VERBS AND EXPRESSIONS OF EMOTION		
alegrarse de	es increíble	es mejor/peor
es bueno/malo	interesar (es interesante)	sentir
es crucial	lamentar	temer
es fácil/difícil	es una lástima	tener miedo

Me alegro de que el gobierno fomente el desarrollo sostenible.	*I'm glad the government encourages sustainable development.*
Sentimos que no haya agua potable.	*We regret that there is no potable water.*

¡OJO!

With verbs of influence and emotion, the subject of a subordinate noun clause must be different from the subject of the main clause. If there is only one subject, use an infinitive rather than a subordinate clause.

Es crucial que todos protejamos el medioambiente.	*It is crucial that we all protect the environment.*
Es crucial proteger el medioambiente.	*It is crucial to protect the environment.*

VERBS AND EXPRESSIONS OF DOUBT, DENIAL AND POSSIBILITY		
no creer	es (im)posible	no estar seguro
no es cierto	es (im)probable	quizá(s)
dudar	es increíble	tal vez
es dudoso	es lógico	negar (ie)

No creo que la planta **purifique** el agua.	*I don't believe that the plant purifies the water.*
Algunos **niegan** que haya lluvia ácida en Costa Rica.	*Some deny there is acid rain in Costa Rica.*
Tal vez sepan la verdad.	*Perhaps they know the truth*

¡OJO!

Unlike with verbs of influence and emotion, the subject of a subordinate noun clause does not have to be different from the subject of the main clause.

Dudas que puedas influenciar un cambio.	*You doubt you can influence a change.*
No creo que tenga toda la información.	*I don't believe I have all the information.*

- When there is no doubt about an action or event, use the indicative in the noun clause to convey certainty or conviction. Expressions of certainty or conviction in the main clause may be **estar seguro, creer, pensar, es evidente, no dudar, es cierto, es verdad, saber**, etc.

Sabemos que **construyen** una casa verde.	*We know (that) they are building a green house.*
Es verdad que el gobierno **fomenta** los recursos renovables.	*It's true (that) the government encourages renewable resources.*

2-38 ¿Desarrollo económico o derechos indígenas? Lee el artículo sobre un conflicto que tiene lugar en Panamá y subraya los verbos en el subjuntivo. Explica por qué se usa el subjuntivo en cada caso.

Los avances tecnológicos no siempre coinciden con los intereses del pueblo indígena. Tal es el caso en Panamá donde el gobierno fomenta que las industrias realicen importantes proyectos de minería e hidroelectricidad en tierras de tribus originarias de la zona. Sin embargo, un representante de la Organización de las Naciones Unidas (ONU) insiste en que todos los grupos interesados (el gobierno, las industrias y las tribus) se reúnan para acabar con las tensiones y la violencia que ha salido de las protestas. James Anaya de la ONU afirma que es urgente que inicien el proceso para encontrar una solución pacífica aceptable a todos. En las últimas semanas miembros de la tribu ngäbe-buglé ocupan partes de la carretera Panamericana para protestar que el gobierno apoye actividades mineras e hidroeléctricas en sus tierras. Es lamentable que la protesta termine en la muerte de uno y en la detención de muchos más. El señor Anaya insiste en que el gobierno haga lo necesario para garantizar la seguridad de los participantes en la protesta. Dice que los proyectos que explotan los recursos naturales en las tierras de los indígenas representan un abuso de sus derechos. Mientras tanto, las tribus emberá y wounaan también denuncian que el gobierno no respete sus derechos a las tierras indígenas y prometen unirse a la protesta.

Los indígenas emberá de Panamá valoran los recursos naturales de sus tierras.

 2-39 Equilibrio ecológico. Túrnense para contestar las siguientes preguntas que tratan del conflicto entre las tribus indígenas de Panamá, el gobierno y la industria. ¿Qué desea el representante de la ONU? ¿Por qué es importante tener en cuenta la cultura de las tribus indígenas? ¿Por qué es importante explotar los recursos naturales? ¿Cómo creen que pueden resolver el conflicto?

2-40 A explorar: Los kuna de Centroamérica. La cultura kuna de Centroamérica prospera hoy en día a pesar del desarrollo industrial en su entorno. Busca información en Internet para ver fotos y aprender más sobre su modo de vida, su cultura y su economía. Escribe un párrafo sobre el grupo e incluye una foto que te interese.

BUSCA www

kuna cultura; kuna foto

Las molas de los kuna representan elementos de la naturaleza importantes a su cultura.

2-41 El cultivo del café de comercio justo (*fair trade*). A continuación vas a escuchar los beneficios del café de comercio justo. Completa las oraciones a continuación con la letra de la expresión más lógica para cada una.

1. Es evidente que en este país somos muy _____ del café.

2. La producción del café usa mucha labor _____.

3. Los trabajadores suelen _____ muy poco.

4. Los _____ de las pequeñas fincas tampoco ganan mucho.

5. El movimiento de _____ intenta garantizar un precio equitativo por el café.

6. El método de _____ bajo sombra (*shade grown*) beneficia la tierra.

7. El café cultivado bajo sombra no necesita usar _____.

8. El café _____ es mejor para el planeta.

a. a mano
b. amantes
c. comercio justo
d. cultivo
e. ganar
f. productores
g. orgánico
h. pesticidas

2-42 Deseos por un mundo más sostenible. Elige una frase lógica para completar cada oración. Usa el indicativo o el subjuntivo del verbo en la cláusula subordinada, según necesario.

1. Los productores esperan que...

nosotros _____ (tomar) un cafecito esta tarde.

2. Los consumidores prefieren que...

los productores _____ (adoptar) métodos verdes para el cultivo del café.

3. Tal vez...

el café cultivado bajo sombra _____ (ser) superior que el cultivado al sol.

4. Ojalá que...

el público les _____ (dar) un buen precio por sus granos de café.

5. El comercio justo fomenta que...

yo _____ (ir) a probar café orgánico.

6. Los ecologistas no dudan que...

mi tienda favorita _____ (vender) café orgánico.

7. Es cierto que...

su café _____ (tener) buen sabor.

2-43 Sus opiniones. Túrnense para crear oraciones originales usando los elementos dados y un complemento. Las oraciones pueden ser afirmativas o negativas, lógicas o absurdas. Reaccionen a las afirmaciones de su compañero/a.

yo / todos nosotros / tú	esperar	fabricar
el gobierno	dudar	encontrar
las industrias petroleras	negar	mejorar
los productores de café	permitir	preservar
los indígenas	prohibir	dañar
las organizaciones sin fines de lucro	insistir en	traer
Ojalá		disminuir
Es mejor		buscar
Es imposible		

MODELO: E1: *Es mejor que protejamos el medioambiente.*
E2: *Ojalá que las industrias petroleras...*

Una productora de café cultivado bajo sombra.

2-44 Para el año 2050. Den su opinión y hagan comentarios sobre las siguientes predicciones sobre la sostenibilidad del planeta. Utilicen algunas de estas expresiones para indicar incertidumbre y añadan otros comentarios.

Dudo que…	Insisto en que…	No es cierto que…
Es importante que…	Niego que…	Prefiero que…
Es sorprendente que…	No creo que…	Temo que…

MODELO: Según las predicciones, para el año 2050 desaparecerá todo el coral del Caribe. *Sin embargo, yo no creo que desaparezca totalmente porque hay campañas para protegerlo…*

1. La población mundial sobrepasará 9 mil millones de personas.
2. Más del 60 por ciento de la población mundial vivirá en Asia y África.
3. Habrá más competición por la comida, la tierra, el agua y la energía.
4. La manipulación genética de las plantas y los animales ayudará a eliminar el hambre del mundo.
5. La industria pesquera (*fishing*) estará controlada artificialmente.
6. La dieta dependerá mayormente de las proteínas vegetales, no animales.
7. El cambio climático pondrá en peligro las ciudades costeras.
8. Será más importante que nunca usar métodos de producción sostenibles.

 2-45 ¿Qué esperan? A veces no deseamos las mismas cosas que nuestros padres o amigos. Comenten qué esperan ustedes y qué desean sus padres y sus amigos que ustedes hagan. Usen el subjuntivo.

MODELO: *Espero viajar y conocer el mundo. Mis padres desean que (yo) tenga éxito en los estudios, que me gradúe a tiempo y que haga un posgrado. Mis compañeros esperan que yo salga con ellos todas las noches y que lo pasemos bien.*

Con el tranvía y el subte (tren subterráneo), muchos habitantes de Buenos Aires no necesitan usar automóvil.

2-46 En mi opinión...   Hagan una lista de seis o más predicciones y opiniones que tengan para los próximos cincuenta años y luego comparen sus listas. ¿Tienen algunas predicciones en común? ¿En cuáles difieren de opinión? Usen frases de la lista u otras para presentar sus opiniones.

alegrarse	desear	(no) estar seguro/a	es mejor
considerar	(no) dudar	gustar	opinar
(no) creer	es escandaloso	es lógico	sugerir

> MODELO: *Para conservar energía creo que en cincuenta años no vamos a tener nuestro propio carro, sino que vamos a usar transporte público y caminar a todas partes. Es lógico que hagamos lo posible para proteger el planeta.*

2-47 Una carta al director del periódico.   Escribe una carta al director del periódico en la que expreses tu opinión sobre uno de los siguientes titulares. Ten cuidado al usar el indicativo y el subjuntivo cuando expreses tu opinión.

«Muchos protestan por la construcción de una presa hidroeléctrica en la Patagonia»

«Científicos predicen el agotamiento del petróleo para el 2050»

«El gobierno local dona semillas y pequeños terrenos para el cultivo de verduras»

«Investigadores proponen usar el alga verde para suplementar la dieta»

 2-48 Debate: Un futuro sostenible.   Preparen su posición a favor o en contra de uno de estos temas.

Resolución: Es importante que preservemos los recursos naturales para las futuras generaciones.

Resolución: Hay que subir los impuestos de la gasolina y de los carros grandes para financiar un transporte público rápido, accesible y económico.

> MODELO: *Es cierto que la vida marina está en peligro por el exceso de pesca. Por eso, es crucial que controlemos la industria pesquera para no agotar su viabilidad en el futuro...*

¡ASÍ LO EXPRESAMOS!

Imágenes

02-39 to 02-40

📷 *Mar, 2010* (Alejandro Durán, 19—, México, EE. UU.)

Alejandro Durán es fotógrafo, cineasta y poeta, nacido en México y residente de Nueva York. Su obra fotográfica se ha centrado en la naturaleza, incluyendo una serie que salió de sus viajes a lo largo de Latinoamérica. El proyecto *Washed up* es una colección de fotos de la basura que encontró por la costa de Sian Ka'an, México, una reserva ecológica protegida y designada Patrimonio de la Humanidad por la Unesco.

Perspectivas e impresiones

2-49 Su interpretación. Primero identifiquen algunos de los objetos que el fotógrafo encontró en esta playa. Luego, hablen de sus impresiones y el mensaje de la foto. En su opinión, ¿cuáles son las causas de esa situación? ¿Qué relación hay entre el tema de la obra y la actitud de una sociedad que tira todo a la basura (*throw-away society*)?

2-50 A explorar: *Washed up.* Visita Internet para ver otras fotos de esta colección de Alejandro Durán. Describe una y comenta el tema y tu opinión sobre ella. Comparte tu información con el resto de la clase.

> **BUSCA** www ⬇
>
> **alejandro durán washed up**

Mar, 2010

 2-51 Los pasos de la contaminación. Ilustren cada uno de ustedes el orden de factores que han contribuido a la contaminación en la sociedad por medio de un esquema (*outline*) o dibujo. Después, explíquenle su visión particular al resto del grupo.

> MODELO: *el petróleo → el motor → la industrialización → …*

Páginas

02-41 to 02-42

Marco Denevi (1922–1998, Argentina)

Marco Denevi nació en Buenos Aires, Argentina. Tiene fama por sus excelentes cuentos, siempre con un estilo juguetón, ingenioso e irónico, y por sus temas fantásticos y universales. Su originalidad y su extraordinario dominio del lenguaje le han otorgado un lugar importante en las letras hispanas.

Antes de leer

2-52 Estrategias para la lectura. Varios elementos de una lectura pueden facilitar tu comprensión: las imágenes, el género, el primer párrafo y, sobre todo, el título, que es la portada (*doorway*) de la lectura. Apunta todo lo que el título de cada fragmento te sugiera. Piensa en su uso histórico y en su sentido metafórico, y luego haz una predicción sobre el contenido de estas dos piezas. Averigua al leer si tus predicciones son acertadas (*true*).

A leer

GÉNESIS

Con la última guerra atómica, la humanidad y la civilización desaparecen. Toda la tierra es como un desierto calcinado°. En cierta región de oriente sobrevive un niño, hijo del piloto de una nave espacial. El niño come hierbas y duerme en una caverna. Durante mucho tiempo, aturdido° por el horror del desastre, solo sabe llorar y llamar
5 a su padre. Después, sus recuerdos oscurecen, se vuelven arbitrarios y cambiantes como un sueño, su horror se transforma en un vago miedo. A veces recuerda la figura de su padre, que le sonríe o lo amonesta° o asciende a su nave espacial, envuelta en fuego y en ruido, y se pierde entre las nubes. Entonces, loco de soledad, cae de rodillas y le ruega° que vuelva. Mientras tanto, la tierra se cubre nuevamente de
10 vegetación; las plantas se llenan de flores; los árboles, de fruto. El niño, convertido en un muchacho, comienza a explorar el país. Un día ve un pájaro. Otro día ve un lobo. Otro día, inesperadamente, encuentra a una joven de su edad que, lo mismo que él, ha sobrevivido los horrores de la guerra atómica.

—¿Cómo te llamas? —le pregunta.
15 —Eva —contesta la joven.

—¿Y tú? —Adán.

*Adaptado

- quemado
- confundido
- *admonishes*
- *begs*

APOCALIPSIS

ghostly picture		El fin de la humanidad no será esa fantasmagoría° ideada por
el Apocalipsis de San Juan de la Biblia		San Juan en Salmos°. Ni ángeles con trompetas, ni monstruos,
		ni batallas en el cielo y en la tierra. El fin de la humanidad será
		lento, gradual, sin ruido, sin patetismo°: una agonía progresiva.
pathos		Los hombres se extinguirán uno a uno. Los aniquilarán° las
will annihilate	5	cosas, la rebelión de las cosas, la resistencia, la desobediencia de
		las cosas. Las cosas, después de desalojar° a los animales y a las
evict		plantas e instalarse en todos los sitios y ocupar todo el espacio
		disponible, comenzarán a mostrarse arrogantes, despóticas,
		volubles°, de humor caprichoso°. Su funcionamiento no se
unstable / whimsical	10	ajustará a las instrucciones de los manuales. Modificarán por sí
		solas sus mecanismos. Luego funcionarán cuando se les antoje°.
se… quieran		Por último se insubordinarán, se declararán en franca rebeldía,
		se desmandarán°, harán caso omiso de° las órdenes del hombre.
se… will go wild / harán… no seguirán		El hombre querrá que una máquina sume°, y la máquina restará°.
add / subtract	15	El hombre intentará poner en marcha un motor, y el motor se
		negará. Operaciones simples y cotidianas° como encender la
daily		televisión o conducir un automóvil se convertirán en maniobras
		complicadísimas, costosas, plagadas° de sorpresas y de riesgos.
full		Y no sólo las máquinas y los motores se amotinarán°: también
se… will riot	20	los simples objetos. El hombre no podrá sostener ningún objeto
		entre las manos porque se le escapará, se le caerá al suelo, se
		esconderá en un rincón donde nunca lo encuentre. Las
locks / will get stuck		cerraduras° se trabarán°. Los cajones se aferrarán a los montantes°
Los… the drawers will grab their frames and	25	y nadie logrará abrirlos. Modestas tijeras° mantendrán el pico
stick tight / Modestas… Humble scissors /		tenazmente apretado°. Y los cuchillos y tenedores, en lugar de
tenaciously tight		cortar la comida, cortarán los dedos que los manejen.
		No hablemos de los relojes: señalarán cualquier hora. No hablemos
		de los grandes aparatos electrónicos: provocarán catástrofes.
scalpel / slide	30	Pero hasta el bisturí° se deslizará°, sin que los cirujanos puedan
		impedirlo, hacia cualquier parte, y el enfermo morirá con sus
		órganos desgarrados°. La humanidad languidecerá° entre las
torn / will languish		cosas hostiles, indóciles, subversivas. El constante forcejeo° con
lucha		las cosas irá minando° sus fuerzas. Y el exterminio de la raza de
wearing out		los hombres sobrevendrá° a consecuencia del triunfo de las
will result	35	cosas. Cuando el último hombre desaparezca, las cosas frías,
		bruñidas°, relucientes, duras, metálicas, sordas, mudas, insensibles,
polished		seguirán brillando a la luz del sol, a la luz de la luna, por toda la
		eternidad.

*Adaptado

2-53 ¿Es Génesis o Apocalipsis? Indica si estas oraciones describen *Génesis* (**G**) o *Apocalipsis* (**A**).

1. ____ Hay una guerra.

2. ____ La niña se llama Eva.

3. ____ Las cosas dominan a los animales y las plantas.

4. ____ El niño está desesperado.

5. ____ El hombre es víctima de la tecnología.

6. ____ Hay una nave espacial.

7. ____ La tierra vuelve a ponerse verde.

8. ____ La eternidad brilla fríamente.

2-54 ¿Cómo lo interpretas? Contesta las preguntas sobre los cuentos según el propio texto o con tu interpretación personal.

1. En *Génesis,* ¿qué simboliza la nave espacial? ¿Encuentras otros símbolos o metáforas en este relato? ¿Cuáles son?

2. En *Apocalipsis,* ¿cómo termina el mundo? ¿Cómo se diferencia este fin del que se describe en la *Biblia*?

3. ¿Qué o quién sobrevive la destrucción del mundo?

4. ¿Qué simbolizan para ti estas cosas?

5. En tu opinión, ¿qué vino antes: el génesis o el apocalipsis? Explica.

 2-55 El peligro de nuestras creaciones. En *Apocalipsis* los objetos creados por el hombre se vuelven animados y controlan a sus creadores. Piensen en escenarios fantásticos para ilustrar esta pesadilla (*nightmare*).

> MODELO: *Mi reloj me controla. No puedo resistir el sonido de su timbre por la mañana. Me obliga a levantarme y me apresura para salir para las clases. Obedezco el tic tac de su marcha, sea lenta o sea rápida. No puedo escaparme de su influencia.*

2-56 Génesis ecológico. Muchos proyectos de regeneración urbana nacen del deseo de mejorar el nivel de vida y el atractivo turístico de un lugar. Al abrir el capítulo, viste el ejemplo de Madrid Río. Otro ejemplo impresionante es la ciudad de Bilbao, España. Busca fotos de Bilbao en Internet. Usa cinco de las expresiones a continuación para comentar lo que veas y los posibles efectos económicos, sociales y políticos de tal transformación.

Dudo que…	Me sorprende que…	Tal vez…
Es fascinante que…	Niego que…	Vale la pena que…
Es posible que…	Ojalá que…	Recomiendo que…

> MODELO: *Me impresiona que la ciudad de Bilbao tenga tanto espacio verde…*

BUSCA www

bilbao fotos

Taller

Expresa tu opinión

En cualquier periódico encontrarás editoriales y cartas al director donde la gente expresa su opinión con el propósito de influir en los demás. Muchas veces los temas son algo controversiales.

Antes de escribir

Idear. Piensa en algo que consideres un problema para ti y para la sociedad en que vives.

Completar. Completa esta oración en español.

Yo creo firmemente que…

> MODELO: *Yo creo firmemente que tenemos que mantener las zonas verdes, los bosques y las selvas de nuestro mundo.*

A escribir

Abrir el tema. Usando tu opinión como base, escribe una oración para plantear el problema y para atraer el interés del lector.

> MODELO: *Para el año 2025, vamos a perder un 25 por ciento de la selva amazónica por la tala (cutting) de árboles y la construcción de carreteras. Esto no es desarrollo sostenible, sino destrucción de un ecosistema único en nuestro mundo.*

Explicar y respaldar (*support*). Escribe cinco o seis oraciones para explicar por qué esto es un problema. Incluye razones específicas.

Sugerir. Escribe cinco o más recomendaciones para explicar qué hay que hacer para solucionar el problema.

Resumir. Escribe tres o cuatro oraciones para resumir el problema y su solución.

Concluir. Escribe una oración para convencer al público de la crisis y concluir tu ensayo.

Después de escribir

Revisar la comunicación. Vuelve a leer tu composición. ¿Son lógicas tus opiniones?

Revisar la gramática y el vocabulario.

☐ ¿Has incluido una variedad de vocabulario?

☐ ¿Has incluido algunas acciones usando el futuro?

☐ ¿Has usado bien el subjuntivo y el indicativo?

☐ ¿Has verificado la concordancia y la ortografía?

Intercambiar. Intercambia tu trabajo con el de un/a compañero/a. Mientras lees la composición de tu compañero/a, comenta sobre el contenido, la estructura y la gramática. ¿Ha seguido bien los procesos de la escritura? Incluye una evaluación de la comunicación y otra de la mecánica.

Entregar. Incorpora las sugerencias de tu compañero/a y pon tu ensayo en limpio. Luego, entrégaselo a tu profesor/a.

El parque nacional Tayrona en Colombia hospeda un rico ecosistema tropical.

Primera parte

a corto/medio/largo plazo	*in the short/mid/long term*
agotar	*to exhaust*
el agujero	*hole*
alcanzar	*to reach*
aumentar	*to increase*
la basura	*trash*
el bosque	*forest*
calentar (ie)	*to warm*
la calidad	*quality*
la capa de ozono	*ozone layer*
el carbón	*coal*
el combustible	*fuel*
el desafío	*challenge*
desechar	*to throw away, to discard*
el desecho	*waste*
destruir (y)	*to destroy*
la (des)ventaja	*(dis)advantage*
dificultar	*to make difficult*
disminuir (y)	*to diminish*
el efecto invernadero	*greenhouse effect*
las especies en peligro de extinción	*endangered species*
favorecer (zc)	*to favor*
la fuente	*source*
el humo	*smoke*
(in)agotable	*(in)exhaustible*
invertir (ie, i)	*to invest*
la leña	*firewood*
la medida	*measure*
medioambiental	*environmental*
el medioambiente	*environment*
multar (a)	*to fine*
perjudicar	*to harm*
potable	*safe to drink*
premiar	*to reward*
presionar	*to pressure*
prevenir (ie)	*to prevent*
promover (ue)	*to promote*
proteger (j)	*to protect*
el recurso	*resource*
la regla	*rule*
renovable	*renewable*
renovar (ue)	*to renew*
rescatar	*to rescue*
la selva	*jungle*
la sequía	*drought*
sin embargo	*however, nevertheless*
sostenible	*sustainable*
el vidrio	*glass*

¡Cuidado! un poco de - pocos/as - poco/a - pequeño/a *See page 71.*
Frases comunicativas: Creo que…, Es cierto que…, Pienso que… *See page 82.*

Segunda parte

aportar	*to contribute*
avanzar	*to advance*
beneficioso/a	*beneficial*
comprometer	*to compromise*
cumplir (con)	*to fulfill, to satisfy*
dañar	*to damage*
desarrollar	*to develop*
en vías de desarrollo	*developing*
factible	*feasible*
fomentar	*to promote, to further*
el fondo	*background, essence*
grave	*serious*
mejorar	*to improve*
nutritivo/a	*nutritious*
predecir (i)	*to predict*
preservar	*to protect, to preserve*
proponer	*to propose*
saludable	*healthy*
seguro/a	*secure, safe*
la vivienda	*housing*

¡Cuidado! calidad - cualidad *See page 87.*
Expressions often followed by the subjunctive *See pages 91-92.*

3 Por un mundo mejor

PROPOSITION D'AM

El Banco Interamericano de Desarrollo y la Fundación Pies Descalzos de la artista colombiana Shakira apoyan al gobierno de Haití en la reconstrucción de una histórica escuela pública en Puerto Príncipe.

A empezar

¿Por qué es importante respetar los derechos humanos? ¿Qué organizaciones defienden los derechos de los niños?

Curiosidades

¿Sabes…

cuándo se fundó Amnistía Internacional?

a. 1961
b. 1973
c. 1952

qué país fue el primero en legalizar el matrimonio entre parejas homosexuales?

a. Francia
b. Suiza
c. los Países Bajos (Holanda)

cuándo se celebra el Día Internacional de la Mujer?

a. el 1° de mayo
b. el 7 de julio
c. el 8 de marzo

PROPO

Libertad, igualdad y fraternidad

Los derechos humanos son aquellas libertades y derechos básicos que les garantizan una vida digna a todos. La división original seguía el lema[1] de la revolución francesa: libertad, igualdad y fraternidad.

1ra **La libertad.** Los derechos civiles y políticos básicos (la libertad de expresión, de prensa, de religión, el sufragio universal, etc.)

2da **La igualdad.** Los derechos económicos, sociales y culturales básicos (un salario mínimo establecido, elecciones periódicas y honestas, centros culturales para el pueblo, etc.)

3ra **La fraternidad.** Los derechos que tratan de incentivar el progreso social y elevar el nivel de los pueblos (el avance de las ciencias y la tecnología para alimentar y educar a todos, la calidad del medio ambiente, una vida digna con un futuro mejor para los hijos, etc.)

A continuación leerás una muestra de los derechos que se incluyen en la *Declaración Universal de los Derechos*

Humanos aprobada por la Organización de las Naciones Unidas (ONU). Escoge los cinco más importantes para ti personalmente y los cinco más importantes, en tu opinión, para un país en vías de desarrollo.

	Para ti	País en vías de desarrollo
el trabajo en condiciones equitativas y satisfactorias	☐	☐
los derechos y libertades fundamentales sin distinción de raza, etnia, idioma, posición social o económica	☐	☐
el uso de los avances de las ciencias y de la tecnología para beneficio mundial	☐	☐
la libertad de expresión, la libertad de movimiento y la libertad de religión	☐	☐
la seguridad social y el acceso a los derechos económicos, sociales y culturales	☐	☐
la protección del medioambiente	☐	☐
la preservación del patrimonio común de la humanidad	☐	☐
la formación de sindicatos para la defensa de los trabajadores	☐	☐
un nivel de vida adecuado	☐	☐
el poder obtener asilo político en cualquier país	☐	☐
el libre desarrollo de la personalidad	☐	☐
la vida, la libertad y la seguridad jurídica	☐	☐

[1] *motto*

Vocabulario básico

el derecho
desarrollar
la libertad
el país en vías de desarrollo
promover (ue)
proteger
la sociedad

Vocabulario clave: Los derechos humanos

Verbos

asegurar(se)	*to assure (to make sure)*
dar por sentado	*to take for granted*
desaparecer (zc)	*to disappear*
disfrutar (de)	*to enjoy*
escoger (j)	*to choose*
exigir (j)	*to demand*
garantizar	*to guarantee*
luchar	*to struggle, to fight*
oprimir	*to oppress*
tomar conciencia	*to become aware*

Sustantivos

el asilo (político)	*(political) asylum*
el bienestar	*well-being*
el desarrollo	*development*
la (des)igualdad	*(in)equality*

el esfuerzo	*effort*
el juicio	*trial*
la meta	*goal*
el nivel de vida	*standard of living*
el patrimonio	*heritage*
la paz	*peace*
el sindicato	*union*
el sufragio universal	*universal suffrage*
el trato	*treatment*
el voluntariado	*volunteering*

Adjetivos

equitativo/a	*fair*
jurídico/a	*judicial*

Otras expresiones

sin fines de lucro	*non-profit*

Ampliación

Verbos	Sustantivos	Adjetivos
desarrollar	el desarrollo	desarrollado/a
garantizar	la garantía	garantizado/a
oprimir	la opresión	oprimido/a
proteger (j)	la protección	protegido/a

Recordamos cuando la policía acordó respetar los derechos civiles de los manifestantes.

¡Cuidado!

recordar/acordarse de/acordar

- While the verbs **recordar** and **acordarse (de)** are synonymous, **acordar** means *to agree.*

- **recordar:** *to remind; to remember*

  Recuerdo cuando Óscar Arias ganó el Premio Nobel.

  I remember when Óscar Arias won the Nobel Prize.

- **acordarse de:** *to remember, recollect*

  Me acuerdo del día que visité la ONU.

  I remember the day I visited the UN.

- **acordar:** *to agree; to resolve by common consent*

  Acordaron no hablar más de sus diferencias políticas.

  They agreed not to talk anymore about their political differences.

3-1 Lo más importante. Comparen sus respuestas a la encuesta en *¡Así es la vida!* ¿Hay una diferencia entre los derechos que ustedes consideren los más importantes personalmente y los más importantes para un país en vías de desarrollo? Expliquen.

3-2 ¿Garantías o protecciones? En la *Declaración Universal de los Derechos Humanos* hay garantías y protecciones. Las garantías son derechos básicos que deben tener todos los seres humanos; las protecciones son estipulaciones que protegen a los seres humanos contra algún tipo de abuso. Aquí tienes algunas de las garantías y las protecciones de la *Declaración Universal de los Derechos Humanos*. Indica si los derechos a continuación son garantías (**G**) o protecciones (**P**) y sigue el modelo para expresar los derechos.

MODELO: **G:** la vida   **P:** los abusos

Se garantiza el derecho a la vida. Se protege contra los abusos.

1. _____ la libertad
2. _____ un día laboral de ocho horas
3. _____ el trato cruel
4. _____ la propiedad
5. _____ la detención arbitraria
6. _____ la presunción de inocencia
7. _____ el juicio público
8. _____ la intrusión arbitraria en la vida privada
9. _____ la libertad de culto (*freedom of religion*)
10. _____ la libertad de movimiento

La ciudad de Bogotá subvenciona arte pública que apoya los valores de la *Declaración Universal de los Derechos Humanos*.

3-3 Los derechos humanos. Completa las oraciones con la forma correcta de las expresiones de *¡Así lo decimos!*

1. Es importante no _____ nuestros derechos civiles.
2. _____ negocian contratos para los trabajadores para mejorar las condiciones de trabajo.
3. Las organizaciones _____ trabajan para mejorar el nivel de vida en los países en vías de desarrollo.
4. El gobierno debe garantizar _____ equitativo de sus ciudadanos, no importa ni su etnia ni su sexo.
5. Muchos estudiantes hacen un proyecto de _____ antes de graduarse.
6. Es común que las víctimas de conflictos armados pidan _____ en otro país.
7. _____ de la Cruz Roja es aliviar el sufrimiento de las víctimas de desastres naturales.
8. _____ es el derecho a participar en elecciones sin temor a repercusiones políticas o sociales.

3-4 ¿Las damos por sentado? De todas las garantías y protecciones que identificaron en la actividad **3-2,** ¿hay algunas que muchas personas dan por sentado? ¿Cuáles son, en su opinión, y por qué creen ustedes que es natural darlas por sentado?

MODELO: la educación
> *El derecho a recibir una instrucción básica gratis es importante para poder ganarse la vida y tener una vida feliz. Algunas personas lo dan por sentado porque no lo tienen que pagar. Sin embargo…*

3-5 A explorar: Los dedicados a la paz. A continuación hay algunas organizaciones sin fines de lucro. Busca en Internet más información sobre una de ellas y escribe un párrafo en el que incluyas esta información:

- cuándo se fundó o empezó su misión
- cuál es su meta
- cuál es uno de sus logros más significativos
- qué puedes hacer para apoyar su causa

Unicef	La Casa de la Paz
Pies Descalzos	La Fundación Mi Sangre
Acción por los Niños	La Fundación Ricky Martin
Hábitat para la Humanidad	La Fundación Milagro
Amnistía Internacional	La Cruz Roja

BUSCA www

unicef; pies descalzos, acción por niños, etc.

La organización Médicos Sin Fronteras se fundó en 1971.

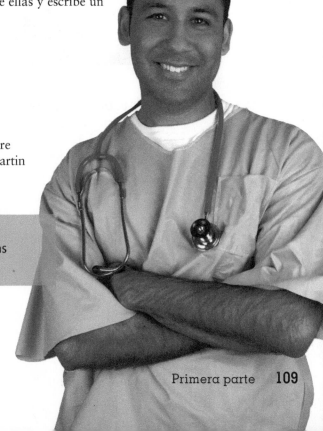

3-6 La Federación Internacional de la Cruz Roja. La cruz roja, la media luna roja y el cristal rojo son emblemas humanitarios reconocidos oficialmente por casi todos los países del mundo. Expliquen qué simbolizan para ustedes y en qué partes del mundo tienen mucha presencia en estos días.

3-7 Comunidades: Una organización humanitaria. Investiga qué organizaciones humanitarias hay en tu comunidad y cómo sirven a la comunidad hispana o a las comunidades del mundo hispano. ¿Qué tienes que hacer para ser voluntario/a? ¿Cuáles son los recursos que más necesitan? ¿Te gustaría colaborar en un proyecto de voluntariado? Explica.

Voluntarios de todo el mundo donan su tiempo y materiales a Hábitat para la Humanidad.

 3-8 De nuevo: Un informe a la Comisión de Derechos Humanos (*Ser, estar*, and *haber*). Imagínate que eres el líder de una de las organizaciones mencionadas en la actividad 3-5. Utilizando oraciones con **ser, estar** y **haber,** escribe un informe breve en el que describas los esfuerzos de tu organización para mejorar el bienestar de la gente.

MODELO: *MADRE **es** una organización que defiende los derechos de la mujer. Desde el 2008 **ha estado** en Colombia donde **hay** un conflicto que perjudica el bienestar de muchas personas…*

RECUERDA

Consulta el *Capítulo 2* para repasar los usos de **ser, estar** y **haber.**

Reto: Trata de usar los verbos **ser, estar** o **haber** en casi todas las oraciones. Usa muchas palabras de *¡Así lo decimos!*

¡Así lo hacemos!

1. **Nosotros** commands

03-07 to 03-09

Nosotros commands express the idea "let's" plus an action. In the affirmative, they can be expressed two ways, using the present subjunctive of the verb, or the phrase **Vamos a +** infinitive.

> **Desarrollemos** un programa de auto ayuda.
> **Vamos a desarrollar** un programa de auto ayuda.
> } *Let's develop a self-help program.*

- Object pronouns are attached to affirmative commands and precede negative commands.

¿Las víctimas de persecución? **¡Protejámoslas!**	*Victims of persecution? Let's protect them!*
¿Los criminales financieros? **¡No los liberemos!**	*Financial criminals? Let's not release them!*

- The verb **ir** uses the the indicative when it is affirmative, and the subjunctive when it is negative.

¡Vamos a la reunión!	*Let's go to the reunion!*
¡No vayamos a asistir a la manifestación!	*Let's not attend the demonstration!*

- With reflexive verbs in affirmative commands, drop the **s** before the pronoun **nos**.

¡Vámonos!	*Let's go!*
¡Acordémonos de los desaparecidos!	*Let's remember those who have disappeared!*

¡OJO!

Add a written accent in order to maintain the stress on the correct syllable when attaching pronouns to commands.

3-9 ¿Cómo reaccionas? Forma el mandato de **nosotros** y emparéjalo con un contexto lógico.

MODELO: ¡ _Escuchemos_ (Escuchar) el discurso del Secretario General! En la ONU.

1. ¡ _____ (Disfrutar) del tiempo que tenemos con nuestros padres!

2. ¡ _____ (Elegir) al mejor candidato!

3. ¡ _____ (Ver) una película de intriga!

4. ¡No les _____ (gritar) a los policías! ¡ _____ (Hablarles) con calma!

5. ¡ _____ (Volver) a casa! ¡No _____ (trabajar) más!

6. ¡ _____ (Irnos)! ¡No _____ (esperar) más!

a. _____ En las elecciones presidenciales.

b. _____ En una manifestación.

c. _____ En una fiesta familiar.

d. _____ Después de muchas horas en la biblioteca.

e. _____ En el cine.

f. _____ Al recibir una invitación a la playa.

3-10 Invitaciones. Individualmente escriban tres actividades divertidas a las que les gustaría invitarse. Después, túrnense para aceptar o rechazar las invitaciones con mandatos de **nosotros**. Expliquen su decisión.

MODELO: ¿Quieres ver la última película de Almodóvar?
¡Sí, veámosla! Dicen que es muy buena. (¡No, no la veamos! No me cae bien Almodóvar.)

3-11 Sugerencias constructivas. Ustedes planean la reconstrucción de un país después de un desastre natural o político. Preparen una lista de seis o más mandatos de **nosotros** que propongan ideas para ayudar al país y a sus habitantes. Luego, preséntenle el plan al resto de la clase.

MODELO: Haití necesita materiales y provisiones para reconstruir el país.
¡Recaudemos fondos para contribuir a una organización sin fines de lucro!
¡Pongamos anuncios en Facebook!...
¡Llamemos a...! ¡No...!

¡Construyámosles casas de buena calidad!

2. Indirect commands

You can order someone to do something directly with a direct command or with an indirect command. Indirect commands use the subjunctive in all persons.

Es inocente.
¡Que lo dejen libre!

No quiero trabajar más de ocho horas diarias. **Que trabajen los jefes.**	*I don't want to work more than eight hours a day. Let the bosses work.*
No tenemos tiempo para terminar el informe. **Que lo haga Laureano.**	*We don't have time to finish the report. Let Laureano do it.*

- Indirect commands are formed by truncating a noun clause that uses the subjunctive to order or wish someone to do something while maintaining the original meaning.

~~Ojalá~~ que venga Óscar Arias.	*Let Óscar Arias come.*
~~Es necesario~~ que dejen de maltratar a los prisioneros.	*Have them stop mistreating the prisoners.*

Aplicación

3-12 Deseos por un mundo mejor. Empareja cada organización con el mandato indirecto que mejor se relacione con su misión.

MODELO: *La Unesco… "Que proteja el patrimonio cultural y natural de todas las naciones".*

1. _____ Amnistía Internacional

2. _____ La Cruz Roja

3. _____ La Paz Verde

4. _____ Médicos sin Fronteras

5. _____ Unicef

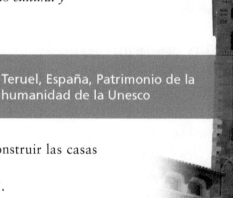

Teruel, España, Patrimonio de la humanidad de la Unesco

a. "Que todos donen dinero para ayudar a reconstruir las casas dañadas por el huracán".

b. "Que no se maltrate a los prisioneros políticos".

c. "Que los más necesitados en zonas de conflicto reciban atención médica".

d. "Que logre proteger a todos los niños contra el maltrato".

e. "Que pueda cambiar la pasividad de los humanos con respecto a la protección del medioambiente para asegurar el futuro del planeta".

3-13 Cartas al director del periódico.   Estos comentarios han aparecido en las páginas editoriales del periódico. Indica si estás de acuerdo o no con ellos y escribe tu opinión sobre cada comentario con un mandato indirecto.

> MODELO: Los representantes buscan soluciones diplomáticas a los conflictos.
> *Estoy de acuerdo. Que todos busquemos soluciones diplomáticas.*

1. El gobierno desea proteger las industrias nacionales.
2. Representantes de la ONU van a observar nuestras elecciones.
3. Se necesitan leyes para garantizar el derecho a votar.
4. El conflicto entre Israel y los países árabes amenaza la paz mundial.
5. El gobierno propone un mejor nivel de educación en las escuelas públicas.
6. Hay que garantizarles servicios médicos a todos.

 3-14 Prácticas (*internships*) con WOLA.   Escucha la información sobre el Programa Yudelman en WOLA e indica si las afirmaciones a continuación son ciertas (**C**) o falsas (**F**). Corrige las falsas.

WOLA promueve los derechos humanos, la democracia y la justicia social por medio del trabajo conjunto con nuestras contrapartes locales en América Latina y el Caribe para influenciar las políticas en Estados Unidos y el exterior.

¿Cierto (C) o falso (F)?

1. _____ WOLA es una organización del Departamento de Estado de Estados Unidos.
2. _____ Los practicantes (*interns*) tienen reuniones regulares con la Casa Blanca.
3. _____ Ofrece una buena oportunidad para familiarizarse con la política actual en América Latina.
4. _____ Una parte importante de la práctica es un proyecto de investigación.
5. _____ El programa está abierto a estudiantes norteamericanos y latinoamericanos de posgrado.
6. _____ El practicante no recibe ningún salario.
7. _____ El practicante trabajará cuarenta horas a la semana.

 3-15 Debate: ¿Hay que respetar o no?   Preparen su posición a favor o en contra de uno de estos temas.

Resolución: En casos de desastre, el gobierno y las organizaciones sin fines de lucro tienen la responsabilidad de ayudar a las víctimas.

Resolución: Las diferencias culturales juegan un papel importante en la interpretación de los derechos humanos y se deben respetar esas diferencias.

Frases comunicativas
(No) Tienes razón.
Primero,... Segundo,... Finalmente,...
En resumen,... (*In summary,...*)

> MODELO: *Cuando hay un desastre natural, las organizaciones sin fines de lucro tienen más experiencia que los gobiernos para ayudar a las víctimas. Primero, que vaya la Cruz Roja...*

CONÉCTATE

Videoblog   *Un hogar digno*

Antes de verlo

3-16 ¡A construir!   ¿Qué sabes de los proyectos de Hábitat para la Humanidad en tu comunidad? ¿Has participado en uno de sus proyectos o conoces a alguien que haya participado? ¿Cómo ha sido la experiencia? Si no conoces los proyectos en tu comunidad, busca información en Internet.

A verlo

3-17 En este segmento Mauricio conoce a diferentes personas que trabajan con Hábitat para la Humanidad, una fundación que construye casas para los más necesitados. Toma apuntes de los esfuerzos que hacen y beneficios que reciben las cuatro personas entrevistadas.

Después de verlo

 3-18 La construcción de un hogar.   Imagínense que ustedes van a ser voluntarios en la construcción de una casa para Hábitat para la Humanidad. Hablen sobre qué experiencia tienen en construir una casa, cómo esperan participar en la construcción, cuánto tiempo van a dedicar al proyecto y cuáles serán los desafíos y beneficios de hacer voluntariado. Refiéranse a las escenas del video para ayudarlos a generar ideas.

Comparaciones

3-19 En tu experiencia. ¿Conoces alguna organización sin fines de lucro que realice servicios sociales? ¿Has servido de voluntario/a en un proyecto para ayudar a personas necesitadas? ¿Cómo era?

Hábitat para la Humanidad

Hábitat para la Humanidad ofrece ayuda en todas partes del mundo, incluso en Estados Unidos.

En la segunda generación de los derechos humanos se garantiza el derecho a un nivel de vida adecuado que asegure la salud, la alimentación, el vestido, la vivienda, la asistencia médica y los servicios sociales necesarios. Hábitat para la Humanidad es una fuerza importante para que se llegue a esa meta. La organización fue fundada en 1976 por Millard y Linda Fuller y bajo su dirección se han construido más de 500.000 casas en todo el mundo, proporcionando un techo (*dwelling*) seguro, decente y económico a más de dos millones de personas. Hábitat tiene presencia en más de noventa países, entre ellos, Estados Unidos. Sus voluntarios son personas de todas las edades y sectores de la sociedad: estudiantes, profesionales y jubilados (*retired persons*).

Con el trabajo de voluntarios y donaciones de dinero y materiales, Hábitat colabora con familias para construir y rehabilitar casas sencillas y decentes. La familia compra la casa financiándola con préstamos a bajo interés. Lo que pagan cada mes contribuye a la construcción de otras casas. Las familias se identifican sin considerar su religión o su etnia. Se aceptan voluntarios que deseen trabajar para eliminar la vivienda inadecuada en el mundo.

 3-20 El valor del voluntariado. Es cada vez más común que los jóvenes participen como voluntarios en su comunidad, en otras partes del país y hasta en el extranjero. Conversen sobre dónde y por qué ustedes han hecho o querrán hacer servicio social como voluntarios.

3-21 A explorar: Hábitat para la Humanidad en América Latina. Investiga en Internet uno de los sitios en América Latina donde Hábitat para la Humanidad tiene proyectos. Escribe un párrafo en el que expliques las condiciones socioeconómicas del país y cómo son las casas que están construyendo.

BUSCA www

habitat latinoamérica

Ritmos

03-16 to 03-18

¡Ay, Haití!
(Carlos Jean, España)

Carlos Jean y Marta Sánchez durante la grabación de *¡Ay, Haití!*

El músico y productor español Carlos Jean es de ascendencia española y haitiana. Con siete nominaciones para el premio Grammy Latino, se le considera uno de los productores más importantes de música española y latinoamericana. En el 2010 produjo *¡Ay, Haití!*, el *hit* número uno en España, en solidaridad con las víctimas del terremoto en Haití. Los 20 artistas de fama internacional que aparecen en el video lo hicieron voluntariamente; todos los fondos se donan a la organización Intermón Oxfam, la que apoya los esfuezos humanitarios en Haití. Los cantantes que participaron son los españoles Alejandro Sanz, Enrique Iglesias, Marta Sánchez, Bebe y Miguel Bosé; también cantaron los colombianos Shakira y Juanes, entre otros.

Antes de escuchar

3-22 Tus deseos. Usa mandatos indirectos para crear cinco deseos indispensables para personas necesitadas en el mundo. Además de amor, ¿qué más debemos tener para alcanzar la paz mundial? ¿Qué debemos hacer lo antes posible?

MODELO: *Que todos tengan un hogar digno.*

A escuchar

3-23 Los deseos del artista.
Mientras escuchas la canción, anota lo que tenemos que hacer, o lo que hay que hacer, según los cantantes.

BUSCA www

ay haití video; ay haití letra

Después de escuchar

3-24 El mensaje. Túrnense para hacer y contestar las siguientes preguntas sobre la canción.

1. ¿Cómo caracterizan la canción? ¿Qué tono tiene? ¿melancólico? ¿alegre? ¿nostálgico? ¿enérgico? ¿bailable? Expliquen.
2. ¿Qué necesita Haití para sentirse en paz?
3. Expliquen la frase "hay que volver a nacer".
4. ¿Crees que es la obligación de las celebridades darles voz a las personas necesitadas? ¿Qué impacto tiene? ¿Cómo reacciona el público? Expliquen.
5. ¿Crees que los cantantes son pesimistas, optimistas o realistas, según la letra de la canción? ¿Por qué?

3-25 Un foro. Lee los siguientes comentarios sobre la canción *¡Ay, Haití!* en un foro dedicado a la reconstrucción de Haití. Luego inventa un nombre de usuario y escribe tu propio comentario.

lucia99honduras
La canción está muy linda, Carlos Jean. Espero que haya más personas como tú en este mundo. Gracias y sigue así, amigo, que yo también quiero que renazca Haití.

fernandogarcia0776
El bien de la humanidad está en nuestras manos. ¡Muy bonita la canción! Y así como tú hay muchísimas personas que claman por ayudar. De todo corazón, ¡felicitaciones y paz! Me gustan mucho los versos que dicen "volver a creer, empezar otra vez".

¡ÉCHALE UNA MANO!

Responde a la encuesta sobre tus opiniones respecto al trabajo voluntario. Puedes indicar más de una respuesta, si quieres.

Indica por qué o para qué crees que es importante trabajar como voluntario.

- ☑ para ayudar a los necesitados
- ☑ para contribuir a la comunidad
- ☑ por creencias religiosas
- ☐ para sentirme útil
- ☐ para hacer algo provechoso
- ☐ para conocer gente/hacer amistades
- ☐ para ser reconocido/a, valorado/a por los demás
- ☐ porque el gobierno no ayuda y hay que hacer algo
- ☑ para erradicar la pobreza
- ☐ por un compromiso moral
- ☐ No es importante. (Explica.)

  _____

¿Qué tipo de trabajo voluntario has hecho o esperas hacer?

- ☑ trabajar con las manos
- ☑ cuidar a los necesitados
- ☐ recaudar fondos
- ☐ enseñar o entrenar a los pobres
- ☑ organizar eventos
- ☐ lanzar campañas de información
- ☑ trabajar en una oficina
- ☐ otro _____

¿Para qué tipo de organización has trabajado o vas a trabajar como voluntario?

- ☑ una iglesia o un grupo religioso
- ☑ una escuela
- ☐ un grupo médico
- ☐ un hogar de ancianos
- ☐ un club deportivo o recreativo
- ☑ una organización que sirva a jóvenes o a niños
- ☐ una que sirva a mujeres
- ☐ una de arte, música, cultura
- ☑ una organización de derechos humanos
- ☐ una dedicada al medioambiente
- ☐ otra: _____

¿Con qué frecuencia has trabajado, trabajas o vas a trabajar como voluntario?

- ☐ todos los días
- ☑ una vez por semana
- ☑ solo esporádicamente
- ☐ nunca

En general, ¿cómo ha sido la experiencia de hacer trabajo voluntario?

- ☑ Excelente. He aprendido mucho.
- ☐ Satisfactoria, pero voy a dedicarme más en el futuro.
- ☐ Poco satisfactoria porque…

  _____

- ☐ No sé todavía.

Vocabulario básico

apoyar
ayudar
educar
la explotación
la fundación
   humanitaria
mostrar (ue)

Vocabulario clave: La justicia social

Verbos

constituir (y)	*to constitute*
donar	*to donate*
echar/dar una mano	*to lend a hand*
erradicar	*to eradicate*
lanzar	*to launch, to put forth*
patrocinar	*to sponsor*
recaudar fondos	*to raise funds*

Sustantivos

la alianza	*alliance*
la campaña	*campaign*
el compromiso	*obligation, pledge, commitment*
el hogar/la residencia de ancianos	*nursing home*
el/la huérfano/a	*orphan*
la labor	*task, effort*
los necesitados	*the needy*
la propuesta	*proposal*
el valor	*courage*

Adjetivos

benéfico/a	*charitable*
digno/a	*worthy*
provechoso/a	*beneficial*

Otras expresiones

año tras año	*year after year*
esporádicamente	*sporadically*

Ampliación

Verbos	Sustantivos	Adjetivos
constituir (y)	la constitución	constituido/a
donar	la donación	donado/a
educar	la educación	educado/a
erradicar	la erradicación	erradicado

¡Cuidado!

quedar/quedarse

- **quedarse:** *to stay* (in a place)

  José **se quedó** en Chile hasta el 2012.

  José stayed in Chile until 2012.

- **quedar:** *to be left/remain* (with an adjective)

  Laura **quedó** esperanzada con la noticia.

  Laura was left feeling hopeful with the news.

- **quedar:** *to be located* (colloquial = **estar**)

  La oficina de la Cruz Roja **queda** cerca del centro.

  The Red Cross office is (located) close to downtown.

El Hostal Santiago es económico y queda cerca de la estación de trenes. Vamos a quedarnos allí.

3-26 El trabajo voluntario. Refiéranse a la encuesta en *¡Así es la vida!* para comparar sus opiniones sobre trabajar como voluntarios/as para una organización benéfica. En su opinión, ¿es la obligación de todos dedicarse a estas labores? Expliquen su opinión.

3-27 El servicio a los demás. Completa las oraciones a continuación con la forma correcta de las expresiones de *¡Así lo decimos!*

1. Todos los años las organizaciones sin fines de lucro lanzan campañas para _____ para sus causas.
2. La educación de los niños es _____ de todos.
3. Nos alienta ver las obras _____ de la Cruz Roja.
4. Nosotros _____ ropa de segunda mano y aparatos usados al Ejército de Salvación.
5. Hacemos voluntariado para _____ a los necesitados.
6. Los _____ son especialmente necesitados.
7. Muchas fundaciones sin fines de lucro _____ causas benéficas.
8. Las personas que hacen voluntariado en zonas peligrosas del mundo tienen mucho _____.

3-28 El primer trabajo como voluntario/a. Escribe un párrafo en el que expliques la primera vez que tú u otra persona que conozcas trabajaron como voluntarios/as. Usa el pretérito y el imperfecto en tu descripción.

MODELO: *Cuando tenía quince años trabajé como voluntario/a en un hogar para ancianos...*

3-29 A explorar: Unidos por la niñez. La meta de esta importante organización de la ONU es asegurar los derechos y el bienestar de los niños del mundo. Busca en Internet más información sobre una de sus causas y escribe un párrafo en el que incluyas la siguiente información:

- la causa o la campaña
- dónde tiene lugar
- cómo se desarrolla
- si hay Embajadores de Buena Voluntad que participen en el esfuerzo
- el número de niños que se benefician
- quiénes participan en el esfuerzo

BUSCA www

unicef causas; unicef embajador buena voluntad

3-30 *Save the Children*. Lean la descripción de la misión y actividades de esta organización y expliquen por qué es importante su labor en América Latina.

Save the Children es una organización benéfica que tiene programas en todo el mundo. En América Latina hay 60 millones de niños menores de cinco años de edad. La organización se dedica a echarles una mano a los niños que viven en los países más pobres de este hemisferio: Bolivia, El Salvador, Guatemala, Haití y Nicaragua. Además, colabora con *Save the Children Alliance* en Honduras, México y República Dominicana, donde lanza campañas y patrocina programas educativos. Con su base en la comunidad, *Save the Children* se enfoca en las necesidades de las madres, los niños y los adolescentes para mejorar su estado de salud y bienestar. Su compromiso con las comunidades incluye cuatro prioridades: la salud neonatal y reproductiva, el desarrollo preescolar y la educación primaria, la nutrición y, por último, la preparación para emergencias.

 3-31 Una causa suya. Decidan entre ustedes cuál sería una causa que les gustaría patrocinar. Conversen sobre estos detalles y compartan sus conclusiones con la clase.

- el nombre de la organización
- sus metas
- cómo van a participar en ella
- los beneficios sociales y personales que van a recibir de su participación
- los problemas que pueda tener la organización
- cómo van a darle publicidad a la causa

3-32 Conexiones. El derecho de vivir en un hogar digno. Según Hábitat para la Humanidad, ¿cómo se define un hogar digno? ¿Qué significa para ti vivir en un lugar digno? Escribe por lo menos cinco características y trata de centrarte en los aspectos relacionados con los derechos humanos.

El cantante colombiano, Juanes, da una conferencia de prensa sobre la Fundación Mi Sangre.

 3-33 De nuevo: Una conferencia de prensa (*Subjunctive in noun clauses*). Imagínate que eres el/la nuevo/a director/a de una organización sin fines de lucro que se dedica a una importante causa internacional. Escribe un discurso dirigido a tus benefactores en el que propongas ideas y programas para avanzar su causa. Usa al menos cinco de las siguientes frases en tu discurso:

Ojalá que…	*Dudo que nuestro gobierno…*
Espero que…	*El gobierno del país niega que…*
Todos necesitamos que…	*No permitiré que…*
Insisto en que…	*Exigiré que…*
Es urgente que…	*Los animo a que…*
Yo sé que ustedes quieren que…	*Les pediremos a ustedes, los benefactores, que…*

Reto: ¡Trata de incluir todas las frases en tu discurso! Usa muchas palabras de la *Primera* y de la *Segunda parte* de *¡Así lo decimos!*

RECUERDA

Para repasar el subjuntivo en cláusulas nominales consulta el *Capítulo 2*.

No fue mi intención ofenderlo.

03-25 to 03-30

3. Direct and indirect object pronouns

Direct object pronouns

Direct object pronouns are used in place of the direct object and help avoid unnecessary repetition. They agree in gender and number with the noun to which they refer.

SINGULAR		PLURAL	
me	*me*	**nos**	*us*
te	*you (informal)*	**os**	*you (informal)*
lo	*you (masculine), it, him*	**los**	*you (masculine), them*
la	*you (feminine), it, her*	**las**	*you (feminine), them*

¡OJO!

When the direct object is a specific person or persons, an **a** precedes the noun in Spanish. This is known as the personal **a**. Remember that **a** + **el** contract to form **al.**

El gobierno apoyó **la alianza con la fundación.**	*The government supported the alliance with the foundation.*
El gobierno **la** apoyó.	*The government supported it.*
No veo a **los voluntarios** en la reunión.	*I don't see the volunteers in the meeting.*
No **los** veo.	*I don't see them.*

¡OJO!

A direct object is the noun that generally follows and is affected directly by the verb. It answers *what* or *who* received the action of the verb. It can be a thing (**la campaña**), a person (**los niños**), or an action or idea (**hay miles de voluntarios en Centroamérica**).

La fundación lanzó **una campaña educativa.**	The foundation launched an educational campaign.
Tiene como meta proteger a **los niños necesitados.**	It has as its goal to protect needy children.
El informe dice que **hay miles de voluntarios en Centroamérica.**	The report says there are thousands of volunteers in Central America.

- Object pronouns are usually placed immediately before the conjugated verb.

¿Ves la casa de Hábitat?	*Do you see the Habitat house?*
Sí, **la** veo.	*Yes, I see it.*

- In constructions with the infinitive or the progressive forms, the object pronoun may either precede the conjugated verb or be attached to the infinitive or the present participle (-**ndo** form).

¡OJO!

In negative sentences, the **no** does not separate the pronoun from the conjugated verb.

¡OJO!

Note the use of a written accent when attaching the direct object pronoun to the present participle.

Vamos a patrocinar **a esta niña.**	*We're going to sponsor this child.*
Vamos a patrocinar**la.**	*We're going to sponsor her.*
La vamos a patrocinar.	
No estoy leyendo **el informe.**	*I'm not reading the report.*
No estoy leyéndo**lo.**	*I'm not reading it.*
No **lo** estoy leyendo.	

Indirect object pronouns

An indirect object indicates:

- to/for/from whom something is given, bought, borrowed, or taken away *or* for whom an action is carried out.

- Indirect object pronouns are identical to the direct object pronouns, except for the third-person singular and plural. They agree in number with the noun to which they refer; there is no gender agreement.

SINGULAR		PLURAL	
me	*(to) me*	nos	*(to) us*
te	*(to) you (familiar)*	os	*(to) you (familiar)*
le	*(to) you (formal)*	les	*(to) you (formal)*
	(to) him/her/it		*(to) them*

Le quité los cigarrillos hace dos días.

Le acabo de echar una mano (**al niño**).	*I've just given him a hand (to the child).*

¡OJO!

The familiar plural form **os**, corresponding to **vosotros,** is used in Spain. In Latin America, **les** is used as the plural of **te. Les** is the form that we will use in this text.

Los niños **os** pidieron comida (a vosotros). (*Spain*)	*The children asked you for food.*
Los niños **les** pidieron comida (a ustedes). (*Latin America*)	

- The indirect object pronouns **le** and **les** are required even when the indirect object noun is expressed. These redundant or repetitive object pronouns have no equivalent in English.

El joven **le** mostró su casa **a la señora.**	*The young man showed his house to the woman.*
Les dije **a los estudiantes** que tenían razón.	*I told the students they were right.*

¡OJO!

Indirect object pronouns follow the same rules of placement as the direct object pronouns. Use a written accent when attaching the indirect object pronoun to the present participle (**-ndo** form).

No **te** estoy dando consejos.

No estoy dándo**te** consejos.

- To clarify (**le/les**) or add emphasis (**me, te, nos, os**) add a prepositional phrase: **a mí, a ti, a usted, a él, a ella,** etc.

¿Le dio cien dólares **a usted**? (*clarification*)   *Did he give 100 dollars to you?*

¡Me dio cien dólares **a mí**! (*emphasis*)   *He gave 100 dollars to me!*

Aplicación

3-34 RickyMartinFoundation.org.   Lee este artículo sobre la fundación que estableció Ricky Martin. Identifica si las palabras subrayadas son objetos directos (*OD*) o indirectos (*OI*). Si son pronombres, identifica a qué o a quiénes se refieren.

MODELO: Voy a mostrar<u>te</u> <u>un artículo</u> sobre Ricky Martin…
       te: OI (a ti)   un artículo: OD

El lado humanitario de Ricky Martin

Todos conocemos el talento de Ricky Martin, el cantante de pop puertorriqueño famoso en todo el mundo. Pero no todos conocen el lado humanitario de Ricky. Su valor humano se ha demostrado año tras año en su labor para proteger a los niños de la pobreza y de la explotación sexual y laboral, entre otros males.

Ricky Martin, a través de su fundación, les da voz a los niños que no la tienen. La Fundación Ricky Martin, establecida en el 2004, considera su trabajo un compromiso. Su meta es erradicar la esclavitud de niños globalmente y asegurarse de que todos los niños del mundo reciban educación, servicios de salud y rehabilitación. La Fundación trabaja para educar y denunciar este "crimen abominable", como lo llama Ricky, contra los niños. Unos 27 millones de niños son víctimas anualmente del tráfico humano.

Para Ricky, los niños pobres constituyen la población más vulnerable a la explotación de todo tipo. Por eso la Fundación lanza campañas de educación y de sensibilización en todo el mundo y crea iniciativas de acción ciudadana. También ha hecho alianzas con otras organizaciones protectoras de los niños, incluyendo Unicef, para la que Ricky es Embajador de Buena Voluntad.

Cada día más celebridades se unen a los esfuerzos de Ricky Martin, quien con su espíritu positivo y su dedicación nos está creando a todos cada vez más conciencia de este mal y con ello les ofrece una vida mejor a los niños del mundo.

3-35 Información clave. Empareja las frases para identificar información clave del artículo anterior. Después, resume en tus propias palabras el contenido del artículo. ¿Conoces otra organización con semejantes metas?

1. _____ la profesión de Ricky Martin
2. _____ la organización que fundó
3. _____ dónde nació
4. _____ su meta
5. _____ el público a quien desea llegar
6. _____ el número de víctimas
7. _____ la organización que lo nombró Embajador
8. _____ los programas que hace

a. a todo el mundo
b. Unicef
c. en Puerto Rico
d. más de 25 millones de niños
e. cantante
f. son educativos
g. lleva su nombre
h. proteger a los niños

3-36 Ante la comisión. Imagínate que eres director/a de la Fundación Ricky Martin u otra organización sin fines de lucro. Escribe lo que quieres pedirles a las siguientes personas o entidades:

> MODELO: al gobierno
> *Le pido justicia.*

1. a la prensa
2. a tu familia
3. a los benefactores
4. al público
5. a tus colegas
6. a los historiadores

 3-37 Un evento para recaudar fondos para la fundación. Completa los espacios en blanco de la conversación entre los organizadores de un evento para recaudar fondos. Usa pronobres indirectos y directos, la **a** personal, o una X, si no se necesita agregar nada. **OJO:** Hay un espacio en blanco que necesita la contracción **al.**

CLAUDIA: Irene, ¿mandaste todas las invitaciones?

IRENE: Sí, (**1**) _____ mandé hace dos semanas.

CLAUDIA: ¿(**2**) _____ diste a los periodistas toda la información sobre el evento?

IRENE: Claro, y (**3**) _____ llamé para (**4**) informar___ sobre la hora.

CLAUDIA: ¿(**5**)_____ quién (**6**) _____ tenemos que pagar por la comida?

IRENE: (**7**) _____ señor que (**8**) _____ trae (a nosotros) la comida.

CLAUDIA: ¿(**9**) _____ mandaste (a mí) la lista de invitados? No (**10**) _____ encuentro.

IRENE: (**11**) _____ mandé (a ti) toda la información que (**12**) _____ pediste (a mí) ayer. (**13**) _____ vas a encontrar sobre tu escritorio.

CLAUDIA: Está bien, Irene. Aquí (**14**) _____ veo.

 3-38 Otra evento importante. Usando la actividad 3-37 como modelo, inventen una conversación sobre un evento que tienen que organizar. No se olviden de usar pronombres de objeto directo e indirecto y empleen la **a** personal cuando sea necesario.

> MODELO: *Tenemos que organizarle una fiesta sorpresa a Carlos. La vamos a tener...*

¿Me trae la Declaración Universal de los Derechos Humanos?

Se la traigo enseguida.

Double object pronouns

• When both a direct and an indirect object pronoun are used together in a sentence, the indirect object pronoun precedes the direct object pronoun.

Te traigo la propuesta ahora.	*I'll bring you the proposal now.*
Te la traigo ahora.	*I'll bring it to you now.*

• The indirect object pronouns **le** (to you, to her, to him) and **les** (to you, to them) change to **se** when they appear with the direct object pronouns **lo, los, la, las.**

El periodista **les** dio el nombre del patrocinador.	*The journalist gave them the name of the sponsor.*
El periodista **se lo** dio.	*The journalist gave it to them.*

¡OJO!

As with single object pronouns, double object pronouns may be placed before a conjugated verb or attached to an infinitive or to a present participle. Be sure to add an accent mark to the stressed vowel of the verb when you attach two object pronous.

Joven, ¿puede traer**me** las firmas de los signatarios?	*Young man, can you bring me the signatures of the signatories?*
Enseguida **se las** voy a traer.	
Enseguida voy a traér**selas**.	*I'll bring them to you right away.*
¿El delegado **nos** está preparando la lista de los participantes?	*Is the delegate preparing us the list of participants?*
Sí, **nos la** está preparando.	
Sí, está preparándo**nosla**.	*Yes, he's preparing it for us.*

Aplicación

3-39 En la oficina de la Unesco. Esta es una conversación entre el supervisor y un empleado. Combina las oraciones y preguntas con sus respuestas lógicas.

1. _____ Jaime, ¿dónde están mis apuntes para la última campaña?

2. _____ Mariana, búscame el número de teléfono de la benefactora.

3. _____ Ramón, tráeme la nueva propuesta.

4. _____ Carlos, los participantes tienen hambre. ¿Está listo el almuerzo?

5. _____ Toña, ¿dónde están las cartas que preparé anoche?

6. _____ Pepe, ¿puedes pedirles una mano a los voluntarios?

a. Se las puse en su escritorio esta mañana.

b. No se preocupe, se lo preparo ahora mismo.

c. Si quiere, se lo marco (*dial*) ahora.

d. Sí, ahora mismo se la pido.

e. Se los di esta mañana cuando llegué.

f. Ahora mismo se la traigo.

3-40 Una misión médica a Honduras. En esta conversación, dos estudiantes hacen planes para participar en una misión médica en Honduras. Completa la conversación usando los dos objetos.

MODELO: ¿Te mandé la información sobre la misión?
Sí, _me la_ mandaste la semana pasada.

1. El director quiere saber cuándo le vamos a entregar la solicitud para el programa.

— _____ entregamos ahora mismo.

2. ¿Sabes cuándo van a darnos el itinerario del viaje?

— Creo que _____ van a dar en la orientación antes de salir.

3. ¿Les contaste todo sobre el viaje a tus padres?

— Sí, _____ conté después de la primera reunión con nuestros profesores.

4. ¿Cómo vas a servir a la comunidad en Honduras? ¿Les vas a dar exámenes físicos a los pacientes?

— Sí, _____ voy a dar si _____ permite (a mí) el director.

5. ¿Te explicó el director que íbamos a pasar algunos días en Tegucigalpa?

— Sí, _____ explicó en la primera reunión.

3-41 En una junta de la fundación Pies Descalzos de Shakira. Completa el diálogo a continuación con pronombres de objeto directo, indirecto o con los dos según el contexto. **OJO:** Algunos objetos directos están subrayados para ayudarte.

JULIA: Bueno, Ramiro. Mañana es la inauguración de la campaña para recaudar fondos para nuestra causa. ¿Tienes los panfletos para repartir?

RAMIRO: Sí, Julia. (**1**) _____ recogí esta tarde. Esta noche (**2**) _____ voy a llevar a Manolo para que me ayude a (**3**) repartir____ mañana temprano.

JULIA: En el programa *Primer impacto* empieza a primera hora la campaña de televisión. (**4**) ___ anunciaron en el periódico, pero no (**5**) ___ saben todos todavía. Si vamos a tener éxito, tiene que participar todo el mundo. Manolo, ¿por qué no preparas una notificación para la radio? ¿(**6**) _____ podemos mandar al director de noticias esta misma noche para que (**7**) ___ pueda difundir a partir de la medianoche?

MANOLO: De acuerdo, Julia. Francisca es muy responsable. Además, por ser cuñada del presidente, todos (**8**) _____ escuchan. Seguramente la gente (**9**) _____ va a apoyar.

JULIA: ¿A qué hora es la reunión con Shakira?

RAMIRO: Estoy en contacto con su secretario y (**10**) _____ acaba de informar que llegará en helicóptero. (**11**) _____ recogeremos para la visita con el presidente.

JULIA: Bueno, todo está en orden. ¡Mañana comienza la campaña! Y con su ayuda, amigos, una nueva época para los niños necesitados.

3-42 Una entrevista con Shakira. Usa los pronombres de objeto directo e indirecto en la misma frase para completar la siguiente entrevista ficticia con Shakira Mebarak, la famosa cantante y fundadora de Pies Descalzos.

ENTREVISTADORA: Señorita Mebarak, sabemos que usted se interesa mucho por la educación y el bienestar de los niños, no solo en Colombia sino también en todo el mundo como Embajadora de Buena Voluntad de Unicef. Cuando usted visita un nuevo lugar, ¿los niños le entregan flores?

SHAKIRA: _____

ENTREVISTADORA: ¿Usted les regala algo a los niños, como por ejemplo camisetas de Unicef o de su fundación Pies Descalzos?

SHAKIRA: _____

ENTREVISTADORA: ¿Las familias le muestran sus casas?

SHAKIRA: _____

ENTREVISTADORA: ¿El alcalde le da la bienvenida?

SHAKIRA: _____

ENTREVISTADORA: Y usted, ¿le regala al alcalde la bandera de Unicef como recuerdo de su visita?

SHAKIRA: _____

3-43 Entrevista a un/a director/a de una fundación. Escojan una organización cuya labor por el bien del mundo reciba mucha atención. Preparen entre ocho y diez preguntas para hacerle al/a la director/a de la fundación. Asegúrense de usar pronombres de objeto directo e indirecto en sus preguntas o respuestas.

MODELO: E1: *Señor/a director/a, ¿cómo les piden ustedes donaciones a las organizaciones que apoyan a su fundación?*

E2: *Se las pedimos según su situación económica. Todas las organizaciones están en la bolsa (stock market) y...*

03-31 to 03-36

4. **Gustar** and similar verbs

The verb **gustar** expresses preferences, likes, and dislikes. **Gustar,** however, is not directly equivalent to the English verb *to like.* Literally, it means *to be pleasing.*

Al Secretario General Ban Ki-moon **le gustan** los gobiernos democráticos.	*Secretary General Ban Ki-moon likes democratic governments. (Democratic governments are pleasing to him.)*

¿Qué te parecen las metas de esa fundación?

- **Gustar** is most often used in the third-person singular or plural forms, **gusta** and **gustan**. It is also accompanied by an indirect object pronoun to express the idea that object(s) or person(s) are pleasing to someone. (That someone is an indirect object.)

> **No me gustan** las campañas negativas.   *I don't like negative campaigns.*

- To express the idea that one likes to do something, use the singular form of **gustar** with an infinitive, a series of infinitives, or a clause.

> **Nos gusta** patrocinar y ayudar a un niño.   *We like to sponsor and help a child.*
>
> ¿**Te gusta** que vaya a servir en el Cuerpo de Paz?   *Do you like that I'm going to serve in the Peace Corps?*

¡OJO!

With **gustar** and similar verbs, the subject often follows the verb. The person affected is expressed by the indirect object.

Other verbs used like **gustar**:

caer bien	*to like (a person)*	importar	*to matter*
caer mal	*to dislike (a person)*	impresionar	*to impress*
encantar	*to love (colloquial; lit., to be enchanting)*	interesar	*to be of interest*
faltar	*to be missing*	molestar	*to be a bother*
fascinar	*to be fascinating*	parecer	*to seem*
hacer falta	*to be needed*	quedar	*to be left over; to fit (clothing)*

¡OJO!

To say that you like or dislike someone because of the way that person behaves or acts, use **caer bien** and **caer mal**.

> **Nos cae bien** la presentadora.   *We like the talk show hostess. (She's a great person.)*
>
> **Me caen mal** los que maltratan a los niños.   *I don't like those who mistreat children. (I can't stand them.)*

Aplicación

3-44 Un plan estratégico.   Completa el monólogo usando un pronombre de complemento indirecto y la forma correcta del verbo entre paréntesis.

Compañeros y compañeras, lo que voy a decirles quizás no les va a gustar pero (a nosotros) (**1**)_____ (hacer falta) pensar seriamente en el futuro de esta fundación. (A mí) (**2**)_____ (parecer) que hemos esperado demasiado tiempo para hacer unos cambios radicales. Primero, (a nosotros) no (**3**)_____ (caer) muy bien el director de la campaña educativa. A nosotros (**4**)_____ (molestar) sus anuncios y circulares (*memos*). Además, (a él) (**5**)_____ (fascinar) las peleas entre los empleados. (A nosotros) (**6**)_____ (hacer falta) un líder fuerte, alguien que sepa actuar en beneficio de la fundación. Por lo tanto, (a mí) (**7**)_____ (interesar) ser su nueva directora. ¿Qué (**8**)_____ (parecer) a ustedes mi propuesta?

3-45 En tu opinión. Usa verbos como **gustar, parecer, fascinar, caer bien/mal**, etc., para dar tu opinión sobre los asuntos siguientes.

> MODELO: el sencillo "Rabiosa" de Shakira
> *Me parece estupendo. Me gusta la versión en español tanto como la que canta en inglés.*

1. las organizaciones benéficas
2. Ricky Martin
3. la justicia social
4. las metas imprecisas
5. la falta de alianzas entre los partidos políticos
6. la libertad de prensa
7. los voluntarios de Hábitat
8. las campañas para recaudar fondos

Me cae mal ese candidato.

 3-46 Me parece una idea excelente. Escríbanle una carta al director de un periódico para expresar su opinión sobre una causa humanitaria que les parezca importante. Usen un mínimo de cinco expresiones con los verbos **gustar, parecer, molestar, importar, impresionar** u otros similares.

 3-47 Me cae bien o me cae mal. Hagan una lista de diez políticos o celebridades. Háganse preguntas sobre qué tal les caen.

> MODELO: E1: *¿Qué tal te cae la administradora de la Cruz Roja?*
> E2: *Me cae muy bien porque es muy amable con todas las personas que van a verla. Me impresiona...*

 3-48 Un noticiero hondureño. Escucha el noticiero de Tegucigalpa después de la visita de la Sra. Yoo Soon-taek, esposa del Secretario General de la ONU. Completa la información que falta a continuación.

1. La visita duró...
2. Visitó lugares como...
3. Se reunió con...
4. Después se sintió...
5. Su visita ha recibido...

3-49 Debate: Se necesita ayuda. Preparen su posición a favor o en contra de uno de estos temas. Usen expresiones como **gustar** cuando sea posible.

Resolución: Se requerirá que todos los estudiantes hagan un año de voluntariado después de graduarse.

Resolución: Las organizaciones humanitarias, como *Save the Children* o la Cruz Roja, recibirán apoyo financiero del gobierno para facilitar su labor.

> MODELO: *Me parece que las personas que dicen que el Gobierno Federal debería financiar organizaciones sin fines de lucro no tienen razón...*

¡ASÍ LO EXPRESAMOS!

Imágenes
03-37 to 03-38

Una arpillera chilena (Violeta Morales, †2000, Chile)

El once de septiembre es el aniversario del golpe de estado militar en Chile en 1973. En el pronunciamiento militar, el general Augusto Pinochet se apoderó del gobierno e instaló un régimen autocrático que duró hasta 1989. Durante este tiempo, muchos jóvenes que estaban en contra de la dictadura desaparecieron después de caer en manos de la DINA, la temida policía secreta. Las madres, hermanas y esposas de "los desaparecidos", formaron talleres para crear artesanías que representaban la angustia por sus familiares y denunciaban la desaparición de sus seres queridos. Algunas lograron sacar las arpilleras al extranjero para que el mundo conociera las brutalidades del régimen militar. Estas arpilleras eran generalmente anónimas, pero esta la hizo Violeta Morales, una de las arpilleristas más diestras y activas. Ella murió sin nunca saber qué le había pasado a su hermano, Newton, capturado por la DINA en 1974. Sin embargo, ella siempre consideró que la labor de las arpilleristas era una manera positiva de darle poder a la mujer chilena.

Perspectivas e impresiones

3-50 Observen la arpillera. Comenten estos elementos de la pieza. Usen verbos como **gustar** en su conversación.

1. los colores y el efecto que tienen
2. las víctimas y los culpables (*guilty*)
3. el mensaje sociopolítico
4. el público

3-51 A explorar: Otras arpilleras. Busca en Internet otros ejemplos de arpilleras chilenas en la época de Pinochet. Elige una de ellas y describe su tema y su efecto psicológico y emotivo.

BUSCA www

arpillera chilena

Lo peor es no saber.

Páginas

César Vallejo (1892–1938, Perú)

De ascendencia indígena peruana y española, César Vallejo está considerado entre los más grandes innovadores de la poesía del siglo XX. Uno de once hijos, sus padres querían que se dedicara a la Iglesia, y así empezó sus estudios religiosos. Pero cambió de dirección cuando se hizo profesor y luego escritor de poesía, novelas y teatro. Aunque fue miembro del partido comunista, sus poemas son profundamente humanistas, más que izquierdistas.

Antes de leer

 3-52 El escritor y la guerra. Sin duda, la guerra ha sido siempre un importante tema literario. Piensen en algún/alguna autor/a cuya obra tiene como tema la guerra y describan cómo se han sentido al leerla. En general, ¿cómo es la guerra? ¿Es heróica, trágica, romántica? Compartan sus observaciones con la clase.

3-53 Estrategias para la lectura. Un poema usa imágenes, símbolos y repetición para comunicar su mensaje. Lee rápidamente el poema y busca palabras que te ayuden a captar el tono. ¿Qué sustantivos, adjetivos y acciones comunican el mensaje del poeta?

battle	Al fin de la batalla°,
	y muerto el combatiente, vino hacia él un hombre
	y le dijo: «¡No mueras, te amo tanto!»
kept on dying	Pero el cadáver ¡ay! siguió muriendo°.
le repitieron 5	Se le acercaron dos y repitiéronle°:
	«¡No nos dejes! ¡Valor! ¡Vuelve a la vida!»
	Pero el cadáver ¡ay! siguió muriendo.
Gathered around	Acudieron° a él veinte, cien, mil, quinientos mil,
	clamando: «¡Tanto amor, y no poder nada contra la muerte!»
10	Pero el cadáver ¡ay! siguió muriendo.
surrounded	Le rodearon° millones de individuos,
plea	con un ruego° común: «¡Quédate hermano!»
	Pero el cadáver ¡ay! siguió muriendo.
	Entonces, todos los hombres de la tierra
15	le rodearon; les vio el cadáver triste, emocionado;
se levantó	incorporóse° lentamente,
empezó	abrazó al primer hombre; echóse° a andar…

10 de noviembre de 1937

MASA

Los restos del pueblo de Belchite, España, son un monumento de la guerra civil española.

3-54 Licencia poética. En la poesía es común cambiar el orden de las palabras para apoyar el ritmo y el tono poético. Busca ejemplos en los que el poeta invierte sujetos y verbos o adjetivos y sustantivos y vuelve a escribirlos en orden tradicional.

> MODELO: muerto el combatiente:
> *el combatiente [estaba] muerto*

3-55 ¿Cómo lo interpretas tú?

1. ¿Dónde se encuentra el cadáver y con quién habla? ¿Qué le dice el hombre, y por qué?
2. ¿Quiénes llegan después del primer hombre y qué hacen? ¿Por qué no les responde el cadáver?
3. ¿Qué pasa al final del poema? En tu opinión, ¿qué simboliza el cadáver? ¿Y el primer hombre?
4. Vallejo escribió este poema poco después de estar en el campo de batalla de la guerra civil española. ¿Te deja el poema con una sensación optimista o pesimista sobre la guerra?

3-56 ¿Evitar la guerra? A ningún pueblo le gusta la idea de ir a la guerra. En grupos de tres o cuatro estudiantes, discutan los mecanismos y organizaciones que ayudan a evitar los conflictos militares (por ejemplo, la ONU, la Liga Árabe, la Organización de los Estados Americanos). ¿Creen que es la obligación del gobierno intervenir en un conflicto entre otros países o en una guerra civil en otro país? Expliquen sus opiniones.

Reproduced with permission of the General Secretariat of the Organization of American States/Reproducido con el permiso de la Secretaría General de la Organización de los Estados Americanos

Organización de los Estados Americanos

3-57 A explorar: El poema interpretado. Hay muchos ejemplos de interpretaciones de este poema. Busca una en Internet para escucharla y verla. ¿Ha cambiado tu impresión del poema o del poeta? Explica.

BUSCA www

césar vallejo masa video

Taller

Crea poesía

La poesía puede expresar los sentimientos más sencillos así como los más profundos. Puede ser individual o colectiva. Siguiendo el modelo que está abajo, trabaja solo/a o con un/a compañero/a para crear un poema original.

Antes de escribir

Idea. Piensa en un concepto, imagen u objeto que consideres importante, interesante o curioso.

A escribir

Abre el tema. Abre con un mandato indirecto.

Describe. Describe el concepto (imagen u objeto) con dos o más adjetivos.

Repite. Repite varios mandatos indirectos o frases con **gustar** (u otras expresiones como **gustar**) para dar énfasis.

Desarrolla. Escribe una frase para resumir el tema.

Cierra. Con una o dos palabras, resume o cierra el poema.

Puedes usar también el poema de César Vallejo como modelo.

MODELO: *¡Que vivamos en paz,*
una paz sencilla, llena de buena voluntad!
¡Que no nos odiemos!
¡Que hagamos más que solo tolerarnos!
¡Que nos respetemos!
¡Que trabajemos como uno!
¡Que nos queramos en paz!
¡Por un mundo mejor!

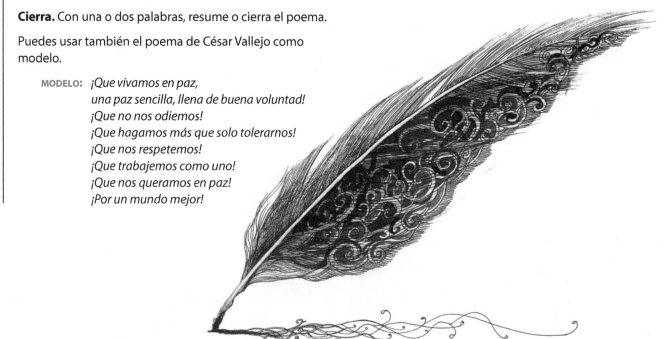

Después de escribir

Revisa la comunicación. Vuelve a leer tu poema. ¿Expresa lo que esperabas?

Revisa la mecánica.

☐ ¿Has incluido vocabulario de este capítulo?

☐ ¿Has incluido adjetivos descriptivos adecuados?

☐ ¿Has incluido mandatos indirectos o el verbo **gustar**?

☐ ¿Has verificado la concordancia y la ortografía?

A intercambiar. Intercambia tu poema con el de un/a compañero/a. ¿Comunicó bien sus ideas cada uno/a? Háganse una evaluación del mensaje del poema y otra de la estructura.

A entregar. Pon tu poema en limpio, incorporando las sugerencias de tu compañero/a y entrégaselo a tu profesor/a.

Un momento tranquilo en los altos Andes de Bolivia

Primera parte

asegurar (se)	*to assure (to make sure)*
el asilo (político)	*(political) asylum*
el bienestar	*well-being*
dar por sentado	*to take for granted*
desaparecer (zc)	*to disappear*
el desarrollo	*development*
disfrutar (de)	*to enjoy*
la (des)igualdad	*(in)equality*
equitativo/a	*fair*
escoger (j)	*to choose*
el esfuerzo	*effort*
exigir (j)	*to demand*
garantizar	*to guarantee*
el juicio	*trial*
jurídico/a	*judicial*
luchar	*to struggle, to fight*
la meta	*goal*
el nivel de vida	*standard of living*
oprimir	*to oppress*
el patrimonio	*heritage*
la paz	*peace*
sin fines de lucro	*non-profit*
el sindicato	*union*
el sufragio universal	*universal suffrage*
tomar conciencia	*to become aware*
el trato	*treatment*
el voluntariado	*volunteering*

Segunda parte

la alianza	*alliance*
año tras año	*year after year*
benéfico/a	*charitable*
la campaña	*campaign*
el compromiso	*obligation, pledge, commitment*
constituir (y)	*to constitute*
digno/a	*worthy*
donar	*to donate*
echar/dar una mano	*to lend a hand*
erradicar	*to erradicate*
esporádicamente	*sporadically*
el hogar/la residencia de ancianos	*nursing home*
el/la huérfano/a	*orphan*
la labor	*task, effort*
lanzar	*to launch, to put forth*
los necesitados	*the needy*
patrocinar	*to sponsor*
la propuesta	*proposal*
provechoso	*beneficial*
recaudar fondos	*to raise funds*
el valor	*courage*

¡Cuidado! recordar - acordarse de - acordar
See page 107.
Frases comunicativas: (no) tener razón,
Primero,... Segundo,... Finalmente,...
En resumen,..., *See page 114.*

¡Cuidado! quedar - quedarse
See page 119.
Verbs like **gustar** *See page 128.*

4 Somos lo que somos

☑ OBJETIVOS COMUNICATIVOS

- Talking about yourself and others: personality and routines

- Talking about styles of communication and relationships with friends and family

- Talking about what has happened

- Expressing an opinion about what has happened

- Making predictions and describing what had happened before, or will have happened by some time in the future

A empezar

¿Te consideras conformista o no conformista? En tu tiempo libre, ¿te gusta estar con otra gente o prefieres estar solo/a? ¿Qué tipo de persona te cae bien?

Curiosidades

¿Sabes…

cuál es el color que más anima la pasión en una persona?

a. el rojo
b. el negro
c. el anaranjado

a qué edad puede distinguir un bebé su idioma natal de otros idiomas?

a. al nacer
b. a las tres semanas
c. a los seis meses

cuál es la relación más importante en la vida de una persona según las más recientes investigaciones?

a. entre padres e hijos
b. entre hermanos
c. entre amigos

según los expertos, cuántas veces las personas en nuestra sociedad se enamoran antes de casarse?

a. una vez
b. siete veces
c. tres veces

¿Eres imaginativo/a, intuitivo/a o analítico/a?

Al terminar esta prueba, ve el análisis en la página 142.

Cuando vas a ver una película:

1. Antes de verla
   a. Lees las críticas y solo ves las películas más exitosas.
   b. Eliges dejándote llevar por tu instinto y no por la crítica.
   c. Estás acostumbrado/a a decidir al último momento, viendo el cartel y las fotos de la película.

2. Durante la película
   a. Te identificas mucho con uno de los personajes.
   b. Tratas de adivinar lo que va a hacer el protagonista.
   c. Te limitas a ver y a disfrutar de la película.

3. Después de verla
   a. Te gusta recordar ciertas escenas de la película.
   b. Te imaginas la película a tu manera, transformándola.
   c. No vuelves a pensar en la película, excepto si alguien te habla de ella.

Cuando tienes que hablar en público:

4. Antes de hablar
   a. Confías en tus habilidades y te preparas sin mucho interés.
   b. Sueñas con lo que esta experiencia te va a aportar personalmente.
   c. Estás muy ansioso/a y te preocupas mucho, pensando en lo peor y en lo mejor que te puede pasar.

5. Mientras hablas
   a. Evalúas el ambiente del auditorio y te influye, para bien o para mal.
   b. Evitas mirar al público y te concentras en tu presentación.
   c. No te importa el público. Hablar en público no te da vergüenza.

6. Después de hablar
   a. Te relajas un poco.
   b. Te acuerdas de las reacciones del público.
   c. No te preocupas, siempre miras hacia el futuro.

Cuando tienes que escribir un trabajo:

7. Antes de escribirlo
   a. Eres maniático/a en cuanto a buscar la documentación que podría ayudarte.
   b. Estás muy seguro/a de que todo va a salir bien. No piensas en ello y esperas a que te venga una idea.
   c. Piensas mucho en ello, imaginando diferentes posibilidades.

8. Mientras escribes el trabajo
   a. Escribes de manera apresurada y no lo vuelves a mirar.
   b. Escribes tranquilamente, buscando referencias.
   c. Escribes todo sin analizar cada palabra y después lo revisas varias veces.

9. Después de terminarlo
   a. Te sientes despreocupado/a o orgulloso/a de tu trabajo.
   b. Evitas pensar en el tema.
   c. Piensas otra vez en el trabajo y vuelves a construir el texto mentalmente.

Vocabulario básico

analítico/a
aportar
apreciar
bondadoso/a
gracioso/a
honrado/a
imaginativo/a
(in)seguro/a
intuitivo/a

[handwritten notes:]
1. acostumbrarte
2. portarte ~~bien~~
3. relajarte
4. vencer
5. fingir
6. elegir

Vocabulario clave: Características personales

Verbos

acostumbrarse (a)	to get used to
adivinar	to guess
analizar	to analyze
elegir (i, i)	to choose
equivocarse	to make a mistake
evaluar	to evaluate
fingir	to pretend
portarse bien/mal	to behave/to misbehave
relajarse	to relax
vencer	to defeat, to overcome

Sustantivos

la autoestima	self-esteem
el carácter	personality
la confianza	confidence
el instinto	instinct
la vergüenza	embarrassment

Adjetivos

ansioso/a	anxious
apresurado/a	hurried
celoso/a	jealous
comprensivo/a	understanding
confiado/a	confident; too trusting
desenvuelto/a	outgoing
despreocupado/a	carefree
educado/a	polite
exitoso/a	successful
maduro/a	mature
malhablado/a	foul-mouthed
maniático/a	compulsive
mentiroso/a	lying, false
orgulloso/a	proud

Ampliación

Verbos	Sustantivos	Adjetivos
analizar	el análisis	analítico/a
avergonzar (üe)	la vergüenza	avergonzado/a
confiar (en)	la confianza	confiado/a
evaluar	la evaluación	evaluado/a
mentir (ie, i)	la mentira	mentiroso/a
tener celos	los celos	celoso/a

¡Cuidado!

Cognados falsos

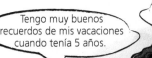
Tengo muy buenos recuerdos de mis vacaciones cuando tenía 5 años.

¡Qué buena memoria tienes! ¿Recuerdas el nombre del lugar?

- **el recuerdo:** *memory, as in remembrance*

  Tengo buenos **recuerdos** de mi niñez.   *I have good memories of my childhood.*

- **la memoria:** *memory (capacity)*

  ¡Mi **memoria** es excelente! Puedo recordar mi primer número de teléfono.   *My memory is excellent! I can remember my first telephone number.*

- **soportar:** *to put up with, to tolerate*

  ¡No **soporto** a una persona mentirosa!   *I don't tolerate an untruthful person!*

- **apoyar:** *to support*

  Te **apoyo** en tu decisión.   *I support you in your decision.*

- **mantener:** *to support financially*

  Yo **mantengo** a mi hijo mientras va a la universidad.   *I support my son while he is in college.*

4-1 ¿Eres imaginativo/a, intuitivo/a o analítico/a? Usa la siguiente clave (*key*) para sumar los puntos que corresponden a las respuestas que diste en la encuesta de *¡Así es la vida!* Por ejemplo, si marcaste "a" para el número 1, te das 3 puntos.

1. a = 3	2. a = 1	3. a = 1	4. a = 2	5. a = 1	6. a = 2	7. a = 3	8. a = 1	9. a = 2
b = 2	b = 3	b = 3	b = 1	b = 2	b = 1	b = 2	b = 3	b = 1
c = 1	c = 2	c = 2	c = 3	c = 3	c = 3	c = 1	c = 2	c = 3

Ahora, lean individualmente la descripción de su personalidad según el total de puntos y explíquense si están de acuerdo o no.

Entre 9 y 14, eres una persona imaginativa y creativa.

Entre 15 y 20, eres una persona intuitiva. No tomas mucho tiempo para analizar una situación, tampoco pasas mucho tiempo imaginándote más que lo obvio.

Entre 21 y 27, eres una persona analítica. Te gusta ver todos los aspectos de una situación antes de tomar una decisión.

4-2 Nuevo en la universidad. Dale consejos a un estudiante que acaba de llegar a la universidad. Usa siempre el infinitivo de los verbos de *¡Así lo decimos!*

MODELO: Primero, es necesario *acostumbrarte* al ritmo de vida aquí en la universidad.

1. Debes _____ que tienes más trabajo en tus clases universitarias que en la escuela secundaria.

2. Aquí eres un adulto y tienes que _____ de una manera responsable.

3. Pero no te preocupes. Hay muchas oportunidades para _____, especialmente los fines de semana.

4. Es natural sentirte un poco inseguro, pero vas a _____ tus temores y salir bien.

5. Estás aquí para aprender. No tienes que _____ que lo sabes todo.

6. Para tus clases, es bueno _____ las que te gusten y que te vayan a ayudar en el futuro.

4-3 ¿Quiénes? A continuación tienes una lista de figuras actuales, históricas o ficticias. Usa los adjetivos de la lista para describirlas y explica por qué crees que son así.

bondadoso/a	despreocupado/a	malhablado/a
celoso/a	educado/a	maniático/a
comprensivo/a	exitoso/a	mentiroso/a
confiado/a	(in)seguro/a	orgulloso/a
desenvuelto/a		rebelde

1. Catherine (Kate), la duquesa de Cambridge
2. Hugo Chávez
3. Eric Cartman (*South Park*)
4. Jon Stewart (*Daily Show*)
5. Enrique Iglesias
6. Penélope Cruz
7. Shakira
8. Alberto Contador (3 veces ganador del *Tour de France*)
9. Barack Obama
10. Michele Bachmann

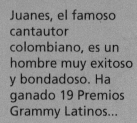

Juanes, el famoso cantautor colombiano, es un hombre muy exitoso y bondadoso. Ha ganado 19 Premios Grammy Latinos...

4-4 A explorar: ¿Tipo A o tipo B? Busca en Internet una descripción de las diferencias entre estos dos tipos de personalidad y anota tres características de cada uno. Luego, en un párrafo de cinco líneas, explica con cuál de los dos te identificas más y por qué.

BUSCA www

psicología tipo a tipo b

En su papel de Gabriela Solís (*Desperate Housewives*) Eva Longoria tenía una personalidad "tipo A".

4-5 El desafío (*Challenge*). Escojan a cuatro personas famosas de la política, del cine o de la televisión sin dar su nombre. Luego, túrnense para describir a cada persona. Su compañero/a debe tratar de adivinar quién es. El desafío está en usar el mayor número de palabras de *¡Así lo decimos!*

4-6 Un personaje admirable. Piensen individualmente en una persona que admiren por su carácter y sus buenas acciones. Luego describan sus características y su personalidad. ¿Cuál de las dos personalidades les parece más admirable? Compartan sus ideas con el resto de la clase.

Muchos admiran a Simón Bolívar. Fue un líder honrado y valiente que logró la independencia de muchos países latinoamericanos.

4-7 La psicología popular. Primero lean el siguiente artículo y decidan individualmente cómo se resuelve.

Ahora, comparen sus resultados. ¿Hay una conexión entre el análisis que hizo cada uno/a y su personalidad?

El puente[1]

Hay un puente[1] muy estrecho[2] entre dos montañas donde dos cabras, una a cada lado, deciden cruzarlo al mismo tiempo. Cuando se reúnen en la mitad del puente, no hay suficiente espacio para permitir pasar la una al lado de la otra. ¿Cuál es el resultado más probable de esta confrontación?

A. Una cabra vuelve para atrás para permitir pasar a la otra.

B. Las dos cabras se embisten[3], y después de algunas embestidas, la cabra más fuerte obliga a la otra a ceder.

C. Una cabra se echa al suelo[4] en el puente y la otra cruza caminando por arriba[5] de la primera.

D. Las dos cabras se embisten y las dos se caen del puente hasta el río abajo.

E. Una cabra vuelve para atrás y espera llegar a la otra. Luego, en vez de cruzar al otro lado, se queda para jugar y pastar[6] con su nueva amiga.

Análisis

A. Eres cortés y flexible. Cuando te enfrentas a algún desafío prefieres una resolución razonable. Estás dispuesto/a a negociar un acuerdo mutuo.

B. Prefieres superar tus problemas por la fuerza. Aunque no siempre ganas la pelea[7] y cuando la ganas, le muestras poca compasión a tu rival.

C. Te comportas por el bien de todos. Evitas la confrontación cuando no es necesaria. Aunque les parezcas sumiso/a a algunas personas, en realidad tienes una alta autoestima que te permite ser generoso/a con los demás.

D. Tienes una visión algo pesimista de la naturaleza humana y eres un poco cínico/a sobre el mundo en general. Estás cansado/a de todas las dificultades y peleas en el mundo y crees que las cosas van de mal en peor. Te importa la tranquilidad más que nada aunque no es fácil alcanzarla.

E. ¡Qué idealista! Optimista y positivo/a, crees que todo es posible. Generoso/a y abierto/a, quieres disfrutar al máximo de la vida y hacer tantos amigos como sea posible. Aunque experimentes alguna desilusión, la gente disfruta de tu amistad y quiere tenerte cerca.

[1]*bridge* [2]*narrow* [3]embestir *to charge* [4]echarse al suelo *to throw oneself on the ground* [5]*on top* [6]pastar *to graze* [7]*fight*

4-8 De nuevo: Hacia la tranquilidad (*Present subjunctive, present indicative, and infinitive with impersonal expressions*). Escribe sobre algunas técnicas que uses o que conozcas para sentirte tranquilo/a cuando quieres relajarte. Usa por lo menos cinco de las expresiones impersonales siguientes.

RECUERDA

Debes elegir entre el subjuntivo, el indicativo o el infinitivo, según la oración (*Capítulo 2*).

Es cierto (que)…	Es necesario (que)…
Es crucial (que)…	Es obvio (que)…
Es importante (que)…	Es posible (que)…
Es lógico que…	Es raro (que)…
Es mejor (que)…	Es verdad (que)…

MODELO: *Al final de un día estresante, es importante que cierres los ojos y que pienses en cosas agradables. Es cierto que…*

Reto: Incluye ocho o más expresiones impersonales. Usa muchas palabras de *¡Así lo decimos!*

Evo Morales es el primer presidente en Bolivia de origen indígena.

4-9 Conexiones. La "personalidad". Piensen en un personaje hispano de la televisión, de la política o del mundo de los negocios que en su opinión ha tenido mucho éxito en la vida. ¿Qué cualidades lo caracterizan? ¿Por qué creen que ha tenido mucho éxito? Para respaldar (*support*) sus descripciones, den ejemplos de lo que ha hecho el personaje para ser calificado de esa manera. Presenten sus conclusiones.

4-10 Comunidades. La importancia de la autoestima. Investiga las organizaciones que existen en tu comunidad que tienen como meta elevar la autoestima de los adolescentes. ¿Incluyen a adolescentes hispanos? Pregunta qué puedes hacer para servir a la comunidad en esta importante labor. Comparte con la clase la información que hayas encontrado.

¡Así lo hacemos!

04-10 to 04-15

1. Reflexive constructions

El barbero se afeita.

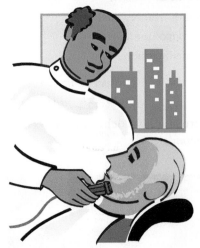

El barbero afeita al cliente.

¡OJO!

Many verbs can be either reflexive or non-reflexive, depending on whether the object is the same as the subject or different from the subject.

Non-reflexive (different subject/object)

Puse las flores en la mesa.

I put the flowers on the table

Reflexive (same subject/object)

Me puse la camisa.

I put on my shirt.

Reflexive constructions are common in Spanish. In these constructions the subject both performs and receives the action expressed by the verb. The verb in a reflexive construction is always accompanied by a reflexive pronoun.

Reflexive verbs

• Verbs that describe personal care and daily habits or routines (**bañarse, cepillarse, despertarse (ie), ducharse, lavarse, maquillarse, peinarse, secarse,** etc.) are usually reflexive.

¿Vas a **afeitarte** antes de salir?	*Are you going to shave before going out?*
Me desperté tarde esta mañana y no tuve tiempo para **bañarme.**	*I woke up late this morning and didn't have time to take a bath.*

Reflexive pronouns

SUBJECT PRONOUNS	REFLEXIVE PRONOUNS	VERB
yo	me (*myself*)	lavo
tú	te (*yourself*)	lavas
Ud., él, ella	se (*yourself/himself/herself*)	lava
nosotros/as	nos (*ourselves*)	lavamos
vosotros/as	os (*yourselves*)	laváis
Uds., ellos, ellas	se (*yourselves/themselves*)	lavan

146 Capítulo 4 Somos lo que somos

- Reflexive pronouns follow the same rules as object pronouns: they immediately precede the conjugated verb, or are attached to the present participle (**-ndo**) or the infinitive. They are always attached to an affirmative command and precede a negative command.

Me lavo la cara.*	*I wash my face.*
El joven está peinándo**se**. ⎫ El joven **se** está peinando. ⎭	*The young man is combing his hair.*
Rosa va a maquillar**se** antes de vestirse. ⎫ Rosa **se** va a maquillar antes de vestirse. ⎭	*Rosa is going to put on her makeup before dressing.*
María, séca**te** el pelo antes de salir.	*María, dry your hair before going out.*
Chicos, ¡no **se** despierten antes de la siete de la mañana!	*Kids, don't wake up before seven a.m.!*

*When talking about parts of the body and articles of clothing, use the definite article (**la cara**) rather than the possessive (**mi cara**).

- Many verbs that express feelings, moods, and changes in conditions or emotional states follow the same rules as reflexives. In English these ideas are expressed with verbs like *to get* or *to become*, or non-reflexive verbs.

Me alegro de verte.	*I am happy to see you.*
Mis amigos **se enojan** si pierden.	*My friends get (become) angry if they lose.*

acordarse (ue)	*to remember*	**enamorarse (de)**	*to fall in love (with)*
alegrarse	*to become happy*	**enojarse**	*to become angry*
casarse (con)	*to get married (to)*	**irse**	*to go away*
divertirse (ie, i)	*to have fun*	**llevarse (con)**	*to get along (with someone)*
dormirse (ue, u)	*to fall asleep*	**olvidarse**	*to forget*

2. Reciprocal actions

Nos queremos mucho.

- Spanish also uses reflexive pronouns to express reciprocal actions (acting on each other) always in the plural.

Marco Antonio y Cleopatra **se querían** muchísimo.	*Marc Antony and Cleopatra loved each other very much.*
Mis padres y yo **nos hablamos** todos los días.	*My parents and I talk to each other every day.*

¡OJO!

Phrases such as **el uno al otro** (reciprocal) and **a nosotros/vosotros/sí mismos** (reflexive) distinguish a reciprocal from a reflexive action.

Nos miramos **el uno al otro**.

We look at each other.

Nos miramos **a nosotros mismos**.

We look at ourselves.

• Some common reciprocal actions include the following:

amarse	to love (each other)	llamarse	to call (each other)
ayudarse	to help (each other)	mirarse	to look at (each other)
besarse	to kiss (each other)	quererse	to love (each other)
conocerse	to meet (each other)	tocarse	to touch (each other)
hablarse	to talk to (each other)	verse	to see (each other)

Aplicación

4-11 Parejas famosas. Lee el siguiente artículo sobre algunos matrimonios célebres en la historia. Subraya los verbos que usan construcciones recíprocas o expresiones con pronombres reflexivos. Después contesta las preguntas a continuación.

Seguramente la historia ha producido matrimonios en los que ambas personas contribuyen a la historia de su época: Marco Antonio y Cleopatra, Luis XIV y María Antonieta, Juan Perón y Evita, para nombrar algunos. En este siglo tenemos entre las parejas del mundo del espectáculo a Marc Anthony y a Jennifer López.

Marc Anthony nació en Nueva York y se destaca por ser el salsero más famoso de todos los tiempos. Ha ganado un total de 5 premios Grammy y ha vendido más de 30 millones de álbumes. Jennifer López, también neoyorquina, se destaca tanto por su carrera musical como por ser actriz. Marc y Jennifer se conocieron de adolescentes, siempre se sintieron atraídos uno del otro, pero los caminos de la vida los separaron, sin sospechar que se unirían años más tarde después de un matrimonio por parte de él y dos por parte de ella. En el 2004, Marc Anthony se divorció de su primera mujer y, menos de una semana más tarde se casaron él y J-Lo. Los dos colaboraron en varios proyectos musicales y de cine, tuvieron dos hijos y gozaron de una fama mutua. Pero en el 2011, después de muchos rumores y negaciones, anunciaron que se habían separado y que iban a divorciarse. En el mundo del espectáculo, las relaciones personales no son siempre duraderas. Sin embargo, al separarse, J-Lo comentó que aunque no podían vivir juntos por ser incompatibles, los seguían uniendo sus dos hijos y el amor por la música.

4-12 Las parejas. Contesta las preguntas siguientes.

1. De las parejas mencionadas, ¿qué sabes de ellas?

2. En el caso de J-Lo y Marc Anthony, ¿cuándo se conocieron?

3. ¿Cómo se destaca Marc Anthony? ¿Cuántos premios Grammy ha ganado?

4. ¿Cómo se destaca J-Lo? ¿Conoces alguna canción o película suya?

5. ¿Cuándo se casaron los dos?

6. ¿Qué pasó siete años después?

7. ¿Qué parejas famosas en la actualidad se han quedado casadas después de años de matrimonio?

4-13 Javier Bardem y Penélope Cruz. Esta famosa pareja española lleva una vida llena de obligaciones profesionales y familiares. Usa construcciones reflexivas y no reflexivas para completar la conversación ficticia sobre quién hace cada actividad.

MODELO: JAVIER: Todos los días _me despierto_ a las seis y después _despierto_ a mi mujer… (despertar)

PENÉLOPE: No es verdad, Javier. _Te despiertas_ a las siete y no me _despiertas_ hasta las ocho. (despertar)

JAVIER: (**1**) (Yo) _____ (levantar) rápidamente y (**2**) _____ (duchar) antes de (**3**) _____ (vestir).

PENÉLOPE: Javier, (**4**) _____ (levantar) rápidamente pero no (**5**) _____ (duchar) siempre porque muchas veces haces ejercicio antes de (**6**) _____ (duchar).

JAVIER: Es verdad. Después de hacer ejercicio y (**7**) _____, (duchar) (**8**) _____ (vestir), (**9**) _____ (afeitar) y (**10**) _____ (peinar).

PENÉLOPE: Javier, no siempre (**11**) _____ (afeitar). Después de (**12**) _____ (vestir) tomas un cafecito mientras lees el periódico. Yo, en cambio, (**13**) _____ (levantar) a nuestro hijo, Leo. Lo (**14**) _____ (vestir) y le (**15**) _____ (dar) su desayuno.

JAVIER: Penélope, es la niñera quien (**16**) _____ (vestir) a Leo. Tú, en cambio, (**17**) _____ (lavar) la cara, (**18**) _____ (cepillar) los dientes y (**19**) _____ (maquillar). Después (**20**) _____ (sentar) conmigo y nosotros planeamos nuestro día.

Rafael Nadal, el famoso tenista español.

4-14 Tu vida y la de los ricos y famosos. Escribe un párrafo en el que describas un día típico tuyo. Usa algunos verbos reflexivos (despertarse, maquillarse, acostarse, etc.) para explicar tu rutina diaria, y verbos recíprocos (conocerse, llamarse, verse, etc.) para describir tus relaciones con otras personas. Compara tu vida con la de otras personas famosas como el empresario Donald Trump, la productora, empresaria y filántropa Oprah Winfrey, el tenista español Rafael Nadal o la actriz y cantante, J-Lo.

 4-15 Escucho. Cuando los radioyentes (*listeners*) llaman al doctor Francisco Garza, un psicólogo que tiene un programa de radio, él trata de darles consejos para resolver sus problemas. Mientras escuchas las llamadas, indica a quién se refiere en cada oración.

C: Carlos   R: Rosario.

MODELO: __R__ Se preocupa por su salud.

¡Dígame, Carlos...!

1. _____ Es inseguro/a.

2. _____ Es soltero/a.

3. _____ Le da vergüenza hablar.

4. _____ Se enferma fácilmente.

5. _____ Quiere llevarse bien con su jefe.

6. _____ Se queja de las condiciones de su trabajo.

7. _____ Sufre de baja autoestima.

8. _____ Vive con su familia.

Vuelve a escuchar el programa de radio y los consejos del doctor Garza. ¿Qué opinas de sus consejos? ¿Y de su personalidad? ¿Qué consejos/recomendaciones les darías a Carlos y a Rosario?

 4-16 Las responsabilidades en las relaciones interpersonales. ¿Qué hacen ustedes para mantener buenas relaciones con sus amistades? De las acciones siguientes, ¿cuáles son las más importantes y las menos importantes en una relación?

MODELO: *Mis amigos y yo siempre nos ayudamos cuando tenemos problemas.*
Es importante que nos comuniquemos, pero no es necesario que...

Posibles acciones:

apoyarse	gritarse
ayudarse	hablarse
comprarse	llamarse
comunicarse	verse

 4-17 Debate: La personalidad. Preparen su posición a favor o en contra de uno de estos temas.

Resolución: En la política, el liderazgo (*leadership*) es más importante que la inteligencia.

Resolución: Lo correcto es siempre ser flexible en las relaciones personales.

Frases comunicativas

Al contrario,... *On the contrary...*   Perdona, pero... *Excuse me, but...*

Por una parte,... / Por otra parte,...   Para concluir,... *In conclusion,...*
On the one hand,... / On the other hand...

MODELO: *No es siempre prudente aceptar el otro punto de vista si está en contra de tus creencias personales. Por una parte,...*

CONÉCTATE

Videoblog   *Los tatuajes y la expresión personal*

Antes de verlo

4-18 Los tatuajes.   ¿Conoces a personas que tengan tatuajes o tienes tú alguno? Cuáles son algunas de los dibujos más populares? ¿Por qué se tatúa una persona? ¿Cuáles son algunas de las consecuencias positivas y negativas de los tatuajes?

A verlo

4-19 ¿Por qué hacerte uno?
En este segmento vas a ver a varias personas con diferentes opiniones sobre los tatuajes. Toma nota de un mínimo de dos razones positivas y dos consecuencias negativas por haberse tatuado. ¿Cuál de los tatuajes, en tu opinión es el más bonito y por qué? ¿Te gustaría tatuarte con un dibujo semejante? Explica.

Después de verlo

4-20 ¡Creo que voy a hacerme uno!   Uno/a de ustedes ha decidido hacerse un tatuaje y el/la otro/a está en total desacuerdo con la decisión. Preparen para la clase una discusión en la que traten de defender sus posiciones a favor o en contra del tatuaje. Pueden incluir algunas de las opiniones del video y otras suyas para que la clase decida cuál tiene el mejor argumento.

Comparaciones

4-21 En tu experiencia. Hay muchas maneras de expresar la personalidad o las opiniones políticas y sociales: el tatuaje, el modo de vestir, el peinado, la forma de actuar con los amigos y conocidos y el arte, entre otros. ¿Cuáles usas tú para expresar tu personalidad? ¿Y para expresar una opinión política o social?

La expresión personal y la movida madrileña

La movida madrileña fue un movimiento contracultural español que surgió durante los primeros años de la transición hacia la democracia y que se prolongó desde la muerte del dictador Francisco Franco en 1975 hasta casi el final de los 80.

La noche madrileña fue muy activa no solo por las salidas nocturnas de los jóvenes, sino a causa de un interés inusual en la llamada *cultura alternativa*, las drogas y la contracultura que surgió en Estados Unidos en la década de los 60. Ese movimiento rechazó los valores sociales y el modo de vida establecidos y propuso valores y soluciones alternativas: el pacifismo, la vida en comunas (*communes*), el retorno a la naturaleza, la experimentación con drogas psicodélicas, el amor libre, la espiritualidad oriental y el consumo frugal.

No solo los jóvenes, sino también muchos políticos apoyaron la cultura alternativa como un paso hacia la modernidad, o por lo menos, algo muy diferente a las cuatro décadas de dictadura.

Entre los artistas de la época se encuentra Juan Carlos Argüello (1966–1995) más conocido por su firma "Muelle", un pionero en España de un estilo de grafitos, similar al *tagging* que se había desarrollado en Estados Unidos. En el cine, se destaca Pedro Almodóvar, quien cuestionó con un humor negro los valores tradicionales de la sociedad española en esa época.

Después de la muerte de Francisco Franco los grafitos empezaron a inundar las calles de Madrid. Este edificio icónico llamado "Todo es felicidá" fue pintado por el artista grafitero Jack Babiloni.

4-22 En su opinión. Den su opinión sobre las siguientes afirmaciones y justifíquenlas.

1. Los grafitos son un modo válido de expresión personal o de opiniones políticas y sociales.
2. Los grafitos tienen valor artístico.
3. El movimiento contracultura fue autodestructivo y no se volverá a repetir más en este país.
4. La mejor manera de expresar su opinión política o social es al votar en las elecciones.

Ritmos

Ella (Bebe, España)

La cantautora Bebe es de una familia de músicos. Salió de golpe a la escena musical internacional en el 2005 cuando ganó el premio Grammy Latino al Artista Revelación (*Best New Artist*) por el álbum *Pafuera telarañas* en el cual figura la canción *Ella*. Además de ser cantante, ha actuado en varias películas españolas.

Antes de escuchar

4-23 Un nuevo día. Cuando estás triste o te sientes solo/a, ¿qué haces para sentirte mejor? ¿Haces ejercicio? ¿Te pones alguna ropa en especial? ¿Ves una película divertida? ¿Sales con tus amigos? ¿Escuchas alguna música en particular?

A escuchar

4-24 *Ella.* Conéctate a Internet para buscar un video de Bebe cantando *Ella*. Luego, escribe un párrafo con la siguiente información.

• Una lista de las cosas que hace ella porque está decidida a mejorar su vida.
• Una descripción de la personalidad de la nueva "Ella", usando adjetivos de *¡Así lo decimos!*
• Una comparación entre la personalidad de "Ella" y la tuya.

BUSCA www

bebe ella video; bebe ella letra

Después de escuchar

4-25 Hoy vas a descubrir… La cantante dice que "Ella" va a descubrir que su futuro es mucho más positivo que su pasado. De las acciones que ha hecho "Ella" para mejorar su vida, ¿cuáles has hecho tú o habrás hecho en algún momento en el futuro?

MODELO: *Hoy "Ella" se ha maquillado. No me he maquillado todavía, pero me habré maquillado antes de salir para clase.*

4-26 La música. Piensen en otra canción que les guste, o en español o en inglés, y comparen el tema, la música y el mensaje con esta. ¿Es esta más o menos positiva? ¿Es la música más o menos armónica? ¿Es el ritmo más o menos animado? ¿Cuál prefieren y por qué?

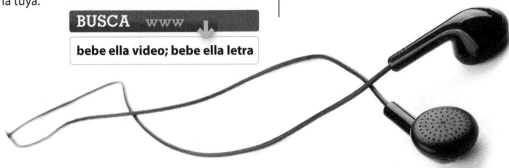

¡Así es la vida!

La comunicación
interpersonal

¿Para qué sirve la comunicación?	El mensaje cambia según…
• para influir en la conducta de otros; • para compartir información; y • para lograr el entendimiento.	• el volumen y la entonación de la voz, la velocidad y las pausas. • la expresión de la cara y los gestos. • la expresión del cuerpo y el espacio físico.

¿Cómo te comunicas con los demás?

Toma esta encuesta para entender mejor tu estilo de comunicación.

	SÍ	NO
1. En general, prefiero escuchar a los demás y dejarlos hablar.		
2. Con la gente, prefiero mantener una distancia social más que personal.		
3. Toco a la persona con quien estoy hablando.		
4. Al hablar con alguien juego con la oreja, me toco la barbilla o me aliso el pelo.		
5. Al hablar con alguien, me paro con los brazos cruzados.		
6. Al hablar con alguien, mantengo las manos unidas.		
7. Al hablar con alguien, tengo una o ambas manos en las caderas.		
8. Al relajarme, me siento con las piernas dobladas, posición de loto.		
9. Al relajarme, me siento con las piernas cruzadas.		
10. Al relajarme, me siento con las piernas extendidas o rectas.		
11. Al relajarme, me siento con una pierna doblada debajo de mí.		
12. Cuando quiero expresar mi opinión, hablo en voz alta.		
13. Cuando algo realmente me divierte, reacciono con una risita callada.		
14. Cuando algo realmente me divierte, reacciono con una carcajada.		
15. En una discusión, acepto la opinión de los demás.		
16. En una discusión, guardo mis opiniones para no ofender a los demás.		

La expresión del cuerpo

Distancia íntima	Distancia personal	Distancia social	Distancia pública
Contacto físico hasta 10 cms	0.45 a 1,2 mts	1.2 a 3,5 mts	Más de 3,5 mts

El espacio físico

Vocabulario básico

agradecido/a
compartir
dar por sentado
enfadarse
enojarse
la fidelidad
la fuente
lograr

Vocabulario clave: Las relaciones personales

Verbos

abrazar	*to embrace*
calumniar	*to slander*
comprometerse	*to get engaged, to commit oneself*
disculpar	*to forgive*
discutir	*to argue*
emocionarse	*to get excited, to be moved emotionally*
enamorarse (de)	*to fall in love (with)*
engañar	*to deceive*
experimentar	*to experience*
hacer las paces	*to make peace*
herir (ie, i)	*to hurt*
pedir disculpas (i, i)	*to ask for forgiveness*
sugerir (ie, i)	*to suggest*
superar	*to overcome*

Sustantivos

la bondad	*kindness*
el chisme/el cotilleo (*España*)	*gossip*
la conducta	*behavior*
los/las demás	*the others*
el entendimiento	*understanding*
el estado de ánimo	*mood*
el gesto	*gesture*
la molestia	*bother*
el placer	*pleasure*
el propósito	*purpose*

Adjetivos

cariñoso/a	*affectionate*
egoísta	*selfish*
humilde	*humble*
(in)fiel	*(un)faithful*
mandón/mandona	*bossy*
sensible	*sensitive*

Ampliación

Verbos	**Sustantivos**	**Adjetivos**
agradecer (zc)	el agradecimiento	agradecido/a
chismear	el chisme	chismoso/a
comprometerse	el compromiso	comprometido/a
disculpar	la disculpa	disculpado/a
discutir	la discusión	discutido/a
molestar	la molestia	molesto/a

¡Cuidado!

querer/amar

- In Spanish, the verb **querer** has two meanings: to want something, or to love someone.

Quiero un anillo de compromiso.	*I want an engagement ring.*
Te **quiero**.	*I love you.*

- The verb **amar** means to love someone deeply. It is most often used among couples deeply in love or for family or religious contexts.

¡Cómo **amo** a mis hijos!	*How I love my children!*
Hay que **amarse** los unos a los otros.	*One must love one another.*

Cariño, te amo con todo el corazón. Quiero que nos casemos.

Aplicación

4-27 ¿Qué es la comunicación? Repasa los tres propósitos de la comunicación en *¡Así es la vida!* e indica la letra más adecuada para identificar el propósito de los siguientes ejemplos.

A. influir en el comportamiento   **B.** compartir información   **C.** lograr el entendimiento

1. _____ Un jefe le sugiere a su empleado que trate de superar sus obstáculos personales.
2. _____ Un psicólogo da una conferencia sobre los efectos de la infidelidad.
3. _____ Una mujer insiste en que su esposo le pida disculpas.
4. _____ Los diplomáticos de la Organización de las Naciones Unidas tratan de negociar una paz duradera en el Medio Oriente y agradecen la colaboración de los países vecinos.
5. _____ El meteorólogo informa sobre las temperaturas en diferentes capitales del mundo.
6. _____ Los novios conversan sobre los pros y las contras de comprometerse.

Si quieres cambiar la manera en que se recibe el mensaje, ¿cómo lo haces sin cambiar las palabras?

4-28 Las relaciones personales. Completa cada oración con un verbo lógico de *¡Así lo decimos!* No repitas ninguno.

calumniar	engañar	hacer las paces
comprometerse	experimentar	pedirle disculpas
dar por sentado		superar

1. El chico no quería _____ a su novia, pero se enamoró de otra.
2. Si no revisas tus fuentes, puedes _____ al político.
3. Los novios van a _____ en la Navidad y casarse en junio.
4. No debemos _____ a nuestros padres. Les debemos la vida.
5. Si hieres a un amigo, debes _____.
6. Tenemos que _____ las dificultades para seguir adelante.
7. Tienes que _____ la vida, no solo observarla.
8. Un buen diplomático sabe _____ entre los enemigos.

4-29 ¿Mensaje positivo o negativo? Lee los siguientes consejos e indica si comunican un mensaje positivo (**P**) o negativo (**N**).

1. _____ Logra tu meta.
2. _____ Abraza a un amigo.
3. _____ Enójate cuando no encuentres lo que necesitas.
4. _____ Sé cariñoso con tu pareja.
5. _____ Enamórate de una persona buena y serás muy feliz.
6. _____ Sé malhablado.
7. _____ Calumnia a la gente que no te caiga bien
8. _____ Haz las paces con tu enemigo.

4-30 Resultados positivos. Preparen un contexto lógico para cada uno de los mensajes positivos de la actividad anterior. Piensen en sus propias experiencias y usen el pretérito para describirlas.

> MODELO: *Después de trabajar todo el verano, logré mi meta de ahorrar lo suficiente para pagar parte de la renta de mi apartamento.*

¿Zona íntima o zona social?

4-31 Su espacio personal. Según el gran antropólogo Edward T. Hall (*The Hidden Dimension*, 1966), el espacio personal que uno mantiene depende de la cultura y de la situación social. Explíquense a quiénes admiten ustedes en cada una de estas zonas.

> MODELO: *En la zona íntima solo admito a mi novio/a.*

- la íntima
- la social
- la personal
- la pública

Ahora, pongan a prueba la distancia personal en las siguientes situaciones. Párense (*stand up*) y asuman la distancia personal que les parezca más cómoda para cada una de estas situaciones.

1. Se piden disculpas.
2. Chismean sobre un amigo suyo.
3. Discuten un tema polémico.
4. Uno/a se molesta.
5. Están en una entrevista de trabajo.
6. Acaban de conocerse en una fiesta.

 4-32 Los amoríos de Lulú. Escucha la conversación entre los personajes de una telenovela popular e identifica a quién se refiere.

L: Lulú (la novia)   **C: Carlos** (el novio)   **D: Diana** (la exnovia)

1. _____ Se siente inseguro/a.

2. _____ Tiene celos.

3. _____ Dice que es fiel.

4. _____ Se siente calumniado/a.

5. _____ Confía en su novio/a.

6. _____ Su mamá está enferma.

7. _____ Quiere hacer las paces.

8. _____ Quiere olvidar el pasado.

4-33 Las buenas relaciones. ¿Cuáles son los peligros que pueden amenazar una relación positiva? Lee la historia de Ramón y Soledad y explica cómo se resolvió el problema. Luego, crea tu propia historia, usando las palabras en negrita (*bold*).

> Esta es la historia de Ramón y Soledad y de cómo pudieron superar **los celos** y **las calumnias** que amenazaban su relación. Ramón y Soledad se conocieron en una fiesta de unos amigos comunes. Se llevaron muy bien y decidieron verse más. Después de salir juntos varias veces, Ramón y Soledad **se enamoraron** locamente, se prometieron **fidelidad** eterna y eran muy felices. Pero un día, un amigo de Ramón que estaba enamorado de Soledad le dijo que había visto a Soledad con otro, y Ramón lo creyó. Cuando Ramón acusó a Soledad, esta **se enojó** y estuvo muy **molesta** con él. Ella quiso romper **el compromiso** hasta que apareció el "amigo" y les confesó que había inventado la historia y les **pidió disculpas** a los dos. Los dos novios se dieron cuenta de que tendrían que hacer un gran esfuerzo para **superar** sus dificultades.
> Moraleja: Hay que tener **confianza** en los demás para mantener buenas relaciones.

 4-34 De nuevo: Preferencias personales (*Gustar* and similar verbs). Escribe un párrafo sobre lo que te gusta y lo que no te gusta de una persona (real o imaginaria). Puedes mencionar su personalidad, sus opiniones, sus acciones, etc. Incluye por lo menos cuatro oraciones afirmativas y cuatro negativas. Utiliza el verbo **gustar** y verbos similares como **fascinar, importar, encantar, parecer, molestar, caer bien/mal**, etc.

MODELO: *Carlos me cae muy bien. Me gusta su sentido del humor… Sin embargo, a veces me molesta…*

Reto: ¡Trata de incluir seis oraciones afirmativas y seis negativas! Usa también muchas palabras de la *Primera* y la *Segunda parte* de *¡Así lo decimos!*

RECUERDA

Puedes repasar el verbo **gustar** y otros verbos similares en el *Capítulo 3*.

3. Present perfect indicative and subjunctive

04-26 to 04-32

¿Has visto las fotos de la fiesta sorpresa?

¡Nos hemos divertido tanto!

The present perfect is a compound tense that requires two verbs. In English, the present perfect is formed with the present tense of the auxiliary verb *to have* + past participle. In Spanish, the present perfect is formed with the present tense of the auxiliary verb **haber** + past participle.

	HABER	PAST PARTICIPLE
yo	he	
tú	has	
Ud., él, ella	ha	
nosotros/as	hemos	tomado/comido/vivido
vosotros/as	habéis	
Uds., ellos, ellas	han	

- In general, the present perfect is used to refer to a past action or event that is perceived as having some bearing on the present or has been completed in the past.

| Mis padres **han logrado** superar muchas dificultades. | *My parents have succeeded in overcoming many difficulties.* |
| **Hemos visto** muchos cambios en este siglo. | *We have seen many changes in this century.* |

- The auxiliary verb **haber** agrees with the subject of the sentence. The past participle, however, is invariable when it forms part of the perfect tense.

| ¿Carlos **se ha enamorado** de Sofía? | *Has Carlos fallen in love with Sofía?* |
| No, pero ella **se ha enamorado** de él. | *No, but she has fallen in love with him.* |

- The auxiliary verb **haber** and the past participle *cannot* be separated by another word. Reflexive and object pronouns, and negative words are always placed before **haber**.

| Rosa y yo **nos hemos visto** en clase. | *Rosa and I have seen each other in class.* |
| No **la he conocido** todavía. | *I haven't met her yet.* |

¡OJO!

Form the past participle of regular verbs by adding **-ado** to the stem of **-ar** verbs and **-ido** to the stem of **-er** and **-ir** verbs: **tomado, comido, vivido**.

¡OJO!

Many common verbs have irregular past participles. See if you can identify the infinitives of these: **abierto, cubierto, dicho, escrito, hecho, impreso, ido, muerto, puesto, resuelto, roto, visto, vuelto**. An accent mark is added to the past participle of **-er** and **-ir** verbs whose stems end in **-a, -e,** or **-o**. Identify the infinitives of these: **caído, creído, leído, oído, reído, traído**.

- The present perfect subjunctive is formed with the present subjunctive of **haber** (**haya, hayas, haya,** etc.) + the past participle.

Esperamos que el chico **haya dicho** la verdad.	*We hope the boy has told the truth.*
Dudo que los novios **se hayan mentido.**	*I doubt the fiancés have lied to each other.*

¡OJO!

The verb **haber** is not interchangeable with **tener**. **Haber** means *to have* only when used as an auxiliary verb with the past participle. **Tener** means *to have* or *to own* in the sense of possession.

Alejandro **tiene** una personalidad positiva.	*Alejandro has a positive personality.*
Siempre **ha sido** muy optimista.	*He has always been very optimistic.*

¡OJO!

Use the present tense of **acabar de** + infinitive in order to describe an event that *has just happened.*

El filántropo **acaba de** anunciar su generosa donación a la universidad.	*The philanthropist has just announced his generous donation to the university.*

Aplicación

4-35 En la prensa. Lee el artículo sobre el mexicano Carlos Slim Helú. Primero, subraya el uso del presente perfecto de indicativo (**PPI**) o de subjuntivo (**PPS**). Luego, explica en tus propias palabras cómo ha llegado a tener tanto éxito.

25 de julio de 2012

MÉXICO, D.F. (Notimex)

Por cuarta vez, Carlos Slim Helú, el exitoso empresario mexicano, ha sobrepasado a Bill Gates como el hombre más rico del mundo, según la revista *Forbes*. Lo ha logrado gracias a la subida de sus acciones[1] en América Móvil. Se estima que su fortuna ha aumentado a 74 mil millions[2] de dólares, lo que equivale al 8% del producto bruto doméstico (*GDP*) de México. Las ganancias de su banco, Imburso, también han crecido un 20% en el mismo período.

Slim es Ingeniero Civil de profesión, licenciado de la UNAM. Comenzó a invertir en la compra de negocios y bienes raíces en el centro de la Ciudad de México a principios de los años 80, en medio de una crisis económica que paralizó México. Aunque muchas de estas empresas tenían números rojos y sin mucho futuro, es sorprendente que su grupo haya podido convertirlas en empresas sólidas y con una gran utilidad. Carlos Slim ha mencionado repetidamente que siempre ha confiado en el futuro de México. Desde los 80 Carlos Slim ha diversificado en varios sectores; en 1997, con las acciones adquiridas de la empresa informática Apple Computer y justo antes del lanzamiento de la iMac, logró multiplicar su fortuna. En 1997 adquirió Prodigy.

Algunos mexicanos dudan que Slim haya obtenido su riqueza honestamente. Sin embargo, es admirado por muchos otros por su tenacidad sin límite y su astucia para los negocios.

[1]*shares* [2]*billions*

4-36 Comentarios sobre Carlos Slim. Completa cada comentario con la forma correcta del presente perfecto del indicativo o subjuntivo según el contexto.

1. Es verdad que Carlos Slim _____ (superar) muchas dificultades en su vida.

2. Es impresionante que _____ (lograr) tanto éxito en los negocios, no solo en México sino también internacionalmente.

3. Ojalá que no lo _____ (afectar) la crisis económica mundial.

4. Creo que _____ (ser) muy generoso con los mexicanos, especialmente en su apoyo de las artes.

5. Me alegro de que _____ (interesarse) en las artes.

6. Algunos opinan que sus negocios _____ (ser) deshonestos, pero muchos lo _____ (apoyar) por su generosidad.

4-37 Hecho. Ustedes controlan los últimos detalles del programa *Despierta América* en Univisión y van a entrevistar a Carlos Slim. Túrnense para hacer y contestar preguntas basadas en las siguientes frases. Usen pronombres cuando sea posible.

MODELO: arreglar las sillas
E1: *¿Has arreglado las sillas?*
E2: *Sí, las he arreglado.* o *No, todavía no las he arreglado.*

1. encender (*to turn on*) las luces

2. hacer la lista de los participantes

3. asignar los asientos para los invitados

4. poner botellas de agua mineral en la mesa

5. preparar el camerino (*dressing room*) del Sr. Slim con periódicos y acceso a Internet

6. escribir las preguntas para su entrevista

7. imprimir la agenda y las preguntas para el director

4-38 A que nunca han... Háganse preguntas sobre experiencias que hayan tenido. Pueden usar las frases de la lista o inventar oraciones originales.

ver una discusión entre amigos	chismear con los amigos
dar por sentado a un/a amigo/a	enamorarse locamente de alguien
pedirle disculpas a una persona	hacer las paces con un/a amigo/a

MODELO: E1: *¿Te has acostumbrado a la vida universitaria?*
E2: *Sí, me he acostumbrado a todo menos a la comida.*

4-39 Relaciones interpersonales. Piensen individualmente en alguien importante para ustedes y hagan una lista de lo que esa persona haya hecho para hacerlos felices y también para enojarlos. Luego, reaccionen usando expresiones que requieran el subjuntivo.

MODELO: E1: *Mi novio me ha comprado flores muchas veces para hacerme feliz. Ha cancelado los planes algunas veces y eso me ha enojado.*
E2: *Me alegro de que tu novio te haya comprado flores pero dudo que haya cancelado los planes sin una buena razón.*

Algunas reacciones:

Me alegro de que...	Es sorprendente que...	Es (im)probable que...	Es (im)posible que...
No creo que...	Es raro que...	Es lógico que...	Ojalá (que)...

Future perfect

¿Habrá entendido lo que le dije?

The future perfect expresses an action that *will be finished* by a certain point in time. Form the future perfect with the future of the auxiliary verb **haber** and the past participle.

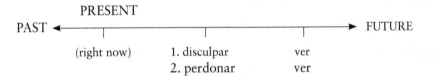

```
                    PRESENT
PAST ◄──────────┼────────────┼──────────►  FUTURE
         (right now)   1. disculpar      ver
                       2. perdonar       ver
```

1. Miguel ya **se habrá disculpado** antes de **ver** a su novia.

Miguel will already have apologized before seeing his girlfriend.

2. Su novia ya **lo habrá perdonado** cuando lo **vea.**

His girlfriend will already have forgiven him when she sees him.

- As with other perfect tenses, nothing can come between the auxiliary **haber** and the past participle.

¿**Se habrán comprometido** antes de terminar los estudios?	*Will you have gotten engaged before finishing your studies?*
Sí, seguramente **nos habremos comprometido** en la primavera.	*Yes, we will surely have gotten engaged in the spring.*

Pluperfect

> ¿No me habías dicho que ibas a volver más tarde?

The pluperfect refers to an action or event that took place before another past action or event. Compare the following sentences with the time line.

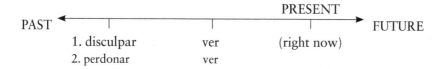

			PRESENT	
PAST				FUTURE
	1. disculpar	ver	(right now)	
	2. perdonar	ver		

1. Miguel ya **se había disculpado** antes de **ver** a su novia.

   Miguel had already apologized before seeing his girlfriend.

2. Su novia ya **lo había perdonado** cuando lo **vio**.

   His girlfriend had already forgiven him when she saw him.

- Like other perfect tenses, the pluperfect is a compound tense. It is formed with the imperfect tense of **haber** + past participle.

Antes de llegar Lourdes, mis hermanos **habían dominado** la conversación.	*Before Lourdes arrived, my brothers had dominated the conversation.*

¡OJO!

The imperfect of **haber** is regular: **había, habías, había, habíamos, habíais, habían.**

¡OJO!

In all compound tenses, the auxiliary **haber** and the past participle are always kept together; **haber** must agree with the subject, and the past participle stays the same.

Hasta ese momento, Ana siempre me **había caído** bien.

Until that moment, I had always liked Ana.

Aplicación

4-40 ¿Cómo eran antes? Todas estas personas cambiaron su actitud después de un evento o una experiencia importante en su vida. Señala qué le pasó a cada una de ellas.

1. ____ Antes de tomar una clase de oratoria, la mujer introvertida…

2. ____ Antes de enamorarse de Mercedes, José…

3. ____ Antes de ser calumniado por el periódico, el político…

4. ____ Antes de conocer a María en la escuela secundaria, Patricia…

5. ____ Antes de ver la reacción positiva de sus padres, el joven…

a. nunca había pensado escribirle una carta al director (*editor*).

b. nunca los había apreciado tanto.

c. nunca había tenido una buena amiga.

d. nunca había hablado en público.

e. nunca había pensado en casarse.

4-41 Habrá ocurrido antes o después de las elecciones. Primero conjuga los verbos en el futuro perfecto y, luego, indica si las acciones habrán ocurrido antes o después de las elecciones, en tu opinión.

> MODELO: Los candidatos que ganaron les *habrán agradecido* (agradecer) el voto a los votantes. *Después*

1. Los candidatos que perdieron _____ (ponerse) muy tristes. _____
2. Todos los candidatos _____ (ser) calumniados en los anuncios negativos en la televisión. _____
3. Algún político _____ (pedir) disculpas por haber perdido las elecciones. _____
4. Otros lo _____ (disculpar) al leer las noticias el próximo día. _____
5. Tú y yo _____ (discutir) los resultados de las elecciones. _____
6. Los reporteros _____ (investigar) la conducta de los candidatos en sus campañas. _____
7. Los periódicos _____ (publicar) muchos sondeos en anticipación de las elecciones. _____
8. Tu candidato _____ (participar) en varios debates con sus contrincantes. _____

 4-42 La comunicación. ¿De qué temas debe haber hablado una pareja antes de casarse o de decidir vivir juntos? Sugieran cinco temas.
Antes de casarse…

> MODELO: *Los novios ya habrán hablado sobre dónde vivir.*

4-43 Para el año 2030. En grupos de tres o cuatro, hagan seis predicciones de lo que habrá ocurrido para el año 2030 y expliquen por qué habrá ocurrido. Deben utilizar por lo menos diez verbos en el futuro perfecto.

> MODELO: *Para el año 2030, habremos encontrado muchos planetas nuevos.*

4-44 Antes de venir a esta universidad. Hablen de qué habían hecho (o no habían hecho) antes de venir a la universidad. Empiecen con la siguiente lista de actividades e incluyan sus
Q propias ideas.

> MODELO: E1: *Antes de venir a esta universidad, no había conocido a mi compañero/a de cuarto.*
> E2: *Pues yo había conocido a mi compañero/a de cuarto durante una reunión de orientación en el verano…*

- portarse bien/mal
- participar en…
- enamorarse (de)
- tener la oportunidad de…
- escribir un ensayo sobre…
- resolver un problema con…

 4-45 Debate: La responsabilidad interpersonal. Preparen su posición a favor o en contra de uno de estos temas.

Resolución: Se prohibirá aceptar comentarios anónimos en los foros de opinión de la universidad.

Resolución: En las relaciones personales la comunicación es lo más importante.

Resolución: Las relaciones entre los jefes y los empleados deben ser respetuosas.

> MODELO: *La libertad de expresión es muy importante en una sociedad democrática. Sin embargo, es importante no ofender con comentarios negativos anónimos en los foros públicos. Por un lado…*

¡ASÍ LO EXPRESAMOS!

Imágenes
04-40

Las dos Fridas (Frida Kahlo, 1907–1954, México)

Frida Kahlo fue una pintora mexicana que creó aproximadamente doscientas pinturas. Casi todas sus obras son autorretratos o tratan sobre temas autobiográficos o feministas. La mezcla de realidad y fantasía, del mundo interior y el mundo exterior, y de la combinación de lo moderno con lo tradicional hacen de esta pintora una de las figuras más importantes del arte latinoamericano. Pasó casi toda su vida junto a su famoso esposo, el muralista Diego Rivera, y aunque se separaron por un tiempo, Frida siempre estuvo enamorada de él.

Frida Kahlo (1907–1954, México), "The Two Fridas (Las Dos Fridas)" 1939. Oil on Canvas. 5'9" × 5'9" (173 × 173) cm. Bob Schalkwijk/Art Resource, NY. © Banco de México Diego Rivera & Frida Kahlo Museums Trust. Av. Cinco de Mayo No. 2, Col. Centro, Del. Cuauhtemoc 06059, México, D.F. Reproduction authorized by the Instituto Nacional de Bellas Artes y Literatura.

Perspectivas e impresiones

4-46 ¿Qué opinas? Contesta las siguientes preguntas sobre *Las dos Fridas*.

1. ¿Cómo explicas el título de la pintura?
2. ¿En qué se diferencian las dos Fridas?
3. Explica los elementos o colores de la pintura que son simbólicos. ¿Qué piensas que simbolizan?
4. La Frida de la derecha tiene un retrato en miniatura de su esposo, Diego Rivera. ¿Qué crees que simboliza?
5. ¿Crees que hay una cierta dualidad en todas las personas? ¿Por qué?
6. Haz una lista de tus "dualidades" y luego trata de representarlas en un dibujo. Comparte el dibujo con el resto de la clase.

4-47 A explorar: El mundo interior de Frida Kahlo.
Esta gran artista tuvo una vida corta y difícil, pero también prolífica. Busca en Internet más información sobre su vida y algunos de sus famosos autorretratos. Elige uno que te impresione para después describírselo a la clase.

BUSCA: www ↓

frida kahlo vida; frida kahlo autorretrato

Páginas

04-41 to 04-42

Julia de Burgos (1914–1953, Puerto Rico)

Julia de Burgos fue una poeta puertorriqueña que escribió
numerosos artículos periodísticos en los que abogaba
(*advocated*) por las mujeres, los negros y los trabajadores.
Se casó en dos ocasiones, pero fue su segundo marido,
José Jimeses Grullón, quién inspiró muchos de sus
poemas. Después del fracaso de su matrimonio y a pesar
de contar con muchos admiradores, murió pobre y sola,
y fue enterrada bajo el nombre de "Jane Doe" hasta que
sus amigos pudieron encontrar su tumba y llevar sus
restos a Puerto Rico. Hoy en día se le considera una de
las más grandes poetas de Latinoamérica.

Antes de leer

4-48 Anticipación. Mira el dibujo. ¿Quién es la mujer del espejo?
¿Quién es la mujer que se mira en el espejo? ¿Cuál se ve más real?
¿Con cuál de las dos te identificas más?

4-49 Estrategias para la lectura. Busca elementos de la lectura que
puedan ayudarte a anticipar el tema. Lee la introducción al poema. Ten en
cuenta su título. Trata de adivinar el significado de los siguientes cognados
que aparecen en el poema.

abismo	enemigo	hipocresía	murmuran	social	voz
aristocracia	esencia	humana	profundo	verso	

4-50 Dos en una. Lee el poema para ver por qué la poeta se escribe un poema a sí misma.

have begun a rumor	Ya las gentes murmuran° que yo soy tu enemiga
	porque dicen que en verso doy al mundo tu yo.
	Mienten, Julia de Burgos. Mienten, Julia de Burgos.
se levanta	La que se alza° en mis versos no es tu voz: es mi voz
ropa 5	porque tú eres ropaje° y la esencia soy yo;
se extiende	y el más profundo abismo se tiende° entre las dos.
doll	Tú eres fría muñeca° de mentira social,
spark	y yo, viril destello° de la humana verdad.
polite hypocrisies	Tú, miel de cortesanas hipocresías°; yo no;
revelo 10	que en todos mis poemas desnudo° el corazón.
	Tú eres como tu mundo, egoísta; yo no;
risk everything	que todo me lo juego° a ser lo que soy yo.
prim	Tú eres solo la grave señora señorona°;
	yo no; yo soy la vida, la fuerza, la mujer.
master 15	Tú eres de tu marido, de tu amo°; yo no;
	yo de nadie, o de todos, porque a todos, a todos,
	en mi limpio sentir y en mi pensar me doy.
curl	Tú te rizas° el pelo y te pintas; yo no;
	a mí me riza el viento; a mí me pinta el sol.
20	Tú eres dama casera, resignada, sumisa,
tied	atada° a los prejuicios de los hombres; yo no;
don Quijote's wild horse	que yo soy Rocinante corriendo desbocado°
smelling	olfateando° horizontes de justicia de Dios.
	Tú en ti misma no mandas; a ti todos te mandan;
25	en ti mandan tu esposo, tus padres, tus parientes,
sacerdote / fashion designer	el cura°, la modista°, el teatro, el casino,
joyas	el auto, las alhajas°, el banquete, el champán,
social gossip	el cielo y el infierno, y el qué dirán social°.
	En mí no, que en mí manda mi solo corazón,
30	mi solo pensamiento; quien manda en mí soy yo.
	Tú, flor de aristocracia; y yo, la flor del pueblo.
owe	Tú en ti lo tienes todo y a todos se lo debes°,
	mientras que yo, mi nada a nadie se la debo.
"nailed" or chained to your past	Tú, clavada al estático dividendo ancestral°,
a social misfit 35	y yo, un uno en la cifra del divisor social°,
	somos el duelo a muerte que se acerca fatal.
agitadas	Cuando las multitudes corran alborotadas°
ashes	dejando atrás cenizas° de injusticias quemadas
torch	y cuando con la tea° de las siete virtudes,
deadly sins / crowds 40	tras los siete pecados°, corran las multitudes°
	contra ti, y contra todo lo injusto y lo inhumano,
	yo iré en medio de ellas con la tea en la mano.

A JULIA DE BURGOS

(handwritten annotations: E, la feminista, natural, jensyn, victory, La feminista (wins))

Después de leer

4-51 ¿Cómo lo interpretas tú?   Contesta las siguientes preguntas sobre el poema.

1. Explica el título del poema.
2. Haz una lista de los pares de palabras opuestas del poema (*hombre/mujer*).
3. Describe con tus propias palabras cómo es la poeta en su vida privada y en su vida pública.
4. En tu opinión, ¿cuál es la Julia de Burgos más "auténtica"? ¿Por qué?
5. ¿Cuál de las "dos Julias" vence al final del poema?
6. ¿Piensas que todas las personas tienen dos caras? ¿Es muy diferente tu "cara social" de tu "cara personal, íntima"? ¿En qué se diferencian?

 4-52 Tú... y tú.   Escribe una lista de palabras opuestas que te describan. Luego, intercambia tu lista con la de tu compañero/a y úsala para retratarlo/la (*draw pictures of him/her*), según sus "dos" personalidades. Puedes referirte a *Las dos Fridas* como modelo.

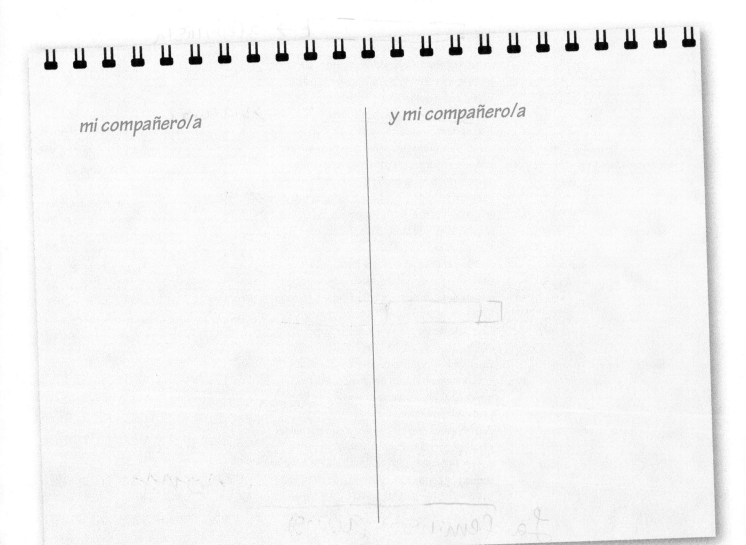

mi compañero/a   *y mi compañero/a*

 **Taller**

04-43

Un perfil para apego.com

Posiblemente te has inscrito en algún sitio de Internet cuyo propósito es buscar amistades o una pareja. En tales (*such*) sitios es normal que la gente se describa para dar una impresión favorable.

Antes de escribir

Inscríbete. Completa más arriba el formulario de entrada al sitio apego.com.

APEGO.com

¡Encuentra amistades hoy! ¡INSCRÍBETE GRATIS!

Soy: _____ (p. ej. hombre que busca mujer)

De: _____ (p. ej. EE.UU.)

Cumpleaños : ____ ____ ____

Nombre de usuario: _____

Contraseña: _____

E-Mail : _____

Ensayo: _____

ENCONTRAR AMISTADES

Idear. Escribe una lista de las cualidades que te describan y una lista de acciones o reacciones que las ejemplifiquen. Puedes referirte a las expresiones de *¡Así lo decimos!* de este capítulo.

> MODELO: **Cualidades**   **Acciones o reacciones**
> *desenvuelto/a*   *No me pongo muy estresado/a cuando tengo mucho que hacer.*

A escribir

Vas a escribir un ensayo de dos párrafos, cada uno de cien palabras. En el primero te describes a ti mismo/a usando las cualidades y las acciones que has anotado arriba. En el segundo, describes a la persona que busques. Evita clichés como "Hola. No estoy seguro/a de qué hago aquí." Piensa en una frase inicial para atraer el interés. Cuando te describas, no te quedes en "Soy divertido/a". Trata de escribir algo más descriptivo, como "Tengo una voz como Bebe". Usa estas frases para que te destaques, pero recuerda ser tú mismo/a. Finalmente, no te olvides de revisar tu ensayo para que no tenga faltas de ortografía o de gramática.

Presentarte. Escribe unas oraciones con las tres cualidades más importantes que te describan.

> MODELO: *Soy Sarita González y me apasiona la música. También soy aficionada a los deportes y participo en varios de ellos. Soy generosa y compasiva.*

Respaldar. Agrega varios ejemplos que apoyen estas cualidades. Utiliza los conectores **pero**, **sino**, **aunque** y **sin embargo**.

Describir. Ahora escribe el párrafo sobre la persona que busques. Puede ser verdadera o imaginaria.

Concluir. Escribe una oración que resuma tus cualidades y tus acciones y que sirva de conclusión.

¡Así lo expresamos!   **169**

Después de escribir

Revisar. Vuelve a leer tu perfil sin pausa para obtener una impresión general. Después, revisa los siguientes aspectos:

☐ ¿Has incluido un vocabulario variado?

☐ ¿Has verificado la concordancia y la ortografía?

☐ ¿Has incluido el presente perfecto? ¿el futuro perfecto? ¿el pluscuamperfecto?

☐ ¿Has incluido aspectos de tu rutina diaria?

Compartir. Intercambia tu perfil con el de tu compañero/a. Al leer el perfil, haz comentarios y sugerencias sobre el contenido, la estructura y la gramática.

Entregar. Incorpora las sugerencias y correcciones de tu compañero/a y luego pon tu perfil en limpio para entregárselo a tu profesor/a.

Vocabulario

Primera parte

acostumbrarse (a)	*to get used to*
adivinar	*to guess*
analizar	*to analyze*
ansioso/a	*anxious*
apresurado/a	*hurried*
la autoestima	*self-esteem*
avergonzar (üe)	*to shame, to embarrass*
el carácter	*personality*
celoso/a	*jealous*
comprensivo/a	*understanding*
confiado/a	*confident*
la confianza	*confidence*
desenvuelto/a	*outgoing*
despreocupado/a	*carefree*
educado/a	*polite*
elegir (i, i)	*to choose*
equivocarse	*to make a mistake*
evaluar	*to evaluate*
exitoso/a	*successful*
fingir	*to pretend*
el instinto	*instinct*
maduro/a	*mature*
malhablado/a	*foul-mouthed*
maniático/a	*compulsive*
mentiroso/a	*lying, false*
orgulloso/a	*proud*
portarse bien/mal	*to behave/to misbehave*
relajarse	*to relax*
vencer	*to defeat, to overcome*
la vergüenza	*embarrassment*

Segunda parte

abrazar	*to embrace*
la bondad	*kindness*
calumniar	*to slander*
cariñoso/a	*affectionate*
el chisme/cotilleo	*gossip*
comprometerse	*to get engaged, to commit oneself*
la conducta	*behavior*
los/las demás	*the others*
disculpar	*to forgive*
discutir	*to argue*
egoísta	*selfish*
emocionarse	*to get excited, to be moved emotionally*
enamorarse (de)	*to fall in love (with)*
engañar	*to deceive*
el entendimiento	*understanding*
el estado de ánimo	*mood*
experimentar	*to experience*
el gesto	*gesture*
hacer las paces	*to make peace*
herir (ie, i)	*to hurt*
humilde	*humble*
(in)fiel	*(un)faithful*
mandón/mandona	*bossy*
la molestia	*bother*
pedir disculpas (i, i)	*to ask for forgiveness*
el placer	*pleasure*
el propósito	*purpose*
sensible	*sensitive*
sugerir (ie, i)	*to suggest*
tener celos	*to be jealous*
superar	*to overcome*

¡Cuidado! el recuerdo - la memoria; soportar - apoyar - mantener *See page 141.*
Reflexive verbs *See pages 146-147.*
Frases comunicativas: Al contrario,...; Perdona, pero...; Por una (otra) parte,...; Para concluir,... *See page 150.*

¡Cuidado! querer - amar *See page 155.*
Irregular past participles *See page 159.*

5 ¡Luz, cámara, acción!

Penélope Cruz, la fabulosa estrella española

A empezar

Las películas. ¿Cuál es la mejor película que has visto? En tu opinión, ¿quiénes son los actores más talentosos del cine? ¿Y los cantantes? ¿Conoces a alguien que quiera trabajar en el mundo del espectáculo?

People en Español nombró al cantante cubano Jencarlos Canela entre los más sexy del mundo.

Curiosidades

¿Sabes...

qué director español ha ganado tres premios Óscar por la mejor película extranjera o mejor guión?

a. Guillermo del Toro
b. Pedro Almodóvar
c. Alejandro González Iñárritu

el nombre de la actriz hondureña americana que ganó premios Emmy, Golden Globe y Screen Actors Guild por mejor actriz en la serie *Ugly Betty*?

a. América Ferrera
b. Jennifer López
c. Eva Longoria

cuál es el idioma del programa de televisión que más gente ve en el mundo?

a. inglés
b. español
c. mandarín

el nombre del actor joven mexicano que apareció en las películas *Diarios de motocicleta* (Motorcycle Diaries), *La science des rêves* (The Science of Sleep) y *Babel*?

a. Diego Luna
b. Pablo Montero
c. Gael García Bernal

http://Hola.com

Hola.com
quiere saber...

Hola.com promete ofrecerles a los aficionados al mundo del espectáculo las últimas noticias sobre las películas más entretenidas, los festivales y premios de cine y las estrellas más destacadas. Las respuestas a esta encuesta nos ayudarán a diseñar nuestro sitio para que encuentres toda la información que busques.

1. Para ver una película, prefieres…
- ☒ verla en la pantalla grande en el cine
- ☐ bajarla y verla en tableta o computadora

2. ¿Cuántas veces vas al cine por mes?
- ☒ 1
- ☒ 2–3
- ☐ más de 3

3. ¿Qué género de película prefieres?
- ☒ de acción o suspense
- ☐ cómica
- ☐ romántica
- ☒ extranjera
- ☐ de ciencia ficción
- ☒ de horror

4. ¿Prefieres las películas de 2D o de 3D? _____
¿Por qué? _____

5. ¿Quién es tu actriz favorita? _____
¿y tu actor favorito? _____

6. ¿Cuál es tu película favorita? Victoria
¿Por qué? _____

7. En la televisión, ¿qué tipo de programa prefieres?
- ☐ las comedias
- ☐ los dibujos animados
- ☐ las series policíacas
- ☐ las series dramáticas
- ☐ los programas que imitan la realidad
- ☐ las telenovelas
- ☐ los noticieros
- ☐ los programas de deportes
- ☐ los documentales

8. ¿Cuál es tu programa favorito? _____
¿Por qué? _____

9. ¿Qué programas de premios te gusta ver?
- ☐ el de los Óscar
- ☐ el de los Grammy o Grammy Latino
- ☐ no veo ninguno

¿Por qué? _____

Gracias por participar en esta encuesta. ¿Quieres recibir noticias de Hola.com?
☐ Sí: (correo electrónico) ■ No

¡HOLA!
NUM. 258 • 9 NOVIEMBRE 2011 MÉXICO • $ 35 M2N • $ 3.95 USD

SU MATRIMONIO CON EL MAGNATE DE LA MODA FRANÇOIS-HENRI PINAULT LA HA CONVERTIDO EN LA REINA DEL «GLAMOUR»

SALMA HAYEK, MADAME PINAULT

«Si no fuera por los tacones, aún viviría en Coatzacoalcos con diez hijos»

MAXIMA DE HOLANDA, SORPRENDENTE EN SU VIAJE A ARUBA

ANDIE MACDOWELL, EN EXCLUSIVA, JUNTO A SUS HIJAS, HEREDERAS DE SU BELLEZA

Vocabulario básico

el cine
la película
  de 3D
  cómica
  de aventuras
  de ciencia ficción
  de horror
  de misterio/suspense
  extranjera
  romántica

los programas de
  televisión
la comedia
los dibujos animados
el documental
el noticiero
la serie dramática
la serie policíaca
la telenovela
los videos musicales

Vocabulario clave: El entretenimiento

Verbos

conseguir (i, i)	*to get, to obtain*
enfrentar	*to face*
entretener (ie)	*to entertain*
interpretar	*to interpret (a role, a song)*

Sustantivos

la actuación	*performance*
el/la aficionado/a	*fan*
la cadena	*TV network*
la carrera	*career*
el/la comentarista	*commentator*
el espectáculo	*show*
la estrella	*star*
el guión	*script*
el mundo del espectáculo	*show business*
la pantalla	*screen*
el papel	*role*
el personaje	*character*
el premio	*prize, award*
el/la rapero/a	*rapper*
el rechazo	*rejection*
el reportaje	*report*
la trama	*storyline*

Adjetivos

bailable	*danceable*
competitivo/a	*competitive*
destacado/a	*outstanding*
innovador/a	*innovative*

Ampliación

Verbos	Sustantivos	Adjetivos
actuar	la actuación	actuado/a
bailar	el baile	bailable
competir (i, i)	la competición/la competencia	competitivo/a
entretener (ie)	el entretenimiento	entretenido/a
innovar	la innovación	innovador/a
rechazar	el rechazo	rechazado/a

¡Cuidado!

ir a/asistir a; excitante/emocionante

- Use the verb **ir a** to mean *go* to a place, but not necessarily enter or attend. Use **asistir a** to mean *go* in the sense of *attend*.

Ayer **fui al** cine pero no pude ver la película.	*Yesterday I went to the movies but couldn't see the movie.*
Ayer mi amigos **asistieron a** un concierto de Juanes.	*Yesterday my friends went to (attended) a Juanes concert.*

- The word **excitante** in Spanish means to inspire a feeling of passion. If you want to say *exciting* in the sense of *touching* or *thrilling*, use **emocionante**.

La película era muy **emocionante**.	*The movie was very exciting.*
Había varias escenas **excitantes**.	*There were several passionate scenes.*

Ayer asistí al concierto de Calle 13 donde presentaron canciones de *Entren los que quieran* el álbum que ganó varios premios Grammy Latino. ¡Qué emocionante!

5-1 Sus preferencias. Comparen sus respuestas a la encuesta en *¡Así es la vida!* ¿Qué tienen en común y cómo se diferencian?

5-2 Un programa impactante de Univisión. Completa el párrafo a continuación sobre el programa preferido de Carlos Rivera, un estudiante de ciencias políticas. Usa la forma correcta de una de las expresiones de la lista.

aficionado	comentarista	estrella
cadena	entretenido	personaje
carrera	espectáculo	reportaje

En la televisión prefiero ver los programas serios como los (1) _____ y documentales en la (2) _____ Univisión, especialmente el programa *Al Punto* del destacado (3) _____ Jorge Ramos. Ramos es mexicano, pero lleva muchos años en Estados Unidos donde se unió a Univisión en 1985. En su (4) _____ ha entrevistado a muchos (5) _____, como a los candidatos a la presidencia, (6) a las _____ del mundo del (7) _____, y a importantes benefactores como Bill y Melinda Gates. Sus entrevistas le han ganado muchos premios, entre ellos ocho premios Emmy. Soy muy (8) _____ a este programa (9) _____. Ojalá que Ramos gane otro Emmy este año.

 5-3 Películas. Estos son algunos títulos en español de películas que ustedes probablemente conocen. Escojan dos o tres películas y contesten las siguientes preguntas sobre cada una. ¿Quiénes actuaron en la película? ¿Quién fue el/la director/a? ¿Qué tipo de película es? ¿Qué efectos especiales tiene? ¿Tuvo mucho éxito? ¿Ganó algún premio? ¿Qué opinan de la película, la interpretación de los papeles y la dirección?

Piratas del Caribe
Una noche en el museo
El árbol de la vida
Misión: imposible – protocolo fantasma
El origen del planeta de los simios

Cómo acabar con tu jefe
Harry Potter y las reliquias de la muerte
Criadas y señoras
El discurso del rey
Los hombres X: primera clase

5-4 Una carta de un/a aficionado/a. Escríbele una carta a una estrella latina a quien admires. Cuéntale qué películas suyas has visto, qué papeles te han gustado, y por qué lo/la admiras. Ofrécele algún consejo útil y tus deseos para el futuro de su carrera. Luego, intercambia tu carta con la de un/a compañero/a y escribe una respuesta a su carta.

MODELO: *Estimada Sofía Vergara: Soy muy aficionado/a a tus películas y tus programas de televisión, especialmente* Modern Family...

5-5 Una serie nueva. Escriban ideas para una serie original de televisión. Incluyan el título, los personajes, la trama, los actores, etc. Usen las siguientes preguntas como guía y refiéranse al vocabulario en *¡Así lo decimos!* Después, preséntenle su programa a la clase.

1. ¿Qué tipo de serie es?

2. ¿Cómo serán los episodios, autónomos o con argumentos interrelacionados y continuos?

3. ¿Cuál será el género del programa (romántico, de suspense, de realidad, etc.)?

4. ¿Cómo será de innovador el programa? Hagan una lista de las novedades que incluya el programa.

5. ¿Habrá uno o dos personajes principales, o varios papeles y grupos de personajes?

 5-6 *MTV Unplugged.* Vas a escuchar un segmento de un programa de radio sobre una estrella latina y sus actividades artísticas y personales. Completa las oraciones siguientes con información lógica del segmento.

1. Juanes es de nacionalidad _____.

2. De profesión es _____.

3. Su música es una fusión de _____.

4. Hasta ahora ha vendido más de _____ de discos y ha ganado unos _____ premios Grammy y Grammy Latino.

5. Es además activista por _____.

6. Su fundación, _____ ayuda a víctimas de minas antipersonales.

7. Según Juanes, debemos concentrarnos en _____ y no preocuparnos de lo trivial.

8. La revista *Time* opina que Juanes es _____.

5-7 Conexiones: El artista, el espectáculo y el espectador. ¿Cómo influyen el arte y los artistas en la sociedad? ¿Qué responsabilidad moral, ética, social o financiera tiene un artista famoso? En tu opinión, ¿sus obras filantrópicas ayudan a concienciarnos a las causas sociales o simplemente les traen más fama y celebridad a los artistas?

 5-8 De nuevo: Chismes de la farándula (*Showbiz gossip*) (*Preterit and imperfect*). Escribe un artículo para una revista sensacionalista en el que cuentes un escándalo o un chisme sobre alguna celebridad. Inventa un suceso (*event, happening*) como un divorcio, una separación, un problema legal, una relación amorosa escandalosa, una cirugía plástica, etc., y descríbelo.

MODELO: *¡Se casó...!*

El 7 de julio del 2013 la famosa..., estrella de... y ..., su compañero de reparto, se casaron en Las Vegas, la ciudad matrimonial. Entre los invitados estaban sus coestrellas... Ella llevaba un vestido... Él vestía...

Reto: Usa muchas palabras de *¡Así lo decimos!* Léele tu artículo a la clase.

> **RECUERDA**
>
> Para contar tu chisme necesitas usar el pretérito y el imperfecto (*Capítulo 1*).

¡Así lo hacemos!

05-07 to 05-11

1. Subjunctive or indicative in adjective clauses

Busco un actor que sepa interpretar el papel del héroe.

¡OJO!

Adjectives modify nouns. They can be simple (una película **estupenda**) or complex (una película **que me gustó mucho**).

- The subjunctive is used in an adjective clause when it refers to someone or something indefinite or nonexistent. Like the noun clause, most adjective clauses are connected to the main clause with **que,** but they can also be joined with conjunctions like **a quien** or **con quien.**

Indefinite antecedent

Busco un documental **que se enfoque** en la economía.	*I'm looking for a documentary that focuses on the economy.*
Queremos un actor **a quien no le importe** trabajar duro.	*We want an actor who doesn't mind working hard.*

Nonexistent antecedent

No hay ninguna película de 3D **que me interese.**	*There's no 3D movie that interests me.*
No hay nadie aquí **que quiera** interpretar el papel del villano.	*There is no one here who wants to play the part of the villain.*

- When the dependent clause refers to a specific person or thing that is certain or definite, the indicative is used.

Tengo un documental **que se enfoca** en el mundo del espectáculo.	*I have a documentary that focuses on show business.*
Hay muchos grupos musicales **que entretienen** a las tropas en el extranjero.	*There are many musical groups that entertain the troops abroad.*

- Note that in questions, the existence itself of the person or object is being questioned, and consequently, the subjunctive is generally used.

¿Conoce usted a alguien que no **sea** competitivo?	*Do you know anyone who isn't competitive?*
¿Hay alguien aquí que **cante** bien?	*Is there anyone here who sings well?*

¡OJO!

There are no set expressions that trigger the subjunctive in adjective clauses, but some common phrases include the following:

Necesitar/buscar/querer (algo, a alguien, etc.) que…

No conocer a nadie que…

No hay nadie/nada/ninguno/a que…

¿Hay alguien/algo/una persona que…?

Aplicación

5-9 Una discusión entre la directora y un actor. Identifica las cláusulas adjetivales y subraya los verbos subordinados. Indica por qué se usa el indicativo o el subjuntivo en cada una.

DIRECTORA: Abelardo, aquí tienes el guión para la comedia. No hay nadie que quiera el papel del bufón. Entonces, es para ti.

ACTOR: Aleida, ¿no hay ningún papel que me pinte de una manera más positiva? Soy un actor serio.

DIRECTORA: Pero no hay nadie que sepa hacer reír a la gente como tú. Además, tenemos una actriz para el papel de tu esposa. Es una mujer con quien puedes trabajar. No conozco a nadie que entretenga al público como ella.

ACTOR: ¿De verdad? ¿Quién es esta persona perfecta para mí? *Indicativo*

DIRECTORA: Es Cameron Díaz, una actriz que interpreta principalmente papeles cómicos.

ACTOR: Tienes razón, no hay nadie que sea más cómica que ella.

Ahora lee otra vez el diálogo y contesta las siguientes preguntas:

1. ¿Por qué no quiere Abelardo hacer un papel cómico?
2. ¿Por qué cambia Abelardo de opinión?
3. ¿Conoces alguna película en que Cameron Díaz interprete un papel cómico? ¿Cómo es ella? ¿Cómo son sus películas?

5-10 ¿Existe o no? Empareja las frases para formar oraciones lógicas. Escribe la forma correcta de los verbos en el subjuntivo o el indicativo, según el contexto.

MODELO: Aquí hay una revista que… *tiene* un artículo sobre actores hispanos.

1. __B__ Para su clase de drama, Mariana necesita un libro que…
2. __d__ Liliana quiere ser voluntaria en una organización que…
3. __a__ La directora de la agencia mantiene una lista de actores que…
4. __f__ El director es muy simpático, es una persona que…
5. __C__ La estrella no quiere un contrato que…
6. __e__ ¿Conoces una película de ciencia ficción que…
7. __H__ ¿Hay algún actor que…
8. __g__ Me gustan las series que…

a. nunca rechazan (rechazar) un papel.
b. explique (explicar) la tragedia griega.
c. no le pague (pagarle) lo que merece.
d. ofrezca (ofrecer) ayuda a los actores desempleados.
e. no le interese (interesarle) a un científico?
f. nunca se enoja (enojarse) cuando dirige una obra.
g. tienen (tener) una trama que continúa por varios meses.
h. no quiera (querer) trabajar con un director famoso?

No hay nadie que no admire a los concursantes del programa español, *Operación Triunfo*.

 5-11 No hay nadie, ninguno/a... Usen la lista de frases para conversar sobre los siguientes temas. Usen oraciones adjetivales y sigan el modelo. Luego, inventen otras tres situaciones o características para comentar.

- querer ganar un millón de dólares en un programa de concursos
- participar en un programa de reality
- ser nombrado el próximo *Ídolo Americano*
- dar por sentado una oportunidad en el mundo del espectáculo
- querer bailar en la televisión
- ver películas de horror
- gustar las telenovelas
- cantar mientras escucha su iPod

> MODELO: E1: *No conozco a nadie que prefiera ver un documental a un programa de deportes.*
>
> E2: *No es cierto. Liliana es una mujer que prefiere ver documentales. Detesta los deportes...*

 5-12 Una buena película. Expliquen cuáles son las cualidades que buscan en un director y en los actores en una película. Pueden usar las frases a continuación en sus descripciones.

Busco un director que...	Busco actores que...
ser...	saber
(no) tener...	(no) pedir...
hablar...	querer...
entender...	comunicarse...
tratarme...	interpretar...

Busco un director que...

 5-13 Consejos. Ustedes son agente y actor/actriz. El/la agente le da consejos al actor/a la actriz para ayudarlo/la a conseguir trabajo. Presenten su situación, empleando el subjuntivo y el vocabulario de *¡Así lo decimos!*

> MODELO: ACTOR/ACTRIZ: *Busco un trabajo que... Y quiero un papel que...*
>
> AGENTE: *Pero no tienes ninguna experiencia. Necesitas un trabajo que...*

 5-14 Sus deseos. Túrnense para decir lo que quieren, desean, buscan y necesitan. Completen las frases a continuación en su conversación.

- Busco una clase que...
- Necesito un trabajo que...
- No hay nadie en esta ciudad que...
- Deseo leer una novela que...
- Quiero ver una película que...
- ¿Conoces a alguien que...?

2. Subjunctive or indicative in adverbial clauses

No veré esa película a menos que me acompañes.

EL GRITO II

¡OJO!

An adverb modifies an adjective, a verb, or another adverb. It usually answers the questions *how?, when?, where?, why?,* or to *what extent?* It can be simple (**El rapero habla *rápidamente***) or complex (**La actriz va a seguir buscando trabajo *hasta que consiga el papel perfecto.***)

Conjunctions that always require the subjunctive

The following conjunctions express purpose, intent, condition, or anticipation. When introducing a dependent clause, the dependent verb will always be in the subjunctive because the speaker assumes that the action is uncertain or has not taken place yet.

always subjunctive

memorize

a fin de que	in order that	con tal (de) que	provided (that)
a menos que	unless	en caso de que	in case
a no ser que	unless	para que	in order that, so that
antes (de) que	before	sin que	without

El actor tiene que hablar más alto **para que** todos lo **puedan** escuchar.	*The actor has to speak louder so everyone can hear him.*
No llamaré a la actriz **a no ser que** ella me lo **pida.**	*I will not call the actress unless she asks me.*

- When there is no change in subject, there is no dependent clause and the following prepositions are used with the infinitive.

Infinitive

a fin de	con tal de	para
antes de	en caso de	sin

No podemos empezar a tocar **sin** tener la música.	*We can't begin to play without having the music.*
El autor escribió el guión en español **para** no tener que traducirlo después.	*The author wrote the script in Spanish so as not to have to translate it later.*

Conjunctions that require either the subjunctive or the indicative

(handwritten, left margin) A) Subj

(handwritten, left margin) B) Infinitive (if there's a single subject)

(speech bubble) Continuaremos practicando cuando terminen de hablar.

The following conjunctions introduce time, place, or manner clauses and require the subjunctive when you can't speak with certainty about an action that has not yet taken place. The uncertainty is often conveyed by a future tense in the main clause.

cuando	*when*	en cuanto	*as soon as*
después (de) que	*after*	hasta que	*until*
(a)donde	*(to) where*	según	*according to*
como	*how*	tan pronto como	*as soon as*

(handwritten, left margin) C) Subj/Ind
- con certainty: Ind has happened: Ind
- habitual: Ind
- Not happened yet: Subj
- not certain: subjunctive

Los aficionados seguirán al conjunto musical **después de que salga.**

The fans will follow the musical group after it leaves.

Por favor, termina el guión **en cuanto puedas.**

Please finish the script as soon as you can.

Haz el papel **como el director te pida.**

Play the role however the director asks you.

- If the action in the main clause is habitual or has already happened, use the present or past indicative in the subordinate clause.

América Ferrera era tímida **hasta que tomó** un curso de arte dramático.

América Ferrera was shy until she took a drama course.

Estos actores siempre van **adonde les pide** el director.

Those actors always go wherever the director asks them.

(handwritten, left margin) Rules
D) AUNQUE
Certain: Ind
uncertain: Subj

(speech bubble) Aunque no me ames, siempre te tendré en mi corazón.

¡OJO!

Use the subjunctive with the conjunction **aunque** (*even if, although, even though*) to convey uncertainty. Use the indicative to express certainty or to refer to a completed event.

Aunque vea la telenovela, no te contaré el final.

Even if I watch the soap opera, I will not tell you the ending.

No me gusta ese tipo de programa, **aunque** todos me **dicen** que es muy entretenido.

I don't like that type of program, even though everybody tells me it's very entertaining.

5-15 Gracias a la vida. Lee el párrafo sobre una colaboración musical entre varias estrellas del mundo del espectáculo. Subraya las expresiones adverbiales e identifica las que necesitan el subjuntivo y explica por qué.

En el 2010, Chile sufre uno de los terremotos[1] más fuertes de la historia del mundo. Aunque los daños no son tan devastadores como en Haití en cuanto a la pérdida de vidas, muchas personas se quedan sin casa o trabajo. Poco después del evento, el cantante chileno Beto Cuevas reúne a nueve de los artistas latinos más admirados para que colaboren en la grabación de una nueva versión de la canción "Gracias a la vida" por la poeta chilena Violeta Parra. El objetivo de esta colaboración es recaudar fondos para que se reconstruya el país. El proyecto Voces Unidas por Chile dona todos los fondos a Hábitat para la Humanidad a fin de que se empiece la reconstrucción tanto de Chile como de otros países afectados por desastres naturales. Dice Beto que la experiencia de haber sobrevivido[2] el terremoto le obliga a hacer algo por su país. Según él, "es nuestra tarea ayudar ahora antes de que llegue el duro invierno chileno".

[1]*earthquake*   [2]*sobrevivir: to survive*

5-16 La causa de Beto Cuevas. Ahora contesta las siguientes preguntas.

1. ¿Cuál es la profesión de Beto?
2. ¿Cuál es el propósito del proyecto Voces Unidas por Chile?
3. ¿Cuántas estrellas colaboran en este esfuerzo?
4. ¿Qué organización se beneficia de esta colaboración?
5. ¿Por qué se siente obligado Beto a organizar esta colaboración?

5-17 A explorar: *Gracias a la vida.* Busca el video oficial de Voces Unidas por Chile en Internet y anota los nombres de todas las personas que reconozcas. Escribe también un párrafo sobre tus impresiones de la canción y la colaboración de estas personas.

BUSCA www

voces unidas chile video oficial

5-18 Una telenovela popular. Lulú no puede decidirse entre los muchos admiradores que tiene y por eso hay muchos celos entre ellos. Completa la siguiente escena con las expresiones adverbiales que correspondan de la lista. Es posible usar la misma expresión adverbial más de una vez.

antes de (que)	cuando	para que	tan pronto como
aunque	en cuanto	sin que	

Los amores de Lulú

Se bajan las luces en el estudio y se empieza a escuchar un violín romántico en el fondo. (1) _____ se levanta el telón, se ve a Lulú y a Carlos, su novio, sentados en un sofá y abrazados. También se puede percibir a un hombre escondido detrás de una cortina a la derecha (2) _____ ni Lulú ni Carlos lo vean. Un señor distinguido se detiene sorprendido ante los novios con una expresión molesta. (3) _____ los novios se dan cuenta de la presencia del señor distinguido, se separan. Lulú se levanta rápidamente (4) _____ Carlos pueda levantarse. El otro hombre espía detrás de la cortina mientras los demás se pelean. (5) _____ parezca imposible, el hombre saca una pistola y tira. Lulú cae al suelo. Carlos y el señor distinguido se abrazan con miedo y el telón baja de repente. Los espectadores aplauden (6) _____ salgan los actores. Pero, (7) _____ salen los dos actores, se apagan las luces y se escucha un grito horrendo. Se oye la voz del presentador que dice: "¿Lulú está realmente muerta?"... Lo sabrán ustedes la semana que viene (8) _____ otra vez presentemos *Los amores de Lulú*.

¡No me casaré contigo aunque me lo pidas mil veces!

5-19 Los planes del director/de la directora de cine. Eres director/a de cine y haces planes para tu próxima película que se filmará en Cabo San Lucas, México. Completa las oraciones de una manera lógica. ¡Acuérdate de usar la forma correcta del verbo y tu imaginación!

MODELO: *Saldremos para Cabo San Lucas a las ocho de la noche con tal de que llegue a tiempo el avión.*

[handwritten: subj] **1.** Mi secretario me acompañará a no ser que *[handwritten: esté enfermo.]*

[handwritten: Ind] **2.** Llevaremos seis cámaras aunque *[handwritten: al traer otras canas]*

[handwritten: subj] **3.** Vamos a tener una reunión con el personal que trabajará en la película en cuanto *[handwritten: puercos vuelen.]*

[handwritten: subj] **4.** Hablaré con el alcalde *[handwritten: mayor]* de Cabo San Lucas a fin de que… *[handwritten: desde tasar vuelen.]*

[handwritten: subj / subj] **5.** Llevaremos a nuestros propios cocineros en caso de que…

[handwritten: iragar somos] **6.** Contrataremos a unos extras mexicanos antes de (que)…

[handwritten: subj] **7.** Tendremos que preparar la comida en la playa cuando…

[handwritten: Indic] **8.** Filmaremos en Cabo San Lucas donde…

[handwritten: Indic] **9.** Tendremos una gran fiesta después que…

[handwritten: subj] **10.** Volveremos a Estados Unidos a menos que

5-20 Una entrevista. Uno/a de ustedes es un/a reportero/a que le hace preguntas a un/a joven actor/actriz sobre sus planes y sueños. Usando la información que se da en la lista, formulen preguntas y respuestas que incluyan expresiones adverbiales. Prepárense para presentar su entrevista ante la clase.

1. casarse
2. viajar por todo el mundo
3. retirarse siendo joven
4. trabajar en Europa
5. trabajar con un actor/una actriz o director/a especial

6. hacer películas en Nueva York
7. dirigir una película
8. actuar en una obra de teatro
9. fundar una organización benéfica
10. apoyar una causa para mejorar el medio ambiente

MODELO: E1: *¿Va a casarse cuando encuentre un hombre/una mujer que le guste?*
E2: *Ya encontré al hombre/a la mujer que me gusta, pero no quiero casarme hasta que tengamos tiempo de conocernos mejor.*

5-21 Debate: El gobierno y las artes. Formen dos grupos para debatir una de las siguientes cuestiones. Usen las expresiones adverbiales que correspondan con el subjuntivo o el indicativo.

Resolución: El gobierno federal debe aumentar el apoyo financiero para las artes.

Resolución: Todos los niños de las escuelas primarias deben estudiar música y tener la oportunidad de aprender a tocar un instrumento musical.

Frases comunicativas

Estás mal informado/a.	*You're misinformed.*
Sin embargo,…	*Nevertheless,…*
Entiéndeme bien.	*Let me be clear.*

MODELO: *Es urgente que el gobierno federal aumente la ayuda financiera a las artes para que los artistas no tengan que tener otro empleo…*

05-17 to 05-19

CONÉCTATE

Videoblog   *La música y los castillos humanos*

Antes de verlo

5-22 ¡A entretener!   ¿Tienes algún talento especial para entretener a otras personas? ¿Cantas, tocas algún instrumento musical, bailas o sabes hacer otra cosa para entretener al público? ¿Qué piensan tus amigos y tu familia de lo que haces? ¿Alguna vez has hecho algo frente al público? ¿Cuál fue la reacción?

A verlo

5-23 A verlo.   En este segmento vas a acompañar a Mauricio a Los Ángeles y al festival de La Mercè en Barcelona donde conocerás a varios artistas. Toma nota de lo que dicen estos artistas sobre su pasión por las artes y por entretener a la gente.

Después de verlo

5-24 Una competencia de talento.   Imagínense que son productores de televisión y necesitan cinco personas talentosas que puedan entretener al público por una hora. Basándose en el video, decidan a qué personas escogerían y expliquen por qué. ¿Qué harían para entretener al público? ¿Qué talento tendrían?

Conéctate   **185**

Comparaciones

5-25 En tu experiencia. ¿Conoces alguna película cuyo tema sea el tango? ¿Has oído algún tango en español o en inglés? ¿Te gusta ver o bailar el tango? ¿Qué música o baile te gusta y por qué?

El tango y el cine

El tango se comenzó a bailar a fines del siglo XIX y hasta hoy día sigue siendo popular en los salones de baile, en la radio y en el cine.

El más famoso de los cantantes de tango fue el argentino Carlos Gardel, quien murió joven en un accidente de aviación. En su corta vida pudo enamorar a muchas mujeres, aunque no se casó con ninguna de ellas. Una vez un reportero le preguntó si creía en el divorcio. Gardel le respondió que no, ni creía en el matrimonio tampoco.

Hay muchas películas cuyo fondo musical es el tango romántico, o que incluyen el baile en algunas de sus escenas. Por ejemplo, *Perfume de mujer*, *Mentiras verdaderas*, *Crimen a ritmo de tango* (Assasination Tango), *Moulin rouge*, la película musical *Tango* dirigida por Carlos Saura, *Nunca digas nunca jamás* (la de James Bond), y *Tango bar* con Raúl Juliá. En

esta, Antonio es un cantante y músico que huye (*flees*) de Argentina durante los años de la «Guerra Sucia» (los años setenta y ochenta) cuando muchas personas eran perseguidas y "desaparecieron" por razones políticas. Cuando Antonio vuelve a Buenos Aires, descubre que su esposa Elena, quien es cantante, y su compañero Ricardo, pianista, se han enamorado durante su ausencia. Tales triángulos románticos son muy típicos en la letra de muchos tangos. Sin embargo, los personajes, las ideas y la trama son secundarios; la estrella es el tango.

Hoy en día el tango está de moda en todas partes del mundo y continúa siendo el tema principal de muchas películas.

 5-26 En su opinión. De los siguientes bailes: el tango, el merengue, el reggaetón, el flamenco y la lambada, ¿cuáles conocen? ¿Cuáles les gusta mirar o bailar? ¿Cuál es el más bailable para ustedes?

5-27 A explorar: El tango. Busca en Internet muestras de películas cuyo tema incluya el tango. ¿Qué instrumentos musicales predominan? ¿Hay un lugar en tu ciudad donde den clases de tango? ¿Qué bailes o ritmos norteamericanos se pueden comparar con el tango?

BUSCA www

películas +tango

Ritmos

05-20 to 05-22

El wanabi (Fiel a la Vega, Puerto Rico)

El nombre del grupo se deriva del pueblo donde nacieron sus dos
miembros fundadores: Vega Alta, Puerto Rico. Después de
incorporar a otros miembros al grupo, de grabar varios
discos y de dar importantes conciertos, Fiel a la
Vega se ha convertido en uno de los grupos
de rock más importantes de Puerto Rico.

> Tito Auger, vocalista
> de Fiel a la Vega

Antes de escuchar

5-28 El brillo (*glow*) de la fama. ¿Has
participado alguna vez en actividades artísticas
como el teatro, la música o la pintura? ¿En
la escuela o fuera de ella? ¿Fue una buena
experiencia? Si no tuviste esa experiencia, ¿la tuvo
alguien de tu familia? Si tuvieras mucho talento
artístico, ¿qué te atraería más del mundo del
espectáculo? ¿Podrías vivir una vida de artista?

A escuchar

5-29 ¿Qué quiere ser? El título en inglés de
esta canción se refiere a una persona que quiere
ser algo que no es. Mientras escuchas la canción,
descubre qué es lo que quiere ser.

BUSCA www

fiel vega wanabi video; fiel vega wanabi letra

Después de escuchar

5-30 Antes de ganar fama. ¿Cómo se gana la
vida uno antes de llegar a tener fama? ¿Qué harías
tú para alcanzar tu sueño?

 5-31 ¡Qué celebridad! La canción menciona a
dos personas con éxito (Roberto Clemente y Raúl
Juliá). Ellos lograron su sueño y tuvieron éxito.
Piensen en un actor, una actriz u otra celebridad
que admiren y expliquen la razón de su éxito.

5-32 A explorar: Ojalá. Busca en Internet el
video y la letra de esta canción dedicada a la novia
del cantante principal de Fiel a la Vega. En cada
línea expresa un deseo usando la expresión **ojalá**.
Elige tres de estos deseos y explica en tus propias
palabras qué significan para ti.

> MODELO: *Ojalá que las hojas no te toquen el cuerpo
> cuando caigan.*
> *No quiere que nada toque a su novia.*

BUSCA www

fiel a la vega ojalá letra video

Actores hispanos, ya no tan desesperados

En el pasado, los actores hispanos casi siempre hacían papeles siniestros: eran los ladrones,[1] los pandilleros[2] o las víctimas. Pero en los últimos años las carteleras incluyen los nombres de actores latinos que no solo son de reparto sino también los protagonistas. Además, reciben premios Grammy, Emmy y Óscar. A ver si sabes quiénes son estos, entre los más destacados. Ya verás que la voz hispana es cada día más importante en el mundo del espectáculo.

1. actriz y productora de ascendencia hondureña, *Ugly Betty*

2. actor neoyorquino de ascendencia puertorriqueña; *NYPD Blue, Outlaw*

3. actor mexicano; *Babel*

4. actriz mexicana; *Frida*

5. actor español; *No country for old men; Vicky Cristina Barcelona*

6. actriz neoyorquina de ascendencia puertorriqueña; *Lies in plain sight*

7. actriz mexicoamericana; *Desperate Housewives*

8. Actor colombiano; *The Lincoln Lawyer*

Eva Longoria _____   América Ferrera _____
Salma Hayek _____   Jimmy Smits _____
Javier Bardem _____   John Leguizamo _____
Gael García Bernal _____   Rosie Pérez _____

[1] thieves   [2] gang members

Vocabulario básico

el acto
aplaudir
la audición
el boleto/el billete/la entrada
el/la cantante
el escenario
filmar

Vocabulario clave: El mundo del espectáculo

Verbos

componer	*to compose*
ensayar	*to rehearse*
estrenar	*to premiere*
grabar	*to record*

Sustantivos

el actor/la actriz de reparto	*supporting actor/ actress*
el camerino	*dressing room*
el/la cantautor/a	*singer-songwriter*
la cartelera	*billboard, entertainment listing*
el conjunto	*band, ensemble*
la gira	*tour*
el intermedio	*intermission*
el/la locutor/a	*(radio/TV) announcer*
el/la protagonista	*protagonist, main character*
la reseña	*review (of a show or book)*
el sencillo	*single (record)*
la voz	*voice*

Adjetivos

movido/a	*lively*
lento/a	*slow*

Ampliación

Verbos	Sustantivos	Adjetivos
aplaudir	el aplauso	aplaudido/a
componer	la composición, el/la compositor/a	compuesto/a
ensayar	el ensayo	ensayado/a
estrenar	el estreno	estrenado/a
grabar	la grabación	grabado/a

¡Cuidado!

jugar (ue) (a)/tocar; parecer(se)/lucir (zc)

- Remember that **jugar** means *to play a game/sport* (also *to bet*) and **tocar** means *to play a musical instrument* (also *to touch* and *to knock*).

De niño, Benicio del Toro **jugaba** al fútbol.	*As a child, Benicio del Toro played soccer.*
Juanes **toca** la guitarra muy bien.	*Juanes plays the guitar very well.*

- **Parecerse a** means *to look like*. **Parecer** before an adjective, adverb, or subordinate clause means *to seem*. **Lucir bien/mal**, on the other hand, refers to appearance in the context of dress or clothing.

Manuel **se parece a** Javier Bardem.	*Manuel looks like Javier Bardem.*
Parece que cancelaron la función.	*It seems that they canceled the performance.*
Shakira **luce** muy **bien** con ese vestido.	*Shakira looks very good in that dress.*

5-33 ¿Quiénes son? A continuación verás las respuestas a *¡Así es la vida!* ¿Cuáles pudieron identificar o por nombre o por la cara? ¿Han visto alguna de sus películas o programas de televisión? ¿Qué te pareció? Hablen de sus impresiones de los actores.

7	Eva Longoria	**1**	América Ferrera
4	Salma Hayek	**2**	Jimmy Smits
5	Javier Bardem	**8**	John Leguizamo
3	Gael García Bernal	**6**	Rosie Pérez

 5-34 ¿Quiénes lo hicieron? Completa cada oración con la forma correcta en el pretérito de un verbo lógico de la lista. Después escribe otra oración original usando el mismo verbo.

MODELO: En la película *La piel que habito* dirigida por Pedro Almodóvar, Antonio Banderas *interpretó* el papel de un cirujano plástico.
Es la primera vez que Banderas interpreta un papel en una película de horror.

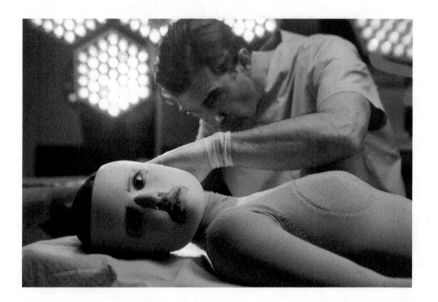

aplaudir	filmar	hacer el papel	ensayar
componer	grabar	estrenar	

1. El artista chileno Beto Cuevas reunió a artistas de varios países que _____ en vivo *Gracias a la vida*.

2. El conjunto musical Café Tacvba _____ su película *Seguir siendo* en varios sitios del mundo.

3. Javier Bardem _____ de Uxbal en la película *Biutiful*, nominada para un Óscar.

4. Cuando se _____ la película *Babel* en el 2006, inmediatamente recibió la aprobación de la crítica.

5. Después del concierto de la sinfónica, todos se levantaron y _____ por varios minutos.

6. Para prepararse para su concierto, la banda Calle 13 _____ sus canciones varias horas durante muchos días.

7. Shakira escribió la letra para su sencillo *Loca* aunque no _____ la música.

5-35 A explorar: Más sobre estos artistas. Investiga más sobre una de estas estrellas mencionadas en 5-34 en Internet para escribir un párrafo sobre sus éxitos en el mundo del espectáculo y tu opinión sobre lo que encuentres.

BUSCA www

beto cuevas; café tacvba; javier bardem, etc.

5-36 Una función benéfica. Planeen una función en beneficio de alguna causa importante. Escriban un anuncio para el periódico e incluyan la siguiente información: el lugar, la fecha, la función, el programa, el grupo a quien beneficia y el costo. Usen por lo menos ocho expresiones de *¡Así lo decimos!* e incluyan una foto o un dibujo para ilustrar el anuncio.

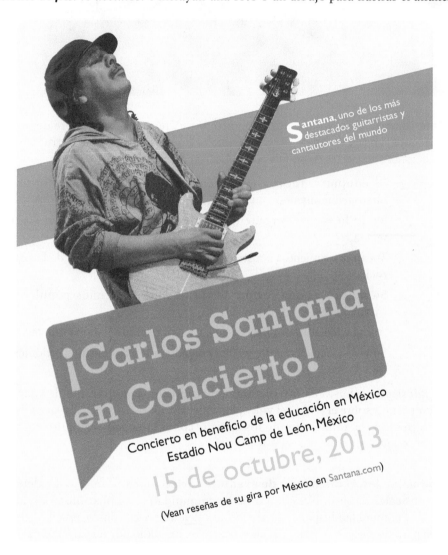

Santana, uno de los más destacados guitarristas y cantautores del mundo

¡Carlos Santana en Concierto!

Concierto en beneficio de la educación en México
Estadio Nou Camp de León, México
15 de octubre, 2013

(Vean reseñas de su gira por México en *Santana.com*)

5-37 A explorar: ¡Q'Viva! The Chosen. Cuando este programa se estrenó en Univisión prometió atraer a mucho público no solo del mundo hispano sino también del resto del mundo interesado en este tipo de competencia. Investiga en Internet el tema del programa y para ver una muestra. Escribe un párrafo sobre el programa, los participantes y tu impresión. ¿Conoces un programa semejante en inglés? ¿Crees que va a tener éxito?

BUSCA www

q'viva univisión, q'viva fox

5-38 ¿Qué conjunto es ese? Preparen una descripción completa de un conjunto (sin nombrarlo) con la siguiente información: el número de miembros, su apariencia física, los instrumentos musicales que tocan, su estilo y algunas de sus canciones. Luego la clase va a adivinar el nombre del grupo que ustedes describan. Por último, expliquen por qué les gusta o no les gusta su música.

 5-39 Café Tacvba. Este innovador conjunto mexicano tomó su nombre de un famoso café (de Tacuba) en la Ciudad de México. Escucha la información sobre el grupo e indica si las afirmaciones son ciertas (**C**) o falsas (**F**). Corrige las falsas.

1. _____ El conjunto Tacvba tiene fama no solo en México sino también internacionalmente.

2. _____ Su estilo es mayormente típico mexicano: música ranchera, mariachi y tejana.

3. _____ Tocan instrumentos acústicos, no los electróncios típicos de las bandas de rock.

4. _____ Su música es una fusión de varios estilos, algunos populares, otros tradicionales.

5. _____ Aunque los admiran los críticos, no han recibido la fama que merecen.

6. _____ Su video, *Seguir siendo,* es una comedia que ellos mismos produjeron.

café tacvba (tacuba) seguir siendo video

5-40 *Seguir siendo.* Busca en Internet una muestra del ingenioso estilo de Café Tacvba. Escribe un párrafo sobre el tema del video, los músicos, los instrumentos y su estilo. ¿Crees que merecen tanto la admiración de los críticos como la de sus seguidores? Explica tu opinión de su música.

 5-41 Comunidades. El calendario de eventos. Seleccionen un mes del calendario de eventos musicales de su universidad o de su comunidad y tradúzcanlo al español para informar a la comunidad hispana. Puede ser un calendario electrónico, una lista de eventos musicales para un cartel que pondrán en un lugar frecuentado por hispanos, o para un sitio en Internet.

 5-42 De nuevo: Una entrevista con famosos (*Ser/estar*). Eres periodista y has entrevistado a un conjunto famoso (puede ser tu conjunto favorito). Utilizando los verbos **ser** y **estar,** escribe la entrevista para una importante revista de música.

MODELO: Entrevista con "Los relojes rotos"
E: *¿Cómo **están**, chicos?*
C: ***Estamos** un poco cansados pero también **estamos** contentos y muy agradecidos por el apoyo del público. ¡Todos nuestros aficionados **están** en nuestros corazones!*
E: *¿De dónde **son** ustedes?…*

RECUERDA

Para repasar **ser** y **estar,** consulta el *Capítulo 2*.

Reto: Trata de usar **ser** y **estar** en diferentes tiempos y modos. Usa muchas palabras de la *Primera* y *Segunda parte* de *¡Así lo decimos!* Trata de ser lo más original posible.

3. Formal commands

05-29 to 05-31

Toquen más alto.

Ud./Uds. commands

We use commands to give instructions or to ask people to do things. In Spanish, formal **usted(es)** commands all use the subjunctive.

Llegue temprano para no tener que hacer cola.	*Arrive early so that you don't have to stand in line.*
Vayan al estreno temprano.	*Go to the premiere early.*

- Negative commands are formed by placing **no** in front of the command form.

No pierda el guión para la audición de mañana.	*Don't lose the script for the audition tomorrow.*
No escriban la reseña hasta hablar con la autora.	*Don't write the review until you speak with the author.*

¡OJO!

Subject pronouns may be used with commands for emphasis. As a rule, they are placed after the verb.

Piense usted en el personaje.	*Think about the character.*
No hablen ustedes con el violinista.	*Don't talk with the violinist.*

- With affirmative commands, all object pronouns (direct, indirect, reflexive, reciprocal) follow the command form and are attached to it. An accent mark is added to commands of two or more syllables to show that the stress of the original verb remains the same.

¿El cartel? **Diséñemelo** inmediatamente.	*The poster? Design it for me immediately.*
Prepárense para la audición.	*Prepare yourselves for the audition.*

- With negative commands object pronouns go between **no** and the command form.

¿El productor? No **lo** siente allí; siénte**lo** aquí.	*The producer? Don't seat him there; seat him here.*
No **se** ponga más maquillaje.	*Don't put any more makeup on.*

¡OJO!

Formal commands follow the same pattern as in the subjunctive. The same spelling changes (**-gar→gue; -car→que; -zar→ce**), stem changes (**e→ie; e→i; o→ue**), and irregular verbs (**dar, estar, ir, saber, ser**) apply.

Aplicación

5-43 Antes de la gira. En el 2011 el cantante Sie7e ganó el Grammy Latino por Mejor Nuevo Artista. Antes de uno de sus conciertos, el administrador del grupo les da órdenes a todos para prepararse para su gira por EE. UU. Empareja cada situación con un mandato apropiado y escribe los mandatos formales en los espacios en blanco.

1. _____ No se oye bien la guitarra.

2. _____ Mañana el ensayo empieza a las ocho de la mañana.

3. _____ Esta pieza me parece muy lenta.

4. _____ Va a haber mucha gente influyente en el estreno del concierto.

5. _____ Queremos mucha publicidad sobre nuestra gira.

6. _____ Los críticos van a querer ver un concierto movido.

7. _____ Las reseñas de su último sencillo son my positivas.

8. _____ El espectáculo va a tener muchos efectos especiales.

a. Chicos, _____ (tocarla) más rápido por favor.

b. El público va a anticipar oír esa canción exitosa. Chicos, _____ (cantarla) antes del intermedio.

c. Ramón, _____ (tocarla) más alto, por favor.

d. Consuelo, _____ (mandar) la información a la cartelera de la ciudad, _____ (poner) anuncios en los medios principales de comunicación.

e. Hernán, no _____ (olvidarse) de arreglar y probar las luces antes del ensayo.

f. Chicos, _____ (estar) todos aquí a las siete y media de la mañana, media hora antes del ensayo.

g. Todos, _____ (dormir) por lo menos ocho horas antes del estreno para sentirse en forma y con mucha energía.

h. Chicos, _____ (salir) durante el intermedio para hablar con algunos de los más importantes.

Sie7e, el mejor nuevo artista del año 2011

e **5-44 En el estudio de la telenovela *El corazón siempre llora*.** El director está dando órdenes. Completa lo que dice con el mandato formal de los verbos.

Buenas tardes, señoras y señores. Con su cooperación, esta tarde vamos a filmar una escena entera de *El corazón siempre llora*. Camarógrafo, (1) _ponga_ (poner) la cámara donde pueda ver todo el escenario. María, (2) _arréglele_ (arreglarle) el maquillaje a la estrella y (3) _péinele_ (peinarle) el cabello. Jorge, no (4) _se olvide_ (olvidarse) de limpiarle la corbata a don José. Lupita y Sara, (5) _apaguen_ (apagar) las luces al fondo del escenario. Jorge, (6) _tráigame_ (traerme) el guión para esta escena. Rosa María, no (7) _se ría_ (reírse) por favor.

Don José, (8) _póngase_ (ponerse) más serio. Sí, eso es. Bueno... Luz, cámara, acción: Rosa María, (9) _abra_ (abrir) la puerta lentamente, (10) _entre_ (entrar) en la sala, (11) _busque_ (buscar) la carta, (12) _encuéntrela_ (encontrarla), (13) _ábrala_ (abrirla), (14) _léala_ (leerla), (15) _____ (gritar) y (16) _____ (salir) corriendo. Don José, (17) _____ (levantarse) y (18) _sígala_ (seguirla). ¡Perfecto! (19) _____ (cortar) y (20) _____ (copiar).

5-45 ¡No toque, por favor! En el estudio de televisión siempre hay reglas para los visitantes. Intercambien órdenes afirmativas o negativas usando los verbos de la lista y otros. La regla debe ser lógica.

> MODELO: tocar los objetos en el escenario
> *Por favor, no toquen los objetos. (No los toque, por favor.)*

1. fumar
2. comer
3. sentarse en la silla del director
4. observar la participación de los extras
5. beber
6. aplaudir durante la filmación
7. acercarse a las cámaras
8. distraer (*distract*) al personal

 5-46 La fea más bella. Ustedes son responsables de la producción de la telenovela *La fea más bella*. Escriban órdenes para los asistentes. Usen las siguientes sugerencias como guía.

Esta telenovela ha tenido un fuerte impacto en todo el mundo hispano, EE. UU., Europa, África y en los países árabes.

> MODELO: qué patrocinadores invitar al ensayo
> *Rosa, por favor, llame al jefe de comunicaciones de Jabón Lujo y dígale que esta tarde está invitado al ensayo del programa. Avísele también que en este episodio Lety va a usar su producto para lavar la ropa.*

- cómo maquillar a Lety, la protagonista
- dónde poner los micrófonos
- dónde colocar las cámaras y las luces
- cómo vestir a Fernando y a Aldo, los pretendientes (*suitors*)
- cómo entretener a la mamá de Lety

4. Informal commands

¡Pon tu alma en el baile!

Tú commands

- Most affirmative **tú** commands have the same form as the third person singular (**él, ella, usted**) of the present indicative. Use the subjunctive for the negative commands.

INFINITIVE	AFFIRMATIVE	NEGATIVE
comprar	compra	no compres
comer	come	no comas
escribir	escribe	no escribas
pedir	pide	no pidas
pensar	piensa	no pienses

Prepara los subtítulos al final.	*Prepare the subtitles at the end.*
Pide el micrófono para el concierto.	*Ask for the microphone for the concert.*
No toques la trompeta tan alto.	*Don't play the trumpet so loud.*
No vayas a la taquilla hasta muy tarde.	*Don't go to the box office until very late.*

- The following verbs have irregular affirmative command forms. The negative **tú** commands of these verbs use the subjunctive form.

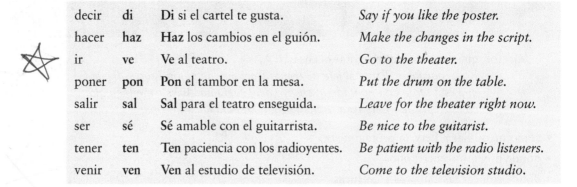

decir	**di**	**Di** si el cartel te gusta.	*Say if you like the poster.*
hacer	**haz**	**Haz** los cambios en el guión.	*Make the changes in the script.*
ir	**ve**	**Ve** al teatro.	*Go to the theater.*
poner	**pon**	**Pon** el tambor en la mesa.	*Put the drum on the table.*
salir	**sal**	**Sal** para el teatro enseguida.	*Leave for the theater right now.*
ser	**sé**	**Sé** amable con el guitarrista.	*Be nice to the guitarist.*
tener	**ten**	**Ten** paciencia con los radioyentes.	*Be patient with the radio listeners.*
venir	**ven**	**Ven** al estudio de televisió.	*Come to the television studio.*

Vosotros/as commands

- Form affirmative **vosotros/as** commands by dropping the **-r** of the infinitive and adding **-d**. Negative **vosotros/as** commands use the present subjunctive.

INFINITIVE	AFFIRMATIVE	NEGATIVE
hablar	hablad	no habléis
comer	comed	no comáis
hacer	haced	no hagáis
pedir	pedid	no pidáis

Donad dinero para beneficiar el programa de música.

Donate money to help the music program.

No **os durmáis** en el teatro.

Don't fall asleep in the theater.

- The *vosotros* commands of reflexive verbs drop the final **-d** before adding the reflexive pronoun **-os**, except for **idos** (**irse**). Every **-ir** reflexive verb, with the exception of **irse**, requires an accent mark on the **i** of the stem of the verb.

INFINITIVE	AFFIRMATIVE	NEGATIVE
acostarse	acostaos	no os acostéis
vestirse	vestíos	no os vistáis
irse	idos	no os vayáis

Idos al estreno de la obra.

Leave for the premiere of the play.

Vestíos bien para ir al concierto.

Dress well to go to the concert.

No **os sintáis** tristes cuando muera la protagonista.

Don't feel sad when the protagonist dies.

¡OJO!

Most Spanish speakers in Latin America use the **ustedes** form to express both informal and formal plural commands. In Spain, informal plural commands (**vosotros/as**) are common.

¡OJO!

The subject **vosotros/as** is usually omitted for the informal plural command forms.

¡OJO!

The subjunctive of stem-changing **–ir** verbs, o→**ue, u**, e→**i, i** appears in negative **vosotros** commands: **dormir→no durmáis; pedir→no pidáis; reír→no riáis,** etc.

Aplicación

5-47 Una película en 3D. Usa mandatos informales (**tú, vosotros/as,** o **ustedes**) para completar las instrucciones que la mamá les da a sus hijos antes de ver esta película popular.

MODELO: Chicos, no *corráis/corran* (correr) en el teatro.

Pepito, (**1**) _____ (dejar) tu chicle en el basurero antes de entrar. No (**2**) _____ (mascarlo [*chew it*]) en el cine. Toño y Conchita, (**3**) _____ (buscar) la fila 32, las butacas de la "f" a la "j". (**4**) _____ (Sentarse) y no (**5**) _____ (moverse). Pepito, (**6**) _____ (comprarles) dulces y refrescos a tus hermanos. Conchita, (**7**) _____ (compartir) tu refresco con Toño. Pirula, (**8**) _____ (ponerse) el suéter que pronto vas a tener frío. (**9**) _____ (Mirar) hijos, va a empezar la película. (**10**) _____ (Callarse) por favor. Pepito, ¡(**11**) _____ (sentarse) ahora!

Neg → subj

5-48 Consejos. ¿Qué consejos le darías a un/a buen/a amigo/a que está por salir a buscar fortuna como cantante o actor/actriz? Escríbele una carta en la que le des algunos consejos prácticos y filosóficos para empezar esta etapa de su vida.

MODELO: *Querido Elvis:*
Ya que eres mi mejor amigo, quiero darte algunos consejos antes de que te vayas a Nashville. Primero, sé optimista…

5-49 Una balada. Eres cantautor y necesitas una canción sentimental para tu próximo álbum. Escribe una usando ocho o diez mandatos informales y preséntale a la clase la letra de tu canción.

MODELO: *Amor mío, por favor no te vayas…*

5-50 Un tablao (*flamenco bar*) en Sevilla. Ustedes son agentes para algunos bailarines de flamenco y tienen que negociar un contrato nuevo con los dueños del tablao donde bailan. Hagan una lista de sus exigencias (*demands*) usando mandatos informales (**vosotros/as**).

MODELO: *Dadles quince minutos de descanso por cada hora que bailan.*

5-51 A explorar: La cartelera. Investiga en Internet los espectáculos que haya en una ciudad hispana esta semana. Haz una lista de los diez que encuentres más interesantes. Escribe una lista de cinco mandatos sobre uno que te interese.

MODELO: *No te olvides de asistir a….*

BUSCA www

cartelera madrid; cartelera bogotá; cartelera buenos aires, etc.

5-52 Debate: Los medios de comunicación. Formen dos grupos para debatir uno de los temas siguientes. Usen mandatos formales e informales y expresiones adjetivales y adverbiales apropiadas.

Resolución: Hay que censurar los medios de comunicación y reducir la violencia en el cine, en los videos musicales y en los programas de televisión.

Resolución: Hay que aumentar la representación de modelos positivos de latinos y afroamericanos en las películas y en los programas de televisión.

MODELO: *Pónganse en el lugar de las personas de ascendencia hispana o afroamericana que cada vez que ponen un programa en la televisión ven personas de su etnia en un papel negativo. Tenemos que insistir en que haya mejor representación positiva de todos los grupos étnicos.*

¡ASÍ LO EXPRESAMOS!

📖 Imágenes

05-38 to 05-39

¿Quién lleva el ritmo?
(Aída Emart, 1962–, México)

Aída Emart nació en México. Estudió la carrera de Grabado en la Escuela de Pintura, Escultura y Grabado "La Esmeralda" del Instituto Nacional de Bellas Artes, México, D.F. Ha trabajado como ilustradora, coordinadora y presentadora en diferentes publicaciones y foros. Le gusta dibujar a los músicos, en particular a los músicos de jazz.

¿Quién lleva el ritmo? (© Aída Emart, México)

Perspectivas e impresiones

5-53 Los músicos. Describe este cuadro: el estilo, los colores, las figuras y sus instrumentos. ¿Te parece una escena dinámica o estática? ¿Por qué? ¿Por qué crees que son todos hombres en el conjunto?

5-54 Tu historia. Imagínate que estabas en un bar donde tocaba este conjunto. Escribe un párrafo describiendo quiénes estaban, qué viste, qué pasó y cómo lo pasaste.

Páginas

Augusto Monterroso (1921–2003, Guatemala)

En 1944, el escritor guatemalteco Augusto Monterroso se trasladó a México por motivos políticos. En sus cuentos se destaca su inclinación por la parodia, la fábula y el ensayo, el humor negro y la paradoja (*paradox*). Honrado con varios prestigiosos premios literarios, se le conoce también por haber escrito uno de los cuentos más cortos del mundo:

El dinosaurio
Cuando despertó, el dinosaurio todavía estaba allí.

Antes de leer

5-55 El conflicto interno.   En la literatura, el conflicto es el elemento más importante de la historia. Entre los más populares es el conflicto interno, o sea, el personaje que enfrenta un conflicto moral o psicológico. Por ejemplo, en *Sophie's Choice,* la protagonista tiene que salvar a uno de sus hijos y sacrificar al otro. En *Crime and Punishment,* el protagonista se pelea con su conciencia. Es evidente que este tipo de conflicto puede ser aún más emocionante que el conflicto externo.

El cuento a continuación presenta el conflicto interno de un padre que no acepta los sueños profesionales de su hija. ¿Puedes pensar en alguna circunstancia parecida en una familia que conozcas, en una historia que hayas leído o en una película que hayas visto? Explica la situación y cómo se ha resuelto.

5-56 Estrategias para la lectura.   Cuando lees por encima (*skim*), buscas información esencial para darte una idea de sobre qué trata lo que estás leyendo. Lee por encima los tres primeros párrafos para encontrar esta información.

- la relación entre el narrador y la persona sobre quien escribe
- dónde tiene lugar la acción
- quiénes están presentes, además del narrador
- la profesión del narrador
- el dilema que él siente en esta ocasión

200   **Capítulo 5** ¡Luz, cámara, acción!

EL CONCIERTO

Dentro de escasos minutos ocupará con elegancia su lugar ante el piano. Va a recibir con una inclinación casi imperceptible el ruidoso homenaje del público. Su vestido, cubierto con lentejuelas°, brillará como si la luz reflejara sobre él el acelerado aplauso de las ciento diecisiete personas que llenan esta pequeña y exclusiva sala, en la que mis amigos aprobarán o rechazarán —no lo sabré nunca— sus intentos de reproducir la más bella música, según creo, del mundo. — 5, 10

°sequins

Lo creo, no lo sé. Bach, Mozart, Beethoven. Estoy acostumbrado a oír que son insuperables y yo mismo he llegado a imaginarlo. Y a decir que lo son. Particularmente preferiría no encontrarme en tal caso. En lo íntimo — 15, 20 estoy seguro de que no me agradan y sospecho que todos adivinan mi entusiasmo mentiroso.

Nunca he sido un amante del arte. Si a mi hija no se le hubiera ocurrido ser pianista yo no tendría ahora este problema. Pero soy su padre y sé mi deber° y tengo que oírla y apoyarla. Soy un hombre de negocios y sólo me siento feliz cuando manejo las — 25 finanzas. Lo repito, no soy artista. Si hay un arte en acumular una fortuna y en ejercer el dominio del mercado mundial y en aplastar° a los competidores, reclamo el primer lugar en ese arte.

°duty

°crushing

La música es bella, cierto. Pero ignoro si mi hija es capaz de recrear esa belleza. Ella misma lo duda. Con frecuencia, después de las audiciones, la he visto llorar, a pesar — 30 de los aplausos. Por otra parte, si alguno aplaude sin fervor, mi hija tiene la facultad de descubrirlo entre la concurrencia, y esto basta° para que sufra y lo odie° con ferocidad de ahí en adelante. Pero es raro que alguien apruebe fríamente. Mis amigos más cercanos han aprendido en carne propia° que la frialdad° en el aplauso es peligrosa y puede arruinarlos. Si ella no hiciera una señal de que considera suficiente — 35 la ovación, seguirían aplaudiendo toda la noche por el temor que siente cada uno de ser el primero en dejar de hacerlo. A veces esperan mi cansancio° para cesar de aplaudir y entonces los veo cómo vigilan mis manos, temerosos de adelantárseme° en iniciar el silencio. Al principio me engañaron y los creí sinceramente emocionados: el tiempo no ha pasado en balde° y he terminado por conocerlos. Un odio continuo y — 40 creciente se ha apoderado de mí. Pero yo mismo soy falso y engañoso°. Aplaudo sin convicción. Yo no soy un artista. La música es bella, pero en el fondo no me importa que lo sea y me aburre. Mis amigos tampoco son artistas. Me gusta mortificarlos, pero no me preocupan.

°this is enough / hates

°in their own flesh / °coldness

°weariness °getting ahead of me

°in vain °deceitful

Son otros los que me irritan. Se sientan siempre en las primeras filas° y a cada instante — 45 anotan algo en sus libretas. Reciben pases gratis que mi hija escribe con cuidado y les

°rows

detest	envía personalmente. También los aborrezco°. Son los periodistas. Claro que me temen y con frecuencia puedo comprarlos. Sin embargo, la insolencia de dos o tres no tiene
an extremely bad performer	límites y en ocasiones se han atrevido a decir que mi hija es una pésima ejecutante°. Mi
50	hija no es una mala pianista. Me lo afirman sus propios maestros. Ha estudiado desde la
facilidad	infancia y mueve los dedos con más soltura° y agilidad que cualquiera de mis secretarias. Es verdad que raramente comprendo sus ejecuciones, pero es que yo no soy un artista y ella lo sabe bien.
sin	La envidia es un pecado° detestable. Este vicio de mis enemigos puede ser el escondido factor
pocas 55	de las escasas° críticas negativas. No sería extraño que alguno de los que en este momento
propicie… foster these	sonríen, y que dentro de unos instantes aplaudirán, propicie esos juicios adversos°. Tener un
negative opinions / ominous	padre poderoso ha sido favorable y aciago° al mismo tiempo para ella. Me pregunto cuál sería la opinión de la prensa si ella no fuera mi hija. Pienso con persistencia que nunca debió tener pretensiones artísticas. Esto no nos ha traído sino incertidumbre e insomnio. Pero nadie iba ni
60	siquiera a soñar, hace veinte años, que yo llegaría adonde he llegado. Jamás podremos saber con certeza, ni ella ni yo, lo que en realidad es, lo que efectivamente vale. Es ridícula, en un hombre como yo, esa preocupación.
	Si no fuera porque es mi hija confesaría que la odio. Que
65	cuando la veo aparecer en el escenario un persistente
boils	rencor me hierve° en el pecho, contra ella y contra mí mismo, por haberle permitido seguir un camino tan equivocado. Es mi hija, claro, pero por lo mismo no tenía derecho a hacerme eso.
70	Mañana aparecerá su nombre en los periódicos y los
en… in print	aplausos se multiplicarán en letras de molde°. Ella se llenará de orgullo y me leerá en voz alta la opinión laudatoria de los críticos. No obstante, a medida que vaya llegando a los últimos, tal vez a aquellos en que el elogio
75	es más admirativo y exaltado, podré observar cómo sus ojos irán humedeciéndose, y cómo su voz se apagará hasta convertirse en un débil rumor, y cómo, finalmente,
weeping	terminará llorando con un llanto° desconsolado e infinito. Y yo me sentiré, con todo mi poder, incapaz de hacerla pensar
80	que verdaderamente es una buena pianista y que Bach y Mozart y Beethoven estarían complacidos de la habilidad con que mantiene vivo su mensaje.
forewarns	Ya se ha hecho ese repentino silencio que presagia° su salida. Pronto sus dedos largos y armoniosos se
they will slide / keyboard 85	deslizarán° sobre el teclado°, la sala se llenará de música, y yo estaré sufriendo una vez más.

Después de leer

5-57 ¿Cómo lo interpretas tú?   Identifica a la persona o a las personas que se describen a continuación. Si hay más de una, explica por qué.

N: el narrador   **H:** la hija   **P:** el público

1. _____ No entiende la música.
2. _____ Lleva puesto un vestido elegante.
3. _____ Aplaude.
4. _____ Tiene éxito en el mundo comercial.

5. _____ Toma muy en serio su profesión.
6. _____ Odia a los periodistas.
7. _____ Le molesta el camino que ella ha tomado.
8. _____ Responde favorablemente al espectáculo.

5-58 Comentarios y consejos. Trabajen juntos para hacer una lista de consejos para el narrador y su hija. Usen el subjuntivo y túrnense para reaccionar.

MODELO: Para la hija: *Es bueno que te guste tanto la música. Ojalá que tengas éxito en tu concierto…*
Para el padre: *Me parece ridículo que no admires la pasión de tu hija… Es importante que…*

5-59 Los cuentos de Augusto Monterroso. Monterroso escribió muchas fábulas y cuentos cortos como *El dinosaurio,* el que abre esta selección. En su opinión, ¿qué representa el dinosaurio? ¿Han visto uno al despertarse alguna vez? ¿Podría tener algún significado psicológico o político? Expliquen. ¿Cuál es "el dinosaurio" del narrador del cuento que acaban de leer?

Taller

Una escena dramática

La comunicación entre dos o más personas incluye gestos, miradas, tono y ambiente, entre otras cosas. Por eso, un guión debe ofrecer más que el diálogo entre los personajes. Debe crear una escena y un diálogo que podría figurar dentro de un guión más amplio.

Una máscara mexicana de teatro

Antes de escribir

Idear. Piensa en la escena, los personajes y el problema dramático. Escribe una lista de ideas sobre los elementos que incluya el estado físico y psicológico de los personajes.

Describir. Describe la escena: el lugar, lo que hay allí, el ambiente, etc.

Ampliar. Describe la acción, es decir, lo que esté pasando antes del intercambio.

A escribir

Escribir. Inventa un breve diálogo entre los dos personajes. Incluye por le menos dos cláusulas adjetivales y dos adverbiales.

Agregar. Entre paréntesis, añade mandatos que indiquen los gestos, las expresiones y el tono de voz de los personajes.

Leer en voz alta. Lee solo el diálogo en voz alta para ver si es "natural" y si lograste el tono que querías.

Después de escribir

Revisar. Revisa tu escena. ¿Es lógica? ¿Son claras las direcciones? ¿Fluye bien el diálogo? A continuación, revisa los siguientes aspectos.

☐ ¿Has incluido vocabulario variado de este capítulo y capítulos anteriores?

☐ ¿Has incluido alguna descripción con una cláusula adjetival o adverbial (*No conozco a nadie que... Me voy en cuanto...*)?

☐ ¿Has usado bien los mandatos y el subjuntivo?

☐ ¿Has verificado la concordancia y la ortografía?

Intercambiar. Intercambia tu escena con la de un/a compañero/a. Mientras leen las escenas, hagan comentarios y sugerencias sobre el contenido, la estructura y la gramática.

Entregar. Pon tu ensayo en limpio, incorpora las sugerencias de tu compañero/a y entrégaselo a tu profesor/a.

El teatro Colón de Bogotá fue inaugurado en 1892. Es el teatro nacional de Colombia.

Primera parte

la actuación	*performance*
el/la aficionado/a	*fan*
bailable	*danceable*
la cadena	*network*
la carrera	*career*
el/la comentarista	*commentator*
competitivo/a	*competitive*
conseguir (i, i)	*to get, to obtain*
destacado/a	*outstanding*
enfrentar	*to face*
entretener (ie)	*to entertain*
el espectáculo	*show*
la estrella	*star*
el guión	*script*
innovador/a	*innovative*
interpretar	*to intrepet (a role, a song)*
el mundo del espectáculo	*show business*
la pantalla	*screen*
el papel	*role*
el personaje	*character*
el premio	*prize, award*
el/la rapero/a	*rapper*
el rechazo	*rejection*
el reportaje	*report*
la trama	*storyline*

 ## Segunda parte

el actor/la actriz de reparto	*supporting actor/ actress*
el camerino	*dressing room*
el/la cantautor/a	*singer-songwriter*
la cartelera	*billboard, entertainment listing*
componer	*to compose*
el conjunto	*band, ensemble*
ensayar	*to rehearse*
estrenar	*to premiere*
la gira	*tour*
grabar	*to record*
el intermedio	*intermission*
lento/a	*slow*
el/la locutor/a	*(radio/TV) announcer*
movido/a	*lively*
ojalá (que)	*I hope (that), I wish (that)*
el/la protagonista	*protagonist, main character*
quizá(s)	*perhaps, maybe*
la reseña	*review (of a show or book)*
el sencillo	*single (record)*
tal vez	*perhaps, maybe*
la voz	*voice*

¡Cuidado! ir a - asistir a; excitante - emocionante *See page 175.*
Frases comunicativas: Estás mal informado/a; Sin embargo,…
Entiéndeme bien. *See page 184.*

¡Cuidado! jugar (ue) (a) - tocar; parecer(se) - lucir (zc) *See page 189.*
Conjunctions that always require the subjunctive *See page 181.*
Conjunctions that require either the subjunctive or the indicative *See page 182.*

6 Todos somos uno

A empezar

¿Cuáles son algunos de los grupos étnicos en tu ciudad? ¿Qué grupos étnicos predominan donde estudias? ¿Hay organizaciones étnicas, lingüísticas o religiosas en tu universidad?

Curiosidades

¿Sabes...

cuál fue el país hispano que primero legalizó el matrimonio entre parejas del mismo sexo?

a. Uruguay
b. Argentina
c. España

qué país fue el primero en otorgarle a la mujer el derecho a votar?

a. EE. UU.
b. Ecuador
c. Nueva Zelanda

qué país americano tuvo el primer presidente afroamericano?

a. EE. UU.
b. México
c. Cuba

207

¿Cuánto sabes tú?

Los estudios demográficos son importantes para informarnos sobre la composición étnica, la cultura y las opiniones del pueblo. La mayoría de los países hace un censo cada diez años. Adivina los resultados que se han publicado por medio del censo e informes del gobierno.

Según el Censo de EE. UU. del 2010

_308.7_ millones de habitantes

1. blancos _72_ %
2. hispanos _16.3_ %
3. afroamericanos _13_ %
4. hablan otro idioma que el inglés en casa _21_ %
5. nacieron en otro país _13_ %

Según la CIA World Factbook

6. El país latinoamericano con la mayor diversidad étnica.

   ~~Paraguay~~   ~~Colombia~~   México

7. El país latinoamericano con la mayor proporción de amerindios. _— indigenous_

   ~~Perú~~   ~~Panamá~~   Argentina

8. El país latinoamericano que es oficialmente bilingüe.

   Ecuador   Venezuela   (Paraguay)

9. La primera presidenta en salir electa en Latinoamérica.

   (Violeta Chamorro, Nicaragua)   Isabel Perón, Argentina   ~~Michelle Bachelet, Chile~~

Según la ONU

10. En el mundo, el porcentaje de personas con discapacidad: _15_ %

11. El primer país latinoamericano en aprobar La Convención Internacional sobre los Derechos de las Personas con Discapacidad.

    (Perú)   Costa Rica   Chile

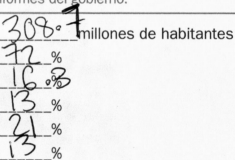

Vocabulario básico

la acción afirmativa*
apreciar
el censo
los derechos civiles
la (des)igualdad
el estereotipo
indocumentado/a
la mayoría
la minoría
negarse (ie) (a)
la orientación sexual
respetar
los resultados
la segregación

*also la discriminación positiva

Vocabulario clave: Igualdad de oportunidades

Verbos

abogar (por)	*to advocate*
aguantar	*to bear, to put up with*
combatir	*to combat*
dedicarse (a)	*to be engaged in, be dedicated to*
hallarse	*to be in a certain place or condition*
otorgar	*to grant, to award*
pertenecer (zc)	*to belong*
restringir (j)	*to restrict, to limit*
señalar	*to point out, to make known*
valorar	*to value, to appreciate*

Sustantivos

el acoso	*harassment*
el adelanto	*progress*
la barrera	*barrier*

la convivencia	*coexistence*
la discapacidad	*disability, handicap*
la encuesta	*poll, survey*
la etnia	*ethnic group*
el/la investigador/a	*researcher*
el machismo	*male chauvinism*
el prejuicio	*prejudice*

Adjetivos

mayoritario/a	*majority*
minoritario/a	*minority*

Ampliación

Verbos	Sustantivos	Adjetivos
adelantar	el adelanto	adelantado/a
investigar	la investigación, el/la investigador/a	investigado/a
restringir (j)	la restricción	restringido/a
señalar	la señal	señalado/a
valorar	el valor	valorado/a

¡Cuidado!

Es importante abogar todos los días por los derechos de todos.

todo/a/os/as

- To express *all*, use **todo/a/os/as.**

Todos mis amigos odian el machismo.	*All of my friends hate male chauvinism.*
Tienen **toda** la razón.	*They are completely right (lit., have all the reason).*

- To express *everything*, use **todo;** to express *everyone*, use **todos/as.**

Me gusta **todo** en la ley antidiscriminatoria.	*I like everything in the antidiscrimination law.*
Todos deben ser más tolerantes.	*Everyone should be more tolerant.*

6-1 ¿Cuánto saben ustedes? Comparen sus respuestas a los resultados de las encuestas en *¡Así es la vida!* con los resultados a continuación. ¿Cuáles les sorprenden y por qué?

El Censo de EE. UU. del 2010 · *309 millones de habitantes*

1. blancos · *64 por ciento*
2. hispanos · *16 por ciento*
3. afroamericanos · *13 por ciento*
4. hablan otro idioma que el inglés en casa · *20 por ciento*
5. nacieron en otro país · *13 por ciento*

Según la *CIA World Factbook*

6. *Colombia* · 8. *Paraguay*
7. *Perú* · 9. *Isabel Perón, Argentina*

Según la ONU

10. El *10 por ciento de la población mundial son personas con discapacidad.*
11. *Perú en 1991.*

6-2 Algunos momentos históricos claves. Completa las oraciones con la forma correcta de una expresión de *¡Así lo decimos!*

abogar	combatir	pertenecer
el adelanto	la convivencia	señalar
aguantar	otorgar	valorar

1. Es importante _____ las diferencias y las similaridades de todos los seres humanos.
2. _____ en el campo del trabajo y de la educación han sido cruciales para la mujer y para los grupos minoritarios.
3. Muchas personas que _____ a grupos minoritarios han tenido que luchar por sus derechos.
4. La enmienda diecinueve de la Constitución de EE. UU. le _____ el derecho a votar a la mujer en 1920.
5. En 1954 el Tribunal Supremo de EE. UU. _____ que la segregación por raza no era justa.
6. El movimiento para _____ por los derechos de las personas con discapacidades empezó después de la guerra en Vietnam.
7. En los 60 no era tan fácil _____ el acoso sexual en el trabajo. Pero más tarde muchas mujeres decidieron que no lo iban a _____.
8. El respeto mutuo es esencial para _____ pacífica entre los grupos étnicos del mundo.

6-3 La reforma educacional en Chile. Lee el breve sumario de las demandas de los estudiantes y las respuestas del gobierno sobre la reforma educacional en Chile. Completa las frases para explicar por qué ha sido necesaria la protesta. Luego da tu opinión sobre si semejantes reformas son necesarias en EE. UU.

Estudiantes chilenos protestan con besos por la reforma educativa.

Según un informe de la Unesco, el sistema educativo de Chile fomenta la desigualdad. La organización ha analizado el sistema chileno y lo ha comparado con el argentino, el uruguayo y el finlandés, los que se consideran modelos. El desafío más grande para Chile, según la Unesco, es remediar la desigualdad entre las instituciones públicas y las privadas. Las privadas, dice, tienden a "segmentar, excluir y discriminar" contra las personas que no tienen suficientes fondos para asistir a un colegio privado que los prepare para ser admitidos a una universidad privada. Además, el sistema de becas favorece a las instituciones privadas. Por lo tanto, en Chile el sistema educativo no garantiza a todos los ciudadanos oportunidades para obtener una educación superior de alta calidad. La oposición política y los estudiantes exigen que el gobierno invierta 1.000 millones de dólares en el sistema educativo para garantizar que un 70 por ciento de los estudiantes más pobres asistan gratuitamente a la universidad. Parece que el gobierno del Presidente Piñera se ha visto forzado a acceder a las demandas de la oposición y de los estudiantes porque recientemente ha comenzado a implementar reformas en el sistema educativo que benefician a los estudiantes de bajos recursos.

1. El artículo señala que…
2. El desafío mayor según la Unesco es…
3. A diferencia de las instituciones públicas, las privadas…
4. El problema con las becas es que…

5. No todos los ciudadanos tienen…
6. La oposición quiere que el gobierno…
7. Debido a presión de la oposicion y de los estudiantes…

 6-4 El beneficio de una educación universitaria. Un estudio hecho por el Pew Hispanic Center señaló cambios demográficos importantes en la representación de diversos grupos étnicos en la universidad. Usen el cuadro a continuación para responder a las preguntas.

1. En general, ¿ha subido o bajado el número de estudiantes que asisten a la universidad?
2. ¿Qué grupo étnico ha subido más en su asistencia?
3. ¿Qué grupo ha disminuido?
4. Especulen sobre las razones por estos cambios.
5. ¿Cuáles serán los beneficios a largo plazo de estas tendencias para grupos minoritarios?

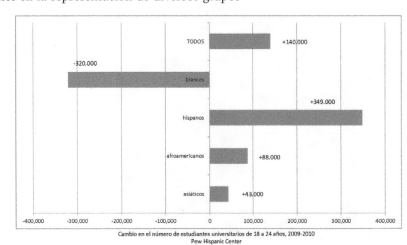

Cambio en el número de estudiantes universitarios de 18 a 24 años, 2009-2010
Pew Hispanic Center

6-5 En otras palabras. Túrnense para explicar e identificar las palabras a continuación. Usen expresiones y preguntas como las siguientes para aclarar el significado de las palabras sin decírselo directamente.

> Es un/a cosa/persona/situación/acción/lugar/actitud/manera…
> Parece…   Tiende a…   Resulta en…

MODELO: el machismo
Es una actitud de algunos hombres que los hacen sentirse superiores a las mujeres.

1. la etnia
2. la encuesta
3. la discapacidad
4. la convivencia
5. la barrera
6. el/la investigador/a
7. el prejuicio
8. el censo
9. el adelanto

BUSCA www

qué significa ser hispano?

6-6 A explorar: ¿Qué significa ser hispano? Busca en Internet cómo se define el término *hispano*. Escribe un párrafo sobre su significado en cuanto a raza, etnia, origen e idioma. ¿Es una clasificación que se aplica fácilmente a un grupo étnico? Explica.

6-7 Conexiones: Un grupo minoritario latinoamericano. Investiga la condición de un grupo minoritario latinoamericano que no se haya mencionado antes. Por ejemplo, los afrolatinos (Colombia, Panamá, República Dominicana, etc.), los mapuches (Chile), los nahuas (México), los quichuas (Ecuador), los aimara (Perú) o los maya-quiché (Guatemala). Describan su cultura, su religión, su idioma y las dificultades que ha tenido que superar. ¿Hay en estos momentos algún movimiento para mejorar su situación?

 6-8 De nuevo: Un mensaje al Planeta Igualitario. (Pluperfect). Eres del Planeta Igualitario, donde todos se respetan y viven contentos con sus diferencias. Un día llegaste a una universidad de la Tierra donde se violaban los derechos civiles de los estudiantes. ¡Qué horror! ¡Nunca habías visto tal discriminación! Tuviste que mandar rápidamente un mensaje al Planeta Igualitario explicando esta situación. Tu mensaje debe contener por lo menos cinco verbos en el pluscuamperfecto.

MODELO: *En la universidad de…, yo nunca **había visto** tanta desigualdad entre los profesores y los estudiantes. Según los estudiantes, en el pasado, siempre **habían tenido** voz en el plan de estudios de su carrera…*

Reto: Usa muchas palabras de *¡Así lo decimos!*

RECUERDA
Para escribir tu mensaje interplanetario debes repasar el pluscuamperfecto del indicativo (*Capítulo 4*).

1. Review of preterit and imperfect

06-07 to 06-11

> Cuando empecé a trabajar en esta empresa era la única mujer.

Take the following into account when deciding to use the preterit or the imperfect.

• Analyze the context in which the verb will be used and ask yourself: does the verb describe the way things were (imperfect) or does it tell what happened (preterit)?

Era el año 2009 cuando el presidente Obama **nominó** a Sonia Sotomayor al Tribunal Supremo.	*It was the year 2009 when President Obama nominated Sonia Sotomayor to the Supreme Court.*
Era: describes	*It was the year 2009.*
nominó: tells what happened	*He nominated her.*

¡OJO!

Preterit

• actions begun or completed in the past
• an entire event or a series of completed events

Imperfect

• ongoing events, descriptions, background
• events or conditions with no particular beginning or end
• time, age, weather (with no obvious beginning or end)

• In many instances, both tenses produce a grammatically correct sentence. Your choice will depend on the message you wish to convey.

Así **fue.**	*That's how it happened.*
Así **era.**	*That's how it used to be.*
Ayer la jueza **concluyó** el juicio.	*Yesterday the judge concluded the trial. (This is the point, not background information.)*
Concluía el juicio.	*She was concluding the trial. (This is background information for the action that will be narrated.)*

6-9 En la oficina de Investigaciones Demográficas. Anoche la demógrafa se quedó hasta tarde en su oficina. ¿Qué pasaba mientras terminaba su informe? Asocia cada persona con la acción que realizaba.

1. ___ La demógrafa...

    a. porque quería irse a su casa.

2. ___ Su ayudante estaba impaciente...

    b. gracias a sus esfuerzos, podían obtener suficientes fondos para los estudiantes minoritarios.

3. ___ Los hijos de la demógrafa...

    c. preparaban el trabajo de investigación para entregárselo mañana en clase.

4. ___ Sus estudiantes...

    d. revisaba los datos de la última encuesta.

5. ___ Su esposo pensaba...

    e. la esperaban en casa con ganas de verla antes de acostarse.

6. ___ La demógrafa sabía que,...

    f. que ella dedicaba demasiado tiempo a sus investigaciones.

6-10 Amplía el contexto. Expande las oraciones de la actividad **6-9** usando oraciones con verbos en el pretérito, como en el modelo. Puedes usar **cuando, porque, pero, de repente, en ese momento,** etc.

MODELO: *La demógrafa terminaba su informe cuando su esposo la llamó por teléfono para saber cuánto iba a tardar en llegar a la casa.*

6-11 ¿Cómo era en la generación de sus abuelos? Escriban primero sus respuestas a las siguientes preguntas. Tengan cuidado con el tiempo verbal (pretérito o imperfecto) que usen. Después, compartan su punto de vista con su compañero/a para ver si han tenido la misma experiencia. Preséntenle un resumen a la clase.

1. En la época de tus abuelos, ¿era difícil ser admitido a una universidad? ¿Era difícil ser estudiante? ¿Por qué?

2. ¿Asistieron tus abuelos a la universidad? ¿Por qué?

3. ¿Qué estudiaron? ¿Se graduaron?

4. ¿Qué obstáculos tuvieron tus abuelos en los estudios o en el trabajo?

5. En los negocios, ¿era más difícil tener éxito para una mujer que para un hombre?

6. ¿Es más fácil para los estudiantes de hoy ser admitidos a la universidad? ¿Por qué? ¿Es más fácil para ti ser estudiante de lo que era para la generación de tus abuelos?

7. ¿Cuáles eran las ventajas de graduarse de una universidad en la generación de tus abuelos? ¿Tienes tú las mismas ventajas?

 6-12 Bill Richardson: un personaje de renombre. Lean la selección a continuación sobre este importante personaje político. Escriban cinco preguntas en el pasado relacionadas con la lectura, y una nueva pregunta sobre Bill Richardson sobre algo que deseen investigar. Finalmente, hagan el papel de entrevistador/a y del Sr. Richardson y preséntenle la entrevista a la clase.

MODELO: *¿Por qué estuvo en La Habana?*

Hoy en día, el grupo étnico hispano/latino representa una fuerza política importante en Estados Unidos. De hecho, hay alcaldes, senadores, congresistas y gobernadores hispanos. No fue siempre así. Antes, pocos hispanos votaban y casi no tenían representación en el gobierno. Pero en el Siglo XXI no es raro que un hispano se postule (*present his/her candidacy for*) a la presidencia del país.

Aunque Bill Richardson nació en California, tres de sus abuelos eran mexicanos y él mismo se crió en México. Cuando tenía trece años, fue a Boston para continuar sus estudios. Después asistió a la Universidad de Tufts, donde se especializó en francés y ciencias políticas. También practicó béisbol y llegó a ser considerado por equipos profesionales. Cuando se graduó de la universidad, trabajó varios años para un congresista y así decidió postularse él mismo. Por fin salió electo en 1982 y sirvió catorce años en el Congreso. Durante la administración de Bill Clinton, Richardson fue nombrado embajador ante la ONU y después secretario de Energía. En el 2007, siendo gobernador de Nuevo México, anunció su candidatura a la presidencia de EE. UU., y de esa manera se convirtió en el primer aspirante hispano a ese importante cargo. Aunque dejó la contienda para la presidencia, sigue sirviendo al gobierno de EE. UU. en misiones especiales, como una en la que viajó a Cuba en septiembre del 2011.

En el 2011 Bill Richardson estuvo en La Habana para tratar de negociar la liberación de un preso norteamericano.

6-13 Otro personaje de renombre. Usa el párrafo anterior como modelo para escribir sobre otro personaje hispano que haya logrado renombre, a pesar de pertenecer a un grupo con poca voz en la política o en la vida social. Ten cuidado al usar el pretérito y el imperfecto para contrastar las acciones ya completas con las acciones que continúan.

6-14 El doctor Q. Este *podcast* informa sobre otra persona de renombre que superó tremendas dificultades cuando era joven. Indica si las declaraciones son ciertas (**C**) o falsas (**F**) y corrige las falsas.

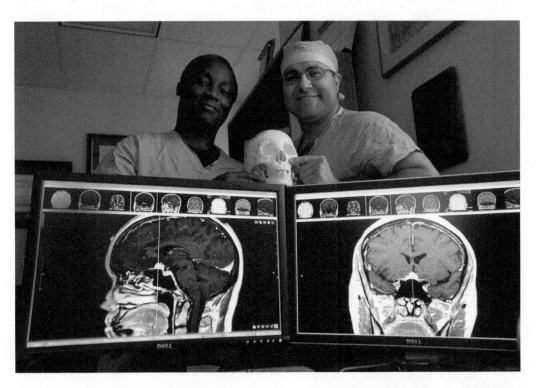

1. ___ Alfredo nació en México.
2. ___ Tuvo la suerte de poder asistir a una universidad de prestigio mexicana.
3. ___ Su padre también era médico.
4. ___ Cuando Alfredo tenía 19 años emigró legalmente a EE. UU.
5. ___ Trabajó por un tiempo como trabajador migrante.
6. ___ Aprendió inglés en un programa de la comunidad.
7. ___ Estudió para ser médico.
8. ___ Se casó y tuvo hijos.
9. ___ Ahora es cirujano plástico e investigador muy prestigioso.
10. ___ Algún día espera ser ciudadano de EE. UU.

6-15 ¿Cuál es su opinión? Dice el doctor Quiñones Hinojosa (el doctor Q) que pudo superar sus dificultades por su dedicación y por las oportunidades que recibió en este país. Hablen de otras personas que conozcan que también han superado o que están trabajando para superar sus dificultades. En su opinión, ¿qué motiva a tal persona? Una vez que tengan éxito, ¿creen que tienen la obligación de dedicarse a ayudar a otros? Expliquen.

2. **Hacer** and **desde** in time expressions

¿Cuánto tiempo hace que experimentan con los embriones?

To express the idea that an action began in the past and is still going on in the present, Spanish uses constructions with the verb **hacer** and the preposition **desde.**

- To ask how long or since when a certain action has been going on, Spanish uses this formula:

   ¿Cuánto (tiempo) hace que + *a verb phrase in the present*? [or]

   ¿Desde cuándo + *a verb phrase in the present*?

¿Cuánto (tiempo) hace que se investigan los beneficios del bilingüismo?	*How long have they been investigating the benefits of bilingualism?*
¿Desde cuándo son Mirta y Ofelia feministas?	*Since when have Mirta and Ofelia been feminists?*

- To state how long or since when an action has been going on, Spanish uses:

   Hace + *a time expression* + **que** + *a verb phrase in the present* [or]

   A verb phrase in the present + **desde hace** + *a time expression*

Hace muchos años que se investigan los beneficios del bilingüismo.	*They have been investigating the benefits of bilingualism for many years.*
Mirta y Ofelia son feministas **desde hace** dos años.	*Mirta and Ofelia have been feminists for two years.*

- To express the idea that an action began in the remote past and was still continuing when another occurrence happened, Spanish uses the following construction:

   Hacía + *period of time* + **que** + *a verb phrase in the imperfect*

¿Cuánto tiempo **hacía que** la demógrafa trabajaba en el proyecto?	*How long had the demographer been working on the project?*
Hacía seis meses **que** la demógrafa trabajaba en el proyecto.	*The demographer had been working on the project for six months.*

¡OJO!

In Spanish, the verb **hacer** and the main verbs are in the present; the English equivalent, however, uses *have/has been.*

¡OJO!

In Spanish, the verb **hacer** and the main verb are in the imperfect; however the English equivalent uses *had been.*

¡OJO!

If the **hace** clause comes first, **que** may introduce the main clause; but if **hace** and the time expression follow the verb, **que** is not used.

• To tell how long ago an action or event occurred, Spanish uses the following construction.

> **Hace** + *a time expression* + (**que**) + *a verb in the preterit*

¿Cuánto tiempo **hace que** comenzaron la investigación?	*How long ago did they start the research?*
Hace varios años **que** la comenzaron.	
La comenzaron **hace** varios años.	*They started it several years ago.*

Aplicación

6-16 Hace... años. Los siguientes acontecimientos empezaron en el pasado y siguen hoy en día. Cambia las oraciones para expresar cuánto tiempo hace que ocurren.

> MODELO: En 1986 España se hizo miembro de la Unión Europea.
> *Hace... años que España es miembro de la Unión Europea. /*
> *España es miembro de la Unión Europea desde hace... años.*

1. En 1994 México se hizo signatario del Tratado de Libre Comercio.

2. En el 2010 el porcentaje de hispanos en EE. UU. llegó a más del 15 por ciento.

3. En 1995 la fundación Pies Descalzos de Shakira empezó a abogar por los derechos de los niños.

4. En el 2005 Evo Morales salió electo presidente de Bolivia.

5. En el 2010 Marco Rubio salió electo senador por el estado de la Florida.

6. En 1996 empezó a publicarse la revista *Latina*.

7. En el 2009 José Hernández llegó a ser astronauta.

8. En el 2009 la Ciudad de México permitió el matrimonio entre homosexuales.

 6-17 Me gustaría saber. Hagan el papel de reportero/a y un personaje del mundo hispano que hace obras filantrópicas. Formen preguntas sobre cuánto tiempo hace que estas actividades o ideas forman parte de su vida. Después, preséntenle su conversación a la clase.

MODELO: REPORTERO/A: *Señor Slim, ¿cuánto tiempo hace que usted es multimillonario?*
CARLOS SLIM: *Hace más de 20 años que soy multimillonario.*

Preguntas del/de la reportero/a	Preguntas del personaje (Shakira, Juanes, Ricky Martin, Carlos Slim, Julieta Venegas...)
ser feminista, idealista, ambicioso/a, práctico/a...	ser reportero/a
valorar los derechos humanos	escribir informes sobre...
abogar por...	trabajar para...
donar a...	buscar...
viajar por...	gustar...

 6-18 ¿Cuánto tiempo hace que...? Escriban individualmente cinco preguntas como la del modelo. Pueden usar temas como los deportes, la vida social, las diversiones, el cine y la televisión. Después, túrnense para hacer y responder a las preguntas.

MODELO: E1: *¿Cuánto tiempo hace que eres aficionado/a al fútbol español?*
E2: *Hace... años que soy aficionado/a al fútbol español. /*
Soy aficionado/a al fútbol español desde hace... años.

6-19 ¿Cuánto tiempo hace que...? Cambia las oraciones para expresar cuánto tiempo hace que ocurrieron los siguientes eventos.

MODELO: Bill Richardson se postuló para presidente de EE. UU. en el 2007.
Hace... años que Bill Richardson se postuló para presidente.

1. Se liberó a los esclavos en Cuba en 1886.
2. Se le concedió el derecho del voto a la mujer española en 1931.
3. Se ordenó integrar las escuelas en EE. UU. en 1954.
4. Se prohibió el acoso sexual en Costa Rica en 1986.
5. En Argentina se les permitió a los homosexuales casarse en el 2010.
6. Canadá se declaró oficialmente bilingüe en 1969.

6-20 ¿Cuándo lo hicieron? Expliquen cuánto tiempo hace que cada uno/a de ustedes hizo lo siguiente.

> MODELO: comprar un carro
> *Hace dos años que compré un carro.*

1. ver a la familia
2. despertarme hoy
3. revisar los mensajes de texto
4. conocer a mi mejor amigo/a
5. sacar una "A" en un examen
6. ir a ver una película en español

6-21 ¿Cuánto tiempo hacía en el 2009? Sonia Sotomayor fue nombrada al Tribunal Supremo de EE. UU. en el 2009. Explica cuánto tiempo hacía que le ocurría lo siguiente en ese momento.

> MODELO: Sotomayor era jueza del Tribunal de Apelaciones desde 1998.
> *En el 2009, hacía 11 años que era jueza del Tribunal de Apelaciones.*

1. Vivía en Nueva York desde 1954.
2. Era muy aficionada al béisbol desde 1960.
3. Valoraba la educación desde niña.
4. Abogaba por los derechos civiles desde 1976.
5. Era abogada desde 1979.
6. Daba clases en New York University desde 1998.

 6-22 Antes... Explíquense por cuánto tiempo hacían estas distintas actividades en algún momento del pasado.

> MODELO: *En el 2014, hacía un año que estudiaba español.*

ser estudioso/a (feminista, idealista, activista...)
querer asistir a esta universidad (trabajar en el extranjero, visitar un país hispanohablante...)
vivir solo/a (con compañero/a de cuarto, con...)
tener carro (bicicleta, perro, móvil...)
trabajar en...
salir con...

 6-23 Debate: La realidad política. Formen dos grupos para debatir uno de los siguientes temas. Usen expresiones con **hacer** en su presentación.

Resolución: En las escuelas y en las universidades, no es necesario invertir tanto dinero en los programas deportivos femeninos como en los masculinos.

Resolución: Hay que asegurarse de que la representación de grupos étnicos y el porcentaje de hombres y mujeres en las universidades reflejen la población general del área.

Frases comunicativas
Según...
Estoy a favor de...
Estoy en contra de...

> MODELO: *Según las estadísticas, hace varios años que hay mayor número de mujeres que hombres que asisten a la universidad. Sin embargo, la mayoría de los profesores catedráticos (tenured) son hombres. Estoy a favor de..., pero estoy en contra de...*

CONÉCTATE

06-17 to 06-19

Videoblog *La identidad cultural y lingüística*

Antes de verlo

6-24 ¡A conversar!   ¿Cuántos idiomas hablas? ¿Cuáles otros idiomas te gustaría estudiar? ¿Tuviste la oportunidad de estudiar en una escuela bilingüe o trilingüe, o conoces a una persona que haya tenido la oportunidad? ¿Qué tal fue? ¿Piensas que en las escuelas se debe enseñar en más de un idioma desde el primer grado? ¿Por qué?

A verlo

6-25 Multilingüe y multicultural.   En este segmento Mauricio habla con maestras y con estudiantes bilingües o trilingües, quienes afirman que aprender más de un idioma desde pequeño trae muchas ventajas. Mientras ves el video, apunta un mínimo de tres beneficios que se mencionan.

Después de verlo

6-26 Un programa bilingüe.   Ustedes quieren implementar un programa bilingüe en una escuela primaria en su comunidad. Primero, tienen que convencer a la administración sobre los beneficios de tal programa en una era de escasos (*scarce*) recursos para la educación. Refiéranse a las ideas que se mencionan en el video para hacer su propuesta y para explicar exactamente cómo va a beneficiar a los estudiantes y a la comunidad. Luego presenten su propuesta al resto de la clase.

Comparaciones

6-27 En tu experiencia.   ¿Qué significa para ti la expresión "un mundo sin fronteras"? ¿Qué oportunidades te abrirían las puertas a tal mundo? Al leer sobre Joaquín Cortés, anota cómo él ha podido romper fronteras.

Joaquín Cortés, un gitano que lucha por el respeto a su gente

Al bailarín español Joaquín Cortés se le conoce por su apasionada interpretación del baile flamenco. Afirma, sin embargo, que como gitano (*Gypsy*) ha sentido la intolerancia hacia su etnia. Como invitado al Parlamento Europeo, Cortés presentó un discurso sobre este tema donde aseguró que gracias a su fama puede "reivindicar (*reclaim*) con orgullo la identidad gitana sin miedo a ser perseguido, humillado o tratado con prejuicios". Pero señaló que este no es el caso de la mayoría de los gitanos europeos.

Cortés, que también patrocinó en Valladolid la campaña **Convivimos: conéctate a la tolerancia,** explica que "le duele ver cómo una persona puede ser maltratada" por ser diferente a la mayoría. Aconseja a los que sufren la intolerancia a "estar por encima" de las críticas o rechazos. El artista defiende un "mundo sin fronteras" en el que se mezclen "culturas y etnias" y en el que todos puedan convivir juntos sin conflictos.

Por su esfuerzo, el Parlamento Europeo nombró en el 2007 a Joaquín Cortés embajador del pueblo romaní. Cortés espera que su cargo lo ayude a acabar con décadas de discriminación y xenofobia.

 6-28 En su opinión.   ¿De qué parte de su herencia se sienten más orgullosos/as? Comenten lo que sepan de sus propios orígenes étnicos/raciales.

Ritmos

06-20 to 06-22

Bandera de manos (Juanes, Colombia)

El cantautor colombiano Juanes empezó su carrera musical en una banda de rock metálico pero de solista cambió su estilo. Ahora, su música incluye tanto temas románticos como sociales y ha tenido muchísimo éxito, pues ha ganado un total de 17 premios Grammy Latino. En el 2005 fundó Mi Sangre, una fundación para ayudar a las víctimas de minas antipersonales. El periódico *Los Angeles Times* lo nombró "la figura más importante de la música de pop latina de la década pasada".

Antes de escuchar

6-29 *Bandera de manos.* Esta canción es un llamado a la acción por un mundo mejor. En tu opinión, ¿qué podemos hacer para crear un mundo mejor? Escribe una lista de un mínimo de tres cambios que quieres ver en el mundo.

MODELO: *Quiero que la gente se comunique mejor, que…*

A escuchar

6-30 El mensaje. Busca en Internet un video de *Bandera de manos*. ¿Cuál es el mensaje de esta canción? ¿Cuáles de tus deseos son también los del cantautor? En tu opinión, ¿cuáles de tus deseos y los deseos de Juanes son posibles?

BUSCA www ⬇

juanes bandera de manos video; juanes bandera de manos letra

Después de escuchar

6-31 ¿Qué opinan ustedes? Conversen entre ustedes sobre las siguientes preguntas.

1. ¿Creen que es la obligación de los artistas trabajar por el bien social?
2. ¿Qué puede hacer un artista como Juanes para lograrlo?
3. ¿Qué otros artistas se dedican a una causa benéfica?
4. ¿Qué pueden hacer ustedes como individuos por el bien del mundo?

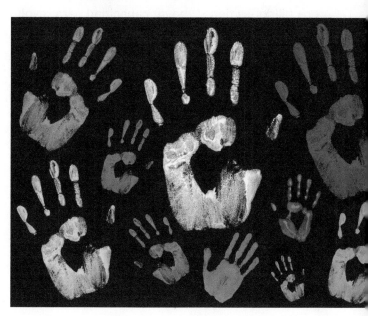

Algunos beneficios de ser multilingüe/ multicultural

Te quiero mucho.
Je t'aime beaucoup.
Maitea haut.
Ich liebe dich.
Ie Ovele Ouye.
Eu te amo.

我爱你

Durante años, mucha gente se ha preguntado si vale la pena ser bilingüe o multilingüe.
A continuación, se presentan algunos de los resultados de las múltiples investigaciones que se
han hecho sobre este tema. ¿Cuáles te sorprenden? ¿Cuáles te importan a ti personalmente?

Según las investigaciones...	Me sorprende	Me importa personalmente
El bilingüismo está relacionado con la creatividad intelectual.		
Saber dos idiomas fortalece el cerebro.		
Hay una relación positiva entre el bilingüismo y el éxito académico.		
La gente que se cría en un ambiente bilingüe tiene una mayor capacidad para realizar múltiples tareas al mismo tiempo.		
Los bilingües tienen mayor capacidad para enfocarse en lo más importante e ignorar lo irrelevante.		
Los bilingües tienen mejor capacidad auditiva que los monolingües.		
Los bilingües tienen mayor capacidad para resolver problemas.		
Los multilingües/multiculturales tienen una ventaja a la hora de conseguir trabajo.		
Las personas bilingües tienen más facilidad para la música y para las matemáticas.		
Las personas bilingües son más abiertas a otras culturas y tienen más facilidad para aprender un tercer idioma.		
Las personas bilingües mayores de edad tienden a mantener la función cognitiva mejor que las monolingües.		

Vocabulario básico

alcanzar
bilingüe
la capacidad
conseguir (i, i)
contribuir
facilitar
luchar (por)
monolingüe
multilingüe
el racismo
el sexo

Vocabulario clave: La diversidad étnica y de género

Verbos

criar(se)	*to raise (to grow up)*
culpar	*to blame*
integrar	*to integrate*
merecer (zc)	*to deserve*
odiar	*to hate*

Sustantivos

la ascendencia	*heritage*
el cerebro	*brain*
la ciudadanía	*citizenship*
el género*	*gender*
el lenguaje de señas	*sign language*
la manifestación	*protest, demonstration*
la política	*policy, politics*
la queja	*complaint*
la raza	*race*
la tarea	*task*

*The **Real Academia Española** recognizes the term *género* borrowed from English *gender* to refer to a sociocultural category implying differences or inequalities in social, economic, workforce, political, etc. contexts. Hence, *estudios de género, discriminación de género, violencia de género* are aceptable uses in Spanish.

Ampliación

Verbos	Sustantivos	Adjetivos
alcanzar	el alcance	alcanzado/a
culpar	la culpa	culpable
integrar	la integración	integrado/a
odiar	el odio	odiado/a

¡Cuidado!

Lo bueno de esta fiesta es poder conocer a gente de diferentes culturas.

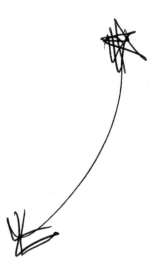

lo + adjective; *la gente*

- To express "*the* + adjective + *thing…*" in Spanish, use the neuter **lo** + adjective (masculine singular).

Lo importante es valorar las diferencias culturales.

The important thing is to value cultural differences.

- In English the word *people* is plural, while in Spanish **la gente** is singular.

Esa **gente** odia la discriminación.

Those people hate discrimination.

Aplicación

 6-32 Los beneficios de ser multilingüe/multicultural. Comparen sus reacciones a las afirmaciones en *¡Así es la vida!* ¿Qué les sorprendió ¿Qué les parece importante para ustedes personalmente? ¿Conocen a personas o a familias biculturales? ¿Qué idiomas hablan en casa?

6-33 Luchas históricas por la igualdad. Completa cada oración con la forma correcta de una expresión lógica de *¡Así lo decimos!*

alcanzar	criar	~~merecer (zc)~~
(la) ascendencia	(la) manifestación	~~(el) odio~~
(la) capacidad		(la) raza

1. En una sociedad multicultural conviven personas de múltiples etnias y *razas*.
2. *El odio* _____ es un sentimiento negativo y destructivo que nos perjudica a todos.
3. Todos *merecen* _____ el respeto de los demás no importa la raza, el sexo o la orientación sexual.
4. En muchas ciudades hubo *manifestaciones* _____ en las que la gente pedía que se respetaran los derechos de todos.
5. Ahora la gente tiene más oportunidades para *alcanzar* _____ un buen nivel de educación.
6. Hoy en día sabemos que es necesario *criar* _____ a los niños con el valor de aceptar a los demás.
7. Es importante valorar *ascendencia* _____, el idioma y la cultura de otras personas.
8. Es cierto que la gente bilingüe tiene *capacidad* _____ para realizar muchas tareas al mismo tiempo.

 6-34 ¿Qué opinan? Den su opinión sobre las siguientes afirmaciones, usando las expresiones de la lista y el vocabulario de *¡Así lo decimos!* Expliquen sus razones, dando ejemplos concretos.

¡OJO!

Usen el subjuntivo solo cuando sea necesario.

Es cierto que…	Es dudoso que…
Es lógico que…	Según las estadísticas…

MODELO: En mi escuela secundaria hay estudiantes bilingües.
Es cierto que en mi universidad hay estudiantes bilingües. Converso con algunos de ellos en español.

1. Hay más hombres que mujeres en las clases de idioma.
2. Las personas bilingües merecen un salario más alto que las monolingües.
3. El techo de cristal (*glass ceiling*) ya no existe para los grupos minoritarios y las mujeres.
4. Ahora no es necesario distinguir entre las etnias y las razas en el censo.
5. La acción afirmativa ha cumplido su misión original.
6. Para competir en una economía global, el bilingüismo tiene que ser la norma en este país.

6-35 Hispanos en los medios de comunicación. Contesta las preguntas, basándote en el artículo a continuación.

Abriendo puertas para los latinos en los medios de comunicación

La Coalición Nacional Hispana ante los Medios (NHMC, por sus siglas en inglés) es una organización sin fines de lucro cuyo propósito es defender los derechos civiles y avanzar la presencia y la participación de hispanos en los medios de comunicación. Sus esfuerzos abogan por erradicar estereotipos de hispanos y los prejuicios contra ellos. Aunque los hispanos alcanzan el 16 por ciento de la población de EE. UU. y son el grupo minoritario más grande del país, siguen siendo en gran parte invisibles durante el horario de máxima audiencia en los medios de comunicación.

En el 2011 hubo una notable excepción al estereotipo negativo hispano que se suele ver en los canales establecidos de la televisión. En un episodio de *The Good Wife*, América Ferrera hizo el papel de una estudiante muy lista, la que trabajaba como niñera para poder pagar su educación de posgrado. Sus padres la habían traído a este país cuando tenía dos años, y ahora se preparaba para la ciudadanía. Su papel representa la situación de muchos jóvenes hispanos, los cuales buscan la oportunidad de cursar estudios en EE. UU.

Seguramente hay y habrá otros modelos positivos en la televisión y en el cine. Sin embargo, no hay duda de que es una causa importante para la NHMC.

1. ¿Cuáles son las metas de la Coalición Nacional Hispana ante los Medios?
2. ¿Por qué es importante tener más participación de hispanos en los medios de comunicación?
3. ¿Cuál era el papel que hizo América Ferrera en *The Good Wife*? ¿Por qué trabajaba?
4. ¿Qué tipo de información ayudaría a mejorar la imagen del hispano?
5. ¿Qué películas conoces en las que figuren actores hispanos? ¿Han tenido papeles positivos o negativos?

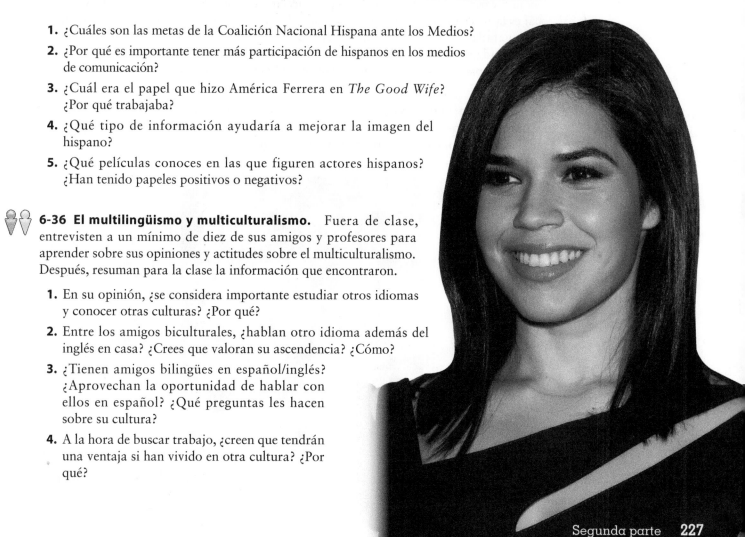

6-36 El multilingüismo y multiculturalismo. Fuera de clase, entrevisten a un mínimo de diez de sus amigos y profesores para aprender sobre sus opiniones y actitudes sobre el multiculturalismo. Después, resuman para la clase la información que encontraron.

1. En su opinión, ¿se considera importante estudiar otros idiomas y conocer otras culturas? ¿Por qué?
2. Entre los amigos biculturales, ¿hablan otro idioma además del inglés en casa? ¿Crees que valoran su ascendencia? ¿Cómo?
3. ¿Tienen amigos bilingües en español/inglés? ¿Aprovechan la oportunidad de hablar con ellos en español? ¿Qué preguntas les hacen sobre su cultura?
4. A la hora de buscar trabajo, ¿creen que tendrán una ventaja si han vivido en otra cultura? ¿Por qué?

BUSCA www

opinión discriminación positiva; opinión acción afirmativa

6-37 A explorar: La discriminación positiva.   Busca en Internet opiniones sobre la política de la "discriminación positiva" o la "acción afirmativa". Escribe un párrafo en el que comentes la posición de uno de los sitios.

 6-38 Los grupos étnicos en la universidad.   En la mayoría de las universidades de EE. UU. hay una variedad de estudiantes que pertenecen a diferentes grupos étnicos. Investiguen cuál es la situación en la universidad de ustedes. ¿Cuáles son las diferentes razas o etnias representadas en su universidad? ¿Qué clubes de grupos étnicos hay? ¿Qué hace la universidad para promover la diversidad cultural? Preparen un cartel que la administración pueda usar para promover la universidad con diferentes grupos étnicos.

 6-39 De nuevo: El futuro del multiculturalismo. (*Futuro*).   Diseña un cartel en el que escribas por lo menos seis predicciones sobre lo que pasará en el mundo con respecto al multiculturalismo. Incluye algún diseño o foto original.

MODELO:

En el futuro, todo el mundo aprenderá más de un idioma.

RECUERDA

Para escribir tu cartel debes consultar el *Capítulo 2*.

Reto: Usa muchas palabras de la *Primera* y *Segunda parte* de *¡Así lo decimos!* Trata de usar por lo menos seis verbos diferentes en el futuro.

06-29 to 06-33

3. Por and para

Luchamos por los derechos de los trabajadores.

Recolectamos las uvas por un salario justo.

Although the prepositions **por** and **para** are both often translated as *for* in English, they are not interchangeable. Each word has distinctly different uses in Spanish, as outlined below.

- **Por** expresses the reason or cause of an action; the notion of something in exchange for something else; the time of day an event or action takes place and the amount of time it lasts; motion through, by, along, and around; and the means or manner in which an action is accomplished.

- **Para** expresses the purpose or goal of an object, action, event; comparison in qualities or perspective with others; time limits, deadlines, or expected time; destination as a place or a recipient.

You will see several examples of each of the different uses of **por** and **para** on the following pages.

Uses of **por**

- the reason, cause or purpose of an action (*for, because of, on behalf of, to get*)

Vine **por** ti a las ocho.	*I came by for you (to get you) at eight.*
Cancelamos el proyecto **por** falta de fondos.	*We canceled the project because of a lack of funds.*
¿Lo hiciste **por** mí?	*Did you do it for me (on my behalf)?*

- in exchange for

¿Querías cinco dólares **por** ese libro de español?	*Did you want $5 for that Spanish book?*
Te doy mi CD de Juanes **por** el tuyo de Maná.	*I'll give you my Juanes CD for yours of Maná.*

- amount of time or the part of day an event or action takes place (*for, during*)

Fuimos a visitar la escuela bilingüe **por** la tarde.	*We went to visit the bilingual school during (in) the afternoon.*
Pensábamos estudiar español **por** cuatro años.	*We were planning to study Spanish for four years.*
¿**Por** cuánto tiempo estuviste en la manifestación?	*(For) How long were you at the demonstration?*
Estuve en la manifestación **por** dos horas.	*I was at the demonstration for two hours.*

- motion (*through, by, along, around*)

Pasé **por** tu casa esta mañana y no estabas.	*I went by your house this morning and you weren't in.*
La niña salió **por** la puerta hace un minuto.	*The girl went out through the door a minute ago.*

- means or manner in which an action is accomplished, or agent in a passive statement (*by*)

¿Mandaron los libros **por** avión?	*Did you send the books by plane?*
El estudio demográfico fue iniciado **por** la oficina del censo.	*The demographic study was initiated by the census office.*

- to be about to do something when used with **estar** + *infinitive*

Estábamos **por** hablar sobre el problema.	*We were about to discuss the problem.*
Estaba **por** protestar contra la discriminación.	*She was about to protest against discrimination.*

- some common idiomatic expressions with **por:**

por ahí, allí	*around there*	**por fin**	*finally*
por ahora	*for now*	**por lo general**	*in general*
por aquí	*around here*	**por lo visto**	*apparently*
por cierto	*by the way, for certain*	**por poco**	*almost*
por Dios	*for heaven's (God's) sake*	**por si acaso**	*just in case*
por ejemplo	*for example*	**por supuesto**	*of course*
por eso	*that's why*	**por último**	*finally*
por favor	*please*		

Uses of **para**

- purpose or goal of an object, action, or event (*for, to, in order to*)

La pintura era **para** hacer los carteles.	*The paint was for making the posters.*
Organizaban una manifestación **para** protestar contra la decisión del juez.	*They were organizing a demonstration to protest the judge's decision.*
Carmen estudió **para** ser abogada.	*Carmen studied (in order) to become a lawyer.*

- comparison in qualities or perspective with others (stated or implicit)

Para ser liberal, tenía la mente muy cerrada.	*For a liberal, he had a very closed mind.*
La gramática era fácil de entender **para** el lingüista.	*The grammar was easy for the linguist to understand.*

- time limits, deadlines, or expected time (*by, for*)

Para mañana necesito el reportaje sobre el censo.	*For tomorrow I need the report about the census.*
Pensaban estar en la reunión **para** las seis de la tarde.	*They were planning to be at the meeting by six in the afternoon.*
Hablaban de otra manifestación **para** la primavera.	*They were talking about another demonstration for spring.*

- destination as a place or a recipient

Ahora mismo salimos **para** la oficina del abogado.	*We're leaving for the lawyer's office right now.*
Este informe era **para** ustedes.	*This report was for you.*

Por vs. para

The uses of **por** and **para** have similarities that sometimes cause confusion. Linking their uses to the questions **¿para qué?** (for what purpose or goal?) and **¿por qué?** (for what reason/by what cause?) can be helpful.

¿Por qué no investigó los resultados del censo?	*Why (For what reason) didn't she investigate the results of the census?*
No los investigó **porque** ya tenía mucha información de otras fuentes.	*She didn't investigate them because she already had a lot of information from other sources.*
¿Para qué investigó los resultados del censo?	*For what purpose (goal) did she investigate the results of the census?*
Los investigó **para** aclarar las cosas.	*She investigated them (in order) to clarify things.*

In many instances the use of either **por** or **para** will be grammatically correct, but the meaning will be different. Compare the following sentences.

Elena camina **para** la universidad.	*Elena is walking to (toward) the university.* (destination)
Elena camina **por** la universidad.	*Elena is walking through (in, around) the university.* (motion)
Lo hicimos **por** ustedes.	*We did it because of you.* (on your behalf)
Lo hicimos **para** ustedes.	*We did it for you.* (recipient of action)
El dinero era **por** la investigación.	*The money was for the research.* (in exchange for)
El dinero era **para** la investigación.	*The money was for the research.* (so that the research could be done)

6-40 Planes para participar en una manifestación. Primero, empareja cada pregunta con una respuesta lógica. Luego, completa las frases con **por** o **para**.

El superhéroe "Super pública" aboga por los derechos de los estudiantes en Oviedo, España.

1. _____ ¿Cuándo es la manifestación?

2. _____ ¿A qué hora nos vemos mañana?

3. _____ ¿Cuál es el propósito de la manifestación?

4. _____ ¿Es necesario contribuir dinero a la causa?

5. _____ ¿Va a llover mañana durante la manifestación?

6. _____ ¿Cómo llegamos a la manifestación?

7. _____ ¿Tienes un cartel para promover la causa?

8. _____ Oye, para ser conservador, eres bastante liberal en tus opiniones.

a. ¡ _____ favor! ¡No me llames liberal! Solo apoyo la igualdad _____ todos.

b. ¡ _____ supuesto! _____ ejemplo, uno que dice "La diversidad étnica es importante para entendernos mejor".

c. Es mañana _____ la tarde.

d. Es _____ buscar el apoyo de los estudiantes _____ establecer clubes étnicos en el campus.

e. Paso _____ ti al mediodía.

f. Vamos caminando _____ el campus hasta el centro estudiantil.

g. Sí, cada uno paga 15 dólares _____ una camiseta.

h. Sí, pero hace buen tiempo _____ febrero.

6-41 El desafío multicultural y lingüístico europeo. Completa el siguiente artículo con las preposiciones **por** y **para**. Explica por qué se usa **por** o **para** en cada caso.

Según un estudio hecho **(1)**_____ la Comisión Europea, la diversidad lingüística no es solo un desafío sino también una necesidad **(2)**_____ Europa. **(3)**_____ gestionar esta diversidad, la Unión Europea tiene que enfrentar ciertas prioridades, entre las que incluyen la «identidad europea» y sus diferencias lingüísticas y culturales. La Comisión Europea ha concluido que este proyecto **(4)**_____ unir las diversas comunidades es uno de los más importantes **(5)**_____ el futuro de Europa y del mundo.

El informe señala ciertos principios básicos:

- el respeto **(6)**_____ las diferencias lingüísticas y culturales.
- el consenso de las diferentes comunidades **(7)**_____ aceptar ciertos valores que tienen en común, **(8)**_____ ejemplo, la dignidad humana, la integridad moral y el rechazo a la discriminación **(9)**_____ razones de religión, sexo, edad, idioma o discapacidad.

(10)_____ concluir, el ideal europeo depende de estas dos condiciones inseparables: el compartir los valores universales y el aceptar como positivas las diferencias lingüísticas.

6-42 Una unión multicultural. Contesta estas preguntas, basándote en el artículo.

1. ¿Que prioridades tiene que enfrentar Europa?
2. ¿Qué valores tienen en común los países europeos?
3. ¿De qué depende el ideal europeo?
4. En tu opinión, ¿es posible respetar y valorar diferencias culturales y lingüísticas en EE. UU. tanto como lo están intentando hacer en Europa? Explica.

Una recolectora de uvas de mesa

Motivación

 6-43 En defensa de los líderes del sindicato de United Farm Workers. Completa con **por** o **para** el monólogo de un abogado durante un juicio civil. Luego, lee el monólogo en voz alta como si lo presentaras ante el tribunal.

Señoras y señores, miembros del jurado: Estamos aquí hoy (1) ___para___ juzgar el caso del sindicato United Farm Workers contra los productores de uvas. (2) ___Por___ cierto, ustedes han leído mucho sobre este asunto. Saben que el sindicato trabaja (3) ___para___ mejorar las condiciones de los obreros. Saben que los líderes de este sindicato han sufrido mucho (4) ___por___ ser los miembros más visibles del sindicato UFW. Pero tal vez no sepan que ellos también han trabajado largas horas (5) ___para___ mantener a su familia, y que además de eso se han dedicado a esta importante lucha (6) ___para___ lograr mejores beneficios (7) ___para___ sus compatriotas. (8) ___Por___ ejemplo, (9) ___por___ horas han llevado pancartas protestando contra el maltrato de los trabajadores. (10) ___Por___ días han estado en huelga (11) ___para___ señalar las malas condiciones del trabajo. Pero han ganado muy poco (12) ___por___ sus esfuerzos: ¡Mírenlos, (13) ___para___ ser hombres y mujeres relativamente jóvenes, parecen tener muchos más años! Sin embargo, no han perdido la fe en el sistema jurídico de Estados Unidos. (14) ___Por___ eso estamos aquí, señoras y señores.

6-44 Causas y metas. Háganse las siguientes preguntas para contrastar las causas y las metas.

> MODELO: ¿Por qué hay desigualdad entre los grupos étnicos?
> *Por razones históricas, políticas, sociales y económicas.*
> ¿Para qué luchan los discriminados?
> *Para recibir oportunidades de trabajo y un sueldo justo.*

1. ¿Por qué recibe una mujer menos dinero que un hombre por el mismo trabajo? ¿Para qué sirve la Equal Employment Opportunity Commission (EEOC) en Estados Unidos?
2. ¿Por qué acepta la gente el maltrato de otros? ¿Para qué se trabaja en la vida?
3. ¿Por qué hoy hay interés en otras culturas más que antes? ¿Para qué profesión te sirve hablar español?
4. ¿Por qué es importante ser bilingüe? ¿Para qué es necesario valorar otras culturas?
5. ¿Por qué boicoteó el UFW a los productores de uvas? ¿Para qué luchó el sindicato?

6-45 Tu filosofía y trato con los demás. Usa las siguientes frases para formar oraciones originales según tu propia experiencia o usando la imaginación. Algunos temas posibles son: la tolerancia religiosa o cultural; una persona ejemplar (*exemplary*); diferencias entre tu generación y la de tus padres; metas personales.

MODELO: Para mí… *es difícil entender por qué hay intolerancia religiosa o cultural.*

1. Para mis padres…
2. Por supuesto,…
3. Siempre trabajo para…
4. Por ahora,…
5. Por eso,…
6. Por lo general,…
7. Es importante abogar por…
8. Ahora estoy por…

6-46 A explorar: El bachillerato internacional. La IBO es una organización sin fines de lucro que fomenta el conocimiento de otras culturas y lenguas. Busca información en Internet sobre esta organización. ¿Cuántas escuelas y cuántos estudiantes inscritos hay en total? ¿Cuál es su misión y cómo la logra? ¿Cómo se compara el programa del bachillerato internacional con tu experiencia en la escuela secundaria? ¿Conoces a alguien que se haya graduado del programa? ¿Cómo fue su experiencia?

> **BUSCA** www
>
> **bachillerato internacional**

 6-47 El Cinco de mayo. Ustedes son reporteros de un periódico de su ciudad. Les han dado la tarea de escribir un artículo sobre la celebración del Cinco de mayo en su ciudad. Usen las expresiones de la lista para reportar sobre los motivos de la celebración y su significado para la comunidad mexicoamericana.

andar (pasar) por	por avión (barco, bicicleta…)
venir (ir) por	por cierto, por si acaso, por último
pagar… por	por el parque (teatro, calle, museo, allí)
permanecer (estar) por	por la tarde (noche, mañana)
para esta ciudad	trabajar para

MODELO: *Tenemos que escribir un artículo sobre la importancia de la celebración del Cinco de mayo **para** la comunidad mexicoamericana. Vamos a salir **para** el lugar del evento mañana **por** la tarde y…*

4. Uses of **se** with impersonal and passive constructions

¡En esta ciudad se vive bien!

The impersonal **se** to express "people, one, we, you, they"

The pronoun **se** may be used with the third-person singular form of a verb to express an idea without attributing the idea to anyone in particular. These expressions are equivalent to English sentences that have impersonal subjects such as *people, one, you, we, they.*

Se dice que es importante saber más de un idioma.	*They/People say that it's important to know more than one language.*
Se puede apreciar otras culturas.	*One/You/We can appreciate other cultures.*

- As in English, the third-person plural of the verb may be used alone to express these impersonal subjects.

Dicen que es posible pertenecer a dos grupos étnicos.	*They say that it's possible to belong to two ethnic groups.*

The passive **se**

The pronoun **se** may also be used with the third-person singular or plural form of the verb in passive constructions. In such cases, the person who does the action is *not* mentioned.

Se hacen traducciones a precios económicos.

- The verb that follows **se** is in the third-person singular when the statement refers to a singular noun, and in the third-person plural when the statement refers to a plural noun.

Se otorgan becas para miembros de grupos minoritarios.	*Scholarships are granted for members of minority groups.*
No se restringe el derecho a votar.	*The right to vote is not restricted.*

¡OJO!

When the statement refers to a specific person or persons, the verb that follows **se** is in the third-person singular and the personal **a** is used.

Se admira a Juan porque habla cinco idiomas.	*Juan is admired because he speaks five languages.*
Se apoya a los inmigrantes que quieren ser ciudadanos.	*Immigrants who want to be citizens are supported.*

6-48 ¿Qué se dice?   Combina las frases para formar oraciones lógicas.

1. ____ Se cree que los idiomas son cruciales…

a. no valoran la riqueza cultural del país.

2. ____ Se opina que las diferencias étnicas en Europa son parte de…

b. antes de ser adulto.

3. ____ Se sospecha que algunos políticos…

c. tanto como a su país de origen.

4. ____ Se dice que los inmigrantes aman a su nuevo país…

d. en las clases de español para viajeros.

5. ____ Se sabe que uno aprende otro idioma más fácilmente…

e. en un mundo moderno.

6. ____ Se encuentra a gente de todas edades…

f. su diversidad cultural y lingüística.

7. ____ Se espera que algún día en Estados Unidos todos los niños…

g. tengan la oportunidad de aprender un segundo o tercer idioma en las escuelas.

6-49 ¿Cuándo, dónde, cómo, por qué se hace?   Ustedes preparan una guía de orientación para informar a los estudiantes internacionales sobre su universidad y localidad. Usen el **se pasivo** para describir lo que ocurre en cada uno de los siguientes lugares.

MODELO: *En la librería Península de la UNAM se venden libros, videos y software educacional.*

1. en el restaurante estudiantil

5. en los bares

2. en el laboratorio de computadoras

6. en las fiestas

3. en el centro de recreación

7. en las residencias

4. en los cines

8. en las clases

6-50 Opiniones. Conversen entre ustedes y expresen la opinión de la gente sobre los temas a continuación. Usen frases como las siguientes con el indicativo o el subjuntivo según sea necesario:

se afirma	se dice	se estima	se opina
se cree	se duda	se niega	se teme

> MODELO: La comunicación entre el hombre y la mujer es imposible.
> *Se duda que la comunicación sea imposible, pero se debe hacer un esfuerzo...*

1. Los adultos no pueden aprender otro idioma.
2. Todos los ciudadanos mayores de 18 años tienen el derecho de votar.
3. Es posible vivir en un mundo multicultural.
4. Los grupos étnicos están integrados en esta ciudad.
5. Los sindicatos son importantes para asegurar la calidad de vida de sus miembros.

 6-51 El reto educativo. El acceso a la universidad en grandes números de los latinos ha sido uno de los grandes desafíos educativos, más aún con el fuerte crecimiento que ha tenido la comunidad últimamente. Escucha el informe sobre una reunión que tuvo lugar hace poco y en un párrafo escribe un resumen de los cuatro puntos que consideres los más importantes.

 6-52 Debate: Reforma de los derechos civiles. En el 2005, España legalizó el matrimonio entre homosexuales. En América Latina, la siguió Argentina y México, D.F. Formen dos grupos para discutir uno de los temas siguientes.

Resolución: En todos los estados se debe permitir que los cónyuges del mismo sexo tengan el derecho de adoptar niños.

Resolución: En EE. UU. se debe aceptar sin prejuicios el matrimonio entre personas del mismo sexo.

> MODELO: *Estoy totalmente a favor de que las parejas homosexuales tengan derecho a adoptar niños. Primero,...*

¡ASÍ LO EXPRESAMOS!

📖 Imágenes
06-39 to 06-40

🖼 *Coexistence* (Xavier Cortada, 1964–, EE. UU.)

El cubanoamericano Xavier Cortada crea instalaciones artísticas para concienciar a la gente y promover discusiones sobre temas sociales y del medioambiente. En el 2004 participó en una reunión llamada NCCJ Community Leadership Seminar para personas interesadas en cómo promover la comunicación intercultural. El fruto de esta interacción es el mural *Coexistence* en el que los participantes sugirieron palabras y frases relacionadas al tema principal.

Perspectivas e impresiones

6-53 El mural. Este mural salió de las palabras y frases que sugirieron los participantes en el seminario para promover la comunicación intercultural. Haz una lista de las palabras y frases que se te ocurran al ver el mural. Haz otra lista de cinco o más que falten y que deseas que añada el artista.

6-54 A explorar: Otras imágenes. Busca otras obras de Xavier Cortada en Internet. Elige una que te impresione y descríbela en un párrafo. ¿Es una que tiene un mensaje social? ¿Te gustaría verla en persona o tenerla en tu universidad? Explica.

> **BUSCA** www ⬇
>
> **xavier cortada murales**

Páginas 📖
06-41 to 06-42

Alfonsina Storni (1892–1938, Argentina)

Alfonsina Storni nació en Suiza, pero vivió toda su vida en Argentina. Su vida personal constituye un ejemplo de la discriminación contra toda mujer que no se adapte al estereotipo social de su época. En gran parte de su poesía, Storni denuncia este hecho junto con la frustración y el desconcierto que le provoca el ser discriminada por ser mujer.

Antes de leer

6-55 Los colores. Lee por encima (*Skim*) el poema para encontrar palabras que se refieran a colores. Apunta el nombre de cada color y escribe una palabra o idea que asocies con ese color. Guarda tus apuntes para usarlos después de leer.

6-56 Estrategias para la lectura. Cuanto más sepas sobre el contexto en el que fue escrito un poema, más fácilmente lo comprenderás. Busca datos sobre Alfonsina Storni, el país en el que vivió y escribió, su vida personal y cómo murió. Recuerda estos datos mientras lees el poema. ¿Ves alguna conexión entre su poema y lo que pasó en su vida? ¿Cómo?

BUSCA www

alfonsina strorni bio

[handwritten notes:] colores — rojo blanco morados negros

6-57 ¿Cómo la quiere? Al leer el poema, trata de visualizar cómo quiere el novio que sea la narradora. ¿Cómo debe vestirse? ¿Cómo debe comportarse?

[handwritten: Spiritual vs Carnal]

TÚ ME QUIERES BLANCA

Tú me quieres alba°,	*white as the dawn*
Me quieres de espumas°	*made of froth*
Me quieres de nácar°.	*mother-of-pearl*
Que sea azucena°	*lily*
5 Sobre todas, casta°.	*chaste, pure*
De perfume tenue°,	*lightly scented*
Corola° cerrada.	*corolla, inner petals of a flower*
Ni un rayo de luna	
Filtrado me haya°,	*(que ni) un rayo de luna me haya filtrado*
10 Ni una margarita°	*daisy*
Se diga mi hermana°.	*may consider herself my sister*
Tú me quieres nívea°	blanca como la nieve
Tú me quieres blanca,	
Tú me quieres alba. *[handwritten: —sunrise colored]*	
15 Tú que hubiste° todas	*tuviste*
Las copas a mano,	
De frutos y mieles°	*honey*
Los labios morados.	
Tú que en el banquete	
20 Cubierto de pámpanos°	*tendrils*
Dejaste las carnes°	*you let your flesh be free*
Festejando a Baco°.	*Bacchus, Roman god of wine*
Tú que en los jardines	
Negros del Engaño°	*deceit, falsehood*
25 Vestido de rojo°	*i.e., apasionado*
Corriste al Estrago°.	*destruction*
Tú que el esqueleto°	*body (lit. skeleton)*
Conservas intacto	
No sé todavía	*[handwritten: huesos]*
30 Por cuáles milagros,	
Me pretendes blanca	
(Dios te lo perdone)	
Me pretendes casta	
(Dios te lo perdone)	
35 ¡Me pretendes alba!	
Huye° hacia los bosques;	*Flee*
Vete a la montaña;	
Límpiate la boca;	
Vive en las cabañas°	*huts, i.e., simply*
40 Toca con las manos	
La tierra mojada;	
Alimenta el cuerpo	
Con raíz amarga°;	*bitter root*
Bebe de las rocas;	
45 Duerme sobre escarcha°;	*frost*
Renueva tejidos°	*body tissues*

	Con salitre° y agua;	*sea salt in the air*
	Habla con los pájaros	
	Y lévate° al alba.	*levántate*
50	Y cuando las carnes	
	Te sean tornadas°	*turned back, i.e., returned to their original state*
	Y cuando hayas puesto	
	En ellas el alma	
	Que por las alcobas°	*bedrooms*
55	Se quedó enredada°,	*tangled*
Volta {	Entonces, buen hombre,	
	Preténdeme blanca,	
	Preténdeme nívea,	
	Preténdeme casta.	

Después de leer

6-58 ¿Cómo lo interpretas tú?   Contesta las siguientes preguntas sobre el poema.

1. Saca tus apuntes sobre los colores. ¿Qué color predomina en la primera parte? ¿En la segunda?

2. Compara las asociaciones que apuntaste con las asociaciones que hace la autora con los colores.

3. En tu opinión, ¿qué simboliza el blanco? ¿el rojo? ¿el negro?

4. ¿Quién será ese *tú*?

5. ¿Qué le daría a ese *tú* el derecho de pedirle a Alfonsina que sea casta?

6. ¿Puedes pensar en un refrán en inglés o en español que resuma este poema?

6-59 El doble criterio (*standard*).   El contraste de colores refleja otra dualidad: la manera en que esa persona (*tú*) vive su vida y lo que esa persona espera de la poeta. Sigue los siguientes pasos para estudiar las imágenes del poema.

1. Haz una lista de lo que ese *tú* quiere de la poeta y trata de dar ejemplos concretos para cada imagen. Por ejemplo, *La quiere alba, es decir, que sea virgen o inocente.*

2. Haz una lista de cómo el *tú* vive, y trata de dar ejemplos concretos para cada imagen. Por ejemplo, *Tuvo todas las copas a mano, es decir, se permitió todos los placeres carnales* (*alcohol, comida, mujeres,* etc.).

3. Compara las imágenes y los ejemplos que apuntaste en 1 y 2. ¿Por qué se enoja la poeta?

4. Hay un contraste implícito en el poema entre lo espiritual y lo carnal. Escribe por lo menos cinco palabras o ideas que asocies con cada concepto y explica por qué.

5. La poeta le da instrucciones al *tú* del poema para deshacer el "doble criterio". ¿Le pide "ejercicios" espirituales o terrenales (*earthly*)? Haz una lista de los ejercicios que la narradora requiere del *tú* y explica por qué.

6-60 ¿Se ha desaparecido el doble criterio?   Hablen de sus experiencias en la universidad, el trabajo y entre sus amistades. En su opinión, ¿hay una diferencia entre lo que se espera o se le pide a una mujer versus a un hombre? ¿A un joven versus a una persona mayor? Expliquen su opinión y den ejemplos concretos.

BUSCA   www

storni tú me quieres blanca video

6-61 A explorar: La poeta lee su obra.   Busca en Internet una grabación de la poeta leyendo este poema. ¿Cómo se refleja su actitud hacia el *tú* en el tono de su voz? ¿Qué opinas de su punto de vista?

Taller

Un reportaje periodístico

Un reportaje periodístico nos informa de algo notable que ha ocurrido en la región, el estado, la nación o el mundo.

[anotaciones manuscritas: dual personality, internal y external, poema, 10 oraciones, jueves, como te gustaria ser]

Antes de escribir

Idear. Piensa en algún evento que haya ocurrido recientemente en tu ciudad o estado que sea una celebración de la cultura hispana. Puede ser una exhibición de arte, un concierto, un día festivo, etc. Escribe una breve cronología del acontecimiento.

Informar. Escribe una oración que dé una explicación general del acontecimiento.

A escribir

Detallar. Escribe cuatro o cinco oraciones para dar una cronología de lo ocurrido y añadir detalles.

Agregar. Agrega citas verdaderas o ficticias de personas interesadas o involucradas en el acontecimiento.

Conjeturar. Escribe dos o tres oraciones en que expliques el efecto de este acontecimiento.

Resumir y concluir. Escribe una o dos oraciones para resumir el evento y concluir el artículo.

Después de escribir

Revisar. Revisa tu artículo para ver si tiene una secuencia lógica. Luego revisa los siguientes aspectos.

☐ ¿Has incluido una variedad de vocabulario?

☐ ¿Has usado una frase con **hacer** refiriéndote a un período de tiempo?

☐ ¿Has verificado los usos de **por** y **para**?

☐ ¿Has usado el **pretérito** para expresar lo que ocurrió?

☐ ¿Has usado el **imperfecto** para describir las circunstancias (de la acción)?

☐ ¿Has verificado la ortografía y la concordancia?

Intercambiar. Intercambia tu artículo con el de un/a compañero/a. Mientras los lean, hagan comentarios y sugerencias sobre el contenido, la estructura y la gramática.

Entregar. Pon tu ensayo en limpio, incorporando las sugerencias de tu compañero/a, y entrégaselo a tu profesor/a.

Carnaval en La Habana

Vocabulario

 ## Primera parte

 ## Segunda parte

abogar (por)	*to advocate*
el acoso	*harassment*
el adelanto	*progress*
aguantar	*to bear, to put up with*
la barrera	*barrier*
combatir	*to combat*
la convivencia	*coexistence*
dedicarse (a)	*to be engaged in, be dedicated to*
la discapacidad	*disability, handicap*
la encuesta	*poll, survey*
la etnia	*ethnic group*
hallarse	*to be in a certain place or condition*
el/la investigador/a	*researcher*
el machismo	*male chauvinism*
mayoritario/a	*majority*
minoritario/a	*minority*
otorgar	*to grant, to award*
pertenecer (zc)	*to belong*
el prejuicio	*prejudice*
restringir (j)	*to restrict, to limit*
señalar	*to point out, to make known*
valorar	*to value, to appreciate*

la ascendencia	*heritage*
el cerebro	*brain*
la ciudadanía	*citizenship*
criar(se)	*to raise (to grow up)*
culpar	*to blame*
el género	*gender*
integrar	*to integrate*
el lenguaje de señas	*sign language*
la manifestación	*protest, demonstration*
merecer (zc)	*to deserve*
odiar	*to hate*
la política	*policy, politics*
la queja	*complaint*
la raza	*race*
la tarea	*task*

¡Cuidado! todo/a/os/as *See page 209.*
Frases comunicativas: a favor de; en contra de; Según…
See page 220.

¡Cuidado! lo + *adjective*; la gente *See page 225.*
Common idiomatic expressions with por *See page 230.*

7 Cuerpo sano, mente sana

OBJETIVOS COMUNICATIVOS

- Talking about foods and their preparation
- Describing food and family traditions
- Talking about nutrition and health
- Expressing what you would do or would have done
- Discussing hypothetical situations

A empezar

¿Te atreves a hacer recetas nuevas? ¿Cuánto tiempo hace que preparaste un plato nuevo para tus invitados? ¿Hay ciertos platos que no comes por razones de salud, religión o gusto?

Curiosidades

¿Sabes...

cuál es el ingrediente especial del nuevo refresco boliviano Coca Colla?

a. la hoja de coca
b. la papa
c. el maíz

de qué idioma vienen las palabras *tomate*, *aguacate* y *chocolate*?

a. del yoruba, idioma de la tribu yoruba, en la zona occidental de África
b. del náhuatl, idioma principal de los aztecas, en la zona central de México
c. del taíno, idioma de los indios taínos que poblaban varias zonas del Caribe

dónde se originó la papa?

a. en las montañas de los Andes, América del Sur
b. en las islas Canarias
c. en la zona central de China

247

PRIMERA PARTE
¡Así es la vida!

http://medicofamiliar.com

MédicoFamiliar.com
Información saludable para toda la familia

Página inicial — **Vivir saludablemente** — **Comida y nutrición** — **Rutinas alimenticias: una encuesta**

Rutinas alimenticias: una encuesta

A tu médico le gustaría obtener información acerca de tus rutinas alimenticias para ayudarte a planear una dieta saludable.

Flautas

Pollo asado

¿Cómo se preparan las comidas que comes con más frecuencia?

☐ fritas ☐ cocidas lentamente ☐ al horno ☐ a la parrilla

¿Cuántas veces comes fuera de casa durante la semana? ☐

¿Tomas vitaminas u otros suplementos dietéticos? ☐ Sí ☐ No

¿Te consideras vegetariano/a? ☐ Sí ☐ No

¿Tienes alergia a alguna comida? ☐ Sí ☐ No

En la mesa, ¿le añades sal a la comida? ☐ Sí ☐ No

Ahora indica el número de porciones de cada comida que consumes en:

Granos
- ☐ rebanada de pan integral
- ☐ arroz blanco o integral
- ☐ cereal cocido
- ☐ cereal frío

Verduras y frutas
- ☐ porción de verduras
- ☐ ensalada
- ☐ papa de tamaño mediano
- ☐ fruta (manzana, naranja, banana...) 1/2 taza de una fruta cocida o enlatada
- ☐ vaso de jugo de frutas

Lácteos
- ☐ vaso de leche al 2%
- ☐ vaso de leche al 1% o de leche desnatada[1]
- ☐ tajada de queso de 1 onza (28,35 g)
- ☐ porción de yogur o requesón
- ☐ 1/2 taza de helado

Carne o alternativas a la carne
- ☐ 4 onzas de carne, pescado o ave
- ☐ 2 huevos
- ☐ 1 taza de frijoles
- ☐ 4 cucharadas de mantequilla de maní
- ☐ 4 onzas de queso de soya
- ☐ hamburguesa vegetariana

Comidas mixtas
- ☐ porción de lasaña
- ☐ porción de macarrones con queso
- ☐ porción de espaguetis con salsa de carne
- ☐ porción de pizza

Bebidas
- ☐ taza de café
- ☐ taza de té
- ☐ refresco
- ☐ bebida light
- ☐ bebida energética
- ☐ vaso de agua

Dulces y chatarra
- ☐ panecillo dulce o *donut*
- ☐ galleta
- ☐ barra de chocolate
- ☐ papitas fritas de paquete

Alcohol
- ☐ vaso de cerveza (12 onzas)
- ☐ copa (4 onzas) de vino
- ☐ ¿otros?

Fuente: Escrito por el personal editorial de medicofamiliar.com
[1]skim

Vocabulario básico

Las bebidas
la cerveza, el jugo, la leche, el vino,...

Los condimentos
el aceite, el azúcar, la pimienta, la sal, el vinagre,...

La carne
el bistec, el cerdo, el pollo,...

Las frutas
la fresa, la naranja, la piña, el plátano,...

Las verduras
la espinaca, el frijol, la lechuga, la papa (patata), la zanahoria,...

El pescado y los mariscos
el camarón, la langosta, el salmón,...

Los postres
el dulce, el helado, el pastel,...

Los utensilios
la cuchara, el cuchillo, el tenedor,...

Vocabulario clave: Los ingredientes y la preparación de la comida

Verbos

agregar/añadir	to add
asar	to roast
cocer/cocinar	to cook
freír (i, i)	to fry
hacer la compra	to go shopping
hornear	to bake
medir (i, i)	to measure
mezclar	to mix
moler (ue)	to grind
picar	to chop, to cut up
probar (ue)	to try, to taste
sazonar	to season

Sustantivos
Carnes y alternativas

la albóndiga	meatball
la carne de res	beef
la pechuga	breast (poultry)
el queso de soya/soja	tofu

Frutas, verduras y legumbres

el ajo	garlic
el champiñón/el hongo	mushroom
la col	cabbage
los guisantes	peas
las lentejas	lentils

la mantequilla de maní	peanut butter
el melocotón, el durazno	peach
el pimiento	sweet pepper
la toronja/el pomelo	grapefruit

Miscelánea

la (comida) chatarra	junk food
el entremés	appetizer
los fideos	noodles
la harina	flour
el requesón	cottage cheese
la rebanada	slice
el sabor	flavor
las sobras	leftovers
el tazón	bowl

Adjetivos

agrio/a	sour
amargo/a	bitter
congelado/a	frozen
enlatado/a	canned
picante	spicy
salado/a	salty
soso/a	bland

Otras palabras y expresiones

el/la vegetariano/a (estricto/a)	vegetarian (vegan)

Ampliación

Verbos	Sustantivos	Adjetivos
cocinar	la cocina	cocinado/a
enlatar	la lata	enlatado/a
freír (i, i)	la fritura	frito/a
hornear	el horno	horneado/a
moler (ue)	el molinillo, el molino	molido/a

¡Cuidado!

Oler (hue-) a, saber a

- The verbs **oler** (*to smell*) and **saber** (*to taste*), require the preposition **a** to express *to smell/taste like*. Note the spelling change for **oler**, which has both the stem change and the added initial *h*.

Esta sopa **huele a** mariscos.

Dicen que las ancas de rana **saben a** pollo.

This soup smells like seafood.

They say that frog legs taste like chicken.

Esta sopa sabe a lentejas y hongos.

Pero huele a pollo.

7-1 Hábitos alimenticios. Comparen sus respuestas a la encuesta en *¡Así es la vida!* ¿Qué tienen en común y cómo se diferencian? ¿Es uno/a de ustedes vegetariano/a estricto/a? ¿Quién tiene una dieta más saludable?

7-2 ¿En qué categoría? Coloca las comidas en *¡Así lo decimos!* según sus características y marca las que te gustan. En general, ¿qué sabores prefieres?

agrio/a					
amargo/a					
dulce					
picante					
salado/a	*albóndigas*				
soso/a					

 7-3 Algunas especialidades del mundo hispano. A continuación tienen algunos platos y bebidas típicos que comerán y beberán en ciertos países hispanos. Trabajen juntos para emparejarlos con su descripción. ¿Cuáles han probado y dónde? ¿Cuáles son apropiados para una persona vegetariana? Compartan sus opiniones con el resto de la clase.

1. ____ el ceviche

2. ____ el churro

3. ____ el gazpacho

4. ____ el mate

5. ____ el gallo pinto

6. ____ el pozole

7. ____ la arepa

8. ____ la empanada

9. ____ la horchata

10. ____ la parrillada

11. ____ la salsa chimichurri

12. ____ la torta

a. Carne, pollo y salchichas asados a la parrilla, especialmente en Argentina, Uruguay y Chile.

b. Salsa verde hecha con perejil (*parsley*), vinagre, aceite de oliva y sal. Muy sabrosa con la carne asada.

c. Sopa de maíz, carne o pollo de origen precolombino; muy popular en México.

d. Un tipo de *donut* frito y largo; se come a menudo con chocolate.

e. Un té hecho de una planta común en Argentina, Uruguay, Paraguay y Brasil; además de tener cafeína, se considera muy saludable.

f. Un sándwich hecho con pan bolillo (francés) popular en México.

g. Un pastel relleno con carne, cebollas, aceitunas y pasas (Argentina), o con otro relleno, según el país.

h. Una torta (*cake*) de maíz, muchas veces rellena con puerco o pollo.

i. En México, una bebida hecha con arroz, azúcar, canela (*cinnamon*) y agua. Cada país tiene su versión particular.

j. Un coctel de pescado o mariscos crudos con sal y limón.

k. Un plato de arroz y frijoles negros o rojos/colorados, popular en Nicaragua y Costa Rica, pero con variaciones por todo el Caribe.

l. Sopa fría, generalmente con base de tomate, aceite, vinagre, pan y ajo, pero con muchas variaciones.

Gallo pinto

7-4 ¿Cómo se prepara una sopa de pollo?   Completa las instrucciones con la forma de **tú** de un verbo lógico de la lista. No es necesario repetir ningún verbo.

agregar	cocinar	freír (i)	picar	sazonar
añadir	comprar	medir (i)	probar (ue)	servir (i)

- Primero, tienes que ir al supermercado para hacer la compra. (**1**) _____ pechuga de pollo, cebolla y fideos.
- Cuando vuelvas a casa, sacas un cuchillo y (**2**) _____ la cebolla en pedazos (*pieces*) pequeños.
- Sacas una sartén, le (**3**) _____ aceite de oliva y la cebolla.
- (**4**) _____ la cebolla hasta que esté dorada.
- Cortas el pollo en pedazos y lo (**5**) _____ con sal y pimienta.
- Después (**6**) _____ el pollo a la cebolla y lo cocinas por cinco minutos.
- (**7**) _____ un litro de agua fría y lo agregas al pollo y a la cebolla.
- Cocinas la sopa a fuego lento por 30 minutos.
- Agregas los fideos y lo (**8**) _____ todo por 10 minutos más.
- Antes de servir la sopa, la (**9**) _____ para asegurarte que está bien sazonada.
- Finalmente, la (**10**) _____ en un tazón. Si quieres, puedes echarle perejil picado. ¡Buen provecho!

7-5 En la cocina del famoso chef Aarón Sánchez.   Preparen una conversación entre este chef y su ayudante. Hablen de una cena especial que van a preparar, los ingredientes que van a usar y los pasos que van a seguir. Expresen sus opiniones y preferencias sobre los platos y los sabores. Preséntenle su conversación al resto de la clase.

> MODELO: AARÓN: *Vamos a preparar una cena especial esta noche para algunos críticos de cocina del periódico.*
>
> AYUDANTE: *¿Por qué no les preparamos…?*

El célebre chef Aarón Sánchez es estrella de varios programas de Food Network.

7-6 Cocinar en casa o comer fuera. En grupos de tres o cuatro, hablen sobre los siguientes temas: ¿Cuáles son las ventajas y desventajas de cocinar en casa o comer fuera? ¿Qué prefieren hacer ustedes? ¿Qué preparan si tienen suficiente tiempo? ¿Y suficiente dinero? ¿Y buenos mercados? ¿Cómo es su restaurante ideal?

7-7 Cómo economizar en el supermercado. Ingrid Hoffmann es una popularísima chef en el Cooking Channel y en Univision/Telefutura. Escucha el programa de esta famosa chef e indica cuáles de los siguientes consejos nos da. Corrige los que no representan lo que nos aconseja. ¿Cuáles ya seguías? ¿Cuáles podrías adoptar fácilmente?

1. ____ Ve al supermercado cuando tengas hambre para poder elegir lo que te apetezca.
2. ____ Ten un presupuesto (*budget*) y haz una lista.
3. ____ Deja tu tarjeta de crédito en casa.
4. ____ No compres las ofertas especiales si no están en la lista.
5. ____ Compra paquetes de carne o queso rebanado ya preparados en vez de hacer cola en el delicatessen.
6. ____ Ve al supermercado todos los días para así comprar comida más fresca.
7. ____ Compra las verduras enlatadas o congeladas y no las frescas.
8. ____ Compra comida extra por si llegan amigos que no *esperabas*.

7-8 Comunidades: Un supermercado hispano. Investiga en tu comunidad para ver si hay un supermercado que venda comestibles para el mercado hispano. Visítalo para ver lo que ofrece y haz una lista de diez o más productos o ingredientes que raramente se encuentren en supermercados que no tengan una clientela hispana. ¿Cuáles no habías visto antes?

Ingrid Hoffmann, una chef de renombre en la televisión

7-9 De nuevo: Mi propio restaurante (*Present subjunctive with adjective clauses*). Imagínate que eres el/la nuevo/a dueño/a de un restaurante argentino elegante. Diseña un anuncio para el periódico para solicitar empleados que cumplan con ciertos requisitos. Utiliza las siguientes frases en tu anuncio.

RECUERDA

Para poder completar las oraciones para tu anuncio debes usar el presente del subjuntivo (*Capítulo 5*).

Se necesita(n)…

cocinero/a que…
administrador/a que…
varios/as meseros/as que…

decorador/a que…
carpintero/a que…
pintor/a que…

MODELO: *Se necesita cocinero/a que sepa preparar comida argentina, que sea…*

Reto: Usa muchas palabras de *¡Así lo decimos!* ¡Trata de añadir más personas a la lista!

1. Imperfect subjunctive

07-07 to 07-13

> Te pedí que no empezaras hasta que llegara la sopa.

The imperfect subjunctive is required in the same cases as the present subjunctive, but the point of reference is in the past.

Juana **dudaba** que el ceviche **estuviera** cocinado.	*Juana doubted that the ceviche was cooked.*
Buscaba una tienda que **vendiera** mariscos frescos.	*I was looking for a store that sold fresh seafood.*
No **íbamos a comer** los chapulines fritos aunque **fueran** la especialidad.	*We weren't going to eat the fried grasshoppers even if they were the specialty.*

- The imperfect subjunctive is formed by dropping the **-ron** ending of the third-person plural of the preterit and adding the endings **-ra, -ras, -ra, -ramos, -rais, -ran**. All verbs follow the same pattern.

IMPERFECT SUBJECTIVE	TOMAR	COMER	VIVIR	IR	TENER
3rd-person plural preterit	toma~~ron~~	comie~~ron~~	vivie~~ron~~	fue~~ron~~	tuvie~~ron~~
yo	toma**ra**	comie**ra**	vivie**ra**	fue**ra**	tuvie**ra**
tú	toma**ras**	comie**ras**	vivie**ras**	fue**ras**	tuvie**ras**
Ud./él/ella	toma**ra**	comie**ra**	vivie**ra**	fue**ra**	tuvie**ra**
nosotros	tomá**ramos**	comié**ramos**	vivié**ramos**	fué**ramos**	tuvié**ramos**
vosotros	toma**rais**	comie**rais**	vivie**rais**	fue**rais**	tuvie**rais**
Uds./ellos/ellas	toma**ran**	comie**ran**	vivie**ran**	fue**ran**	tuvie**ran**

¡OJO!

Uses of subjunctive:

Noun clauses (will, doubt/denial, emotion) + **que** + change of subject.

Queremos que el chef nos **traiga** la especialidad.

Adjective clauses (uncertain or non-existent antecedent) + **que**

No hay ninguna verdura que me **guste.**

Adverb clauses (uncertain or unknown actions or means)

Voy a preparar la cena **como** me **digas.**

¡OJO!

The first-person plural requires a written accent: **tomáramos, fuéramos, tuviéramos…**

• A common use of the imperfect subjunctive is to make polite requests or statements with the verbs **querer, poder,** and **deber.** Note the following examples.

Quisiera probar las albóndigas.	*I would like to taste the meatballs.*
Estos mariscos parecen muy frescos. ¿**Pudiera** darme medio kilo, por favor?	*These shellfish look fresh. Could you give me half a kilo, please?*
Debieran seguir la receta.	*They should follow the recipe.*

• **Ojalá (que)** + imperfect subjunctive expresses a wish that is contrary-to-fact in the present or unlikely to happen in the future.

Ojalá que mamá **tuviera** lentejas para la cena.	{ *I wish Mom had lentils for dinner. (She doesn't.)* *I wish Mom would have lentils for dinner. (She probably won't.)* }

Aplicación

7-10 En la cocina con Tita y Nacha. En la novela y la película *Como agua para chocolate* la preparación de la comida ocupa un lugar importante. Lee cómo recuerda Tita el tiempo que pasaba en la cocina con Nacha, su niñera. Subraya los verbos en el imperfecto del subjuntivo y explica por qué se usan.

MODELO: Nacha siempre insistía en que nos <u>laváramos</u> las manos antes de empezar a cocinar. (*"Insistir en que" requiere el subjuntivo. "Laváramos" es el imperfecto del subjuntivo porque "insistía" está en el imperfecto.*)

Era un día perfecto para preparar la rosca de Navidad. Nacha siempre quería que la preparáramos dos días antes de la Navidad para que la pudiéramos servir para la Nochebuena. Nos pedía que buscáramos huevos frescos en la pollera, que compráramos levadura (*yeast*) y fruta, que calentáramos bien la leche y que midiéramos bien la harina. Nosotras hacíamos una masa olorosa (*fragrant*), llena de frutas secas, nueces, canela y amor. Sí, el secreto de la rosca es que siempre hay que prepararla con amor. Luego era necesario que la horneáramos en el horno de leña (*wood*) en la cocina grande de mamá Elena. Nosotras la poníamos por dos horas hasta que salía bien tostada y fragante. Después, mamá Elena insistía en que se la sirviéramos a los invitados con un cafecito o una copa de vino, incluso al padre Román de la parroquia. Así nosotras la hacíamos todos los años cuando éramos jóvenes.

La rosca de Navidad

e **7-11 Recuerdos de su niñez.** Héctor Abreu es un joven chef dominicano que tiene su propio restaurante en Nueva York. A continuación habla de sus recuerdos de la niñez y su pasión por la comida. Completa las oraciones con la forma correcta del imperfecto del subjuntivo.

1. Cuando era niño, esperaba ser jugador de béisbol en las Grandes Ligas, pero mi madre prefería que _____ (estudiar) para ser chef.

2. Ella tenía razón. Era dudoso que (yo) _____ (poder) competir con tantos jóvenes beisbolistas dominicanos que eran mejores que yo.

3. Además, siempre me apasionaba la cocina. Sabía que tendría que buscar una escuela culinaria que me _____ (preparar) para ser chef en un gran restaurante.

4. Para mí, era importante que algún día me _____ (hacer) chef de mi propio restaurante y que me _____ (especializar) en la cocina dominicana.

5. Decidí seguir mi corazón e ir adónde me _____ (guiar). Pues, realicé mis sueños cuando por fin llegué a Nueva York, abrí mi propio restaurante e invité a mi mamá a que _____ (venir) y me _____ (acompañar) en la cocina.

6. Decidimos preparar variaciones de especialidades dominicanas (mondongo, plátanos verdes, arroz con frijoles, yuca) para que mis amigos beisbolistas y todos _____ (disfrutar) de la cocina dominicana.

Me encanta cocinar.

e **7-12 La preparación del cochinillo.** El cochinillo es un plato muy especial durante la Navidad en muchos países hispanos. Completa la descripción de su preparación con la forma correcta del imperfecto del indicativo o del subjuntivo según el contexto.

MODELO: Era necesario que mis padres ____fueran____ (ir) a la carnicería.

Mis padres siempre le (1) _____ (pedir) al carnicero que les (2) _____ (dar) el cochinillo más bello que tenía. El carnicero (3) _____ (querer) que ellos (4) _____ (comprar) uno pequeño, pero mis padres (5) _____ (necesitar) uno para veinte invitados. Ellos (6) _____ (temer) que uno de solo cinco kilos no (7) _____ (ser) lo suficientemente grande para tanta gente. Al volver a casa, (8) _____ (ellos: poner) el cochinillo en la parrilla. Me (9) _____ (pedir) que (10) _____ (preparar) un adobo (*marinade*) de naranja agria, sal, ajo y orégano. Yo (11) _____ (esperar) que no se (12) _____ (quemar) en la parrilla, pero siempre (13) _____ (haber) gente que lo vigilaba. Cuando (14) _____ (estar) listo, no (15) _____ (ser) necesario llamar a los invitados porque el olor del cochinillo en la parrilla siempre los (16) _____ (obligar) a que (17) _____ (venir) a comer.

Cochinillo asado

7-13 Cuando eran más jóvenes. Comenten sobre sus deseos, preferencias y costumbres cuando eran más jóvenes. Usen las frases siguientes y háganse preguntas para explicar con detalle sus recuerdos.

> MODELO: E1: *Cuando era más joven, siempre quería que mi mamá me preparara sopa cuando me sentía mal.*
> E2: *¿Qué sopa te gustaba más?*
> E1: *Prefería la sopa de pollo.*

1. Esperaba que...
2. No conocía a nadie que...
3. Buscábamos una receta que...
4. Siempre les pedía a mis padres que...
5. No iba a la escuela sin que...
6. Mis padres preferían que...
7. Queríamos seguir un régimen (una dieta) que...
8. No me gustaba que...

7-14 Un recuerdo tuyo. Escribe un párrafo en el que recuerdes alguna costumbre sobre los hábitos de comer que siempre tenías de joven. Primero usa el imperfecto del indicativo para describir la costumbre. Luego comenta la ocasión con el imperfecto del subjuntivo. Usa expresiones como *era bueno/malo que…, me gustaba/encantaba que…, era triste que…*, etc.

> MODELO: *Cuando era joven mi familia y yo siempre cenábamos en un restaurante chino el 25 de diciembre. Era bueno que llegáramos temprano al restaurante porque había mucha gente.*

7-15 ¡Ojalá! ¿Cuáles son sus deseos? Expresen algunos deseos que probablemente no se hagan realidad. Usen la expresión **ojalá (que)** + el imperfecto del subjuntivo para hacer comentarios sobre cada uno de los siguientes temas.

la comida de esta universidad
mi comida favorita
el precio del café de...

los pasteles de chocolate
los restaurantes de esta ciudad
los refrescos que me gustan

> MODELO: la salud de mi abuelo
> *¡Ojalá que mi abuelo se cuidara más y que no comiera tantos dulces!*

7-16 Debate: Comida nutritiva para todos. Formen dos grupos para debatir uno de los siguientes temas. Usen expresiones con el imperfecto del subjuntivo en su presentación.

Resolución: Hay que eliminar por completo la comida chatarra de las escuelas primarias y secundarias.

Resolución: Hay que expandir el programa de alimentos y nutrición para las familias de bajos recursos para que nadie tenga hambre.

Frases comunicativas
Ya era hora que... *It was about time...* (+ imperfect subjunctive)
Antes era lógico (común, posible, etc.) que...
El gobierno siempre quería que...

> MODELO: *Vivimos en un país democrático; no es justo que el gobierno nos diga lo que debemos comer. Anteriormente, era común que las escuelas sirvieran papitas fritas, hamburguesas y otros platos que a todos nos gustaban. Pero luego decidieron que...*

CONÉCTATE

Videoblog   *Delicioso, fresco y saludable*

Antes de verlo

7-17 ¡A cocinar!   ¿Te gusta cocinar? ¿Qué tipo de comidas preparas? ¿Qué ingredientes usas generalmente? Qué te importa más, ¿que tu comida sea deliciosa o saludable?

A verlo

7-18 A verlo.   En este segmento vas a acompañar a Mauricio a entrevistar a la famosa chef colombiana Ingrid Hoffmann. Mientras ves el video, toma nota de las sugerencias que ofrece para comer comida deliciosa, fresca y saludable. También anota los ingredientes típicos de las comidas hispanas. Además de comer saludable, ¿qué recomienda la señora Hoffmann para mantenerse sano?

Después de verlo

7-19 Una cena especial.   Imagínense que son chefs y que van a preparar una cena típica hispana para la televisión implementando los consejos de Ingrid Hoffmann. Trabajen juntos para decidir qué comida prepararán, qué ingredientes piensan usar, cómo van a preparar la comida y de qué manera su cena será deliciosa y saludable a la vez. Háganle una presentación al resto de la clase sobre la preparación de su cena.

Comparaciones

7-20 En tu experiencia. ¿Qué productos agrícolas son oriundos (*native*) de tu región? ¿Cuáles de los no oriundos son importantes en tu dieta? ¿De dónde son y cómo llegan al supermercado?

Productos oriundos[1] de las Américas y productos introducidos allí por los españoles

Hay más de 3.000 variedades de papa en Bolivia y Perú.

Con el descubrimiento del Nuevo Mundo los españoles introdujeron en España, y después en el resto de Europa, una serie de productos desconocidos hasta entonces. El que más impacto ha tenido es el tabaco, llevado por Sir Walter Raleigh a Londres en el Siglo XVI, y cuya influencia perdura en todo el mundo hasta nuestros días.

En el Siglo XVI llegaron a Europa a través de España productos comestibles y especias como el maíz, la papa, la vainilla, el tomate, el aguacate[2], el cacao, la piña, la guayaba[3], la papaya, el chile, los frijoles, el boniato[4], el maní[5] y el pavo.

De la gran variedad de plantas americanas vienen productos farmacéuticos como la quinina y la coca. Y, ¿qué sería de los métodos de transporte sin la goma del caucho[6]?

De Europa, los españoles introdujeron en América el café, posiblemente el producto que más impacto ha causado. Además, trajeron la caña de azúcar, el arroz, el mango y la banana. Y con los españoles vinieron animales como los caballos, los burros, las mulas, las ovejas, las cabras[7], las vacas, los cerdos[8], los pollos, los gatos y hasta los ratones. Comestibles como el trigo[9], las aceitunas[10], la cebolla y el ajo cambiaron para siempre la dieta del indígena americano.

[1]originarios	[2]avocado	[3]guava	[4]yam	[5]peanut
[6]rubber	[7]goats	[8]pigs	[9]wheat	[10]olives

7-21 En su opinión. Describan el papel que tienen estos productos en su vida gastronómica. ¿Cuáles usan con frecuencia? ¿Cómo los preparan? ¿Cuáles nunca comerían? ¿Por qué? Preparen una lista para después compararla con las del resto de la clase.

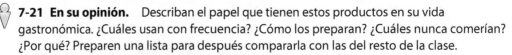

DEL NUEVO MUNDO		DEL VIEJO MUNDO	
el aguacate	la papa	el aceite de oliva	la carne de cerdo
el boniato	la papaya	el ajo	la carne de res
el chile	el pavo	el arroz	la cebolla
el chocolate	la piña	el azúcar	el cordero (carne de oveja)
el maíz	el tomate	la banana	la harina
el maní	la vainilla	el café	el mango

Ritmos

Ojalá que llueva café (Juan Luis Guerra y 4:40, República Dominicana)

Juan Luis Guerra y 4:40 forman uno de los grupos musicales contemporáneos más importantes de Hispanoamérica. Según el cantautor, la canción *Ojalá que llueva café* tiene su origen en un poema anónimo que encontró en el pueblo de Santiago de los Caballeros, República Dominicana. A Guerra le pareció una metáfora muy bella, la desarrolló y le puso música.

Antes de escuchar

7-22 Asociaciones. ¿Qué productos asocias con el bienestar económico de tu región o estado? ¿Son productos agrícolas o fabricados? En el título de esta canción, ¿qué producto se menciona? Busca República Dominicana en el mapa y describe las diferencias geográficas y climáticas entre tu región y la de esta canción.

A escuchar

7-23 ¿Lluvia de café? Antes de escuchar la canción, busca el significado de estos productos que se mencionan. ¿Cuáles has probado? Escucha la canción para saber por qué el cantante quiere que llueva café.

el arroz	las fresas	el queso blanco
la batata	el mapuey	el té
el berro	el pitisalé	el trigo
la miel		la yuca

BUSCA www

guerra ojalá llueva café video;
guerra ojalá llueva café letra

Después de escuchar

7-24 En tu opinión. ¿Cómo caracterizas el ritmo y el tono de esta canción? ¿Es optimista? ¿pesimista? ¿alegre? ¿triste? ¿Qué importancia tienen el café y los otros productos para un campesino?

 7-25 ¡Ojalá! Ahora compongan una canción para sus compañeros de clase. Primero, hagan una lista de los objetos o productos que son muy importantes en su vida. Luego, escriban el estribillo (*chorus*) de una canción orginal basándose en el de *Ojalá que llueva café*. Compartan sus canciones con la clase.

MODELO: *¡Ojalá que siempre tengas pollo para tu arroz!*

SEGUNDA PARTE

¡Así es la vida!

Tu inteligencia nutricional

Completa la siguiente encuesta para comprobar tu conocimiento de la nutrición:

1. De las siguientes comidas, ¿cuál se considera afrodisíaca según muchas personas?
   - a. las ostras
   - b. los espárragos
   - c. el ajo
   - d. todas

2. De las siguientes verduras, ¿cuál contiene la mayor cantidad de vitaminas y nutrientes?
   - a. el pimiento rojo
   - b. el pimiento verde
   - c. el brócoli

3. Si quieres endulzar tu té, ¿cuál de estos ingredientes tiene menos calorías?
   - a. la miel
   - b. el azúcar blanco
   - c. el azúcar crudo
   - d. todos son iguales

4. De estos aceites, ¿cuáles son buenos para la salud?
   - a. el de oliva
   - b. el de palma
   - c. el de pescado
   - d. todos

5. Si estás resfriado/a, ¿cuál de estos tratamientos te ayudará más?
   - a. ingerir más vitaminas
   - b. tomar sopa de pollo
   - c. tomar pastillas de cinc

6. De estos dichos[1], ¿cuál es el más cierto?
   - a. Después de un atracón (comer y beber en exceso), un día de ayuno.
   - b. Debes comer toronja para quemar la grasa.
   - c. A diario una manzana, es cosa sana.

7. De estas creencias, ¿cuál tiene más validez?
   - a. Las verduras crudas son mejores que las congeladas.
   - b. Una dieta vegetariana es mejor que una que incluye carne.
   - c. Hacer ejercicio te hace comer más.

8. Para adelgazar se debe…
   - a. quemar más calorías que las que se consume
   - b. tomar mucha agua
   - c. practicar yoga

[1]sayings

¡Así lo decimos!

Vocabulario básico

la anemia
la caloría
la salud
la vitamina
los nutrientes

Vocabulario clave: La dieta sana

Verbos

adelgazar	*to slim down*
(des)congelar	*to freeze (to defrost)*
consumir	*to consume*
echarse a perder	*to spoil (food)*
echar	*to add (pour in)*
endulzar	*to sweeten*
engordar	*to gain weight*
fortalecer (zc)	*to strengthen*
hervir (ie, i)	*to boil*
pelar	*to peel*
quemar calorías	*to burn calories*

Sustantivos

Mariscos

la almeja	*clam*
el calamar	*squid*
el mejillón	*mussel*
la ostra	*oyster*

Utensilios

el abrelatas	*can opener*
la batidora	*blender*

la cafetera	*coffee pot, coffee maker*
la olla/la cacerola	*pot*
el sacacorchos	*corkscrew*
la sartén	*frying pan*
el recipiente	*container*

Miscelánea

el ayuno	*fast*
la grasa	*fat (in food)*

La preparación

al ajillo	*in garlic sauce*
al horno	*baked*
a la marinera	*seafood-style*
a la parrilla	*broiled, charcoal grilled*
a la plancha	*grilled*
al punto/término medio	*medium (for meat)*
al vapor	*steamed*

Adjetivos

bien hecho/a	*well done (for meat)*
(casi) crudo/a	*raw (rare, for meat)*
(des)equilibrado/a	*balanced (unbalanced)*

Ampliación

Verbos	**Sustantivos**	**Adjetivos**
(des)congelar	el congelador	(des)congelado/a
embotellar	la botella	embotellado/a
engordar	la gordura	gordo/a

¡Cuidado!

copa, taza, vaso

- **Copa** is a glass of wine, champagne, or brandy; **tomar una copa** means to have a drink.

  Tráeme dos **copas** para probar el vino. *Bring me two glasses to try the wine.*

- **Taza** means *cup* in the sense of a cup of coffee or a measuring cup.

  Busca unas **tazas** para el café. *Look for some cups for the coffee.*

- **Vaso** is a glass of water, juice, milk, soda, etc.

  ¿Quieres un **vaso** de limonada? *Would you like a glass of lemonade?*

¿Te apetece una taza de café, una copa de vino tinto o un vaso de cerveza?

7-26 Tu inteligencia nutricional. Primero, comparen sus respuestas a la encuesta en *¡Así es la vida!* y expliquen sus diferencias de opinión. Después, usen la clave a continuación para calcular su inteligencia nutricional. ¿Cuáles de las respuestas les sorprenden? Dense un punto por cada respuesta correcta.

1. **d.** Hay gente que cree que todas son afrodisíacas, pero la evidencia científica no lo prueba. Su efecto puede ser el resultado de la sugestión.

2. **a.** Todas estas verduras son buenas, pero el pimiento rojo contiene nueve veces más caroteno, un antioxidante importante, que el pimiento verde y dos veces la cantidad de vitamina C.

3. **d.** Todos son iguales en cuanto a la cantidad de calorías.

4. **d.** Todos estos aceites son buenos. Pero es importante que el de palma sea en su forma natural (no procesado) y que no se caliente el de oliva a una temperatura muy alta. Siempre es bueno comer pescado como el salmón y el atún.

5. **b.** Hay poca evidencia que demuestre las ventajas de tomar vitaminas o pastillas de cinc.

6. **c.** Una fruta bastante baja en azúcar, es rica en vitamina C, potasio y fibra. En cuanto al día de ayuno, es mucho mejor hacer de tres a cuatro comidas pequeñas durante el día. Y la toronja es una excelente fruta baja en calorías, pero no quema la grasa.

7. **c.** Si tienes tu propio huerto con frutas y verduras frescas, las frescas son mejores. Pero para la mayoría de la gente, las congeladas son más saludables. Hay demasiados variables para aceptar la opción "b" porque cualquier dieta puede ser saludable o no, dependiendo de lo que se coma. Es verdad que hacer ejercicio da hambre, pero también ayuda a quemar calorías y a mejorar el estado de salud en general.

8. **a.** Aunque el agua y el yoga son buenos para la salud, la clave es reducir el número de calorías que se consume.

Tu resultado

7-8 puntos: ¡Felicitaciones! Tienes un buen conocimiento de la nutrición. Sírvete un vaso de jugo de zanahoria para celebrar.

5-6 puntos: No está mal, pero no te olvides de leer las etiquetas de las comidas.

4 puntos: ¡Anímate! La buena nutrición vale la pena.

Menos de 4 puntos: Consulta a un/a nutricionista. Todavía hay tiempo para mejorar la calidad de tu vida.

 7-27 Adivinen. A continuación encontrarán varios grupos de palabras. Túrnense para escoger la palabra que no pertenezca al grupo y expliquen por qué.

> MODELO: olla, sartén, ostra, batidora
> *Ostra, porque la ostra se come; no se usa para preparar la comida.*

1. el maíz, el mango, la piña, la papaya
2. la almeja, el calamar, el plátano, el mejillón
3. limonada, agua mineral, cerveza, batidora
4. al ajillo, a la plancha, el sacacorchos, a la marinera
5. cocido, crudo, bien hecho, equilibrado
6. la botella, la cafetera, el abrelatas, la olla

7-28 En tu cocina. Completa cada oración con el infinitivo de un verbo lógico de *¡Así lo decimos!*

MODELO: Si no quieres *engordar* debes dejar de comer tanta comida chatarra.

1. No te olvides de lavar y de _____ la fruta antes de comerla.

2. Si dejas la leche en la mesa en un día con calor, va a _____ y no la vas a querer tomar.

3. Tienes que _____ el pavo antes de meterlo en el horno. Sácalo del congelador dos días antes de prepararlo.

4. Me gusta el té caliente. Para preparar una taza sabrosa, hay que _____ el agua y usar un té de buena calidad.

5. Ramón espera _____ antes de su boda. Ahora no come más que ensalada y pescado.

6. Hay algunos que creen que es bueno _____ una copa de vino tinto diariamente.

7-29 A explorar: Otros mitos y realidades acerca de la alimentación. Investiga en Internet otros mitos y realidades de la alimentación. Escoge uno/a que te interese y escribe un párrafo corto explicándolo.

BUSCA www

mitos alimentación

Se dice que una copa de vino tinto es buena para la salud.

El azúcar crudo o natural es más sano que el refinado.

7-30 ¿Para qué sirve? Túrnense para escoger un utensilio de la lista y describir su uso. A ver si pueden adivinar cuál es.

1. el abrelatas
2. la batidora
3. la copa
4. la olla, la cacerola
5. el sacacorchos
6. la sartén
7. la taza
8. el tazón
9. el vaso

MODELO: E1: *Sirve para preparar el café.*
          E2: *Es una cafetera.*

 7-31 ¿Cómo lo prefieren? Expliquen cómo prefieren que se prepare cada uno de estos platos. ¿Qué más les gustaría comer con este plato?

MODELO: el pescado
          Lo prefiero a la parrilla con limón y aceite de oliva. Para acompañarlo, me gusta una ensalada o brócoli al vapor.

1. el filete de res
2. los huevos
3. el pollo
4. las bananas
5. los guisantes
6. el arroz
7. la pasta
8. la carne de res molida
9. las papas

7-32 La yerba mate. Lee el artículo sobre la yerba mate y contesta las preguntas que siguen.

La yerba mate, o simplemente el mate, es una bebida endémica a la cultura de Argentina, Paraguay, Uruguay y Brasil. Hay varias costumbres que se asocian con el mate. Generalmente se usa un recipiente hecho de una calabaza (*gourd*) pequeña. Se meten las hojas machacadas (*crushed*) de yerba mate en la calabaza y se les echa agua caliente. Se toma el mate por un tubo metálico que se llama "bombilla", el cual contiene un pequeño colador (*sieve*) en su extremo. Dondequiera que vayas en estos países, verás a gente con su termo de agua caliente, su bolsa de yerba mate y su recipiente para tomarlo.

Hoy en día, el mate es popular por todo el mundo por sus cualidades nutritivas; se puede comprar en los centros naturistas y en la sección de comida internacional de los supermercados. Según las investigaciones y las creencias populares, la yerba mate sirve para muchas cosas: para adelgazar, para aliviar el hambre y la sed, para remediar la artritis, el estrés, el cansancio y las alergias. También se cree que estimula el pensamiento y retarda el envejecimiento.

1. ¿En qué países es popular la yerba mate?
2. ¿Qué utensilios se usan para tomar mate?
3. ¿Para qué sirve el termo que lleva mucha gente?
4. ¿Cómo beneficia el mate la salud?
5. ¿Has probado mate alguna vez? ¿Conoces otra hierba medicinal que se tome para remediar el cansancio o aliviar el estrés?

7-33 Conexiones: Comida y cultura. Organícense en pequeños grupos en los que haya la mayor diversidad posible de herencia étnica y/o cultural para hablar de los platos típicos que forman parte de la tradición culinaria de su familia. ¿Hay comidas que solo se comen en días especiales? ¿Cómo se caracterizan las diferentes dietas en términos del tipo y de la cantidad de carnes, verduras, condimentos, dulces, etc.? ¿Qué conexiones pueden identificar entre comida y cultura? Después, compartan la información con el resto de la clase.

7-34 Una dieta saludable. Escojan una de las dietas que siguen y preparen una lista de las comidas que se deben consumir y cómo se preparan. Incluyan también consejos que ayuden a las personas a seguir la dieta.

- una dieta baja en grasa y en colesterol
- una dieta para un/a deportista
- una dieta para adelgazar

- una dieta para diabéticos
- una dieta con mucha fibra
- una dieta alta en carbohidratos

7-35 Fortaleza. Escucha el anuncio sobre un producto natural que se vende en Internet y completa las oraciones siguientes.

Un puesto de medicinas naturales en San Miguel de Allende, México.

1. El producto es ____.
   a. una bebida   **b.** una píldora   **c.** una inyección

2. Es útil para aliviar ____.
   a. la diabetes   **b.** la anemia   **c.** el insomnio

3. El producto está lleno de ____.
   a. calorías   **b.** carbohidratos   **c.** vitaminas

4. Se garantiza que dentro de diez días la persona ____.
   a. podrá hacer mucho ejercicio   **b.** subirá de peso   **c.** encontrará trabajo

5. Si pides la oferta especial, pagas ____.
   a. solo diecinueve dólares   **b.** menos de cien dólares   **c.** seis mensualidades

7-36 De nuevo: Tu restaurante (*Commands*). Eres el/la dueño/a de un nuevo restaurante. Usa mandatos de **ustedes, usted** o **tú** (según el caso) para recordarles a los cocineros, a los meseros y al/a la empleado/a que toma las reservaciones lo que deben y no deben hacer. Escribe un mínimo de ocho oraciones, usando diferentes verbos.

RECUERDA

Usa mandatos afirmativos y negativos (*Capítulo 5*).

MODELO: Al mesero:
          Luis, pon las mesas, por favor.

Reto: Usa muchas palabras de la *Primera* y *Segunda parte* de *¡Así lo decimos!* Trata de crear diez mandatos y de añadir más empleados a tu lista.

2. Conditional

07-26 to 07-31

Me gustaría el bistec un poco menos crudo.

Use the conditional to state what you *would* do in some future or hypothetical situation or to refer to an event that is future with respect to a point in the past.

¿Pedirías arroz a la marinera en un restaurante?	*Would you order seafood rice in a restaurant?*
Creía que **habría** más gente en el restaurante.	*I thought that there would be more people at the restaurant.*

¡OJO!

You can also use the conditional to express a request in a courteous manner.

Me **gustaría** tomar un vaso de agua.	*I would like to have a glass of water.*
¿Podría pasarme la sal?	*Could you pass me the salt?*

- Form the conditional by adding the imperfect ending for **-er** and **-ir** verbs to the infinitive. The same endings are used for **-ar, -er,** and **-ir** verbs.

	TOMAR	COMER	VIVIR
yo	tomaría	comería	viviría
tú	tomarías	comerías	vivirías
Ud., él, ella	tomaría	comería	viviría
nosotros/as	tomaríamos	comeríamos	viviríamos
vosotros/as	tomaríais	comeríais	viviríais
Uds., ellos, ellas	tomarían	comerían	vivirían

- The conditional uses the same irregular stems as the future tense (*Capítulo 2*, p. 80).

decir: Creías que el mesero nos **diría** que hoy había un plato especial.	*You thought the waiter would tell us there was a special today.*
saber: En ese caso **sabríamos** qué pedir.	*In that case we'd know what to order.*
tener: Estaba seguro de que el menú **tendría** mariscos.	*I was sure that the menu would have seafood.*

¡OJO!

The conditional of **deber,** like the present indicative, translates as *should*.

Deberían encender el horno ahora.   *They should turn on the oven now.*

Aplicación

El célebre chef español, Ferran Adrià.

7-37 ¿Qué harían?   Elige la oración más lógica, según el caso y escribe el verbo en el condicional para decir lo que harían estas personas.

MODELO: Estás en un restaurante de comida chatarra. *Pedirías una hamburguesa y un refresco.*

1. ____ El gran chef Ferran Adrià está en un laboratorio de la universidad de Harvard.

2. ____ Ingrid Hoffmann está preparando las recetas para su próximo programa.

3. ____ Estás en tu apartamento y tienes hambre, pero no hay nada en el refrigerador.

4. ____ No tienes suficiente dinero para pagar la cuenta del restaurante.

5. ____ Estoy en un restaurante y encuentro que el pollo está casi crudo.

6. ____ Tu mejor amigo acaba de encontrar trabajo después de buscarlo por mucho tiempo.

7. ____ Los Rosales están en el supermercado el día antes de una fiesta familiar.

a. _____ (Tener) que lavar los platos en el restaurante.

b. _____ (Salir) a comer a tu restaurante favorito para celebrar e _____ (invitar) a todos tus amigos.

c. _____ (Pensar) en cómo convertir las comidas tradicionales hispanas en creaciones nuevas.

d. _____ (Decirle) al mesero que llamara al chef.

e. _____ (Dar) una clase sobre la gastronomía molecular.

f. _____ (Tratar) de comprar algo especial para servirle a la familia.

g. _____ (Buscar) galletas, maní o cereal en los gabinetes de la cocina.

 7-38 ¿Qué harías en mi lugar?   Túrnense para comentar qué harían en los siguientes casos.

MODELO: Quieres adelgazar.
E1: *Quiero adelgazar y me dicen que debería tomar sopa de verduras. ¿Qué harías tú?*
E2: *¡Yo no la tomaría! Mejor comería puras proteínas: carne, pescado, pollo. Nada de verduras.*

1. Estás a dieta y tu mejor amigo te regala un pastel de manzana.

2. Quieres comprar la mejor comida para estar saludable.

3. Tu mejor amiga tiene gripe y quieres prepararle algo apropiado.

4. Has invitado a tu familia a comer en un restaurante elegante.

5. Esta noche hay una fiesta en casa de tu profesor/a. Quieres llevarle algo especial.

Paella valenciana

e **7-39 Lo que harían estas personas.** Primero, completa cada oración con el condicional del verbo para especular sobre lo que harían estas personas famosas en ciertas situaciones. Después, usa el mismo verbo para crear una oración original con otro sujeto.

MODELO: Antes de romper el récord en natación, el nadador español Rafael Muñoz _tomaría_ (tomar) una bebida energética.
Antes de nadar, mis amigos y yo tomaríamos mucha agua.

1. Para ganarle a Roger Federer la primera vez, el tenista español Rafael Nadal practicaría (practicar) mucho.

2. Para ganar el Tour de France, el ciclista español Alberto Contador subiría (subir) muchas montañas.

3. Para poder competir en su primera carrera de autos deportivos, la piloto venezolana Milka Duno conduciría (conducir) muchos carros rápidos.

4. Para ganar el último partido de la Copa Mundial el futbolista español Andrés Iniesta estudiaría (estudiar) las estrategias del equipo alemán.

5. Antes de unirse a los Lakers, el jugador español de baloncesto, Pau Gasol conocería (conocer) a Kobe Bryant.

6. Por sus muchos éxitos, la tenista española Arantxa Sánchez Vicario ganaría (ganar) más de 45 millones de dólares.

7. Por su larga carrera, el beisbolista panameño Mariano Rivera recibiría (recibir) muchos premios.

8. Para ganar la medalla de oro olímpico, el luchador cubano Mijain López tendría (tener) que practicar mucho y levantar pesas.

7-40 ¿Qué harían? Especulen sobre lo que harían ustedes en las siguientes circunstancias.

MODELO: Al ver una paella en el menú de un restaurante español…
E1: *Yo buscaría el precio en el menú.*
E2: *Pues, mi amigo y yo la pediríamos.*

1. al leer un artículo sobre la mejor manera de adelgazar

2. al ver que el pescado estaba crudo

3. al prepararle un pastel de cumpleaños a un amigo

4. al ver que había 30 sabores de helado en la heladería

5. al tener mucha hambre después de hacer mucho ejercicio

6. al tener que decidir entre una ensalada o un bistec

7. al ver que no había leche para el café

8. al terminar un trabajo importante

7-41 Una cena desastrosa. Túrnense para darse consejos sobre la preparación de la comida.

MODELO: Temo que el pollo salga seco.
E1: *Yo lo asaría a una temperatura baja.*
E2: *Yo lo cubriría.*
E3: *Yo lo compraría ya asado en el supermercado.*

1. Temo que las papas fritas salgan crudas.
2. Cada vez que hiervo el arroz, sale duro.
3. Cuando cocino la carne en el microondas, sale medio cruda.
4. Me parece que el pescado huele mal.
5. No sé cuánta harina debo usar en la torta.
6. No sé cuánta sal echarles a las verduras para que no salgan muy saladas.

3. The indicative or subjunctive in **si** clauses

07-32 to 07-37

Simple **si** clauses

Si te invito a cenar, ¿me ayudas con la tarea de cálculo?

A **si** clause states a condition that must be met in order for something to occur. The verb in a simple **si** clause is usually in the present indicative, while the verb in the result clause is in the present or future tense.

Si no sacas el helado del congelador ahora, **estará** muy duro cuando lo sirvas.	*If you don't take the ice cream out of the freezer now, it will be very hard when you serve it.*
Si quieres, comemos fresas de postre.	*If you want, we'll eat strawberries for dessert.*

Contrary-to-fact **si** clauses

¡Si nos viera Ingrid Hoffmann, sufriría mucho!

When a **si** clause contains implausible or contrary-to-fact information, use the imperfect subjunctive in the **si** clause and the conditional in the result clause.

Si tuviera dinero, te **invitaría** a una copa.	*If I had money, I would ask you out for a drink.*
Enlataría los tomates **si** tú me **ayudaras.**	*I would can the tomatoes if you helped me.*

- Comparative **si** clauses introduced by **como si** (*as if*) refer to a hypothetical or contrary-to-fact situation and require the imperfect subjunctive, although the action coincides in time with the main verb.

Julián desayuna **como si** no **fuera** a comer otra vez hoy.	*Julián eats breakfast as if he were not going to eat again today.*
Ana nos habla del menú **como si conociera** al chef.	*Ana talks to us about the menu as if she knew the chef.*

> **¡OJO!**
>
> The conditional clause does not have a fixed position in the sentence; it may appear at the beginning or end of the sentence.

Aplicación

7-42 ¡Si hay amigos, hay fiesta! Completa estas frases con una terminación lógica.

1. ___ Si no llueve,…
2. ___ Si no pierdes el abrelatas,…
3. ___ No habrá quejas durante la cena…
4. ___ Serviremos mariscos…
5. ___ Llegaremos a tiempo…
6. ___ Si José trae su guitarra …

a. lo tendrás para abrir la lata de frijoles.
b. si los encontramos frescos en el mercado.
c. habrá música.
d. si no hay mucho tráfico en el camino.
e. si la comida está bien preparada.
f. podremos tener la fiesta afuera.

Si hay verduras frescas en el mercado las prepararemos a la parrilla.

7-43 La buena nutrición. Completa el diálogo entre la nutricionista y su cliente con el condicional o el imperfecto del subjuntivo, según el contexto.

DON ISMAEL: No me siento bien, doctora. ¡Ay, si (**1**) _____ (tener) más energía!

DRA. SÁNCHEZ: Si usted (**2**) _____ (tomar) estas vitaminas e (**3**) _____ (hacer) más ejercicio, (**4**) _____ (sentirse) mejor, don Ismael.

DON ISMAEL: Pero doctora, las vitaminas son caras. Si (**5**) _____ (tener) el dinero para comprar pastillas (**6**) _____ (sentirme) mejor. Y hacer ejercicio es aburrido. Si (**7**) _____ (vivir) más cerca del gimnasio, lo (**8**) _____ (hacer), pero…

DRA. SÁNCHEZ: Entiendo que es difícil, don Ismael. Pero ¿qué (**9**) _____ (hacer) su esposa si algo le (**10**) _____ (pasar) a usted? Si (**11**) _____ (seguir) mis consejos, (**12**) _____ (ser) mucho más feliz y su esposa no (**13**) _____ (temer) por su salud.

DON ISMAEL: Usted tiene razón. Si (**14**) _____ (poder) seguir sus consejos me sentiría mejor. Voy a tratar de hacerlo. ¡Ay, si (**15**) _____ (ser) más joven!

7-44 Pero si… Completen las siguientes oraciones para decir qué harían en ciertas circunstancias. También comenten lo que dice su compañero/a.

MODELO: No tengo mucho dinero en este momento,…
E1: _pero si lo tuviera, te invitaría a un café._
E2: _¡Y yo aceptaría con mucho gusto!_

1. No voy a poder comer hoy.
2. No podemos comprar muchas verduras frescas.
3. No encuentro leche en mi refrigerador.
4. No nos gustan los mariscos.
5. No sirven mucha comida vegetariana en la cafetería.
6. No quiero comer mucha grasa.
7. No preparamos platos complicados en casa.
8. No hay ningún restaurante de cocina argentina en esta ciudad.

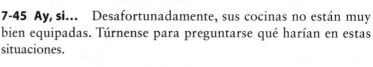

Si funcionara la batidora…

7-45 Ay, si… Desafortunadamente, sus cocinas no están muy bien equipadas. Túrnense para preguntarse qué harían en estas situaciones.

MODELO: No funciona la batidora.
E1: _Si funcionara, te prepararía una bebida deliciosa._
E2: _¿Y qué le pondrías?_
E1: _Le pondría yogur, huevo, limón, hielo y miel._

1. No encuentro la sartén.
2. La olla está perdida.
3. El horno no funciona bien.
4. Todas la copas están sucias.
5. No tenemos sacacorchos.
6. Necesito un plato especial para el horno microondas.
7. Hay muchas latas de sopa pero no hay abrelatas.
8. La tostadora quema el pan.

7-46 *Tapas*, la película. Hay muchas películas que tratan del tema de la comida, lo que puede ser el contexto de la película o una metáfora para algo más importante. En el caso de *Tapas*, el título se refiere no solo al aperitivo popular español, sino también simbólicamente a los secretos que las personas tapan (esconden) en su vida. Lee a continuación la sinopsis de la película y especula sobre qué pasaría si todo fuera diferente.

MODELO: La película se llama *Tapas*.
Si no se llamara Tapas *se llamaría*…

Tapas de tomates, queso y pimientos.

La película *Tapas*, dirigida por José Corbacho, tiene lugar en un barrio de Barcelona. Se centra en un bar que se llama Hospitalet. La esposa del dueño lo deja porque él no la entiende. El dueño tiene que contratar un cocinero nuevo, uno que sepa preparar tapas. Encuentra a un cocinero chino, el que es muy experto en la elaboración de tapas. Durante el transcurso de la película, conocemos a las personas que viven en el barrio, cada una de las cuales tiene algún secreto, algo que tapar. Parece que Mao, el cocinero nuevo es el eje (*crux*) de la historia.

 7-47 El Museo del Jamón. Este bar popular en Madrid ofrece deliciosas tapas de jamón y otras fiambres (*cold meats*), tortilla española, aceitunas, calamares, quesos y más. ¿Qué pedirían si visitaran el Museo del Jamón? Si ustedes tuvieran un bar de este tipo, ¿qué otras tapas ofrecerían? ¿Qué bebidas incluirían? Escriban su propio menú para este bar, usando el vocabulario de la *Primera* y *Segunda parte* de ¡*Así lo decimos!*

BUSCA www

museo del jamón
españa

7-48 A explorar: El Museo del Jamón. Busca en Internet la carta (menú) completa de este bar popular. Elige tres tapas que te parezcan especialmente nutritivas y tres que sean menos nutritivas y explica tus razones por elegirlas. ¿Qué bebida pedirías con tus tapas?

7-49 Debate: Los aditivos alimenticios. La industria alimenticia es enorme, pero no siempre está claro exactamente lo que consumimos. Formen dos grupos para debatir uno de los siguientes temas. Usen cláusulas con *si* en su presentación.

Resolución: Se prohibirá el uso de antibióticos y hormonas en animales que son para consumo humano.

Resolución: El gobierno financiará las pequeñas empresas que se especialicen en la producción de comestibles orgánicos.

Resolución: Se prohibirá la venta de comestibles en latas o botellas que contengan químicos dañinos a la salud (como el BPA).

MODELO: *El uso de antibióticos en los animales para consumo humano es dañino a la salud. Si comiéramos carne natural, sin antibióticos…*

En Argentina y Uruguay se prohíbe el uso de hormonas y antibióticos en los animales que son para consumo humano.

¡ASÍ LO EXPRESAMOS!

Imágenes

07-38 to 07-39

Nature Morte Vivante
(Salvador Dalí, 1904–1989, España)

Salvador Dalí, reconocido internacionalmente como uno de los artistas más importantes del Siglo XX, nació en Figueras, un pueblo cerca de Barcelona. Junto con Pablo Picasso y Joan Miró, es producto de la rica cultura catalana. Con un estilo cuidadosamente realista y preciso, Dalí coloca objetos familiares en espacios y paisajes que parecen ser el fruto de un sueño. Lo común se transforma así en imágenes tanto inquietantes como impresionantes. Se nota también influencia del famoso psicoanalista Sigmund Freud.

© *Salvador Dalí, Fundació Gala-Salvador Dalí, Artists Rights Society (ARS), New York 2012 / SuperStock / SuperStock*

Perspectivas e impresiones

7-50 Observa el cuadro. Contesta las siguientes preguntas.

1. ¿Cuál es el estilo de esta pintura? ¿Impresionista? ¿Realista? ¿Surrealista?

2. El título parece ser una contradicción (*Still Life-Fast Moving*). ¿Cómo se diferencia esta pintura de una naturaleza muerta tradicional?

3. ¿Qué comidas y bebidas puedes identificar en la pintura?

4. ¿Qué contraste percibes entre la manera en que Dalí pinta cada uno de los objetos individualmente y el efecto que produce el cuadro como un todo?

5. Explica qué simbolizan algunos de los objetos de la pintura.

6. Si fueras a pintar una naturaleza muerta, ¿qué objetos y comidas incluirías?

Páginas

La leyenda del chocolate

El autor de una leyenda o un mito suele ser **anónimo**, o desconocido como en este caso.

En la cosmología de los pueblos precolombinos, los dioses jugaban un papel muy importante. Sus leyendas explican la creación del mundo y los fenómenos naturales como el clima, las estaciones y el movimiento de los astros. La leyenda a continuación explica el origen del chocolate, un producto muy valioso, por la intervención de unos de sus dioses más poderosos.

Quetzalcóatl, la serpiente emplumada y el dios creador.

Antes de leer

7-51 ¿Qué asocias con el chocolate? Haz una lista de ideas, características, sensaciones, platos y experiencias que asocies con el chocolate. ¿Cuáles son agradables y cuáles son desagradables? Explica.

MODELO: *El chocolate es dulce y rico pero…*

7-52 Los personajes principales. Echa un vistazo a la leyenda que sigue para identificar a estos personajes que aparecen en ella.

1. ___Quetzalcóatl   **a.** el dios de la lluvia
2. ___Tezcatlipoca   **b.** el dios malo
3. ___Tláloc   **c.** la serpiente emplumada
4. ___los toltecas   **d.** la diosa del amor
5. ___Xochiquetzal   **e.** la gente que recibió el don (*gift*) del chocolate

LA LEYENDA DEL CHOCOLATE

feathered
morning / amazed

clay   5

El dios Quetzalcóatl, cuyo nombre significa «serpiente emplumada»° descendió por un rayo de la estrella matutina°, dejando asombrada° a la gente con su aparición. Todo el pueblo comprendió que aquella aparición no era un simple mortal y, de hecho, le rindió adoración rompiendo sus feos y oscuros dioses de barro°.

east and west

El pueblo le erigió un gran templo de cinco pisos escalonados y con una fachada adornada de bajorrelieves para simbolizar el dominio de Quetzalcóatl sobre el oriente y el poniente°. Este impresionante templo para Quetzalcóatl contaba también con una gran plaza, alrededor de la cual se
10   extendía la ciudad de Tollán (hoy Tula).

rain / giver
souls

bebida fermentada
de una planta   15
heavenly bodies

harvests

Y en sus días de riqueza la dominaba Quetzalcóatl junto con el dios Tláloc («el dios que está en la tierra»), el dueño de las lluvias°, dador° de la vida y dueño de las almas° separadas de los cuerpos. Reinaba también Xochiquetzal («flor emplumada»), la diosa de la alegría y el amor, esposa de Tláloc y descubridora del pulque°. Todos los dioses eran buenos, y dirigidos por Quetzalcóatl, le enseñaron al pueblo tolteca la marcha de los astros°, lo que les permitió medir el tiempo y señalar en el calendario el cambio de las estaciones para aprovechar las lluvias y levantar las cosechas°.

20   Bien alimentados y dueños del maíz, del frijol, de la yuca y de todos los cereales y frutos, los toltecas pudieron dedicar sus horas a ser admirables arquitectos, magníficos escultores y delicados ceramistas. Quetzalcóatl,

Las antiguas civilizaciones como los toltecas observaban los astros y predecían las estaciones.

que los amaba, les dio además el don° de una planta especial que
les había robado a los dioses, sus hermanos. Estos la guardaban
25 celosamente, porque de ella obtenían una bebida que creían que era
solo para los dioses. Quetzalcóatl plantó este maravilloso arbusto° en
los campos de Tula y le pidió a Tláloc que lo alimentara con la lluvia,
y a Xochiquetzal que lo adornara con sus flores. El pequeño árbol dio
sus frutos y Quetzalcóatl hizo tostar el fruto. Les enseñó a molerlo a
30 las mujeres, y a batirlo con agua en una jícara°, obteniendo así el rico°
chocolate, que en el principio solo tomaban los sacerdotes° y los nobles.
Fue licor sagrado° y lo tomaban amargo. Los toltecas eran ricos y sabios,
artistas y constructores; gozaban del sabroso chocolate y eran felices, lo
cual despertó la envidia de los dioses, más aún cuando descubrieron que
35 tomaban la bebida destinada a ellos.

Juraron venganza°, contra Quetzalcóatl primero y contra el pueblo
tolteca después. Para eso llamaron a Tezcatlipoca, dios de las noches
y de las tinieblas°. Este dios, enemigo de Quetzalcóatl, bajó a la Tierra
por un hilo° de una araña° y disfrazándose de mercader° fue a visitar
40 a Quetzalcóatl para hacerle una ofrenda. El dios luminoso se hallaba
en su palacio, inmensamente triste, pues un sueño le había hecho

Glossary (left margin):
regalo
shrub
gourd / sabroso
priests
sacred
revenge
darkness
thread / spider / merchant

El arbusto del cacao.

saber que los dioses preparaban su venganza y temía por el pueblo al que había hecho rico, sabio y feliz. El falso mercader se le acercó y le dijo:

45 —¿Por qué estás triste, amigo?

decreed —Porque los dioses han decretado° mi perdición y el exterminio del pueblo tolteca —respondió Quetzalcóatl.

—Yo te ofrezco con este licor el olvido de tus penas y la alegría. Tómalo y serás nuevamente feliz, y se lo darás al pueblo para que sea feliz también.

50 Quetzalcóatl, que amaba al pueblo tolteca, creyó las palabras falsas de Tezcatlipoca y bebió el jugo que le ofrecía, que era en realidad el pulque, *Got drunk* la bebida que Xochiquetzal había descubierto. Se embriagó°, bailó y gritó ante el escándalo del pueblo al ver a su dios comportarse de esta manera.

Después, Quetzalcóatl se durmió y, al despertar, con la boca amarga
55 y en la cabeza un dolor profundo, se dio cuenta de que los dioses lo habían deshonrado y que ahora se preparaban para celebrar la ruina del *downfall* pueblo tolteca y la caída° de la gloriosa Tollán. Quetzalcóatl creyó que nunca podría ver a los que había enseñado a ser buenos y honrados sin sentir una profunda vergüenza y decidió marcharse para la estrella *Venus / He set out on* 60 vespertina°. Emprendió° el camino llorando y aún más cuando encontró, al día siguiente de su embriaguez, que las plantas del cacao se habían *mezquites…thorny bushes* transformado en mezquites secos y espinosos°. Se fue entonces hacia *beans* el mar, y allí arrojó los granos° del cacao. Después entró al mar y, *taking advantage of / casa* aprovechando° un rayo de la estrella del atardecer, se volvió a su morada°
65 celestial.

Los guerreros de piedra guardan el templo de Quetzalcóatl en Tula.

7-53 ¿Quién es quién?   Identifica quién lo hace en la leyenda.

P: el pueblo tolteca	**TL:** Tláloc
Q: Quetzalcóatl	**X:** Xochiquetzal
T: Tezcatlipoca	**TLD:** todos los dioses

1. ____Baja del cielo ante el asombro de la gente tolteca.
2. ____Construye un gran templo rodeado por una plaza que llega hasta la ciudad de Tollán.
3. ____Reina en la región junto con los dioses de la tierra y de la alegría.
4. ____Les trae las flores a las plantas.
5. ____Era el dueño de la lluvia.
6. ____Les enseñan a entender las estaciones y los astros.
7. ____Goza de buena salud y se dedica a la arquitectura y a las artes manuales.
8. ____Comete el error de robarles el chocolate a sus hermanos los dioses.
9. ____Engaña a Quetzalcóatl.
10. ____Siente tremenda vergüenza y abandona la Tierra.

 7-54 El don del chocolate.   En la época de los toltecas, el chocolate lo llamaban *xocolatl*. Era tan precioso que se reservaba para los nobles y los sacerdotes. En su opinión, ¿qué ingredientes o comidas hoy en día son especialmente exóticos y se usan solo en ocasiones muy especiales? Expliquen el origen y el uso de algunos.

Chocolate y churros

 7-55 La moraleja de la leyenda.   Las leyendas y mitos suelen llevar una moraleja o lección para las futuras generaciones. Hay varias interpretaciones históricas (profecías para el futuro de los toltecas) y morales (sobre el comportamiento individual) que podrían aplicarse a esta leyenda. Conversen sobre cómo ustedes la interpretan.

7-56 A explorar: Los beneficios del chocolate.   Busca en Internet los beneficios que le han atribuido al chocolate las personas que lo comen. Escribe tres de ellos y explica por qué aceptas o no la teoría.

BUSCA www

beneficios salud chocolate

Taller

07-43

Una receta

Las reuniones familiares casi siempre incluyen un almuerzo o una cena en las que los miembros de la familia traen sus platos favoritos. Los olores y sabores de estos platos están entre nuestros recuerdos más agradables. A continuación escribe una receta de uno de tus platos favoritos.

Antes de escribir

Idear. Piensa en un plato que te guste mucho. Debe tener alguna relación con un evento social.

A escribir

Presentar. Escribe un mínimo de cuatro oraciones para explicar el contexto social del plato. ¿Cuál es su origen? ¿Por qué es especial? Puedes inventar el origen si quieres.

Hacer la lista. Con el título de *Ingredientes,* haz una lista de los ingredientes y sus cantidades.

Explicar. Con el título *Manera de hacerse,* explica los pasos para la preparación del plato. Incluye consejos y sugerencias para ayudar al/a la cocinero/a.

Resumir y concluir. Escribe un párrafo final en el que expongas el contenido nutritivo, el valor social, la presentación del plato, etc. Puedes usar el condicional para las sugerencias (Podrías servir…). Incluye una foto o un dibujo del plato.

Después de escribir

Revisar. Revisa la secuencia de los ingredientes y de las instrucciones. ¿Están claros y son lógicos? Luego, revisa la mecánica de la receta.

☐ ¿Has mantenido un solo estilo (formal o informal) de mandatos?

☐ ¿Has usado bien el subjuntivo y el condicional?

☐ ¿Has verificado la concordancia y la ortografía?

Intercambiar. Intercambia tu receta con la de un/a compañero/a. Mientras leen las recetas, hagan comentarios y sugerencias sobre el contenido, la estructura y la gramática.

Entregar. Pon tu receta en limpio, incorporando las sugerencias de tu compañero/a y entrégasela a tu profesor/a.

Arepas de queso y ollas de chocolate

Vocabulario

 ## Primera parte

agregar	to add
agrio/a	sour
amargo/a	bitter
añadir	to add
asar	to roast
el caldo	broth
cocer/cocinar	to cook
congelado/a	frozen
enlatado/a	canned
el entremés	appetizer
los fideos	noodles
freír (i, i)	to fry
hacer la compra	to go shopping
la harina	flour
hornear	to bake
las lentejas	lentils
medir (i, i)	to measure
mezclar	to mix
moler (ue)	to grind
oler (hue) (a)	to smell (like)
la pechuga	breast (of fowl)
picante	spicy
picar	to chop, to cut up
probar (ue)	to try, to taste
la rebanada	slice
el requesón	cottage cheese
saber (a)	to taste (like)
el sabor	flavor
salado/a	salty
sazonar	to season
las sobras	leftovers
soso/a	bland
el tazón	bowl
el/la vegetariano/a (estricto/a)	vegetarian (vegan)

 ## Segunda parte

el abrelatas	can opener
adelgazar	to slim down
al ajillo	in garlic sauce
la almeja	clam
el ayuno	fast
la batidora	blender
bien hecho/a	well done (for meat)
la cacerola	pot
la cafetera	coffee pot, coffee maker
el calamar	squid
(des)congelar	to freeze (to defrost)
consumir	to consume
(casi) crudo/a	raw (rare, for meat)
echar	to add (pour in)
echarse a perder	to spoil (food)
endulzar	to sweeten
engordar	to gain weight
(des)equilibrado/a	balanced (unbalanced)
fortalecer (zc)	to strengthen
la grasa	fat
hervir (ie, i)	to boil
al horno	baked
a la marinera	seafood-style
el mejillón	mussel
la olla	pot
la ostra	oyster
a la parrilla	broiled, charcoal grilled
pelar	to peel
a la plancha	grilled
al punto	medium (for meat)
quemar calorías	to burn calories
el recipiente	container
el sacacorchos	corkscrew
la sartén	frying pan
término medio	medium (for meat)
al vapor	steamed

¡Cuidado! oler (hue) a - saber a *See page 249.*
Frases comunicativas: Ya era hora que…
Antes era lógico (común, posible, etc.) que…
El gobierno siempre quería que… *See page 256.*
Carnes, frutas y verduras *See page 249.*

¡Cuidado! copa - taza - vaso *See page 261.*

8 Buscándonos la vida

A empezar

¿Ya elegiste tu profesión? ¿Cuál es? ¿Cuántos años tienes que estudiar para graduarte en tu especialización? ¿Cuáles son los beneficios de trabajar en ese campo? ¿Tiene tu profesión algún aspecto internacional?

Curiosidades

¿Sabes…

qué usaban los aztecas como dinero?

a. pepitas (*nuggets*) de oro y caracoles (*shells*)
b. granos (*beans*) de cacao y plumas de aves
c. piedras preciosas y plata

según el Censo, cuál es el beneficio monetario de tener un título universitario durante la vida?

a. $700.000
b. $900.000
c. $1.200.000

cuántas personas había en el mundo en el 2012, según la revista *Forbes*, que tenían más de mil millones de dólares?

a. 1.226
b. 953
c. 701

¿Empleo o profesión?

Indica de 1 a 4, según tu perspectiva, el nivel de prestigio, de número de años de estudio, de beneficios económicos, y de tu interés en dedicarte a las profesiones que aparecen a continuación. Suma el total de cada línea para averiguar cuáles son tus inclinaciones profesionales.

	PRESTIGIO 1: POCO– 4: MUCHO	NÚMERO DE AÑOS DE ESTUDIO 1: (2 AÑOS)– 4: (10+ AÑOS)	BENEFICIOS ECONÓMICOS 1: POCOS– 4: MUCHOS	TU INTERÉS PERSONAL 1: POCO– 4: MUCHO	TOTAL
agente de bienes raíces					
agente secreto/a					
arquitecto/a					
artista					
asesor/a					
banquero/a					
contador/a					
corredor/a de bolsa					
empresario/a					
gerente de una tienda					
ingeniero/a					
investigador/a científico/a					
médico/a					
músico					
político/a					
profesor/a o maestro/a					
programador/a					
otro/a (¿cuál?)					

Vocabulario básico

En el trabajo
el beneficio
el comercio
la comisión
consultar
dedicarse (a)
el (des)empleo
ganar
el/la investigador/a
    (científico/a)
la licencia
el salario/el sueldo

Vocabulario clave: Empleos y profesiones

Verbos

administrar	*to administer*
armar	*to assemble*
ascender (ie)	*to promote*
despedir (i, i)	*to fire*
emplear	*to employ*
entrenar	*to train*
jubilarse	*to retire*
presentarse	*to show up, to introduce oneself*
reclutar	*to recruit*
solicitar	*to apply (for a job)*

Sustantivos

las acciones	*stocks*
el ascenso	*promotion*
los bienes raíces	*real estate*
la consulta	*consultation*
la contabilidad	*accounting*
la entrevista	*interview*
la licencia de maternidad/ paternidad	*maternity/paternity leave*
la oferta	*offer*
el personal	*staff*
el puesto	*position (job)*
la remesa	*remittance*
el retiro	*pension*
la solicitud	*application*

Profesiones y oficios

el/la abogado/a	*lawyer*
el/la arquitecto/a	*architect*
el/la asesor/a	*consultant, advisor*
el/la asistente	*assistant*
el/la banquero/a	*banker*
el/la cajero/a	*cashier*
el/la contador/a	*accountant*
el/la corredor/a de bolsa	*stockbroker*
el/la ejecutivo/a	*executive*
el/la electricista	*electrician*
el/la empresario/a	*businessman/ woman*
el/la gerente	*manager*
el/la ingeniero/a	*engineer*
el/la jefe/a	*head; chief*
el/la mecánico/a	*mechanic*
el/la plomero/a	*plumber*
el/la programador/a	*programmer*
el/la supervisor/a	*supervisor*
el/la vendedor/a	*salesperson*

Adjetivos

disponible	*available*
dispuesto/a	*willing*
estresante	*stressful*
mensual	*monthly*
semanal	*weekly*

Otras palabras y expresiones

a tiempo completo (TC)	*full-time*
a tiempo parcial (TP)	*part-time*

Ampliación

Verbos	Sustantivos	Adjetivos
ascender (ie)	el ascenso	ascendido/a
consultar	el consultorio, la consulta	consultado/a
entrenar	el entrenamiento, el/la entrenador/a	entrenado/a
ofrecer (zc)	la oferta	ofrecido/a
solicitar	la solicitud	solicitado/a

Este teléfono antiguo no sirve.

Y este móvil no funciona. Está roto.

¡Cuidado!

funcionar, servir (i, i), trabajar

To express *to work* in Spanish, use **funcionar**, **servir**, or **trabajar**. However, these verbs are not interchangeable; their usage depends on context.

- **Funcionar** refers to mechanical, electric, or electronic devices.

  Esta impresora no **funciona**.   *This printer doesn't work.*

- **Servir** refers to items of no use or devices that no longer serve their purpose.

  Este diseño ya no **sirve**.   *This design doesn't work anymore.*

- **Trabajar** is related to human labor, only referring to a person working.

  Pablo **trabaja** en el banco.   *Pablo works at the bank.*

Aplicación

 8-1 ¿Cuáles son sus sueños?   Comenten y comparen los resultados de la encuesta que hicieron en *¡Así es la vida!* ¿Qué profesiones tuvieron el mayor número de puntos? Expliquen si elegirían esa profesión y por qué. ¿Cuáles son los requisitos y beneficios en general de ese trabajo?

e **8-2 Cuestiones de trabajo.**   Completa las oraciones con la forma correcta de una expresión lógica de la lista a continuación.

MODELO: La empresa busca un técnico que sepa *armar* computadoras.

a tiempo parcial	ascenso	disponible	jubilarse
acciones	bienes raíces	estresante	mensual

1. Un agente de _____ vende y alquila casas y apartamentos.
2. Una corredora de bolsa vende _____.
3. Se buscan empleados a tiempo completo o _____.
4. Algunos reciben un sueldo semanal; otros un sueldo _____.
5. La contadora encuentra su trabajo bastante _____, especialmente en el mes de abril.
6. Después de trabajar bien por varios años, un buen empleado espera un _____.
7. En los anuncios hay varios empleos _____ para personas bilingües.
8. Después de 40 años de servicio el contador recibió un reloj de pulsera cuando _____.

 8-3 Ventajas y desventajas. Identifiquen dos profesiones para conversar sobre sus ventajas y desventajas. Incluyan expresiones como salario, entrenamiento, dedicarse a, estresante, ascenso, puesto, jubilarse y otras de *¡Así lo decimos!*

> MODELO: *el/la agricultor/a orgánico/a*
>> E1: *Las ventajas de ser agricultor orgánico son muchas: pasa mucho tiempo al aire libre, produce comida muy sana, come productos locales...*
>> E2: *Pero hay desventajas también: tiene que levantarse muy temprano, trabaja largas horas, muchas veces gana poco por sus esfuerzos...*
>> E1: *Pues, en mi opinión...*

 8-4 Bolsa de empleo. Trabajan en un servicio de empleos que pone en contacto a candidatos con compañías que los necesitan. Inventen algunos requisitos y detalles para cada uno de los siguientes puestos y escriban anuncios para atraer solicitudes.

> MODELO: un/a cajero/a
> *Buscamos cajero/a para un almacén grande en el centro de Lima. Tiene que ser una persona responsable y honesta. Debe tener experiencia en servicio al cliente.*

1. un/a modelo
2. un/a programador/a
3. un/a gerente de agencia de carros
4. un/a ingeniero/a ambiental
5. un/a corredor/a de bolsa
6. un/a mecánico/a
7. un/a investigador/a científico/a
8. un/a cajero/a

8-5 A explorar: Ofertas de empleo. Busca ofertas de empleo en Internet y anota detalles sobre algún puesto: en qué consiste el trabajo, dónde es, cuáles son los requisitos y los beneficios. Explícale a la clase el trabajo y por qué te interesaría solicitarlo o no.

BUSCA www

ofertas trabajo argentina;
ofertas trabajo chile, etc.

8-6 Una entrevista para un trabajo. Preparen una entrevista de empleo entre un/una candidato/a y el/la jefe/a de personal. Prepárense para presentarle la situación a la clase. Sigan y amplíen los pasos a continuación.

ENTREVISTADOR/A	CANDIDATO/A
1. dale la bienvenida	2. preséntate
3. explícale los requisitos y las responsabilidades del trabajo	4. presenta tu *currículum vítae* y explícale por qué te consideras cualificado/a
5. explícale cuándo seleccionarán al candidato y cómo le avisarán	6. agradécele su tiempo al/a la entrevistador/a
7. despídanse; agradécele su interés	8. despídanse; vuelve a agradecerle su atención.

 8-7 Remesas de EE. UU. a América Latina. Las remesas, o envíos monetarios, contribuyen a la estabilidad económica de muchos países. Escucha el informe económico a continuación y completa las oraciones.

1. El informe procede de _____.

   a. México   **b.** Centroamérica   **c.** Estados Unidos

2. Se informa sobre el movimiento de dinero entre _____.

   a. México y Colombia   **b.** el norte y el sur   **c.** Canadá y Estados Unidos

3. El número de personas que se beneficia de estos envíos es casi _____.

   a. 10 millones   **b.** 75 millones   **c.** 90 millones

4. Según las estadísticas, la mayoría del dinero procede de _____.

   a. California   **b.** Texas   **c.** Carolina del Norte

5. Es más probable que los que envíen dinero sean los _____.

   a. recién llegados   **b.** más ricos   **c.** que trabajan en hoteles

6. La disminución de envíos se atribuye a la _____.

   a. recesión económica   **b.** deportación de los indocumentados   **c.** la tasa de cambio (*exchange rate*)

8-8 ¿Qué opinan? Imagínense que emigran a otro país para buscar trabajo. ¿Cuáles de estas opciones escogen? Expliquen sus razones.

1. ¿Creen que es bueno que los inmigrantes les envíen dinero a sus familiares? ¿Qué harían en su lugar: le enviarían dinero a la familia, o ahorrarían dinero para llevarla a vivir con ustedes?

2. En el trabajo, ¿hay algo más importante que el sueldo? ¿Creen que es más importante ganar mucho dinero o tener un trabajo que les guste? ¿Harían un trabajo que pagara más pero que tuviera más riesgo?

3. ¿Intentarían formar parte de la comunidad, o buscarían empleo en otras partes del mundo, con tal de ganar dinero? Expliquen.

4. Si ganaran suficiente dinero, ¿qué harían?

BUSCA www ↓

bolsa empleo bilingüe; oferta trabajo bilingüe

8-9 Comunidades: Oportunidades para aspirantes bilingües. Busca en Internet para ver qué oportunidades existen para las personas bilingües. Haz una lista de diferentes tipos de trabajo. ¿Qué otros requisitos hay? ¿Cuál te interesaría y por qué?

 8-10 El techo de cristal. Ustedes trabajan para una empresa que históricamente no ha reclutado ni a mujeres ni a personas pertenecientes a una minoría para puestos altos en la dirección de la empresa. La administración los ha elegido a ustedes para formar parte de un comité y formular un plan para cambiar esta situación. ¿Cuáles son algunas de las estrategias y normas que la empresa debería poner en marcha para llegar a ser más atractiva para estos grupos minoritarios?

> MODELO: *Tenemos que hacer todo lo posible para reclutar a mujeres para puestos altos en la dirección de la empresa. Hay que ofrecerles los beneficios que les importen, por ejemplo más de seis semanas de licencia por maternidad...*

 8-11 Conexiones. Los beneficios de un lugar de trabajo multicultural. Hablen de sus percepciones y opiniones sobre los beneficios de estudiar y trabajar en un lugar multicultural. ¿Hay una presencia multicultural entre los estudiantes, los profesores y la administración de su universidad? ¿Qué hace la universidad para fomentar el entendimiento cultural? ¿Esperan algún día trabajar en una empresa o una organización donde tengan colegas de otras culturas? Explica.

 8-12 De nuevo: Mejorar las condiciones de trabajo (Si *clauses*). Imagínate que eres un/a candidato/a político/a. Escribe un discurso en el que propongas soluciones para mejorar las condiciones de trabajo en tu país o en algún otro país del mundo. Incluye al menos cinco oraciones con si.

> MODELO: *Ciudadanos, si llegara a ser presidente, lo primero que haría es visitar las fábricas para mejorar las condiciones de trabajo de los empleados...*

Reto: Trata de incorporar más de cinco cláusulas con si en tu discurso. Usa muchas palabras de *¡Así lo decimos!*

RECUERDA

Para repasar las cláusulas con **si**, consulta el *Capítulo 7*.

08-07 to 08-11

1. Pluperfect subjunctive

Ojalá hubiera hecho mi solicitud en línea.

AGENCIA DE EMPLEO

¡OJO!

Ojalá with the imperfect or pluperfect subjunctive translates as "I wish."

Ojalá hubiéramos consultado a un agente de bienes raíces.

I wish we had consulted a real estate agent.

The pluperfect subjunctive has the same communicative function as the pluperfect indicative (*Capítulo 4*). It refers to an action or event that occurs before another past action or event. However, while the pluperfect indicative describes actions that are real, definite, or factual, the pluperfect subjunctive is used in subordinate clauses to express attitudes, wishes, feelings, emotions, doubts, or nonexistence.

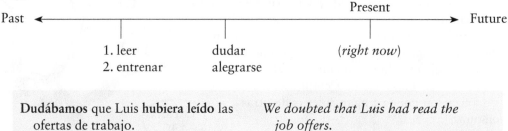

Present

Past ←————————————————————————————→ Future

1. leer   dudar   *(right now)*
2. entrenar   alegrarse

Dudábamos que Luis **hubiera leído** las ofertas de trabajo.	*We doubted that Luis had read the job offers.*
El empleado **se alegró** de que la jefa lo **hubiera entrenado** bien.	*The employee was glad that the boss had trained him well.*

- The pluperfect subjunctive is formed with the imperfect subjunctive of the auxiliary verb **haber** + the past participle.

	IMPERFECT SUBJUNCTIVE	PAST PARTICIPLE
yo	hubiera	
tú	hubieras	
Ud., él, ella	hubiera	tomado
nosotros/as	hubiéramos	comido
vosotros/as	hubierais	vivido
Uds., ellos, ellas	hubieran	

¡OJO!

Some commonly used verbs have irregular past participles:

abrir: **abierto**	escribir: **escrito**	morir: **muerto**	romper: **roto**
cubrir: **cubierto**	hacer: **hecho**	poner: **puesto**	ver: **visto**
decir: **dicho**	ir: **ido**	resolver: **resuelto**	volver: **vuelto**

Aplicación

8-13 En la agencia de empleo. Las siguientes acciones tuvieron resultados inesperados. Combina cada frase de una manera lógica y conjuga los verbos en el pluscuamperfecto del subjuntivo.

MODELO: Cuando llegué a la agencia a las nueve y media me informaron que mi entrevista había sido a las nueve. No pude creer que *hubiera llegado* (llegar) media hora tarde.

1. ___ Una candidata había solicitado el puesto de programadora aunque no tenía experiencia.

2. ___ La empresa había contratado y entrenado a cien empleados.

3. ___ En junio el ejecutivo ya se había jubilado.

4. ___ Antes de terminar mis estudios ya había aceptado un puesto.

5. ___ En mayo la corredora de acciones había recomendado comprar acciones de oro.

a. Ojalá que no _____ (perder) valor para julio.

b. Era probable que _____ (recibir) un buen retiro.

c. Era ridículo que no _____ (leer) bien el anuncio que decía que necesitaba un título en informática.

d. Pero fue una lástima que _____ (aceptar) un salario tan bajo.

e. No era lógico que los _____ (despedir) después de seis meses.

8-14 ¿Había un/a candidato/a modelo? Completa las oraciones con el pluscuamperfecto del subjuntivo.

1. La agencia buscaba contadores que _____ (trabajar) en una empresa de contabilidad.

2. La abogada quería un asistente que _____ (estudiar) derecho.

3. Desafortunadamente, no había nadie que _____ (vivir) en el extranjero.

4. La agencia esperaba que la ingeniera _____ (dedicarse) a la informática.

5. El laboratorio necesitaba investigadores que _____ (entrenarse) en ingeniería genética.

6. El banco quería reclutar a corredores de bolsa que _____ (tener) por lo menos cinco años de experiencia.

7. Cuando llegamos a la entrevista, la secretaria se alegró de que _____ (llegar) a tiempo.

8. Desafortunadamente, la entrevistadora dudaba que tú _____ (llenar) bien la solicitud.

8-15 Una donación importante. Lee el comunicado de prensa sobre una importante donación para establecer un centro de investigaciones en España. Después, contesta las preguntas a continuación.

Una multimillonaria española recién donó 15 millones de euros (unos 21 millones de dólares) para ayudar a financiar un centro biomédico de investigación en Barcelona. Esther Koplowitz, aunque lleva una vida recluida y sin interés ni en la fama ni en las entrevistas, decidió financiar investigaciones para erradicar enfermedades como el cáncer, la esclerosis múltiple y la malaria. La meta del nuevo Centro Esther Koplowitz es promover una concepción moderna de la biomedicina que pueda unir la investigación básica y la clínica.

La donación de la Sra. Koplowitz representó una de las más grandes recibidas para la investigación biomédica. El Centro también recibió un total de 60 millones de euros de la Unión Europea, el gobierno de España y el gobierno regional de Cataluña. El financimiento fue especialmente importante porque en ese momento España estaba pasando una severa crisis económica con una tasa de desempleo que había llegado al 25 por ciento y en la que el gobierno había tenido que reducir su apoyo financiero para instituciones como esta. Según su agente, la Sra. Koplowitz, quien ganó su fortuna por ser dueña de una importante empresa española de construcción, esperaba que su donación fuera una de muchas colaboraciones financieras entre el sector privado y el sector público.

Ahora contesta las preguntas basadas en el artículo.

1. ¿Quién es Esther Koplowitz y por qué hay un centro de investigaciones que lleva su nombre?
2. ¿Cómo llegó a ser multimillonaria?
3. ¿A qué se dedica el centro?
4. ¿Qué esperaba la Sra. Koplowitz?

8-16 Tu reacción a esta donación. Ahora reacciona a la información del artículo sobre el Centro Esther Koplowitz. Completa las frases usando el pluscuamperfecto del subjuntivo.

MODELO: Esther Koplowitz *llegó a* una exitosa empresaria de construcción.
Me impresionó que *hubiera llegado a ser una exitosa empresaria de construcción.*

1. Le donó 15 millones de euros a un centro de investigaciones. Me sorprendió que…
2. La Sra. Koplowitz había llevado una vida recluida. A su familia no le gustaba que…
3. Nunca había dado entrevistas. A los periodistas les molestaba que…
4. El gobierno español también financió el centro. Los investigadores se alegraban de que…
5. El artículo informó que la tasa de desempleo en España había estado muy alta. Me pareció horroroso que…
6. Según el artículo se deduce que las colaboraciones entre el sector privado y el público en España habían sido infrecuentes. Ojalá que…

8-17 A explorar: Multimillonarios hispanos. Busca información en Internet sobre otros multimillonarios hispanos. Escoge uno y escribe un párrafo sobre cómo ganó su fortuna y si financia alguna causa benéfica. Usa el pluscuamperfecto del subjuntivo para reaccionar a la información que aprendas. Puedes usar frases como las siguientes:

BUSCA www ↓

multimillonarios latinos; latinos más ricos

Me pareció interesante que…
Fue posible que…
Me sorprendió que…

Me gustó que…
Dudé que…
Era bueno/lógico/difícil, etc. que…

> MODELO: *Me impresionó que hubiera ganado su fortuna en la industria del cemento.*

8-18 ¡Ojalá…! Hagan una lista de las noticias recientes y coméntenlas, usando ¡Ojalá…!

> MODELO: E1: *Ha subido la bolsa de acciones.*
> E2: *¡Ojalá que hubiera invertido dinero en la bolsa!*

08-12 to 08-18

2. Conditional perfect and **si** clauses in the past

The conditional perfect

Use the conditional perfect to express an action that would or should have occurred but did not.

Habría solicitado el puesto pero ya era demasiado tarde.	*I would have applied for the position but it was already too late.*
Habríamos contratado un plomero, pero el problema ya se había resuelto.	*We would have hired a plumber, but the problem had already been resolved.*

- Form the conditional perfect with the conditional of the auxiliary verb **haber** + past participle.

¡OJO!

Remember that many common verbs have irregular past participles.

	CONDITIONAL OF *HABER*	PAST PARTICIPLE
yo	**habría**	
tú	**habrías**	
Ud., él, ella	**habría**	**hablado**
nosotros/as	**habríamos**	**comido**
vosotros/as	**habríais**	**vivido**
Uds., ellos, ellas	**habrían**	

Si clauses in the past

When a **si** clause containing contrary-to-fact information describes a past action, use conditional perfect in the main clause and the pluperfect subjunctive in the **si** clause.

¡OJO!

The conditional clause does not have a fixed position in the sentence; it may appear at the beginning or end of the sentence.

Si hubiera estudiado economía, **habría solicitado** el puesto en el banco.	*If I had studied economics, I would have applied for the position in the bank.*
Habríamos ido a la entrevista **si hubiéramos visto** el anuncio.	*We would have gone to the interview if we had seen the announcement.*

- Use pluperfect subjunctive after **como si** to refer to a nonexistent occurrence or situation in the past.

José trabajó **como si no se hubiera jubilado** el año pasado.	*José worked as if he hadn't retired last year.*
Siempre revisábamos las ofertas de trabajo **como si no hubiéramos encontrado** un buen puesto.	*We always checked the job offerings as if we hadn't found a good position.*

Aplicación

8-19 En otras circunstancias. ¿Qué habría ocurrido en otras condiciones? Empareja las frases de una manera lógica y conjuga los verbos en el condicional perfecto.

1. ____ Antes de pedir la especialidad en el restaurante…
2. ____ Antes de solicitar el puesto en la oficina de empleo…
3. ____ Antes de publicar el informe científico…
4. ____ Antes de pagar mis impuestos…
5. ____ Antes de pedir un ascenso…
6. ____ Antes de jubilarse…
7. ____ Antes de aceptar una posición a tiempo parcial…
8. ____ Antes de llamar a un plomero…

a. nosotros _____ (buscar) una a tiempo completo.
b. los empleados _____ (abrir) una cuenta de retiro.
c. yo _____ (tratar) de arreglar el baño.
d. _____ (consultar) a un buen contador.
e. nosotros _____ (hablar) con el chef.
f. ustedes _____ (pedir) una cita con su supervisora.
g. los investigadores _____ (hacer) muchos experimentos.
h. tú _____ (darle) el *currículum vítae* al asistente.

8-20 ¡Se desaparecieron mil millones de dólares! Todos tienen su opinión sobre la desaparición del dinero de un banco de inversiones (*investment*). Completa las oraciones con la forma correcta del condicional perfecto o del imperfecto del subjuntivo según el contexto.

> MODELO: Si el cajero *hubiera robado* (robar) el dinero, el director del banco jamás lo *habría creído* (creer).

1. Si los investigadores _____ (inspeccionar) los libros del banco, _____ (encontrar) varias discrepancias.

2. El jefe del banco reaccionó como si sus empleados _____ (cometer) el robo.

3. Si los abogados _____ (hablar) con el jefe, le _____ (decir) que lo confesara todo.

4. Los periódicos informaron sobre el caso como si lo _____ (investigar) por meses.

5. Mis abuelos nunca _____ (depositar) su dinero en ese banco si _____ (saber) que los empleados no eran honestos.

6. ¡Ojalá que algunos de los clientes no _____ (perder) tanto dinero!

8-21 La formación de Carlos Slim. Lee este artículo sobre Carlos Slim, el empresario mexicano que llegó a ser la persona más rica del mundo en el 2012. Forma cinco oraciones hipotéticas para expresar cómo las cosas habrían sido diferentes en otras situaciones.

> MODELO: *Carlos Slim no habría nacido en México si su padre no se hubiera mudado al país en 1902.*

Según *The Financial Times* y *Forbes*, el empresario mexicano Carlos Slim Helú es el hombre más rico del mundo. Pero no tuvo una niñez particularmente privilegiada: su padre emigró de Líbano a México en 1902 y trabajó como vendedor ambulante en las calles de la capital. Sin embargo, Slim dice que tuvo una niñez muy feliz. Durante sus años en la primaria y la secundaria asistió a escuelas pequeñas con menos de 10 niños en cada clase. Al llegar a la Universidad Nacional, todo cambió: era solo uno de 300.000 estudiantes. Dice Slim que algunos años fue buen estudiante y otros no tan bueno, pero que siempre le gustaban los números. También jugaba deportes, como el béisbol, el fútbol y el básquetbol. Cuando Slim tenía 13 años, murió su padre y la familia pasó un tiempo muy difícil. Dice que admiraba muchísimo a su padre: había llegado a México sin saber el idioma, la cultura y sin tener mucho dinero. Pero era muy fuerte, y muy cariñoso. Fue su héroe en todo y desde muy joven le enseñó a ser empresario. Al asistir a la universidad pensaba ser ingeniero, pero luego cambió de carrera. Al terminar sus estudios, fundó una empresa de construcción, invirtió en una empresa de minería, y finalmente en telecomunicaciones hasta que hoy la empresa TelCel domina más del 80 por ciento del mercado de teléfonos móviles en México.

A pesar de su riqueza, Slim ha sido muy generoso con los menos afortunados. Encabeza varias fundaciones filantrópicas que manejan presupuestos de más de diez mil millones de dólares. No todos admiran a Carlos Slim, pero es cierto que ha tenido muchísima influencia en la economía mexicana y en la global.

Además de su enorme colección, el novedoso diseño de este museo atrae a miles de visitantes.

BUSCA www

carlos slim fortuna;
carlos slim museo

8-22 A explorar: Carlos Slim. Busca más información en Internet sobre Carlos Slim. ¿En cuánto se estima su fortuna actualmente? ¿En qué empresas ha invertido mucho capital? ¿Cómo se llama el museo que patrocina en Ciudad de México, qué contiene y quién fue el arquitecto?

8-23 Si hubieran sido asistentes de Carlos Slim. Imagínense que una vez fueron asistentes de Carlos Slim. Usa el condicional perfecto para explicar todas las cosas que habrían hecho para ayudarlo en su trabajo todos los días.

> MODELO: *Al llegar a la oficina le habría preparado un buen café…*

8-24 Debate: El trabajo y la calidad de vida. ¿Cuál es la relación entre el trabajo y la calidad de vida de una persona? Formen dos grupos para debatir uno de los siguientes temas. Usen situaciones hipotéticas con clausulas de **si** y el pluscuamperfecto del subjuntivo cuando sea posible.

Resolución: Se propuso una ley que reduciría la semana laboral a 35 horas.

Resolución: Se iba a garantizar un salario mínimo que permitiera un nivel de vida decente.

Resolución: Todos íbamos a tener tiempo durante el día para meditar.

Frases comunicativas

No era cierto que… (+ *subjunctive*)	Si hubiéramos tenido tiempo…
Mi argumento era que si…	Si hubiéramos sabido que…

> MODELO: *Si todos hubiéramos tenido tiempo para descansar y meditar durante las horas laborales, nunca habríamos tenido una recesión económica…*

CONÉCTATE

Videoblog *¿Trabajar para vivir o vivir para trabajar?*

Antes de verlo

8-25 ¿Cómo te preparas para tu futuro profesional? ¿Has decidido qué carrera (*major*) quieres estudiar? En el futuro, ¿esperas tener un trabajo en el que tengas contacto con mucha gente o prefieres uno en el que puedas trabajar independientemente de los demás? Explica. ¿Te importa más tener un trabajo que te guste o uno que te pague bien? ¿Cuáles son algunos retos que vas a enfrentar para conseguir empleo en tu campo?

A verlo

8-26 Motivos, metas y retos. En este segmento Mauricio habla con varios jóvenes sobre sus motivos para escoger una carrera, sus metas profesionales y los retos que enfrentan ahora y en el futuro. Al ver el video, anota un mínimo de cinco carreras que mencionan los jóvenes. Toma nota de las razones por las que escogieron esas carreras y los retos que ellos ven para conseguir trabajo. ¿A estas personas les interesa más trabajar para vivir o vivir para trabajar? Explica.

Después de verlo

8-27 Consejos para conseguir un buen trabajo. Identifiquen a uno/a de los jóvenes españoles en el video que habla de los retos de conseguir trabajo y prepárenle una lista de consejos concretos que pueda seguir para mejorar su situación. Luego hagan el papel de consejero/a y joven español/a y preséntenle su situación y sus consejos al resto de la clase.

Comparaciones

8-28 En tu experiencia. Hoy en día muchas empresas se han dado cuenta de la importancia de atraer diferentes grupos étnicos y lingüísticos. ¿Cómo se refleja la cultura en un producto o un servicio como una prenda de ropa, un carro, una película o un programa de televisión? Cuando haces una búsqueda en Internet, ¿la haces a veces en español o siempre en inglés? ¿Por qué?

Mark López hace que Google se dirija al público hispano

directamente en la venta y la compra de los productos. Después de unos años trabajando en Terra.com y después en AOL, donde dirigió la sección de marketing al público hispano, Mark fue contratado por Google. Allí encabeza una división nueva llamada U.S. Hispanic Audience. Su responsabilidad es desarrollar y aumentar la importancia de Google en el mercado hispano. Por ejemplo, sabe que el mercado hispano no es monolítico y que comprende una diversidad étnica, lingüística, socioeconómica y política. Además es más propenso a usar su móvil para entrar en Internet en vez de una computadora. Y como habla con fluidez ambos idiomas, puede usar el inglés o el español para hacer su búsqueda.

Desde joven, el mexicoamericano Mark López sabía que iba a dedicarse a servir al mercado hispano en Estados Unidos. Después de terminar su MBA en la prestigiosa universidad de MIT, Mark trabajó en varias empresas en las que desarrollaba su entendimiento del mercado hispano. Este mercado no quiere ser influenciado por la publicidad, sino que quiere influenciar

En los próximos años, una de cada cuatro personas nacidas en EE. UU. será de ascendencia hispana. Estos nuevos ciudadanos estarán buscando información y productos por Internet como cualquiera, pero la diferencia es que tendrán más influencia que nunca en la manera en que funciona el marketing. Mark López hará que Internet se dirija a este importante público.

 8-29 En su opinión. Imagínense que tienen un producto nuevo que quieren vender a un público hispano. Primero, identifiquen y describan el producto. Luego escriban una pequeña campaña publicitaria para venderlo. Tengan en cuenta su público y sus intereses. Finalmente, preséntenle su producto y la campaña publicitaria a la clase.

Ritmos

Plata (Árbol, Argentina)

Árbol es un grupo de rock alternativo que proviene de la provincia de Buenos Aires. Su música se caracteriza por sus letras particularmente sencillas e imaginativas y por mezclar una variedad de ritmos e instrumentos, desde el rock, el punk, el rap, el funk, el reggae, la música electrónica, hasta el country.

Antes de escuchar

8-30 ¿Cuánto cuesta? ¿Cómo es el costo de la vida donde vives ahora? ¿En qué productos o servicios notas un cambio en los últimos años (la gasolina, la comida, el transporte, etc.)? El año pasado, si hubieras tenido suficiente plata (dinero) para comprar el carro de tus sueños, ¿qué marca y modelo habrías comprado y por qué?

A escuchar

8-31 ¿Qué comprarían? Mientras escuchas, anota cuáles de estas posesiones tendrían los músicos si tuvieran suficiente plata. ¿Cuáles tendrías tú con toda la plata necesaria? ¿Hay otras posesiones que desees que no estén incluidas?

1. carro: _____
   a. Cadillac
   b. Rolls-Royce
   c. Porsche
2. joyería: _____
   a. oro
   b. plata
   c. diamantes
3. empleados: _____
   a. caddie de golf
   b. personal trainer
   c. cocinero
   d. criada
   e. contador
4. casa: _____
   a. mansión
   b. castillo
   c. apartamento en el piso más alto
5. diversión: _____
   a. un parque de diversiones
   b. un casino

BUSCA www

**árbol plata video;
árbol plata letra**

Después de escuchar

8-32 Una visión más filantrópica. Al final de la canción los músicos admiten que tener mucha plata es solo un sueño. Pero si fueras tan rico/a como Carlos Slim o Esther Koplowitz, ¿cómo usarías tu dinero para beneficiar a la humanidad? ¿Tienes ciertos proyectos o causas preferidas? Explica cuáles son y por qué son importantes.

Mitos y verdades
sobre tu informe de crédito

▶ **¿Cuánto sabes sobre tu informe de crédito?** Entérate indicando si las siguientes afirmaciones son mitos o verdades.

1.	M	V	Si pago todas mis cuentas, mi informe de crédito se arreglará enseguida.
2.	M	V	Una compañía puede ver mi informe de crédito sin que yo le dé permiso.
3.	M	V	Si cancelo algunas de mis tarjetas, mejoro mi crédito.
4.	M	V	Si tengo muchas solicitudes de crédito, voy a perjudicar mi calificación.
5.	M	V	Mi calificación de crédito cambia cada vez que cambian los datos de mi crédito.
6.	M	V	Aunque pague mis deudas a tiempo, debo revisar mi informe de crédito para ver si hay errores.
7.	M	V	Todos los informes de crédito son iguales.
8.	M	V	Si no pago los impuestos a tiempo, puede afectar mi informe de crédito.
9.	M	V	Después de siete años, la declaración de bancarrota desaparece de mi informe de crédito.
10.	M	V	Si tengo un informe de crédito desfavorable, puedo pagarle a alguien para que me lo arregle.

Vocabulario básico

el cajero automático
depositar
el depósito
las finanzas
los fondos
gastar
invertir (ie, i)
pagar
el porcentaje
la tarjeta de crédito
la tarjeta de débito

Vocabulario clave: Cuestiones financieras

Verbos

ahorrar	*to save*	la cuenta	*account (bill)*
endeudar(se)	*to go into debt*	la cuenta corriente/	*checking/savings account*
financiar	*to finance*	de ahorros	
pedir prestado/a	*to borrow*	la deuda	*debt*
prestar	*to lend*	el dinero en efectivo	*cash*
renunciar (a)	*to resign*	el estado de cuentas	*(financial) statement*
sacar	*to take out, to*	la factura	*invoice*
	pull out	la hipoteca	*mortgage*
sobregirarse	*to overdraw*	los impuestos	*taxes*
		el informe	*report*
Sustantivos		los ingresos	*income*
el/la acreedor/a	*creditor*	la moneda	*coin; money, currency*
la bancarrota	*bankruptcy*	el presupuesto	*budget*
la beca	*scholarship*	el recibo	*receipt*
el bono	*bond, bonus*	el saldo	*balance (bank account)*
la calificación	*score*	la tasa (de interés)	*rate (of interest)*
la compra	*purchase*		

Ampliación

Verbos	Sustantivos	Adjetivos
ahorrar	el ahorro	ahorrado/a
depositar	el depósito	depositado/a
endeudar(se)	la deuda	endeudado/a
financiar	las finanzas, el financiamiento	financiado/a
gastar	el gasto	gastado/a
prestar	el préstamo	prestado/a

¡Cuidado!

¿Puedes?...; pedir, comer, tomar; dar a luz

¿Puede usted darme la licencia de paternidad? Mi esposa va a dar a luz en tres meses.

- *May I have…?* cannot be translated literally into Spanish because **¿Puedo tener…?** means *May I own…?* To ask someone for something, say **¿Puede(s) darme (traerme, prestarme, permitirme)…?**

  ¿Puede traerme el presupuesto, por favor?   *May I have the budget, please?*

- To state that you had something to eat or drink, avoid **tuve** unless you are talking about receiving something. Use **pedir, comer** or **tomar.**

  Anoche para la cena **comí** un pedazo   *For dinner last night I ate a slice*
  de pizza y **tomé** un vaso de leche.   *of pizza and I had a glass of*
  No **pedí** ensalada.   *milk. I didn't have salad.*

- To talk about someone having a baby, use the expression **dar a luz.**

  Marta **dio a luz** la semana pasada.   *Marta had a baby last week.*
  ¡Fue una niña!   *It was a girl!*

Aplicación

8-33 Mitos y verdades sobre el informe de crédito. De las afirmaciones que aparecen en *¡Así es la vida!,* la 2, la 5, la 6 y la 8 son verdades; las demás son mitos. ¿Cuáles les hicieron dudar si eran verdades o mitos? Expliquen. ¿Cuáles fueron sus calificaciones?

9–10: Excelente, pero no te olvides de revisar tu informe de crédito por lo menos una vez al año.

7–8: Necesitas mejorar tu entendimiento de un informe de crédito.

Menos de 7: Anímate, no todo está perdido. Todavía hay tiempo para aprender más sobre tu informe, pero apúrate.

8-34 ¡Socorro! (*Help!*) Combina las frases para formar oraciones lógicas, según el contexto.

1. _____ El banco me ha informado que...

2. _____ Quise sacar dinero con mi tarjeta pero no pude porque...

3. _____ El problema es que mis ingresos...

4. _____ Necesito un aumento de salario para...

5. _____ Lo que necesito es establecer...

6. _____ Si no gano más dinero, voy a tener que...

a. un presupuesto que me ayude a manejar mis finanzas.

b. me he sobregirado en la cuenta por 500 dólares.

c. poder pagar mis deudas.

d. declararme en bancarrota.

e. ¡tenía un saldo negativo!

f. no cubren mis gastos.

e **8-35 En el banco.** Completa cada oración con la forma correcta de una expresión lógica de la lista.

> MODELO: Cuando decidí comprar un carro, fui al banco a pedir un _préstamo_.

acreedor	depositar	ingresos
calificación	deuda	un saldo
una cuenta corriente	gastar	sobregirarse

1. Antes de llenar la solitud para el préstamo, la banquera me ofreció abrir _____ o de ahorros.

2. Me informó que podía _____ un cheque directamente en mi cuenta y pagar mis gastos en línea.

3. Me preguntó si tenía muchas _____, por ejemplo de mis tarjetas de crédito.

4. Le expliqué que tenía un puesto nuevo que pagaba bastante bien y que _____ poco porque vivía con mi familia.

5. La banquera me preguntó cuánto pagaba por mes y quiénes eran mis _____.

6. Le expliqué que tenía _____ de solo $200 en el banco y que muchas veces no podía evitar _____ en mi cuenta.

7. Por fin, la banquera decidió que mis _____ eran demasiado bajos y que no podía prestarme el dinero.

8. En ese momento, decidí reducir mis gastos y tratar de mejorar mi _____ de crédito.

8-36 Tus finanzas. ¿Qué experiencias has tenido o piensas tener con estos recursos financieros? Explica las condiciones y da detalles.

> MODELO: un préstamo
> _Pedí un préstamo cuando compré mi camioneta._
> _La tasa de interés…_

1. una cuenta de ahorros
2. una cuenta corriente
3. los impuestos
4. una hipoteca
5. unas acciones
6. una tarjeta de débito o crédito
7. el informe de crédito
8. un presupuesto

consejos ahorrar dinero

8-37 A explorar: Consejos para ahorrar dinero. Busca consejos en Internet sobre diferentes maneras de ahorrar dinero. Anota cinco que te parezcan factibles en tu vida y explica cómo piensas aplicarlos.

 8-38 El argot del dinero. Hay muchos términos para expresar la idea del **dinero** en diferentes partes del mundo hispano. Preparen cuatro mini diálogos para algunas de las siguientes situaciones y usen algunas de las expresiones: **salir este fin de semana, reparar el carro, pagar la cuenta de la tarjeta de crédito,** etc.

Para expresar la palabra el dinero:

la plata (Sudamérica)

el chavo (Puerto Rico)

el chele (República Dominicana)

el bolo (Venezuela)

la lana (México)

el quilo (Cuba, Puerto Rico)

Para expresar que no tienes dinero:

estar pelado/a (Puerto Rico, República Dominicana, España)

estar lavado/a (Bolivia)

estar arrancado/a (Cuba)

MODELO: E1: *Quiero irme a Nueva York este fin de semana. Oye, ¿por qué no me prestas unos chavos?*
E2: *Lo siento, estoy tan pelado/a que ni puedo comprar un chicle.*

 8-39 ¿Por qué compramos (o no)? Las empresas gastan millones de dólares en campañas publicitarias y otras estrategias para que compremos sus productos. Lean las siguientes situaciones y decidan si influyen en su decisión de compra y explíquense sus razones.

	GASTO MÁS	GASTO MENOS	NO AFECTA MI DECISIÓN
1. El/la dependiente/a te comenta que luces muy guapo/bonita hoy.			
2. Entras en una panadería que huele a pan fresco.			
3. Hay una cola larga en la puerta de una tienda que tiene una liquidación.			
4. Encuentras un cupón en Internet que da un descuento de 50 por ciento en un restaurante.			
5. Estás en una tienda con luz muy baja y música ambiental.			
6. El almacén huele a perfume caro.			
7. Tienes que caminar al fondo de la tienda para encontrar leche y así pasas por las galletas y los helados.			
8. El almacén tiene música jazz en vivo.			
9. Encuentras un aparato electrónico en Internet que cuesta bastante menos que en tu tienda favorita.			
10. Vas a un centro comercial donde es casi imposible encontrar estacionamiento.			

8-40 Cómo resistir la tentación de comprar. A continuación hay unas posibles estrategias para resistir la tentación de comprar. En su opinión, ¿cuáles serían más eficaces si quisieran ahorrar dinero? ¿Cuáles serían casi imposibles? Explíquense sus razones.

1. Mantener un presupuesto.
2. Poner las cuentas en un lugar visible para que no se olviden de las deudas que ya tienen.
3. Poner la mayoría de su dinero en una cuenta de ahorros para que no tengan acceso fácil con una tarjeta de débito o cheques.
4. Cancelar las tarjetas de crédito. Solo usar dinero en efectivo.
5. Cancelar su suscripción a los sitios de compra que tienen su correo electrónico.
6. Cultivar nuevos intereses y pasatiempos para sustituir las compras recreativas.
7. Pedirles prestadas las cosas a sus amigos o comprarlas de segunda mano.
8. Posponer todas las compras posibles.
9. Al estar a punto de comprar algo, darse un día o una semana para pensarlo. A veces se les pasarán las ganas.

Falabella es uno de los almacenes más populares de América Latina.

8-41 De nuevo: Un cliente para el Banco Continental (*Subjunctive and indicative with adverbial clauses*). Escribe un diálogo entre un empleado del Banco Continental y una persona interesada en los servicios del banco (banco en línea, protección de sobregiro, hipotecas, etc.). Utiliza por lo menos cuatro de las siguientes conjunciones adverbiales: **cuando, a menos que, antes de que, para que, aunque, como, donde, hasta que.**

MODELO: EMPLEADO: ¿Para qué necesita usted un préstamo?

CLIENTE: Lo pido para que mi novia pueda comprar un pequeño carro nuevo.

RECUERDA

Para una explicación de las cláusulas adverbiales, ve al *Capítulo 5.*

Reto: Trata de usar más de cinco expresiones. Usa muchas palabras de la *Primera* y la *Segunda parte* de *¡Así lo decimos!*

Necesito una hipoteca para comprar esta casa en Cartagena de Indias.

08-31 to 08-35

3. The relative pronouns **que, quien,** and **lo que,** and the relative adjective **cuyo/a(s)**

Relative pronouns join two sentences that share a noun or a pronoun. Relative pronouns refer to a preceding word, called an antecedent.

Pienso invertir en acciones de energía.	*I intend to invest in energy stocks.*
Las acciones de energía han subido.	*The energy stocks have gone up.*
Pienso invertir en acciones de energía **que** han subido.	*I intend to invest in energy stocks that have gone up.*

The relative pronouns **que, quien,** and **lo que**

- The relative pronoun **que,** meaning *that, which, who,* and *whom,* is used for both persons and objects.

La factura **que** te di está en la mesa.	*The invoice (that) I gave you is on the table.*
Van a interrogar al banquero **que** vendió todas sus acciones.	*They are going to question the banker who sold all of his stocks.*

- The relative pronoun **quien(es),** meaning *who* and *whom,* refers only to persons and is most commonly used after prepositions or when a clause is set off by commas.

Ese es el consejero **con quien** me reúno para resolver el problema de los impuestos.	*That is the advisor with whom I meet to resolve my tax problem.*
El banquero, **quien** era buen amigo mío, renunció a su puesto.	*The banker, who was a good friend of mine, resigned his position.*

- In Spanish, the use of the relative pronoun **que** is never optional.

Los préstamos **que** hizo el banco fueron arriesgosos.	*The loans (that) the bank made were risky*
El hombre **que** conociste trabaja para el Banco Internacional de Desarrollo.	*The man (that/whom) you met works for the International Development Bank.*

- The relative pronoun **lo que,** meaning *what* and *that which,* is a neutral form, referring to an idea, or a previous event or situation.

No me gustó **lo que** hicieron con las tasas de interés.	*I didn't like what they did with the interest rates.*
¿Entiendes **lo que** implica la bancarrota?	*Do you understand what bankruptcy implies?*

The relative adjective **cuyo/a(s)**

La carta, cuya segunda página está perdida, es del Banco Mundial.

Cuyo/a(s) means *whose, of whom,* or *of which* and is a relative possessive adjective. It agrees in gender and number with the noun it precedes.

Las cuentas, **cuyos** depósitos revisaste, eran anónimas.	*The accounts, whose deposits you checked, were anonymous.*
El accionista, **cuyas** acciones perdieron todo su valor, está enojado.	*The shareholder, whose stocks lost all their value, is upset.*

- **Cuyo/a**(s) is always repeated before nouns of different genders and agrees with each one.

El vicepresidente **cuya** iniciativa y **cuyo** esfuerzo lograron la transacción, fue ascendido a presidente del banco.	*The vice president, whose initiative and effort achieved the deal, was promoted to president of the bank.*

¡OJO!

To express the interrogative *whose,* use **de quién(es).**

¿De quiénes son estas cuentas?	*Whose accounts are these?*
No sabemos **de quién** es esa factura.	*We don't know whose invoice that is.*

Aplicación

8-42 El robo de mi identidad. Según la Federal Trade Commision (FTC) de EE. UU., el robo de identidad es la queja que más predomina entre las que reciben, y esas quejas siguen creciendo cada vez más. Combina las frases para formar oraciones completas y lógicas sobre este delito.

El robo de identidad nos amenaza a todos.

1. ____ Hace dos semanas me llamó el gerente del banco...

2. ____ Me informó que había sobregirado mi cuenta corriente,...

3. ____ Lo que más me frustró fue...

4. ____ El culpable fue una persona con...

5. ____ El hombre, cuya cara se parecía mucho a la mía,...

6. ____ El policía...

a. había usado mi nombre y mi número de Seguro Social para comprar muchas cosas.

b. que maneja mis cuentas.

c. el tener que llamar a todos mis acreedores.

d. lo que me sorprendió mucho.

e. a quien consulté me informó que el robo de identidad es cada vez más común.

f. quien yo había trabajado el año pasado.

8-43 Víctima del robo de identidad. Este es un artículo sobre un hombre a quien le robaron la identidad. Completa el artículo con los relativos **que, lo que, quien(es),** o **cuyo/a(s).** Después de leer el artículo, explica por qué este señor se siente tan frustrado.

Experto en computadoras

víctima del robo de identidad

Samuel Castañeda es un hombre 1_____ siempre se consideraba invulnerable pero 2_____ ahora se encuentra entre muchas víctimas del robo de la identidad. El programador y experto en informática, 3_____ antes confiaba en sus destrezas tecnológicas, nunca pensó que pudiera ser víctima, ni aún menos de una trampa 4_____ él mismo había descrito en una publicación para su universidad. Sus colegas a 5_____ había advertido miles de veces que tuvieran cuidado con los cajeros automáticos, ahora se ríen del caso. 6_____ pasó es que un día cuando le echaba gasolina a su carro, metió su tarjeta de débito en un aparato 7_____ alguien había modificado para poder captar el número de la tarjeta y el número de identidad personal. En seguida, el ladrón obtuvo la información y la usó para retirar todo el dinero de la cuenta corriente de Samuel. Este se enteró del fraude cuando recibió notificaciones de su banco informándole que se había sobregirado su cuenta. Samuel, 8_____ informe de crédito ya está bloqueado, afirma que 9_____ le molestó más fue ser víctima de una trampa que él mismo ya conocía.

8-44 Lo que busco... Completen estas frases de una manera original. Utilicen diferentes verbos, como **buscar, preferir, querer, gustar,** etc.

MODELO: en un banco
E1: *Lo que busco en un banco son buenos servicios y gente amable.*
E2: *Pues, lo que busco yo son los puntos que dan en la tarjeta de crédito.*

1. en una tarjeta de crédito
2. en un/a jefe/a
3. en una inversión
4. en mi vida profesional
5. en una cuenta de ahorros
6. en una entrevista
7. en un préstamo
8. en un trabajo

8-45 ¿Quiénes serán? Pregúntense quiénes serán las personas que entran y salen del Banco Universal. Usen los pronombres relativos para describir un aspecto de su apariencia física, su personalidad o lo que hacen.

MODELO: el hombre vestido de negro
    E1: *¿Quién será ese hombre vestido de negro?*
    E2: *¿El señor con quien está conversando la mujer vestida de rosado?*
    E1: *Sí, él mismo.*
    E2: *Creo que es el hombre que donó un millón de dólares a la universidad.*

1. la mujer que habla con el hombre vestido de negro
2. las personas con maletines
3. la señora mal vestida
4. el señor alto, con barba y gafas
5. los niños
6. la señorita vestida elegantemente
7. el perrito que lleva un collar con un diamante grande
8. los tres jóvenes peleándose (*fighting*)

8-46 Solicitud de beca. Escríbele una carta a una fundación pidiéndole una beca para seguir tus estudios. Usa pronombres y adjetivos relativos.

MODELO:

(fecha, ciudad)
A quien le pueda interesar:
    Mi nombre es Raquel Mejías; soy estudiante de tercer año de la Universidad Politécnica de Monterrey donde estudio relaciones internacionales e inglés. Solicito la beca que ustedes les ofrecen a estudiantes para seguir estudios en un programa cuya especialidad son los idiomas. Lo que más me interesa...

Atentamente,

Raquel Mejías Villar

Este es el presupuesto de la casa, el cual le traigo para que lo examine.

In order to avoid ambiguity, **el/la cual** and **los/las cuales** (*that, which, who,* and *whom*) are used to identify which of two antecedents of different genders is being talked about.

Le expliqué el procedimiento a la cajera del banco, **la cual** es sumamente competente.	*I explained the procedure to the bank teller, who is extremely competent.*
Acabo de encontrar el pago de la clienta, **el cual** se había perdido.	*I have just found the client's payment, which had been lost.*

- **El/La cual** and **los/las cuales** are also used after prepositions to refer to things or persons.

Olvidamos las facturas **sin las cuales** no podemos hacer los cheques.	*We forgot the invoices without which we cannot write the checks.*
Usted es la empleada **en la cual** deposito mi confianza.	*You are the employee in whom I put my trust.*

Aplicación

8-47 Esta tarjeta te abrirá numerosas puertas. Lee este anuncio para una tarjeta de crédito y subraya todos los pronombres relativos que encuentres.

Eres una persona que merece una tarjeta especial. Esta es una tarjeta con la cual pronto verás grandes ahorros y premios. Con esta tarjeta, la cual proviene de una de las organizaciones financieras más importantes del mundo, ganarás kilómetros en tu aerolínea preferida, recibirás premios (como vacaciones a bajo costo) y tendrás seguro de vida cuando viajes. ¿Qué esperas? Esta es una oportunidad que no debes perder. Por solo 135 dólares al año podrás recibir esta tarjeta de platino, la cual te abrirá numerosas puertas.

8-48 ¿Cómo es esta tarjeta? Ahora contesta las preguntas, basándote en el anuncio.

1. ¿Qué recibes con esta tarjeta?

2. ¿Cuál es el costo anual?

3. ¿Qué tipo de persona se interesará en esta tarjeta?

4. ¿Te interesa a ti? ¿Por qué?

8-49 En la Bolsa de Comercio de Buenos Aires. El MERVAL es el índice de acciones más importantes de la bolsa argentina. Combina las frases con **el/la cual** o **los/las cuales** para describir las actividades de la Bolsa y del MERVAL.

> MODELO: Estos mensajeros llevan las facturas, *las cuales* tienen la información sobre el cliente.

1. Los operadores llegan a la Bolsa, *la cual* se abre oficialmente a las diez en punto.

2. Todo el mundo tiene por lo menos dos teléfonos móviles, *los cuales* siempre están al alcance de los operadores.

3. A las diez en punto todos oyen el timbre de apertura (*opening bell*), *sin la cual* se prohíbe empezar la compra y venta de acciones.

4. Ahora no se permite a los operadores que fumen en la Bolsa, *los cuales* tienen que salir a la calle para fumar.

5. Los operadores sufren de grandes tensiones, *los cuales* acortan la vida de muchos de ellos.

6. Algunas de estas acciones, *los cuales* se venden por más de su valor, son de empresas internacionales.

7. Las malas noticias sobre las hipotecas en EE. UU. han bajado el valor total del MERVAL argentino, *el cual* ha caído un poco los últimos días.

8. Sin embargo, la situación económica de Europa, *la cual* ha mejorado, también crea optimismo entre los accionistas latinoamericanos.

La Bolsa de Comercio de Buenos Aires

8-50 A explorar: Cómo llegan a ser exitosos. Busca información en Internet sobre alguna persona famosa y a qué se le atribuye su éxito. Escribe un párrafo sobre la persona. Usa pronombres relativos en cláusulas que aclaren la ambigüedad. Léele tu informe a la clase.

> MODELO: *Daisy Fuentes, cuya colección de ropa distribuye el almacén Kohl's, explica su éxito en el mundo de los negocios. Daisy cree que el éxito económico resulta de la persistencia. Los diseños, los cuales cuestan mucho más en otras colecciones, ahora se venden en más de 600 almacenes…*

8-51 FINCA Internacional. Escucha el informe sobre la misión y actividades de FINCA, una organización sin fines de lucro. Indica si las oraciones son ciertas (**C**) o falsas (**F**). Corrige las falsas.

Artesanía boliviana hecha de lana de llama

1. ___ FINCA Internacional se dedica a mejorar el nivel de vida de los empresarios de bajos ingresos.

2. ___ FINCA es más activa en América Latina que en otras partes del mundo.

3. ___ Hasta ahora, ha servido a más de un millón de clientes.

4. ___ María Josefa es una señora boliviana que se dedica a vender hojas de coca.

5. ___ FINCA ayudó a María con un micro préstamo.

6. ___ María pudo contratar a una persona que le maneja su sitio en Internet.

7. ___ Hoy en día, María Josefa vende su mate de coca por todo el mundo.

8. ___ Este es un buen ejemplo de cómo un poco de ayuda financiera puede cambiar la vida de los empresarios.

 8-52 Debate: El costo de la vida. Los manifestantes en Wall Street y frente a los centros financieros de todo el mundo protestaban porque los ricos se hacían cada vez más ricos y las personas de la clase media pagaban una mayor proporción de sus ganancias en impuestos. Formen dos grupos para debatir uno de los siguientes temas. Usen pronombres relativos cuando sea posible.

Resolución: Se aumentarán los impuestos sobre las ganancias de las inversiones y se reducirán los impuestos sobre las compras.

Resolución: Se garantizará la educación universitaria gratis a todos los que tengan mérito sin importar sus ingresos.

MODELO: *Lo que más me frustra es que los ricos pagan pocos impuestos sobre las ganancias de sus inversiones. Por ejemplo, hay multi millonarios cuyas inversiones les dan tremendos ingresos anuales...*

¡ASÍ LO EXPRESAMOS!

📖 Imágenes

8-38 to 08-39

Paisajes humanos n° 65 (Melesio Casas, 1929–, EE. UU.)

Melesio Casas nació en El Paso, Texas. Sirvió en las fuerzas armadas de EE. UU. y fue herido en el conflicto coreano. Tras estudiar en Texas y luego en México, Casas enseñó en San Antonio College por unos treinta años. En *Paisajes humanos n° 65,* Casas retrata a trabajadores mexicoamericanos en un campo con el logotipo de la *United Farm Workers* (el águila en el fondo). Ha ganado varios premios y ha sido muy activo en ayudar a propagar el arte chicano y latino en EE. UU.

Perspectivas e impresiones

8-53 El águila. El logotipo del sindicato United Farm Workers (UFW) es el águila, que es también un símbolo importante en la historia de México. La capital azteca fue fundada en el lugar donde encontraron un águila posada en un nopal (*prickly pear*) devorando una serpiente. Escribe un párrafo en el que expliques qué simboliza el águila para ti. Compáralo con lo que creas que el ave simboliza para los trabajadores del UFW.

8-54 A explorar: ¡Huelga! Desde la recesión mundial que comenzó en el 2007, muchas personas han perdido su trabajo o han sufrido recortes de salario y beneficios. Entre los más afectados han sido los trabajadores del sector público, los maestros y profesores, los policías, y los bomberos, entre otros. En protesta de los recortes, los sindicatos han organizado huelgas y manifestaciones. Busca en Internet un ejemplo de una huelga o manifestación durante esta época en el mundo hispano. Escribe un párrafo en el que expliques las razones de la protesta y tu opinión sobre su causa.

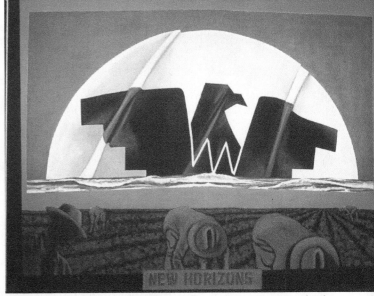

Melesio Casas, *Paisajes humanos n° 65,* acrílico, 72 × 96 pulgadas, *colección de Jim y Ann Harithas, New York*

BUSCA www

huelga educadores españa 2012; manifestación chile 2012; huelga mineros perú 2012

Páginas

08-40 to 08-41

José O. Álvarez (1951–2011, Colombia)

José O. Álvarez fue profesor de literatura y de escritura en Missouri Southern University. Además de sus propios cuentos, publicó cinco volúmenes de cuentos elaborados por sus estudiantes. En el 2011, el profesor Álvarez fue una de las 160 víctimas del devastador tornado que destrozó Joplin, Missouri. Su cuento *Fiebre de lotto* forma parte de su antología cibernética de cuentos *El microcuento inesperado*.

Antes de leer

8-55 Un sueño imposible. ¿Han soñado alguna vez con conseguir algo imposible? Explíquense qué hicieron para lograrlo, aunque supieran en el fondo (*deep down*) que era poco probable.

MODELO: *Siempre soñaba con ganar el premio gordo y todas las semanas compraba un boleto con mi número favorito...*

8-56 Estrategias para la lectura: La organización. Varios géneros tienen una organización interna predecible (*predictable*). Puedes facilitar tu comprensión de una lectura si reconoces y entiendes su organización. La organización es a menudo, introducción, elaboración, problema y, finalmente, resolución o desilusión. Al leer *Fiebre de lotto,* trata de identificar las diferentes partes para ver si el cuento sigue estas normas.

FIEBRE DE LOTTO

Para combatir los rumores de que en pocas semanas iban a ser absorbidos por el Banco Interamericano y posiblemente quedarían en la calle, los 160 trabajadores del Banco de Ahorros y Préstamos acordaron gastar los ahorros de toda su vida comprando conjuntamente medio millón de dólares en números de la lotería de la Florida que subía su acumulado° por minutos. Los menos afortunados, que eran la mayoría, aprovechándose de las conexiones que tenían en el banco, pidieron prestadas sumas° exageradas que respaldaron con sus joyas, carros, bienes raíces y todo lo que se les atravesó de valor en su desaforado camino°.

Al pie de las enormes carteleras regadas° a lo largo y ancho del estado, un ejército de jóvenes, equipados con celulares, cada minuto cambiaban la cifra° que subía al borde del hervor°: 100 millones de Washingtones°.

En la historia de los sorteos° nunca antes se había disparado el acumulado a alturas que igualaran la temperatura de las playas produciendo fiebre de lotto en cada nativo o turista de turno°. La noticia se regó como pólvora° y hasta los jugadores de otros estados y países viajaron expresamente a comprar miles y millones en boletos. Se supo de madres pobres que cambiaron sus cupones° por boletos dejando a sus crías° sin alimento, esperanzadas en que luego lo tendrían hasta la saciedad°. Muchos matrimonios sufrieron la ruptura porque todo el dinero fue invertido en el juego. Los burócratas de la educación rebosaban° de alegría: podrían aumentar sus primas° y los fondos de retiro; aprobar licitaciones nepóticas° y solo un pequeño porcentaje, invertirlo en tratar de educar a una juventud indiferente a la escolaridad°.

Los trabajadores del banco, que cada semana ponían todas sus esperanzas en el premio gordo, decidieron contratar a un experto en combinaciones numéricas, el cual había sido expulsado de la Lotería Estatal por negociar con los secretos que dicha entidad maneja en cuestiones de sorteos. Este señor les cobró una cantidad exagerada, exigiendo de antemano° no revelar la suma para evitar el implacable castigo de la administración de impuestos.

Antes de mandar al mensajero a comprar los números, por escrito acordaron unas reglas que debían cumplirse al pie de la letra° para evitar estropear° la suerte.

Ninguno podía comprar por su cuenta la lotería. No se podía hablar con nadie acerca de lo mismo hasta el lunes siguiente a las ocho de la mañana luego de abrir un sobre con los datos que cada cual encontraría en su escritorio. Todos tendrían que dedicarse a la oración° y a encender velitas° a los innumerables santos de su preferencia para que en concilio extraordinario seleccionaran uno de los números comprados por ellos. Una fila° que le daba vueltas a la manzana° le armó una trifulca° al mensajero por demorarse obteniendo los números. Lo salvaron otros mensajeros de otras entidades que estaban haciendo la misma diligencia°.

A medida que pasaba la semana la atención iba desmejorando° progresivamente hasta casi llegar a la parálisis del jueves y el viernes. En estos días atendieron con tal desgano° que muchos clientes que se encontraban allí para retirar

5   *jackpot*

   quantities of money
   todo... *everything of value which they found in their disorderly quest*

10   *strewn*
   número
   borde... *boiling point* / dólares
   loterías

15   de... *whose turn had come* / se... *spread like wildfire*

   food stamps / bebés
   saturación

20   *overflowed* / *contributions*
   licitaciones... *inside bidding*
   los estudios

25

   ahead of time

30   al... *literalmente* / dañar

35   *prayer* / *little candles*

   line / le... *went around the block*
   le... *began a riot*
   la... *the same errand*

40   empeorando

   falta de entusiasmo

sus fondos para invertirlos en la misma inversión combinatoria, optaron por retirarse
maldiciendo°.

cursing

El viernes hicieron una fiesta de despedida y muchos empeñaron° lo poco que les quedaba
para comprar bebidas y comidas a granel°. La fiesta terminó en una francachela° como de
final de año. La policía tuvo que intervenir porque la mayoría salió a la calle a gritar pestes°
contra el banco. En improvisadas pancartas° denunciaban los salarios de hambre° que les
pagaban contando a montones dinero que no era de ellos. Con paso de pavo real° y
desplante° de torero, comentaban que ahora sí no los iban a ver ni en las curvas porque se
iban a dar la gran vida tal como se la daban los dueños del banco.

45 *pawned*
in great quantities / wild party
insultos
carteles / de… miserable
peacock
50 *audacia*

Ese fin de semana se convirtió en una tortura. Ninguno se atrevió a violar el pacto por
temor a echar a perder la suerte del grupo. Nadie quería cargar con la culpa de seguir
arrastrando° una vida esclavizada, mecánica y sin sentido. Las iglesias de todas las
denominaciones se vieron repletas de fieles que en silencio solicitaban el gran milagro.
En el fondo sabían que nada hay más retrógrado° que la pobreza.

llevando
55
backward

El lunes se vistieron con sus mejores ropas. No querían demostrar que eran unos miserables
que la fortuna° los había atropellado°. El corazón latía aceleradamente. Hasta los que
siempre llegaban con retraso°, ese día se levantaron con tiempo para evitar el tráfico al
que siempre le echaban la culpa de sus demoras°.

mala fortuna / trampled
con… late
60 *le… they blamed for being late*

El sobre estaba sobre la mesa. La emoción los paralizó. Nadie se atrevía a dar el primer
paso. Todos se miraban con recelo°, como si súbitamente entre sus vidas se abriera un
abismo profundo unido por un puente de desconfianza construido sobre tontas sonrisas.
Poco a poco se empezaron a sentir gritos, desmayos°, llantos. Agarrándose° el pecho unos
cuantos caían fulminados° por una insoportable emoción. Varios elevaban los brazos al
cielo hieráticamente° elevados a la divina esencia.

suspicion

fainting / Grabbing
65 *stricken*
solemnemente

Al ver los ojos inconmensurablemente abiertos de otros, y un rictus° de sorpresa en los
demás, lentamente los últimos abrieron el sobre para enterarse de que habían sido
despedidos y que el acumulado para la próxima semana sería de 200 millones de dólares.

gesto

Después de leer

8-57 Resumir. Escribe dos o tres oraciones para resumir el contenido de cada
parte del cuento que hayas identificado.

 8-58 El defecto fatal. Los empleados del banco quisieron hacer todo lo posible
para asegurar su éxito en el sorteo. Hagan una lista de lo que hicieron. ¿Hay algo
que falte?

8-59 ¡Todos (menos uno) ganaron El Gordo! En diciembre del 2011, todos
los que vivían en el pueblo de Sodeto, España ganaron el Gordo ($950 millones).
Busca detalles en Internet para escribir un párrafo sobre el asunto: dónde queda el
pueblo, cuántas personas compartieron el premio, por
qué una sola persona no ganó nada, cómo pensaron
gastar sus ganancias, tu opinión del asunto.

BUSCA www

sodeto el gordo 2011

 8-60 La lotomanía. La afición a la lotería llega a ser casi una adicción para
muchas personas. Comenten las razones por las cuales se compran boletos de
lotería y los beneficios y las desventajas de jugar.

📖 Taller

Un relato irónico

Se podría decir que el cuento anterior termina irónicamente. Sin embargo, es una ironía que se esperaba. Sigue los pasos a continuación para escribir un relato que tenga un desenlace (*outcome*) irónico.

Antes de escribir

Idear. Piensa en una experiencia tuya o de otra persona que tuvo una resolución diferente de lo que se esperaba. Escribe un breve esquema (*outline*) de los acontecimientos y una corta descripción de los personajes. Acuérdate de que un relato tiene varias partes: introduccción, elaboración, problema y resolución/desilusión.

A escribir

Presentar el contexto. Empieza el cuento con una oración introductoria que capte (*attracts*) la imaginación del lector.

Explicar los motivos. Añade las razones del comportamiento (*behavior*) del personaje o de los personajes principales.

Crear expectativas. Añade otros detalles para crear suspenso en el lector. Si quieres, puedes incluir un pequeño defecto del/de los personaje/s.

Revelar la desilusión o la ironía. En una o dos oraciones, revela la desilusión y termina el relato.

Después de escribir

Revisar. Revisa tu relato para ver si has creado suspenso e ironía hasta el final. Luego revisa los siguientes aspectos.

☐ ¿Has incluido una variedad de vocabulario?

☐ ¿Has usado el pluscuamperfecto del subjuntivo?

☐ ¿Has usado alguna vez cláusulas con **si**?

☐ ¿Has empleado oraciones con cláusulas relativas?

☐ ¿Has verificado la ortografía y la concordancia?

Compartir. Intercambia tu relato con el de un/a compañero/a. Mientras leen los relatos, hagan comentarios y sugerencias sobre el contenido, la estructura y la gramática.

Entregar. Pon tu relato en limpio, incorporando las sugerencias de tu compañero/a y entrégaselo a tu profesor/a.

En camino al trabajo en Antigua, Guatemala.

Vocabulario

Primera parte

a tiempo completo (TC)	*full-time*
a tiempo parcial (TP)	*part-time*
las acciones	*stocks*
administrar	*to administer*
armar	*to assemble*
ascender (ie)	*to promote*
el ascenso	*promotion*
los bienes raíces	*real estate*
la consulta	*consultation*
la contabilidad	*accounting*
despedir (i, i)	*to fire*
disponible	*available*
dispuesto/a	*willing*
emplear	*to employ*
entrenar	*to train*
la entrevista	*interview*
estresante	*stressful*
jubilarse	*to retire*
la licencia de maternidad/paternidad	*maternity/paternity leave*
mensual	*monthly*
la oferta	*offer*
el personal	*staff*
presentarse	*to show up, to introduce oneself*
el puesto	*position (job)*
reclutar	*to recruit*
la remesa	*remittance*
el retiro	*pension*
semanal	*weekly*
solicitar	*to apply (for a job)*
la solicitud	*application*

¡Cuidado! funcionar - servir - trabajar *See page 288.*
Profesiones y oficios *See page 287.*
Frases comunicativas: Todo el mundo debe...; No es cierto que...; Mi argumento es que... *See page 298.*

Segunda parte

el/la acreedor/a	*creditor*
ahorrar	*to save*
la bancarrota	*bankruptcy*
la beca	*scholarship*
el bono	*bond, bonus*
la calificación	*score*
la compra	*purchase*
la cuenta	*account (bill)*
la cuenta corriente/de ahorros	*checking/ savings account*
la deuda	*debt*
el dinero en efectivo	*cash*
endeudar(se)	*to go into debt*
el estado de cuentas	*(financial) statement*
la factura	*invoice*
financiar	*to finance*
la hipoteca	*mortgage*
los impuestos	*taxes*
el informe	*report*
los ingresos	*income*
la moneda	*coin; money, currency*
pedir prestado/a	*to borrow*
prestar	*to lend*
el presupuesto	*budget*
el recibo	*receipt*
renunciar (a)	*to resign*
sacar	*to take out, to pull out*
el saldo	*balance (bank account)*
sobregirarse	*to overdraw*
la tasa (de interés)	*rate (of interest)*

¡Cuidado! ¿Puedes?... - pedir, comer, tomar - dar a luz *See page 303.*

9 ¡A pasarlo bien!

☑ **OBJETIVOS COMUNICATIVOS**

- Discussing adventure travel and free-time activities
- Talking about outdoor activities and sports
- Giving your opinion about pastimes

A empezar

En tu tiempo libre, ¿prefieres llevar una vida activa o sedentaria? ¿Te gustan los deportes extremos como el paracaidismo o el surf? ¿Juegas a las cartas con tus amigos?

Curiosidades

¿Sabes…

cuál es el país hispano que tiene más jugadores de béisbol en las Grandes Ligas?

a. Argentina
b. República Dominicana
c. Colombia

dónde se encuentra la más grande reserva marítima del Caribe?

a. Puerto Rico
b. Belice
c. Cuba

el nombre de la competencia triatlón que exige 3.800 metros de natación, 180 km de ciclismo y 42,2 km de correr?

a. el Ironman
b. el triatlón olímpico
c. el maratón mundial

PRIMERA PARTE

¡Así es la vida!
Viajes a la medida

¡Así lo decimos!
Los pasatiempos

¡Así lo hacemos!
Sequence of tenses with the subjunctive

CONÉCTATE

Videoblog *Los Juegos Olímpicos del 2012*
Comparaciones La pelota vasca
Ritmos *Me gusta la noche* (Adrianigual, Chile)

SEGUNDA PARTE

¡Así es la vida!
La guía del ocio

¡Así lo decimos!
El tiempo libre

¡Así lo hacemos!
Uses of definite and indefinite articles
Uses of the infinitive and present participle (gerund)

¡ASÍ LO EXPRESAMOS!

Imágenes *Son de la loma* (Agustín Gainza, 1943–, Cuba/EE. UU.)
Páginas *Este domingo* (María Milán, Cuba)
Taller Un relato

325

¡Viajes a la medida!

¿Te gusta vivir aventuras? ¿Quieres ver el mundo desde el punto de vista de los que realmente viven intensamente? ¿Te interesa tomar las sendas menos recorridas? Indica tus intereses a continuación y ¡te emparejaremos con un viaje de aventura a tu medida!

¿Quieres hacer windsurf en Puerto Rico?

¿Te gusta…?

- ☐ ir de camping
- ☐ hacer paracaidismo
- ☐ andar en moto
- ☐ hacer windsurf
- ☐ bucear
- ☐ montar a caballo
- ☐ cazar
- ☐ navegar a vela
- ☐ escalar montañas o glaciares
- ☐ patinar
- ☐ esquiar en la nieve
- ☐ pescar
- ☐ hacer escalada en roca
- ☐ remar en canoa
- ☐ hacer senderismo
- ☐ ir en fotosafari
- ☐ hacer ciclismo de montaña
- ☐ realizar descenso de ríos

¿Dónde…?

- ☐ Argentina
- ☐ Canadá
- ☐ Chile
- ☐ Colombia
- ☐ Costa Rica
- ☐ Cuba
- ☐ España
- ☐ México
- ☐ Perú
- ☐ Puerto Rico
- ☐ República Dominicana
- ☐ ¿Otro? _____

¡Tu próxima aventura te espera!

No pierdas la oportunidad de ver las posibilidades que ofrecemos en *Viajes a la Medida*.
Visita nuestro sitio: www.viajesalamedida.com

Vocabulario básico

el/la aficionado/a
arriesgar
el ciclismo (de montaña)
divertirse (ie, i)
esquiar
ir de camping
el lago
levantar pesas
montar en bicicleta (a caballo)
nadar
la natación
patinar (sobre hielo/ ruedas)
pescar

Vocabulario clave: Los pasatiempos

Verbos

andar en moto todoterreno	*to ride an ATV*
bucear	*to scuba dive*
cazar	*to hunt*
correr	*to run*
correr peligro	*to be in danger*
escalar (montañas)	*to (mountain) climb*
fracturar(se) (el brazo)	*to fracture (an arm)*
hacer parapente	*to paraglide*
hacer snowboard	*to snowboard*
hacer windsurf	*to windsurf*
navegar a vela/en velero	*to sail*
remar	*to row; to paddle*
sudar	*to sweat*

Sustantivos

la caminata	*long walk, hike*
la carrera	*race*
la competencia, la competición	*contest (sports)*

el descenso de ríos	*river rafting*
la equitación	*horseback riding*
la escalada en roca (hielo)	*rock (ice) climbing*
el montañismo	*mountaineering*
el peligro	*danger*
el salto BASE	*BASE jumping*
el senderismo	*hiking*
el toreo	*bullfighting*

Equipo y participantes

el arco y la flecha	*bow and arrow*
el campamento	*campsite, camp*
el campo de fútbol	*soccer field*
la cancha	*court (sports)*
la caña de pescar	*fishing rod*
el casco	*helmet*
el chaleco salvavidas	*life vest*
el/la corredor/a	*runner*
el equipo	*equipment, team*
el paracaídas	*parachute*
la tienda de campaña	*tent*

Ampliación

Verbos	Sustantivos	Adjetivos
arriesgar	el riesgo	arriesgado/a; riesgoso/a
fracturar(se)	la fractura	fracturado/a
navegar	la nave; la navegación	navegado/a
correr peligro	el peligro	peligroso/a
pescar	la pesca; el pez; el pescado	pescado/a
sudar	el sudor	sudado/a

¡Cuidado!

divertirse (ie, i), pasarlo bien

To say *to have fun* or *to have a good time* use **divertirse**. However, colloquially, many native speakers use the phrase **pasarlo/la bien**.

¡Pásalo bien!	} *Have a good time!*
¡Que lo pases bien!	
Anoche lo pasé muy bien (me divertí).	*Last night I had a great time.*

¡Que lo pases bien en tus vacaciones!

Gracias, papá. ¡Voy a divertirme mucho!

9-1 Su próxima aventura. Revisen las actividades que escogieron en *¡Así es la vida!* para considerar distintas posibilidades para su próximo viaje de aventura. ¿Qué destinos y qué actividades les interesan y por qué? Comparen sus respuestas con las de su compañero/a. ¿Tienen intereses en común?

Queremos seguir el camino del Inca por los Andes.

 9-2 ¿Qué asocian con estas actividades? Escriban un mínimo de cinco palabras que se relacionen con cada una de las siguientes actividades. Usa expresiones de *¡Así lo decimos!*

> MODELO: hacer snowboard: *la nieve, las montañas, el frío, fracturarse un brazo, sudar, la carrera, los juegos olímpicos...*

1. hacer windsurf
2. hacer escalada en roca
3. hacer parapente
4. montar en bicicleta

5. pescar
6. andar en moto todoterreno
7. cazar
8. navegar a vela

 9-3 Los deportes extremos. El salto BASE, el parapente y la escalada en roca son algunos deportes extremos. En su opinión, ¿por qué son populares entre muchos jóvenes? ¿Cuáles son los peligros que se corren con los deportes extremos? ¿Cuáles han practicado ustedes, y cuáles les gustaría probar? ¿Cuál(es) no practicarían nunca? ¿Por qué?

9-4 Las vacaciones obligatorias por país. Miren el gráfico y comparen las cifras que denotan los días en los que la gente no tiene que trabajar por país. En su opinión, ¿qué factores contribuyen a estas diferencias entre países? ¿Qué tienen en común los países con más días de ocio? ¿Cómo creen ustedes que pasan su tiempo libre en Finlandia? ¿En España? ¿En EE. UU.?

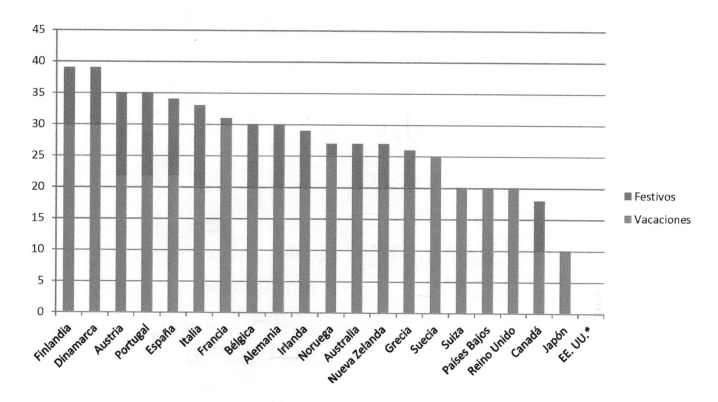

*No hay ni días festivos ni vacaciones obligatorios en EE. UU.
Fuente: www.law.harvard.edu/programs/lwp/papers/No_Holidays.pdf

9-5 En su opinión. ¿Es deporte, arte o pérdida de tiempo? Revisen individualmente la siguiente lista de actividades teniendo en cuenta sus participantes, su equipo y sus requisitos. Indiquen si en su opinión es deporte, arte o pérdida de tiempo. Luego, compartan con su compañero/a sus razones. ¿Hay alguna actividad que en su opinión deba prohibirse?

MODELO: E1: *En mi opinión, la pesca es un pasatiempo. No es un deporte porque puedes pasar todo el día sin moverte.*
E2: *Tampoco es un arte, porque no tienes que crear nada.*

	DEPORTE	ARTE	PÉRDIDA DE TIEMPO
el rugby			
el patinaje			
la equitación			
el boxeo			
la gimnasia			
el remo			
el senderismo			
las carreras de perros			
el hockey sobre hielo			

BUSCA www

viajes aventura;
viajes alternativos

9-6 A explorar: Un viaje de aventura. Busca ofertas para viajes de aventura en Internet. Escoge uno que te interese en un país de habla hispana y anota las fechas, el itinerario, lo que se incluye, el costo y las condiciones del viaje. Escribe un párrafo en el que expliques por qué te gustaría hacer este viaje.

Vamos a ir de camping en Torres del Paine, Chile.

 9-7 ¡Vamos de viaje! Hagan planes para hacer un viaje de aventura a algún país hispano. Decidan adónde quieren ir, qué lugares quieren visitar, qué quieren hacer y qué equipo deben llevar. Preparen un presupuesto en el que incluyan todos los costos de su viaje. Usen la información que encontraron en *A explorar* para ayudarlos a decidir adónde irán y qué harán durante el viaje.

9-8 Comunidades: Deportes populares entre los hispanos. De los deportes que se practican en EE. UU. y Canadá, el fútbol, el béisbol, el jai alai (la pelota vasca) y el tenis son algunos de los más populares entre los hispanos. Investiga acerca de tus equipos favoritos para ver si tienen jugadores hispanos y de dónde son. Busca más información sobre uno/a y escribe un párrafo sobre sus datos personales.

9-9 De nuevo: ¿Cómo se juega? (*Por/para*). Explica las instrucciones o las reglas de tu juego o deporte favorito. Describe las cosas o el equipo que se necesitan para jugar y el propósito del juego o deporte. En tu explicación, utiliza las preposiciones **por** y **para** por lo menos cuatro veces cada una.

RECUERDA

Usa las preposiciones **por** y **para** (*Capítulo 6*).

MODELO: *Para mí, el deporte más entretenido es el básquetbol. Para jugarlo, solo se necesita un balón y algunos amigos. Nos gusta jugarlo los sábados por la tarde...*

Reto: Trata de incluir seis oraciones con la preposición **por** y seis con **para**. Usa muchas palabras de *¡Así lo decimos!*

09-07 to 09-12 ## 1. Sequence of tenses with the subjunctive

Espero que asistas a la carrera el próximo fin de semana.

The tense of the main clause generally determines that of the subordinate clause.

• When the verb in the main clause is in the present, future, present perfect, future perfect, or is a command, the verb in the dependent clause should be in the present subjunctive or present perfect subjunctive, depending on the context.

Hijo, **queremos** que lo **pases** bien en tu viaje de esquí.	*Son, we want you to have a good time on your ski trip.*
Hemos buscado un guía que **conozca** el Amazonas.	*We've looked for a guide who knows the Amazon.*
Pasaremos las vacaciones donde tú **quieras**.	*We'll spend our vacation wherever you want.*
Dígales que **practiquen** más la natación.	*Tell them to practice swimming more.*
Es bueno que **hayas aprendido** a patinar.	*It is good that you have learned how to skate.*

¡OJO!

The sequence of tenses in the subjunctive follows in all types of subordinate clauses including noun, adjective, and adverbial clauses.

MAIN CLAUSE	DEPENDENT CLAUSE
present future present perfect command	present subjunctive or present perfect subjunctive

- When the main-clause verb is in the preterit, imperfect, conditional, pluperfect, or conditional perfect, the verb in the dependent clause will usually be in the imperfect subjunctive. However, the pluperfect subjunctive is used to refer to actions that precede a past action in the main clause.

Dudé que él **estuviera** navegando a vela.	*I doubted that he was sailing.*
No **había** nadie que **pudiera** patinar como ella.	*There was no one who could skate like her.*
Nos **gustaría** que nos **acompañaras** a esquiar en la nieve.	*We would like you to come with us to go skiing.*
Siempre habíamos buscado lugares donde **pudiéramos** hacer escalada de hielo.	*We had always looked for places where we could do ice climbing.*
Habrías hecho montañismo si hubieras tenido tiempo.	*You would have done mountain climbing if you had had time.*

MAIN CLAUSE	DEPENDENT CLAUSE
preterit imperfect conditional pluperfect conditional perfect	imperfect subjunctive or pluperfect subjunctive

¡OJO!

At times, when the main-clause verb is in the present, the imperfect subjunctive may be used in the dependent clause to refer to a completed action in the past.

No **creen** que Marta **fuera** tan buena instructora de esquí.	They don't believe that Marta was such a good ski instructor.

Aplicación

9-10 Quisieron ser hombres de hierro. El Ironman es el triatlón más exigente de todos. Lee el artículo sobre la carrera y las personas que participan en este deporte. Subraya todos los verbos en el subjuntivo y explica por qué se usa el presente o el imperfecto en cada caso.

MODELO: Los organizadores insistieron en que los espectadores no se acercaran a los participantes. *(Imperfecto del subjuntivo porque insistieron está en el pretérito.)*

Cozumel, México, noviembre del 2012

Solo un día después de la exitosa carrera Ironman 2012, los organizadores anunciaron el llamado para el concurso del 2013. Así pidieron formalmente que en el 2013 volviera a tener lugar en Cozumel. Esta competición es el triatlón más exigente de todos y los atletas son entre los más diestros del mundo. La de Cozumel en el 2012 fue una carrera emocionante, muchos de los observadores solo esperaban que todos terminaran la carrera. Uno, en particular, sirvió como modelo para los más jóvenes. De los casi 2.800 competidores, los que representaban 53 países, el más joven tenía 18 años y el más viejo 72. Este era el norteamericano Wayne Mehl. Las reglas del Ironman exigen que los participantes naden 3,8 km, monten en bicicleta 180 km y que corran 42,2 km.

La isla de Cozumel por la costa caribeña de México es un paraíso donde se puede bucear por las cristalinas aguas y los arrecifes (*reefs*) de coral. No hay nadie que no se maraville de la hermosura natural del lugar. Como la temperatura del agua en noviembre se mantiene cerca de los 26° centígrados, no se permite que los competidores usen traje isotérmico. Además las reglas requieren que todos terminen la carrera en un máximo de 17 horas.

Aunque el Sr. Mehl hizo un gran esfuerzo, fue una lástima que no pudiera terminar la carrera dentro de las 17 horas. Sin embargo, otro septuagenario (*man in his seventies*), Little George Roger, sí la terminó en 13 horas y 53 minutos. El más rápido fue un canadiense de 23 años, quien la terminó en 9 horas y 41 minutos.

La competencia del Ironman en Cozumel es una de las más populares del mundo. Por eso, si quieres participar el año que viene, es bueno que te registres cuando se abra la inscripción el día después de la competencia actual.

9-11 ¿Cómo es? Contesta las preguntas, basándote en el artículo anterior.

1. ¿Dónde tuvo lugar la competencia Ironman en noviembre del 2012?
2. ¿Por qué se considera tan difícil esta competencia?
3. ¿Por qué se considera idílico este lugar?
4. ¿Cuántos años tenía el participante mayor? ¿Pudo terminar la carrera?
5. ¿Has participado alguna vez en esta competencia? ¿Conoces a alguien que haya participado?
6. Si pudieras asistir o participar en una competencia Ironman, ¿lo harías? Explica tus razones.

BUSCA www ↓

ironman 2014;
ironman 2015, etc.

9-12 A explorar: Ironman.   Busca en Internet más información sobre el Ironman. Escribe cinco deseos, dudas o emociones que tengas para la próxima carrera. Usa algunas de las expresiones a continuación.

Dudo que…	Es (bueno, increíble, importante, triste, lógico) que…	No hay ningún lugar que…
Espero que…		Busco una carrera que…
Es posible que…	Me gusta que…	Ojalá que…

MODELO: *Me alegro de que haya un Ironman en Brasil el año que viene.*

9-13 Un viaje a Torres del Paine.   Usa la forma correcta del subjuntivo (presente, pasado, presente perfecto, pluscuamperfecto) para completar la descripción de un viaje a Torres del Paine, Chile.

El año pasado invité a algunos amigos a que me (1) _acompañaran_ (acompañar) a Torres del Paine, Chile. Quería que ellos (2) _hicieran_ (hacer) parapente conmigo, un deporte que me emociona mucho. Era necesario que nosotros (3) _fuéramos_ (ir) al consulado chileno para solicitar una visa y que luego (4) _compráramos_ (comprar) los pasajes en avión. Cuando por fin llegamos a Punta Arenas, buscamos un guía que nos (5) _llevara_ (llevar) al campamento. Antes de salir para Chile era necesario que (6) _compráramos_ (comprar) ropa de invierno porque allí hacía bastante frío.

Mira, aquí tienes algunas fotos del viaje: En esta, le pido al guía que me (7) _ayude_ (ayudar) a llevar el equipo. En esta, Renata quiere que le (8) _enseñe_ (enseñar) a manejar una moto todoterreno. Y aquí estamos después de hacer parapente con mucha hambre y esperando que el guía (9) _traiga_ (traer) la comida. Me alegro de que todos (10) _se diviertan / se divirtieran / hayan divertido_ (divertirse) en el viaje.

9-14 Lionel Messi. La FIFA es la máxima organización del fútbol mundial. Cada año premia al mejor jugador con el Balón de Oro. El argentino Lionel Messi ha ganado el Balón de Oro en el 2010 y el 2011. En abril del 2012, Messi, jugando para el equipo de Barcelona, falló el tiro de penal (*penalty kick*) contra el equipo de Chelsea que hubiera llevado a Barcelona a las finales. Messi logró en el 2012 anotar 63 goles, un récord que hacía 39 años que no se repetía.

Completa la siguiente carta que Messi les habrá escrito a sus padres con la forma correcta del indicativo o del subjuntivo del verbo.

Mis queridos padres:

¡Qué gusto recibir la carta de ustedes! Me alegro de que
(**1**) _____ (divertirse) durante el viaje
a Barcelona cuando vinieron a ver el partido semifinal entre
Barcelona y Chelsea. Aunque perdimos, fue magnífico que
(**2**) _____(asistir) al partido porque fue muy
emocionante. Además, me gustó que (**3**) _____
(conocer) a los otros miembros y a los entrenadores del equipo
español. Espero que me (**4**) _____ (enviar) las fotos
cuando las (**5**) _____ (subir) a Internet. Lamenté
que Barcelona no (**6**) _____ (ganar) la semifinal,
pero tal vez (**7**) _____ (tener) éxito en el 2013.

Ojalá que ustedes (**8**) _____ (poder) volver a visitarme este invierno. Dudo que (**9**) _____ (hacer) tanto frío como el invierno pasado.

Bueno, aquí tienen mi nueva dirección. Sería genial que (**10**) _____ (venir) a pasar el Año Nuevo en Barcelona.

Reciban un fuerte abrazo de su hijo,
Lionel

9-15 Consejos de los hinchas (*fans*) a Lionel Messi. Después de la temporada del 2012, los hinchas de Messi pensaban que Lionel necesitaba sus consejos para estar mejor preparado para la temporada del 2013. Escribe cinco o más consejos que los admiradores de Lionel le dan con respecto a su vida personal, su dieta, su entrenamiento, etc. Usa las siguientes frases:

te sugerimos	te recomiendo	quiero que	dudamos que
nos sorprendió que	te pido que	ojalá que	

MODELO: *Te sugerimos que practiques más patear el balón…*

9-16 En el 2014. La Copa Mundial del 2014 tiene lugar en Brasil. ¿Qué quisieran que pasara durante los juegos? Usen las oraciones **quisiera que…**, **me gustaría que…**, o **ojalá que…** para explicar lo que quisieran que pasara durante el torneo.

MODELO: *Quisiera que alguien me regalara entradas para las finales.*

9-17 Las Fiestas de San Fermín concluyen sin heridos. Este noticiero salió después de la celebración de las fiestas de San Fermín en España. Completa las oraciones de la manera más lógica, según lo que escuches.

1. Las fiestas se celebran todos los años en ____.

    a. Pamplona   **b.** Bilbao   **c.** Granada

2. Los jóvenes que corren delante de los toros reciben ____.

    a. pocas heridas   **b.** poca atención   **c.** poco dinero

3. El correr peligro hace que suba la ____.

    a. serotonina   **b.** testosterona   **c.** adrenalina

4. El efecto de correr peligro es una estimulación para los centros de ____.

    a. miedo   **b.** placer   **c.** hambre

5. Los corredores con más experiencia piensan que muchos de los jóvenes ____.

    a. no son muy valientes   **b.** se arriesgan demasiado   **c.** corren lentamente

6. Los encierros se han celebrado todos los años desde ____.

    a. 1842   **b.** 1824   **c.** 1924

7. Han muerto ____.

    a. mayormente norteamericanos   **b.** menos de quince personas   **c.** tantas mujeres como hombres

8. En España, se prohíbe el toreo en la región de Cataluña por ____.

    a. no ser económico   **b.** maltratar a los toros   **c.** discriminar contra las mujeres toreadoras

Un encierro (*running of the bulls*) en las fiestas de San Fermín, Pamplona, España.

 9-18 Debate: Los deportes y la salud. Formen dos grupos para debatir uno de los siguientes temas. Usen el indicativo o el subjuntivo en cláusulas subordinadas cuando sea posible.

Resolución: Será obligatorio que todos los deportistas se sometan a pruebas para detectar el uso de esteroides antes de permitirles competir.

Resolución: No se requiere que las pólizas (*policies*) de seguro médico o de vida se paguen en casos de accidente durante la práctica de un deporte extremo (ej. el paracaidismo, el toreo).

Frases comunicativas

Pero hay que estar seguro de que…   *But one must be sure that…*
Es increíble que…   *It's incredible that…*
Opino que…   *My opinion is that…*

    MODELO: *Opino que las personas que practican deportes arriesgados como el parapente deben renunciar a su seguro de vida y de salud. Es ridículo que…*

09-13 to 09-15

CONÉCTATE

Videoblog   *Los Juegos Olímpicos del 2012*

Antes de verlo

9-19 ¡A competir!   ¿Qué deportes practicas? ¿Has participado en alguna competencia? ¿Cuál es el deporte olímpico que más te interesa? ¿En qué deporte te gustaría participar?

A verlo

9-20 A verlo.   En este segmento Mauricio conoce a diferentes personas durante las Olimpiadas del 2012. Toma apuntes de los intereses de los espectadores, lo que significa para los atletas representar a su país en los Juegos Olímpicos y lo que han tenido que hacer para llegar hasta allí.

Después de verlo

9-21 Entre atletas.   Imagínense que ustedes son dos atletas olímpicos. Preparen para la clase un diálogo en el que hablen de lo que han hecho para prepararse para competir en los Juegos Olímpicos, lo que significa para ustedes representar a su país y lo que han logrado en Londres. Refiéranse a las escenas del video para ayudarlos a generar ideas.

Conéctate **337**

Comparaciones

9-22 En tu experiencia. Hace miles de años que son populares los juegos que utilizan la pelota. Los antiguos mayas tenían un juego en el que se sacrificaba a una persona al final del juego. Los atletas y militares romanos, tanto como los griegos, jugaban a una versión del fútbol actual. La pelota ha sido grande como el balón de fútbol o de básquetbol, pequeña como la de béisbol, hecha de piedra, goma, madera, lana o de piel. ¿Eres espectador/a o jugador/a de algún juego que utilice una pelota? Explica tu interés en el juego.

El pelotero a mano, Patxi Eugi

La pelota vasca

La pelota vasca tiene su origen en el País Vasco, en la zona norte de España y sur de Francia, pero además se practica en varios países hispanos, como Argentina, México, Cuba, Chile y EE. UU., entre otros. Generalmente tiene al menos dos jugadores o equipos, los que golpean o lanzan una pelota por turnos contra una pared. Hay varias versiones del juego, según el tipo de pelota que se usa, la cancha donde se juega y si se usa una raqueta, una cesta o simplemente la mano.

La pelota a mano, semejante al *squash* es actualmente la versión más popular en España. Se puede reconocer fácilmente a los jugadores de esta versión por su mano hinchada[1] por haber golpeado tanto la pelota. El pelotero vasco, Patxi Eugi es uno de los mejores jugadores de pelota a mano del mundo.

Los jugadores de la cesta punta o el *jai alai* utilizan una cesta para recoger y después lanzar la pelota hacia la pared. El *jai alai* ("fiesta alegre" en vasco) es un deporte profesional popular en México y el estado de la Florida. Según el gobierno vasco, es el deporte más rápido del mundo, pues la pelota puede alcanzar una velocidad de 302 km/hora.

Mikel Egiguren juega a la cesta punta (al *jai alai*).

[1] swollen

9-23 En su opinión. ¿Qué deportes de pelota se practican en su universidad? ¿Cuáles son los más populares entre sus amigos? ¿Tiene su universidad canchas donde cualquier persona pueda practicar? ¿Por qué es importante que todos practiquemos algún deporte?

 **Ritmos**

09-16 to 09-18

Me gusta la noche (Adrianigual, Chile)

Adrianigual es un conjunto chileno, integrado por Diego Adrián e Ignacio Aedo. En su música mezclan estilos como el pop, rock, punk, hip-hop y folk. El sencillo *Me gusta la noche* se ha destacado como uno de los más bailables del 2011.

Antes de escuchar

9-24 Cuando sales de juerga (*go out for fun*). ¿Qué haces cuando sales de noche? ¿Sales con tus amigos? ¿Vas a restaurantes o a fiestas? ¿Te gusta bailar? ¿Te gusta hacer siempre lo mismo o prefieres hacer algo diferente cada vez que sales?

A escuchar

9-25 *Me gusta la noche.* Al escuchar la canción, anota qué quiere hacer el cantautor por la noche.

> **BUSCA** www ⬇
>
> **adrianigual me gusta la noche video; letra adrianigual me gusta la noche**

Después de escuchar

9-26 Describe la acción. ¿Qué colores, sonidos y olores asocias con la noche? Vuelve a escuchar la canción; trata de visualizar la escena y describe lo que te viene a la mente.

 9-27 Nos gusta la noche. Trabajen juntos para escribir otro verso para esta canción. Pueden empezar con la frase *Pienso en…*

MODELO: *Pienso en tus besos*
más calurosos que antes.
Me abrazas con pasión
como si fuéramos amantes…

Conéctate **339**

www.universal/ocio/sorteo

La guía del ocio

Para mejor servirte en la sección del Ocio, El Universal quiere saber cómo pasas tu tiempo libre. Completa la siguiente encuesta para indicar con qué frecuencia haces las siguientes actividades. No te olvides de poner tu dirección de correo electrónico para participar en el sorteo de un boleto de avión a cualquier destino servido por Aeroméxico. ¡Gracias por tu colaboración!

ACTIVIDADES	FRECUENCIA (0: NUNCA – 3: MUCHO)			
	0	1	2	3
Coleccionar				
monedas	○	○	○	○
estampillas	○	○	○	○
antigüedades	○	○	○	○
Ir a conciertos				
de música clásica	○	○	○	○
de música popular	○	○	○	○
Jugar juegos de azar				
dados	○	○	○	○
póquer	○	○	○	○
ruleta	○	○	○	○
tragamonedas	○	○	○	○
veintiuna	○	○	○	○
Jugar juegos de mesa				
naipes (cartas)	○	○	○	○
parchís	○	○	○	○
dominó	○	○	○	○
Ir a museos				
arte moderno	○	○	○	○
arte clásico	○	○	○	○
arte étnico	○	○	○	○
(otro: especificar)	○	○	○	○
Ver películas	○	○	○	○
Ir a restaurantes	○	○	○	○
Salir a bailar	○	○	○	○
Salir de tapas	○	○	○	○
Ir al teatro	○	○	○	○
Jugar videojuegos	○	○	○	○
Otra(s):	○	○	○	○
	○	○	○	○

Nombre y apellidos:

Correo electrónico:

He leído y estoy conforme con las normas del sorteo y de *El Universal*.

sí ☐   no ☐

ENVIAR

Vocabulario básico

el dominó
entretenido/a
el ping-pong, el tenis
  de mesa
el recreo
las tapas
la veintiuna
el videojuego

Vocabulario clave: El tiempo libre

Verbos

apostar (ue)	*to bet*
coleccionar	*to collect (objects)*
competir (i, i)	*to compete*
exhibir(se)	*to exhibit, to display*
hacer trampas	*to cheat*
salir de juerga/de parranda	*to go out on the town*
trasnochar	*to stay up all night*

Sustantivos

el ajedrez	*chess*
el billar	*billiards, pool*
las canicas	*marbles*
cara o cruz	*heads or tails*
las cartas/los naipes*	*playing cards*

*los naipes (Spain)

los dados	*dice*
las damas	*checkers*
la estampilla, el sello	*postage stamp*
la ficha	*chip, playing piece*
el juego de azar	*game of chance*
la jugada	*play, move (in a game)*
la máquina tragamonedas	*slot machine*
el ocio	*free time*
el sorteo	*raffle*
el torneo	*tournament*

Adjetivos

diestro/a	*skillful, cunning*
torpe (con las manos)	*clumsy (all thumbs)*

Ampliación

Verbos	Sustantivos	Adjetivos
aficionar(se) a	la afición	aficionado/a
apostar (ue)	la apuesta	apostado/a
exhibir(se)	la exhibición	exhibido/a
hacer trampas	la trampa	tramposo/a
jugar (ue) a	la jugada	jugado/a

¡Cuidado!

retar a, atreverse a; el cine, la película

- Use **retar a** when you dare or challenge someone else to do something. **Atreverse a** expresses the idea that someone dares to do something.

el cine, la película

- **El cine** refers to the place where a movie is shown, or to the art of filmmaking. **La película** means *movie* (which has a title, plot, actors, etc.) or the actual film on which it is shot.

Fui al **cine** a ver una **película** de horror.   *I went to the movies to see a horror movie.*

Estudio **cine**.   *I am a film major.*

Aplicación

9-28 ¿Qué hacen en el tiempo libre?   Identifiquen las actividades de la encuesta de *¡Así es la vida!* a las que dieron tres puntos y pónganlas en orden de importancia para ustedes. Hablen sobre las actividades que tienen en común y expliquen sus diferencias.

e   **9-29 ¿Sabías esto?**   Busca las respuestas a las afirmaciones siguientes para ver si puedes identificar estas curiosidades sobre algunos pasatiempos populares. ¿Cuáles te sorprenden más, y por qué?

1. ____ La moneda tiene dos lados.

2. ____ Los lados opuestos siempre suman siete.

3. ____ Su tabla tiene cuadros rojos y negros.

4. ____ Juego que se hace con 28 fichas rectangulares.

5. ____ En India no son rectangulares sino redondas.

6. ____ Definición de filatelia.

7. ____ Tiene millones y millones de jugadas.

8. ____ Los juegos populares en los casinos.

a. los dados
b. el dominó
c. las cartas
d. el ajedrez
e. cara o cruz
f. de azar
g. coleccionar sellos/ estampillas
h. las damas

¿A quién conmemora esta estampilla?

9-30 ¿Cómo se juegan?   Completa el cuadro con la información sobre cómo y dónde se juegan estos juegos de mesa. ¿Cuáles has jugado y qué te han parecido?

	¿DÓNDE?	¿CON QUIÉNES?	¿SE APUESTA?
MODELO: el solitario	en la computadora	solo/a	generalmente no
1. el bingo			
2. el Monopolio			
3. el póquer			
4. las damas			
5. el dominó			
6. la veintiuna			
7. la ruleta			

9-31 Colecciones. Muchas personas se dedican a coleccionar algo. Hagan una lista de cosas que se coleccionan y hablen de lo que ustedes coleccionaban de niños/as y de lo que coleccionan ahora. Comparen sus colecciones. ¿Qué saben de las colecciones de sus padres o de sus abuelos?

Una colección de mariposas

9-32 Salir de juerga. En España es común que los jóvenes salgan de juerga y trasnochen. Salen con sus amigos a conversar, bailar, cenar y divertirse, y muchas veces no vuelven a casa hasta la madrugada (*dawn*). ¿Cómo se compara esta costumbre con su experiencia? ¿Hay bares, cines o discotecas abiertos hasta la madrugada en su comunidad? ¿A qué hora regresan a casa? ¿Salen entre semana o solo los fines de semana?

9-33 La televisión: ¿instrumento educativo, distracción o pérdida de tiempo? Comparen el tiempo que se pasa todos los días viendo televisión en otros países con el tiempo que pasan ustedes frente a la televisión. ¿Qué programas usualmente ven ustedes? ¿Son mayormente educativos o de entretenimiento? ¿Creen ustedes que la televisión tiene una responsabilidad social y educativa?

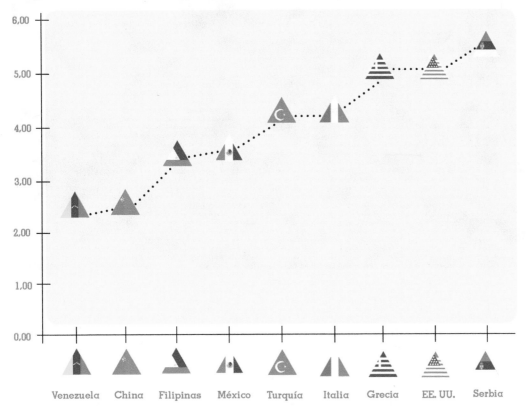

Promedio del número de horas diarias dedicadas a ver la televisión según Nielsen

BUSCA www

a qué se dedican argentinos (españoles, mexicanos, cubanos, etc.) tiempo libre?

9-34 Conexiones. El tiempo libre y la tecnología. ¿Cómo ha afectado la tecnología a las actividades que se hacen en el tiempo libre? ¿Piensan que la tecnología ha tenido la misma influencia en el mundo hispano? Investiguen cómo pasan el tiempo libre la gente en países hispanos y conversen sobre las semejanzas y diferencias con su experiencia. En su opinión, ¿quiénes aprovechan más la tecnología, los jóvenes o las personas mayores? ¿Creen que la tecnología nos ha dado más tiempo libre o que compite con el tiempo que antes se dedicaba a los amigos?

9-35 De nuevo: ¡Nunca lo olvidaré! (*Preterit/imperfect*) En una página, narra una anécdota sobre la actividad, el deporte o el juego más divertido/a, más atrevido/a o más emocionante de tu vida. Luego compártela en clase con tus compañeros.

RECUERDA

Para escribir tu historia debes utilizar el pretérito y el imperfecto (*Capítulos 1 y 6*).

MODELO: *Durante mi primer año en la universidad me gustaba jugar a los videojuegos con mi compañero de cuarto. Él siempre ganaba porque era más diestro que yo, pero una vez…*

Reto: Escribe sobre más de una actividad. Usa muchas palabras de la *Primera* y *Segunda parte* de *¡Así lo decimos!*

2. Uses of definite and indefinite articles

El Monopolio es mi juego favorito.

The definite article

In Spanish as in English, the definite article (**el, la, los, las**) is used with nouns that are specific or known to the speaker. However, in Spanish, definite articles are also used:

- before nouns or nominalized adjectives used in a general sense, as well as with nouns dealing with concepts and abstractions.

Me gusta jugar a **las** cartas pero me encanta **el** bésibol.	*I like to play cards but I love baseball.*
El tiempo libre es importantísimo para mí.	*Free time is very important to me.*
Los más valientes son los toreros.	*The bravest (ones) are the bullfighters.*

- with days of the week (except after **ser**), seasons, meals, hours, dates, and years in the 21st century.

Vamos a salir de juerga a **las** nueve de la noche el viernes.	*We're going to go out partying at 9 p.m. Friday.*
En **el** verano los sanfermines empiezan **el** 7 de julio.	*In the summer, the San Fermín festival begins on July 7.*
Fui a Cuba en **el** otoño **del** 2012.	*I went to Cuba in the fall of 2012.*
En España **el** almuerzo es **la** comida más importante.	*In Spain lunch is the most important meal.*

¡OJO!

Use the singular article with one day and the plural article with more than one day. Only *sábado* and *domingo* are pluralized:

el viernes	*(on) Friday*	el domingo	*(on) Sunday*
los viernes	*(on) Fridays*	los domingos	*(on) Sundays*

- with the names of languages (except after **hablar** and verbs of learning) or the prepositions **de** or **en**.

A Jacques le gusta **el** español pero habla francés.	*Jacques likes Spanish but speaks French.*
Escribí una carta en español ayer.	*I wrote a letter in Spanish yesterday.*

- with titles such as Sr., Sra., Srta., Dr./Dra., Profesor/Profesora (except when speaking directly to the person), but never with don, doña, fray, sor, san(to), santa.

La profesora Pedroso colecciona obras de pintores colombianos.	*Professor Pedroso collects works of Colombian painters.*
Profesora Pedroso, ¿por qué no trae la pintura de Botero a la clase?	*Professor Pedroso, why don't you bring the Botero painting to class?*
Vi a don Pablo jugar al billar.	*I saw Don Pablo playing billiards.*

¡OJO!

Definite articles are used before some geographical names when the article is part of the name. For example:

Los Ángeles	La Coruña	La Paz
El Cairo	La Habana	El Salvador

- with articles of clothing and parts of the body when ownership is established by the subject.

¿Dónde dejé **la** gorra?	*Where did I leave my cap?*
Levanten **la** mano si saben la respuesta.	*Raise your hand if you know the answer.*

The indefinite article

Soy una ávida coleccionista de conchas.

The indefinite article (**un, una, unos, unas**) is used less in Spanish than in English. It is only used:

- before a noun that has not been identified previously.

Hubo **un** presidente que era aficionado a las canicas.	*There was a president who was fond of playing marbles.*

- before a noun that is modified.

Los mayas tuvieron **una** civilización impresionante.	*The Mayans had an impressive civilization.*

Omit the indefinite article in the following cases:

- after the verb **ser** unless the noun is modified.

Don Ignacio **es campeón** de ajedrez.	*Don Ignacio is a chess champion.*
Su hermano también **es un** buen jugador.	*His brother is also a good player.*

- before **cien, ciento** (*a/one hundred*), **mil** (*a/one thousand*), **cierto/a** (*a certain*), and **otro/a** (*another*).

Hay **cien** jugadas posibles.	*There are a hundred possible moves.*
En el Prado hay más de **mil** obras españolas.	*At the Prado there are more than a thousand Spanish pieces of art.*
Hay **cierto** juego de cartas que prefiero.	*There is a certain card game that I prefer.*
Necesito **otra** moneda para mi colección.	*I need another coin for my collection.*

- after **medio/a** (*half a*), **tal** (*such a*), and **¡qué...!** (*what a...!*).

En el sobre había solo **media** estampilla.	*On the envelope there was only half a stamp.*
Jamás he visto **tal** exhibición.	*I've never seen such an exhibition.*
¡Qué película más emocionante!	*What an exciting film!*

Aplicación

9-36 Pasarlo bien. Combina las preguntas con las respuestas más lógicas y llena el espacio con el artículo definido, o una **X** si ninguno es necesario.

1. _B_ ¿Cuándo sales de juerga?
2. _E_ ¿A quiénes les gusta mucho salir de juerga?
3. _A_ ¿Cuál es el deporte más popular entre los europeos?
4. _e_ ¿Cuánto dinero ganaste en la veitiuna?
5. _C_ ¿Quién es esa pareja que está jugando a los naipes?
6. _D_ ¿Qué juego es popular en los casinos?

a. Tiene que ser _el_ fútbol.
b. Solo _los_ sábados porque trabajo _los_ viernes por _la_ noche.
c. _los_ señores Martínez.
d. _la_ ruleta.
e. Más de _X_ cien dólares.
f. Seguramente a _los_ jóvenes españoles.

9-37 El Museo Nacional del Prado.
El Prado, uno de los museos de arte más importantes del mundo, tuvo una expansión importante en el 2007. Completa el artículo a continuación con el artículo definido o indefinido.

La moderna expansión del Museo del Prado incorpora un claustro (*cloister*) del Siglo XVI.

El nuevo Prado se abre a la historia

MADRID —

El Museo del Prado siempre ha sido (1) ~~una~~ joya, tanto para (2) los madrileños, como para (3) los turistas. Allí se albergan (*are housed*) obras clásicas de Velázquez, El Greco, Goya y Zurbarán, entre muchos más. Pero con la expansión de 237.000 pies cuadrados realizada bajo (4) ella dirección del arquitecto Rafael Moreno, El Prado ha llegado a ser no solo la galería de arte antiguo más importante del mundo, sino también una de (5) las más modernas.

Hasta ahora, el museo ha recibido más de dos millones de visitas todos los años. Pero durante muchos años a (6) ~~la~~ dirección del museo le faltaba imaginación y no se aprovechaba de sus tesoros. Además, el edificio necesitaba importantes restauraciones. Pero eventualmente contrataron a Miguel Zugaza, (7) un director con una visión futurista. La extensión del museo costó €219.000.000, mucho más de lo que se esperaba, pero se ha podido mantener lo viejo e integrarlo con lo moderno. (8) El reto más grande era cómo incorporar un claustro que databa del Siglo XVI, pero que estaba en ruinas. El arquitecto solucionó el problema cuando construyó (9) un túnel para las exhibiciones debajo del claustro y después reconstruyó completamente el claustro por encima. (10) La luz para las exhibiciones entra por las ventanas en el piso de la iglesia.

Hay que tener en cuenta que el Museo del Prado no es ni (11) el Museo de Louvre ni un Museo Metropolitano, sino una colección de arte de los reyes de España. Y en este aspecto, cumple su meta de exhibir las piezas más importantes de (12) la corte española. (13) el 21 de junio del 2010, cuando el Museo abrió las puertas de su espacio nuevo, el público pudo gozar otra vez de estas obras de arte maravillosas.

BUSCA www ↓

museo el prado madrid

9-38 A explorar: Una visita al Museo del Prado. Busca en Internet fotos del Museo y algunas de sus exhibiciones. Escribe un párrafo en el que describas un cuadro que te interese.

9-39 Los títulos. En los países de habla española, es común referirse a las personas usando títulos. Hablen de personas que conozcan y relaciónenlas con sus pasatiempos favoritos.

MODELO: señor/a
El señor Ramírez es contador. Dicen que es aficionado al béisbol porque todos los lunes busca en Internet las posiciones de los equipos.

1. profesor/a
2. director/a
3. doctor/a
4. ingeniero/a

5. gobernador/a
6. presidente/a
7. don/doña
8. senador/a

9-40 ¿A qué son aficionados/as ustedes? Expliquen a qué pasatiempos y deportes son aficionados/as, y cuáles no les interesan para nada.

MODELO: *Soy muy aficionado/a al esquí porque me gusta estar al aire libre en el invierno. No me interesa para nada el boxeo porque…*

9-41 ¡Qué película más emocionante!   Preparen conversaciones basadas en las frases exclamatorias a continuación.

> MODELO: ¡Qué director más creativo!
> E1: *Me encantan las películas de Pedro Almodóvar. Anoche vi la película*
> *Amantes pasajeros, y como muchas de las películas de este director*
> *español, tiene un mensaje serio pero con bastante humor.*
> E2: *Yo la vi la semana pasada. ¡Qué película más original!*

1. ¡Qué mujer más admirable!
2. ¡Qué museo más fascinante!
3. ¡Qué historia más cómica!
4. ¡Qué deporte más emocionante!
5. ¡Qué viaje más largo!
6. ¡Qué pasatiempo más aburrido!

09-32 to 09-36

3. Uses of the infinitive and present participle (gerund)

> Jugar esta mano te puede costar mucho dinero.

In Spanish, the present participle is the **-ndo** form of the verb. It corresponds to the **-ing** form in English. However, the uses differ in each language.

¡OJO!

Form the present participle by adding **-ando** to **-ar** verbs and **-iendo** to **er/ir** verbs. Note that **-ir** stem-changing verbs also have a change in the participle:

sonreír (ie, i)	sonr**iendo**
dormir (ue, u)	d**u**rmiendo

When a verb has three vowels in a row, the **i** changes to **y**:

leer	le**yendo**
traer	tra**yendo**

Spanish uses an infinitive in cases where English uses a gerund as a noun.

Noun

SPANISH: INFINITIVE	ENGLISH: GERUND (-ING)
Apostar en un casino puede ser peligroso.	*Betting in a casino can be dangerous.*
Coleccionar estampillas es divertido.	*Collecting stamps is fun.*
No **fumar.**	*No smoking.*

Spanish uses a present participle as an adverb where English may use a simple adverb or a present participle.

Adverb

SPANISH: -NDO	ENGLISH: ADVERB OR -ING
Hicimos la gira **caminando.**	*We did the tour on foot.*
Mis amigos pasaron la noche **jugando** videojuegos	*My friends spent the night playing videogames.*

Spanish uses a simple adjective in cases where English uses a present participle.

Adjective

SPANISH: ADJECTIVE	ENGLISH: -ING
Fue una competencia **entretenida.**	*It was an entertaining competition.*
El bingo es un juego de azar **emocionante.**	*Bingo is a thrilling game of chance.*

Spanish uses the simple present to express the near future; English may use the present progressive.

Near future action

SPANISH: SIMPLE PRESENT	ENGLISH: -ING
Jugamos a las damas mañana.	*We're playing checkers tomorrow.*
¿**Sales** de juerga después del examen final?	*Are you going out on the town after the final exam?*

¡OJO!

The present progressive can only be used in Spanish to refer to ongoing actions.

Manuel está jugando a las cartas con sus amigos (ahora mismo).	*Manuel is playing cards with his friends (right now).*

Aplicación

9-42 Avisos. Para cada situación, escoge el aviso más lógico y la razón que explique su motivo.

MODELO: No entrar con comida ni bebida en el cine.
Se prohíbe entrar con comida y bebida porque quieren que compremos las que venden allí.

SITUACIÓN	AVISO	RAZÓN
1. En una piscina	LLEVAR ZAPATOS Y CAMISA	a. Ensucia y estropea (*ruins*) los jardines y la hierba.
2. En el recreo	MOSTRAR EL PASAPORTE	b. Quieren que la gente esté bien vestida.
3. En un restaurante	NO CORRER	c. Es parte del sistema de seguridad.
4. En un aeropuerto	NO FUMAR	d. No es una buena manera de resolver los conflictos.
5. En la puerta de una discoteca	NO TIRAR BASURA	e. El humo molesta a los no fumadores.
6. En un parque	NO PELEARSE	f. Hay agua en el piso y puede estar resbaloso (*slippery*).

9-43 ¿Cómo lo hacen? Vuelve a escribir las siguientes oraciones, dándoles un contexto más completo. Trata de incorporar verbos de la lista usando la forma **-ndo**.

beber	conversar	llorar	sonreír
coleccionar	gritar	reírse	temblar

MODELO: La jugadora de póquer sonrió.
La jugadora de póquer sonrió recogiendo las fichas cuando ganó el torneo.

1. Los jóvenes trasnocharon.
2. Los jugadores de póquer miraban sus cartas.
3. El torero observó el toro.
4. La pareja vio la película triste.
5. Las concursantes subieron al escenario.
6. Los ancianos jugaban al bingo.
7. La señora puso una moneda de un dólar en la máquina tragamonedas.

 9-44 ¿Qué opinan? Den sus opiniones sobre las siguientes actividades.

MODELO: *Jugar al dominó es popular entre los cubanoamericanos.*

1. apostar
2. entrenarse en el gimnasio
3. salir de juerga
4. ver programas de realidad

5. hacer trampas
6. jugar con videojuegos
7. ver golf por televisión
8. coleccionar monedas

9-45 Un pasatiempo popular. Escucha el artículo sobre este popular pasatiempo y completa las oraciones de forma lógica.

1. Se habla del pasatiempo de ____.
   a. jugar a los naipes
   b. ver películas de horror
   c. jugar con videojuegos

2. Los niños que lo practican ____.
   a. tienden a ser obesos
   b. tienen mayor visión espacial
   c. saben más de lo que está pasando en el mundo

3. Se investigó particularmente a niños que ____.
   a. practicaban deportes en la escuela
   b. tenían padres solteros
   c. vivían en lugares superpoblados

4. Entre las pruebas que se hicieron estaba la ____.
   a. del índice de masa corporal
   b. de la inteligencia verbal
   c. de la habilidad manual

5. Se concluyó que ____.
   a. llevar una vida sedentaria puede afectar la salud de los niños
   b. no se ha esudiado a suficientes niños
   c. no hubo gran variación entre los diferentes instrumentos que se usaron

9-46 Debate: El control de la televisión. Según los investigadores, hay una relación positiva entre el número de horas que los niños pasan viendo la televisión o jugando ciertos videojuegos y la obesidad, el déficit de atención y la agresividad. Formen dos grupos para debatir sobre uno de los siguientes temas.

Resolución: Se prohibirá el uso de la televisión en los centros preescolares.

Resolución: Es el derecho de cualquier persona jugar a los videojuegos, no importa su edad.

Resolución: Las escuelas organizarán clubes de juegos de mesa como el ajedrez y los naipes para desarrollar mejor la capacidad intelectual de los estudiantes.

MODELO: *Ver la televisión y jugar con videojuegos es el derecho de todos...*

¡ASÍ LO EXPRESAMOS!

Imágenes

09-37 to 09-38

Son de la loma (Agustín Gainza, 1943–, Cuba/EE. UU.)

Agustín Gainza nació en La Habana y por más de cuatro décadas se ha dedicado a las artes visuales, especialmente la pintura, el dibujo, el grabado y la cerámica. Esta escena representa un conjunto musical tocando un son (música popular bailable) cubano que lleva el mismo título que el cuadro, *Son de la loma*.

Perspectivas e impresiones

9-47 ¿Qué observas? ¿Qué te imaginas? Primero haz una descripción objetiva de este cuadro y sus personajes. Luego dale cuerpo (*give it some shape*) describiendo el lugar, dándoles nombres a las parejas que bailan, describiendo sus profesiones, sus intereses y las razones por las que están en este lugar.

 9-48 En el parque. Imagínense que están en el parque retratado en el cuadro de Agustín Gainza. Inventen una conversación entre una de las parejas.

> MODELO: E1: *¿Escuchas la música?*
> E2: *Sí, están tocando* Son de la loma, *ese son que nos gusta tanto...*

9-49 A explorar: *Son de la loma*. Esta canción la hizo famosa el Trío Matamoros. Es muy popular entre los músicos de Cuba, y aún hoy cuando se toca en una fiesta todo el mundo sabe la letra y la canta cuando baila. Búsquen la letra y una grabación o video en Internet y escriban un resumen del tema y sus impresiones de la música. Presenten sus impresiones a la clase.

BUSCA www

son de la loma letra; son de la loma video

Páginas  09-39 to 09-41

María Milán (1962– , Cuba)

María Milán nació en La Habana, Cuba en 1962. Se licenció en Literaturas Hispánicas de la Universidad de La Habana y después obtuvo su M.A. en Español en el City College of New York. Actualmente está completando su doctorado en Lengua y Literatura Españolas en el Graduate Center de City University of New York y es profesora de español.

Antes de leer

 9-50 Los domingos. ¿Cómo pasan el tiempo cuando se reúnen con los amigos de su juventud? ¿Les gusta ir a un café, al cine o a un evento deportivo? Piensen en la última vez que se reunieron con algunos viejos amigos y cuéntense qué hicieron. ¿Qué intereses tienen en común?

9-51 Las dudas. Este cuento tiene que ver con las dudas que tiene una mujer sobre cómo su esposo pasa el tiempo los domingos. Cuando descubras la duda que tiene, piensa en si habrías reaccionado de la misma forma que ella.

ESTE DOMINGO

descubrir

Hoy Elena se prometió averiguar° adónde iba su marido tan temprano. Desde hacía más de un mes todos los domingos se desaparecía y regresaba cansado, exhausto. A veces venía feliz; otras parecía preocupado, confundido, triste. Pero hoy ella sabría

en la dirección de 5

la verdad. Así que lo siguió en el auto, rumbo al° lago. Al llegar al parqueo, y desde la distancia, Elena vio a un hombre saludarlo con alegría. Llegaron otros hombres más tarde que también lo saludaron con entusiasmo.

Elena no sabía qué pensar. No había ninguna amante amorosa y

rough 10
comieron una merienda

bella esperándolo, sino estos rudos° y deportivos hombres. Luego, todos jugaron al baloncesto, conversaron, merendaron°… jugaron otra vez.

con hambre

Era tarde cuando Elena, aburrida y hambrienta°, regresó a casa. Por el camino no dejó de preguntarse por qué este secreto. ¿Ya

15

no sería su matrimonio como antes, una roca a prueba de muchas tormentas°?

roca a…stormproof

Se sintió mal cuando lo vio llegar esa tarde tan contento, con un brillo especial en los ojos. Ella no quería discutir, ni pelear, pero necesitaba saber. Y por eso se lo contó todo: el domingo terrible

spying on him / tormenting herself 20

que había pasado espiándolo°, atormentándose° con muchas dudas. Él se rio. Rio mucho. Yo diría que se rio muchísimo ante los ojos enormes de sorpresa de Elena. Cuando se calmó al fin,

silly thing / loca (diminutive)

la llamó tontuela°, loquilla° mía, celosa niña. Con mucho amor, y conteniendo la risa que luchaba por escapársele de los labios,

childhood 25

él le explicó que todos eran amigos de su infancia°. Le dijo que se encontraron en Facebook y que a uno de ellos se le ocurrió la idea de reunirse "solo hombres" y que todos aceptaron enseguida. Volverían a gritar y a sudar y a correr por toda la cancha, como hacía veinte años cuando volvían a casa sucios y despreocupados.

30

Sin embargo, hoy todos hablaron francamente y admitieron que esas reuniones eran monótonas, áridas, casi absurdas sin la gloria de niños que gritaran, esposas que sonrieran, abuelas que

would scold them / would bark

regañaran°, perros que ladraran° y sol con mucho brillo.

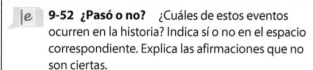

9-52 ¿Pasó o no? ¿Cuáles de estos eventos ocurren en la historia? Indica sí o no en el espacio correspondiente. Explica las afirmaciones que no son ciertas.

1. __N__ El esposo invitó a su esposa a acompañarlo los domingos.
2. __S__ La esposa lo espió.
3. __S__ La esposa temía que no fuera fiel.
4. __N__ El esposo tenía una amante.
5. __S__ El esposo hacía deporte con sus viejos amigos.
6. __N__ El esposo le dijo a su esposa que prefería estar solo los domingos.
7. __N__ La abuela del esposo lo regañó por haber engañado a su esposa.
8. __S__ Según el esposo, es más interesante incluir a toda la familia en los pasatiempos que salir solo con los amigos.

9-53 Mi mejor amigo/a. En el cuento que acaban de leer, la esposa duda de la fidelidad del esposo. Desempeñen el papel de la esposa dudosa porque no sabe lo que el esposo hace los domingos y del/ de la mejor amigo/a. ¿Qué tipo de preocupaciones puede compartir ella con su mejor amigo/a? ¿Cómo la tranquiliza su amigo/a?

MODELO: ESPOSA/A: Temo que mi esposo sea infiel. Todos los domingos…
AMIGO/A: ¡No es posible! Siempre ha sido muy fiel y cariñoso. Creo que está…

9-54 ¿Qué harían en su lugar? ¿Qué harían si fueran los personajes de este cuento? Túrnense para decir lo que harían o dirían en su lugar. Expliquen sus razones.

MODELO: E1: Si fuera Elena, contrataría a un detective privado. Le diría que lo siguiera los domingos…
E2: Si fuera el esposo…

📖 Taller

Un relato

En el relato anterior, has leído un cuento sobre una mujer que duda de la fidelidad de su esposo y que al final se da cuenta de la tontería de sus temores. Sigue los pasos que se indican para escribir un relato en primera persona y cuenta una tontería tuya.

Antes de escribir

Idear. Piensa en una situación en que dudaras de alguien: un/a amigo/a, un familiar, etc. Escribe varias oraciones describiendo a la persona, tanto físicamente como por su manera de ser.

Presentar el contexto. Comienza el relato con una oración introductoria que señale el contexto de lo que va a seguir; por ejemplo, *Cuando tenía quince años, admiraba a mi tío Luis porque…*

A escribir

Añadir detalles. Añade varias oraciones en las que describas la personalidad de la persona: cómo era; qué hacía; qué relación había entre ella y tú.

Crear una complicación. Presenta una complicación: un evento que cause un cambio de personalidad y los esfuerzos que hacía esa persona (o tú) para resolver la complicación.

Revelar la resolución. En una o dos oraciones, resuelve la complicación y termina el relato. ¿Es algo que se esperaba o algo irónico?

Después de escribir

Revisar. Revisa tu relato para ver si has dado suficientes detalles para desarrollar la narración. Luego revisa la mecánica.

☐ ¿Has incluido una variedad de vocabulario?

☐ ¿Has verificado los usos de los artículos definidos e indefinidos?

☐ ¿Has empleado bien el pretérito y el imperfecto?

☐ ¿Has seguido la concordancia de tiempos para el subjuntivo?

☐ ¿Has verificado la ortografía y la concordancia?

Compartir. Intercambia tu relato con el de un/a compañero/a. Mientras leen los relatos, hagan comentarios y sugerencias sobre el contenido, la estructura y la gramática.

Entregar. Pon tu relato en limpio, incorporando las sugerencias de tu compañero/a y entrégaselo a tu profesor/a.

Vocabulario

Primera parte

andar en moto todoterreno	*to ride an ATV*
el arco y flecha	*bow and arrow*
bucear	*to scuba dive*
la caminata	*long walk, hike*
el campamento	*campsite, camp*
el campo de fútbol	*soccer field*
la caña de pescar	*fishing rod*
la cancha	*court (sports)*
la carrera	*race*
el casco	*helmet*
cazar	*to hunt*
el chaleco salvavidas	*life vest*
la competencia, competición	*contest (sports)*
el/la corredor/a	*runner*
correr	*to run*
correr peligro	*to be in danger*
el descenso de ríos	*river rafting*
el equipo	*equipment, team*
la equitación	*horseback riding*
la escalada de roca (hielo)	*rock (ice) climbing*
escalar (montañas)	*to (mountain) climb*
fracturar(se) (el brazo)	*to fracture (an arm)*
hacer parapente	*to paraglide*
hacer snowboard	*to snowboard*
hacer windsurf	*to windsurf*
el montañismo	*mountaineering*
navegar a vela/en velero	*to sail*
el paracaídas	*parachute*
el peligro	*danger*
remar	*to row*
el salto BASE	*BASE jumping*
el senderismo	*hiking*
sudar	*to sweat*
la tienda de campaña	*tent*
el toreo	*bullfighting*

¡**Cuidado!** divertirse (ie, i) - pasarlo bien
See page 327.
Frases comunicativas: Pero hay que estar seguro de
que... - Es increíble que... - Opino que... *See page 336.*

Segunda parte

el ajedrez	*chess*
apostar (ue)	*to bet*
el billar	*billiards, pool*
las canicas	*marbles*
cara o cruz	*heads or tails*
las cartas	*playing cards*
coleccionar	*to collect (objects)*
competir (i, i)	*to compete*
los dados	*dice*
las damas	*checkers*
diestro/a	*skillful, cunning*
la estampilla, sello	*postage stamp*
exhibir(se)	*to exhibit, to display*
la ficha	*chip, playing piece*
hacer trampas	*to cheat*
el juego de azar	*game of chance*
la jugada	*play, move (in a game)*
la máquina tragamonedas	*slot machine*
los naipes	*playing cards*
el ocio	*free time*
salir de juerga/de parranda	*to go out on the town*
el sorteo	*raffle*
el torneo	*tournament*
torpe (con las manos)	*clumsy (all thumbs)*
trasnochar	*to stay up all night*

¡**Cuidado!** retar a - atreverse a; el cine - la película
See page 341.

10 Mañana es hoy

Las antenas de ALMA, la instalación de radiotelescopios más grande del mundo, en el desierto de Atacama, Chile.

☑ OBJETIVOS COMUNICATIVOS

- Talking about the 21st Century, its achievements, and challenges
- Making excuses
- Speculating about how life will be in the future
- Discussing scientific and technological advances of the 21st Century
- Giving credit or blame
- Expressing opinions about the present and future state of the world

A empezar

¿Dónde vivirás en treinta años? ¿Cómo será tu vida en cuanto al tiempo que pasas trabajando y el tiempo de ocio? ¿Qué cambios tecnológicos, sociales o científicos habrá durante los próximos cincuenta años?

Ciudad de las artes y las ciencias, Valencia, España

Curiosidades

¿Sabes…

qué civilización antigua predijo el "fin del mundo" en el 2012?

a. la maya
b. la azteca
c. la inca

cuál será el porcentaje de hispanos en la población de EE. UU. para el 2050, según el Pew Research Center?

a. 21 por ciento
b. 29 por ciento
c. 35 por ciento

en qué observatorio se descubrió la estrella más grande hasta la fecha?

a. en el del Cerro Paranal en Chile
b. en el telescopio Hubbard
c. en el de Arecibo en Puerto Rico

http://www.futurista.com

Retos de nuestro siglo

Queremos saber tu opinión: De los siguientes retos para el Siglo XXI, ¿cuáles son los **cinco** más importantes para ti personalmente y cuáles los **cinco** más importantes para la sociedad? No te olvides de hacer clic al final para enviar tu selección.

Elige cinco en orden de importancia (1 = el reto más importante)	Para mí	Para la sociedad
Asegurarles a los niños en cualquier país del mundo una vida sana y segura con acceso a la educación y sin tener que trabajar.	☐	☐
Establecer una sociedad donde todos tengamos libertad para expresarnos política y artísticamente.	☐	☐
Ayudar a establecer gobiernos democráticos en los países bajo dictaduras.	☐	☐
Eliminar el hambre.	☐	☐
Crear más oportunidades en la educación y en el trabajo para personas con discapacidades.	☐	☐
Crear nuevas fuentes renovables y limpias de energía.	☐	☐
Curar la vejez.	☐	☐
Encontrar maneras para detener el cambio climático global.	☐	☐
Encontrar nuevas terapias para las enfermedades psicológicas.	☐	☐
Establecer estaciones en otros planetas.	☐	☐
Investigar nuevos usos de la terapia genética para curar enfermedades.	☐	☐
Proteger la variedad de las especies de flora y fauna.	☐	☐
Usar la biotecnología para crear nuevas especies de plantas y animales.	☐	☐
Usar la tecnología para mejorar la calidad de la vida humana.	☐	☐
Asegurar una economía global que beneficie a todos los habitantes de la Tierra.	☐	☐
Lograr el desarme nuclear universal.	☐	☐
Otro:	☐	☐

ENVIAR

Vocabulario básico

asegurar(se) de
crear
el desafío
en vías de desarrollo
explorar
funcionar
imitar
el observatorio
proteger
rescatar
el reto
sano/a

Vocabulario clave: Los avances del Siglo XXI

Verbos

adaptar(se)	*to adapt (oneself)*
amenazar	*to threaten*
desarmar	*to disarm*
desempeñar (un papel)	*to play (a role)*
extraer	*to extract*

Sustantivos

el astro	*heavenly body, star*
el/la astrónomo/a	*astronomer*
el autómata, el robot	*robot*
la célula (madre)	*(stem) cell*
el/la cirujano/a	*surgeon*
la globalización	*globalization*
el quirófano, el salón de operaciones	*operating room*
la terapia (genética)	*(genetic) therapy*
la vejez	*old age*

Adjetivos

asombroso/a	*surprising*
inalámbrico/a	*wireless*
industrializado/a	*industrialized*
subdesarrollado/a	*underdeveloped*

Ampliación

Verbos	**Sustantivos**	**Adjetivos**
adaptarse	la adaptación	adaptado/a
asombrar	el asombro	asombroso/a
envejecer (zc)	la vejez	viejo/a
extraer	la extracción	extraído/a
desarmar	el desarme	desarmado/a
rescatar	el rescate	rescatado/a

¡Cuidado!

llegar a ser, convertirse (ie, i) en, hacerse, ponerse

All of these expressions mean *to become*, yet are used in different contexts.

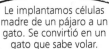

Le implantamos células madre de un pájaro a un gato. Se convirtió en un gato que sabe volar.

- **llegar a ser:** *to become (after a long period of time or much effort)*

  Julia **llegó a ser** astrónoma después de terminar su doctorado. — *Julia became an astronomer after finishing her doctorate.*

- **hacerse:** *to become/to grow (a deliberate change often with one's identity)*

  Un día voy a **hacerme** rico y famoso. — *One day I will become rich and famous.*

- **convertirse en:** *to become/to turn into*

  Al nacer su hijo, **se convirtieron** en padres excelentes. — *When their son was born, they became/turned into excellent parents.*

- **ponerse:** *to become (suddenly, often emotional change)*

  Me puse nervioso antes de hablar en la reunión de los científicos. — *I became nervous before speaking at the meeting with the scientists.*

10-1 En su opinión. Comparen los retos que escogieron. Explíquense por qué los consideran los más importantes. ¿Tienen algunos en común? ¿Hay diferencias entre los retos personales y los retos para la sociedad?

10-2 Cuestiones futuristas. Completa las oraciones con la forma correcta de expresiones lógicas de *¡Así lo decimos!*

1. Algunos científicos opinan que la _____ podrá curar enfermedades como el cáncer o la fibrosis cística.

2. La falta de agua potable es un problema grave en muchos países _____.

3. Un astrónomo estudia los _____ y los agujeros negros.

4. Los autómatas _____ importante en desarmar las minas en los campos de batalla.

5. Cuando llega la ambulancia a urgencias, los autómatas preparan_____ para operar al paciente.

6. En las industrias mineras, los autómatas también pueden _____ minerales de las minas donde es peligroso entrar para los mineros.

7. Es _____ que no invirtamos más dinero en los avances tecnológicos.

8. Ojalá que algún día todos disfrutemos de una _____ saludable, feliz y productiva.

 10-3 Los autómatas. Muchos creen que los autómatas tendrán cada vez más importancia en este siglo. Combinen las frases para ilustrar el papel que podrían desempeñar y comenten sobre la probabilidad de que esto ocurra. Acuérdense de cambiar los infinitivos al presente del indicativo o del subjunctivo. Usa frases como las siguientes:

Es bueno/malo que…   Es (im)probable que…   Es ridículo/magnífico que…

Es (im)posible que…   Es lógico que…   (No) Creo que…

> MODELO: En el campo de fútbol, es (im)probable que los autómatas hagan un gol.

1. _____ En el mar y en los ríos navegables,   **a.** limpiar la cocina.
2. _____ En los quirófanos,   **b.** rescatar a las víctimas.
3. _____ En casa,   **c.** guiar los barcos.
4. _____ En los tribunales,   **d.** sacarles la sangre a los pacientes.
5. _____ En los incendios (*fires*),   **e.** desarmar las bombas.
6. _____ En los hospitales,   **f.** reemplazar a los abogados.
7. _____ En una guerra,   **g.** asistir a los cirujanos.

 10-4 Un futuro automatizado. Conversen sobre las implicaciones económicas, políticas, sociales y personales del aumento del número de autómatas en el futuro. Elijan dos de las siguientes áreas.

- en los sitios que almacenan (*store*) deshechos peligrosos
- en la construcción y el mantenimiento de las carreteras
- en las fábricas de automóviles
- en las minas de minerales
- en los campos de batalla
- en la educación
- en la casa y en el trabajo familiar

  10-5 Un autómata personal. Inventen un autómata que tenga un uso práctico para el futuro. Describan sus componentes, su utilidad y su costo. Luego, compartan con la clase sus ideas de cómo será este invento. Pueden dibujarlo para dar más detalles.

MODELO: *Vamos a inventar un... que pueda...*

 10-6 Los medios de comunicación. Hoy en día, Internet, el correo electrónico y los teléfonos inteligentes han cambiado muchos aspectos de nuestras vidas. Hablen de cómo estos recursos van a seguir afectando nuestra vida social y laboral en las próximas décadas del Siglo XXI. Pueden incluir los siguientes aspectos.

- la comunicación
- el tiempo libre
- la economía

- la seguridad
- la privacidad
- la creatividad

10-7 La importancia de la biodiversidad. La Amazonia es una enorme región de Sudamérica que se extiende unos 6 millones de kms^2 repartidos entre nueve países: Brasil, Perú, Colombia, Bolivia, Ecuador, Guyana, Venezuela, Surinam y la Guayana Francesa. Incluye la selva tropical más extensa y la eco región con la mayor biodiversidad del mundo. En el 2011 la selva amazónica fue declarada una de las siete maravillas naturales del mundo. ¿Cuáles son las cuestiones económicas, ecológicas, sociales y políticas relacionadas con la protección de la biodiversidad en la Amazonia?

Una especie amazónica en peligro de extinción por la deforestación.

10-8 A explorar: Medellín, una ciudad que aspira a renacer. En el pasado, la ciudad de Medellín luchaba contra la pobreza y la violencia ligadas al narcotráfico. Pero a partir del 2004 y con el apoyo del gobierno federal, se ha dedicado a renovar sus espacios públicos para mejorar la calidad de vida y la seguridad de sus ciudadanos. Investiga en Internet algún proyecto que te interese relacionado con este renacimiento. Escribe un breve resumen de su impacto en la comunidad y los desafíos que pueda conllevar tal renovación. Incluye una foto del proyecto.

BUSCA www

medellín metro; medellín jardín botánico; medellín transformación arquitectura; medellín fajardo metrocable; medellín biblioteca españa; león de greiff; medellín planetario; medellín centro desarrollo cultural moravia

La ciudad de Medellín está situada en un valle.

10-9 Comunidades: Tendencias para el Siglo XXI. Según la Unesco, hay diez tendencias a largo plazo que podrían delinear el posible futuro de la humanidad en este siglo. Busca en Internet más información sobre estas tendencias. Escoge una y escribe un párrafo sobre cómo te afectará en el futuro y cómo puedes participar en ella.

BUSCA www

unesco 10 tendencias siglo xxi

10-10 De nuevo: En tu opinión (*Sequence of tenses in the subjunctive*). Eres comentarista para un programa de ciencia y tecnología en la televisión. Escribe comentarios sobre lo que dicen estas personas en su presentación. Usa frases como las siguientes:

Es/Fue imposible que…	Me alegro/Me alegré de que…
Es/Fue sorprendente que…	Me parece/Me pareció increíble que…
Dudo/Dudaba que…	No es/Fue cierto que…

Los expertos hablan sobre la realidad virtual

DRA. PALAU: La realidad virtual se inventó en el Siglo XX, pero en el XXI se convertirá en tecnología clave en el desarrollo del conocimiento humano. Sin duda tendrá un gran impacto en la medicina, la arqueología, la astrofísica y en muchas otras áreas de investigación.

DIRECTOR FUENTES: En el pasado, la realidad virtual revolucionó el mundo del entretenimiento. Era un escape total.

PROFESORA FALCÓN: La realidad virtual facilita el entrenamiento de pilotos, astronautas, médicos, soldados y agentes de seguridad.

ING. GUTIÉRREZ: La realidad virtual siempre les ofrecía muchas opciones a los diseñadores, a los arquitectos y a los decoradores. Les ahorraba mucho tiempo y dinero.

MODELO: La realidad virtual es una simulación de la realidad en tres dimensiones. En el pasado, se limitaba a las películas de 3D.
*Es lógico que la realidad virtual **sea** una simulación de la realidad en tres dimensiones.*
Me sorprendió que en el pasado se limitara a las películas de 3D.

Reto: Usa muchas palabras de *¡Así lo decimos!*

RECUERDA

Para repasar la secuencia de tiempos verbales en el subjuntivo consulta el *Capítulo 9*.

¡Así lo hacemos!

10-07 to 10-12

1. Se for unplanned events

> Se me olvidó tu contraseña, ¿me la puedes dar?

In order to describe an unexpected or unplanned event or to avoid taking the blame, Spanish frequently uses se along with the third-person singular or plural of the verb. In such cases, the action appears as *happening* to someone accidentally. The indirect object (**me, te, le, nos, os, les**) indicates who is affected by the unintentional action.

¿**Se le cayó** la bomba al autómata?	*Did the robot drop the bomb? (lit. Did the bomb fall while the robot was carrying it?)*
Siempre **se me pierde** el móvil.	*I always lose my cell phone. (lit. The cell phone gets lost on me.)*
Ojalá que no **se les hayan muerto** los ratones en su investigación.	*I hope that the mice in their research haven't died. (lit.... the mice haven't died on them.)*
En el carro viejo siempre **se nos quedaban** las llaves adentro.	*In our old car, we always left the keys inside. (lit.... the keys remained inside on us.)*

Some common verbs used in this way include:

acabarse	*to run out (of something)*
caerse	*to drop*
dañarse	*to damage, break (a machine)*
desaparecerse	*to disappear*
descomponerse	*to fall apart, break down*
morirse (ue)	*to die*
ocurrirse	*to think about doing something, to have an idea*
olvidarse	*to forget*
perderse (ie)	*to get lost, to lose something*
quedarse	*to remain behind, to leave (something) behind*
romperse	*to break (an object)*

Primera parte   **369**

- Possession is implied by the indirect object pronoun (**me, te, le, nos, os, les**), therefore Spanish uses the definite article, not the possessive adjective as in English. The prepositional phrase **a** + *noun/pronoun* may be added for clarity or emphasis.

A la investigadora se le ocurrió cultivar las células madre en un medio nuevo.	*It occurred to the researcher to grow her stem cells in a new medium.*
A los técnicos se les descompuso **el autómata.**	*The technicians' robot broke down on them.*
¡A ti se te olvidó apagar las luces!	*You (emphatic) forgot to turn out the lights!*

Aplicación

10-11 Viaje a Marte.   Lee la transmisión que ocurrió entre el Centro de Control de la Misión y la astronave que iba a aterrizar en Marte en el año 2050. Subraya todos los usos del se accidental.

MISIÓN CONTROL: Buenos días, Capitán Valiente. ¿Cuál es su posición en este momento?

CAPITÁN VALIENTE: Misión Control, ya hemos llegado al momento del descenso hacia la superficie del planeta Marte. Diez, nueve, ocho… uno, ¡fuego! ¡Misión Control! Se nos perdió el cohete principal que nos iba a llevar hasta Marte. Se nos ha roto una parte esencial de la navegación. El radar se nos ha perdido en el espacio mientras vamos acercándonos a la superficie del planeta. ¡Temo que la nave espacial se nos haya dañado!

MISIÓN CONTROL: No se desespere. Pronto llegará otra nave que los evacuará del planeta.

CAPITÁN VALIENTE: Mil gracias. Se me había olvidado que pronto llegaría otra misión a Marte. Ojalá que llegue pronto porque se nos quedaron las provisiones de emergencia en la Tierra.

10-12 ¿Una misión desastrosa?   Haz una lista de los problemas que tuvieron los astronautas en la misión a Marte.

MODELO: *Se les perdió…*

e

10-13 Un descubrimiento inminente. A continuación tienes una conversación entre dos científicos de renombre sobre una investigación que seguramente tendrá repercusiones en todo el mundo. Complétala con la forma correcta de las expresiones de la lista.

~~caerse~~	~~morirse~~	~~olvidarse~~	~~quedarse~~
~~descomponerse~~	~~ocurrirse~~	perderse	romperse

DRA. SALINAS: Dr. Romero, ¿tiene usted el cuaderno con los pasos (*steps*) de nuestro experimento?

DR. ROMERO: Disculpe, Dra. Salinas, (1) _se me olvidó_ [se me quedó] en casa.

DRA. SALINAS: No entiendo. ¿Por qué se lo llevó a casa? Parece que usted está muy distraído. Anoche usted salió del laboratorio y (2) _se le olvidó_ apagar el centrifugio.

DR. ROMERO: Es verdad que he estado olvidadizo (*forgetful*). Cuando volví para apagarlo, busqué mis llaves del laboratorio por todas partes, pero luego recordé que hace varios días (3) _se me ocurrió perderse_ había que sería desastroso si no paraba la máquina. La quise llamar, pero en un momento de pánico, se me cayó el móvil y (4) _se le rompió_. Si no hubiera llegado el guardia para abrirme la puerta, habríamos perdido todas las células madre.

DRA. SALINAS: Bueno, no todas sobrevivieron. (A nosotros) (5) _Se nos murieron_ muchas de las que cultivábamos. Además, al técnico (6) _se le descompuso_ centrifugio y va a demorar varios días en repararlo. Y cuando (a nosotros) (7) _se nos cayeron_ las probetas (*test tubes*), los resultados se perdieron.

DR. ROMERO: ¡Lo siento mucho, Dra. Salinas! Pero (8) _se me ocurre_ una solución. Repitamos el experimento con nuevas células madre y esta vez usted se queda en el laboratorio para apagar el centrifugio. ¡Sin duda esta vez vamos a encontrar una cura para la vejez!

10-14 Problemas en el Instituto Multidisciplinario de Biología Vegetal. Este instituto argentino tiene renombre por su investigación ecológica y climática. Imagínate que haces una práctica de trabajo en el Instituto donde es crucial que hagas un buen trabajo sin complicaciones. Lee las situaciones siguientes y usa el *se* accidental para dar excusas cuando cometes un error.

MODELO: No tienes las copias del informe para la reunión de directores.
Disculpen. No pude hacer las copias porque se nos descompuso la fotocopiadora.

1. Hay muchos errores en el informe que has preparado para tu supervisora.
2. Una planta exótica de tu jefe está amarilla y moribunda (*dying*).
3. Hay una mancha oscura en los planos (*blueprints*) para el laboratorio nuevo.
4. No has terminado el análisis de las temperaturas este mes.
5. Ya no hay café en la cafetera.
6. Tu página personal está en la pantalla de la computadora en el laboratorio.

 10-15 Un día difícil. Usen el **se** accidental para describirse experiencias en las que todo salió mal (*everything went wrong*). Luego, cuéntenle a la clase lo que le pasó a su compañero/a.

> MODELO: E1: *Un día se me quedó la billetera en la playa, se me mojó el dinero y se me dañaron las tarjetas…*
> E2: *A Carlos se le quedó la billetera en la playa, se le mojó…*

10-16 Un robot para el Siglo XXI. Escucha el informe sobre un robot muy especial. Completa las oraciones de la manera más lógica, según lo que escuches.

1. AIBO se construyó originalmente en ____.
   a. EE. UU.
   b. Japón
   c. Alemania
2. El robot era ____.
   a. un humanoide
   b. un animal
   c. un monstruo
3. Venus es diferente porque ____.
   a. comprende varias palabras y frases
   b. se pelea con otros robots
   c. lo puedes programar
4. Este nuevo autómata cuesta aproximadamente ____.
   a. trescientos dólares
   b. mil dólares
   c. tres mil dólares
5. Entre sus atractivos, este robot ____.
   a. tiene su propia tienda de aplicaciones (*app store*)
   b. emite sonidos y "percibe" voces desconocidas
   c. enciende sus luces cuando reconoce a un humano
6. Entre sus funciones, puedes ____.
   a. llevarlo contigo
   b. jugar al fútbol con él
   c. enseñarle a cocinar

 10-17 Debate: Retos del Siglo XXI. Formen dos grupos para debatir uno de los siguientes temas.

Resolución: El gobierno federal invertirá más recursos en la exploración espacial.

Resolución: Se buscarán medios tecnológicos para aliviar el hambre mundial.

Frases comunicativas

Pero no podemos depender de…	*But we can't depend on…*
Mi objeción moral es…	*My moral objection is that…*
Me parece bien/mal que…	*It seems good/bad that…*

> MODELO: *Es imprescindible que el gobierno federal invierta más en la exploración espacial. Pero no podemos depender solo del gobierno…*

CONÉCTATE

10-13 to 10-15

Videoblog *El futuro de la educación*

Antes de verlo

10-18 ¡A educar en el futuro! ¿Cómo crees que serán las escuelas y las universidades en el 2050? ¿Qué cambios traerá la tecnología? ¿Cuáles son algunas ventajas y desventajas de la tecnología en el proceso educativo?

A verlo

10-19 El futuro de la educación. En este segmento Mauricio entrevista a Jorge Klor de Alva, un experto que habla sobre el futuro de la educación, y después, conversa con varios estudiantes españoles para saber su opinión. Toma nota de un mínimo de tres cambios educacionales, según el señor Klor de Alva, y tres opiniones de los estudiantes sobre los cambios que ocurrirán en la educación.

Después de verlo

10-20 La universidad en el 2050. Imagínense que son escritores para una revista futurista. Usando información del video, escriban un esbozo (*outline*) lo más detallado posible sobre el futuro de la educación en la universidad. ¿Cuánto creen que costará la matrícula (*tuition*) anual? ¿Cómo será la vida en el campus de la universidad? ¿Qué deportes se practicarán? ¿Qué tipos de libros se usarán? ¿Cómo serán las clases? ¿Qué papel tendrán los profesores? Incluyan su opinión sobre los cambios que ustedes piensan que habrá. Luego compártanlo con el resto de la clase.

Comparaciones

10-21 En tu experiencia. ¿Es posible sacar dos títulos subgraduados (títulos duales) en tu universidad? ¿Es posible recibir un título de una universidad norteamericana y al mismo tiempo recibir otro de una universidad extranjera? ¿Cuál sería el beneficio de tener dos títulos, uno de tu país y otro internacional?

Atlantis y la educación global

La meta del programa Atlantis ha sido mejorar la calidad de la educación universitaria y la de los programas vocacionales en la Unión Europea y en Estados Unidos. Por eso, los gobiernos de la UE y de EE. UU. han buscado propuestas originales de universidades para fomentar un mayor intercambio entre ellos. El programa ha deseado ampliar el estudio de idiomas, de las culturas y de las instituciones.

Desde su inicio en 1995, Atlantis ha financiado centenares de proyectos, administrados por universidades europeas y norteamericanas. Miles de estudiantes han participado en el intercambio entre continentes para estudiar para títulos transatlánticos, de titulaciones conjuntas o duales. El apoyo financiero ha incluido becas para estudiantes y profesores.

Este programa ha fomentado la comunicación y el entendimiento entre los países que se encuentran a ambos lados del océano Atlántico. Los que han participado tienen la ventaja de haber estudiado por cuatro o cinco años en el extranjero, muchas veces en un segundo o tercer idioma. Sin embargo, en el 2011, la crisis económica mundial causó que el gobierno de EE. UU. cancelara la financiación de programas nuevos. Es evidente que los estudiantes que han participado en Atlantis están mejor preparados para ser ciudadanos del mundo. Por eso, se espera que este importante programa se restaure en un futuro no muy lejano (*far*).

 10-22 En su opinión. ¿Han participado en un programa en el extranjero o conocen a alguien que lo haya hecho? ¿Cómo fue la experiencia? ¿Qué aprendieron? ¿Cuáles son algunos de sus recuerdos más notables? Si nunca han estudiado en el extranjero, conversen sobre el tipo de programa en el qué les gustaría participar y en dónde. ¿Querrían estudiar para un título transatlántico? Explíquense sus razones.

 Ritmos

Oleada (Julieta Venegas, EE. UU.)

La cantautora mexicoamericana Julieta Venegas se pegó a la música a una temprana edad. Además de cantar y componer música, toca el piano, la guitarra y el acordeón. Entre sus muchos premios, ha ganado varios Grammy Latino y de MTV. En el 2009 fue nombrada Embajadora de Buena Volundad de Unicef.

Antes de escuchar

 10-23 Una oleada (*big wave*) te lleva. Imagínense que se encuentran en un barco en el mar y que una oleada los/las lleva a otro mundo. Hagan una lista de cinco o más deseos que tengan para este lugar nuevo. ¿Será un mundo más verde? ¿Habrá paz en todos los países? ¿Todos los seres humanos vivirán con dignidad?

MODELO: *Ojalá que todos tengan acceso a la educación, suficiente comida y una casa decente.*

A escuchar

10-24 Oleada. Busca en Internet un video de Julieta Venegas cantando *Oleada*. ¿Sabe ella lo que le espera en el futuro? ¿Cuál es la relación entre su pasado y su futuro? ¿Quiere ella repetir su pasado o empezar de nuevo? En tu opinión, es optimista, pesimista o abierta a lo que le espere?

> **BUSCA** www ⬇
>
> **julieta venegas oleada oficial; julieta venegas oleada letra**

Después de escuchar

 10-25 Tantos deseos. Ahora escriban cinco mandatos informales para la cantautora.

MODELO: *No tengas miedo de… Busca una manera de…*

10-26 Julieta Venegas, Embajadora de Buena Voluntad. Investiga en Internet la función de los Embajadores de Buena Voluntad de Unicef y escribe un párrafo sobre cómo trabajan por el bien del mundo.

> **BUSCA** www ⬇
>
> **embajadores buena voluntad unicef**

¿CÓMO SERÁ EL MUNDO EN 50 AÑOS?

La revista *Invento* quiere saber tu opinión sobre la tecnología del mundo del futuro. Indica cuáles de los siguientes inventos (algunos que ya existen y otros que tal vez existan en el futuro) te interesan especialmente y cuáles piensas que son necesarios para el futuro de la civilización.

Me interesa personalmente	Crucial para la civilización	Invento
		Los autos voladores.
		Un chip con sistema GPS que se les inserta a los niños.
		La ropa inteligente que monitorice nuestros signos vitales.
		Los autos que se manejan solos.
		El ADN de diseñador.
		Una sola red gigantesca que facilite toda la comunicación entre los seres humanos y las máquinas.
		El desarrollo de fuentes extraterrestres de energía.
		Las casas inteligentes que produzcan su propia energía.
		El turismo espacial.
		La identificación de los humanos por un escaneo del iris del ojo.
		La creación de órganos nuevos por la ingeniería de tejido de células.
		Los hologramas para la comunicación y la diversión.
		¿Otro? Explica.

Vocabulario básico

la bioingeniería
el cometa
el holograma
el microchip
la órbita
el planeta
la predicción
el riesgo

Vocabulario clave: Temas del futuro

Verbos

encargarse de	*to see to, to deal with, to look after*
especular	*to speculate*
monitorizar	*to monitor*

Sustantivos

el agujero negro	*black hole*
el cohete	*rocket*
el/la extraterrestre	*extraterrestrial*
la nave espacial	*space ship*

el OVNI	*UFO*
la profecía	*prophecy*
el sistema solar	*solar system*
la superficie	*surface*
el tejido (celular)	*(cell) tissue*

Adjetivos

renombrado/a	*renowned*
volador/a	*flying*

Ampliación

Verbos	**Sustantivos**	**Adjetivos**
especular	la especulación	especulado/a
expandirse	la expansión	expandido/a
monitorizar	el monitor	monitorizado/a
volar (ue)	el vuelo	volador/a

¡Cuidado!

desde, puesto que/como/ya que

- The English word *since* refers to time or distance and can also be used to mean *because (of)* or *due to*. However, the Spanish word **desde** only refers to time and distance. Use **puesto que, ya que,** or **como** to express *because (of)* or *as a result of*.

Los ingenieros de la NASA han trabajado en el diseño del cohete **desde** 1988.	*NASA engineers have worked on the design of the rocket since 1988.*
Puesto que (Ya que/Como) los agujeros negros nunca se han observado, no hay prueba definitiva de su existencia.	*Since [Because] black holes have never been observed, there is no definite proof of their existence.*

10-27 Inventos para el Siglo XXI. Comparen sus respuestas al sondeo, *¿Cómo será el mundo en 50 años?* En su opinión, ¿cuáles de estos inventos son más importantes para el bienestar de la civilización humana? ¿Cuáles serían los más importantes para ustedes en particular? ¿Hay alguno que no acepten? Explíquense sus opiniones.

10-28 Nuestro universo. Completa las oraciones con la forma correcta de una expresión lógica de *¡Así lo decimos!*

1. El *sistema solar* incluye el sol, los planetas y sus lunas.
2. El *renombrado* científico, Steven Hawkins, descubrió los agujeros negros.
3. Los astrónomos *monitozan* los sonidos que llegan del espacio a la Tierra.
4. La *superficie* del planeta Marte es muy caliente y árida.
5. Sin embargo, los científicos *especulan* que hay otras formas de vida en el universo.
6. Si tuviéramos un carro *volador*, no perderíamos tiempo esperando la luz verde.
7. Muchas personas están convencidas que unos *OVNIs* han aterrizado en Nuevo México.
8. Los científicos esperan crear maneras de curar *tejidos* dañados por las enfermedades.

 10-29 Una trama de ciencia ficción. En grupos de tres o cuatro, inventen una trama para una novela o una película de ciencia ficción, en la que aparezca un cometa o un/a extraterrestre. Trabajen juntos para preparar el relato con un mínimo de ocho expresiones de *¡Así lo decimos!* y después preséntenselo a la clase.

- ¿Cuándo y dónde ocurrió?
- ¿Cómo era?
- ¿Qué hizo la gente?
- ¿Quién fue el héroe o la heroína?
- ¿Cuál fue la conclusión?
- ¿Cómo se sintieron todos después?

10-30 La bioingeniería. Escucha el informe que recién publicó una revista científica y completa las oraciones siguientes.

La bioingeniería ha producido plantas resistentes a los insectos.

1. La bioingeniería beneficia más que nada a _____.

    a. gente en países en vías de desarrollo

    b. Estados Unidos

    c. los pobres del mundo

2. La situación es crítica por _____.

    a. el aumento de la población

    b. la escasez de petróleo

    c. la pobreza del mundo

3. Entre los productos que han recibido la mayor inversión de recursos están _____.

    a. el arroz y la mandioca (*manioc*)

    b. el algodón y la soja

    c. la fresa y el trigo (*wheat*)

4. Entre los países que apoyan el desarrollo de ingeniería genética está Estados Unidos, _____.

    a. India y Chile

    b. Argentina y China

    c. Rusia y Colombia

5. La reacción de la Unión Europea ha sido _____.

    a. mandar más productos agrícolas a los países que los necesitan

    b. imponer impuestos especiales a los productos genéticamente modificados

    c. analizar y controlar estrictamente la importación de productos genéticamente modificados

10-31 Productos de la bioingeniería. Ahora es cada vez más común encontrar productos que son el resultado de la bioingeniería. Conversen sobre algunos de estos productos agrícolas. ¿Comen alimentos o usan productos creados por la bioingeniería? ¿Por qué? ¿Cuáles comen o usan? ¿Cuáles son las ventajas y las desventajas de la bioingeniería?

___ el aceite de colza (*canola*)   ___ las fresas   ___ los tomates

___ el algodón   ___ el maíz   ___ la soja

                       ___ las papas

10-32 Conexiones: La educación virtual. Hoy en día hay más oportunidad que nunca para cursar estudios en línea, algunas veces sin tener que pagar. Por ejemplo, algunas de las universidades más prestigiosas como Stanford, Harvard y MIT ofrecen cursos gratis en diversas áreas, desde las artes hasta el comercio y las ciencias. ¿Han tomado cursos en línea? ¿Cuáles tomarían si tuvieran el tiempo? ¿Cuáles son las ventajas de estos cursos? ¿Hay desventajas? ¿Cómo será la universidad del futuro? Expliquen.

10-33 De nuevo: Tecnología casera (*Subjunctive/indicative*). Imagínate que vas a mudarte a una casa totalmente computarizada. Debes ayudar a diseñar los últimos detalles a tu gusto. Escribe una lista de preferencias y necesidades personales para los aparatos domésticos y el robot familiar. En tu descripción utiliza al menos seis de las siguientes frases.

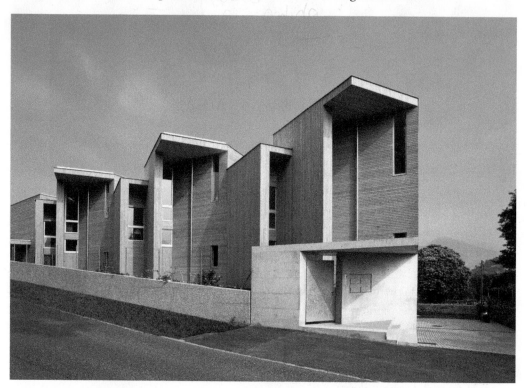

Me encanta que mi nueva casa…

No creo que mi perro…

Busco una cama de un material que…

Quiero que nuestro robot…

Necesito una lavadora que…

Tan pronto como…

Ojalá que el baño…

Sueño con un refrigerador que…

Pienso que el control de las luces…

Prefiero un supertelevisor que…

No habrá aparatos domésticos que…

Tendré un mando a distancia (control remoto) que…

MODELO: *Me encanta que mi casa nueva tenga la última tecnología para hacerme la vida más fácil. No pido mucho más que…*

Reto: ¡Trata de usar todas las oraciones! Usa muchas palabras de la *Primera* y de la *Segunda parte* de *¡Así lo decimos!*

RECUERDA

Debes completar estas oraciones con un verbo en el subjuntivo o en el indicativo (*Capítulos 2, 4* y *5*).

2. The passive voice

10-25 to 10-31

El asteroide fue desviado por la detonación de una bomba nuclear.

With the active voice in Spanish and in English, the subject performs the action. With the passive voice, the subject receives the action. The preposition **por** (*by*) introduces the agent who performs the action.

Active voice	Passive voice
Los científicos diseñaron el cohete.	El cohete fue diseñado **por** los científicos.
The scientists designed the rocket.	*The rocket was designed by the scientists.*
El geólogo descubrió los depósitos de uranio.	Los depósitos de uranio fueron descubiertos **por** el geólogo.
The geologist discovered the uranium deposits.	*The uranium deposits were discovered by the geologist.*

¡OJO!

The verb **ser** can be in any tense, however because the action is often in the past, it is common to use preterit.

- Form the passive voice with the verb **ser** + *past participle*. The past participle agrees in gender and number with the subject because it is used as an adjective.

La tecnología para construir la casa ecológica **será explicada** por la experta.	*The technology to build the ecological house will be explained by the expert.*
Los hologramas **fueron diseñados** por los físicos.	*The holograms were designed by the physicists.*

¡OJO!

In Spanish it is more common to use the reflexive **se** as a substitute for the passive voice, but only when the agent of the action is not mentioned.

La casa ecológica **se abrió** como atracción turística.	*The environmental house was opened as a tourist attraction.*

- To describe the effect of a previous action, use **estar** + *past participle*. Note that in this case what is expressed is not the doer, but rather the state or condition of the subject.

El observatorio **está** cerrado.	*The observatory is closed.*
Las computadoras **estaban** apagadas.	*The computers were turned off.*

10-34 Preparativos para un congreso científico. Varias personas ayudaron en los preparativos para un congreso científico en Barcelona. Vuelve a expresar las oraciones usando la voz pasiva y, luego, *estar + el participio pasado*.

Voz activa	Voz pasiva	Acción acabada
MODELO:		
Mi ayudante puso las mesas y las sillas.	*Las mesas y las sillas fueron puestas por mi ayudante.*	*Ahora ya están puestas.*
1. Los técnicos arreglaron la pantalla y el proyector.	*fueron arreglados*	*ya están arreglados*
2. El secretario pidió la comida.	*fue pedida*	*ya está pedida*
3. Los estudiantes imprimieron el programa.	*fue ~~imprimida~~ impresa*	*ya está ~~imprimida~~ impresa*
4. El secretario escribió la agenda.	*fue escrita*	*ya está escrita*
5. La presidenta del congreso presentó a los científicos.	*fueron presentados*	*ya están presentados*
6. La periodista escribió los artículos sobre el congreso.	*fueron escritos*	*ya está escritos*

10-35 Algunos logros importantes. Forma oraciones en voz pasiva para expresar los siguientes logros importantes.

MODELO: el beisbolista mexicoamericano Ted Williams/**admitir** al Baseball Hall of Fame/la organización de escritores beisbolistas en 1966
El beisbolista mexicoamericano Ted Williams fue admitido al Baseball Hall of Fame por la organización de escritores beisbolistas en 1966.

1. la extinción de los dinosaurios/**explicar**/el físico hispanoamericano Luis Álvarez

2. el premio Grammy Latino/**lanzar**/la Latin Academy of Recording Arts & Sciences en el 2000

3. la primera nave submarina con propulsión/**inventar**/el catalán Narciso Monturiol en 1859

4. la diseñadora Carolina Herrera/**honrar**/el Ministerio de Cultura de España con la Medalla de Oro al Mérito en las Bellas Artes en el 2004

5. el récord del número de vuelos espaciales/**romper**/el astronauta costarricense Franklin Ramón Chang Díaz

6. una especie de algodón resistente a los insectos/**cultivar**/las civilizaciones pre incaicas en Perú hace más de 5.000 años

7. la causa de las caries dentales/**descubrir**/el científico puertorriqueño Fernando E. Rodríguez Vargas

8. el premio ALMA para combatir los estereotipos negativos hispanos/**crear**/la organización la Raza en 1995

10-36 Grandes descubrimientos e inventos. Usen la voz pasiva y la lista de personajes famosos para contestar las preguntas a continuación.

MODELO: ¿Quiénes perfeccionaron el sistema de irrigación en España?
El sistema de irrigación fue perfeccionado por los árabes en España.

Alexander Graham Bell	Sir Isaac Newton
George Washington Carver	Leonardo da Vinci
Clara Barton	Wilbur y Orville Wright
Galileo	William Harvey

1. ¿Quién explicó la fuerza de gravedad? *Isaac Newton fue explicada*
2. ¿Quién confirmó la teoría de Copérnico que dice que los planetas giran alrededor del Sol? *fue confirmada por Galileo*
3. ¿Quién inventó el teléfono? *fue inventado por Alexander*
4. ¿Quién describió el sistema de circulación de la sangre? *fue descubierto por William Harvey*
5. ¿Quién investigó los muchos usos posibles del cacahuate (*peanut*)? *fueron investigados por George*
6. ¿Quién fundó la Cruz Roja? *fue fundada por Clara*
7. ¿Quiénes inventaron el avión moderno? *fue inventador por Wilbur y orville*
8. ¿Quién diseñó el primer helicóptero? *fue diseñado por Leonardo da vinci*

10-37 Inventos y logros del Siglo XXI. Hay muchos inventos y logros recientes que pueden ser importantes para mejorar la calidad de vida de este siglo. Utilicen la voz pasiva para describir dos que tengan mucho potencial. Aquí tienen algunas posibilidades.

MODELO: El sistema de navegación GPS
El sistema de navegación GPS fue inventado por investigadores del Departamento de Defensa de EE. UU., pero hoy en día el aparato es popular entre todos los que tienen automóvil. Se usa para buscar direcciones…

- películas de 3D que no necesitan gafas especiales
- tejidos sintéticos
- un automóvil que no necesita conductor
- la terapia psicológica virtual
- un *tablet* que cuesta menos de 200 dólares
- un *jetpack* que permite volar

10-38 Inventos importantes en el futuro. En su opinión ¿qué inventos serán importantes en los próximos cien años? Utilicen la voz pasiva y el verbo **ser** en el futuro para describir dos que tengan mucho potencial. Aquí tienen algunas posibilidades.

MODELO: *Más de cien planetas habitables serán descubiertos por los científicos.*
A causa de la sobrepoblación tendremos que buscar otros planetas para…

- los viajes a través del tiempo
- una máquina que transporte a uno atómicamente
- una máquina que haga a una persona invisible
- un escudo (*shield*) invisible que proteja de cualquier peligro
- una pastilla que asegure la buena salud
- una super comida que se cultive en el desierto

El telescopio de Arecibo aparece en el Registro Nacional de Lugares Históricos de EE. UU.

10-32 to 10-36

BUSCA www

telescopio arecibo, mensaje de arecibo

10-39 A explorar: Contacto con los astros: el radiotelescopio de Arecibo. Busca más información en Internet sobre este impresionante radiotelescopio. Escribe un párrafo que describa el telescopio, dónde está, sus enfoques de investigación y el mensaje que envió.

3. Verbs that require a preposition before an infinitive

A number of Spanish verbs require a characteristic preposition before an infinitive.

Te voy **a** ayudar **a** reconocer un agujero negro.	*I am going to help you recognize a black hole.*
Quedemos **en** reunirnos aquí para el seminario.	*Let's agree to meet here for the seminar.*

Verbs that require **a**

The preposition **a** follows verbs of motion, of beginning, and of learning processes, among others.

animarse a	to encourage, to inspire
aprender a	to learn (to do something)
atreverse a	to dare
ayudar a	to help, to aid
bajar a	to take down, to go down
comenzar (ie) a	to begin
empezar (ie) a	to begin
enseñar a	to teach (to do something)
invitar a	to invite
ir(se) a	to go, to leave
negarse (ie) a	to refuse
obligar a	to oblige, to force
salir a	to leave
subir a	to come up, to climb, to climb aboard
venir (ie) a	to come
volver (ue) a	to do something again

Empecé a comprender cómo se originaron los planetas.	*I began to understand how the planets originated.*
Los profesores nos **obligaron a** pensar en la ética médica.	*The professors forced us to think about medical ethics.*

Verbs that require **de**

acabar de	to have just
acordarse (ue) de	to remember
alegrarse de	to be glad
arrepentirse (ie, i) de	to regret, to be sorry
asegurarse de	to make sure
avergonzarse (üe) de	to be ashamed
cansarse de	to get tired
cesar de	to cease
dejar de	to cease, to stop
encargarse de	to take charge (care) of
estar cansado/a de	to be tired of
estar seguro/a de	to be sure of
jactarse de	to brag about
olvidarse de	to forget
tener (ie) miedo de	to fear
tratar de	to try
tratarse de	to be a question of

¡Trato de crear una rata del tamaño de un gato!

La estudiante **tenía miedo de** dañar el equipo médico.	*The student was afraid to damage the medical equipment.*
Con experiencia, **cesó de** preocuparse.	*With experience, she stopped worrying.*

Verbs that require **con**

contar (ue) con	to count on, to rely on
soñar (ue) con	to dream of

Contamos con mejorar el mundo.	*We're counting on improving the world.*

Verbs that require **en**

consentir (ie, i) en	to consent to, to agree to
insistir en	to insist on
quedar en	to agree to, to decide on
tardar (+ period of time) en	to take (period of time) to

Quedemos en investigar la clonación de animales.	*Let's agree to research animal cloning.*
Tardó diez años en hacer su estudio sobre el virus que causa el SIDA.	*It took him ten years to do his study about the virus that causes AIDS.*

Aplicación

10-40 Reglas en el laboratorio. Lee el aviso que se encuentra en la pared de un laboratorio de investigación de enfermedades y subraya los verbos que llevan una preposición antes del infinitivo.

- **Ayúdenos a mantener limpio el laboratorio.** Siempre es más agradable trabajar en un espacio ordenado. Trate de hacer su parte.
- **Asegúrese de lavarse las manos antes de y después de trabajar con las muestras (*specimens*).** De esta manera contamos con mantener puras las muestras.
- **Acuérdese de incinerar las muestras usadas.** No las ponga en el basurero.
- **Enséñeles a usar el equipo a los recién llegados.** Invítelos a observar su trabajo.
- **Anímelos a ser observadores.** Ayúdelos a no tener miedo de usar su intuición y de informar cuando encuentren algo inesperado.
- **Tome la acción apropiada cuando encuentren algo nuevo.** No tarde en llamarle la atención al supervisor.

10-41 Nuevas reglas. Ahora, escribe cinco reglas para la biblioteca, el gimnasio o el salón de clase. Usa siempre verbos seguidos de una preposición.

MODELO: (en el gimnasio) *Acuérdense de limpiar la silla de la bicicleta después de usarla.*

10-42 Las casas inteligentes. Con el aumento en el costo de la energía y el cambio climático, hay más interés en la construcción verde y en los edificios con eficiencia energética. Completa el artículo a continuación con el verbo más apropiado y la preposición correspondiente.

Esta casa utiliza un diseño verde.

| cuentan *con* | han empezado *a* | insisten *en* | se jactan *de* |

Muchos arquitectos (1) *han empezado a* diseñar casas inteligentes, o sea, edificios que generan su propia energía. Los diseñadores de estas casas "pasivas" (2) *insisten en* usar las técnicas y los materiales más eficientes que existen. (3) *Se jactan de* construir un edificio casi totalmente hermético para reducir la necesidad de calefacción o aire acondicionado. Así, (4) *cuentan con* reducir el consumo de energía por un 90 por ciento.

¿Cómo lo hacen? Por toda la casa utilizan un diseño de energía pasiva: aislante súper térmico en las paredes, el techo y el piso, ventanas súper eficientes que permiten entrar el calor del sol en invierno, pero no en verano, y aparatos eléctricos y un sistema de ventilación eficientes.

| animan *a* | se arrepienten *de* | se cansan *de* | va *a* |

Las personas que viven en estas casas no (5) *se arrepienten de* gastar un poco más para construirlas porque encuentran que es una inversión que (6) *va a* beneficiar el medioambiente. Además, no (7) *se cansan de* recibir muy bajas facturas por la electricidad. Así (8) *animan a* construirles casas inteligentes a sus conocidos también.

10-43 Una investigadora y su ayudante. Túrnense para completar de una manera lógica este diálogo entre una investigadora que busca una cura para la malaria y su ayudante. Usen las preposiciones apropiadas seguidas del infinitivo.

MODELO: INVESTIGADORA: ¿Tienes los resultados de nuestro experimento?
AYUDANTE: Acabo... *de ponerlos en su escritorio.*

1. —¿Cuándo vas a terminar la colección de muestras?
   —Empiezo...
2. —¿Has encontrado el artículo que necesito?
   —Vuelvo...

3. —Por favor, no desordenes mi mesa de trabajo.
—No me atrevo...

4. —Necesito tu ayuda con la instalación del equipo.
—Con mucho gusto la ayudo...

5. —Es mucho trabajo preparar estos materiales.
—No importa. No me canso...

6. —¿Quién tiene la responsabilidad de preparar las probetas (*test tubes*)?
—El señor Robles se encarga...

7. —¿Cuál es la fecha límite para preparar la propuesta para la beca del gobierno?
—Contamos...

8. —Es una lástima que mis colegas no tengan las muestras que necesito.
—Ellos se avergüenzan...

10-44 Sé cortés. Escribe una carte breve para cada situación, según las indicaciones. Trata de usar por lo menos tres verbos con preposición en cada una.

MODELO: una excusa
Estimada profesora Rodríguez:
Me avergüenzo de confesarle que no asistí a la reunión ayer porque me olvidé de anotar la hora. Me arrepiento de no haber asistido, y le pido mil disculpas.
Atentamente,
—Serafina

1. una excusa

2. una invitación

3. la petición de un favor

4. una carta de agradecimiento

10-45 Sean creativos. En grupos de tres, usen por lo menos diez verbos con preposición para crear un poema, una canción o un rap en español. Algunos posibles temas: el cambio climático, los autómatas, los extraterrestres, un viaje espacial, descubrimientos médicos, etc. Después, intercambien el poema, la canción o el rap con otro grupo y den sugerencias para mejorarlo.

MODELO: *No consiento en irme.*
Insisto en quedarme.
Sueño con mejorar el mundo.
No dejo de desearlo.

10-46 Debate: El rol del gobierno en la vida personal. Formen dos grupos para debatir uno de los siguientes temas. Usen la voz pasiva y verbos que requieran una preposición ante el infinitivo en su presentación.

Resolución: Se exigirá hacerles prueba de drogas al azar (*random*) a todos los empleados para detectar a aquellos que las consuman.

Resolución: No se permitirá que el gobierno monitorice llamadas telefónicas y mensajes electrónicos sin tener autorización legal.

Resolución: Se exigirá prueba de ciudadanía a todos los que soliciten admisión en la universidad.

MODELO: *Me parece que monitorizar las llamadas telefónicas y los mensajes electrónicos sin tener autorización legal es un abuso de nuestros derechos civiles. Acabo de leer sobre...*

¡ASÍ LO EXPRESAMOS!

Imágenes

0-37 to 10-38

Ciencia inútil o *El Alquimista* (Remedios Varo, 1908–1963, España/México)

Remedios Varo huyó de España durante la guerra civil española y se instaló en París, donde fue influida por el movimiento surrealista. Durante la ocupación nazi, se vio nuevamente obligada a huir, esta vez a México donde conoció a importantes artistas mexicanos, tales como Frida Kahlo y Diego Rivera. En México desarrolló su notable estilo enigmático, y hoy en día sigue siendo una de las artistas hispanas más importantes del Siglo XX.

Perspectivas e impresiones

10-47 Ponlo en palabras. Describe exactamente lo que ves en el cuadro, y luego inventa una historia sobre el personaje para después contársela a la clase.

 10-48 Un universo fantástico. Imagínense que acaban de entrar en la habitación del alquimista y se han dado cuenta de que están en un universo paralelo al suyo. Preparen un diálogo con el alquimista para compartir información sobre los dos universos. ¿Qué diferencias y semejanzas hay entre los dos? ¿Hay tantos retos para el futuro del mundo en el universo alternativo? ¿En qué universo prefieren vivir? Luego, preséntenle su diálogo a la clase.

Páginas

Adela González Frías (1971–, EE. UU./República Dominicana)

Adela González Frías nació en la ciudad de Mount Vernon, Nueva York, pero creció en Santo Domingo, República Dominicana. Allí estudió medicina en la Universidad Iberoamericana donde se graduó como doctora en medicina. En el 2004 se trasladó a la ciudad de Nueva York donde estudió en City College of New York y se licenció en Español e Historia.

Antes de leer

10-49 Estrategias para la lectura. Como ya has aprendido, varios elementos de una lectura pueden facilitar tu comprensión: las imágenes, el género, el primer párrafo y, sobre todo, el título, que es la portada (*doorway*) de la lectura. Piensa en el significado del título de este cuento. ¿Qué es una asamblea? En tu experiencia, ¿quiénes participan en una asamblea? En este caso, ¿dónde crees que tiene lugar la asamblea? Imagínate quiénes serán los participantes. Averigua al leer si tus predicciones son acertadas (*correct*).

10-50 Los personajes. Antes de empezar a leer, es interesante pensar en los nombres de los personajes a continuación. Escribe el significado en inglés de cada uno en el espacio en blanco. Si no reconoces un nombre, búscalo en un diccionario bilingüe. ¿Qué tienen en común?

Neurona	_____
Leucocito	_____
Glóbulo Rojo	_____
ADN	_____

A leer

El señor Tejeiro cada mañana viaja en el metro de Manhattan a su trabajo. Mientras lee el periódico, se lleva a cabo en su cuerpo una conversación que había comenzado el día anterior…

NEURONA   Se los he dicho mil veces. Yo soy la célula imprescindible; soy la que pienso, la que siento emociones, interpreto los sentidos, controlo las funciones de los órganos y de
5   los músculos, ¡y muchas cosas más!

GLÓBULO ROJO   ¡Qué arrogante, Neurona!

LEUCOCITO   ¡Sí! ¡Qué arrogante!

GLÓBULO ROJO   *(a la Neurona)* Mira, célula fea, en primer lugar te recuerdo que te mires al espejo°. Mírame   *mirror*
a mí, redondo, brillante y rojo… soy muy, muy llamativo°. Además, para que nuestro   *atractivo*
10   anfitrión pueda existir, yo soy el que lleva el oxígeno hasta sus rincones más remotos del
cuerpo. Aunque solo vivo 120 días, represento una de cada cinco células del cuerpo
humano. Somos las células más abundantes, y en democracia, la mayoría gana. Soy la
célula más importante y simplemente deben aceptarlo.

LEUCOCITO   ¡Pues yo no lo acepto!

15 NEURONA   ¡Yo tampoco!

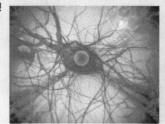 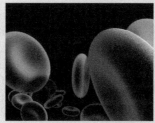

¡Soy la más inteligente!   ¡Soy la más bonita!

LEUCOCITO   ¿Se olvidan ustedes quién los protege y los defiende de los intrusos malignos? Como
todos sabemos, nuestro anfitrión no es el más limpio ni precavido°, así que yo tengo que   *prudente*
trabajar doble para evitar que empiece su labor malévola algún virus u otra bacteria de
esas que viven por ahí y se los coma a ustedes de almuerzo… ¿Qué me dicen? ¿Ah?

20 ADN   ¡Cállense todos!

NEURONA   ¡Tú no te metas! Nosotros somos células, tú eres solo una triste molécula. ¿Quién crees que eres?

ADN   Creo que soy lo que soy. Estoy en todas ustedes y todas las demás células de nuestro anfitrión.
Yo vivo en sus núcleos; si yo quisiera, de un momento a otro, puedo hacer que cualquiera de
ustedes deje de funcionar… y además tengo la capacidad de determinar muchísimas cosas en
25   nuestro anfitrión. Ustedes simplemente no pueden vivir sin mí y él tampoco puede ser lo que es
sin mí.

(Ante tales palabras del ADN, las células que han abogado por su caso se miran absortas° y   *pensativas*
en silencio, y miran con cierta lástima a las demás células que no han hablado aún).

ADN   Siento mucho informarles que la finalidad de esta asamblea celular no ha tenido éxito. Pero,
30   podemos concluir esta reunión aceptándose como células humanas sin importar la raza, el
sexo o las creencias individuales. En este proceso espero que hayan aprendido que son parte
de un cuerpo formado por la cooperación de trillones de células que, de manera individual,
no son funcionales. Su historia es una sola: comparten el mismo destino y su viaje existencial
es en un mismo ser. Si analizáramos el porqué de su existencia, entenderíamos que la razón
35   de la misma es mantener la vida. Transmitan el mensaje de esta asamblea a las nuevas generaciones y si acaso° en el camino aparecen mutaciones celulares o científicos impertinentes, les   *by any chance*
prometo que el mensaje de una única humanidad será preservado. Yo me encargaré de eso.

(Todas las células aplauden aliviadas de que nadie ha salido perdiendo mientras el Sr. Tejeiro
llega a su parada sin percatarse° de nada, excepto de lo que ha salido en el periódico).   *darse cuenta*

LA ASAMBLEA MÉDICA

10-51 ¿Has comprendido? Contesta las preguntas a continuación basadas en la lectura.

1. ¿Dónde tiene lugar la asamblea?

2. ¿Quiénes asisten a la asamblea?

3. ¿Se da cuenta el anfitrión de la discusión? ¿Por qué?

4. ¿Quién es el participante más importante de la asamblea? Explica.

5. ¿Quién se encarga de tansmitir el mensaje a futuras generaciones?

6. En tu opinión, ¿cuál es la moraleja de este cuento?

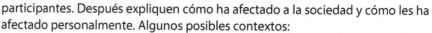

 10-52 Una aplicación actual. Piensen en una situación actual en la que la cooperación es imprescindible, aunque pueda ser difícil. Puede ser un caso político, social, científico, etc. Primero, expliquen las circunstancias y los participantes. Después expliquen cómo ha afectado a la sociedad y cómo les ha afectado personalmente. Algunos posibles contextos:

- los políticos debaten un presupuesto que elimina programas de educación
- los sindicalistas les piden un aumento de salario a los administradores
- los estudiantes le piden más tiempo para terminar un trabajo a un profesor
- los estudiantes le piden más becas a la universidad

 10-53 Un invento que transformó el mundo. A través de la historia del mundo, nos hemos beneficiado de inventos que nos han mejorado tremendamente la vida. Piensen en uno que les parezca especialmente importante, preparen una descripción del invento y expliquen cómo ha beneficiado al mundo.

MODELO: *Para nosotros, un invento que ha cambiado la vida del estudiante es…*

Taller

Un ensayo editorial

En la sección de opinión de un periódico importante, es común leer editoriales a favor de y en contra de una posición política, social o científica. Vas a escribir un ensayo editorial en el que expreses tu opinión sobre alguna novedad y el efecto (negativo o positivo) que va a tener para el mundo.

Antes de escribir

Idear. Piensa en una novedad que te parezca beneficiosa o peligrosa para el bien del mundo, por ejemplo, la energía renovable, la terapia genética, los programas sociales, la tecnología en la educación, etc.

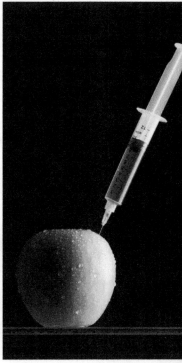

A escribir

Presentar el tema. Presenta la novedad según tu perspectiva en una oración. Explica por qué es tan importante.

Detallar. En un párrafo de ocho a diez oraciones, explica los beneficios o los peligros de esta novedad.

Resumir. Con una o dos oraciones, resume el beneficio o el problema y las consecuencias. La última consecuencia puede tener algún toque filosófico, tal como en *Asamblea médica*.

Después de escribir

Revisar. Revisa tu relato para ver si has dado suficientes detalles para desarrollar el ensayo editorial. Luego revisa los siguientes aspectos.

☐ ¿Has incluido una variedad de vocabulario?

☐ ¿Has podido incluir una oración con el **se** accidental?

☐ ¿Has verificado los usos de la voz pasiva y los verbos seguidos de una preposición antes del infinitivo?

☐ ¿Has verificado la ortografía y la concordancia?

Intercambiar. Intercambia tu ensayo con el de un/a compañero/a. Mientras lean los ensayos, hagan comentarios y sugerencias sobre el contenido, la estructura y la gramática.

Entregar. Pon tu ensayo en limpio, incorporando las sugerencias de tu compañero/a y entrégaselo a tu profesora.

Los incas perfeccionaron la talla (*carving*) de piedras en sus construcciones.

Vocabulario

Primera parte

Segunda parte

adaptar(se)	*to adapt (oneself)*	el agujero negro	*black hole*
amenazar	*to threaten*	el cohete	*rocket*
asombroso/a	*surprising*	encargarse de	*to see to, to deal with, to look after*
el astro	*heavenly body, star*	especular	*to speculate*
el/la astrónomo/a	*astronomer*	monitorizar	*to monitor*
el autómata	*robot*	la nave (espacial)	*(space) ship*
la célula (madre)	*(stem) cell*	el OVNI	*UFO*
el/la cirujano/a	*surgeon*	la profecía	*prophecy*
desarmar	*to disarm*	renombrado/a	*renowned*
desempeñar (un papel)	*to play (a role)*	el sistema solar	*solar system*
envejecer (zc)	*to grow old*	la superficie	*surface*
extraer	*to extract*	el tejido	*tissue*
funcionar	*to function, to work*	volador/a	*flying*
la globalización	*globalization*		
inalámbrico/a	*wireless*		
industrializado/a	*industrialized*		
el quirófano/el salón de operaciones	*operating room*		
el robot	*robot*		
subdesarrollado/a	*underdeveloped*		
la terapia (genética)	*(genetic) therapy*		
la vejez	*old age*		

¡Cuidado! llegar a ser - convertirse (ie, i) en - hacerse - ponerse *See page 363.*

Frases comunicativas: Pero no podemos depender de...; Mi objeción moral es...; Me parece bien/mal..., *See page 372.*

Verbs that use **se** for unplanned events *See page 373.*

¡Cuidado! desde - puesto que - como - ya que *See page 377.*

Verbs that that require a preposition before an infinitive *See pages 384-386.*

Verb Charts

Regular Verbs: Simple Tenses

Infinitive Present Participle Past Participle	Indicative					Subjunctive		Imperative
	Present	Imperfect	Preterit	Future	Conditional	Present	Imperfect	Commands
hablar hablando hablado	hablo hablas habla hablamos habláis hablan	hablaba hablabas hablaba hablábamos hablabais hablaban	hablé hablaste habló hablamos hablasteis hablaron	hablaré hablarás hablará hablaremos hablaréis hablarán	hablaría hablarías hablaría hablaríamos hablaríais hablarían	hable hables hable hablemos habléis hablen	hablara hablaras hablara habláramos hablarais hablaran	habla (tú), no hables hable (usted) hablemos hablad (vosotros), no habléis hablen (Uds.)
comer comiendo comido	como comes come comemos coméis comen	comía comías comía comíamos comíais comían	comí comiste comió comimos comisteis comieron	comeré comerás comerá comeremos comeréis comerán	comería comerías comería comeríamos comeríais comerían	coma comas coma comamos comáis coman	comiera comieras comiera comiéramos comierais comieran	come (tú), no comas coma (usted) comamos comed (vosotros), no comáis coman (Uds.)
vivir viviendo vivido	vivo vives vive vivimos vivís viven	vivía vivías vivía vivíamos vivíais vivían	viví viviste vivió vivimos vivisteis vivieron	viviré vivirás vivirá viviremos viviréis vivirán	viviría vivirías viviría viviríamos viviríais vivirían	viva vivas viva vivamos viváis vivan	viviera vivieras viviera viviéramos vivierais vivieran	vive (tú), no vivas viva (usted) vivamos vivid (vosotros), no viváis vivan (Uds.)

Regular Verbs: Perfect Tenses

Indicative										Subjunctive			
Present Perfect		Past Perfect		Preterit Perfect		Future Perfect		Conditional Perfect		Present Perfect		Past Perfect	
he has ha hemos habéis han	hablado comido vivido	había habías había habíamos habíais habían	hablado comido vivido	hube hubiste hubo hubimos hubisteis hubieron	hablado comido vivido	habré habrás habrá habremos habréis habrán	hablado comido vivido	habría habrías habría habríamos habríais habrían	hablado comido vivido	haya hayas haya hayamos hayáis hayan	hablado comido vivido	hubiera hubieras hubiera hubiéramos hubierais hubieran	hablado comido vivido

Irregular Verbs

Infinitive Present Participle Past Participle	Indicative					Subjunctive		Imperative
	Present	Imperfect	Preterit	Future	Conditional	Present	Imperfect	Commands
andar andando andado	ando andas anda andamos andáis andan	andaba andabas andaba andábamos andabais andaban	anduve anduviste anduvo anduvimos anduvisteis anduvieron	andaré andarás andará andaremos andaréis andarán	andaría andarías andaría andaríamos andaríais andarían	ande andes ande andemos andéis anden	anduviera anduvieras anduviera anduviéramos anduvierais anduvieran	anda (tú), no andes ande (usted) andemos andad (vosotros), no andéis anden (Uds.)
caer cayendo caído	caigo caes cae caemos caéis caen	caía caías caía caíamos caíais caían	caí caíste cayó caímos caísteis cayeron	caeré caerás caerá caeremos caeréis caerán	caería caerías caería caeríamos caeríais caerían	caiga caigas caiga caigamos caigáis caigan	cayera cayeras cayera cayéramos cayerais cayeran	cae (tú), no caigas caiga (usted) caigamos caed (vosotros), no caigáis caigan (Uds.)
dar dando dado	doy das da damos dais dan	daba dabas daba dábamos dabais daban	di diste dio dimos disteis dieron	daré darás dará daremos daréis darán	daría darías daría daríamos daríais darían	dé des dé demos deis den	diera dieras diera diéramos dierais dieran	da (tú), no des dé (usted) demos dad (vosotros), no deis den (Uds.)
decir diciendo dicho	digo dices dice decimos decís dicen	decía decías decía decíamos decíais decían	dije dijiste dijo dijimos dijisteis dijeron	diré dirás dirá diremos diréis dirán	diría dirías diría diríamos diríais dirían	diga digas diga digamos digáis digan	dijera dijeras dijera dijéramos dijerais dijeran	di (tú), no digas diga (usted) digamos decid (vosotros), no digáis digan (Uds.)
estar estando estado	estoy estás está estamos estáis están	estaba estabas estaba estábamos estabais estaban	estuve estuviste estuvo estuvimos estuvisteis estuvieron	estaré estarás estará estaremos estaréis estarán	estaría estarías estaría estaríamos estaríais estarían	esté estés esté estemos estéis estén	estuviera estuvieras estuviera estuviéramos estuvierais estuvieran	está (tú), no estés esté (usted) estemos estad (vosotros), no estéis están (Uds.)
haber* habiendo habido	he has ha hemos habéis han	había habías había habíamos habíais habían	hube hubiste hubo hubimos hubisteis hubieron	habré habrás habrá habremos habréis habrán	habría habrías habría habríamos habríais habrían	haya hayas haya hayamos hayáis hayan	hubiera hubieras hubiera hubiéramos hubierais hubieran	
hacer haciendo hecho	hago haces hace hacemos hacéis hacen	hacía hacías hacía hacíamos hacíais hacían	hice hiciste hizo hicimos hicisteis hicieron	haré harás hará haremos haréis harán	haría harías haría haríamos haríais harían	haga hagas haga hagamos hagáis hagan	hiciera hicieras hiciera hiciéramos hicierais hicieran	haz (tú), no hagas haga (usted) hagamos haced (vosotros), no hagáis hagan (Uds.)

*Haber is also used commonly with indefinite and counted nouns in the third person only: hay, había, hubo, habrá, habría, haya, hubiera (ex. Hay algunos/muchos/pocos/mil amigos en mi red social.)

Infinitive Present Participle Past Participle	Indicative					Subjunctive		Imperative
	Present	Imperfect	Preterit	Future	Conditional	Present	Imperfect	Commands
ir yendo ido	voy vas va vamos vais van	iba ibas iba íbamos ibais iban	fui fuiste fue fuimos fuisteis fueron	iré irás irá iremos iréis irán	iría irías iría iríamos iríais irían	vaya vayas vaya vayamos vayáis vayan	fuera fueras fuera fuéramos fuerais fueran	ve (tú), no vayas vaya (usted) vamos, no vayamos id (vosotros), no vayáis vayan (Uds.)
oír oyendo oído	oigo oyes oye oímos oís oyen	oía oías oía oíamos oíais oían	oí oíste oyó oímos oístes oyeron	oiré oirás oirá oiremos oiréis oirán	oiría oirías oiría oiríamos oiríais oirían	oiga oigas oiga oigamos oigáis oigan	oyera oyeras oyera oyéramos oyerais oyeran	oye (tú), no oigas oiga (usted) oigamos oid (vosotros), no oigáis oigan (Uds.)
poder pudiendo podido	puedo puedes puede podemos podéis pueden	podía podías podía podíamos podíais podían	pude pudiste pudo pudimos pudisteis pudieron	podré podrás podrá podremos podréis podrán	podría podrías podría podríamos podríais podrían	pueda puedas pueda podamos podáis puedan	pudiera pudieras pudiera pudiéramos pudierais pudieran	
poner poniendo puesto	pongo pones pone ponemos ponéis ponen	ponía ponías ponía poníamos poníais ponían	puse pusiste puso pusimos pusisteis pusieron	pondré pondrás pondrá pondremos pondréis pondrán	pondría pondrías pondría pondríamos pondríais pondrían	ponga pongas ponga pongamos pongáis pongan	pusiera pusieras pusiera pusiéramos pusierais pusieran	pon (tú), no pongas ponga (usted) pongamos poned (vosotros), no pongáis pongan (Uds.)
querer queriendo querido	quiero quieres quiere queremos queréis quieren	quería querías quería queríamos queríais querían	quise quisiste quiso quisimos quisisteis quisieron	querré querrás querrá querremos querréis querrán	querría querrías querría querríamos querríais querrían	quiera quieras quiera queramos queráis quieran	quisiera quisieras quisiera quisiéramos quisierais quisieran	quiere (tú), no quieras quiera (usted) queramos quered (vosotros), no queráis quieran (Uds.)
saber sabiendo sabido	sé sabes sabe sabemos sabéis saben	sabía sabías sabía sabíamos sabíais sabían	supe supiste supo supimos supisteis supieron	sabré sabrás sabrá sabremos sabréis sabrán	sabría sabrías sabría sabríamos sabríais sabrían	sepa sepas sepa sepamos sepáis sepan	supiera supieras supiera supiéramos supierais supieran	sabe (tú), no sepas sepa (usted) sepamos sabed (vosotros), no sepáis sepan (Uds.)
salir saliendo salido	salgo sales sale salimos salís salen	salía salías salía salíamos salíais salían	salí saliste salió salimos salisteis salieron	saldré saldrás saldrá saldremos saldréis saldrán	saldría saldrías saldría saldríamos saldríais saldrían	salga salgas salga salgamos salgáis salgan	saliera salieras saliera saliéramos salierais salieran	sal (tú), no salgas salga (usted) salgamos salid (vosotros), no salgáis salgan (Uds.)

Irregular Verbs (continued)

Infinitive Present Participle Past Participle	Indicative					Subjunctive		Imperative
	Present	Imperfect	Preterit	Future	Conditional	Present	Imperfect	Commands
ser siendo sido	soy eres es somos sois son	era eras era éramos erais eran	fui fuiste fue fuimos fuisteis fueron	seré serás será seremos seréis serán	sería serías sería seríamos seríais serían	sea seas sea seamos seáis sean	fuera fueras fuera fuéramos fuerais fueran	sé (tú), no seas sea (usted) seamos sed (vosotros), no seáis sean (Uds.)
tener teniendo tenido	tengo tienes tiene tenemos tenéis tienen	tenía tenías tenía teníamos teníais tenían	tuve tuviste tuvo tuvimos tuvisteis tuvieron	tendré tendrás tendrá tendremos tendréis tendrán	tendría tendrías tendría tendríamos tendríais tendrían	tenga tengas tenga tengamos tengáis tengan	tuviera tuvieras tuviera tuviéramos tuvierais tuvieran	ten (tú), no tengas tenga (usted) tengamos tened (vosotros), no tengáis tengan (Uds.)
traer trayendo traído	traigo traes trae traemos traéis traen	traía traías traía traíamos traíais traían	traje trajiste trajo trajimos trajisteis trajeron	traeré traerás traerá traeremos traeréis traerán	traería traerías traería traeríamos traeríais traerían	traiga traigas traiga traigamos traigáis traigan	trajera trajeras trajera trajéramos trajerais trajeran	trae (tú), no traigas traiga (usted) traigamos traed (vosotros), no traigáis traigan (Uds.)
venir viniendo venido	vengo vienes viene venimos venís vienen	venía venías venía veníamos veníais venían	vine viniste vino vinimos vinisteis vinieron	vendré vendrás vendrá vendremos vendréis vendrán	vendría vendrías vendría vendríamos vendríais vendrían	venga vengas venga vengamos vengáis vengan	viniera vinieras viniera viniéramos vinierais vinieran	ven (tú), no vengas venga (usted) vengamos venid (vosotros), no vengáis vengan (Uds.)
ver viendo visto	veo ves ve vemos veis ven	veía veías veía veíamos veíais veían	vi viste vio vimos visteis vieron	veré verás verá veremos veréis verán	vería verías vería veríamos veríais verían	vea veas vea veamos veáis vean	viera vieras viera viéramos vierais vieran	ve (tú), no veas vea (usted) veamos ved (vosotros), no veáis vean (Uds.)

Stem-Changing and Orthographic-Changing Verbs

Infinitive Present Participle Past Participle	Indicative					Subjunctive		Imperative
	Present	Imperfect	Preterit	Future	Conditional	Present	Imperfect	Commands
almorzar (z, c) almorzando almorzado	almuerzo almuerzas almuerza almorzamos almorzáis almuerzan	almorzaba almorzabas almorzaba almorzábamos almorzabais almorzaban	almorcé almorzaste almorzó almorzamos almorzasteis almorzaron	almorzaré almorzarás almorzará almorzaremos almorzaréis almorzarán	almorzaría almorzarías almorzaría almorzaríamos almorzaríais almorzarían	almuerce almuerces almuerce almorcemos almorcéis almuercen	almorzara almorzaras almorzaras almorzáramos almorzarais almorzaran	almuerza (tú) no almuerces almuerce (usted) almorcemos almorzad (vosotros) no almorcéis almuercen (Uds.)
buscar (c, qu) buscando buscado	busco buscas busca buscamos buscáis buscan	buscaba buscabas buscaba buscábamos buscabais buscaban	busqué buscaste buscó buscamos buscasteis buscaron	buscaré buscarás buscará buscaremos buscaréis buscarán	buscaría buscarías buscaría buscaríamos buscaríais buscarían	busque busques busque busquemos busquéis busquen	buscara buscaras buscara buscáramos buscarais buscaran	busca (tú) no busques busque (usted) busquemos buscad (vosotros) no busquéis busquen (Uds.)
corregir (g, j) corrigiendo corregido	corrijo corriges corrige corregimos corregís corrigen	corregía corregías corregía corregíamos corregíais corregían	corregí corregiste corrigió corregimos corregisteis corrigieron	corregiré corregirás corregirá corregiremos corregiréis corregirán	corregiría corregirías corregiría corregiríamos corregiríais corregirían	corrija corrijas corrija corrijamos corrijáis corrijan	corrigiera corrigieras corrigiera corrigiéramos corrigierais corrigieran	corrige (tú) no corrijas corrija (usted) corrijamos corregid (vosotros) no corrijáis corrijan (Uds.)
dormir (ue, u) durmiendo dormido	duermo duermes duerme dormimos dormís duermen	dormía dormías dormía dormíamos dormíais dormían	dormí dormiste durmió dormimos dormisteis durmieron	dormiré dormirás dormirá dormiremos dormiréis dormirán	dormiría dormirías dormiría dormiríamos dormiríais dormirían	duerma duermas duerma durmamos durmáis duerman	durmiera durmieras durmiera durmiéramos durmierais durmieran	duerme (tú), no duermas duerma (usted) durmamos dormid (vosotros), no durmáis duerman (Uds.)
incluir (y) incluyendo incluido	incluyo incluyes incluye incluimos incluís incluyen	incluía incluías incluía incluíamos incluíais incluían	incluí incluiste incluyó incluimos incluisteis incluyeron	incluiré incluirás incluirá incluiremos incluiréis incluirán	incluiría incluirías incluiría incluiríamos incluiríais incluirían	incluya incluyas incluya incluyamos incluyáis incluyan	incluyera incluyeras incluyera incluyéramos incluyerais incluyeran	incluye (tú), no incluyas incluya (usted) incluyamos incluid (vosotros), no incluyáis incluyan (Uds.)
llegar (g, gu) llegando llegado	llego llegas llega llegamos llegáis llegan	llegaba llegabas llegaba llegábamos llegabais llegaban	llegué llegaste llegó llegamos llegasteis llegaron	llegaré llegarás llegará llegaremos llegaréis llegarán	llegaría llegarías llegaría llegaríamos llegaríais llegarían	llegue llegues llegue lleguemos lleguéis lleguen	llegara llegaras llegara llegáramos llegareis llegaran	llega (tú) no llegues llegue (usted) lleguemos llegad (vosotros) no lleguéis lleguen (Uds.)
pedir (i, i) pidiendo pedido	pido pides pide pedimos pedís piden	pedía pedías pedía pedíamos pedíais pedían	pedí pediste pidió pedimos pedisteis pidieron	pediré pedirás pedirá pediremos pediréis pedirán	pediría pedirías pediría pediríamos pediríais pedirían	pida pidas pida pidamos pidáis pidan	pidiera pidieras pidiera pidiéramos pidierais pidieran	pide (tú), no pidas pida (usted) pidamos pedid (vosotros), no pidáis pidan (Uds.)

Stem-Changing and Orthographic-Changing Verbs (*continued*)

Infinitive Present Participle Past Participle	Indicative					Subjunctive		Imperative
	Present	Imperfect	Preterit	Future	Conditional	Present	Imperfect	Commands
pensar (ie) pensando pensado	pienso piensas piensa pensamos pensáis piensan	pensaba pensabas pensaba pensábamos pensabais pensaban	pensé pensaste pensó pensamos pensasteis pensaron	pensaré pensarás pensará pensaremos pensaréis pensarán	pensaría pensarías pensaría pensaríamos pensaríais pensarían	piense pienses piense pensemos penséis piensen	pensara pensaras pensara pensáramos pensarais pensaran	piensa (tú), no pienses piense (usted) pensemos pensad (vosotros), no penséis piensen (Uds.)
producir (zc) produciendo producido	produzco produces produce producimos producís producen	producía producías producía producíamos producíais producían	produje produjiste produjo produjimos produjisteis produjeron	produciré producirás producirá produciremos produciréis producirán	produciría producirías produciría produciríamos produciríais producirían	produzca produzcas produzca produzcamos produzcáis produzcan	produjera produjeras produjera produjéramos produjerais produjeran	produce (tú), no produzcas produzca (usted) produzcamos pruducid (vosotros), no produzcáis produzcan (Uds.)
reír (i, i) riendo reído	río ríes ríe reímos reís ríen	reía reías reía reíamos reíais reían	reí reíste rio reímos reísteis rieron	reiré reirás reirá reiremos reiréis reirán	reiría reirías reiría reiríamos reiríais reirían	ría rías ría riamos riáis rían	riera rieras riera riéramos rierais rieran	ríe (tú), no rías ría (usted) riamos reíd (vosotros), no riáis rían (Uds.)
seguir (i, i) (ga) siguiendo seguido	sigo sigues sigue seguimos seguís siguen	seguía seguías seguía seguíamos seguíais seguían	seguí seguiste siguió seguimos seguisteis siguieron	seguiré seguirás seguirá seguiremos seguiréis seguirán	seguiría seguirías seguiría seguiríamos seguiríais seguirían	siga sigas siga sigamos sigáis sigan	siguiera siguieras siguiera siguiéramos siguierais siguieran	sigue (tú), no sigas siga (usted) sigamos seguid (vosotros), no sigáis sigan (Uds.)
sentir (ie, i) sintiendo sentido	siento sientes siente sentimos sentís sienten	sentía sentías sentía sentíamos sentíais sentían	sentí sentiste sintió sentimos sentisteis sintieron	sentiré sentirás sentirá sentiremos sentiréis sentirán	sentiría sentirías sentiría sentiríamos sentiríais sentirían	sienta sientas sienta sintamos sintáis sientan	sintiera sintieras sintiera sintiéramos sintierais sintieran	siente (tú), no sientas sienta (usted) sintamos sentid (vosotros), no sintáis sientan (Uds.)
volver (ue) volviendo vuelto	vuelvo vuelves vuelve volvemos volvéis vuelven	volvía volvías volvía volvíamos volvíais volvían	volví volviste volvió volvimos volvisteis volvieron	volveré volverás volverá volveremos volveréis volverán	volvería volverías volvería volveríamos volveríais volverían	vuelva vuelvas vuelva volvamos volváis vuelvan	volviera volvieras volviera volviéramos volvierais volvieran	vuelve (tú), no vuelvas vuelva (usted) volvamos volved (vosotros), no volváis vuelvan (Uds.)

Spanish–English Glossary[1]

A

abeja, la bee, 2
abismo, el abyss, 4
abogado/a, el/la lawyer, 8
abogar (por) to advocate, 6
abono, el season pass, 5
abrazar to embrace, 1; 4
abrelatas, el can opener, 7
absorber to absorb, 8
aburrido/a boring/bored, 2
acabar to finish, 6
acabar de to have just, 10
acabarse to run out (of something), 10
acaso perhaps, 10
acceso, el access, 2
accidentado/a injured, 3
acción afirmativa, la affirmative action, 6
acciones, las stocks, 1; 8
accionista, el/la shareholder, 7
aceite de oliva, el olive oil, 7
acentuar to accentuate, 2
acertado/a correct, 10
aclarar to clarify, 8
acontecimiento, el event, 6
acordar to agree; to resolve by common consent, 3
acordarse (ue) de to remember; to recollect, 3; 4; 10
acortar to cut short, 8
acosar to harass, to hound, 6
acoso (sexual), el (sexual) harassment, 6
acostumbrarse (a) to get used to, 4
acreedor/a, el/la creditor, 8
acto act (theater), 5
actor de reparto, el supporting actor/actress, 5

actriz de reparto, la supporting actor/actress, 5
actuación, la performance, 5
actuado/a acted, 5
actual current, today, 1; 9
actuar to act, 5
acuerdo mutuo, el mutual agreement, 4
acumular accumulate, 5
adaptación, la adaptation, 10
adaptado/a adapted, 10
adaptar(se) to adapt(se), 10
adecuado/a adequate, 2
adelantado/a advance, 6
adelantar to advance, 6
adelanto, el progress, 6
adelgazar to slim down, 7
adivinar to guess, 4
administrar to administer, 8
adrenalina, la adrenaline, 9
advertir (ie, i) to warn, 8
afeitar(se) to shave (oneself), 4
afición, la fondness; taste, 9
aficionado/a, el/la fan, 5; 9
aficionar(se) a to be fond of, 9
afirmación, la statement, 8
agente (secreto/a), el/la (secret) agent, 8
ágil agile, quick, 1
agotable exhaustible, 2
agotamiento, el exhaustion, 2
agotar to exhaust, 2
agradable agreeable, P
agradecer (zc) to thank, 4
agradecido/a thankful, 4
agradecimiento, el thanks, 4
agravar to aggravate, 2
agregar (a un/a amigo/a) to add (a friend), P; 2; 7

agrio/a sour, 7
aguacate, el avocado, 7
aguantar to bear, to put up with, 6
agujero, el hole, 2; 10
ahogar to drown, 7
ahorrado/a saved, 8
ahorrar to save, 8
ahorro, el savings, 2; 8
ajedrez, el chess, 9
ajeno/a alien, P
ajillo, al in garlic sauce, 7
ajo, el garlic, 7
albóndiga, la meatball, 7
alcachofa, la artichoke, 7
alcalde/sa, el/la mayor, 2
alcance, el reach, 6
alcanzado/a reached, 6
alcanzar to reach, 2; 6
alegrarse (de) to become happy; to be glad, 4; 10
alentar (ie) to encourage, 3
alga, el algae, 2
algodón, el cotton, 10
alianza, la alliance, 3
alimentar to feed, 2
alisar to smooth, 4
alma, el soul, 6
almacenar to store, 10
almeja, la clam, 7
alquilar to rent, 1
amar(se) to love (each other) deeply, 4
amargo/a bitter, 7
ambos/as both, 10
amenazar to threaten, 10
analfabeto/a illiterate, 1
análisis, el analysis, 4
analítico/a analytical, 4
analizar to analyze, 4
AND, el DNA, 10
andar en moto todoterreno to ride an ATV, 9
anemia, la anemia, 7
anfitrión/ona, el/la host, 10

animarse a to encourage, to inspire, 10
¡Anímate! Take heart!, 8
ansioso/a anxious, 4
antecedentes, los background information, P
anterior previous, P
antes (de) que before, 5
anuncio, el announcement, 1
añadir to add, 7
año tras año year after year, 3
apaciguar to pacify, 7
aparato, el apparatus, 1
aparecer to appear, 1
apartado/a apart, separated from, P
apetecer (zc) (comer) to feel like (eating), 7
aplastar to plaster, 2
aplaudido/a applauded, 5
aplaudir to applaud, 5
aplauso, el applause, 5
aplicación, la application; app, 10
apoderar(se) to take over, P; 3
apodo, el nickname, 1
aportar to contribute, to provide, 2; 4
apostado/a bet, 9
apostar (ue) to bet, 9
apoyar to support, to backup, 1; 3; 4
apreciar to appreciate, 4; 6
aprender a to learn (to do something), 10
apresurado/a hurried, 4
apretar to press, 1
aprobación, la approval, 5
aprobar (ue) to approve, 2
aprovechar (de) to take advantage of, 7

---

[1]Chapter numbers in **boldface** indicate active vocabulary (*Vocabulario básico, Vocabulario clave, Cuidado, Ampliación,* and *Estructuras*).

apuesta, la bet, 9
apuntar to take note of, 2
apurar(se) to hurry (up), 7
A que... I bet..., 4
arbitrario/a arbitrary, 3
arco y la flecha, el bow and arrow, 9
aretes, los earrings, 1
argot, el slang, 8
armar to assemble, 8
arpillera, la Chilean appliqué design to protest disappearances, 3
arquitecto/a, el/la architect, 8
arrancado/a broke (slang, Cuba), 8
arrecife, el reef, 9
arreglar to fix, to repair, 8
arrepentirse (ie, i) de to regret, to be sorry, 10
arriesgado/a risky; daring (person), 9
arriesgar to risk, 9
arriesgarse to take a risk, P
arrojar to throw, 7
arroz, el rice, 7
arruinar to ruin, 5
asamblea, la assembly, 10
asar to roast, 7
ascendencia, la heritage, 6
ascender (ie) to promote, 8
ascendido/a promoted, 8
ascenso, el promotion, 8
asegurar(se) (de) to assure (to make sure), 3; 10
asesor/a, el/la consultant, advisor, 8
asientos de cuero, los leather seats, 1
asilo (político), el (political) asylum, 3
asistente, el/la assistant, 8
asistir (a) to attend, 5
asombrar to amaze, to astonish, 10
asombro, el astonishment, 10
asombroso/a amazing, 10
aspirante, el/la candidate, 6
astro heavenly body, 10
astrónomo/a, el/la astronomer, 10
asustar(se) to frighten (become frightened), 9

aterrizar to land, 10
atraer to attract, 8
atreverse a to dare (to do something), 9; 10
atribuir to attribute, 8
audición, la audition, 5
auditivo/a auditory, 6
auge, el heyday, 5
aumentar to increase, 2
ausencia, la absence, 5
auto compacto, el compact car, 1
autoestima, la self-esteem, 4
autómata, el robot, 10
autorretrato, el self-portrait, 4
avance, el advance, 2
avanzado/a advanced, 2
avanzar to advance, to further, 2
aventuras, de adventure, 5
avergonzar(se) (üe) (de) to embarrass (to be ashamed of), 4; 10
averiguar to find out, 1
ayudar(se) (a) to help (each other); to aid, 3; 4; 10
ayuno, el fast, 7
azafrán, el saffron, 7
azar, al at random, 10
azúcar, el sugar, 7

B

bacalao, el cod, 7
bachillerato, el high school degree, 6
bailable danceable, 5
bailar to dance, 5
bailarín/ina, el/la dancer, 5
baile, el dance, 5
bajar a to take down, to go down, 10
bajar to download, P
banana, la banana, 7
bancarrota, la bankruptcy, 8
bandas decorativas, las decorative stripes, 1
banquero/a, el/la banker, 8
bañar(se) to bathe (oneself), 4
barbilla, la chin, 4
barrera, la barrier, 6
basura, la trash, 2

basurero, el waste basket, 10
batalla, la battle, 10
batallar to battle, 10
batata, la sweet potato, 7
batidora, la blender, 7
bautizar to baptize, 1
bebida, la drink, 7
beca, la scholarship, 8
beneficio, el benefit, 8
beneficioso/a beneficial, 2
benéfico/a charitable, 3; 7
berro, el cress, 7
besar(se) to kiss (each other), 4
bestia beastly, P
bien hecho/a well-done (for meat), 7
bienes raíces, los real estate, 8
bienestar, el well-being, 3
biftec (bistec), el steak, 7
bilingüe bilingual, 6
billar, el billiards, pool, 9
billete, el ticket, 5
bioingeniería, la bioengineering, 10
bloguero/a blogger, P
bloquear to block, 8
boicotear to boycott, 6
boleto, el ticket, 5
bolo, el slang for money (Ven.), 8
bolsa, la stock market; employment bureau, 8
bombilla, la metallic tube with sieve used for drinking mate, 7
bondad, la kindness, 4
bondadoso/a kind, 4
boniato, el sweet potato, 7
bono, el bond, bonus, 8
borrar to erase, P
bosque, el forest, 2
bosquejo, el sketch, P
botella, la bottle, 7
botulismo, el botulism, 7
brisa, la breeze, 1
bucear to scuba dive, 9
buena onda cool, P
buena voluntad, la good will, 3
burlarse to make fun of, 1
buscar to look for, P
buzón, el mailbox, P

C

cabello, el hair, 9
cacerola, la pot, 7
cada día each day, 6
cadena, la TV network, 5
cadena perpetua, la life imprisonment, 3
cadera, la hip, 4
caer bien (mal) to (dis)like (a person), 3
caer(se) to fall (to drop), 10
café, el coffee, 7
cafetera, la coffee pot, coffee maker, 7
cajero automático, el ATM machine, 8
cajero/a, el/la cashier, 8
cajón, el drawer, 2
calabaza, la gourd, 7
calamar, el squid, 7
calentamiento, el warming, 2
calentar (ie) to warm, 2
calidad, la quality, 2
caliente hot, 2
calificación, la score, 8
callado/a quiet, 1
callarse to be quiet, 10
calumniar to slander, 4
camarógrafo/a, el/la cameraman/woman, 5
camarón, el shrimp, 7
cambiado/a changed, 1
cambiar to change, 1
cambio climático, el climate change, 2
cambio, el change; exchange, 1; 8
camerino, el dressing room, 5
caminata, la long walk, hike, 9
camioneta, la pickup truck, 1
camiseta, la t-shirt, 6
campamento, el campsite, camp, 9
campaña, la campaign, 3
campo de fútbol, el soccer field, 9
cancelar to cancel, 8
cancha, la court (sports), 9
candidatura, la candidacy, 6
canela cinnamon, 7
canicas, las marbles, 9

cansarse de to get tired of, 10

cantante, el/la singer, 5

cantautor/a, el/la singer-songwriter, 1; 5

cantidad, la quantity, 2

caña de pescar, la fishing rod, 9

capa de ozono, la ozone layer, 2

capacidad, la capacity; ability, 6

capo, el hood, 1

cara o cruz heads or tails, 9

carácter, el personality, 4

carbón, el coal, 2

carcajada, la hearty laugh, 4

cargado/a charged, 1

cargar to charge, to carry, 8

cargo, el post, 6

cariñoso/a affectionate, P; 4

carne de cerdo, la pork, 7

carne de res, la beef, 7

carne, la meat, 7

carnicero butcher, 7

carrera, la race; career, 1; 5; 9

carretera, la highway, 2

cartas, las playing cards, 9

cartel, el poster, 1

cartelera, la billboard, entertainment listing, 5

casarse to get married, 4

casco, el helmet, 9

casetera, la cassette player, 1

casi crudo/a rare, for meat, 7

caso de que, en in case, 5

castigo, el punishment, 8

catedrático/a university professor, 6

cazar to hunt, 9

cebolla, la onion, 7

celebridad, la celebrity, 5

celos, los jealousy, 4

celoso/a jealous, 4

célula (madre), la (stem) cell, 10

censo, el census, 6

centenares hundreds, 10

cepillar(se) to brush (oneself), 4

cerdo, el pork, 7

cerebro, el brain, 6

certeza certainty, 5

cerveza, la beer, 7

cesar de to cease to, 10

chaleco salvavidas, el life vest, 9

champiñón, el mushroom, 7

chatarra (comida…), la junk food, 7

chatear to chat (online), P

chavo, el slang for money (P.R.), 8

chele, el slang for money (R.D.), 8

chile, el hot pepper, 7

chisme/cotilleo (España,), el gossip, 4

chismear to gossip, 4

chismoso/a gossipy, 4

chocolate, el chocolate, 7

ciclismo (de montaña), el cycling, 9

ciego/a blind, 1

ciencia ficción, la science fiction, 5

cierto/a certain; sure, P; 2

cifra, la number, figure, 9

cine, el movie house; film-making, 5; 9

cinturón de seguridad, el seatbelt, 1

círculo, el circle, P

cirugía plástica, la plastic surgery, 5

cirujano/a, el/la surgeon, 10

ciudadanía, la citizenship, 6

clamar to clamor, 3

clave, la key

cobrar to charge, 5

cochinillo, el suckling pig, 7

cocina, la cuisine, 7

cocinado/a cooked, 7

cocinar to cook, 7

cohete, el rocket, 10

col, la cabbage, 7

cola, la line, 8

colaborar to collaborate, 5

coleccionar to collect (objects), 9

combatir to combat, 6

combustible, el fuel, 2

comedia, la comedy, 5

comelón/ona, el/la big eater, 7

comentarista, el/la commentator, 5

comenzar (ie) a to begin, 10

comercio justo, el free trade, 2

comercio, el commerce, business, 8

cometa, el comet, 10

cómico/a comical, 5

comisión, la commission, 8

como how; as; because of, as a result of, 5; 10

compartir to share, 1; 4

competencia, la competition; contest (sports), 5; 9

competición, la competition; contest (sports), 5; 9

competir (i, i) to compete, 1; 5; 9

competitivo/a competitive, 5

complejo/a complex, P

componer to compose, 5

composición composition, 5

compositor/a, el/la composer, 5

compra, la purchase, 8

comprensivo/a understanding, 4

comprometer to compromise, 2

comprometerse to get engaged, to commit oneself, 4

comprometido/a engaged, 4

compromiso, el obligation, pledge, commitment, engagement, 3; 4

compuesto/a composed, 5

comuna, la commune, 1

con tal (de) que provided (that), 5

con todo respeto with all due respect, 1

concepto, el concept, 1

conciencar to make aware, 2

concilio, el council, 8

concordancia, la agreement

concurrencia, la audience, 5

concursante, el/la competitor, 9

condimento, el condiment, 7

conducir (zc) to drive (a vehicle), 1

conducta, la behavior, 4

conductor/a, el/la driver, 1

conectado/a connected, P

conectarse con to connect up with, P

conexión, la connection, P

confiado/a confident; too trusting, 4

confianza, la confidence, 4

confiar (en) to confide (in), 4

conforme in agreement, 9

confundido/a confused, 9

congelado/a frozen, 7

congelador, el freezer, 7

congelar to freeze, 7

conjuntamente together, 8

conjunto, el band, ensemble, 1; 5

conllevar to entail, 10

conocerse to meet (each other), 4

conseguir (i, i) to get, to obtain, 5; 6

consenso, el consensus, 6

consentir (ie, i) en to consent to, to agree to, 10

conservación, la conservation, 2

conservar to conserve, 2

considerar to consider, 1

constitución, la constitution, 3

constituido/a constituted, 3

constituir (y) to constitute, 3

consulado, el consulate, 9

consulta, la consultation, 8

consultado/a consulted, 8

consultar to consult, 8

consultorio, el office, 8

consumir to consume, 7

contabilidad, la accounting, 8

contador/a, el/la accountant, 8

contaminación, la pollution, 2

contar (ue) con to count on, to rely on, 1; 10

contienda, la contest, 6

contra de…, en against, 6

contra, el (argument) against, P

contrario, al on the contrary, 4

contraseña, la password, P
contrastar to contrast, 6
contratar to contract, 8; 9
contribuir to contribute, 6
contrincante, el/la
 opponent, 4
controlar to control, 2
convertible, el convertible, 1
convertirse (ie, i) en to
 become / to turn into, 10
convivencia, la
 coexistence, 6
convocatoria, la call, 1
cónyuge, el/la spouse, 6
copa (de vino), la glass (of
 wine), 7
cordero (carne de oveja), el
 lamb, 7
corredor/a de bolsa, el/la
 stockbroker, 1; 8
corredor/a, el/la runner, 9
correo basura, el spam, P
correr peligro to be in
 danger, 9
correr to run, 9
corte, la court (royal), 9
corto/a short, P
corto/medio/largo plazo,
 a in the short/mid-/long
 term, 2
costero/a coastal, 2
cotidiano/a daily, 3
crear to create, 10
crecer (zc) to grow, 2
crecimiento, el growth, P
creer to believe, 2
Creo que... I believe
 that..., 2
criar(se) to raise (to grow
 up), 6
crítica, la critique, 4
crucero, el cruise, 1
crucial crucial, 2
crudo/a raw, 7
cuadra, la block, P
cuadro, el picture, 1
cualidad quality
 (characteristic of a
 person/thing), 2
cualquier/a any, P
cuando when, 5
cuanto, en as soon as, 5
cuatro por cuatro, el
 4-wheel drive vehicle, 1
cubrir to cover, 7

cuchara, la spoon, 7
cuchillo, el knife, 7
cuenta corriente, la
 checking account, 8
cuenta de ahorros, la
 savings account, 8
cuenta, la account; bill, P; 8
culpa, la blame, 6
culpable guilty, 3; 6
culpar to blame, 6
cumplir (con) to fulfill, to
 satisfy, 2
cursar to take (a course), 6
cursi pretentious, P

D

dados, los dice, 9
damas, las checkers, 9
dañado/a damaged, 2
dañar(se) to damage, break
 (a machine), 2; 10
daño, el damage, 2; 5
dar a luz to give birth, 8
dar por sentado to take for
 granted, 3; 4
darse cuenta de to realize,
 to recognize, 1
deber, el duty, 5
década, la decade, 1
decepcionado/a
 disappointed, 7
decepcionar to
 disappoint, 7
decir to say, to tell, 2
dedicarse (a) to be engaged
 in, be dedicated to, 6; 8
dejar + d.o., to leave
 (something), 1
dejar + inf. to allow, to
 let, 1
dejar de + inf. to stop
 doing (something); to
 cease, 1; 10
demanda, la demand, 1
demás, los/las the others, 4
demorarse to be delayed, 8
denunciar to denounce, 3
deponer to depose, 1
depositado/a deposited, 8
depositar to deposit, 8
depósito, el deposit, 8
derechos civiles, los (civil)
 rights, 3; 6
derrocar to overthrow, 1
desafío, el challenge, 2; 10

desaparecerse (zc) to
 disappear, 3; 10
desaparecido/a, el/la
 disappeared (person), 3
desarmado/a disarmed, 10
desarmar to disarm, 10
desarme, el
 disarmament, 10
desarrollado/a developed, 3
desarrollar to develop, 2; 3
desarrollo, el
 development, 1; 3
desastre, el disaster, 2
descalzo/a barefoot, 6
descapotable, el
 convertible, 1
descenso de ríos, el river
 rafting, 9
descenso, el descent, 10
descomponerse to fall
 apart, break down, 10
desconcierto, el
 uncertainty 6
desconectarse to
 disconnect, P
descongelado/a defrosted, 7
descongelar to defrost, 7
desde since (time), 10
deseable desirable, 2
desear to wish, 2
desechable throw-away, 2
desechar to throw away, to
 discard, 2
desecho, el waste, 2
desempeñar (un papel) to
 play (a role), 10
desempleo, el
 unemployment, 8
desenvuelto/a outgoing, 4
desequilibrado/a
 unbalanced, 7
desértico/a desert-like, 2
desesperar to despair, 10
desforestación, la
 deforestation, 10
deshecho, el waste, 10
desigualdad, la inequality,
 3; 6
despedir(se) (i, i) to fire (to
 say good-bye), 8
despertar(se) (ie) to wake
 (up), 4
despreocupado/a carefree, 4
después (de) que after, 1; 5
destacado/a outstanding, 5

destacar to stand out, 1
destino, el destination, 9
destreza, la skill, 8
destrozar to destroy, 8
destrucción, la
 destruction, 2
destruido/a destroyed, 2
destruir (y) to destroy, 2
desuso, el disuse, 2
desventaja, la
 disadvantage, 2
detallado/a detailed, P
detallar to detail, 10
detalle, el detail, 3
deuda, la debt, 8
devastador/a devastating, 5
devolver to return
 (something), 7
diario/a daily, P
dibujar to draw, 1
dibujos animados, los
 cartoons, 5
dicho, el saying, 1
dichoso/a darn; happy,
 fortunate, P
dictadura, la
 dictatorship, 10
diestro/a skillful, cunning, 9
difícil difficult, P
dificultar to make
 difficult, 2
difundido/a spread out, P
difundir to disseminate, P
difundirse to disseminate, 1
difundirse to spread, 1
difusión, la coverage,
 spreading out, P
difusión, la dissemination, 1
difuso/a diffused, 1
digno/a worthy, 3
dinámico/a dynamic, 5
dinero en efectivo, el
 cash, 7; 8
discapacidad, la disability,
 handicap, 6
discriminación positiva, la
 affirmative action, 6
disculpa, la apology;
 excuse, 4
disculpado/a forgiven, 4
disculpar to forgive, 4
discusión, la argument, 4
discutido/a discussed;
 argued, 4
discutir to argue, 4

diseñado/a designed, 1
diseñador/a, el/la designer, 1
diseñar to design, 1
diseño, el design, 1
disfrutar (de) to enjoy, 3
disminución, la decrease, 2
disminuir (y) to diminish, 2
disparar to fire, 8
disponible available, P; 8
dispuesto/a willing, 8
distraer to distract, 5
distraído/a distracted, 10
diverso/a diverse, P
divertirse (ie, i) to have fun, 4; 9
doblar to fold, 4
doble criterio, el double standard, 6
documental, el documentary, 5
dominó, el dominoes, 9
donación, la donation, 3
donado/a donated, 3
donar to donate, 3
donde (adonde) (to) where, 5
dormir(se) (ue, u) to sleep (to fall asleep), 4
ducharse to take a shower, 4
dudar to doubt, 2
dudoso/a doubtful, 2
dueño/a, el/la owner, 1
dulce, el sweet, 7
durabilidad, la durability, 1
duradero/a durable, 1
durante during, 1
durar to last, 1
durazno, el peach, 7
duro/a hard, 7

E

echar to add (pour in), 1; 7
echar/dar una mano to lend a hand, 3
echarse a perder to spoil (food), 7
económico/a economical, P
educación, la education, 3
educado/a polite; educated, 3; 4
educar to educate, 3
efecto invernadero, el greenhouse effect, 2
egoísta selfish, 4

ejecutivo/a, el/la executive, 8
ejemplar exemplary, 6
ejército, el army, 8
electricista, el/la electrician, 8
elegir (i, i) to choose; to elect, 1; 4
embotellado/a bottled, 7
embotellar to bottle, 7
embriaguez, la intoxication, 7
emigrar to emigrate, 6
emitido/a broadcast, 1
emitir to emit, 10
emocionante exciting; touching; thrilling, P; 5
emocionarse to get excited, to be moved emotionally, 4
emparejado/a paired, P
emparejar to match up, P
empezar (ie) a to begin, 10
emplear to employ, 8
empleo, el employment, 8
empresario/a, el/la businessman/woman, 8
En mi opinión In my opinion, 1
En resumen,... In summary,..., 3
enamorarse (de) to fall in love (with), 4
encabezar to head, 8
encantar to love (colloquial; lit., to be enchanting), 3
encargarse de to see to, to deal with, to look after; to take charge (care) of, 10
encender (ie) to light, 4
encuesta, la poll, survey, 1; 6
endeudado/a indebted, 8
endeudar(se) to go into debt, 8
endulzar to sweeten, 7
energía eléctrica, nuclear, solar, la electrical, nuclear, solar energy, 2
enfadarse to get angry, 4
enfatizar to emphasize, 5
enfermedad, la illness, 2
enfocar to focus, 6
enfrentar to face, 5
engañar to deceive, 4

engordar to gain weight, 7
enlace, el link, P
enlatado/a canned, 7
enlatar to can, 7
enojarse to become angry, 4
ensayado/a rehearsed, 5
ensayar to rehearse, 5
ensayo, el rehearsal, 5
enseguida right away, 8
enseñar a to teach (to do something), 10
entendimiento, el understanding, 4
Entiéndeme bien. Let me be clear., 5
entonces then, 1
entorno, el milieu, 2
entrada, la ticket; entrance, 5
entrar a/en to enter
entregar turn in; deliver, 5
entremés, el appetizer, 7
entrenado/a trained, 8
entrenador/a, el/la trainer, coach, 8
entrenamiento, el training, 8
entrenar to train, 8
entretener (ie) to entertain, 5
entretenido/a entertaining, 5; 9
entretenimiento, el entertainment, 5; 9
entrevista, la interview, 8
entroncado/a joined, 5
envejecer (zc) to grow old, 10
eólico/a wind, 2
época period, 1
época, la era, 1
equilibrado/a balanced, 7
equipo, el equipment; team, 9
equitación, la horseback riding, 9
equitativo/a fair, 3
equivocarse to make a mistake, 4
erigir (i, i) to erect, 7
erradicación, la eradication, 3
erradicado eradicated, 3
erradicar to eradicate, 3
Es cierto que... It's true that..., 2

Es increíble que... It's incredible that..., 9
escalada en roca (hielo), la rock (ice) climbing, 9
escalar (montañas) to (mountain) climb, 9
escalonado/a layered, 7
escaneo, el scanning, 10
escasez, la scarcity, 10
escenario, el stage, 5
esclavitud, la slavery, 1
esclavo/a, el/la slave, 6
escoger (j) to choose, 3
esconder to hide,
escondido/a hidden, 5
esfuerzo, el effort, 3
espacioso/a spacious, 1
especies en peligro de extinción, las endangered species, 2
espectáculo, el show, 5
espectador/a, el/la spectator, 9
especulación, la speculation, 10
especulado/a, speculated, 10
especular to speculate, 10
esperar to wait for, to hope, P; 2
espiar to spy, 5
espinaca, la spinach, 7
espíritu, el spirit, 3
esporádicamente sporadically, 3
esquema, el outline, 2
esquiar to ski, 9
esquina, la street corner, 5
establecer (zc) to establish, 10
estación, la station, 10
estacionar(se) to park, 1; 8
estado de ánimo, el mood, 4
estado de cuentas, el (financial) statement, 8
estampilla, la postage stamp, 9
estar cansado/a de to be tired of, 10
estar seguro/a de to be sure of, 10
estático/a static, 5
estereotipo, el stereotype, 6
estilo, el style, 1
Estoy de acuerdo I agree, 1

estrella, la star, 1; 5
estrenado/a premiered, 5
estrenar to premiere, 5
estreno, el premiere, 5
estresante stressful, 8
ético/a ethical, 5
etiquetar to tag (on Facebook), P
etnia, la ethnic group, 6
evacuar to evacuate, 10
evaluación, la evaluation, 4
evaluado/a evaluated, 4
evaluar to evaluate, 4
evidente evident, 2
evitar to avoid, 8
excitante passionate, 5
excluir to exclude, 6
exhibición, la exhibition, 9
exhibido/a exhibited, 9
exhibir(se) to exhibit, to display, 9
exigente demanding, 9
exigir (j) to demand, 3
exitoso/a successful, 4
expandido/a, expanded, 10
expandirse to expand, 10
expansión, la expansion, 10
experimentar to experience, 1; 4
explorar to explore, 10
explotación, la exploitation, 3
extender (ie) to extend, 10
exterior, el exterior, 1
extinción, la extinction, 2
extinguir to extinguish, 2
extinto/a extinct, 2
extracción, la extraction, 10
extraer to extract, 10
extraído/a extracted, 10
extranjero/a foreign, 5
extrañado/a wondering, 1
extraterrestre, el/la extraterrestrial, 10
extravío, el loss, 2

F

fabricación, la manufacture, 1
fabricado/a manufactured, 1
fabricar to manufacture, 1
fácil easy, P
facilitar to facilitate, 6
factible feasible, 2

factura, la invoice, 8
fallar to fail, 9
falta, la error, 4
faltar to be missing, 3
familiar, el family member, P
farándula, la show business, 5
fascinar to be fascinating, 3
fastidioso/a annoying, P
favor de... a in favor of, 6
favorecer (zc) to favor, 2
fe, la faith, 6
feliz happy, P
ficha, la chip, playing piece, 9
fidelidad, la fidelity; loyalty, 4
fideos, los noodles, 7
fiel faithful, 4
filmar to film, 5
fin de que, a in order that, 5
final, al finally, 1
Finalmente,... Finally,..., 3
financiado/a financed, 8
financiamiento, el financing, 8
financiar to finance, 8
finanzas, las finances, 8
finca, la farm, 2
fingir to pretend, 4
fomentar to promote, to further, 2
fondo, el background, essence, back; bottom, 2; 8; 9
fondos, los funds, 8
foro, el forum; blog, P
fortalecer (zc) to strengthen, 7
fracasar to fail, 1
fractura, la fracture, 9
fracturado/a fractured, 9
fracturar(se) (el brazo) to fracture (an arm), 9
freír (i, i) to fry, 7
frenar to slow, brake, 2
fresa, la strawberry, 7
frijol, el bean, 7
frito/a fried, 7
fritura, la fritter, 7
frontera, la border, 6
fructífero/a productive; fruitful, P
fruta, la fruit, 7

frutas secas, las dried fruit, nuts, 7
fruto, el outcome, 6
fuente, la source, 2; 4
fuera de onda/boga out of fashion/vogue, 1
fumador/a, el/la smoker, 9
funcionar to work (mechanical), 8; 10
fundación humanitaria, la humanitarian foundation, 3
fundar to found, 1
furgoneta, la van, 1

G

ganar to earn, 8
garantía, la guarantee, 3
garantizado/a guaranteed, 3
garantizar to guarantee, 3
garrafal huge, P
gastado/a spent, worn out, 1; 8
gastar to spend, to waste, 1; 8
gasto, el expense, 1; 8
generar to generate, 2; 10
género, el type, genre, gender, 1; 6
genial great, brilliant, 9
gente, la people, 6
gerente, el/la manager, 8
gestionar to administer, 6
gesto, el gesture, 4
gira, la tour, 5
girar to revolve; to turn, 10
gitano/a, el/la Gypsy; Roma, 6
globalización, la globalization, 10
golpe de estado, el coup, 1
golpe, de suddenly, 4
goma, la rubber, 9
gordo/a fat, 7
gordura, la fatness; plumpness, 7
gozar de to enjoy, 9
grabación recording, 5
grabado, el printmaking; print, 5; 9
grabado/a recorded, 5
grabar to record, 5
gracioso/a funny, 4
grado, el degree, P

grafitos, los graffiti, 4
grande big, P
granja, la farm, P
grano, el bean, 2
grasa, la fat (in food), 7
gratis free, 3
gratuitamente without charge, 6
grave serious, 2
gravedad, la gravity, 2
guaracha, la Dominican song type, 9
guardaespaldas, el/la bodyguard, 3
guiar to guide, 7; 10
guión, el script, 5
guisantes, los peas, 7
gustar to be pleasing, 3

H

habitar to inhabit, 2
hablarse to talk to (each other), 4
hacer falta to be needed, 3
hacer la compra to go shopping, 7
hacer las paces to make peace, 4
hacer parapente to paraglide, 9
hacer snowboard to snowboard, 9
hacer trampas to cheat, 9
hacer windsurf to windsurf, 9
hacerse popular to become popular, 1
hacerse to become, to grow (a deliberate change, often in one's identity), 10
hallarse to be in a certain place or condition, 6
harina, la flour, 7
hasta que until, 5
hecho, de in fact, 6
helado, el ice cream, 7
herir (ie, i) to hurt, 4
herramienta, la tool, P
hervir (ie, i) to boil, 7
híbrido, el hybrid, 1
hierba, la grass, herb, 9
hincha, el/la sport fan (colloq.), 9
hipoteca, la mortgage, 8
hito, el milestone, 1

hogar (de ancianos), el (nursing) home, 2; 3
hojas de coca, las coca leaves (for tea or chewing), 8
holograma, el hologram, 10
hombreras, las shoulder pads, 1
homenaje, el homage, 5
hongo, el mushroom, 7
honrado/a honest, 4
horneado/a baked, 7
hornear to bake, 7
horno, al baked, 7
horno, el oven, 7
horrendo/a horrendous, 5
horror, el horror, 5
huelga, la strike, 3
huérfano/a, el/la orphan, 3
huerto, el vegetable garden, 7
huir to flee, 10
humilde humble, 4
humillar to humiliate, 6
humo, el smoke, 2

I

idílico/a idyllic, 9
ignorar to be ignorant of, 5
igualdad, la equality, 3; 6
imagen, la image, 1
imaginativo/a imaginative, 4
imitación, la imitation, 1
imitado/a imitated, 1
imitar to imitate, 1; 10
impactante impressive, 1
impermeable, el raincoat, 9
importante important, 2
importar to matter; to be important, 2; 3
imprescindible essential, 10
impresionar to impress, 3
impuestos, los taxes, 8
inagotable inexhaustible, 2
inalámbrico/a wireless, 10
inaugurar to inaugurate, 2
incentivar to incentivize, 3
incertidumbre uncertainty, 5
increíble incredible, 2
indígena indigenous, 2
indócil unmanageable, 2
indocumentado/a undocumented, 6

industrializado/a industrialized, 10
infiel unfaithful, 4
influencia, la influence, 1
influido/a influenced, 1
influir en/sobre to influence, 1
informe, el report, 8
ingeniero/a, el/la engineer, 8
ingresar to enter, 2
ingresos, los income, 8
iniciar to begin, 2
inminente imminent, 10
innovación, la innovation, 5
innovador/a innovative, 5
innovar to innovate, 5
inocente innocent, P
inseguro/a insecure, 4
insistir en to insist on, 2; 10
instinto, el instinct, 4
insuperable insurmountable, 5
integración, la integration, 6
integrado/a integrated, 6
integrar to integrate, 6
inteligente intelligent, P
intentar to attempt, 1
intercambiar exchange,
interesante interesting, P
interesar to be of interest, 2; 3
interior, el interior, 1
intermedio, el intermission, 5
Internet, la Internet, P
interpretar to interpret (a role, a song), 5
intuitivo/a intuitive, 4
inundar to flood, P
inventado/a invented, 1
inventar to invent, 1
invento, el invention, 1
invertir (ie, i) to invest, 2; 8
inversión, la investment, 8
investigación, la research; investigation, 6
investigado/a researched; investigated, 6
investigador/a (científico/a), el/la (scientific) researcher, 6; 8
investigar to investigate, 6
invitar a to invite, 10
ir (a) to go (to), 5

ir de camping to go camping, 9
ir(se) to go (away), 4; 10
isotérmico/a thermal, 9

J

jactarse de to brag about, 10
jefe/a, el/la head; chief, 8
joven young, P
jubilarse to retire, 8
juego de azar, el game of chance, 9
juez/a, el/la judge, 5
jugada, la play, move (in a game), 9
jugado/a played, 9
jugar (ue) a to play a game/ sport; to bet, 5; 9
jugo, el juice, 7
juicio, el trial, 3
jurídico/a judicial, 3
juzgar to judge, 6

K

kilómetros por hora, los kilometers per hour (km/h), 1
kilómetros por litro/galón, los kilometers per liter/ gallon, 1

L

labor, la task, effort, 3
ladrón/ona, el/la thief, 8
lago, el lake, 9
lamentar to be sorry, 2
lana, la slang for money (Mex.); wool, 8
langosta, la lobster, 7
lanzar to launch, to put forth; to throw, 3; 9
largo/a long, P
lástima pity, 2
lata, la can, 7
latir to beat (heart), 8
lavado/a broke (slang, Bol.), 8
lavar(se) to wash (oneself), 4
leche, la milk, 7
lechuga, la lettuce, 7
leer por encima to skim, 5
legalizar to legalize, 3
legumbre, la legume, vegetable, 7
lejano/a far, 10
lema, el motto, 3
lengua, la tongue, 1

lenguaje de señas, el sign language, 6
lentejas, las lentils, 7
lento/a slow, 5
leña, la wood, 2
letra, la lyrics
levantar pesas to lift weights, 9
ley, la law, 2
liberar to liberate, 3
libertad de culto, la freedom of religion, 3
libertad, la liberty, 3
licencia de maternidad/ paternidad, la maternity/ paternity leave, 8
licencia, la permit, 8
limpio, poner el ensayo en final draft
listo/a ready; smart, 2
llamado, el call, 9
llamar(se) to call (each other), 4
llamativo/a attractive, 10
llanto, el crying, weeping, 8
llave, la key, 1
llegar a ser to become (with effort), 10
llevar a cabo to carry out, 2
llevar to carry; to wear, 1
llevarse (con) to get along (with), 4
lo + adj,. the +adj. thing, 6
lo largo y ancho, a far and wide, 8
lo que + adj. clause, that which + adj. clause, 8
locutor/a, el/la (radio/TV) announcer, 5
lógico logical, 2
lograr to achieve, 1; 4
logro, el achievement, P
loma, la hill, 9
loto, posición de, la lotus position, 4
luchar (por) to fight (for); to struggle, 3; 6
lucir (zc) bien/mal to look good/bad, 5
lucir como to look like, P
lujoso/a luxurious, 1

M

machismo, el male chauvinism, 6

madera, la wood, 9
madrugada, la dawn, 9
maduro/a mature, 4
maestría, la masters degree, 1
magnífico/a magnificent, 10
maíz, el corn, 7
mal informado/a
    misinformed, 5
mala onda uncool, P
malévolo/a malevolent, 10
malhablado/a foul-
    mouthed, 4
maligno/a evil, harmful, 10
malo/a ill/bad, 2
maltratar to mistreat, 9
mancha, la stain, 10
mandar to order, to send, 2
mandar un *tweet*, to
    tweet, P
mandato, el command, 10
mando a distancia, el
    remote control, 10
mandón/mandona bossy, 4
manejable manageable, 1
manejar to drive (a
    vehicle), to handle, 1; 8
mango, el mango, 7
maní, el peanut, 7
maniático/a compulsive, 4
manifestación, la protest,
    demonstration, 3; 6
maniobra, la maneuver, 2; 9
mantel, el tablecloth, 7
mantener (ie) to support
    financially, 4
mantenerse (ie) to maintain
    oneself, 1
mantequilla de maní, la
    peanut butter, 7
mapuey, el tuber-like
    vegetable, 7
maquillaje, el makeup, 1
maquillarse to put on
    makeup, 4
máquina tragamonedas, la
    slot machine, 9
marca, la brand (of a
    product), make of a car, 1
mareomotriz tidal, 2
marinera, a la seafood-
    style, 7
mariscos, los shellfish, 7
marítimo/a coastal, 9
masa corporal, la body
    mass, 9

mascar to chew, 5
mascota pet, 1; 10
mate de coca, el coca tea, 8
mayoría, la majority, 6
mayoritario/a majority, 6
Me parece bien/mal... It
    seems good/bad..., 10
mecánico/a, el/la
    mechanic, 8
medida, a la
    custom-made, 9
medida, la measure, 2
medio/a half; middle, P
medioambiente, el
    environment, 2
medios, los media, P
medir (i, i) to measure, 7
mejillón, el mussel, 7
mejor better, 2
mejorar to improve, 2
melocotón, el peach, 7
memoria, la memory
    (capacity), 4
menos que, a unless, 5
mensaje, el message, P
mensual monthly, 8
mentir (ie, i) to lie, 1; 4
mentira, la lie, 4
mentiroso/a lying, false, 4
menudo a often, P
merecer (zc) to deserve, 6
merendar to snack, 9
meta, la goal, 3
meterse to get mixed up in, 10
mezclar to mix, 7
Mi argumento es que...
    My point is..., 8
Mi objeción moral es...
    My moral objection
    is..., 10
microchip, el
    microchip, 10
miel, la honey, 7
miembro, el member, P
minero/a, el/la miner, 10
minoría, la minority, 6
minoritario/a minority, 6
mirar(se) to look at (each
    other), 4
misceláneo miscellaneous, 7
mismo tiempo, al at the
    same time, 1
mismo/a same; (the thing)
    itself, P
misterio, el mystery, 5

mito, el myth, 8
moda (pasajera), la
    (passing) fad, 1
moda, a la in style/fashion
    (a person), 1
moda, de in style/fashion
    (something), 1
modelo, el/la model, 1
modificar to modify, 2
modo (de vestir, de bailar,
    etc.), el way (of dressing,
    dancing, etc.), 1
mojado/a wet, 6
mojarse to get wet, 10
mola, la Kuna reverse
    appliqué, 2
moler (ue) to grind, 7
molestar to be a bother; to
    bother, 3; 4
molestia, la bother, 4
molesto/a bothered, 4
molido/a ground, 7
molinillo, el grinder, 7
molino, el mill, 7
mondongo, el Dominican
    specialty made with
    tripe, 7
moneda, la coin; money,
    currency, 8
monitor, el monitor, 10
monitorizado/a,
    monitored, 10
monitorizar to monitor, 10
monolingüe monolingual, 6
monovolumen, el van, 1
monstruo, el monster, 10
montañismo, el
    mountaineering, 9
montar (en bicicleta, a
    caballo) to ride (a
    bicycle, horse), 2; 9
montar to set up, 5
montón, el pile, heap, 8
morada, la dwelling, 7
morado/a purple, 6
morirse (ue) to die, 10
mortificar to torment, 5
mostrar (ue) to show, 3
motivar to motivate, 6
mover (ue) to move; to
    shake, 8
movida, la scene;
    movement, 1
movido/a lively, 5
móvil, el cell phone, P

movimiento, el
    movement, 1
mudarse to move (house), 8
mudo/a mute, 2
muestra, la sample, 1; 3
multar (a) to fine, 2
multilingüe
    multilingual, 6
mundo del espectáculo, el
    show business, 5
muro, el wall, P
músculo, el muscle, 10
músico/a (callejero/a), el/la
    (street) musician, 8; 9
musulmán/ana, el/la
    Muslim, 6

N

nadar to swim, 9
naipes, los playing cards, 9
naranja, la orange, 7
natación, la swimming, 9
nave espacial, la space
    ship, 10
nave, la ship, 9
navegable navigable, 10
navegación, la sailing,
    navigation, 9
navegado/a sailed,
    navigated, 9
navegador, el navigator, 1
navegar a vela/en velero
    to sail, 9
necesario/a necessary, 2
necesitados, los the needy, 3
necesitar to need, 2
negar (ie) to refuse; to
    deny, 1; 2
negarse (ie) (a) to deny,
    6; 10
ni siquiera not even, P; 5
niñera, la nanny, 6
nivel de vida, el standard
    of living, 3
nivel, el level, P
No es cierto que...
    (+ subjunctive,) It's not
    true that..., 8
no ser que a unless, 5
No tienes razón. You're
    wrong., 3
norma, la rule, 9
noticiero, el news
    program, 5
novedad, la novelty, news, 1

nuevo/a new, P
nuez nut, 7
nutrientes, los nutrients, 7
nutritivo/a nutritious, 2

O

obligar a to oblige, to force, 10
obrero/a, el/la worker, 6
observatorio, el observatory, 10
obstáculo, el obstacle, 6
obtener to get, 1
ocio, el free time, 9
ocurrirse to think about doing something, to have an idea, 10
odiado/a hated, 6
odiar to hate, 6
odio, el hatred, 6
oferta, la offer, 8
oficio, el trade, 8
ofrecer (zc) to offer, 8
ofrecido/a offered, 8
ofrenda gift, offering, 7
ojalá I wish; I hope; God grant, 2
oleada, la wave, 10
oler (hue) (a) to smell (like), 7
olla, la pot, 7
olvidadizo/a forgetful, 10
olvidarse (de) to forget, 4; 10
onda/boga, en in fashion/vogue, 1
Opino que... My opinion is that..., 9
opresión, la oppression, 3
oprimido/a oppressed, 3
oprimir to oppress, 3
optar to opt for, 8
opuesto/a opposite, 9
oratoria, la speech, 4
órbita, la orbit, 10
orfelinato, el orphanage, 3; 5
orgulloso/a proud, 4
orientación sexual, la sexual orientation, 6
ortografía, la spelling
oscurecer to get dark, 2
oscuro/a dark, 1
ostra, la oyster, 7
otorgar to grant, to award, 6
OVNI, el UFO, 10

P

padecer (de) to suffer (from), 7
pagar to pay (for), P; 8
página de inicio, la home page, P
país, el country, 3
pancarta, la placard, 6
panfleto, el pamphlet, 3
pantalla, la screen, 5
papa (patata), la potato, 7
papaya, la papaya, 7
papel higiénico, el toilet paper, 8
papel, el role, 5
para concluir to conclude, 4
pararse to stand up, 4
para que in order that, so that, 5
paracaídas, el parachute, 9
parecer to seem, 3
parecer(se) to look like, 5
parecido/a similar, 5
pareja, la partner, couple, P
parodia, la parody, 5
parrilla, a la broiled, charcoal grilled, 7
parroquia, la parish, 7
partir de, a beginning, 1
pasado/a de moda out of style, 1
pasante, el/la intern, 3
pasarlo/la bien to have a good time, 9
paso, el step
pastel, el pastry, 7
pastilla, la pill, 10
patear to kick, 9
patillas, las sideburns, 1
patinar (sobre hielo/ruedas) to skate, 9
patrimonio, el heritage, 3
patrocinar to sponsor, 3
pavo, el turkey, 7
paz, la peace, 3
pechuga, la breast (poultry), 7
pedir disculpas (i, i) to ask for forgiveness, 4
pedir prestado/a to borrow, 8
pegar fuerte to catch on, 1

pegar(se) to stick (get stuck on), 10
peinado, el hairstyle, 1
peinarse to comb, 4
pelado/a broke (slang, P.R., R.D., Esp.), 8
pelar to peel, 7
pelea, la fight, 3
pelear to fight, 4; 9
película, la film, 5; 9
peligro, el danger, 9
peligro, en in danger, 9
peligroso/a dangerous, P; 9
pena sadness, pain, 7
penalización, la penalty, 2
pensar (ie) to think, 2
peor worse, 2
pequeño/a small, P; 2
percatarse to notice, 10
percibir to perceive, 7
perderse (ie) to get lost, to lose something, 10
pérdida, la loss, waste, 9
perejil, el parsley, 7
perfil, el profile, P
perjudicar to harm; to damage, P; 2
prejudicial damaging, P
permanecer (zc) to remain, to stay, 9
permitir to permit, 2
Pero hay que estar seguro de que... But one must be sure that..., 9
Pero no podemos depender de... But we can't depend on..., 10
perseguir to persecute, 5
personaje, el character, 5
personal, el staff, 8
pertenecer (zc) to belong, 6
pesar de, a in spite of, 8
pesca, la fishing, 9
pescado, el fish, 7; 9
pescado/a fished, 9
pescador/a, el/la fisherman/woman, 2
pescar to fish, 9
peso, el weight, 7
pesquero/a fishing, 2
petróleo, el oil, 2
pez, el fish (live), 2; 9
picante spicy, 7
picar to chop, to cut up, 7
pico, el point, 2

piel, la skin, 4
Pienso que... I think that..., 2
pimienta, la pepper, 7
pimiento, el sweet pepper, 7
ping-pong, el ping-pong, table tennis, 9
pinta, la look, P
pintarse to put on make-up, 4
piña, la pineapple, 7
pionero/a, el/la pioneer, 1
piscina, la swimming pool, 9
pistola, la pistol, 5
pitisalé, el salted dried bacon, 7
placer, el pleasure, 4
plancha, a la grilled, 7
planeta, el planet, 10
plástico, el plastic, 2
plata, la slang for money (L.A.), 8
plátano, el banana, plantain, 7
plena, la Puerto-Rican song type often with satirical lyrics, 9
plomero/a, el/la plumber, 8
poco/a little, 2
pocos/as few, 2
política, la policy, politics, 6
pollera, la chicken coop, 7
pollo, el chicken, 7
pomelo, el grapefruit, 7
ponerse to become (suddenly, often emotional change), 10
popular popular, P
por ahí, allí around there, 6
por ahora for now, 6
por aquí around here, 6
por cierto by the way, for certain, 6
por Dios for heaven's (God's) sake, 6
por ejemplo for example, 6
por eso that's why, 6
por favor please, 6
por fin finally, 6
por lo general in general, 6
por lo tanto therefore, 3
por lo visto apparently, 6

por poco almost, 6
por si acaso just in case, 6
por supuesto of course, 6
por último finally, 6
por una (otra) parte on the one (other) hand, 4
porcentaje, el percentage, 8
portarse bien/mal to behave/to misbehave, 4
portátil portable, P
posar to sit upon; to pose, 8
posgrado, el postgraduate, 10
postre, el dessert, 7
postularse to run (for office), 6
potable safe to drink, 2
potenciar to empower, 3
potente powerful, 1
práctico/a practical, P; 1
precavido/a cautious, 10
preciso/a necessary; precise, 2; 7
predecir (i) to predict, 2
predicción, la prediction, 10
preferencia, la preference, 1
preferible preferable, 2
preferido/a preferred, 1
preferir (ie, i) to prefer, 1; 2
prejuicio, el prejudice, 6
premiar to reward, 2
premio, el prize, award, 5
prensa, la press 3
presa, la dam, 2
presentarse to show up, to introduce oneself, 8
preservar to protect, to preserve, 2
presionar to pressure, 2
preso/a, el/la prisoner, 6
prestado/a lent, 8
préstamo, el loan, 8
prestar to lend, 8
presumido/a, el/la presumptuous, P
presumir to presume, P
presunción, la presumption, 3
presupuesto, el budget, 7; 8
pretender to expect, 6
pretendiente, el/la suitor, P; 5

prevenir (ie) to prevent, 2
Primero,... First,..., 3
principio, al at first, 1
prioridad, la priority, 6
pro de, en in favor of, P
pro, el (argument) in favor, P
probar (ue) to try, to taste, 7
profecía, la prophecy, 10
profesión, la profession, 8
programador/a, el/la programmer, 8
prohibido/a prohibited, 2
prohibir to prohibit, 2
promedio, el average, 9
promover (ue) to promote, 2; 3
pronto, de suddenly, 1
pronunciamiento, el uprising, 3
propagar to spread, 8
propenso/a likely, 8
propiedad, la property, 3
propio/a own; suitable, P
proponer to propose, 2
proporcionar to provide, 1
propósito, el purpose, 4
propuesta, la proposal, 3; 10
prosperar to prosper, 2
protagonista, el/la protagonist, main character, 5
protección, la protection, 2; 3
proteger (j) to protect, 2; 3
proteger to protect, 10
protegido/a protected, 2; 3
provechoso/a beneficial, 3
proveer to provide, 3
provenir to come from, 8
publicidad, la publicity, 1
público, el audience; public, 1
pueblo, el people, 6
Puede(s) darme (traerme, prestarme, permitirme)...? Can you give me (bring me, lend me, allow me)...?, etc., 8
Puedo tener...? Can I have...?, 8
puesto que because of, as a result of, 10

puesto, el position (job), 8
pulmón, el lung, 7
pulque, el fermented drink from maguey, 7
punto, al medium (for meat), 7
puro/a sheer; pure, P

Q
quedar to be located (colloquial:, estar), 3
quedar en to agree to, to decide on, 10
quedar to be left over; to fit (clothing), 3
quedarse to stay (in a place); to remain behind, to leave (something) behind, 3; 10
queja, la complaint, 6
quemadura, la burn, 6
quemar (calorías) to burn (calories), 7
querer (ie) to want; to love (someone), 2; 4
quererse (ie) to love (each other), 4
queso de soya (soja), el tofu, 7
quilo, el slang for money (Cuba, P.R.), 8
quirófano, el operating room, 10
quizá(s) perhaps, maybe, 2; 5

R
racismo, el racism, 6
radicar (en) to originate (from), 7
rana, la frog, 2
rapero/a, el/la rapper, 5
rato, al in a while, 1
raza, la race, 6
realizar to carry out, to achieve, 1
rebanada, la slice, 7
recaudar fondos to raise funds, 1; 3
receta, la recipe, 7
rechazado/a rejected, 5
rechazar to reject, 5
rechazo, el rejection, 5
recibo, el receipt, 8
reciclado/a recycled, 2

reciclaje, el recycling, 2
reciclar to recycle, 2
recinto, el campus, P
recipiente, el container, 7
recluido/a reclusive, 8
reclutar to recruit, 8
recoger to pick up, 9
recomendable recommendable, 2
recomendar (ie) to recommend, 2
recordar to remind; to remember, 3
recorrer to tour, 1
recorrido/a, la toured, travelled, 9
recorte, el cut, 8
recreo, el recreation, 9
recto/a straight, 4
recuerdo, el memory, as in remembrance, 4
recurso, el resource, 1; 2
red/Red, la network/ Internet, P
reembolso, el rebate, 1
reemplazar to replace, 10
regalar to give (a gift), 9
régimen, el diet, 7
regla, la rule, 2
reírse to laugh, 8
reivindicar reclaim, 6
relajarse to relax, 4
relato, el story, 9
rellenar to fill in, complete, 6
remar to row, to paddle, 9
remediar to remedy, 6
remesa, la remittance, 8
renacer (zc) to be reborn, 10
renacimiento, el rebirth, renaissance, 10
rendir (i, i) (adoración) to render (adoration), 7
renegado/a renegade, 2
renombrado/a renowned, 10
renombre, de renowned, 6
renovar (ue) to renew, 2
renunciar (a) to resign, 8
reparar to repair, 10
repartir to share
repente, de suddenly, 1
repentino/a sudden, 5

repleto/a full, 8
reportaje, el report, 1; 6; 5
requesón, el cottage cheese, 7
requisito, el requirement, 9
rescatado/a rescued, 10
rescatar to rescue, 2; 10
rescate, el rescue, 10
reseña, la review (of a show or book), 5
residencia de ancianos, la nursing home, 3
resolver (ue) to resolve, 5
respaldar to back up, 4; 8
respetar to respect, 6
restaurar to restore, 10
restricción, la restriction, 6
restringido/a restricted, 6
restringir (j) to restrict, to limit, 6
resultado, el result, 2
resultados, los results, 6
resumir summarize, 6
retar a to challenge (someone), 9
retiro, el pension, 8
reto, el challenge
revisar to check, 6; 8
riesgoso/a risky, 9
riesgoso/a risky, P
rincón, el corner, 2
risita, la giggle, 4
robo, el theft, 8
robot, el robot, 10
rodilla, la knee, 4
romántico/a romantic, 5
romperse to break (an object), 10
rosca, la sweet bread, 7
ruido, el noise, 1
ruptura, la rupture, 8

S
saber (a) to taste (like), 7
saber to know, 2
sabio/a wise, 7
sabor, el flavor, 7
sacacorchos, el corkscrew, 7
sacar to take out, to pull out, 8
sacerdote, el priest, 7
sal, la salt, 7
salado/a salty, 7
salario, el salary, 8

saldo, el balance (bank account), 8
salir a to leave to, 10
salir de juerga/de parranda to go out on the town, 9
salir electo to be elected, 6
salmón, el salmon, 7
salón de operaciones, el operating room, 10
salto BASE, el BASE jumping, 9
salud, la health, 7
saludable healthy, 2
sangre, la blood, 2
sano/a healthy, safe, 10
sartén, la frying pan, 7
sazonar to season, 7
secar(se) to dry (oneself), 4
segregación, la segregation, 6
segregar to segregate, 6
seguida, en immediately, 1
seguidor/a follower, 5
seguir (i, i) to follow, 1
según according to, 5; 6
Segundo,... Second,..., 3
seguro/a secure, 4
seguro/a secure, safe; sure, P; 2
sello, el postage stamp, 9
selva, la jungle, 2
semanal weekly, 8
semejanza, la similarity, 9
semilla, la seed, 2
sencillo, el single (record), 1; 5
sencillo/a simple, 1
senda, la path, trail, 9
senderismo, el hiking, 9
sensible sensitive, P; 4
sentir (ie, i) to feel; to be sorry, 2
señal, la According to..., 6
señalado/a pointed out, 6
señalar to point out, to make known, 6
sequía, la drought, 2
serie dramática, la dramatic series, 5
serie policíaca, la detective series, 5
serio, en seriously, 4
serotonina, la serotonin, 9

servir to be of use, 8
sexo, el sex, 6
SIDA, el AIDS, 10
sigla, la initial, 6
siglo, el century
sin embargo however, nevertheless, 2; 5
sin fines de lucro non-profit, 3
sin que without, 5
sindicalista, el/la trade union member, 10
sindicato, el union, 3
siniestro/a sinister, 5
sinnúmero, un countless, P
sistema solar, el solar system, 10
sobras, las leftovers, 7
sobre, el envelope, 8
sobregirar(se) to overdraw, 8
sobrepasar to surpass, 2
sobrepoblación, la overpopulation, 10
sobreuso, el overuse, 2
sobrevivir to survive, 5
sociedad, la society, 3
solamente only, 1
soler (ue) to be in the habit of; to tend to, P
solicitado/a applied, 8
solicitar to apply (for a job), 8
solicitud, la application, 8
solo only, 1
solo/a alone, 1
soltero/a unmarried, P
sombra, la shadow, 2
someter to submit, 9
son, el Cuban song type, precursor of salsa, 9
sondeo, el poll
soñar (ue) con to dream of, 10
soportar to put up with, to tolerate, 4
sorbo, el sip, 1
sordo/a deaf, 2
sorteo, el raffle, 9
soso/a bland, 7
sospechar to suspect, 5
sostener (ie) to sustain, 10
sostenible sustainable, 2
subdesarrollado/a underdeveloped, 10

subir a to come up, to climb, to climb aboard, 10
subir to upload, P
súbitamente suddenly, 8
subrayar to underline, 1
subvencionar to subsidize, 3
suceso, el event, 5
sucursal, el risk, P; 9; 10
sudadera, la sweatshirt, track suit, 6
sudado/a sweaty, 9
sudar to sweat, 9
sudor, el sweat, 9
sueldo, el wages, 8
suelo, el ground, earth, 5
suelo, el ground, floor, 5
sufragio universal, el universal suffrage, 3
sugerencia, la suggestion, 4
sugerir (ie, i) to suggest, 4
sumar to add, 9
sumiso/a submissive, 4
superar to overcome, 4
superficie, la surface, 10
supervisor/a, el/la supervisor, 8
suspense, el suspense, 5

T
tabla, la (game) board, 9
tablao, el flamenco bar, 5
tagalo, el language spoken in Philippines, 1
tajada, la slice, 7
tal such, 4
tal vez perhaps, maybe, 2; 5
taller, el workshop, 3
talonario de cheques, el checkbook, 8
tamaño, el size, 7
tan pronto como as soon as, 1; 5
tapas, las appetizers, 9
taquilla, la box office, 5
tardar (+ period of time) en to take (period of time) to, 10
tarea, la task, 6
tarjeta de crédito, la credit card, 8
tarjeta de débito, la debit card, 8

tasa (de interés), la rate (of interest), 8

tatuaje, el tattoo, 1

taza (de café), la cup, measuring cup, 7

tazón, el bowl, 7

techo (de cristal), el (glass) ceiling, 8

techo, el roof; dwelling, 3

tecla, la key, 1

tejido (celular), el (cell) tissue, 10

telenovela, la soap opera, 5

telón, el curtain, 5

temer to fear, 2

tendencia, la tendency, 1

tender (ie) a to tend to, 1; 6

tenedor, el fork, 7

tener (ie) miedo de to fear, 10

tener celos to be jealous, 4

tener miedo to be afraid, 2

tener razón to be right, 3

tenis de mesa, el table tennis, 9

terapia (genética), la (genetic) therapy, 10

térmico/a thermal, 10

término medio, al medium (for meat), 7

termo, el thermos, 7

terremoto, el earthquake, 3

testosterona, la testosterone, 9

tiempo completo (TC) a full-time, 8

tiempo parcial (TP) a part-time, 8

tienda de campaña, la tent, 9

Tienes razón. You're right., 3

Tierra, la Earth, 10

tirantes, los straps, 1

tirar to shoot (a gun); to pull, to throw out, 5; 7

título, el degree, 10

tocar to play a musical instrument; to touch; to knock, 5

tocar(se) to touch (each other), 4

todo everything, 6

todo/a/os/as all, everyone, 6

todos los días every day, 6

todoterreno, el all-terrain vehicle (ATV), 1

tomar conciencia to become aware, 3

tomar una copa to have a drink, 7

tomate, el tomato, 7

tontería, la foolishness, 9

toparse con to run into, P

toreo, el bullfighting, 9

torneo, el tournament, 9

toronja, la grapefruit, 7

torpe (con las manos) clumsy (all thumbs), 9

torta, la cake, 7

tostar (ue) to toast, 7

trabajar to work (at a job), 8

trabajo, el term paper, 4

trama, la storyline, 5

trampa, la deceit; trap, 9

tramposo/a deceitful, 9

tranquilizar to calm, 9

tranvía, la trolley, 2

trasnochar to stay up all night, 9

Tratado de Libre Comercio, el NAFTA, 6

tratar de to try, 10

tratarse de to be a question of, 10

trato, el treatment, 3

través de, a throughout, 1

trayecto, el trajectory, 2

tribu, la tribe, 2

tribunal (supremo/de apelaciones) (supreme/appeals) court, 6

trigo, el wheat, 7

truco, el trick, 9

U

un poco de + n./adj., a little, 2

unirse a to join, P

urgente urgent, 2

usuario/a, el/la user, P

utensilio, el utensil, 7

útil useful, P

V

vaca, la cow, 9

vainilla, la vanilla, 7

valer (la pena) to be worth (the trouble), 2; 5

valor, el courage, 3; 6

valorado/a valued, 6

valorar to value, to appreciate, 6

vapor, al steamed, 7

vaso (de limonada), el glass (of lemonade), 7

veces a sometimes, 1

vegetariano/a (estricto/a), el/la vegetarian (vegan), 7

vehículo deportivo utilitario, el sport utility vehicle (SUV), 1

veinte, treinta, cuarenta, etc., los (años) the twenties, thirties, forties, etc., 1

veintiuna, la twenty-one (cards), 9

vejez, la old age, 10

velocidad, la speed, 1

vencer to defeat, to overcome, 4

vendedor/a (ambulante), el/la (traveling) salesperson, 8

venir (ie) a to come, 10

ventaja, la advantage, 2

ver(se) to see (each other), 4

verduras, las greens; vegetables, 7

vergüenza, la embarrassment; shame, 4

verídico/a truthful, P

vez en cuando, de sometimes, P

vía, la way, P

vías de desarrollo, en developing, 2; 3; 10

video musical, el musical video, 5

videojuego, el videogame, 9

vidrio, el glass, 2

viejo/a old, P; 10

vigilar to watch, 7

vinagre, el vinegar, 7

vincular to link, 5

vino, el wine, 7

virtud, la virtue, 4

vitamina, la vitamin, 7

vivienda, la housing, 2

vivo, en live, 1

volador/a flying, 10

volar (ue) to fly, 10

voluntariado, el volunteering, 3

volver (ue) a to do something again, 10

voz, la voice, 5

vuelo, el flight, 10

Y

ya que because of, as a result of, since, 10

yerba mate, la tea popular in parts of Latin America, 7

yuca, la yucca, manioc, 7

Z

zanahoria, la carrot, 7

Credits

Text

Pages 98–99: © Denevi, Marco, Counterfeiting, Buenos Aires, Corregidor, 2007.

Page 133: "Masa" by Cesar Vallejo, from España, aparta de mí este cáliz [1937]

Page 167: "A Julia de Burgos" from Song of the Simple Truth: The Complete Poems of Julia de Burgos copyright 1996 by Julia de Burgos. Published by Curbstone Press. Distributed by Consortium. Permission granted by Joseph A. Burgos, nephew of Julia de Burgos.

Pages 201–202: Augusto Monterroso, "El concierto," de Obras completas (y otros cuentos). © 1959 by Augusto Monterroso. Publisher: Norma; (March 1998). Reprinted with permission from International Editors' Company.

Pages 241–242: Alfonsina Storni, El dulce daño. Buenos Aires: Sociedad Cooperativa Editorial Limitada, 1918.

Pages 319–320: "Fiebre de lotto" by José O. Álvarez, Ph.D. Reprinted with permission of FuLin Jiang.

Page 355: Used by permission of Maria Milan.

Page 391: Used by permission of Adela Gonzalez.

Photo

Page xxiv: N-Media-Images/Fotolia

Page 2: Luba V Nel/Shutterstock/Dorling Kindersley, Ltd; **page 3:** Photosindiacom, LLC/Shutterstock; **page 4:** (bottom, right) VLADGRIN/Shutterstock; (top, right) Susan Bacon; **page 6:** ARENA Creative/Shutterstock; **page 7:** (top, right) Danilo Parra; (bottom) Warakorn/Fotolia; **page 12:** Basheera Designs/Shutterstock; **page 13–14:** Pearson; **page 15:** (top, right) Susan Bacon; (bottom, left) Susan Bacon; **page 18:** Dirk Ercken/

Shutterstock; **page 19:** AISPIX by Image Source/Shutterstock; **page 20:** (bottom, left) Radosław Brzozo/Fotolia; (top) A Jellema/Shutterstock; **page 21:** (bottom) Hasloo Group/Shutterstock; (top, right) robin2/Shutterstock; **page 23:** Mike Flippo/Shutterstock; **page 24:** (top) COSPV/Fotolia; (bottom) Sergey Peterman/Shutterstock; **page 25:** (bottom, center) jagodka/Fotolia; (bottom, right) Kadmy/Fotolia; (bottom, center) Pavel Timofeev/Fotolia; (bottom, center) Stefan Schurr/Fotolia; (bottom, left) tribalium81/Fotolia; (top, right) Lasse Kristensen/Shutterstock; **page 26:** Monkey Business/Fotolia

Pages 28–29: wrangler/Shutterstock; **page 29:** (center) Kiselev Andrey Valerevich/Shutterstock.com; **page 30:** (bottom, right) Everett Collection Inc/Alamy; (top, left) Pictorial Press Ltd/Alamy; (center, right) Pictorial Press Ltd/Alamy; (center, left) Pictorial Press Ltd/Alamy; **page 32:** (bottom, left) Susan Bacon; **page 33:** Steven Coling/Shutterstock; **page 35:** AP Photo; **page 36:** Colombia/Newscom; **page 39:** Gary Ombler/Dorling Kindersley, Ltd; **page 40:** (bottom, left) picture-alliance/Newscom; **page 41:** (bottom) Anyka/Fotolia; **page 44:** ZUMA Press/Newscom; **page 45:** TheFinalMiracle/Fotolia; **page 46:** Lorraine Swanson/Fotolia; **page 47:** Pearson; **page 48:** (bottom) ELIZABETH RUIZ/EPA/Newscom; (top, right) new vave/Shutterstock; **page 49:** (top, right) Jose R. Aguirre/Cover/Getty Images; (bottom, left) wavebreakmedia/Shutterstock; **page 50:** (top, left) Deepak Aggarwal/Dorling Kindersley, Ltd; (bottom, left) James Mann/Dorling Kindersley, Ltd; (top, left) James Mann/Dorling Kindersley, Ltd; (center) James Mann/Dorling Kindersley, Ltd; (bottom, left) James Mann/Dorling Kindersley, Ltd; **page 52:** (top, right) Michael Shake/Fotolia; (center) Michael Shake/Fotolia; (top, left) Michael Shake/Fotolia; **page 53:** (top, right) blende40/Fotolia; (bottom, center) RealPhotoItaly/Fotolia; **page 56:** David Wimsett/Photoshot/Newscom;

page 57: Blue Moon/Fotolia; **page 58:** USTIN LANE/EPA/Newscom; **page 60:** Michelle Chaplow/Alamy; **page 61:** (center, right) Courtesy El Corte Ingles, S.A. Madrid, Spain El Corte Ingles, S.A.; (center, left) © 2012 Estate of Pablo Picasso/Artists Rights Society (ARS), New York/Courtesy El Corte Ingles, S.A. Madrid, Spain El Corte Ingles, S.A.; **page 62:** (bottom) Dmitriy Shironosov/Shutterstock; (top, right) Tyler Olson/Shutterstock; **page 64:** Bertys30/Fotolia; **page 65:** (bottom, right) Dmitriy Shironosov/Shutterstock; (top, right) gyn9037/Shutterstock; (bottom, left) Jordan Tan/Shutterstock; **page 66:** Susan Bacon; **page 67:** Blend Images/Shutterstock

Page 68–69: Cristina Arias/Getty Images; **page 69:** (bottom, center) Susan Bacon; **page 70:** Dave King/DK Images; **page 72:** Michal Modzelewski/Dorling Kindersley; **page 73:** (center, right) AFP PHOTO/DANI POZO/Newscom; (bottom, right) Susan Bacon; **page 74:** (top, right) j0yce/Fotolia; (center) Susan Bacon; **page 77:** Olga Khoroshunova/Fotolia; **page 78:** (top, right) Alexandr Mitiuc/Fotolia; (bottom, right) Dmitry Pichugin/Fotolia; (center, left) doethion/Fotolia; (bottom, left) Matti/Fotolia; (center, right) pedrosala/Fotolia; (center, right) Unclesam/Fotolia; **page 79:** (top, right) mushin44/Fotolia; **page 81:** Penka Todorova Vitkova/Dorling Kindersley; **page 82:** goodluz/Fotolia; **page 83:** (center, right) Pearson; **page 84:** (top, left) tr3gi/Fotolia; (center, left) Tiziana Aime; **page 85:** (top, right) Joy Scheller/LFI/Photoshot/Newscom; (bottom, left) Susan Bacon; **page 88:** (top, right) FikMik/Fotolia; (bottom, center) Susan Bacon; **page 89:** hotshotsworldwide/Fotolia; **page 93:** (bottom, left) Christian Wilkinson/Shutterstock; (bottom, center) Susan Bacon; **page 94:** James Brunker/Dorling Kindersley Ltd; **page 95:** (bottom, right) alex_black/Fotolia; (top, left) Calek/Fotolia; **page 96:** Susan Bacon; **page 97:** (top, right) Alejandro Durán; (top, right) Alejandro Duran/Gabriel Marinez Ortiz;

page 100: Aptyp_koK/Fotolia; page 101: (bottom) Mathias Lamamy/Fotolia (top Right) WavebreakmediaMicro/Fotolia; page 102: Susan Bacon

Page 104–105: CORTESA/NOTIMEX/ Newscom; page 105: (center) TP/Alamy; page 106: Susan Bacon; page 108: Susan Bacon; page 109: (bottom, right) Phase4Photography/Shutterstock/ Dorling Kindersley, Ltd; (top, left) Golden Pixels LLC /Shutterstock; page 110: (top, right) International Red Cross and Red Crescent Movement; (center) Susan Bacon; page 112: Eva Lemonenko/ Fotolia; page 113: Susan Bacon; page 114: WOLA; page 115: (top, left) Pearson; page 116: (bottom) Barbara Helgason/Fotolia; (top, left) Greatbass. com/Fotolia; (center, left) Susan Bacon; page 117: Kiko Huesca/EFE/Newscom; page 118: Dragana Gerasimoski/ Shutterstock; page 120: (center, left) Lisa F. Young/Fotolia; (bottom, right) Kathy Hutchins/Newscom; page 121: (bottom, right) Everett Collection Inc/Alamy; (top, right) Lucian Coman/Shutterstock/Dorling Kindersley, Ltd; page 124: (center) EPA/ UTHAIWAN BOONLOY; page 125: Andrew Taylor/Shutterstock; page 127: Golden Pixels LLC/Shutterstock/ Dorling Kindersley, Ltd; page 128: Ian Lawrence/Splash News/Newscom; page 129: Gino Santa Maria/Fotolia; page 130: Steve Black/Lebrecht Music & Arts/ Alamy; page 131: Margaret Snook; page 132: (top, right) INTERFOTO/Alamy; (bottom, center) artkamalov/Fotolia; page 133: pedrosala/Fotolia; page 134: Reproduced with permission of the General Secretariat of the Organization of American States/Reproducido con el permiso de la Secretaría General de la Organización de los Estados Americanos; page 135: ANK/Fotolia; page 136: Susan Bacon

Page 138–139: Andresr/Shutterstock; page 139: (bottom, left) Andresr/ Shutterstock; page 140: Michael D Brown/Shutterstock; page 142: Zuma/ Alamy; page 143: (top, left) AF archive/ Alamy; (bottom, right) Sourabh/ Shutterstock; page 144: Cheryl Ann Quigley/Shutterstock; page 145: (bottom, right) BOLIVIAN INFORMATION AGENCY/HO/EPA/Newscom; (center, left) Blend Images/Shutterstock; page 148: Allstar Picture Library/Alamy; page 149: STR/EPA/Newscom; page 150:

Neale Cousland/Shutterstock /Dorling Kindersley Media Library; page 151: Pearson; page 152: (bottom, left) Juri Samsonov/Fotolia; (center, left) Susan Bacon; page 153: (top, right) Cesar Cebolla/Alfaqui/Newscom; (bottom) restyler/Shutterstock; page 157: Andres Rodriguez/Fotolia; page 158: Peter Bernik/Shutterstock.com; page 160: REUTERS/Mohamed Azakir; page 165: (bottom, left) Schalkwijk/Art Resource, NY, © 2012 Banco de México Diego Rivera Frida Kahlo Museums Trust, Mexico, D.F./Artists Rights Society (ARS), New York; (top, right) The Granger Collection, NYC — All rights reserved.; page 166: (bottom, left) ajt/Shutterstock; page 168: (bottom, center) Nicemonkey/ Shutterstock; (top, left) zimmytws/ Shutterstock; page 169: (bottom, left) Inna Felker/Fotolia; (top, right) Blend Images/ Shutterstock; page 170: Susan Bacon

Page 172–173: Adam Lewis/Globe Photos/ ZUMAPRESS/Newscom; page 173: (center) AG4/Aaron Gilbert/WENN Photos/Newscom; page 174: (top, right) Agencia el Universal/El Universal de Mexico/Newscom; page 176: (bottom, right) LTA WENN Photos/Newscom; (top, left) UNIV/The Grosby Group Grosby Group Latin America/Newscom; page 177: (top, right) Everett Collection Inc/ Alamy; (bottom, left) haider/Shutterstock; page 180: (center, right) James Steidl/ Fotolia; (top, left) pressmaster/Fotolia; page 183: (top, right) Fresh Hollywood Imagery/Alamy; (bottom, right) Julia Lutgendorf/Shutterstock; page 184: Susan Bacon; page 185: (top, right) Pearson; page 186: (center, left) Dale Mitchell/ Fotolia; (top) pablo h. caridad/Fotolia; page 187: (bottom) carlos castilla/Fotolia; (top, right) Jose R. Madera/El Nuevo Da de Puerto Rico/Newscom; page 188: (top, left) Allstar Picture Library/Alamy; (top, center) Allstar Picture Library/Alamy; (bottom, center) Allstar Picture Library/ Alamy; (bottom, center) Allstar Picture Library/Alamy; (bottom, left) Allstar Picture Library/Alamy; (bottom, left) Everett Collection Inc/Alamy; (top, right) Pictorial Press Ltd/Alamy; (top, center) cinemafestival/Shutterstock/Dorling Kindersley, Ltd; page 190: BUENA VISTA/Album/Newscom; page 191: Olivier Parent/Alamy; page 192: ISAAC ESQUIVEL/CUARTOSCURO/EPA/ Newscom; page 194: (center, left) REUTERS/Steve Marcus; (bottom, left)

DeshaCAM/Shutterstock; page 195: Sun/Newscom; page 197: Khakimullin Aleksandr/Shutterstock /Dorling Kindersley, Ltd; page 198: sonyazhuravetc/Fotolia; page 199: (top, right) © 2012 Artists Rights Society (ARS), New York/ SOMAAP, Mexico City; (bottom) © 2012 Artists Rights Society (ARS), New York/SOMAAP, Mexico City; page 200: (top, right) AP Photo/Moises Castillo, FILE; (center, left) dalaprod/Fotolia; page 201: (bottom, right) Dorling Kindersley, Ltd; (top, right) Susan Bacon; page 202: Netfalls/Fotolia; page 203: (bottom, left) Blaj Gabriel/Shutterstock; (center, right) Susan Bacon; page 204: Susan Bacon

Page 206–207: Andresr/Shutterstock; page 207: (bottom, center) Raisman/ Shutterstock; page 208: (bottom, right) Roman Shcherbakov/Shutterstock; page 211: REUTERS/Eliseo Fernandez; (bottom, right) Susan Bacon; page 212: (bottom, left) innovari/Fotolia; page 214: (top, center) StockLite/Shutterstock; page 215: RICK GIASE/EPA/Newscom; page 216: Lloyd Fox/MCT/Newscom; page 218: (center, right) Martin Duriska/ Fotolia; (bottom, center) GEORGI LICOVSKI/EPA/Newscom; page 219: auremar/Fotolia; page 220: (bottom, left) drubig-photo/Fotolia; (center, right) Handout/MCT/Newscom; page 221: Pearson; page 222: (bottom) Auremar/ Fotolia; (center, right) Diego Gómez/ EPA/Newscom; page 223: (center, left) aziatik13/Fotolia; (top, right) Ruben Gamarra/EFE/Newscom; (bottom, right) sabri deniz kizil/Shutterstock; page 224: Susan Bacon; page 226: michaeljung/ Fotolia; page 227: Allstar Picture Library/ Alamy; page 228: (top, center) Albiberon/ Shutterstock; (bottom, center) Susan Bacon; page 232: REUTERS/Eloy Alonso; page 233: mart/Shutterstock; page 234: ROBYN BECK/AFP/Getty Images/ Newscom; page 235: air/Fotolia; page 237: Susan Bacon; page 238: (bottom) ArrowStudio, LLC /Shutterstock/Dorling Kindersley; (center, right) Stephen Coburn/Shutterstock; page 239: (bottom, left) The Coexistence Mural, 2004 (acrylic and mixed media on canvas), Cortada, Xavier (Contemporary Artist)/ Private Collection/The Bridgeman Art Library; (top, right) Xavier Cortada; page 240: (top, right) Prisma/Newscom; page 243: (bottom) lunamarina/Fotolia; (top) Susan Bacon; page 244: rgbspace/ Fotolia

Page 246–247: Borodaev/Shutterstock/ Dorling Kindersley, Ltd; page 247: (bottom, left) Susan Bacon; page 248: (center, right) Linda Whitwam/Dorling Kindersley; (center, left) JJava/Fotolia; page 250: Susan Bacon; page 251: Agencia el Universal/El Universal de Mexico/Newscom; page 252: Chica Worldwide llc; page 254: Susan Bacon; page 255: (top, right) Elke Dennis/ Fotolia; (bottom, left) Lucertolone/ Shutterstock; page 256: (bottom, left) Tom Burlison/Shutterstock; page 257: Pearson; page 258: (bottom, left) Africa Studio/Fotolia; (top, left) Susan Bacon; page 259: (bottom, right) Red2000/ Fotolia; Felipe Trueba/EPA/Newscom; page 260: Viperagp/Fotolia; page 263: (bottom) Elena Schweitzer/Fotolia; (center, left) Susan Bacon; page 264: Greg Roden/Dorling Kindersley, Ltd; page 265: Susan Bacon; page 266: Susan Bacon; page 268: REUTERS/Pilar Olivares; page 269: Susan Bacon; page 270: Joseph s.l. Tan matt/Shutterstock; page 271: Sarsmis/Fotolia; page 272: Innovated Captures/Fotolia; page 273: (center) efesan/Fotolia; (bottom, right) Susan Bacon; page 274: Joetex1/Fotolia; page 275: (top, right) John Bryson//Time Life Pictures/Getty Images; (bottom, left) © Salvador Dalí, Fundació Gala-Salvador Dalí, Artists Rights Society (ARS), New York 2012/SuperStock/SuperStock; page 276: (top, right) Gerardo Borbolla/ Fotolia; (bottom, right) max_olka/Fotolia; page 277: Susan Bacon; page 278: (top, right) Julio Aldana/Shutterstock; (bottom, center) Susan Bacon; page 279: Amybbb/ Fotolia; page 280: Susan Bacon; page 281: (bottom) Monkey Business/Fotolia; (center, left) Susan Bacon; (top, right) Susan Bacon; page 282: Susan Bacon

Page 284–285: Andy Dean/Shutterstock/ Dorling Kindersley; page 285: (bottom, center) Stephen Coburn/Shutterstock/ Dorling Kindersley; page 286: (top, right) Andres Rodriguez/Fotolia; page 288: (bottom) mangostock/Fotolia; page 289: (bottom, right) Andres Rodriguez/Fotolia; (top, left) Robert Kneschke/Shutterstock; page 290: (center) YAKOBCHUK VASYL/Shutterstock; page 291: (bottom, right) Michael Brown/Fotolia; page 294: REUTERS/Stringer Spain; page 295: (top, right) tom/Fotolia; page 297: Keith Dannemiller/Alamy; page 298: (bottom, left) Tyler Olson/ Fotolia; (top) REUTERS/STRINGER Mexico;

page 299: (center, right) Pearson; page 300: Mark Lopez; page 301: (bottom, left) Lisa F. Young/Fotolia; (top, right) REUTERS/Enrique Marcarian; page 302: Hemeroskopion/Fotolia ; page 304: Yuri Arcurs/Fotolia; page 305: (top) auremar/Fotolia; (bottom, right) mangostock/Shutterstock; page 307: Susan Bacon; page 308: Demetrio Carrasco/ Dorling Kindersley; (bottom) Susan Bacon; page 311: Andrea Danti/ Fotolia; page 312: Tatagatta/Shutterstock; page 314: (bottom, left) Hasloo Group Production Studio/Shutterstock; page 315: (top, right) Anne Rippy/Alamy; (bottom, left) Everett Collection Inc/Alamy; page 316: (bottom, right) Felix Vogel/ Fotolia; (top) Joel Shawn/Shutterstock; page 317: (bottom, right) "Humanscape 65", Mel Casas, Acrylic, 72" × 96", Collection of Jim & Ann Harithas, New York, New York; (top, right) Mel Casas; page 318: Susan Bacon; page 319: (top, right) Regor Imperator/Fotolia; (bottom, right) Aaron Amat/Shutterstock; page 321: (bottom) AntonioDiaz/Fotolia; (top) WavebreakmediaMicro/Fotolia; page 322: Susan Bacon

Page 324–325: Maksym Gorpenyuk/ Shutterstock; page 325: (top) Shots Studio/Shutterstock; page 326: .shock/ Fotolia; page 328: (top) Colin Ochel; (bottom, right) hektoR/Shutterstock/ Dorling Kindersley; page 330: Abbey Walsh; page 333: geronimo/Fotolia LLC; page 334: Abbey Walsh; page 335: Aflo Co. Ltd/Alamy; (bottom) nirots/Fotolia; page 336: (bottom) Vitalii Nesterchuk/ Shutterstock/Dorling Kindersley, Ltd; (top, left) Jose Hernaiz/Fotolia LLC; page 337: Pearson; page 338: (center, left) Agencia el Universal/El Universal de Mexico/Newscom; (top, left) VILLAR LOPEZ/EPA/Newscom; page 339: (bottom, right) Yuri Arcurs/Fotolia; page 340: antart/ Shutterstock; page 342: Mark Markau/ Fotolia; page 343: (top, center) Colin Keates/Dorling Kindersley Ltd ; page 344: Diego Cervo/Shutterstock.; page 347: Susan Bacon; page 348: Lilu2005/ Shutterstock; page 349: (top, right) MARKA/Alamy; page 350: Susan Bacon; page 351: (bottom) Dave King/Dorling Kindersley ; page 351: (top, right) V.P./ Fotolia; page 352: Joanna Zielinska/ Fotolia; page 353: (top, right) Agustín Gainza ARTS; (bottom, right) Agustín Gainza ARTS; page 354: (top, right) Dulce Garcia; (bottom) grafvision/Shutterstock;

page 355: Joe Belanger/Shutterstock; page 356: (bottom) Monkey Business Images/Shutterstock/Dorling Kindersley, Ltd; (top, right) Kitty/Fotolia; page 357: (top) Subbotina Anna/Fotolia; (center, left) Bst2012/Fotolia; Blend Images/ Shutterstock; page 358: drx/Fotolia

Page 360–361: MARTIN BERNETTI/ AFP/Getty Images/Newscom; page 361: (center, left) Rob Wilson/Shutterstock; page 362: (top, right) sellingpix/ Shutterstock; page 364: (center) AA+W/ Fotolia; page 365: (top) Kovalenko Inna/ Fotolia; page 366: (top, left) goodluz/ Fotolia; (bottom, center) Luis Louro/ Fotolia; page 367: Ildi Papp/Shutterstock; page 368: (bottom) Nejron Photo/Fotolia; page 370: (bottom) innovari/Fotolia; page 371: (center) Jason Stitt/Fotolia; page 372: (top, left) Kelpfish/Fotolia; (center, right) Xposeddesign/Fotolia; page 373: (center, right) Pearson; page 374: (top, right) Buket Bariskan/ Fotolia; (center, right) Pixinity/Fotolia; page 375: (top, right) ZUMA Wire Service/Alamy; page 375: (bottom) Irina Belousa/Fotolia; page 376: (top, right) Sergej Khackimullin/Fotolia; page 378: (top) Andrea Danti/Fotolia; page 379: (top, center) Marina Lohrbach/Fotolia; page 380: (center) Alexandre zveiger/ Fotolia; page 382: (bottom, left) Everett Collection Inc/Alamy; page 383: (top, right) Ale_rizzo/Fotolia; page 383: (center, right) Wojtek/Fotolia; page 384: (top) Israel Pabon/Shutterstock; page 386: (bottom, left) Alexander Raths/ Shutterstock; page 387: (center) Kris Butler/Shutterstock; page 388: (center, left) Darrin Henry/Shutterstock; page 389: (bottom, left) © 2012 Artists Rights Society (ARS), New York/VEGAP, Madrid/Alchemy or the Useless Science, 1958 (oil on masonite), Varo, Remedios (1908–63)/Private Collection/Index/ The Bridgeman Art Library; (top, right) Oil painting portrait of Remedios Varó; (center) José Zayas-Bazán ; page 390: (top, right) Dulce Garcia; (bottom, left) Elena Pankova/Fotolia; page 391: (center, right) Nunah/Fotolia; (center, left) Sebastian Kaulitzki/Shutterstock; (top, right) Supri Suharjoto/Shutterstock; page 392: (bottom) Jmatzick/Shutterstock; (top, right) Supri Suharjoto/Shutterstock; page 393: (bottom, left) Kovalenko Inna/ Fotolia; (bottom, right) photo-dave/Fotolia; (top, right) Blend Images/Shutterstock; page 394: Colin Ochel

Index

La dama del alba
Alejandro Casona
edited by Juan Rodríquez-Castellano

PREFACE

Prompted by the realization that the works of Alejandro Casona are for the most part unknown in the United States and that too few plays in Spanish are made available for classroom use, this edition has been prepared.

I am confident that *La Dama del Alba*, one of the best dramatic productions of contemporary Spanish drama, will appeal to the American student not only because of its unique content and interesting plot, but also because of its colorful background, poetic dialogue and skillful characterization. It is hoped that the complete vocabulary and translations in footnotes will help the second semester student of Spanish to understand the humor and poetic content of the play.

The addition of an Appendix has been considered necessary in order to explain some traditions and customs distinctively Spanish.

I wish to express my appreciation to the author, Alejandro Casona, for his kind permission to edit this play and for his aid on some doubtful points; to my former student, Barbara Ladd, for the selection of material to be treated in the footnotes; to my colleagues M. Lancaster and P.T. Manchester for their help in translating a few passages; and last but not least to Helen, my wife, for her sound counsel on many occasions and for her tireless efforts in reviewing the complete manuscript.

J. R. C.

INTRODUCCIÓN

I. NOTA BIOGRÁFICA

A Alejandro Casona (seudónimo de Alejandro Rodríguez Álvarez) lo conozco desde la infancia, pero por razones del momento no es oportuno contar aquí todos los pormenores de su vida. Baste decir que nació en un pintoresco pueblecito del occidente de Asturias el 3 de marzo de 1903, hecho que en sí no tendría gran importancia si no fuera que en algunas de su obras, sobre todo en *La dama del alba,* se describen tipos y costumbres de esta región. Por otra parte, el humorismo y la nota sentimental y melancólica que abunda en toda su obra también es característica muy asturiana.

Los padres de Casona fueron maestros de escuela, profesión que siguieron algunos de sus hijos, entre ellos nuestro autor, quien después de cursar estudios en las Universidades de Oviedo y Murcía y de graduarse en la Escuela Superior del Magisterio de Madrid, fué enviado de maestro rural al retirado Valle de Arán en los Pirineos. Allí, aunque todavía joven y apartado de los grandes centros de cultura, empezó a dar muestras de su interés por el teatro. Con los chicos de la escuela organizó un teatro infantil, "El Pájaro Pinto," realizado a base de repertorio primitivo: escenificaciones de tradiciones, fábulas animalistas y romances.

Años después Casona fué nombrado Inspector y Director de Primera Enseñanza, y en el cumplimiento de su cargo visitó varias regiones de España, tratando siempre de elevar el nivel cultural de su país. Sus iniciativas en este orden fueron reconocidas por el gobierno español que en 1932 le nombró director del Teatro de Misiones Pedagógicas, institución creada en aquel tiempo para llevar un poco de divertimiento y solaz espiritual a quienes en aldeas remotas nunca habían visto representación teatral alguna. Para este "Teatro" ambulante, compuesto en su mayoría de estudiantes que trabajaban gratis en días de fiesta y época de vacaciones, arregló Casona, sin pretensiones pero con sumo gusto, escenas de obras clásicas, entremeses, pasos y romances. Era un teatro elemental, sencillo, de escaso repertorio y pobres decorados, pero en su organización aprendió Casona el arte especial de dirigir y montar sus propias obras más tarde, cuando entregado de lleno al teatro sus comedias empezaron a ser representadas en los grandes teatros de las capitales.

En marzo de 1934 vió representada su primera obra, *La sirena varada,* con la que quedó consagrado como dramaturgo de primer orden. Dos años después, con el estreno de *Nuestra Natacha* ya era el autor dramático más popular de España. Su carrera de triunfos, sin embargo, fué parcialmente interrumpida en 1936 a causa de la guerra civil que estalló en su país y que le obligó a pasar el océano para empezar su larga peregrinación por tierras de la América española. Con la compañía Díaz-Collado, la misma que estrenó en España *Nuestra Natacha,* se presentó ante los públicos de Cuba, México, Puerto Rico, Venezuela y otros países, añadiendo siempre obras nuevas a su repertorio antiguo y siendo aplaudido en todas partes. Desde junio de 1939 vive y trabaja en la Argentina, escribiendo para el teatro—su verdadero amor de siempre—y para el cine de aquella nación que ha sabido apreciar sus méritos y remunerar sus esfuerzos. Casona volverá a su país algún día y entonces, en un ambiente más familiar, es de esperar que de su pluma salgan las obras maestras que, juntamente con las ya escritas, han de contribuir a un nuevo renacimiento del teatro español.

II. UNA OJEADA A LAS OBRAS DE CASONA

A semejanza de muchos otros dramaturgos españoles, Casona llegó al teatro por el camino de la poesía. Su primer intento literario, *La flauta del sapo*, escrito cuando apenas tenía 18 años, fué un libro de versos inspirados en escenas de su tierra natal. En 1933 apareció su *Flor de leyendas*, un librito de narraciones para niños tan bellamente escrito que le valió el premio nacional de literatura.

Casona había intentado varias veces el teatro sin resultado. Una comedia que tenía escrita era bien conocida de los empresarios, pero por cinco años ninguno se atrevió a ponerla en escena. Al fin, en un concurso dramático abierto por el Ayuntamiento de Madrid recibió esta obra, *La sirena varada*, el premio "Lope de Vega" y pocos meses después fué estrenada a todo lujo en el Teatro Español de Madrid por la compañía Xirgu-Borrás, la más famosa de aquellos días. Tanto el público como la crítica encontraron en la obra valores que no habían aparecido en el teatro español por mucho tiempo. En la reseña del estreno uno de los críticos decía que "en la paramera de nuestra producción dramática—pobre, uniforme, desvaída y sin aliento—ha aparecido un brote nuevo y vigoroso. Un escritor mozo, inédito hasta ahora en el teatro, hubo de acreditar anoche [17 de marzo] desde la escena del Español su espléndida ejecutoria de autor, que le coloca en la primera línea de jerarquías literarias."[1] En términos análogos se expresaron los demás críticos de la prensa madrileña. "En mucho tiempo—dice Chabás—nuestro teatro no había producido una obra de este mérito y de pulcra y noble hechura."[2]

Casona demostró con su *Sirena varada* que no era autor de promesas, como tantos otros, sino de realizaciones. Pocos casos se han dado en la historia del teatro en que un autor triunfe y sea consagrado con su primera obra, fenómeno debido en parte a que el teatro español había llegado a un lamentable estado de inercia, y con excepción de alguna que otra obra de dudoso valor no producía más que obras de escasa originalidad y peor gusto. A partir de los años 1920 la mayoría de las comedias que se componían en España eran de tipo ingenioso cuyo principal objeto era el de hacer reír al público, entreteniéndole con frases agudas y convencionalismos trillados. Y es que los empresarios juzgaban del valor de una obra por los ingresos de taquilla y no estaban dispuestos a contrariar los gustos del público con obras nuevas de autores no conocidos. En vista de tales obstáculos, muchos autores jóvenes con ideas y principios estéticos distintos a los que entonces dominaban en España abandonaron el teatro y se dedicaron a otras tareas literarias. De no tener Casona otros medios de vida, probablemente se hubiera apartado de su verdadero camino—el teatro.

Casona y García Lorca han dado nuevo ímpetu con su frescura y vitalidad al decadente teatro español, poniéndolo a tono con el desarrollo literario y artístico

---

[1]Alberto Martín Alcalde, "La Sirena Varada de Alejandro Casona," *Ahora* (Madrid), 18 de marzo, 1934.
[2]Juan Chabás, "Nuestro Tiempo," *El Almanaque Literario*, Madrid (Editorial Plutarco), 1935.

de otros teatros del siglo XX. Comparando las obras de Casona con las de otros autores anteriores a él, Manuel Castro dice lo siguiente: "Su reacción contra el naturalismo en el teatro—contra ese 'teatro naturalista,' degenerado casi desde su nacimiento, en teatro burgués, comercial, melodramático, chato, afrodisíaco, populachero—era inevitable. Frente a la oscura bocamina de la realidad, ábrese ahora, clara y limpia, la de la idealidad. Por ésta entróse Alejandro Casona."[3]

Lo fundamental de toda la obra de Casona es el arte con que ha sabido combinar la realidad y la fantasía. Todos sus argumentos tienen un doble juego fantástico y realista, desarrollando paralelamente un drama intelectual y un drama real, que al fin se encuentran y se desenlazan juntos. Bien lo ha observado la crítica a raíz del estreno de su primera comedia: "Toda la obra es un juego profundo de la fantasía . . . , enriqueciendo y maravillando la vida humana, haciendo de esa vida poesía con sus ternuras, sus ilusiones y sus angustias."[4] Es decir que el autor sabe humanizar sus comedias, por imaginativas que sean, haciendo que sus personajes, aunque se muevan en un mundo fantasmagórico de su propia creación, hablen y actúen como seres ordinarios de la vida humana. "Casona tiene la suprema elegancia de disfrazar su romanticismo con un humorismo formal de la mejor cepa."[5]

En *La sirena varada* ya se acusan los caracteres generales de la personalidad del autor. Ricardo, el protagonista, es un muchacho frívolo, extravagante y rico que cansado de la vulgaridad de la vida de todos los días pretende fundar una república de locos, "un asilo de huérfanos del sentido común." Se encierra en un palacio a la orilla del mar en compañía de un criado viejo que le sigue en todos sus caprichos y locuras, de un fantasma a quien obliga a representar este papel todas las noches, de un pintor que lleva una venda sobre los ojos para olvidarse de los colores conocidos y poder así crear otros nuevos. Más tarde se presenta en la casa una hermosa muchacha que dice haber salido del profundo del mar para alcanzar el amor de Ricardo. Con el tiempo éste se enamora de la sirena con un amor humano y real y desea averiguar el secreto de su vida. Cuando descubre que la joven es demente, quiere volver a la realidad para salvarla, aunque sabe que esto ha de destruir sus bellas ilusiones. El caballero de un ideal imposible se da cuenta de su tragedia enorme: la de estar enamorado de una loca.

La obra es de difícil ejecución por moverse sus caracteres en los límites de la fantasía. El doctor Florín, antiguo amigo de Ricardo, es el único personaje que representa la razón y demuestra que "el ansia de verdad es instintiva en nosotros, y se impone en cuanto tiene la intensidad necesaria para traspasar la máscara."[6]

Aunque los asuntos de las obras de Casona son diferentes, se nota el estrecho parentesco que existe entre ellas. En *Otra vez el Diablo* (1935) el autor pone en escena al Diablo, no el tradicional de la religión y del arte sino un diablo escéptico, galante y sentimental que está dispuesto a ayudar a la humanidad por una cantidad módica. Casona no ha querido convertir la acción en tragedia y trata al Espíritu del Mal con la mayor confianza, como a un amigo benévolo.

El tercer acto de *Otra vez el Diablo* defraudó un poco al público, pero Casona supo recuperar sus laureles con su *Nuestra Natacha* (1936), "el éxito más formidable del teatro español en mucho tiempo. Fueron quinientas representaciones

---

[3]"Otra vez el Diablo de Alejandro Casona," *Ahora* (Madrid), abril, 1934.
[4]Juan Chabás, "La Sirena Varada de Alejandro Casona," *Luz* (Madrid), 19 de marzo, 1934.
[5]Manuel Castro, *loc. cit.*
[6]Jorge de la Cueva, "La sirena varada de Alejandro Casona," *El Debate* (Madrid), 18 de marzo, 1934.

en Madrid. Es la constante petición del público en España y América."[7] Es sin duda una admirable comedia de juventud y esperanza en la que se describe la vida estudiantil con la que el autor estaba bien familiarizado. La heroína, Natacha, es como un símbolo de lo que debe ser la educación moderna, un ejemplo vivo del sacrificio que debe hacer la juventud que aspire a ser útil a su país.[8]

Prohibido suicidarse en primavera fué estrenada en México (1937). Es una obra de asunto extraño, cuya trama se desarrolla en un sanatorio de suicidas. De ella dice el autor en una entrevista en la Habana: "es una comedia joven; esto es: de gesto social, de ímpetu optimista y de constante inquietud interior. Su eje dramático es un curioso 'complejo de inferioridad' entre dos hermanos; su trazado, de humor, de poesía y de ternura; su síntesis final, un canto a la vida desenvuelto al borde mismo de la muerte en un imaginario Club de Suicidas."

En la Argentina ha estrenado Casona varias obras que fueron bien recibidas. Entre ellas se destacan *Romance de Dan y Elsa* (1939)—con la que se presentó al público de Buenos Aires—"una dramática acusación contra las drogas, la sensualidad enferma y la guerra, un canto al Amor y a la Vida, embellecidos por la poesía"; *Las tres perfectas casadas*, que tuvo 150 representaciones en Buenos Aires solamente; *La dama del alba*, "un poema escénico sobre la Muerte, con nieblas, paisajes y decires de Asturias"—según palabras del propio autor; y últimamente *La barca sin pescador*, cuyo éxito la ha mantenido en cartel doscientas representaciones.

Casi todas las obras de Casona han sido traducidas al portugués y representadas en el Brasil. Algunas como *La sirena varada* y *Nuestra Natacha* también tuvieron traductores en Inglaterra, Alemania, Francia e Italia.

Para el cine argentino ha intentado Casona con éxito, aunque no con el entusiasmo que siente por el teatro, varias películas bien conocidas en el mundo de habla hispánica: *Veinte años y una noche*, *Casa de muñecas* (adaptación del drama de Ibsen), *Nuestra Natacha* (versión cinematográfica de la comedia del mismo nombre que él mismo dirigió en cuanto al diálogo) y *Margarita la Tornera* (refundición de una antigua leyenda castellana).

Con lo expuesto basta para dar a entender el relieve de la personalidad de Casona. A pesar de vivir en un medio que, por muy acogedor que sea, no es el suyo, ha logrado distinguirse como comediógrafo de nota. El juicio contemporáneo—tanto de España como de Hispanoamérica—le considera escritor de primera categoría y le reconoce el mérito de haber escogido un tipo de comedia muy en consonancia con su temperamento poetico.

III. LA DAMA DEL ALBA

Esta obra fué estrenada en Buenos Aires por Margarita Xirgu, la más famosa de las actrices españolas de hoy e intérprete de varios caracteres de Casona. Los críticos rioplatenses la reputaron como lo más logrado del autor, y el éxito de Buenos Aires se ha repetido en Montevideo, México, Caracas, Río de Janeiro (en versión portuguesa) y en otras partes. Es sin duda de lo mejor que ha salido de la pluma del autor, tanto por la delicada pintura de caracteres como por su lenguaje, por la naturalidad del diálogo y por el realismo del ambiente.

---

[7]Arturo Ramírez, "Entrevista múltiple," *Carteles* (La Habana), 14 de noviembre, 1937.
[8]Lolo de la Torriente, "Alejandro Casona en México," *Excelsior* (México, D. F.), 18 de julio, 1937.

La dama del alba como otras obras de Casona contiene una bella combinación de lo fantástico y lo realista. El elemento imaginativo lo constituye la aparición de la Muerte en figura de mujer bondadosa que visita las casas de los mortales, juega con los niños, se enamora de ellos y olvida por el momento el objeto de su venida al mundo. En cuanto a la idea fundamental, Casona sigue al filósofo Séneca, quien supo pintar a la Muerte en forma de suprema serenidad, de amigable consejera, de dulce liberadora. En la concepción formal, en el tratamiento del asunto, sin embargo, el autor se muestra original. Nadie, que sepamos, ha presentado a la Muerte como mujer víctima de su propia inexorabilidad: la tragedia de matar y destruir cuanto ama y cuanto toca. "¿Comprendes ahora—dice la Peregrina de la comedia al Abuelo—lo amargo de mi destino? Presenciar todos los dolores sin poder llorar . . . Tener todos los sentimientos de una mujer sin poder usar ninguno . . . *¡Y estar condenada a matar siempre, siempre, sin poder nunca morir!*"

El empleo de la Muerte como protagonista no es nada nuevo. Ha aparecido en todas las literaturas y en centenares de obras. En la primera obra dramática de la literatura española, *La danza de la Muerte,* ya se le otorgaba a ésta el papel principal y se la exaltaba como la igualadora suprema. En otra obra más moderna y bien conocida (*Death Takes a Holiday,* del italiano Alberto Casella) también aparece la Muerte—esta vez en figura de hombre. Pero entre todas estas obras y *La dama del alba* no hay más parecido que el de tener el mismo protagonista. Ni el ambiente, ni los personajes, ni el tema en general guardan semejanza alguna.

El otro elemento, el realista, está representado por los demás caracteres de la comedia, por el ambiente en que se mueven y por el lenguaje, sencillo y natural a pesar de los giros que el autor emplea para dar sabor y color local. Casona ha querido darnos un reflejo del alma de Asturias—donde transcurre la acción—y lo ha logrado porque la conoce bien, porque nació allí y allí se formó su espíritu. Todo ese mundo exterior que describe con abundantes alusiones ambientales y giros localistas (pero sin pinto-resquismo fácil de zarzuela) es de pura esencia asturiana, como lo es también el humorismo, la ironía y la nota sentimental y nostálgica (agudizada tal vez en su caso por la distancia y el tiempo) de que está impregnada la obra.

DEDICATORIA DEL AUTOR:

A mi tierra de Asturias:
a su paisaje, a sus hombres,
a su espíritu.

PERSONAJES:

LA PEREGRINA . . . . *Margarita Xirgu*

TELVA . . . . *María Gámez*

LA MADRE . . . . *Teresa León*

ADELA . . . . *Isabel Pradas*

LA HIJA . . . . *Amelia de la Torre*

DORINA (NIÑA) . . . . *Susy Canales*

SANJUANERA 1ª . . . . *Carmen Caballero*

SANJUANERA 2ª . . . . *Teresa Pradas*

SANJUANERA 3ª . . . . *Mary López Silva*

SANJUANERA 4ª . . . . *Emilia Milán*

EL ABUELO . . . . *Francisco López Silva*

MARTÍN DE NARCÉS . . . . *Alberto Closas*

QUICO EL DEL MOLINO . . . . *José M. Navarro*

ANDRÉS (NIÑO) . . . . *Juan Manuel Fontanals*

FALÍN (NIÑO) . . . . *Gustavito Bertot*

MOZO 1° . . . . *Gustavo Bertot*

MOZO 2° . . . . *Eduardo Naveda*

MOZO 3° . . . . *Alberto Villasante*

*Esta obra fué estrenada en el Teatro Avenida de
Buenos Aires, el 3 de noviembre de 1944.*

ACTO PRIMERO

En un lugar de las Asturias de España. Sin tiempo. Planta baja de una casa de labranza que trasluce limpio bienestar.[1] Sólida arquitectura de piedra encalada y maderas nobles. Al fondo amplio portón y ventana sobre el campo. A la derecha[2] arranque de escalera que conduce a las habitaciones altas, y en primer término[3] del mismo lado salida al corral. A la izquierda, entrada a la cocina, y en primer término la gran chimenea de leña ornada en lejas y vasares con lozas campesinas y el rebrillo rojo y ocre de los cobres. Rústicos muebles de nogal y un viejo reloj de pared. Sobre el suelo, gruesas esteras de soga. Es de noche. Luz de quinqué.

La MADRE, *el* ABUELO *y los tres nietos (*ANDRÉS, DORINA *y* FALÍN*) terminan de cenar* TELVA, *vieja criada, atiende a la mesa.*

ABUELO: (*Partiendo el pan.*) Todavía está caliente la hogaza. Huele a ginesta en flor.[4]

TELVA: Ginesta y sarmiento seco; no hay leña mejor para caldear el horno. ¿Y qué me dice de ese color de oro? Es el último candeal de la solana.

ABUELO: La harina es buena, pero tú la ayudas. Tienes unas manos pensadas por Dios[5] para hacer pan.

TELVA: ¿Y las hojuelas de azúcar? ¿y la torrija de huevo? Por el invierno, bien que le gusta mojada en vino[6] caliente. (*Mira a la* MADRE *que está de codos en la mesa, como ausente.*)[7] ¿No va a cenar nada, mi ama?

MADRE: Nada.

(TELVA *suspira resignada. Pone leche en las escudillas de los niños.*)

FALÍN: ¿Puedo migar sopas en la leche?[8]

ANDRÉS: Y yo ¿puedo traer el gato a comer conmigo en la mesa?

DORINA: El sitio del gato es la cocina. Siempre tiene las patas sucias de ceniza.

---

[1]**una casa de . . . bienestar** a farmer's house which shows comfort and cleanliness
[2]**A la derecha** On the right (*Spanish stage directions are given from the standpoint of the actors, not from that of the audience*)
[3]**en primer término** in the foreground
[4]**Huele a . . . flor** It smells of scotch broom in bloom
[5]**Tienes . . . por Dios** You have a pair of God-given hands
[6]**bien que . . . en vino** you like to dunk it in wine
[7]**de codos . . . ausente** with her elbows on the table, as in a trance
[8]**¿Puedo migar . . . la leche?** May I crumble bread into the milk?

ANDRÉS:	¿Y a ti quién te mete?[9] El gato es mío.
DORINA:	Pero el mantel lo lavo yo.
ABUELO:	Hazle caso a tu hermana.[10]
ANDRÉS:	¿Por qué? Soy mayor que ella.
ABUELO:	Pero ella es mujer.
ANDRÉS:	¡Siempre igual! Al gato le gusta comer en la mesa y no le dejan; a mí me gusta comer en el suelo, y tampoco.[11]
TELVA:	Cuando seas mayor mandarás en tu casa,[12] galán.
ANDRÉS:	Sí, sí; todos los años dices lo mismo.
FALÍN:	¿Cuándo somos mayores,[13] abuelo?
ABUELO:	Pronto. Cuando sepáis leer y escribir.
ANDRÉS:	Pero si no nos mandan a la escuela no aprenderemos nunca.
ABUELO:	(*A la* MADRE.) Los niños tienen razón. Son ya crecidos. Deben ir a la escuela.
MADRE:	(*Como una obsesión.*) ¡No irán! Para ir a la escuela hay que pasar el río . . . No quiero que mis hijos se acerquen al río.
DORINA:	Todos los otros van. Y las chicas también. ¿Por qué no podemos nosotros pasar el río?
MADRE:	Ojalá nadie de esta casa se hubiera acercado a él.
TELVA:	Basta; de esas cosas no se habla. (*A* DORINA, *mientras recoge las escudillas.*) ¿No querías hacer una torta de maíz? El horno ya se estará enfriando.[14]
ANDRÉS:	(*Levantándose, gozoso de hacer algo.*) Lo pondremos al rojo otra vez.[15] ¡Yo te ayudo!
FALÍN:	¡Y yo!
DORINA:	¿Puedo ponerle un poco de miel encima?
TELVA:	Y abajo una hoja de higuera para que no se pegue el rescoldo.[16] Tienes que ir aprendiendo. Pronto serás mujer . . . y eres la única de la casa. (*Sale con ellos hacia la cocina.*)

MADRE Y ABUELO

| ABUELO: | No debieras hablar de eso delante de los pequeños. Están respirando siempre un aire de angustia que no los deja vivir. |
| MADRE: | Era su hermana. No quiero que la olviden. |

---

[9]¿Y a ti quién te mete? And what right have you to butt in?
[10]Hazle caso a tu hermana Pay attention to your sister
[11]y tampoco i.e. and they don't let me either
[12]mandarás en tu casa you will be the boss in your own house
[13]¿Cuándo somos mayores? When are we grown-ups?
[14]El horno . . . enfriando The oven is probably getting cold already
[15]Lo pondremos . . . otra vez We'll make it red hot again
[16]para que no . . . rescoldo só that the ashes won't stick to it

ABUELO:	Pero ellos necesitan correr al sol y reír a gritos.[17] Un niño que está quieto no es un niño.
MADRE:	Por lo menos a mi lado están seguros.
ABUELO:	No tengas miedo; la desgracia no se repite nunca en el mismo sitio.[18] No pienses más.
MADRE:	¿Haces tú otra cosa? Aunque no la nombres, yo sé en qué estás pensando cuando te quedas horas enteras en silencio, y se te apaga el cigarro en los labios.[19]
ABUELO:	¿De qué vale mirar hacia atrás?[20] Lo que pasó, pasó y la vida sigue. Tienes una casa que debe volver a ser feliz como antes.
MADRE:	Antes era fácil ser feliz. Estaba aquí Angélica; y donde ella ponía la mano todo era alegría.
ABUELO:	Te quedan los otros tres.[21] Piensa en ellos.
MADRE:	Hoy no puedo pensar más que en Angélica; es su día.[22] Fué una noche como ésta. Hace cuatro años.
ABUELO:	Cuatro años ya . . . (*Pensativo se sienta a liar un cigarríllo junto al fuego. Entra del corral el mozo del molino, sonriente, con una rosa que, al salir, se pone en la oreja.*)[23]
QUICO:	Buena noche de luna para viajar. Ya está ensillada la yegua.
MADRE:	(*Levanta la cabeza.*) ¿Ensillada? ¿Quién te lo mandó?
ABUELO:	Yo.
MADRE:	¿Y a ti, quién?[24]
ABUELO:	Martín quiere subir a la braña a apartar él mismo los novillos para la feria.
MADRE:	¿Tenía que ser precisamente hoy? Una noche como ésta bien podía quedarse en casa.
ABUELO:	La feria es mañana.
MADRE:	(*Como una queja.*) Si él lo pretiere así, bien está. (*Vuelve* TELVA.)
QUICO:	¿Manda algo, mi ama?
MADRE:	Nada. ¿Vas al molino a esta hora?
QUICO:	Siempre hay trabajo. Y cuando no, da gusto dormirse oyendo cantar[25] la cítola y el agua.
TELVA:	(*Maliciosa.*) Además el molino está junto al granero del alcalde . . . y el alcalde tiene tres hijas mozas, cada una peor

[17]correr al sol . . . a gritos to run in the sun and laugh to their heart's content
[18]la desgracia . . . sitio lightning never strikes twice in the same place
[19]y se te apaga . . . labios and your cigar goes out in your mouth
[20]¿De qué vale . . . atrás? What's the use of always looking back?
[21]Te quedan los otros tres You still have the other three
[22]es su día [today] is the day she died
[23]se pone en la oreja he puts behind his ear
[24]¿Y a ti quién? And who ordered you?
[25]Y cuando no . . . cantar And when there isn't [anything to do], it's pleasant to fall asleep listening to . . .

	que la otra. Dicen que envenenaron al perro porque ladraba cuando algún hombre saltaba las tapias.
QUICO:	Dicen, dicen . . . También dicen que el infierno está empedrado de lenguas de mujer.[26] ¡Vieja maliciosa! Dios la guarde, mi ama. (*Sale silbando alegremente.*)
TELVA:	Sí, sí, malicias. Como si una hubiera nacido ayer. Cuando va al molino lleva chispas en los ojos;[27] cuando vuelve trae un cansancio alegre arrollado a la cintura.[28]
ABUELO:	¿No callarás, mujer?
TELVA:	(*Recogiendo la mesa.*) No es por decir mal de nadie.[29] Si alguna vez hablo de más es por desatar los nervios . . . como si rompiera platos. ¿Es vida esto?[30] El ama con los ojos clavados en la pared; usted siempre callado por los rincones . . . Y esos niños de mi alma[31] que se han acostumbrado a no hacer ruido como si anduvieran descalzos. Si no hablo yo, ¿quién habla en esta casa?
MADRE:	No es día de hablar alto. Callando se recuerda mejor.
TELVA:	¿Piensa que yo olvidé? Pero la vida no se detiene. ¿De qué le sirve correr las cortinas[32] y empeñarse en gritar que es de noche? Al otro lado de la ventana todos los días sale el sol.
MADRE:	Para mí no.
TELVA:	Hágame caso, ama. Abra el cuarto de Angélica de par en par, y saque al balcón las sábanas de hilo que se están enfriando bajo el polvo del arca.
MADRE:	Ni el sol tiene derecho a entrar en su cuarto. Ese polvo es lo único que me queda de aquel día.
ABUELO:	(*A* TELVA.) No te canses. Es como el que lleva clavada una espina[33] y no se deja curar.
MADRE:	¡Bendita espina! Prefiero cien veces llevarla clavada en la carne, antes que olvidar . . . como todos vosotros.
TELVA:	Eso no. No hablar de una cosa no quiere decir que no se sienta. Cuando yo me casé creí que mi marido no me quería porque nunca me dijo lindas palabras. Pero siempre me traía el primer racimo de la viña; y en siete años que me vivió me dejó siete hijos, todos hombres. Cada uno se expresa a su manera.[34]
ABUELO:	El tuyo era un marido cabal. Como han sido siempre los hombres de esta tierra.

---

[26]**está empedrado . . . mujer** is paved with shrewish women's tongues
[27]**lleva chispas en los ojos** he has a peculiar gleam in his eyes
[28]**trae un cansancio . . . cintura** he wears a roll of happy lassitude tucked in his belt
[29]**No es por decir mal de nadie** I don't mean to speak badly of anyone
[30]**¿Es vida esto?** Do you call this living?
[31]**Y esos niños de mi alma** And those darlings of mine
[32]**¿De qué le sirve correr las cortinas?** Why draw the curtains?
[33]**lleva clavada una espina** has a thorn in him
[34]**Cada uno . . . a su manera** Each one expresses himself in his own way

TELVA:	Igual que un roble. Hubiera costado trabajo hincarle un hacha; pero todos los años daba flores.[35]
MADRE:	Un marido viene y se va. No es carne de nuestra carne como un hijo.
TELVA:	(*Suspende un momento el quehacer.*) ¿Va a decirme a mí lo que es un hijo? ¡A mí! Usted perdió una: santo y bueno. ¡Yo perdí los siete el mismo día! Con tierra en los ojos y negros de carbón los fueron sacando de la mina. Yo misma lavé los siete cuerpos, uno por uno. ¿Y qué?[36] ¿Iba por eso a cubrirme la cabeza con el manto y sentarme a llorar a la puerta? ¡Los lloré de pie, trabajando![37] (*Se le ahoga la voz[38] un momento. Se arranca una lágrima con la punta del delantal[39] y sigue recogiendo los manteles.*) Después, como ya no podía tener otros, planté en mi huerto siete árboles, altos y hermosos como siete varones. (*Baja más la voz.*) Por el verano, cuando me siento a coser a la sombra, me parece que no estoy tan sola.
MADRE:	No es lo mismo. Los tuyos están bajo tierra, donde crece la yerba y hasta espigas de trigo. La mía está en el agua. ¿Puedes tú besar el agua? ¿Puede nadie abrazarla y echarse a llorar sobre ella? Eso es lo que me muerde en la sangre.[40]
ABUELO:	Todo el pueblo la buscó. Los mejores nadadores bajaron hasta las raíces más hondas.
MADRE:	No la buscaron bastante. La hubieran encontrado.
ABUELO:	Ya ha ocurrido lo mismo otras veces. El remanso no tiene fondo.
TELVA:	Dicen que dentro hay un pueblo entero, con su iglesia y todo. Algunas veces, la noche de San Juan,[41] se han oído las campanas debajo del agua.
MADRE:	Aunque hubiera un palacio no la quiero en el río donde todo el mundo tira piedras al pasar. La Escritura lo dice: "el hombre es tierra y debe volver a la tierra". Sólo el día que la encuentren podré yo descansar en paz.

(*Bajando la escalera aparece* MARTÍN. *Joven y fuerte montañés. Viene en mangas de camisa y botas de montar. En escena se pone la pelliza que descuelga de un clavo.*)

---

[35]**Hubiera costado . . . flores** It would have been difficult to drive an axe into it, but it bloomed every year

[36]**¿Y qué?** And what was I to do?

[37]**¡Los lloré . . . trabajando!** I had no time to waste in mourning them!

[38]**Se le ahoga la voz** Choking with emotion

[39]**Se arranca . . . delantal** She wipes off a tear with a corner of her apron

[40]**Eso es lo que . . . la sangre** That's what makes my blood boil

[41]**la noche de San Juan** The Eve of St. John (See *Appendix* I)

DICHOS Y MARTÍN

MARTÍN: ¿Está aparejada la yegua?

ABUELO: Quico la ensilló antes de marchar al molino.

(TELVA *guarda los manteles y lleva la loza a la cocina volviendo luego con un cestillo de arvejas.*)

MADRE: ¿Es necesario que vayas a la braña esta noche?

MARTÍN: Quiero apartar el ganado yo mismo. Ocho novillos de pezuña delgada y con la testuz de azafrán, que han de ser la gala de la feria.[42]

ABUELO: Si no es más que eso, el mayoral puede hacerlo.

MARTÍN: Él no los quiere como yo. Cuando eran terneros yo les daba la sal con mis manos. Hoy, que se van, quiero ponerles yo mismo el hierro de mi casa.[43]

MADRE: (*Con reproche.*) ¿No se te ha ocurrido pensar que esta noche te necesito más que nunca? ¿Has olvidado qué fecha es hoy?

MARTÍN: ¿Hoy? . . . (*Mira al* ABUELO *y a* TELVA *que vuelve. Los dos bajan la cabeza.* MARTÍN *comprende y baja la cabeza también.*) Ya.

MADRE: Sé que no te gusta recordar. Pero no te pido que hables. Me bastaría que te sentaras junto a mí, en silencio.

MARTÍN: (*Esquivo.*) El mayoral me espera.

MADRE: ¿Tan importante es ese viaje?

MARTÍN: Aunque no lo fuera. Vale más sembrar una cosecha nueva que llorar por la que se perdió.

MADRE: Comprendo. Angélica fué tu novia dos años, pero tu mujer sólo tres días. Poco tiempo para querer.

MARTÍN: ¡Era mía y eso bastaba! No la hubiera querido en treinta años más que en aquellos tres días

MADRE: (*Yendo hacia él, lo mira hondamente.*) Entonces ¿por qué no la nombras nunca? ¿Por qué, cuando todo el pueblo la buscaba llorando, tú te encerrabas en casa apretando los puños? (*Avanza más.*) ¿Y por qué no me miras de frente[44] cuando te hablo de ella?

MARTÍN: (*Crispado.*) ¡Basta! (*Sale resuelto hacia el corral.*)

ABUELO: Conseguirás que Martín acabe odiando esta casa.[45] No se puede mantener un recuerdo así, siempre abierto como una llaga.

MADRE: (*Tristemente resignada.*) ¿También tú? . . . Ya no la quiere nadie, nadie . . .

(*Vuelve a sentarse pesadamente.* TELVA *se sienta a su lado poniendo entre las dos el cestillo de arvejas. Fuera se oye ladrar al perro.*)

---

[42]Ocho novillos . . . la feria Eight fine-hoofed, saffron-headed steers, which will be the pride of the fair
[43]quiero . . . de mi casa I myself want to put the family's brand on them
[44]¿Y por qué . . . de frente? And why don't you look at me face to face?
[45]Conseguirás . . . esta casa You'll succeed in making Martin hate this household

TELVA:	¿Quiere ayudarme a desgranar las arvejas? Es como rezar un rosario verde: van resbalando las cuentas entre los dedos . . . y el pensamiento vuela. (*Pausa mientras desgranan las dos.*)
MADRE:	¿Adónde vuela el tuyo, Telva?
TELVA:	A los siete árboles altos. ¿Y el suyo, ama?
MADRE:	El mío está siempre quieto.[46] (*Vuelve a oírse el ladrido del perro.*)
TELVA:	Mucho ladra el perro.
ABUELO:	Y nervioso. Será algún caminante. A los del pueblo los conoce desde lejos.[47]

(*Entran corriendo los niños, entre curiosos y atemorizados.*)[48]

DICHOS Y LOS NIÑOS

DORINA:	Es una mujer, madre. Debe de andar perdida.[49]
TELVA:	¿Viene hacia aquí o pasa de largo?[50]
FALÍN:	Hacia aquí.
ANDRÉS:	Lleva una capucha y un bordón en la mano como los peregrinos.

(*Llaman al aldabón de la puerta.* TELVA *mira a la* MADRE *dudando.*)

MADRE:	Abre. No se puede cerrar la puerta de noche a un caminante.

(TELVA *abre la hoja superior*[51] *de la puerta y aparece la* PEREGRINA.)

PEREGRINA:	Dios guarde esta casa y libre de mal a los que en ella viven.
TELVA:	Amén. ¿Busca posada? El mesón está al otro lado del río.
PEREGRINA:	Pero la barca no pasa a esta hora.
MADRE:	Déjala entrar. Los peregrinos tienen derecho al fuego[52] y traen la paz a la casa que los recibe.

(*Pasa la* PEREGRINA. TELVA *vuelve a cerrar.*)

DICHOS Y LA PEREGRINA

ABUELO:	¿Perdió el camino?
PEREGRINA:	Las fuerzas para andarlo.[53] Vengo de lejos y está frío el aire.

---

[46]**El mío está siempre quieto** Mine (i.e. thoughts) remain undisturbed
[47]**A los del pueblo . . . lejos** He recognizes the village people a mile away
[48]**entre curiosos y atemorizados** half curious, half frightened
[49]**Debe de andar perdida** She must have lost her way
[50]**¿Viene hacia . . . de largo?** Is she coming here, or is she passing by?
[51]**la hoja superior** the upper half of the door (*Doors of many country homes in Asturias are divided in two sections, thus allowing one section to be closed while the other remains open for ventilation and light*)
[52]**tienen derecho al fuego** have a right to hospitality
[53]**Las fuerzas para andarlo** [I lost] the strength to continue my way

ABUELO:	Siéntese a la lumbre. Y si en algo podemos ayudarle . . . Los caminos dan hambre y sed.[54]
PEREGRINA:	No necesito nada. Con un poco de fuego me basta. (*Se sienta a la lumbre.*) Estaba segura de encontrarlo aquí.
TELVA:	No es mucho adivinar.[55] ¿Vió el humo por la chimenea?
PEREGRINA:	No. Pero vi a los niños detrás de los cristales.[56] Las casas donde hay niños siempre son calientes.[57] (*Se echa atrás la capucha descubriendo un rostro hermoso y pálido, con una sonrisa tranquila.*)
ANDRÉS:	(*En voz baja.*) ¡Qué hermosa es . . . !
DORINA:	¡Parece una reina de cuento![58]
PEREGRINA:	(*Al* ABUELO *que la observa intensamente.*) ¿Por qué me mira tan fijo?[59] ¿Le recuerdo algo?
ABUELO:	No sé . . . Pero juraría que no es la primera vez que nos vemos.
PEREGRINA:	Es posible. ¡He corrido tantos pueblos y tantos caminos . . . ! (*A los* NIÑOS *que la contemplan curiosos agarrados a las faldas de* TELVA.) ¿Y vosotros? Os van a crecer los ojos[60] si me seguís mirando así. ¿No os atrevéis a acercaros?
TELVA:	Discúlpelos. No tienen costumbre de ver gente extraña. Y menos con ese hábito.
PEREGRINA:	¿Os doy miedo?[61]
ANDRÉS:	(*Avanza resuelto.*) A mí no. Los otros son más pequeños.
FALÍN:	(*Avanza también, más tímido.*) No habíamos visto nunca a un peregrino.
DORINA:	Yo sí; en las estampas. Llevan una cosa redonda en la cabeza, como los santos.
ANDRÉS:	(*Con aire superior.*) Los santos son viejos y todos tienen barba. Ella es joven, tiene el pelo como la espiga[62] y las manos blancas como una gran señora.
PEREGRINA:	¿Te parezco hermosa?[63]
ANDRÉS:	Mucho. Dice el abuelo que las cosas hermosas siempre vienen de lejos.

---

[54]**Y si en algo . . . y sed** And if we can be of any service to you . . . One gets hungry and thirsty on the road

[55]**No es mucho adivinar** You didn't have to guess much

[56]**vi a los niños . . . cristales** I saw the children through the window

[57]**siempre son calientes** are always hospitable

[58]**¡Parece una reina de cuento!** She looks like a queen in a fairy tale!

[59]**¿Por qué me mira tan fijo?** Why do you stare at me so?

[60]**Os van a crecer los ojos** Your eyes are going to pop out

[61]**¿Os doy miedo?** Do I frighten you?

[62]**tiene el pelo como la espiga** with silken hair

[63]**¿Te parezco hermosa?** Do you think I am beautiful?

PEREGRINA:	(*Sonríe. Le acaricia los cabellos.*) Gracias, pequeño. Cuando seas hombre, las mujeres te escucharán. (*Contempla la casa.*) Nietos, abuelo, y la lumbre encendida.[64] Una casa feliz.
ABUELO:	Lo fué.
PEREGRINA:	Es la que llaman de Martín el de Narcés ¿no?
MADRE:	Es mi yerno. ¿Le conoce?
PEREGRINA:	He oído hablar de él. Mozo de sangre en flor, galán de ferias, y el mejor caballista[65] de la sierra.

DICHOS Y MARTÍN, QUE VUELVE

MARTÍN:	La yegua no está en el corral. Dejaron el portón abierto y se la oye relinchar por el monte.
ABUELO:	No puede ser. Quico la dejó ensillada.
MARTÍN:	¿Está ciego entonces? El que está ensillado es el cuatralbo.
MADRE:	¿El potro? . . . (*Se levanta resuelta.*) ¡Eso sí que no![66] ¡No pensarás montar ese manojo de nervios que se espanta de un relámpago!
MARTÍN:	¿Y por qué no? Después de todo, alguna vez tenía que ser la primera. ¿Dónde está la espuela?
MADRE:	No tientes al cielo,[67] hijo. Los caminos están cubiertos de escarcha . . . y el paso del Rabión es peligroso.
MARTÍN:	Siempre con tus miedos. ¿Quieres meterme en un rincón como a tus hijos? Ya estoy harto de que me guarden la espalda consejos de mujer,[68] y se me escondan las escopetas de caza. (*Enérgico.*) ¿Dónde está la espuela?

(TELVA *y el* ABUELO *callan. Entonces la* PEREGRINA *la descuelga tranquilamente de la chimenea.*)

PEREGRINA:	¿Es ésta?
MARTÍN:	(*La mira sorprendido. Baja el tono.*) Perdone que haya hablado tan fuerte. No la había visto. (*Mira a los otros como preguntando.*)
ABUELO:	Va de camino, cumpliendo una promesa.[69]
PEREGRINA:	Me han ofrecido su lumbre,[70] y quisiera pagar con un acto de humildad. (*Se pone de rodillas.*) ¿Me permite? . . . (*Le ciñe la espuela.*)[71]

---

[64]**y la lumbre encendida** and the fire burning in the fireplace
[65]**Mozo de sangre . . . caballista** A man in the flush of youth, the favorite at the fairs and the best rider
[66]**¡Eso sí que no!** That certainly cannot be!
[67]**No tientes al cielo** Don't tempt fate
[68]**Ya estoy harto . . . mujer** I am fed up with having women protect me with their advice
[69]**Va de camino . . . promesa** She is on her way to carry out a vow
[70]**Me han ofrecido su lumbre** They have offered me their hospitality
[71]**Le ciñe la espuela** She straps the spur on him

MARTÍN:	Gracias . . . (*Se miran un momento en silencio. Ella, de rodillas aún.*)
PEREGRINA:	Los Narcés[72] siempre fueron buenos jinetes.
MARTÍN:	Así dicen. Si no vuelvo a verla, feliz viaje. Y duerma tranquila, madre; no me gusta que me esperen de noche con luz en las ventanas.[73]
ANDRÉS:	Yo te tengo el estribo.[74]
DORINA:	Y yo la rienda.
FALÍN:	¡Los tres![75] (*Salen con él.*)

MADRE, ABUELO, TELVA Y PEREGRINA

TELVA:	(*A la* MADRE.) Usted tiene la culpa. ¿No conoce a los hombres todavía? Para que vayan por aquí hay que decirles que vayan por allá.
MADRE:	¿Por qué las mujeres querrán siempre hijos? Los hombres son para el campo y el caballo. Sólo una hija llena la casa. (*Se levanta.*) Perdone que la deje, señora. Si quiere esperar el día aquí, no ha de faltarle nada.[76]
PEREGRINA:	Solamente el tiempo de descansar.[77] Tengo que seguir mi camino.
TELVA:	(*Acompañando a la* MADRE *hasta la escalera.*) ¿Va a dormir?
MADRE:	Por lo menos a estar sola. Ya que nadie quiere escucharme, me encerraré en mi cuarto a rezar. (*Subiendo.*) Rezar es como gritar en voz baja . . . (*Pausa mientras sale. Vuelve a ladrar el perro.*)
TELVA:	Maldito perro, ¿qué le pasa esta noche?[78]
ABUELO:	Tampoco él tiene costumbre de sentir gente extraña.[79]
	(TELVA, *que ha terminado de desgranar sus arvejas, toma una labor de calceta.*)[80]
PEREGRINA:	¿Cómo han dicho que se llama ese paso peligroso de la sierra?
ABUELO:	El Rabión.
PEREGRINA:	Es junto al castaño grande ¿verdad? Lo quemó un rayo[81] hace cien años, pero allí sigue con el tronco retorcido y las raíces clavadas en la roca.
ABUELO:	Para ser forastera conoce bien estos sitios.[82]

---

[72]**Los Narcés** i.e. The men of the Narcés family
[73]**no me gusta . . . ventanas** I don't like to have anyone wait for me at night with lighted windows
[74]**Yo te tengo el estribo** I'll hold the stirrup for you
[75]**¡Los tres!** The three of us! [will help you]
[76]**no ha de faltarle nada** you won't lack anything
[77]**Solamente . . . descansar** [I'll stay] just long enough to rest
[78]**¿qué le pasa esta noche?** what's the matter with him tonight?
[79]**Tampoco él . . . extraña** He isn't used to seeing strangers, either
[80]**toma una labor de calceta** picks up some knitting
[81]**Lo quemo un rayo** It was struck by lightning
[82]**Para ser . . . sitios** For a stranger you seem to be well acquainted with these surroundings

PEREGRINA:	He estado algunas veces. Pero siempre de paso.[83]
ABUELO:	Es lo que estoy queriendo recordar desde que llegó. ¿Dónde la he visto otra vez . . . y cuándo? ¿Usted no se acuerda de mí?
TELVA:	¿Por qué había de fijarse ella? Si fuera mozo y galán, no digo,[84] pero los viejos todos son iguales.
ABUELO:	Tuvo que ser aquí: yo no he viajado nunca. ¿Cuándo estuvo otras veces en el pueblo?
PEREGRINA:	La última vez era un día de fiesta grande, con gaita y tamboril. Por todos los senderos bajaban parejas[85] a caballo adornadas de ramos verdes; y los manteles de la merienda cubrían todo el campo.
TELVA:	La boda de la Mayorazga. ¡Qué rumbo, mi Dios! Soltaron a chorro los toneles de sidra,[86] y todas las aldeas de la contornada se reunieron en el Pradón a bailar la giraldilla.
PEREGRINA:	Lo vi desde lejos. Yo pasaba por el monte.
ABUELO:	Eso fué hace dos años. ¿Y antes? . . .
PEREGRINA:	Recuerdo otra vez, un día de invierno. Caía una nevada tan grande que todos los caminos se borraron.[87] Parecía una aldea de enanos, con caperuzas blancas en las chimeneas y barbas de hielo colgando en los tejados.
TELVA:	La nevadona. Nunca hubo otra igual.
ABUELO:	¿Y antes . . . mucho antes . . .?
PEREGRINA:	(*Con un esfuerzo de recuerdo.*) Antes . . . hace ya tantos años que apenas lo recuerdo. Flotaba un humo de vinagre espeso que hacía daño en la garganta.[88] La sirena de la mina aullaba como un perro . . . Los hombres corrían apretando los puños . . . Por la noche, todas las puertas estaban abiertas, y las mujeres lloraban a gritos[89] dentro de las casas.
TELVA:	(*Se santigua sobrecogida.*) ¡Virgen del Buen Recuerdo, aparta de mí ese día![90] (*Entran los* NIÑOS *alegremente.*)

DICHOS Y LOS NIÑOS

DORINA:	¡Ya va Martín galopando camino de la sierra!
FALÍN:	¡Es el mejor jinete a cien leguas![91]

---

[83]**Pero siempre de paso** But always just passing through
[84]**¿Por qué . . . no digo** Why should she have noticed you? If you were young and handsome, yes (i.e. it would have been easier for her to remember you)
[85]**Por todos . . . parejas** Along all the paths couples were coming down
[86]**¡Qué rumbo . . . sidra** My heavens, what a celebration! Cider ran like water
[87]**Caía una . . . caminos se borraron** The snowfall was so heavy that the roads disappeared completely
[88]**Flotaba un hume . . . garganta** There was then a thick cloud of acid smoke that burned your throat
[89]**las mujeres lloraban a gritos** women wept loudly
[90]**¡aparta de mí ese día!** deliver me from that day!
[91]**¡Es el mejor . . . leguas!** He is the best rider a hundred leagues around

ANDRÉS:	Cuando yo sea mayor domaré potros como él.
TELVA:	(*Levantándose y recogiendo su labor.*) Cuando seas mayor, Dios dirá. Pero mientras tanto, a la cama que es tarde. Acostado se crece más de prisa.[92]
ANDRÉS:	Es muy temprano. La señora, que ha visto tantas cosas, sabrá contar cuentos y romances.
TELVA:	El de las sábanas blancas es el mejor.
PEREGRINA:	Déjelos. Los niños son buenos amigos míos, y voy a estar poco tiempo.
ANDRÉS:	¿Va a seguir viaje esta noche? Si tiene miedo, yo la acompañaré hasta la balsa.
PEREGRINA:	¡Tú! Eres muy pequeño todavía.
ANDRÉS:	¿Y eso qué?[93] Vale más un hombre pequeño que una mujer grande. El abuelo lo dice.
TELVA:	¿Lo oye? Son de la piel de Barrabás. Déles, déles la mano y verá qué pronto se toman el pie.[94] ¡A la cama he dicho!
ABUELO:	Déjalos, Telva. Yo me quedaré con ellos.
TELVA:	¡Eso! Encima quíteme la autoridad y déles mal ejemplo. (*Sale rezongando.*) Bien dijo el que dijo: si el Prior juega a los naipes ¿qué harán los frailes?[95]
ABUELO:	Si va a Compostela[96] puedo indicarle el camino.
PEREGRINA:	No hace falta; está señalado en el cielo con polvo de estrellas.[97]
ANDRÉS:	¿Por qué señalan ese camino las estrellas?
PEREGRINA:	Para que no se pierdan los peregrinos que van a Santiago.
DORINA:	¿Y por qué tienen que ir todos los peregrinos a Santiago?
PEREGRINA:	Porque allí está el sepulcro del Apóstol.
FALÍN:	¿Y por qué está allí el sepulcro del Apóstol?
LOS TRES:	¿Por qué?
ABUELO:	No les haga caso. Más pregunta un niño que contesta un sabio.[98] (*Viéndola cruzar las manos en las mangas.*) Se está apagando el fuego. ¿Siente frío aún?
PEREGRINA:	En las manos, siempre.

---

[92]**Acostado . . . de prisa** When you are in bed you grow faster

[93]**¿Y eso qué?** What of it?

[94]**Son de la piel . . . el pie** They are little devils. Give them an inch and they will take a mile

[95]**si el Prior . . . los frailes?** What can be expected from the friars when the Prior himself plays cards? (*freely*) If silver will rust, what may iron do?

[96]**Compostela** (*or* **Santiago de Compostela**) the city in northwestern Spain that became famous in the Middle Ages as one of the most popular shrines for European pilgrims who, according to tradition, were guided there by the stars of the Milky Way

[97]**polvo de estrellas** i.e. the Milky Way

[98]**Más pregunta . . . sabio** A child can ask more questions than a sage can answer

| ABUELO: | Partiré unos leños y traeré ramas de brezo, que huelen al arder. (*Sale hacia el corral. Los* NIÑOS *se apresuran a rodear a la* PEREGRINA.) |

PEREGRINA Y NIÑOS

DORINA:	Ahora que estamos solos ¿nos contará un cuento?
PEREGRINA:	¿No os los cuenta el abuelo?
ANDRÉS:	El abuelo sabe empezarlos todos pero no sabe terminar ninguno. Se le apaga el cigarro en la boca, y en cuanto se pierde "Colorín-colorao, este cuento se ha acabao."[99]
DORINA:	Antes era otra cosa. Angélica los sabía a cientos, algunos hasta con música. Y los contaba como si se estuviera viendo.
ANDRÉS:	El de Delgadina.[100] Y el de la moza que se vistió de hombre para ir a las guerras de Aragón.[101]
DORINA:	Y el de la Xana[102] que hilaba madejas de oro en la fuente.
FALÍN:	Y el de la raposa ciega, que iba a curarse los ojos a Santa Lucía . . .
PEREGRINA:	¿Quién era Angélica?
DORINA:	La hermana mayor. Todo el pueblo la quería como si fuera suya.[103] Pero una noche se marchó por el río.
ANDRÉS:	Y desde entonces no se puede hablar fuerte, ni nos dejan jugar.
FALÍN:	¿Tú sabes algún juego?
PEREGRINA:	Creo que los olvidé todos. Pero si me enseñáis, puedo aprender. (*Los* NIÑOS *la rodean alborozados.*)
FALÍN:	A "serrín-serrán, maderitos de San Juan. . . ."[104]
DORINA:	No. A "¡tú darás, yo daré, bájate del borriquito que yo me subiré!"[105]
ANDRÉS:	Tampoco. Espera. Vuelve la cabeza para allá,[106] y mucho ojo con hacer trampa,[107] ¡eh! (*La* PEREGRINA *se tapa los ojos, mientras ellos, con las cabezas juntas, cuchichean.*) ¡Ya está! Lo primero hay que sentarse en el suelo. (*Todos obedecen.*) Así. Ahora cada uno va diciendo y todos repiten.[108] El que se equivoque, paga. ¿Va?[109]

---

[99]"Colorín-colorao . . . acabao" a popular expression used to indicate the end of children's stories
[100]See *Appendix* III, 1
[101]A version of this ballad may be read in R. Menéndez Pidal, *Flor Nueva de Romances Viejos*, p. 240
[102]See *Appendix* III, 2
[103]como si fuern suya as if she were their very own
[104]A "serrín-serrán . . ." see *Appendix* III, 3
[105]que yo me subiré for it is my turn to get on (*A children's game*)
[106]Vuelve la cabeza para allá Turn your head the other way
[107]y mucho ojo con hacer trampa and no tricks!
[108]Ahora cada uno . . . repiten Now each one will recite in turn and all together will repeat
[109]El que . . . ¿Va? The one who makes a mistake pays a forfeit. Agreed?

TODOS: ¡Venga!

(Inician un juego pueril, de concatenaciones salmodiadas,[110] imitando con los gestos lo que dicen las palabras. El que dirige cada vuelta se pone en pie;[111] los demás contestan y actúan al unísono, sentados en corro.)

ANDRÉS:

> Ésta es la botella de vino
> que guarda en su casa el vecino.

CORO:

> Ésta es la botella de vino
> que guarda en su casa el vecino.

FALÍN: *(Se levanta mientras se sienta* ANDRÉS.*)*

> Éste es el tapón
> de tapar
> la botella de vino
> que guarda en su casa el vecino.

CORO:

> Éste es el tapón
> de tapar
> la botella de vino
> que guarda en su casa el vecino.

DORINA: *(Se levanta mientras se sienta* FALÍN.*)*

> Éste es el cordón
> de liar
> el tapón
> de tapar
> la botella de vino
> que guarda en su casa el vecino.

CORO:

> Éste es el cordón
> de liar
> el tapón
> de tapar
> la botella de vino
> que guarda en su casa el vecino.

ANDRÉS:

> Ésta es la tijera
> de cortar
> el cordón
> de liar
> el tapón
> de tapar
> la botella de vino
> que guarda en su casa el vecino.

CORO:

> Ésta es la tijera

---

[110]Inician ... salmodiadas They start a childish game, intoning a chain of psalm-like chants
[111]El que ... en pie The one who calls the turns, stands up

de cortar
el cordón
de liar
el tapón
de tapar
la botella de vino
que guarda en su casa el vecino.

(La PEREGRINA, *que ha ido dejándose arrastrar*[112] *poco a poco por la gracia cándida del juego, se levanta a su vez, imitando exageradamente los gestos del borracho.*)[113]

PEREGRINA:

. . . Y éste es el borracho ladrón
que corta el cordón,
que suelta el tapón,
que empina el porrón
y se bebe el vino
que guarda en su casa el vecino.

(*Rompe a reír. Los niños la rodean y la empujan gritando:*)

NIÑOS: ¡Borracha! ¡Borracha! ¡Borracha! . . .

(*La* PEREGRINA *se deja caer riendo cada vez más. Los niños la imitan riendo también. Pero la risa de la* PEREGRINA *va en aumento, nerviosa, inquietante, hasta una carcajada convulsa*[114] *que asusta a los pequeños. Se apartan mirándola medrosos. Por fin logra dominarse, asustada de sí misma.*)

PEREGRINA: Pero, ¿qué es lo que estoy haciendo? . . . ¿Qué es esto que me hincha la garganta y me retumba cristales en la boca?. . .[115]

DORINA: (*Medrosa aún.*) Es la risa.

PEREGRINA: ¿La risa . . . ? (*Se incorpora con esfuerzo.*) Qué cosa extraña . . . Es un temblor alegre que corre por dentro,[116] como las ardillas por un árbol hueco. Pero luego restalla en la cintura, y hace aflojar las rodillas . . . [117] (*Los* NIÑOS *vuelven a acercarse tranquilizados.*)

ANDRÉS: ¿No te habías reído nunca . . . ?

PEREGRINA: Nunca. (*Se toca las manos.*) Es curioso . . . me ha dejado calientes las manos . . . ¿Y esto que me late en los pulsos. . . ? ¡Y esto que me salta aquí dentro! . . .

DORINA: Es el corazón.

---

[112]que ha ido . . . arrastrar who is letting herself be influenced
[113]imitando . . . del borracho overacting the drunkard
[114]hasta una carcajada convulsa to a peal of hysterical laughter
[115]que me hincha . . . la boca which swells my heart and reverberates like crystaline music on my tongue?
[116]que corre por dentro that runs through my being
[117]Pero luego . . . rodillas But then I feel a weakening in the pit of my stomach and my knees begin to tremble

PEREGRINA:	(*Casi con miedo.*) No puede ser . . . ¡Sería maravilloso . . . y terrible! (*Vacila fatigada.*) Qué dulce fatiga. Nunca imaginé que la risa tuviera tanta fuerza.
ANDRÉS:	Los grandes se cansan[118] en seguida. ¿Quieres dormir?
PEREGRINA:	Después; ahora no puedo. Cuando ese reloj dé las nueve tengo que estar despierta.[119] Alguien me está esperando.
DORINA:	Nosotros te llamaremos. (*Llevándola al sillón de la lumbre.*)[120] Ven. Siéntate.
PEREGRINA:	¡No! No puedo perder un minuto. (*Se lleva un dedo a los labios.*) Silencio . . . ¿No oís, lejos, galopar un caballo? (*Los* NIÑOS *prestan atención. Se miran.*)
FALÍN:	Yo no oigo nada.
DORINA:	Será el corazón otra vez.
PEREGRINA:	¡Ojalá! Ay, cómo me pesan los párpados. No puedo . . . no puedo más.[121] (*Se sienta rendida.*)
ANDRÉS:	Angélica sabía unas palabras para hacernos dormir. ¿Quieres que te las diga?
PEREGRINA:	Dí. Pero no lo olvides . . . a las nueve en punto . . .
ANDRÉS:	Cierra los ojos y vete repitiendo[122] sin pensar. (*Va salmodiando lentamente.*)
	Allá arribita arribita . . .[123]
PEREGRINA:	(*Repite, cada vez con menos fuerza.*)
	Allá arribita arribita . . .
ANDRÉS:	
	Hay una montaña blanca . . .
PEREGRINA:	
	Hay una montaña blanca . . .
DORINA:	
	En la montaña, un naranjo . . .
PEREGRINA:	
	En la montaña, un naranjo . . .
FALÍN:	
	En el naranjo, una rama . . .
PEREGRINA:	
	En el naranjo, una rama . . .
ANDRÉS:	
	Y en la rama cuatro nidos . . . dos de oro y dos de plata . . .

---

[118]**Los grandes se cansan** Older people get tired
[119]**Cuando ese reloj . . . despierta** When that clock strikes nine, I have to be awake
[120]**al sillón de la lumbre** to the armchair near the fireplace
[121]**cómo me pesan . . . puedo más** My eyelids are so heavy. I cannot stand it any longer
[122]**vete repitiendo** begin to repeat
[123]**Allá arribita . . .** Way up there (*another game for children*)

PEREGRINA: (*Ya sin voz.*)

          Y en la rama cuatro nidos . . .

          cuatro nidos . . . cuatro . . . nidos . . .

ANDRÉS: Se durmió.

DORINA: Pobre . . . Debe estar rendida de tanto caminar.

(*El* ABUELO, *que ha llegado con leños y ramas secas contempla desde el umbral el final de la escena. Entra* TELVA.)

DICHOS, ABUELO Y TELVA

TELVA: ¿Terminó ya el juego? Pues a la cama.

DORINA: (*Imponiéndole silencio.*) Ahora no podemos. Tenemos que despertarla cuando el reloj dé las nueve.

ABUELO: Yo lo haré. Llévalos, Telva.

TELVA: Lo difícil va a ser hacerlos dormir después de tanta novelería. ¡Andando![124] (*Va subiendo la escalera con ellos.*)

DORINA: Es tan hermosa. Y tan buena. ¿Por qué no le dices que se quede con nosotros?

ANDRÉS: No debe tener donde vivir . . . Tiene los ojos tristes.

TELVA: Mejor será que se vuelva por donde vino.[125] ¡Y pronto! No me gustan nada las mujeres que hacen misterios[126] y andan solas de noche por los caminos.

(*Sale con los niños. Entretanto el* ABUELO *ha avivado el fuego. Baja la mecha del quinqué, quedando alumbrada la escena por la luz de la lumbre. Contempla intensamente a la dormida tratando de recordar.*)

ABUELO: ¿Dónde la he visto otra vez . . . ? ¿Y cuándo? . . .

Se sienta aparte a liar un cigarrillo, sin dejar de mirarla. El reloj comienza a dar las nueve. La PEREGRINA, *como sintiendo una llamada,[127] trata de incorporarse con esfuerzo. Deslumbra lejos la luz vivísima de un relámpago. Las manos de la* PEREGRINA *resbalan nuevamente y continúa dormida. Fuera, aúlla cobarde y triste, el perro. Con la última campanada del reloj, cae el*

TELÓN

---

[124]**después de . . . ¡Andando!** after so much story-telling. Come on now!

[125]**que se vuelva . . . vino** that she goes back the way she came

[126]**No me gustan . . . misterios** I don't like mysterious women at all

[127]**como sintiendo una llamada** as if she had heard a call

La dama del alba **S-31**

ACTO SEGUNDO

En el mismo lugar, poco después, La PEREGRINA *sigue dormida. Pausa durante la cual se oye el tic-tac del reloj. El* ABUELO *se le acerca y vuelve a mirarla fijamente,[1] luchando con el recuerdo. La* PEREGRINA *continúa inmóvil.*

TELVA *aparece en lo alto de la escalera. Entonces el* ABUELO *se aparta y enciende con su eslabón el cigarro que se le ha apagado entre los labios.*

TELVA: (*Bajando la escalera.*) Trabajo me costó,[2] pero por fin están dormidos. (*El* ABUELO *le impone silencio. Baja el tono.*) Demonio de críos, y qué pronto se les llena la cabeza de fantasías.[3] Que si es la Virgen de los caminos . . . que si es una reina disfrazada . . . que si lleva un vestido de oro debajo del sayal . . .[4]

ABUELO: (*Pensativo.*) Quién sabe. A veces un niño ve más allá que un hombre. También yo siento que algo misterioso entró con ella en esta casa.

TELVA: ¿A sus años? Era lo que nos faltaba. ¡A la vejez, pájaros otra vez![5]

ABUELO: Cuando le abriste la puerta ¿no sentiste algo raro en el aire?

TELVA: El repelús de la escarcha.[6]

ABUELO: ¿Y nada más . . .?

TELVA: Déjeme de historias. Yo tengo mi alma en mi almario, y dos ojos bien puestos en mitad de la cara. Nunca me emborraché con cuentos.[7]

ABUELO: Sin embargo, esa sonrisa quieta . . . esos ojos sin color como dos cristales . . . y esa manera tan extraña de hablar . . .

TELVA: Rodeos para ocultar lo que le importa.[8] (*Levanta la mecha del quinqué, iluminando nuevamente la escena.*) Por eso no la

---

[1]**se le acerca . . . fijamente** approaches her and again stares at her
[2]**Trabajo me costó** What a job it was
[3]**Demonio de críos . . . fantasías** How quickly these devilish brats get fantastic notions into their heads
[4]**Que si es . . . que si es . . . que si . . .** One moment she is . . . then again she is . . . and sometimes she . . .
[5]**Era lo que . . . otra vez!** That's all we needed! You seem to be in your second childhood
[6]**El repelús de la escarcha** [I felt] the cold air coming in
[7]**Déjeme de historias . . . cuentos** Enough of those silly stories! I know what I should believe. I have two eyes in my head and I never fall for tall tales
[8]**Rodeos . . . importa** Roundabout means to cover up the truth of the matter

tragué desde que entró. A mí me gusta la gente que pisa fuerte y habla claro. (*Se fija en él.*) Pero, ¿qué le pasa, mi amo? . . . ¡Si está temblando como una criatura![9]

ABUELO: No sé . . . tengo miedo de lo que estoy pensando.

TELVA: Pues no piense . . . La mitad de los males salen de la cabeza. (*Cogiendo nuevamente su calceta, se sienta.*) Yo, cuando una idea no me deja en paz, cojo la calceta, me pongo a cantar, y mano de santo.[10]

ABUELO: (*Se sienta nervioso junto a ella.*) Escucha, Telva, ayúdame a recordar. ¿Cuándo dijo esa mujer que había pasado por aquí otras veces?

TELVA: El día de la nevadona; cuando la nieve llegó hasta las ventanas y se borraron todos los caminos.[11]

ABUELO: Ese día el pastor se perdió al cruzar la cañada ¿te acuerdas? Lo encontraron a la mañana siguiente, tendido entre sus ovejas, con la camisa dura como un carámbano.

TELVA: (*Sin dejar su labor.*) ¡Lástima de hombre![12] Parecía un San Critobalón con su cayado y sus barbas de estopa,[13] pero cuando tocaba la zampoña, los pájaros se le posaban en los hombros.

ABUELO: Y la otra vez . . . ¿no fué cuando la boda de la Mayorazga?

TELVA: Eso dijo. Pero ella no estuvo en la boda; la vió desde lejos.

ABUELO: ¡Desde el monte! El herrero había prometido cazar un corzo para los novios . . . Al inclinarse a beber en el arroyo, se le disparó la escopeta[14] y se desangró en el agua.

TELVA: Así fué. Los rapaces lo descubrieron cuando vieron roja el agua de la fuente. (*Inquieta de pronto, suspende su labor y lo mira fijamente.*) ¿A dónde quiere ir a parar con todo eso?[15]

ABUELO: (*Se levanta con la voz ahogada.*) Y cuando la sirena pedía auxilio y las mujeres lloraban a gritos en las casas ¿te acuerdas? . . . Fué el día que explotó el grisú en la mina. ¡Tus siete hijos, Telva!

TELVA: (*Sobrecogida, levantándose también.*) ¿Pero, qué es lo que está pensando, mi Dios?

ABUELO: ¡La verdad! ¡por fin! (*Inquieto.*) ¿Dónde dejaste a los niños?

TELVA: Dormidos como tres ángeles.

---

[9]¡Si está temblando . . . criatura! Why, you are trembling like a leaf!
[10]y mano de santo and all goes well
[11]y se borraron todos los caminos and blotted from view the roadways
[12]¡Lástima de hombre! Poor fellow!
[13]sus barbas de estopa his flaxen beard
[14]se le disparó la escopeta his musket went off on him (*frequently this indirect object, which the author uses quite often, cannot be rendered in English; it is also called ethical dative, because it indicates a certain concern or interest on the part of the speaker*)
[15]¿A dónde . . . todo eso? What are you driving at with all this talk?

ABUELO:	¡Sube con ellos! (*Empujándola hacia la escalera.*) ¡Cierra puertas y ventanas! ¡Caliéntalos con tu cuerpo si es preciso! ¡Y llame quien llame, que no entre nadie![16]
TELVA:	¡Ángeles de mi alma![17] . . . ¡Líbralos, Señor, de todo mal! . . . (*Sale. El* ABUELO *se dirige resuelto hacia la dormida.*)
ABUELO:	Ahora ya sé donde te he visto. (*La toma de los brazos son fuerza.*) ¡Despierta, mal sueño![18] ¡Despierta!

PEREGRINA Y ABUELO

PEREGRINA:	(*Abre lentamente los ojos.*) Ya voy, ¿quién me llama?
ABUELO:	Mírame a los ojos, y atrévete a decir que no me conoces. ¿Recuerdas el día de la mina? También yo estaba allí, con el derrumbe sobre el pecho y el humo agrio en la garganta. Creíste que había llegado la hora y te acercaste demasiado. ¡Cuando el aire limpio entró con las piquetas ya había sentido tu frío y te había visto la cara!
PEREGRINA:	(*Serenamente.*) Lo esperaba. Los que me han visto una vez no me olvidan nunca . . .
ABUELO:	¿A qué aguardas ahora?[19] ¿Quieres que grite tu nombre por el pueblo para que te persigan los mastines y las piedras?
PEREGRINA:	No lo harás. Sería inútil.
ABUELO:	Creíste que podías engañarme, ¿eh? Soy ya muy viejo, y he pensado mucho en ti.
PEREGRINA:	No seas orgulloso, abuelo. El perro no piensa y me conoció antes que tú. (*Se oye una campanada en el reloj.*[20] *La* PEREGRINA *lo mira sobresaltada.*) ¿Qué hora da ese reloj?
ABUELO:	Las nueve y media.
PEREGRINA:	(*Desesperada.*) ¿Por qué no me despertaron a tiempo? ¿Quién me ligó con dulces hilos que no había sentido nunca? (*Vencida.*) Lo estaba temiendo y no pude evitarlo. Ahora ya es tarde.
ABUELO:	Bendito el sueño que te ató los ojos y las manos.
PEREGRINA:	Tus nietos tuvieron la culpa. Me contagiaron su vida un momento, y hasta me hicieron soñar que tenía un corazón caliente. Sólo un niño podía realizar tal milagro.
ABUELO:	Mal pensabas pagar[21] el amor con que te recibieron. ¡Y pensar que han estado jugando contigo!

---

[16]¡Y llame . . . entre nadie! And no matter who knocks, don't let anyone in!
[17]¡Ángeles de mi alma! My little darlings!
[18]¡Despierta, mal sueño! Wake up, you spook!
[19]¿A qué aguardas ahora? What are you waiting for now?
[20]Se oye una campanada en el reloj The clock is striking
[21]Mal pensabas pagar You were intending to repay in a poor way

PEREGRINA:	¡Bah! ¡Tantas veces lo han hecho sin saberlo!
ABUELO:	¿A quién venías a buscar? (*Poniéndose ante la escalera.*) Si es a ellos tendrás que pasar por encima de mí.[22]
PEREGRINA:	¡Quién piensa en sus nietos, tan débiles aún! ¡Era un torrente de vida lo que me esperaba esta noche![23] ¡Yo misma le ensillé el caballo y le calcé la espuela!
ABUELO:	¿Martín . . . ?
PEREGRINA:	El caballista más galán de la sierra . . . Junto al castaño grande . . .
ABUELO:	(*Triunfal.*) El castaño grande sólo está a media legua. ¡Ya habrá pasado de largo!
PEREGRINA:	Pero mi hora nunca pasa del todo, bien lo sabes. Se aplaza, simplemente.
ABUELO:	Entonces, vete. ¿Qué esperas todavía?
PEREGRINA:	Ahora ya nada. Sólo quisiera, antes de marchar, que me despidieras sin odio, con una palabra buena.
ABUELO:	No tengo nada que decirte. Por dura que sea la vida es lo mejor que conozco.[24]
PEREGRINA:	¿Tan distinta me imaginas de la vida? ¿Crees que podríamos existir la una sin la otra?
ABUELO:	¡Vete de mi casa,[25] te lo ruego!
PEREGRINA:	Ya me voy. Pero antes has de escucharme. Soy buena amiga de los pobres y de los hombres de conciencia limpia. ¿Por qué no hemos de hablarnos lealmente?
ABUELO:	No me fío de ti. Si fueras leal no entrarías disfrazada en las casas, para meterte en las habitaciones tristes a la hora del alba.
PEREGRINA:	¿Y quién te ha dicho que necesito entrar? Yo estoy siempre dentro, mirándoos crecer día por día desde detrás de los espejos.
ABUELO:	No puedes negar tus instintos. Eres traidora y cruel.
PEREGRINA:	Cuando los hombres me empujáis unos contra otros, sí. Pero cuando me dejáis llegar por mi propio paso . . . ¡cuánta ternura al desatar los nudos últimos! ¡Y qué sonrisas de paz en el filo de la madrugada![26]
ABUELO:	¡Calla! Tienes dulce la voz, y es peligroso escucharte.
PEREGRINA:	No os entiendo. Si os oigo quejaros siempre de la vida ¿por qué os da tanto miedo dejarla?

---

[22]**por encima de mí** over my body
[23]**¡Era un torrente . . . esta noche!** It was a real he-man who claimed my attention tonight!
[24]**Por dura . . . conozco** However hard life may be, it is the best I know
[25]**¡Vete de mi casa . . . !** Leave my house . . . !
[26]**¡cuánta ternura . . . madrugada!** with what tenderness the final knots are loosed! And how peaceful are the smiles at dawn! (*The meaning of this passage is that death may come during the night, but at dawn all suffering is ended*)

ABUELO:	No es por lo que dejamos.[27] Es porque no sabemos lo que hay al otro lado.
PEREGRINA:	Lo mismo ocurre cuando el viaje es al revés. Por eso lloran los niños al nacer.
ABUELO:	(*Inquieto nuevamente.*) ¡Otra vez los niños! Piensas demasiado en ellos . . .
PEREGRINA:	Tengo nombre de mujer. Y si alguna vez les hago daño no es porque quiera hacérselo. Es un amor que no aprendió a expresarse . . . ¡Que quizá no aprenda nunca! (*Baja a un tono de confidencia íntima.*) Escucha, abuelo. ¿Tú conoces a Nalón el Viejo?
ABUELO:	¿El que canta romances en las ferias?
PEREGRINA:	El mismo. Cuando era niño tenía la mirada más hermosa que se vió en la tierra; una tentación azul que me atraía desde lejos.[28] Un día no pude resistir . . . y lo besé en los ojos.[29]
ABUELO:	Ahora toca la guitarra y pide limosna en las romerías con su perro y su platillo de estaño.
PEREGRINA:	¡Pero yo sigo queriéndole como entonces! Y algún día he de pagarle con dos estrellas todo el daño que mi amor le hizo.
ABUELO:	Basta. No pretendas envolverme con palabras. Por hermosa que quieras presentarte yo sé que eres la mala yerba en el trigo y el muérdago en el árbol. ¡Sal de mi casa! No estaré tranquilo hasta que te vea lejos.
PEREGRINA:	Me extraña de ti. Bien está que me imaginen odiosa los cobardes. Pero tú perteneces a un pueblo que ha sabido siempre mirarme de frente. Vuestros poetas me cantaron como a una novia. Vuestros místicos me esperaban en un éxtasis impaciente como una redención. Y el más grande de vuestros sabios, me llamó "libertad". Todavía recuerdo sus palabras, cuando salío a esperarme en un baño de rosas: "¿Quieres saber dónde está la libertad? ¡Todas las venas de tu cuerpo pueden conducirte a ella!"[30]
ABUELO:	Yo no he leído libros. Sólo sé de ti lo que saben el perro y el caballo.
PEREGRINA:	(*Con profunda emoción de queja.*)[31] Entonces ¿por qué me condenas sin conocerme bien? ¿Por qué no haces un pequeño esfuerzo para comprenderme? (*Soñadora.*) También yo quisiera adornarme de rosas como las campesinas, vivir entre niños felices y tener un hombre hermoso a quien amar. Pero cuando voy a cortar las rosas todo el jardín se me hiela.[32] Cuando los

---

[27]No es por lo que dejamos It isn't on account of what we leave behind
[28]una tentación . . . lejos a sort of bluish nostalgia that attracted me from afar to him
[29]lo besé en los ojos I kissed him on the eyes (i.e. he lost his eye-sight)
[30]The reference is to Seneca, born in Spain, who wrote much about the philosophy of death
[31]Con profunda emoción de queja With great disappointment
[32]todo el jardín se me hiela the whole garden freezes up on me

niños juegan conmigo tengo que volver la cabeza por miedo a que se me queden quietos al tocarlos.[33] Y en cuanto a los hombres ¿de qué me sirve[34] que los más hermosos me busquen a caballo, si al besarlos siento que sus brazos inútiles me resbalan sin fuerza en la cintura.[35] (*Desesperada.*) ¿Comprendes ahora lo amargo de mi destino?[36] Presenciar todos los dolores sin poder llorar . . . Tener todos los sentimientos de una mujer sin poder usar ninguno . . . ¡Y estar condenada a matar siempre, siempre, sin poder nunca morir!

(*Cae abrumada en el sillón, con la frente entre las manos. El* ABUELO *la mira conmovido. Se acerca y le pone cordialmente una mano sobre el hombro.*)

ABUELO: Pobre mujer.

PEREGRINA: Gracias, abuelo. Te había pedido un poco de comprensión, y me has llamado mujer, que es la palabra más hermosa en labios de hombre. (*Toma el bordón que ha dejado apoyado en la chimenea.*) En tu casa ya no tengo nada que hacer esta noche; pero me esperan en otros sitios. Adiós. (*Va hacia la puerta. Se oye, fuera, la voz de* MARTÍN *que grita.*)

VOZ: ¡Telva! . . . ¡Telva! . . .

ABUELO: Es él. Sal por la otra puerta. No quiero que te encuentren aquí.

PEREGRINA: (*Dejando nuevamente el bordón.*) ¿Por qué no? Ya pasó la hora. Abre sin miedo. (*Vuelve a oírse la voz y golpear la puerta con el pie.*)

VOZ: Pronto . . . ¡Telva! . . . (*La* MADRE *aparece en lo alto de la escalera con un velón.*)

MADRE: ¿Quién grita a la puerta?

ABUELO: Es Martín. (*Va a abrir. La* MADRE *baja.*)

MADRE: ¿Tan pronto? No ha tenido tiempo de llegar a la mitad del camino.

(*El* ABUELO *abre. Entra* MARTÍN *trayendo en brazos a una muchacha con los vestidos y los cabellos húmedos. La* MADRE *se estremece como ante un milagro. Grita con la voz ahogada.*)

PEREGRINA, ABUELO, MARTÍN, LA MADRE Y ADELA

MADRE: ¡Angélica! . . . ¡Hija! . . . (*Corre hacia ella. El* ABUELO *la detiene.*)

ABUELO: ¿Qué dices? ¿Te has vuelto loca . . . ?

(MARTÍN *deja a la muchacha en el sillón junto al fuego. La* MADRE *la contempla de cerca, desilusionada.*)

---

[33]**por miedo . . . al tocarlos** for fear that my touch might wither them
[34]**¿de qué me sirve . . . ?** what good does it do me. . . .
[35]**sus brazos . . . cintura** their arms grow lax and fall lifeless
[36]**¿ . . . lo amargo de mi destino?** how bitter is my fate?

MADRE:	Pero entonces . . . ¿Quién es?
MARTÍN:	No sé. La vi caer en el río y pude llegar a tiempo. Está desmayada nada más.[37]

(*La* PEREGRINA *contempla extrañada a la desconocida. La* MADRE *deja el velón en la mesa sollozando dulcemente.*)

MADRE:	¿Por qué me has hecho esperar un milagro, Señor? No es ella . . . no es ella . . .
ABUELO:	La respiración es tranquila. Pronto el calor la volverá el sentido.[38]
MARTÍN:	Hay que tratar de reanimarla. (*A la* PEREGRINA.) ¿Qué podemos hacer?
PEREGRINA:	(*Con una sonrisa impasible.*) No sé . . . Yo no tengo costumbre.
ABUELO:	Unas friegas de vinagre le ayudarán. (*Toma un frasco de la chimenea.*)
MADRE:	Déjame, yo lo haré. Ojalá hubiera podido hacerlo entonces. (*Se arrodilla ante* ADELA *frotándole pulsos y sienes.*)
ABUELO:	Y a ti . . . ¿te ha ocurrido algo?
MARTÍN:	Al pasar el Rabión, un relámpago me deslumbró el caballo[39] y rodamos los dos por la barranca. Pero no ha sido nada.
PEREGRINA:	(*Se acerca a él, sacando su pañuelo del pecho.*) ¿Me permite . . . ?
MARTÍN:	¿Qué tengo?[40]
PEREGRINA:	Nada . . . Una manchita roja en la sien. (*Lo limpia amorosamente.*)
MARTÍN:	(*La mira un momento fascinado.*) Gracias.
MADRE:	Ya vuelve en sí.[41]

(*Rodean todos a* ADELA, *menos la* PEREGRINA *que contempla la escena aparte, con su eterna sonrisa.* ADELA *abre lentamente los ojos; mira extrañada lo que la rodea.*)

ABUELO:	No tenga miedo. Ya pasó el peligro.
ADELA:	¿Quién me trajo aquí?
MARTÍN:	Pasaba junto al río y la vi caer.
ADELA:	(*Con amargo reproche.*) ¿Por qué lo hizo? No me caí, fué voluntariamente . . .
ABUELO:	¿A su edad? Si no ha tenido tiempo de conocer la vida.
ADELA:	Tuve que reunir todas mis fuerzas para atreverme. Y todo ha sido inútil.

---

[37]**Está desmayada nada más** She has merely fainted
[38]**Pronto . . . sentido** Warmth will soon make her recover consciousness
[39]**un relámpago . . . caballo** a streak of lightning blinded my horse
[40]**¿Qué tengo?** What's wrong with me?
[41]**Ya vuelve en sí** She is coming to, now

MADRE:	No hable . . . respire hondo.[42] Así. ¿Está más aliviada ahora?[43]
ADELA:	Me pesa el aire en el pecho como plomo. En cambio, allí en el río, era todo tan suave y tan fácil . . .
PEREGRINA:	(*Como ausente.*) Todos dicen lo mismo. Es como una venda de agua en el alma.
MARTÍN:	Ánimo. Mañana habrá pasado todo como un mal sueño.
ADELA:	Pero yo tendré que volver a caminar sola como hasta hoy; sin nadie a quien querer . . . sin nada que esperar . . .
ABUELO:	¿No tiene una familia . . . una casa?
ADELA:	Nunca he tenido nada mío. Dicen que los ahogados recuerdan en un momento toda su vida. Yo no pude recordar nada.
MARTÍN:	Entre tantos días[44] ¿no ha tenido ninguno feliz?
ADELA:	Uno solo, pero hace ya tanto tiempo.[45] Fué un día de vacaciones en casa de una amiga, con sol de campo[46] y rebaños trepando por las montañas. Al caer la tarde se sentaban todos alrededor de los manteles, y hablaban de cosas hermosas y tranquilas . . . Por la noche las sábanas olían a manzana y las ventanas se llenaban de estrellas. Pero el domingo es un día tan corto. (*Sonríe amarga.*) Es bien triste que en toda una vida sólo se pueda recordar un día de vacaciones . . . en una casa que no era nuestra. (*Desfallece. Vuelve a cerrar los ojos.*) Y ahora, a empezar otra vez . . .
ABUELO:	Ha vuelto a perder el sentido. (*Mirando angustiado a la* PEREGRINA.) ¡Tiene heladas las manos![47] ¡No le siento el pulso!
PEREGRINA:	(*Tranquilamente sin mirar.*) Tranquilízate, abuelo. Está dormida, simplemente.
MARTÍN:	No podemos dejarla así. Hay que acostarla en seguida.
MADRE:	¿Dónde?
MARTÍN:	No hay más que un sitio en la casa.
MADRE:	(*Rebelándose ante la idea.*) ¡En el cuarto de Angélica, no!
ABUELO:	Tiene que ser. No puedes cerrarle esa puerta.
MADRE:	¡No! ¡Podéis pedirme que le dé mi pan y mis vestidos . . . todo lo mío.[48] ¡Pero el lugar de mi hija, no!
ABUELO:	Piénsalo; viene de la misma orilla, con agua del mismo río en los cabellos . . . Y es Martín quien la ha traído en brazos. Es como una orden de Dios.

---

[42]**respire hondo** take a deep breath
[43]**¿Está más aliviada ahora?** Do you feel better now?
[44]**Entre tantos días** In all your days
[45]**pero hace ya tanto tiempo** but that was so long ago
[46]**con sol de campo** a bright, sunshiny day in the country
[47]**¡Tiene heladas las manos!** Her hands are like ice!
[48]**todo lo mío** everything that is mine

| MADRE: | (*Baja la cabeza, vencida.*) Una orden de Dios . . . (*Lentamente va a la mesa y toma el velón.*) Súbela. (*Sube delante alumbrando.*[49] MARTÍN *la sigue con* ADELA *en brazos.*) ¡Telva: abre el arca . . . y calienta las sábanas de hilo! (PEREGRINA *y* ABUELO *los miran hasta que desaparecen.*) |

PEREGRINA Y ABUELO

ABUELO:	Muy pensativa te has quedado.
PEREGRINA:	Mucho. Más de lo que tú piensas.
ABUELO:	¡Mala noche para ti, eh! Te dormiste en la guardia, y se te escaparon[50] al mismo tiempo un hombre en la barranca y una mujer en el río.
PEREGRINA:	El hombre, sí. A ella no la esperaba.
ABUELO:	Pero la tuviste bien cerca. ¿Qué hubiera pasado si Martín no llega a tiempo?
PEREGRINA:	La habría salvado otro . . . o quizá ella misma. Esa muchacha no me estaba destinada todavía.
ABUELO:	¿Todavía? ¿Qué quieres decir?
PEREGRINA:	(*Pensativa.*) No lo entiendo. Alguien se ha propuesto anticipar las cosas, que deben madurar a su tiempo.[51] Pero lo que está en mis libros no se puede evitar. (*Va a tomar el bordón.*) Volveré.
ABUELO:	Aguarda. Explícame esas palabras.
PEREGRINA:	Es difícil, porque tampoco yo las veo claras. Por primera vez me encuentro ante un misterio que yo misma no acierto a comprender.[52] ¿Qué fuerza empujó a esa muchacha antes de tiempo?
ABUELO:	¿No estaba escrito así en tu libro?
PEREGRINA:	Sí, todo lo mismo; el río, la muchacha . . . y el hombre que ha de traerla en brazos a tu casa. ¡Pero no era esta noche! Todavía es temprano.
ABUELO:	Olvídate de ella. ¿No puedes perdonar por una vez siquiera?
PEREGRINA:	Te prometo que no sufrirá; es lo único que puedo hacer.
ABUELO:	¡Es tan hermosa, y la vida le ha dado tan poco! Sólo ha tenido un día feliz.
PEREGRINA:	Tendrá otros. Y sin embargo será ella la que venga a buscarme voluntariamente. Ni tú ni yo podemos evitarlo.

---

[49]**Sube delante alumbrando** She goes ahead lighting the way

[50]**se te escaparon** slipped by you

[51]**Alguien . . . a su tiempo** Some one took it into his head to precipitate things which would have come about in due course

[52]**que yo misma . . . comprender** that even I don't quite understand

ABUELO:	¡No quiero creerlo! ¿Por qué tiene que morir en plena juventud?
PEREGRINA:	¿Crees que lo sé yo? A la vida y a mí nos ocurre esto muchas veces; que no sabemos el camino, pero siempre llegamos a donde debemos ir. (*Abre la puerta. Lo mira.*) Te tiemblan las manos otra vez.
ABUELO:	Por ella. Está sola en el mundo, y podría hacer tanto bien en esta casa ocupando el vacío que dejó la otra. Si fuera por mí[53] te recibiría tranquilo. Tengo setenta años.
PEREGRINA:	(*Con suave ironía.*) Muchos menos, abuelo. Esos setenta que dices, son los que no tienes ya. (*Va a salir.*)
ABUELO:	Espera. ¿Puedo hacerte una última pregunta?
PEREGRINA:	Dí.
ABUELO:	¿Cuándo tienes que volver?
PEREGRINA:	Mira la luna; está completamente redonda. Cuando se ponga redonda otras siete veces, volveré por el río. Pero no me mires con rencor. Yo te juro que si no viniera, tú mismo me llamarías. Y que ese día bendecirás mi nombre. ¿No me crees todavía?
ABUELO:	No sé . . .
PEREGRINA:	Pronto te convencerás; ten confianza en mí. Y ahora, que me conoces mejor, despídeme sin odio y sin miedo. Somos los dos bastante viejos para ser buenos compañeros. (*Le tiende la mano.*)[54] Adiós, amigo.
ABUELO:	Adiós . . . amiga . . .

(*La* PEREGRINA *se aleja. El* ABUELO la contempla ir, *absorto, mientras se calienta contra el pecho la mano que ella estrechó.*)

TELÓN

---

[53]**Si fuera por mí** If it were for myself alone
[54]**Le tiende la mano** She offers her hand to him

ACTO TERCERO

En el mismo lugar unos meses después. Luz de tarde. El paisaje del fondo, invernal en los primeros actos, tiene ahora el verde maduro del verano. En escena hay un costurero y un gran bastidor con una labor colorista empezada.

  ANDRÉS *y* DORINA *hacen un ovillo.* FALÍN *enreda lo que puede.* QUICO, *el mozo del molino, está en escena en actitud de esperar órdenes. Llega* ADELA, *de la cocina.* QUICO *se descubre y la mira embobado.*

QUICO:	Me dijeron que tenía que hablarme.
ADELA:	¿Y cuándo no?[1] La yerba está pudriéndose de humedad en la tenada, la maquila del centeno se la comen los ratones, y el establo sigue sin mullir. ¿En qué está pensando, hombre de Dios?
QUICO:	¿Yo? ¿Yo estoy pensando?
ADELA:	¿Por qué no se mueve entonces?[2]
QUICO:	No sé. Me gusta oírla hablar.
ADELA:	¿Necesita música para el trabajo?
QUICO:	Cuando canta el carro[3] se cansan menos los bueyes.
ADELA:	Mejor que la canción es la aguijada. ¡Vamos! ¿Qué espera? (*Viendo que sigue inmóvil.*) ¿Se ha quedado sordo de repente?
QUICO:	(*Dando vueltas a la boina.*) No sé lo que me pasa. Cuando me habla el ama, oigo bien. Cuando me habla Telva, también. Pero usted tiene una manera de mirar que cuando me habla no oigo lo que dice.
ADELA:	Pues cierre los ojos, y andando que ya empieza a caer el sol.[4]
QUICO:	Voy, mi ama. Voy. (*Sale lento, volviéndose todavía desde la puerta del corral.* FALÍN *vuelca con estruendo una caja de lata llena de botones.*)
ADELA:	¿Qué haces tú ahí, Barrabás?
FALÍN:	Estoy ayudando.
ADELA:	Ya veo, ya. Recógelos uno por uno y de paso a ver si[5] aprendes a contarlos. (*Se sienta a trabajar en el bastidor.*)

[1]¿Y cuándo no? And when don't I?
[2]¿Por qué . . . entonces? Why don't you get a move on then?
[3]See *Appendix* III, 4
[4]y andando . . . caer el sol and be on your way, for the sun is beginning to set
[5]y de paso a ver si and as you do it, let's see if

DORINA:	Cuando bordas ¿puedes hablar y pensar en otra cosa?
ADELA:	Claro que sí. ¿Por qué?
DORINA:	Angélica lo hacía también. Y cuando llegaba la fiesta de hoy nos contaba esas historias de encantos que siempre ocurren la mañana de San Juan.[6]
ANDRÉS:	¿Sabes tú alguna?
ADELA:	Muchas. Son romances viejos que se aprenden de niña y no se olvidan nunca. ¿Cuál queréis?
DORINA:	Hay uno precioso de un conde que llevaba su caballo a beber al mar.

(ADELA *suspende un momento su labor, levanta la cabeza y recita con los ojos lejanos.*)

ADELA:

> "Madrugaba el Conde Olinos
> mañanita de San Juan
> a dar agua a su caballo
> a las orillas del mar.
>
> Mientras el caballo bebe
> él canta un dulce cantar;
> todas las aves del cielo
> se paraban a escuchar;
> caminante que camina
> olvida su caminar;
> navegante que navega
> la nave vuelve hacia allá . . ."[7]

ANDRÉS:	¿Por qué se paraban los caminantes y los pájaros?
ADELA:	Porque era una canción encantada, como la de las sirenas.
ANDRÉS:	¿Y para quién la cantaba?
ADELA:	Para Alba-Niña, la hija de la reina.
FALÍN:	¿Se casaron?
ADELA:	No. La reina, llena de celos, los mandó matar a los dos. Pero de ella nació un rosal blanco; de él un espino albar. Y las ramas fueron creciendo hasta juntarse . . .
DORINA:	Entonces la reina mandó cortar también las dos ramas ¿no fué así?
ADELA:	Así fué. Pero tampoco así consiguió separarlos: "De ella naciera una garza, de él un fuerte gavilán. Juntos vuelan por el cielo ¡Juntos vuelan, par a par!"[8]

---

[6]**la mañana de San Juan** the early morning of St. John's Day (see *Appendix* II)

[7]This is a very old ballad with somewhat similar theme to that in the story of Tristan and Isolde (A complete version of this ballad may be read in Luis Santullano, *Romancero español*, p. 1348)

[8](*freely*) Through the heavens fly they onward,
  Through the heavens side by side!

ANDRÉS:	Esas cosas sólo pasaban antes. Ahora ya no hay milagros.
ADELA:	Éste sí;[9] es el único que se repite siempre. Porque cuando un amor es verdadero, ni la misma muerte puede nada contra él.[10]
DORINA:	Angélica sabía esos versos; pero los decía cantando. ¿Sabes tú la música?
ADELA:	También. (*Canta.*) "Madrugaba el Conde Olinos mañanita de San Juan a dar agua a su caballo a las orillas del mar . . .
NIÑOS:	(*Acompañando el estribillo.*) A las orillas del mar . . .
ADELA:	(*Viendo al* ABUELO *que bajaba la escalera y se ha detenido a escuchar.*) ¿Quiere algo, abuelo?
ABUELO:	Nada. Te miraba entre los niños, cantando esas cosas antiguas, y me parecía estar soñando. (*Llega junto a ella y la contempla.*) ¿Qué vestido es ése?
ADELA:	Madre quiso que me lo pusiera para la fiesta de esta noche. ¿No lo recuerda?
ABUELO:	¿Cómo había de olvidarlo? Angélica misma lo tejió y bordó el aljófar sobre el terciopelo. Lo estrenó una noche de San Juan, como hoy. (*Mira lo que está haciendo.*) ¿Y esa labor?
ADELA:	La encontré empezada, en el fondo del arca.
ABUELO:	¿Sabe la Madre que la estás haciendo?
ADELA:	Ella misma me encargó terminarla. ¿Le gusta? Después de cuatro años, los hilos están un poco más pálidos. (*Levanta los ojos.*) ¿Por qué me mira así?
ABUELO:	Te encuentro cada día más cambiada . . . más parecida a la otra.
ADELA:	Será el peinado. A Madre le gusta así.
ABUELO:	Yo, en cambio, preferiría que fueras tú misma en todo; sin tratar de parecerte a nadie.
ADELA:	Ojalá fuera yo como la que empezó este bordado.
ABUELO:	Eres como eres, y así está bien. Ahora, poniéndote sus vestidos y peinándote lo mismo, te estás pareciendo a ella tanto . . . que me da miedo.
ADELA:	Miedo, ¿por qué?
ABUELO:	No sé . . . Pero si te hubieran robado un tesoro y encontraras otro, no volverías a esconderlo en el mismo sitio.

---

[9]**Éste sí** This one is [a miracle]
[10]**ni la misma . . . contra él** not even death itself can harm it

ADELA:	No lo entiendo, abuelo.
ABUELO:	Son cosas mías.[11] (*Sale por la puerta del fondo, abierta de par en par,[12] explorando el camino.*)
ADELA:	¿Qué le pasa hoy al abuelo?
DORINA:	Toda la tarde está vigilando los caminos.
ANDRÉS:	Si espera al gaitero, todavía es temprano: la fiesta no empieza hasta la noche.
FALÍN:	¿Iremos a ver las hogueras?
ADELA:	¡Y a bailar y a saltar por encima de la llama!
ANDRÉS:	¿De verdad? Antes nunca nos dejaban ir. ¡Y daba una rabia[13] oír la fiesta desde aquí con las ventanas cerradas!
ADELA:	Eso ya pasó. Esta noche iremos todos juntos.
FALÍN:	¿Yo también?
ADELA:	(*Levantándolo en brazos.*) ¡Tú el primero, como un hombrecito! (*Lo besa sonoramente. Después lo deja nuevamente en el suelo dándole una palmada.*) ¡Hala! A buscar leña para la hoguera grande. ¿Qué hacéis aquí encerrados?[14] El campo se ha hecho para correr.[15]
NIÑOS:	¡A correr! ¡A correr!
FALÍN:	(*Se detiene en la puerta.*) ¿Puedo tirar piedras a los árboles?
ADELA:	¿Por qué no?
FALÍN:	El otro día tiré una a la higuera del cura, y todos me riñeron.
ADELA:	Estarían verdes los higos.
FALÍN:	No, pero estaba el cura debajo. (*Salen riendo.* ADELA *ríe también. Entra* TELVA.)

ADELA Y TELVA

TELVA:	Gracias a Dios que se oye reír en esta casa.
ADELA:	(*Volviendo a su labor.*) Son una gloria de criaturas.[16]
TELVA:	Ahora sí; desde que van a la escuela y pueden correr a sus anchas,[17] tienen por el día mejor color y por la noche mejor sueño. Pero tampoco conviene demasiado blandura.[18]

---

[11]**Son cosas mías** Just a notion of mine

[12]**de par en par** wide open

[13]**¡Y daba una rabia . . . !** And it used to make me so mad . . . !

[14]**¿Qué hacéis aquí encerrados?** What are you doing here inside?

[15]**El campo . . . para correr** The outdoors was made for running and playing

[16]**Son . . . de criaturas** They are precious darlings

[17]**a sus anchas** to their heart's content

[18]**Pero tampoco . . . blandura** But neither is too much pampering a good thing

ADELA:	No dan motivo para otra cosa.
TELVA:	De todas maneras; bien están los besos y los juegos, pero un azote a tiempo también es salud. Vinagre y miel sabe mal, pero hace bien.[19]
ADELA:	Del vinagre ya se encargan ellos.[20] Ayer Andrés anduvo de pelea y volvió a casa morado de golpes.[21]
TELVA:	Mientras sea con otros de su edad, déjalos; así se hacen fuertes. Y los que no se pelean de pequeños lo hacen luego de mayores,[22] que es peor. Es como el renacuajo, que mueve la cola, y dale y dale y dale . . . hasta que se la quita de encima.[23] ¿Comprendes?
ADELA:	¡Tengo tanto que aprender todavía!
TELVA:	No tanto. Lo que tú has hecho aquí en unos meses no lo había conseguido yo en años. ¡Ahí es nada![24] Una casa que vivía a oscuras, y un golpe de viento que abre de pronto todas las ventanas. Eso fuiste tú.[25]
ADELA:	Aunque así fuera. Por mucho que haga[26] no será bastante para pagarles todo el bien que les debo.

(TELVA *termina de arreglar el vasar y se sienta junto a ella ayudándole a devanar una madeja.*)

TELVA:	¿Podías hacer más? Desde que Angélica se nos fué,[27] la desgracia se había metido en esta casa como cuchillo por pan. Los niños, quietos en el rincón, la rueca llena de polvo, y el ama con sus ojos fijos y su rosario en la mano. Toda la casa parecía un reloj parado. Ahora ha vuelto a andar, y hay un pájaro para cantar las horas nuevas.
ADELA:	Más fueron ellos para mí.[28] Pensar que no tenía nada, ni la esperanza siquiera, y cuando quise morir el cielo me lo dió todo de golpe: madre, abuelo, hermanos. ¡Toda una vida empezada por otra para que la siguiera yo! (*Con una sombra en la voz, suspendiendo la labor.*) A veces pienso que es demasiado para ser verdad, y que de pronto voy a despertarme sin nada otra vez a la orilla del río . . .
TELVA:	(*Santiguándose rápida.*) ¿Quieres callar, malpocada?[29] ¡Miren qué ideas para un día de fiesta! (*Le tiende*

---

[19]**pero hace bien** but they do you good
[20]**Del vinagre . . . ellos** They have already tasted the bitterness of life
[21]**anduvo de pelea . . . golpes** was in a fight and returned home black and blue with bruises
[22]**de pequeños . . . mayores** when they are children, do it when they are grown-ups
[23]**que mueve . . . encima** that wiggles and wiggles his tail until it drops right off
[24]**¡Ahí es nada!** Just imagine!
[25]**Eso fuiste tú** That's what you were
[26]**Por mucho que haga** However much I may do
[27]**se nos fué** left us
[28]**Más fueron ellos para mi** They meant much more to me
[29]**¿Quieres callar, malpocada?** Will you be still, silly one?

	nuevamente la madeja.) ¿Por qué te has puesto triste de repente?
ADELA:	Triste no. Estaba pensando que siempre falta algo para ser feliz del todo.
TELVA:	(*La mira. Voz confidencial.*) ¿Y ese algo . . . tiene los ojos negros y espuelas en las botas?
ADELA:	Martín.
TELVA:	Me lo imaginaba.
ADELA:	Los demás todos me quieren bien. ¿Por qué tiene que ser precisamente él, que me trajo a esta casa, el único que me mira como a una extraña? Nunca me ha dicho una buena palabra.
TELVA:	Es su carácter. Los hombres enteros son como el pan bien amasado: cuanto más dura tienen la corteza más tierna esconden la miga.[30]
ADELA:	Si alguna vez quedamos solos, siempre encuentra una disculpa para irse. O se queda callado, con los ojos bajos, sin mirarme siquiera.
TELVA:	¿También eso? Malo, malo, malo. Cuando los hombres nos miran mucho, puede no pasar nada; pero cuando no se atreven a mirarnos, todo puede pasar.[31]
ADELA:	¿Qué quiere usted decir?
TELVA:	¡Lo que tú te empeñas en callar! Mira, Adela, si quieres que nos encontremos, no me vengas nunca con rodeos.[32] Las palabras difíciles hay que cogerlas sin miedo, como las brasas en los dedos. ¿Qué es lo que sientes tú por Martín?
ADELA:	El afán de pagarle de algún modo lo que hizo por mí. Me gustaría que me necesitara alguna vez; encenderle el fuego cuando tiene frío, o callar juntos cuando está triste, como dos hermanos.
TELVA:	¿Y nada más?
ADELA:	¿Qué más puedo esperar?
TELVA:	¿No se te ha ocurrido pensar que es demasiado joven para vivir solo, y que a su edad sobra la hermana y falta la mujer?[33]
ADELA:	¡Telva! . . . (*Se levanta asustada.*) ¿Pero cómo puede imaginar tal cosa?
TELVA:	No sería ningún disparate, digo yo.

---

[30]**cuanto más . . . miga** the harder the crust, the softer the inside
[31]**puede no pasar . . . pasar** probably nothing will happen; but when they don't dare look at us, well, then anything may happen
[32]**si quieres . . . con rodeos** if you want us to get along together, don't beat around the bush with me
[33]**a su edad . . . la mujer** at his age he needs a wife and not a sister

ADELA:	Sería algo peor; una traición. Hasta ahora he ido ocupando uno por uno todos los sitios de Angélica, sin hacer daño a su recuerdo. Pero queda el último, el más sagrado. ¡Ése sigue siendo suyo y nadie debe entrar nunca en él!

(*Comienza a declinar la luz.*[34] MARTÍN *llega del campo. Al verlas juntas se detiene un momento. Luego, se dirige a* TELVA.)

TELVA, ADELA Y MARTÍN

MARTÍN:	¿Tienes por ahí alguna venda?[35]
TELVA:	¿Para qué?
MARTÍN:	Tengo dislocada esta muñeca[36] desde ayer. Hay que sujetarla.
TELVA:	A ti te hablan, Adela. (ADELA *rasga una tira y se acerca a él.*)
ADELA:	¿Por qué no lo dijiste ayer mismo?
MARTÍN:	No me di cuenta. Debió de ser al descargar el carro.
TELVA:	¿Ayer? Qué raro; no recuerdo que haya salido el carro en todo el día.
MARTÍN:	(*Aspero.*) Pues sería al podar el nogal, o al uncir los bueyes. ¿Tengo que acordarme cómo fué?
TELVA:	Eso allá tú.[37] Tuya es la mano.
ADELA:	(*Vendando con cuidado.*) ¿Te duele?
MARTÍN:	Aprieta fuerte. Más. (*La mira mientras ella termina el vendaje.*) ¿Por qué te has puesto ese vestido?
ADELA:	No fué idea mía. Pero si no te gusta . . .
MARTÍN:	No necesitas ponerte vestidos de nadie; puedes encargarte los que quieras. ¿No es tuya la casa? (*Comienza a subir la escalera. Se detiene un instante y dulcifica el tono, sin mirarla apenas.*) Y gracias.
TELVA:	Menos mal. Sólo te faltaba morder la mano que te cura.[38] (*Sale* MARTÍN.) ¡Lástima de vara de avellano![39]
ADELA:	(*Recogiendo su labor, pensativa.*) Cuando mira los trigales no es así. Cuando acaricia a su caballo, tampoco. Sólo es conmigo . . . (*Entra la* MADRE, *del campo.*)

---

[34]**Comienza a declinar la luz** It begins to grow dark
[35]**¿Tienes . . . alguna venda?** Do you have a bandage somewhere around?
[36]**Tengo dislocada esta muñeca** My wrist has been dislocated
[37]**Eso allá tú** That's up to you
[38]**Menos mal . . . te cura** That's better. The only thing left for you to do would be to bite the hand that fed you
[39]**¡Lástima . . . avellano!** He ought to be beaten! [with a hazel rod]

MADRE, ADELA Y TELVA. DESPUÉS QUICO

ADELA:	Ya iba a salir a buscarla. ¡Fué largo el paseo, eh!
MADRE:	Hasta las viñas. Está hermosa la tarde y ya huele a verano todo el campo.
TELVA:	¿Pasó por el pueblo?
MADRE:	Pasé. ¡Qué desconocido está! La parra de la fragua llega hasta el corredor; en el huerto parroquial hay árboles nuevos. Y esos chicos se dan tanta prisa en crecer . . . Algunos ni me conocían.
TELVA:	Pues qué, ¿creía que el pueblo se había dormido todo este tiempo?
MADRE:	Hasta las casas parecen más blancas. Y en el sendero del molino han crecido rosales bravos.
ADELA:	¿También estuvo en el molino?
MADRE:	También. Por cierto que esperaba encontrarlo mejor atendido. ¿Dónde está Quico?
TELVA:	(*Llama en voz alta.*) ¡Quico! . . .
VOZ DE QUICO:	¡Va . . . !
MADRE:	Ven que te vea de cerca, niña.[40] ¿Me están faltando los ojos o está oscureciendo ya?[41]
ADELA:	Está oscureciendo. (TELVA *enciende el quinqué.*)
MADRE:	Suéltate un poco más el pelo[42] . . . Así . . . (*Lo hace ella misma, acariciando cabellos y vestido.*) A ver ahora . . . (*La contempla entornando los ojos.*) Sí . . . así era . . . Un poco más claros los ojos, pero la misma mirada. (*La besa en los ojos. Entra* QUICO, *con un ramo en forma de corona adornado de cintas de colores.*)
QUICO:	Mande, mi ama.
MADRE:	La presa del molino chorrea el agua como una cesta, y el tejado y la rueda están comidos de verdín. En la cantera del pomar hay buena losa. (*El mozo contempla a* ADELA *embobado.*) ¿Me oyes?
QUICO:	¿Eh? . . . Sí, mi ama.
MADRE:	Para las palas de la rueda no hay madera como la de fresno. Y si puede ser mañana, mejor que pasado. ¿Me oyes o no?
QUICO:	¿Eh? . . . Sí, mi ama. Así se hará.[43]
MADRE:	Ahora voy a vestirme yo también para la fiesta. El dengue de terciopelo y las arracadas de plata, como en los buenos tiempos.[44]

---

[40]**Ven que te vea . . . niña** Come closer, child, so that I may have a good look at you
[41]**¿Me están . . . oscureciendo ya?** Are my eyes failing or is it getting dark already?
[42]**Suéltate . . . el pelo** Let your hair down just a little more
[43]**Así se hará** It will be done as you say
[44]**como en los buenos tiempos** just as in the good old days

TELVA:	¿Va a bajar al baile?
MADRE:	Hace cuatro años que no veo arder las hogueras. ¿Te parece mal?
TELVA:	Al contrario. También a mí me está rebullendo la sangre, y si las piernas me responden, todavía va a ver esta mocedad del día lo que es bailar un perlindango.[45]
ADELA:	(*Acompañando a la* MADRE.) ¿Está cansada? Apóyese en mi brazo.
MADRE:	(*Subiendo con ella.*) Gracias . . . hija.

TELVA Y QUICO

TELVA:	Las viñas, el molino y hasta el baile de noche alrededor del fuego. ¡Quién la ha visto y quién la ve![46] . . . (*Cambia el tono mirando a* QUICO *que sigue con los ojos fijos en el sitio por donde salió* ADELA.) Cuídate los ojos, rapaz, que se te van a escapar por la escalera.[47]
QUICO:	¿Hay algo malo en mirar?
TELVA:	Fuera del tiempo que pierdes, no. ¿Merendaste ya?[48]
QUICO:	Y fuerte. Pero, si lo hay, siempre queda un rincón para un cuartillo.[49]

(TELVA *le sirve el vino. Entretanto él sigue adornando su ramo.*)

	¿Le gusta el ramo?[50] Roble, acebo y laurel.
TELVA:	No está mal. ¿Pero por qué uno solo? Las hijas del alcalde son tres.
QUICO:	¡Y dale![51]
TELVA:	Claro que las otras pueden esperar. Todos los santos tienen octava,[52] y éste dos: "La noche de San Pedro te puse el ramo, la de San Juan no pude que estuve malo."
QUICO:	No es para ellas. Eso ya pasó.[53]

---

[45]**y si las piernas . . . perlindango** and if my legs don't act up, the younger generation will see yet how a perlindango should be danced (see *Appendix* III, 10)

[46]**¡Quién la ha visto y quién la ve!** What change has come over her!

[47]**que se te van . . . escalera** or you'll wear them out looking at the stairway

[48]**¿Merendaste ya?** Have you had your bite to eat yet?

[49]**Y fuerte . . . cuartillo** I [ate] heartily. But if you have some [wine] around, I always have room for a quart

[50]See *Appendix* I

[51]**¡Y dale!** There you go again!

[52]See *Appendix* III, 5

[53]**Eso ya pasó** That's all over now

TELVA:	¿Hay alguna nueva?
QUICO:	No hace falta. Poner el ramo no es cortejar.
TELVA:	¡No pensarás colgarlo en la ventana de Adela! . . .
QUICO:	A muchos mozos les gustaría; pero ninguno se atreve.
TELVA:	¿No se atreven? ¿Por qué?
QUICO:	Por Martín.
TELVA:	¿Y qué tiene que ver Martín?[54] ¿Es su marido o su novio?
QUICO:	Ya sé que no. Pero hay cosas que la gente no comprende.
TELVA:	¿Por ejemplo?
QUICO:	Por ejemplo . . . que un hombre y una mujer jóvenes, que no son familia,[55] vivan bajo el mismo techo.
TELVA:	¡Era lo que me faltaba oír![56] ¿Y eres tú, que los conoces y comes el pan de esta casa, el que se atreve a pensar eso? (*Empuñando la jarra.*) ¡Repítelo si eres hombre!
QUICO:	Eh, poco a poco, que yo no pienso nada. Usted me tira de la lengua, y yo digo lo que dicen por ahí.[57]
TELVA:	¿Dónde es por ahí?
QUICO:	Pues, por ahí . . . En la quintana, en la taberna.
TELVA:	La taberna. Buena parroquia para decir misa. ¡Y buen tejado el de la tabernera para tirarle piedras al del vecino![58] (*Se sienta a su lado y le sirve otro vaso.*) Vamos, habla. ¿Qué es lo que dice en su púlpito esa santa predicadora?
QUICO:	Cosas . . . Que si esto y que si lo otro y que si lo de más allá.[59] Ya se sabe: la lengua es la navaja de las mujeres.
TELVA:	¡Díjolo Blas, punto redondo![60] ¿Y eso es todo? Además de ese caldo alguna tajada habría en el sermón.[61]
QUICO:	Que si Adela llegó sin tener donde caerse muerta[62] y ahora es el ama de la casa . . . Que si está robando todo lo que era de Angélica . . . Y que, si empezó ocupándole los manteles,[63] por qué no había de terminar ocupándole

---

[54]**¿Y qué tiene que ver Martín?** And what does Martin have to do with all that?

[55]**que no son familia** that are not related

[56]**¡Era lo que me faltaba oír!** That's all I needed to know!

[57]**y yo digo . . . ahí** and I only repeat what everyone around says

[58]**¡Buena parroquia . . . del vecino!** (*ironical*) That's a fine church to say mass (a fine spot for good talk). And the saloonkeeper's wife lives in a mighty fine glass house to be throwing stones at her neighbor's

[59]**Que si esto . . . más allá** [She says] this, that and the other thing

[60]**¡Díjolo Bías, punto redondo!** You said it, period (*an ironical expression to cut short those who always pretend to be in the right*)

[61]**Además . . . sermón** (*ironical*) Besides this beef-tea, there must have been some meat in the sermon

[62]**donde caerse muerta** poorer than a church mouse

[63]**ocupándole los manteles** by taking her place at the table

las sábanas.[64] Anoche estaba de gran risa[65] comentándolo con el rabadán cuando llegó Martín.

TELVA: ¡Ay, mi Dios! ¿Martín lo oyó?

QUICO: Nadie lo pudo evitar. Entró de repente, pálido como la cera, volcó al rabadán encima de la mesa y luego quería obligarlo a ponerse de rodillas para decir el nombre de Adela. Entonces los mozos quisieron meterse por medio[66] . . . y tuvieron unas palabras.

TELVA: ¡Aha! Fuertes debieron ser las palabras porque ha habido que vendarle una mano. ¿Y después?

QUICO: Después nada. Cada uno salió por donde pudo;[67] él se quedó allí solo bebiendo . . . y buenas noches.[68]

TELVA: (*Recogiendo de golpe jarra y vaso.*) Pues buenas noches, galán. Apréndete tú la lección por si acaso. Y díle de mi parte a la tabernera que deje en paz las honras ajenas y cuide la suya, si puede. ¡Que en cuestión de hombres, con la mitad de su pasado tendrían muchas honradas para hacerse un porvenir! ¡Largo de aquí, pelgar![69] . . . (*Ya en la puerta del fondo, a gritos.*) ¡Ah, y de paso puedes decirle también que le eche un poco más de vino al agua que vende . . . Ladrona! (*Queda sola rezongando.*) ¡Naturalmente! ¿De dónde iba a salir la piedra?[70] El ojo malo todo lo ve dañado. ¡Y cómo iba a aguantar ésa una casa feliz sin meterse a infernar![71] (*Comienza a subir la escalera.*) ¡Lengua de hacha! ¡Ana Bolena! ¡Lagarta seca! . . . (*Vuelve el ABUELO.*)

ABUELO: ¿Qué andas ahí rezongando?

TELVA: (*De mal humor.*) ¿Le importa mucho?[72] ¿Y a usted qué tábano le picó que no hace más que entrar y salir y vigilar los caminos? ¿Espera a alguien?

ABUELO: A nadie. ¿Dónde está Adela?

TELVA: Ahora le digo que baje. Y anímela un poco; últimamente le andan malas neblinas por la cabeza.[73] (*Sigue con su retahíla hasta desaparecer.*) ¡Bruja de escoba! ¡lechuza vieja! ¡Mal rayo la parta,[74] amén!

---

[64]i.e. bed
[65]**estaba de gran risa** she was having a wonderful time
[66]**quisieron meterse por medio** tried to interfere
[67]**Cada uno . . . pudo** Everyone went out wherever he could
[68]**y buenas noches** and that was all
[69]**¡Largo de aquí, pelgar!** Out of here, you lazy bones!
[70]**¿De dónde . . . la piedra?** Where else could the brick-bat have come from? (*The reference is to Telva's belief that the "tabernera" is the origin of all the gossip in town, a mud-slinger with little respect towards other people's reputations*)
[71]**sin meterse a infernar!** without butting in with slander!
[72]**¿Le importa mucho?** What do you care?
[73]**últimamente . . . cabeza** lately she's been preoccupied with strange ideas
[74]**¡Mal rayo la parta!** May lightning strike her!

(Pausa. El ABUELO, *inquieto, se asoma nuevamente a explorar el camino. Mira al cielo. Baja* ADELA.)

ABUELO Y ADELA

ADELA:	¿Me mandó llamar,[75] abuelo?
ABUELO:	No es nada. Sólo quería verte. Saber que estabas bien.
ADELA:	¿Qué podría pasarme? Hace un momento que nos hemos visto.
ABUELO:	Me decía Telva que te andaban rondando no sé qué ideas tristes por la cabeza.[76]
ADELA:	Bah, tonterías. Pequeñas cosas, que una misma agranda porque a veces da gusto llorar sin saber por qué.
ABUELO:	¿Tienes algún motivo de queja?
ADELA:	¿Yo? Sería tentar al cielo. Tengo más de lo que pude soñar nunca. Mamá se está vistiendo de fiesta para llevarme al baile; y hace la noche más hermosa del año.[77] *(Desde el umbral del fondo.)* Mire, abuelo: todo el cielo está temblando de estrellas. ¡Y la luna está completamente redonda!

(El ABUELO *se estremece al oír estas palabras. Repite en voz baja como una obsesión.)*

ABUELO:	Completamente redonda . . . *(Mira también al sielo, junto a ella.)* Es la séptima vez desde que llegaste.
ADELA:	¿Tanto ya?[78] ¡Qué cortos son los días aquí!
ABUELO:	*(La toma de los brazos, mirándola fijamente.)* Díme la verdad, por lo que más quieras.[79] ¿Eres verdaderamente feliz?
ADELA:	Todo lo que se puede ser en la vida.
ABUELO:	¿No me ocultas nada?
ADELA:	¿Por qué había de mentir?
ABUELO:	No puede ser . . . tiene que haber algo. Algo que quizá tú misma no ves claro todavía. Que se está formando dentro, como esas nubes de pena que de pronto estallan[80] . . . ¡y que sería tan fácil destruir si tuviéramos un buen amigo a quien contarlas a tiempo!

---

[75]¿Me mandó llamar? Did you send for me?

[76]te andaban . . . cabeza you had all sorts of sad ideas running through your mind

[77]hace la noche . . . año it's the most beautiful night of the year

[78]¿Tanto ya? Has it been that long already?

[79]por lo que más quieras by whatever you love best

[80]como esas nubes . . . estallan like those clouds of trouble that explode all of a sudden

ADELA:	(*Inquieta a su vez.*) No le entiendo, abuelo. Pero me parece que no soy yo la que está callando algo aquí. ¿Qué le pasa hoy?
ABUELO:	Serán imaginaciones. Si por lo menos pudiera creer que soñé aquel día. Pero no; fué la misma noche que llegaste tú . . . ¡Y tú estás aquí, de carne y hueso![81] . . .
ADELA:	¿De qué sueño habla?
ABUELO:	No me hagas caso; no sé lo que digo. Tengo la sensación de que nos rodea un gran peligro . . . que va a saltarnos encima de repente, sin que podamos defendernos ni saber siquiera por dónde viene . . . ¿Tú has estado alguna vez sola en el monte cuando descarga la tormenta?
ADELA:	Nunca.
ABUELO:	Es la peor de las angustias. Sientes que el rayo está levantado en el aire como un látigo. Si te quedas quieta, lo tienes encima; si echas a correr es la señal para que te alcance.[82] No puedes hacer nada más que esperar lo invisible, conteniendo el aliento . . . ¡Y un miedo animal se te va metiendo en la carne,[83] frío y temblando, como el morro de un caballo!
ADELA:	(*Lo mira asustada. Llama en voz alta.*) ¡Madre! . . .
ABUELO:	¡Silencio! No te asustes, criatura. ¿Por qué llamas?
ADELA:	Por usted.[84] Es tan extraño todo lo que está diciendo . . .
ABUELO:	Ya pasó;[85] tranquilízate. Y repíteme que no tienes ningún mal pensamiento, que eres completamente feliz, para que yo también quede tranquilo.
ADELA:	¡Se lo juro! ¿Es que no me cree? Soy tan feliz que no cambiaría un solo minuto de esta casa por todos los años que he vivido antes.
ABUELO:	Gracias, Adela. Ahora quiero pedirte una cosa. Esta noche en el baile no te separes de mí. Si oyes que alguna voz te llama, apriétame fuerte la mano y no te muevas de mi lado. ¿Me lo prometes?
ADELA:	Prometido.

(*El* ABUELO *le estrecha las manos. De pronto presta atención.*)

ABUELO:	¿Oyes algo?
ADELA:	Nada.
ABUELO:	Alguien se acerca por el camino de la era.

---

[81]**de earne y hueso** in flesh and blood (i.e. actually)
[82]**para que te alcance** for it to overtake you
[83]**se te va metiendo en la carne** is taking possession of you
[84]**Por usted** For your sake
[85]**Ya pasó** It's all over now

ADELA:	Rondadores quizá. Andan poniendo el ramo del cortejo en las ventanas.[86]
ABUELO:	Ojalá . . .

(*Sale hacia el corral.* ADELA *queda preocupada mirándole ir. Luego, lentamente se dirige a la puerta del fondo. Entonces aparece la* PEREGRINA *en el umbral.* ADELA *se detiene sorprendida.*)

PEREGRINA Y ADELA. DESPUÉS, LOS NIÑOS

PEREGRINA:	Buenas noches, muchacha.
ADELA:	Dios la guarde, señora. ¿Busca a alguien de la casa?
PEREGRINA:	(*Entrando.*) El abuelo estará esperándome. Somos buenos amigos, y tengo una cita aquí esta noche. ¿No me recuerdas?
ADELA:	Apenas . . . como desde muy lejos.
PEREGRINA:	Nos vimos sólo un momento, junto al fuego . . . cuando Martín te trajo del río. ¿Por qué cierras los ojos?
ADELA:	No quiero recordar ese mal momento. Mi vida empezó a la mañana siguiente.
PEREGRINA:	No hablabas así aquella noche. Al contrario; te oí decir que en el agua era todo más hermoso y más fácil.
ADELA:	Estaba desesperada. No supe lo que decía.
PEREGRINA:	Comprendo. Cada hora tiene su verdad. Hoy tienes otros ojos[87] y un vestido de fiesta; es natural que tus palabras sean de fiesta también. Pero ten cuidado no las cambies al cambiar el vestido. (*Deja el bordón. Llegan corriendo los niños y la rodean gozosos.*)
DORINA:	¡Es la andariega de las manos blancas!
FALÍN:	¡Nos hemos acordado tanto de ti! ¿Vienes para la fiesta?
ANDRÉS:	¡Yo voy a saltar la hoguera como los grandes![88] ¿Vendrás con nosotros?
PEREGRINA:	No. Cuando los niños saltan por encima del fuego no quisiera nunca estar allí. (*A* ADELA.) Son mis mejores amigos. Me hicieron una gran travesura,[89] pero ya pasó. Ellos me acompañarán.
ADELA:	¿No necesita nada de mí?
PEREGRINA:	Ahora no. ¿Irás luego al baile?
ADELA:	A media noche; cuando enciendan las hogueras.
PEREGRINA:	Las hogueras se encienden al borde del agua, ¿verdad?

---

[86]See *Appendix* I
[87]**Hoy tienes otros ojos** Today you see things in a different light
[88]See *Appendix* I
[89]**Me hicieron una gran travesura** They played a big prank on me

ADELA:	Junto al remanso.
PEREGRINA:	(*La mira fijamente.*) Está bien. Volveremos a vernos a la orilla del río. (ADELA *baja los ojos impresionada y sale por el fondo.*)

PEREGRINA Y NIÑOS

FALÍN:	¿Por qué tardaste tanto en volver?
ANDRÉS:	¡Ya creíamos que no llegabas nunca!
DORINA:	¿Has caminado mucho en este tiempo?
PEREGRINA:	Mucho. He estado en los montes de nieve, y en los desiertos de arena, y en la galerna del mar . . . Cien países distintos, millares de caminos . . . y un sólo punto de llegada para todos.
DORINA:	¡Qué hermoso viajar tanto!
FALÍN:	¿No descansas nunca?
PEREGRINA:	Nunca. Sólo aquí me dormí una vez.
ANDRÉS:	Pero hoy no es noche de dormir. ¡Es la fiesta de San Juan!
DORINA:	¿En los otros pueblos también encienden hogueras?
PEREGRINA:	En todos.
FALÍN:	¿Por qué?
PEREGRINA:	En honor del sol. Es el día más largo del año, y la noche más corta.[90]
FALÍN:	Y el agua ¿no es la misma de todos los días?
PEREGRINA:	Parece; pero no es la misma.
ANDRÉS:	Dicen que bañando las ovejas a media noche se libran de los lobos.
DORINA:	Y la moza que coge la flor del agua al amanecer se casa dentro del año.[91]
FALÍN:	¿Por qué es milagrosa el agua esta noche?
PEREGRINA:	Porque es la fiesta del Bautista. En un día como éste bautizaron a Cristo.
DORINA:	Yo lo he visto en un libro; San Juan lleva una piel de ciervo alrededor de la cintura, y el Señor está metido hasta las rodillas en el mar.[92]
ANDRÉS:	¡En un río!
DORINA:	Es igual.
ANDRÉS:	No es igual. El mar es cuando hay una orilla; el río cuando hay dos.

---

[90]See *Appendix* III, 6
[91]See *Appendix* II
[92]está metido . . . el mar is up to his knees in the sea

FALÍN:	Pero eso fué hace mucho tiempo, y lejos. No fué en el agua de aquí.
PEREGRINA:	No importa. Esta noche todos los ríos del mundo llevan una gota del Jordán. Por eso es milagrosa el agua.

(*Los niños la miran fascinados. Ella les acaricia los cabellos. Vuelve el* ABUELO *y al verla entre los niños sofoca un grito.*)

ABUELO:	¡Deja a los niños! ¡No quiero ver tus manos sobre su cabeza!

(*Se oye, lejos, música de gaita y tamboril. Los niños se levantan alborozados.*)

ANDRÉS:	¿Oyes? ¡La gaita, abuelo!
DORINA Y FALÍN:	¡La música! ¡Ya viene la música! (*Salen corriendo por el fondo.*)

PEREGRINA Y ABUELO

ABUELO:	Por fin has vuelto.
PEREGRINA:	¿No me esperabas?
ABUELO:	Tenía la esperanza de que te hubieras olvidado de nosotros.
PEREGRINA:	Nunca falto a mis promesas. Por mucho que me duela a veces.[93]
ABUELO:	No creo en tu dolor. Si lo sintieras, no habrías elegido para venir la noche más hermosa del año.
PEREGRINA:	Yo no puedo elegir. Me limito a obedecer.
ABUELO:	¡Mentira! ¿Por qué me engañaste aquel día? Me dijiste que si no venías te llamaría yo mismo. ¿Te he llamado acaso? ¿Te ha llamado ella?
PEREGRINA:	Aún es tiempo. La noche no ha hecho más que empezar.[94]
ABUELO:	Ni te espera ni te buscará, te lo juro. Adela es completamente feliz.
PEREGRINA:	¿Te lo ha dicho ella?
ABUELO:	Aquí mismo, hace un momento.
PEREGRINA:	Me extraña. Los verdaderamente felices nunca saben que lo han sido hasta después . . . cuando ya pasó.
ABUELO:	Pasa de largo, te lo pido de rodillas.[95] Bastante daño has hecho ya a esta casa.

---

[93]**Por mucho . . . a veces** No matter how much it hurts me at times
[94]**Aún es tiempo . . . empezar** There is still time. The night has only begun
[95]**Pasa de largo . . . rodillas** Go on by. I beg you on bended knees

PEREGRINA:	No puedo regresar sola.
ABUELO:	Yo iré contigo si quieres. Llévate mis ganados, mis cosechas, todo lo que tengo. Pero no dejes vacía mi casa otra vez, como cuando te llevaste a Angélica.
PEREGRINA:	(*Tratando de recordar.*) Angélica . . . ¿Quién es esa Angélica de la que todos habláis?
ABUELO:	¡Y eres tú quién lo pregunta! ¿Has podido olvidar hasta su nombre?
PEREGRINA:	Los niños me hablaron de ella una vez.
ABUELO:	Sin embargo tu memoria es fría y dura como un espejo. ¿No recuerdas una noche de diciembre, en el remanso . . . hace cuatro años? (*Mostrándole un medallón que saca del pecho.*) Mírala aquí. Todavía llevaba en los oídos las canciones de boda,[96] y el gusto del primer amor entre los labios. ¿Qué has hecho de ella?[97]
PEREGRINA:	(*Contempla el medallón.*) Hermosa muchacha . . . ¿Era la esposa de Martín?
ABUELO:	Tres días lo fué. ¿No lo sabes? ¿Por qué finges no recordarla ahora?
PEREGRINA:	Yo no miento, abuelo. Te digo que no la conozco. ¡No la he visto nunca! (*Le devuelve el medallón.*)
ABUELO:	(*La mira sin atreverse a creer.*) ¿No la has visto?
PEREGRINA:	Nunca.
ABUELO:	Pero, entonces . . . ¿Dónde está? (*Tomándola de los brazos con profunda emoción.*) ¡Habla!
PEREGRINA:	¿La buscasteis en el río?
ABUELO:	Y todo el pueblo con nosotros. Pero sólo encontramos el pañuelo que llevaba en los hombros.
PEREGRINA:	¿La buscó Martín también?
ABUELO:	Él no. Se encerraba en su cuarto apretando los puños. (*La mira, inquieto de pronto.*) ¿Por qué lo preguntas?
PEREGRINA:	No sé . . . Hay aquí algo oscuro que a los dos nos importa averiguar.
ABUELO:	Si no lo sabes tú ¿quién puede saberlo?
PEREGRINA:	El que más cerca estuviera de ella.
ABUELO:	¿Quién?
PEREGRINA:	Quizá el mismo Martín . . .
ABUELO:	No es posible. ¿Por qué había de engañarnos? . . .
PEREGRINA:	Ése es el secreto. (*Rápida, bajando la voz.*) Silencio, abuelo. Él baja. Déjame sola.
ABUELO:	¿Qué es lo que te propones?

---

[96]**Todavía . . . de boda** The wedding bells were still ringing in her ears
[97]**¿Qué has hecho de ella?** What have you done with her?

PEREGRINA:	(*Imperativa.*) ¡Saber! Déjame. (*Sale el* ABUELO *por la izquierda. La* PEREGRINA *llega al umbral del fondo y llama en voz alta.*) ¡Adela! . . . (*Después, antes que* MARTÍN *aparezca, se desliza furtivamente por primera derecha.* MARTÍN *baja. Llega* ADELA.)

MARTÍN Y ADELA

ADELA:	¿Me llamabas?
MARTÍN:	Yo no.
ADELA:	Qué extraño. Me pareció oír una voz.
MARTÍN:	En tu busca iba.[98] Tengo algo que decirte.
ADELA:	Muy importante ha de ser para que me busques. Hasta ahora siempre has huído de mí.
MARTÍN:	No soy hombre de muchas palabras. Y lo que tengo que decirte esta noche cabe en una sola. Adiós.
ADELA:	¿Adiós? . . . ¿Sales de viaje?[99]
MARTÍN:	Mañana, con los arrieros, a Castilla.
ADELA:	¡Tan lejos! ¿Lo saben los otros?
MARTÍN:	Todavía no. Tenía que decírtelo a ti la primera.
ADELA:	Tú sabrás por qué. ¿Vas a estar fuera mucho tiempo?
MARTÍN:	El que haga falta.[100] No depende de mí.
ADELA:	No te entiendo. Un viaje largo no se decide así de repente y a escondidas, como una fuga. ¿Qué tienes que hacer en Castilla?
MARTÍN:	Qué importa; compraré ganados o renuevos para las viñas. Lo único que necesito es estar lejos. Es lo mejor para los dos.[101]
ADELA:	¿Para los dos? ¿Es decir, que soy yo la que te estorba?
MARTÍN:	Tú no; el pueblo entero. Estamos viviendo bajo el mismo techo, y no quiero que tu nombre ande de boca en boca.[102]
ADELA:	¿Qué pueden decir de nosotros? Como a un hermano te miré desde el primer día, y si algo hay sagrado para mí es el recuerdo de Angélica. (*Acercándose a él.*) No, Martín, tú no eres un cobarde para huir así de los perros que ladran. Tiene que haber algo más hondo. ¡Mírame a los ojos! ¿Hay algo más?
MARTÍN:	(*Esquivo.*) ¡Déjame! . . .

---

[98]**En tu busca iba** I was looking for you
[99]**¿Sales de viaje?** Are you going on a trip?
[100]**El que haga falta** As long as necessary
[101]**Es lo mejor para los dos** It's the best thing for both of us
[102]**y no quiero . . . boca** and I don't want your name to be bandied about

ADELA:	Si no es más que la malicia de la gente, yo les saldré al paso por los dos.[103] ¡Puedo gritarles en la cara que es mentira!
MARTÍN:	(*Con arrebato repentino.*) ¡Y de qué sirve que lo grites tú[104] si no puedo gritarlo yo! Si te huyo cuando estamos solos, si no me atrevo a hablarte ni a mirarte de frente, es porque quisiera defenderme contra lo imposible . . . ¡contra lo que ellos han sabido antes que yo mismo! ¡De qué me vale[105] morderme los brazos y retorcerme entre las sábanas diciendo ¡no! si todas mis entrañas rebeldes gritan que sí! . . .[106]
ADELA:	¡Martín! . . .
MARTÍN:	(*Dominándose con esfuerzo.*) No hubiera querido decírtelo, pero ha sido más fuerte que yo. Perdona . . . (ADELA *tarda en reaccionar, como si despertara.*)
ADELA:	Perdonar . . . qué extraño me suena eso ahora. Yo soy la que tendría que pedir perdón, y no sé a quién ni por qué. ¿Qué es lo que está pasando por mí? Debería echarme a llorar ¡y toda la sangre me canta por las venas arriba![107] Me daba miedo que algún día pudieras decirme esas palabras ¡y ahora que te las oigo, ya no quisiera escuchar ninguna más! . . .
MARTÍN:	(*Tomándola en brazos.*) Adela . . .
ADELA:	(*Entregándose.*) ¡Ninguna más! . . . (MARTÍN *la besa en un silencio violento. Pausa.*)
MARTÍN:	¿Qué va a ser de nosotros ahora? . . .[108]
ADELA:	¡Qué importa ya! Me has dicho que me quieres, y aunque sea imposible, el habértelo oído una sola vez vale toda una vida. Ahora, si alguien tiene que marchar de esta casa, seré yo la que salga.
MARTÍN:	¡Eso no!
ADELA:	Es necesario. ¿Crees que la madre podría aceptar nunca otra cosa? Nuestro amor sería para ella la peor traición al recuerdo de Angélica.
MARTÍN:	¿Y crees tú que si Angélica fuera sólo un recuerdo tendría fuerza para separarnos? ¡Los muertos no mandan!
ADELA:	Ella sí. Su voluntad sigue viviendo aquí, y yo seré la primera en obedecer.

---

[103]yo les saldré . . . los dos I shall take care of that for both of us
[104]¡Y de qué sirve que lo grites tú! And what good does it do for you to shout it!
[105]¡De qué me vale . . . ! What good is it for me . . . !
[106]si todas . . . gritan que sí when everything within me screams yes
[107]¡y toda la sangre . . . arriba! and yet my blood tingles with happiness!
[108]¿Qué va a ser . . . ahora? What's to become of us now?

MARTÍN:	(*Resuelto.*) Escúchame, Adela. ¡No puedo más![109] Necesito compartir con alguien esta verdad que se me está pudriendo dentro.[110] Angélica no era esa imagen hermosa que soñáis. Todo ese encanto que hoy la rodea con reflejos de agua, todo es un recuerdo falso.[111]
ADELA:	¡No, calla! ¿Cómo puedes hablar así de una mujer a quien has querido?
MARTÍN:	Demasiado. Ojalá no la hubiera querido tanto. ¡Pero a ti no te engañará! Tú tienes que saber que toda su vida fué una mentira. Como lo fué también su muerte.
ADELA:	¿Qué quieres decir?
MARTÍN:	¿No lo has comprendido aún? Angélica vive. Por eso nos separa.
ADELA:	¡No es posible! . . . (*Se deja caer en un asiento, repitiendo la idea sin sentido.*) No es posible . . . (*Con la frente entre las manos escucha la narración de* MARTÍN.)
MARTÍN:	Mientras fuimos novios, era eso que todos recuerdan: una ternura fiel, una mirada sin sombra y una risa feliz que penetraba desde lejos como el olor de la yerba segada. Hasta que hizo un viaje para encargar las galas de la boda. Con pocos días hubiera bastado, pero tardó varias semanas. Cuando volvió no era la misma; traía cobardes los ojos, y algo como la arena del agua se le arrastraba en la voz.[112] Al decir el juramento en la iglesia apenas podía respirar; y al ponerle el anillo las manos le temblaban . . . tanto que mi orgullo de hombre se lo agradeció. Ni siquiera me fijé en aquel desconocido que asistía a la ceremonia desde lejos sacudiéndose con la fusta el polvo de las botas. Durante tres días tuvo fiebre, y mientras me creía dormido la oía llorar en silencio mordiendo la almohada. A la tercera noche, cuando la vi salir hacia el río y corrí detrás, ya era tarde; ella misma desató la barca y cruzó a la otra orilla donde la esperaba aquel hombre con dos caballos . . .
ADELA:	(*Con ira celosa.*) ¿Y los dejaste marchar así? ¡Tú, el mejor jinete de la sierra, llorando entre los juncos!

---

[109]**¡No puedo más!** I cannot endure it any more!

[110]**que se me está . . . dentro** which is wearing me down

[111]**todo es un recuerdo falso** it's all a false conception

[112]**traía cobardes . . . en la voz** her eyes had a coward's shiftiness and her voice was as grating as sea-sand

MARTÍN:	Toda la noche galopé inútilmente, con la escopeta al hombro y las espuelas chorreando sangre. Hasta que el sol me pegó como una pedrada en los ojos.[113]
ADELA:	¿Por qué callaste al volver?
MARTÍN:	¿Podía hacer otra cosa? En el primer momento ni siquiera lo pensé. Pero cuando encontraron su pañuelo en el remanso y empezó a correr la voz de que se había ahogado, comprendí que debía callar. Era lo mejor.
ADELA:	¿Lo hiciste pensando en la madre y los hermanos?
MARTÍN:	No.
ADELA:	¿Por ti mismo?[114] ¿Por cubrir tu honra de hombre?
MARTÍN:	No, Adela, no me juzgues tan pequeño; lo hice sólo por ella. Un amor no se pierde de repente . . . y decir la verdad era como desnudarla delante del pueblo entero. ¿Comprendes ahora por qué me voy? ¡Porque te quiero y no puedo decírtelo honradamente! Tú podías ser para mí todo lo que ella no fué. ¡Y no puedo resistir esta casa donde todos la bendicen, mientras yo tengo que maldecirla dos veces: por el amor que entonces no me dió, y por el que ahora me está quitando desde lejos! Adiós, Adela . . .

(*Sale dominándose.* ADELA, *sola, rompe a llorar. La* PEREGRINA *aparece en el umbral y, con los ojos iluminados, la contempla en silencio. Vuelve a oírse lejos el grito alegre de la gaita. Entran los niños y corren hacia* ADELA.)

FALÍN:	¡Ya van a encender la primera hoguera!
DORINA:	¡Están adornando de espadañas la barca para cruzar el río!
ANDRÉS:	¡Y las mozas bajan cantando, coronadas de trébole![115]
DORINA:	Va a empezar el baile. ¿Nos llevas?

(ADELA, *escondiendo el llanto, sube rápida la escalera. Los niños la miran sorprendidos y se vuelven a la* PEREGRINA.)

PEREGRINA Y NIÑOS

DORINA:	¿Por qué llora Adela?
PEREGRINA:	Porque tiene veinte años . . . ¡y hace una noche tan hermosa! . . .[116]
ANDRÉS:	En cambio tú pareces muy contenta. ¡Cómo te brillan los ojos!

---

[113]**Hasta que . . . los ojos** Until the sun struck me in the eyes like a rain of stones
[114]**¿Por ti mismo?** [Did you do it] for your own sake?
[115]**trébole clover** (*This is the old form of the word* trébol *used today by authors to lend an archaic flavor to their writings*)
[116]**¡y hace una noche tan hermosa!** and [because] the night is so beautiful!

PEREGRINA:	Es que por fin he comprendido. ¡Había aquí algo que no acababa de explicarme,[117] y ahora, de pronto, lo veo todo tan claro!
FALÍN:	¿Qué es lo que ves tan claro?
PEREGRINA:	Una historia verdadera que parece cuento. Algún día, cuando seáis viejos como yo, se la contaréis a vuestros nietos. ¿Queréis oírla?
NIÑOS:	Cuenta, cuenta . . . (*Se sientan en el suelo frente a ella. El pequeño, en sus rodillas.*)
PEREGRINA:	Una vez era[118] un pueblo pequeño, con vacas de color de miel y pomaradas de flor blanca entre los campos de maíz. Una aldea, tranquila como un rebaño a la orilla del río.
FALÍN:	¿Como ésta?
PEREGRINA:	Como ésta. En el río había un remolino profundo de hojas secas, adonde no dejaban acercarse a los niños. Era el monstruo de la aldea. Y decían que en el fondo había otro pueblo sumergido, con su iglesia verde tupida de raíces y sus campanas milagrosas, que se oían a veces la noche de San Juan . . .
ANDRÉS:	¿Como el remanso? . . .
PEREGRINA:	Como el remanso. En aquella aldea vivía una muchacha de alma tan hermosa que no parecía de este mundo. Todas imitaban su peinado y sus vestidos; los viejos se descubrían a su paso,[119] y las mujeres le traían a los hijos enfermos para que los tocara con sus manos.
DORINA:	¿Como Angélica?
PEREGRINA:	Como Angélica. Un día la gloria de la aldea desapareció en el río. Se había ido a vivir a las casas profundas donde los peces golpeaban las ventanas como pájaros fríos;[120] y fué inútil que el pueblo entero la llamara a gritos desde arriba. Estaba como dormida, en un sueño de niebla, paseando por los jardines de musgo sus cabellos flotantes y la ternura lenta de sus manos sin peso.[121] Así pasaron los días y los años . . . Ya todos empezaban a olvidarla. Sólo una mujer, con los ojos fijos, la esperaba todavía . . . Y por fin el milagro se hizo.[122] Una noche de hogueras y

---

[117]**que no acababa de explicarme** that I couldn't quite understand
[118]**Una vez era . . .** Once upon a time there was . . .
[119]**los viejos . . . a su paso** old men used to tip their hats when she passed
[120]**Se había ido . . . pájaros fríos** She had gone to live in those deep dwellings where the fish tapped on the windows like cold birds
[121]**Estaba como dormida . . . sin peso** She was like one asleep, wrapped in a dream of mist, wafting through gardens of moss her undulant hair and the slow tenderness of her weightless hands
[122]**se hizo** was brought to pass

canciones, la bella durmiente[123] del río fué encontrada, más hermosa que nunca. Respetada por el agua y los peces, tenía los cabellos limpios, las manos tibias todavía, y en los labios una sonrisa de paz . . . como si los años del fondo hubieran sido sólo un instante. (*Los niños callan un momento, impresionados.*)

DORINA: ¡Qué historia tan extraña! . . . ¿Cuándo ocurrió eso?

PEREGRINA: No ha ocurrido todavía. Pero ya está cerca . . . ¿No os acordáis? . . . ¡Esta noche todos los ríos del mundo llevan una gota del Jordán!

TELÓN

---

[123]**la bella durmiente** the sleeping beauty

ACTO CUARTO

En el mismo lugar, dos horas después. El mantel puesto en la mesa indica que la familia ha cenado ya. Desde antes de alzarse el telón se oye al fondo la música saltera de gaita y tamboril, que termina con la estridencia viril del grito.[1]

Se acerca el rumor del mocerío entre voces y risas. La escena, sola.

VOCES:	(*Confusamente desde fuera.*) ¡A la casa de Narcés! Es la única que falta. Bien pueden, que todo les sobra.[2] ¡Leña para el santo y mozas para el baile!

(Por la puerta del fondo, que sigue abierta de par en par, irrumpen varias mozas sanjuaneras y otros tantos bigardos.)

MOZO 1°:	¡Ah de la casa![3] . . . ¿Se ha dormido la gente?
MOZAS:	¡Adela! . . . ¡Adela! . . . (*Llega* QUICO *del corral.*)
QUICO:	Menos gritos, que estamos bajo techo.[4] ¿Qué andáis buscando?
MOZO 2°:	¿Dónde está Adela?
SANJUANERA 1ª:	No la vais a tener encerrada esta noche como las onzas del moro.[5]
MOZO 1°:	Suéltala, hombre, que no te la vamos a robar.[6]
QUICO:	¿Soy yo el que manda en la casa? Si Adela quiere bajar al baile no ha de faltarle quien la acompañe.[7]
SANJUANERA 2ª:	¿Martín? . . .
SANJUANERA 3ª:	No lo creo. Por ahí anda, huído,[8] mirando el fuego desde lejos como los lobos en invierno.
MOZO 1°:	¿Por qué no la bajas tú?

---

[1]**con la estridencia viril del grito** with the viril clamor of shouting (*The author probably has in mind the* ¡ijujú! *shout—reminiscent of an old war cry—given in Asturias by young men at the end of a song, termination of a dance, or as a prelude to an impending hand-to-hand fight with some rival*)

[2]**Es la única que falta . . . sobra** It's the only one left [to go to]. They can afford it, for they have abundance of everything

[3]**¡Ah de la casa!** Hey there! Anybody home?

[4]**Menos gritos . . . techo** Don't shout. You are inside the house now

[5]**como las onzas del moro** (*freely*) like a jewel (*This is a popular expression to indicate that something, because of its value, should be well kept*)

[6]**no te la vamos a robar** we are not going to steal her from you

[7]**no ha de faltarle . . . acompañe** she'll not lack an escort

[8]**Por ahí anda, huído** He has gone off, hiding somewhere

SANJUANERA 1ª:	Vergüenza os había de dar. Una moza como un sol de mayo,[9] dos hombres jóvenes en la casa y la única ventana soltera que no tiene ramo.
QUICO:	Yo no le he pedido consejo a nadie. Con que si son palabras lo que venís buscando, ya os podéis volver.
MOZO 2°:	Leña es lo que queremos. Hace falta en la hoguera.
SANJUANERA 1ª:	La de este año tiene que dejar recuerdo. Más alta que los árboles ha de llegar,[10] hasta que caliente el río y piensen en la sierra que está amaneciendo.
QUICO:	Como no le prendáis fuego al monte.
MOZO 1°:	Poco menos. La Mayorazga nos dió dos carros de sarmiento seco.
SANJUANERA 2ª:	El alcalde, toda la poda del castañar.
MOZO 2°:	Y los de la mina arrancaron de cuajo el carbayón con raíces y todo.[11]
SANJUANERA 1ª:	Ahora lo bajaban en hombros por la cuesta, entre gritos y dinamita, como los cazadores cuando traen el oso.
SANJUANERA 3ª:	La casa de Narcés nunca se quedó atrás. ¿Qué tenéis para la fiesta?
QUICO:	Eso el ama dirá.
VOCES:	(*Llamando a gritos.*) ¡Telva! . . . ¡Telvona! . . .

(*Aparece* TELVA *en la escalera, alhajada y vestida de fiesta, terminando de ponerse el manto.*)

DICHOS Y TELVA

TELVA:	¿Qué gritos son ésos?
SANJUANERA 1ª:	¿Hay algo para el santo?
TELVA:	Más bajo, rapaza, que tengo muy orgullosas las orejas y si me hablan fuerte no oigo.[12]
QUICO:	Son las sanjuaneras, que andan buscando leña de casa en casa.
TELVA:	Bien está. Lo que es de ley no hay que perdirlo a gritos.[13]
MOZO 1°:	¿Qué podemos llevar?
TELVA:	En el corral hay un carro de árgomas, y un buen par de bueyes esperando el yugo. Acompáñalos, Quico. (*Salen los mozos con* QUICO *hacia el corral.*)

---

[9]**Vergüenza os había de dar . . . de mayo** You should be ashamed of yourselves. A girl like May sunshine
[10]**Más alta . . . ha de llegar** It is to be higher than the treetops
[11]**Y los de la mina . . . y todo** And the miners pulled up the big oak, roots and all
[12]**Más bajo . . . no oigo** Not so loud, girl, because I have very sensitive ears and if you shout I won't be able to hear
[13]**Bien está . . . a gritos** Well, all right. They don't have to shout for what is rightfully theirs

SANJUANERA 2ª:	El árgoma es la que hace mejor fuego: da roja la llama y repica como unas castañuelas al arder.[14]
SANJUANERA 3ª:	Yo prefiero el brezo, con sus campanillas moradas; arde más tranquilo y huele a siesta de verano.
SANJUANERA 1ª:	En cambio la ginesta suelta chispas y se retuerce en la hoguera como una bruja verde.
TELVA:	Muy parleras estáis . . . Y galanas, así Dios me salve.[15]
SANJUANERA 2ª:	Pues tampoco usted se quedó corta. ¡Vaya si está guapetona la comadre![16]
TELVA:	Donde hubo fuego, brasa queda. A ver, a ver que os vea.[17] ¡Viva el lujo y quién lo trujo![18] ¿Quedó algo en el arca o lleváis todo el traperío encima?
SANJUANERA 1ª:	Un día es un día.[19] No todo va a ser camisa de bombasí y refajo amarillo.
TELVA:	Ya veo, ya. Zapatos de tafilete, saya y sobresaya,[20] juboncillo bordado y el mantellín de abalorios. ¡Todo el año hilando para lucir una noche!
SANJUANERA 3ª:	Lástima que sea la más corta del año.
SANJUANERA 1ª:	Bien lo dice el cantar: "Ya vino San Juan Verde, ya vino y ya se vuelve . . ."
SANJUANERA 2ª:	Pero mientras viene y se va, cada hora puede traer un milagro.
TELVA:	Ojo, que algunos los hace el diablo[21] y hay que llorarlos después.
SANJUANERA 3ª:	¡Quién piensa en llorar un día como éste! ¿Usted no fué nunca moza?
TELVA:	Porque lo fuí lo digo. El fuego encandila el sentido, la gaita rebrinca por dentro como un vino fuerte . . . y luego es peligroso perderse por los maizales calientes de luna.[22]
SANJUANERA 1ª:	Alegría es lo que pide el santo. Al que no canta esta noche no lo miran sus ojos.
SANJUANERA 2ª:	Yo ya he puesto la sal al sereno para las vacas. Dándosela con el orvallo del amanecer siempre paren hembras.

---

[14]**y repica . . . al arder** and when burning sounds like the click of castanets

[15]**así Dios me salve** so help me!

[16]**¡Vaya si . . . la comadre!** My, but the old woman looks nice!

[17]**Donde hubo fuego . . . que os vea** An old flame never dies. Come and let me look at you

[18]**trujo:** The stem truj- of the preterite of traer was common in old Spanish and still exists in popular speech

[19]**Un día es un día** It's a gala day

[20]**saya y sobresaya** petticoat and skirt

[21]**Ojo . . . el diablo** Watch out, for some [miracles] are instigated by the devil

[22]**El fuego encandila . . . de luna** The fire enkindles the senses, the gaita music enlivens the soul like strong wine . . . after which it's dangerous to wander off through the cornfields bathed in warm moonlight

SANJUANERA 3ª:	Yo he tendido la camisa al rocío para que me traiga amores y me libre de mal.
SANJUANERA 1ª:	Y yo tiraré todos mis alfileres al agua al rayar el alba; por cada uno que flota hay un año feliz.
TELVA:	Demasiados milagros para una sola noche. Este año, por marzo, hubo cuatro bautizos en la aldea.
SANJUANERA 1ª:	¿Y eso qué tiene que ver?²³
TELVA:	San Juan cae en junio. ¿Sabes contar, moza?
SANJUANERA 2ª:	Miren la vieja maliciosa con lo que sale.²⁴
SANJUANERA 1ª:	No tendrá muy tranquila la conciencia cuando piensa así de las otras. Cada una se lleva la lengua adonde le duele la muela.²⁵
TELVA:	De las muelas nada te digo porque no me quedan. Pero la conciencia, mira si²⁶ la tendré limpia que sólo me confieso una vez al año, y con tres "Avemarías" santas pascuas.²⁷ En cambio tú no lo pagas con cuarenta credos.²⁸ (*A la otra.*) Y tú, mosquita muerta, ¿qué demonio confesaste²⁹ para tener que subir descalza a la Virgen del Acebo?³⁰
SANJUANERA 4ª:	No fué penitencia; fué una promesa. Estuve enferma de un mal aire.
TELVA:	Válgame Dios³¹ ¿mal aire se llama ahora?
SANJUANERA 1ª:	No le hagáis caso. ¿No veis que lo que quiere es que le regalen el oído? Bien dice el dicho, que los viejos y el horno por la boca se calientan.³² (*Risas. Vuelven los mozos, menos* QUICO.)
MOZO 1°:	Ya está saliendo el carro. ¿Queréis subir?
SANJUANERA 2ª:	¿Juntos . . . ?
TELVA:	Anda, que no te vas a asustar.³³ Y el santo tampoco; el pobre ya está acostumbrado, y él no tiene la culpa si su fiesta viene con el primer trallazo del verano.³⁴ (*Espantándolas como gallinas.*) ¡Aire! ¡a calentarse al fogueral, y a coger el trébole!

---

²³**¿Y eso qué tiene que ver?** And what has that got to do with it?
²⁴**Miren la vieja . . . sale** Look what the naughty old woman comes out with
²⁵**Cada una . . . la muela** Everyone talks about his own sore spot; (*literally*) every individual puts his tongue where his tooth aches
²⁶**mira si** imagine how
²⁷**santas pascuas** everything is squared up
²⁸**no lo pagas . . . credos** you can't pay off with forty credos
²⁹**Y tú, mosquita muerta . . . confesaste** And you, my little prim one, what in the world did you have to confess
³⁰**Virgen del Acebo:** a pilgrimage resort in northwestern Asturias
³¹**Válgame Dios** Good Lord!
³²**Bien dice el dicho . . . calientan** The old saying is right about old people and the oven getting warm through the mouth
³³**Anda, que . . . asustar** Go on, nothing is going to frighten you
³⁴**con el primer . . . del verano** with the first beat of summer

MOZO 2°:	¡Todos! . . . ¡Usted también, comadre! . . . (*La rodean a la fuerza, cantando, trenzados de las manos,*[35] *y empujándola el son del corre-calle.*)
TODOS:	"A coger el trébole el trébole, el trébole, a coger el trébole la noche de San Juan!"

(*Van saliendo por el fondo.*)

"A coger el trébole,
el trébole, el trébole,
a coger el trébole
los mis amores van . . . !"[36]

(MARTÍN *llega del campo. Desde la puerta contempla al mocerío que se aleja entre gritos y risas con* TELVA. *Por la escalera aparece* ADELA *llamando.*)

ADELA Y MARTÍN

ADELA:	¡Telva! . . . ¡Telva! . . .
MARTÍN:	Las sanjuaneras se la llevan. La están subiendo al carro a la fuerza. (*Entra.*) ¿Querías algo de ella?
ADELA:	(*Bajando.*) Sólo una pregunta. Pero quizá puedas contestarla tú mejor. Al abrir la ventana de mi cuarto la encontré toda cuajada de flor blanca.
MARTÍN:	De espino y cerezo. Los que vean el ramo sabrán quién lo ha puesto ahí, y lo que ese color quiere decir.[37]
ADELA:	Gracias, Martín . . . Me gusta que te hayas acordado, pero no era necesario.
MARTÍN:	¿Iba a consentir que tu ventana fuera la única desnuda?
ADELA:	Con las palabras que me dijiste antes ya me diste más de lo que podía esperar. La flor de cerezo se irá mañana con el viento; las palabras, no.
MARTÍN:	Yo seguiré pensándolas a todas horas, y con tanta fuerza que si cierras los ojos podrás oírlas desde lejos.
ADELA:	¿Cuándo te vas?
MARTÍN:	Mañana, al amanecer.
ADELA:	(*Hondamente.*) Olvidemos que esta noche es la última. Quizá mañana ya no necesites irte.
MARTÍN:	¿Por qué? ¿Puede alguien borrar esa sombra que está entre los dos? ¿O quieres verme morir de sed junto a la fuente?

---

[35]**trenzados de las manos** holding hands
[36]**los mis amores van . . . !** goes my beloved! (*This is one of the most popular and traditional songs in Asturias*)
[37]See *Appendix* III, 7

ADELA:	Sólo te he pedido que lo olvides esta noche.
MARTÍN:	Lo olvidaremos juntos, bailando ante el pueblo entero Aunque sea por una sola vez quiero que te vean todos limpiamente entre mis brazos.[38] ¡Qué vean mis ojos atados a los tuyos como está mi ramo atado a tu ventana!
ADELA:	Lo sé yo, y eso me basta[39] . . . Calla . . . alguien baja.
MARTÍN:	(*En voz baja, tomándole las manos.*) ¿Te espero en el baile?
ADELA:	Iré.
MARTÍN:	Hasta luego, Adela.
ADELA:	Hasta siempre,[40] Martín.

(*Sale* MARTÍN *por el fondo. En la escalera aparece la* MADRE *vestida de fiesta,[41] con la severa elegancia del señorío labrador. Trae la cabeza descubierta, un cirio votivo y un pañolón al brazo.*)[42]

MADRE Y ADELA

MADRE:	¿Dónde está mi mantilla? No la encuentro en la cómoda.
ADELA:	Aquí la tengo. (*La busca en el costurero.*) ¿Va a ponérsela para bajar al baile?
MADRE:	Antes tengo que pasar por la capilla. Le debo esta vela al santo. Y tengo que dar gracias a Dios por tantas cosas . . . (*Se sienta.* ADELA *le prende la mantilla mientras hablan.*)
ADELA:	¿Le había pedido algo?
MADRE:	Muchas cosas que quizá no puedan ser nunca.[43] Pero lo mejor de todo me lo dió sin pedírselo el día que te trajo a ti. ¡Y pensar que entonces no supe agradecérselo . . . que estuve a punto de cerrarte esa puerta!
ADELA:	No recuerde eso, madre.
MADRE:	Ahora que ya pasó quiero decírtelo para que me perdones aquellos días en que te miraba con rencor, como a una intrusa. Tú lo comprendes ¿verdad? La primera vez que te sentaste a la mesa frente a mí, tú no sabías que aquél era el sitio de ella . . . donde nadie había vuelto a sentarse. Yo no vivía más que para recordar, y cada palabra tuya era un silencio de ella que me quitabas.[44] Cada beso que te daban

---

[38]**quiero que . . . mis brazos** I want them all to have a clear and clean sight of you in my arms
[39]**y eso me basta** and that's enough for me
[40]**Hasta siempre** For always
[41]**vestida de fiesta** dressed for the fiesta
[42]**Trae la cabeza . . . al brazo** She has her head bare and a shawl across her arm, and in her hands she carries a votive taper
[43]**que quizá . . . ser nunca** that perhaps can never come to pass
[44]**y cada palabra tuya . . . quitabas** and with your every word you deprived me of enjoying my thoughts of her

los niños me parecía un beso que le estabas robando a ella . . .

ADELA: No me di cuenta hasta después. Por eso quise irme.

MADRE: Entonces ya no podía dejarte yo. Ya había comprendido la gran lección: que el mismo río que me quitó una hija me devolvía otra, para que mi amor no fuera una locura vacía. (*Pausa. La mira amorosamente acariciándole las manos. Se levanta.*) ¿Conoces este pañuelo? Es el que llevaba Angélica en los hombros la última noche. Se lo había regalado Martín. (*Lo pone en los hombros de* ADELA.) Ya tiene sitio también.

ADELA: (*Turbada. Sin voz.*) Gracias . . .

MADRE: Ahora respóndeme lealmente, de mujer a mujer. ¿Qué es Martín para ti?[45]

ADELA: (*La mira con miedo.*) ¿Por qué me pregunta eso?

MADRE: Responde. ¿Qué es Martín para ti?

ADELA: Nada ¡se lo juro!

MADRE: Entonces ¿por qué tiemblas? . . . ¿por qué no me miras de frente como antes?

ADELA: ¡Se lo juro, madre! Ni Martín ni yo seríamos capaces de traicionar ese recuerdo.

MADRE: ¿Lo traiciono yo cuando te llamo hija? (*Le pone las manos sobre los hombros, tranquilizándola.*) Escucha, Adela. Muchas veces pensé que podía llegar este momento. Y no quiero que sufras inútilmente por mí.[46] ¿Tú sabes que Martín te quiere? . . .

ADELA: ¡No! . . .

MADRE: Yo sí, lo sé desde hace tiempo[47] . . . El primer día que se lo vi en los ojos sentí como un escalofrío que me sacudía toda, y se me crisparon los dedos.[48] ¡Era como si Angélica se levantara celosa dentro de mi sangre! Tardé en acostumbrarme a la idea . . . Pero ya pasó.

ADELA: (*Angustiada.*) Para mí no . . . Para mí está empezando ahora . . .

MADRE: Si tú no sientes lo mismo, olvida lo que te he dicho. Pero si le quieres no trates de ahogar ese amor pensando que ha de dolerme. Ya estoy resignada.

ADELA: (*Conteniendo el llanto.*) Por lo que más quiera . . . calle.[49] No puede imaginar siquiera todo el daño que me está

---

[45]¿**Qué es Martín para ti?** What does Martin mean to you?
[46]**por mí** on account of me
[47]**Yo sí . . . hace tiempo** I do, I have known it for some time
[48]**se me crisparon los dedos** my nerves became tense to the fingertips
[49]**Por lo que más quiera . . . calle** By whatever you love best, please be still

	haciendo al decirme esas palabras hoy . . . precisamente hoy.
MADRE:	(*Recogiendo su cirio para salir.*) No trato de señalarte un camino. Sólo quería decirte que, si eliges ése, yo no seré un estorbo. Es la ley de la vida.

(*Sale.* ADELA *se deja caer agobiada en la silla, pensando obsesivamente, con los ojos fijos.*[50] *En el umbral de la derecha aparece la* PEREGRINA *y la contempla como si la oyera pensar.*)

PEREGRINA Y ADELA

ADELA:	Elegir un camino . . . ¡Por qué me sacaron del que había elegido ya si no podían darme otro mejor! (*Con angustia, arrancándose el pañuelo del cuello.*) ¡Y este pañuelo que se me abraza al cuello como un recuerdo de agua![51]

(*Repentinamente parece tomar una decisión. Se pone nuevamente el pañuelo y hace ademán de levantarse. La* PEREGRINA *la detiene serenamente poniéndole una mano imperativa sobre el hombro.*)

PEREGRINA:	No, Adela. ¡Eso no! ¿Crees que sería una solución?
ADELA:	¡Si supiera yo misma lo que quiero! Ayer todo me parecía fácil. Hoy no hay más que un muro de sombras que me aprietan.
PEREGRINA:	Ayer no sabías aún que estabas enamorada . . .
ADELA:	¿Es esto el amor?
PEREGRINA:	No, eso es el miedo de perderlo. El amor es lo que sentías hasta ahora sin saberlo. Ese travieso misterio que os llena la sangre de alfileres y la garganta de pájaros.[52]
ADELA:	¿Por qué lo pintan feliz si duele tanto? ¿Usted lo ha sentido alguna vez?
PEREGRINA:	Nunca. Pero casi siempre estamos juntos. ¡Y cómo os envidio a las que podéis sentir ese dolor que se ciñe a la carne como un cinturón de clavos,[53] pero que ninguna quisiera arrancarse!
ADELA:	El mío es peor. Es como una quemadura en las raíces . . . como un grito enterrado que no encuentra salida.
PEREGRINA:	Quizá. Yo del amor no conozco más que las palabras que tiene alrededor; y ni siquiera todas. Sé que, por las tardes, bajo los castaños, tiene dulces las manos y una voz tranquila.[54] Pero a mí sólo me toca oír las palabras

---

[50]Se deja caer . . . ojos fijos Overcome, she drops into a chair, deep in thought, her eyes in a fixed gaze
[51]¡Y este pañuelo . . . agua! And then this scarf that chokes like the haunting memory of water!
[52]que os llena . . . pájaros that fills your blood with pin-pricks and your throat with singing
[53]se ciñe . . . de clavos binds the flesh like a girdle of nails
[54]tiene dulces . . . tranquila [love] has soft hands and a tender voice

desesperadas y últimas. Las que piensan con los ojos fijos las muchachas de las ciudades cuando se asoman a los puentes de niebla . . . las que se dicen dos bocas crispadas sobre la misma almohada cuando la habitación empieza a llenarse con el olor del gas[55] . . . Las que estabas pensando tú en voz alta hace un momento.

ADELA:	(*Se levanta resuelta.*) ¿Por qué no me dejó ir? ¡Todavía es tiempo! . . .
PEREGRINA:	(*La detiene.*) ¡Quieta!
ADELA:	¡Es el único camino que me queda!
PEREGRINA:	No. El tuyo no es ése. (*Se ve, lejano, el resplandor de la hoguera y se oyen confusamente los gritos de la fiesta.*) Mira: la noche está loca de hogueras y canciones.[56] Y Martín te está esperando en el baile.
ADELA:	¿Y mañana . . . ?
PEREGRINA:	La luz del alba borrará todas tus sombras. Ten fe, niña. Yo te prometo que mañana serás feliz . . . y que esta noche será la más hermosa que hayamos visto las dos. (*Bajan los niños seguidos por el* ABUELO.)

PEREGRINA, ADELA, NIÑOS, ABUELO

ANDRÉS:	¡Ya han encendido la hoguera grande, y todo el pueblo está bailando alrededor![57]
DORINA:	Vamos, Abuelo, que llegamos tarde.[58]
FALÍN:	(*Llegando junto a la* PEREGRINA, *con una corona de rosas y espigas.*) Toma. La hice yo.
PEREGRINA:	¿Para mí?
FALÍN:	Esta noche todas las mujeres se adornan así.
DORINA:	¿No vienes al baile?
PEREGRINA:	Tengo que seguir camino al rayar el alba. Adela os acompañará. Y no se separará de vosotros ni un momento. (*Mirándola imperativa.*) ¿Verdad . . . ?
ADELA:	(*Baja la cabeza.*) Sí. Adiós, señora . . . Y gracias.
ANDRÉS:	¿Volveremos a verte pronto?
PEREGRINA:	No tengáis prisa. Antes tienen que madurar muchas espigas.
DORINA:	Cuando estés lejos ¿te acordarás de nosotros?

---

[55]The entire passage attempts to portray the gloomy thoughts that occur to lovers when they are about to commit suicide

[56]**la noche . . . y canciones** the night is brimming with bonfires and songs

[57]See *Appendix* I

[58]**Vamos . . . que llegamos tarde** Let's go, grandpa, or we'll be late

PEREGRINA:	Siempre. Os debo una risa y una hora de sueño. Dos cosas que no había sentido nunca. Adiós, pequeños . . .
NIÑOS:	¡Adiós, Peregrina! (*Salen con* ADELA. *El* ABUELO *se queda un momento.*)
ABUELO:	¿Por qué te daba las gracias Adela? . . . ¿Sabe quién eres?
PEREGRINA:	Tardará muchos años en saberlo.[59]
ABUELO:	¿No era a ella a quien buscabas esta noche? ¿O has decidido perdonarla?
PEREGRINA:	No. Me había equivocado, simplemente.
ABUELO:	Entonces ¿por qué te quedas en mi casa? ¿Qué esperas aquí?
PEREGRINA:	Ya te dije no puedo regresar sola. Pero no temas; no tendrás que llorar ni una sola lágrima que no hayas llorado ya.[60]
ABUELO:	(*La mira con sospecha.*) No te creo. Son los niños lo que andas rondando ¡confiésalo! Ahora mismo te he visto mirarlos con hambre, como las mujeres estériles a la salida de la escuela.[61]
PEREGRINA:	No tengas miedo, abuelo. Tus nietos tendrán nietos. Vete con ellos. (*Coge su bordón y lo deja apoyado en la jamba de la puerta.*)
ABUELO:	¿Qué haces . . . ?
PEREGRINA:	Dejar el bordón en la puerta en señal de despedida. Cuando vuelvas del baile no me encontrarás ya. (*Con autoridad terminante.*) Y ahora déjame. Es mi última palabra de esta noche.

(*Sale el* ABUELO. *Pausa larga. La* PEREGRINA, *a solas, mira con resbalada melancolía*[62] *la corona de rosas. Al fin sus ojos se animan; se la pone en los cabellos, toma un espejo del costurero de* ADELA *y se contempla con femenina curiosidad. Su sonrisa se desvanece; deja caer el espejo, se quita las rosas y comienza a deshojarlas fríamente, con los ojos ausentes. Entretanto se escuchan en el fogueral las canciones populares de San Juan.*)

VOZ VIRIL:

Señor San Juan:
la flor de la espiga
ya quiere ganar.
¡Que viva la danza
y los que en ella están

CORO:

¡Señor San Juan . . . !

VOZ FEMENINA:

Señor San Juan:

---

[59]**Tardará . . . en saberlo** It'll take her many years to find out

[60]**no tendrás . . . llorado ya** no more tears will you have to weep than those you have already shed

[61]**como las mujeres . . . escuela** like childless women who watch school let out

[62]**con resbalada melancolía** with elusive sadness

con la flor del agua
te vengo a cantar.[63]
¡Que viva la danza
y los que en ella están!

CORO:

¡Señor San Juan! . . .

(Hay un nuevo silencio. La PEREGRINA *está sentada de espaldas al fondo, con los codos en las rodillas y el rostro entre las manos. Por la puerta del fondo aparece furtivamente una muchacha de fatigada belleza,[64] oculto a medias el rostro con el mantellín. Contempla la casa. Ve a la* PEREGRINA *de espaldas y da un paso medroso hacia ella. La* PEREGRINA *la llama en voz alta sin volverse.)*

PEREGRINA: ¡Angélica!

PEREGRINA Y ANGÉLICA

ANGÉLICA:	(*Retrocede desconcertada.*) ¿Quién le ha dicho mi nombre? (*La* PEREGRINA *se levanta y se vuelve.*) Yo no la he visto nunca.
PEREGRINA:	Yo a ti tampoco. Pero sabía que vendrías, y no quise que encontraras sola tu casa. ¿Te vió alguien llegar?
ANGÉLICA:	Nadie. Por eso esperé a la noche, para esconderme de todos. ¿Dónde están mi madre y mis hermanos?
PEREGRINA:	Es mejor que tampoco ellos te vean. ¿Tendrías valor para mirarlos cara a cara? ¿Qué palabras podrías decirles?
ANGÉLICA:	No hacen falta palabras . . . lloraré de rodillas, y ellos comprenderán.
PEREGRINA:	¿Martín también?
ANGÉLICA:	(*Con miedo instintivo.*) ¿Está él aquí?
PEREGRINA:	En la fiesta; bailando con todos alrededor del fuego.
ANGÉLICA:	Con todos, no . . . ¡mentira! Martín habrá podido olvidarme pero mi madre no. Estoy segura que ella me esperaría todos los días de su vida sin contar las horas . . . (*Llama.*) ¡Madre! . . . ¡Madre! . . .
PEREGRINA:	Es inútil que llames. Te he dicho que está en la fiesta.
ANGÉLICA:	Necesito verla cuanto antes. Sé que ha de ser el momento más terrible de mi vida y no tengo fuerzas para esperarlo más tiempo.
PEREGRINA:	¿Qué vienes a buscar a esta casa? . . .
ANGÉLICA:	Lo que fué mío.
PEREGRINA:	Nadie te lo quitó. Lo abandonaste tú misma.

---

[63]**con la flor . . . cantar** with the water flower I come to sing to thee (cf. *Appendix* II)
[64]**muchacha de fatigada belleza** girl of faded beauty

ANGÉLICA:	No pretendo encontrar un amor que es imposible ya; pero el perdón sí. O por lo menos un rincón donde morir en paz. He pagado mi culpa con cuatro años amargos que valen toda una vida.[65]
PEREGRINA:	La tuya ha cambiado mucho en ese tiempo. ¿No has pensado cuánto pueden haber cambiado las otras?
ANGÉLICA:	Por encima de todo,[66] es mi casa y mi gente. ¡No pueden cerrarme la única puerta que me queda!
PEREGRINA:	¿Tan desesperada vuelves?
ANGÉLICA:	No podía más.[67] He sufrido todo lo peor que puede sufrir una mujer. He conocido el abandono y la soledad; la espera humillante en las mesas de mármol, y la fatiga triste de las madrugadas sin techo.[68] Me he visto rodar de mano en mano como una moneda sucia. Sólo el orgullo me mantenía de pie.[69] Pero ya lo he perdido también. Estoy vencida y no me da vergüenza gritarlo. ¡Ya no siento más que el ansia animal de descansar en un rincón caliente! . . .
PEREGRINA:	Mucho te ha doblegado la vida. Cuando se ha tenido el valor de renunciar a todo por una pasión no se puede volver luego, cobarde como un perro con frío, a mendigar las migajas de tu propia mesa. ¿Crees que Martín puede abrirte los brazos otra vez?
ANGÉLICA:	(*Desesperada.*) Después de lo que he sufrido ¿qué puede hacerme ya Martín? ¿Cruzarme la cara a latigazos? . . . ¡Mejor! . . . por lo menos sería un dolor limpio. ¿Tirarme el pan al suelo? ¡Yo lo comeré de rodillas, bendiciéndolo por ser suyo y de esta tierra en que nací![70] ¡No! ¡No habrá fuerza humana que me arranque de aquí! Estos manteles los he bordado yo . . . Esos geranios de la ventana los he plantado yo . . . ¡Estoy en mi casa! . . . mía . . . mía . . . ¡mía! . . . (*Solloza convulsa sobre la mesa, besando desesperadamente los manteles. Pausa. Vuelve a oírse la canción sanjuanera.*)
VOZ VIRIL:	Señor San Juan: ya las estrellas perdiéndose van.

---

[65]**que valen toda una vida** equivalent to a whole life-time
[66]**Por encima de todo** Above any other consideration
[67]**No podía más** I couldn't stand it any longer
[68]**la espera . . . sin techo** [I have known] the humiliating wait on marble tables, and the sad weariness at dawn without a roof overhead (*Angélica describes her sufferings and disappointments during those years away from home*)
[69]**Sólo el orgullo me mantenía de pie** Only pride sustained me
[70]**por ser suyo . . . nací** because it's his and [because] it comes from this land where I was born

	¡Que viva la danza y los que en ella están![71]
CORO:	Señor San Juan . . .

(*La* PEREGRINA *se le acerca piadosamente pasando la mano sobre sus cabellos. Voz íntima.*)

PEREGRINA:	Díme, Angélica, ¿en esos días negros de allá, no has pensado nunca que pudiera haber otro camino?[72]
ANGÉLICA:	(*Acodada a la mesa, sin volverse.*) Todos estaban cerrados para mí. Las ciudades son demasiado grandes, y allí nadie conoce a nadie.
PEREGRINA:	Un dulce camino de silencio que pudieras hacerte tú sola . . .[73]
ANGÉLICA:	No tenía fuerza para nada. (*Reconcentrada.*) Y sin embargo, la noche que él me abandonó . . .
PEREGRINA:	(*Con voz de profunda sugestión como si siguiera en voz alta el pensamiento de* ANGÉLICA.) Aquella noche pensaste que más allá, al otro lado del miedo, hay una playa donde todo dolor se vuelve espuma. Un país de aires desnudos,[74] con jardines blancos de adelfas y un frío tranquilo como un musgo de nieve . . . Donde hay una sonrisa de paz para todos los labios, una serenidad infinita para todos los ojos . . . y donde todas las palabras se reducen a una sola: ¡perdón![75]
ANGÉLICA:	(*Se vuelve mirándola con miedo.*) ¿Quién eres tú que me estás leyendo por dentro?
PEREGRINA:	Una buena amiga. La única que te queda ya.
ANGÉLICA:	(*Retrocede instintivamente.*) Yo no te he pedido amistad ni consejo. Déjame. ¡No me mires así!
PEREGRINA:	¿Prefieres que tu madre y tus hermanos sepan la verdad?
ANGÉLICA:	¿No la saben ya?
PEREGRINA:	No. Ellos te imaginan más pura que nunca. Pero dormida en el fondo del río.
ANGÉLICA:	No es posible. Martín me siguió hasta la orilla. Escondidos en el castañar le vimos pasar a galope, con la escopeta al hombro y la muerte en los ojos.
PEREGRINA:	Pero supo dominarse y callar.

---

[71]Lord St. John: the stars are straying and will be lost anon.
Long live the dance,
and those who are dancing on!
[72]¿en esos días . . . otro camino? during those gloomy days you have lived away, haven't you thought that perhaps there might be some other way out?
[73]Un dulce . . . tú sola A sweet trail of silence that you might blaze alone
[74]Un país de aires desnudos A land of clean breezes
[75]Peregrina is using her power of suggestion to persuade Angélica that death would be preferable

ANGÉLICA:	¿Por qué?
PEREGRINA:	Por ti. Porque te quería aún, y aquel silencio era el último regalo de amor que podía hacerte.
ANGÉLICA:	¿Martín ha hecho eso . . . por mí . . . ? (*Aferrándose a la esperanza.*) Pero entonces, me quiere . . . ¡Me quiere todavía! . . .
PEREGRINA:	Ahora ya es tarde. Tu sitio está ocupado. ¿No sientes otra presencia de mujer en la casa? . . .
ANGÉLICA:	¡No me robará sin lucha lo que es mío! ¿Dónde está esa mujer?
PEREGRINA:	Es inútil que trates de luchar con ella; estás vencida de antemano. Tu silla en la mesa, tu puesto junto al fuego y el amor de los tuyos, todo lo has perdido.[76]
ANGÉLICA:	¡Puedo recobrarlo!
PEREGRINA:	Demasiado tarde. Tu madre tiene ya otra hija. Tus hermanos tienen otra hermana.
ANGÉLICA:	¡Mientes!
PEREGRINA:	(*Señalando el costurero.*) ¿Conoces esa labor?
ANGÉLICA:	Es la mía. Yo la dejé empezada.
PEREGRINA:	Pero ahora tiene hilos nuevos. Alguien la está terminando por ti. Asómate a esa puerta. ¿Ves algo al resplandor de la hoguera? . . . (ANGÉLICA *va al umbral del fondo. La* PEREGRINA, *no.*)
ANGÉLICA:	Veo al pueblo entero, bailando con las manos trenzadas.
PEREGRINA:	¿Distingues a Martín?
ANGÉLICA:	Ahora pasa frente a la llama.
PEREGRINA:	¿Y a la muchacha que baila con él? Si la vieras de cerca hasta podrías reconocer su vestido y el pañuelo que lleva al cuello.
ANGÉLICA:	A ella no la conozco. No es de aquí.
PEREGRINA:	Pronto lo será.
ANGÉLICA:	(*Volviendo junto a la* PEREGRINA.) No . . . es demasiado cruel. No puede ser que me lo hayan robado todo.[77] Algo tiene que quedar para mí. ¿Puede alguien quitarme a mi madre?
PEREGRINA:	Ella ya no te necesita. Tiene tu recuerdo, que vale más que tú.
ANGÉLICA:	¿Y mis hermanos . . . ? La primera palabra que aprendió el menor fué mi nombre. Todavía lo veo dormido en mis brazos, con aquella sonrisa pequeña que le rezumaba en los labios como la gota de miel en los higos maduros.

---

[76]**y el amor . . . has perdido** and the love of your own family; you have lost everything
[77]**No puede ser . . . todo** It can't be that they have taken it all away from me

PEREGRINA:	Para tus hermanos ya no eres más que una palabra. ¿Crees que te conocerían siquiera? Cuatro años son muchos en la vida de un niño. (*Se le acerca íntima.*) Piénsalo, Angélica. Una vez destrozaste tu casa al irte ¿quieres destrozarla otra vez al volver?
ANGÉLICA:	(*Vencida.*) ¿Adónde puedo ir si no? . . .
PEREGRINA:	A salvar valientemente lo único que te queda: el recuerdo.
ANGÉLICA:	¿Para qué si es una imagen falsa?
PEREGRINA:	¿Qué importa, si es hermosa? . . . También la belleza es una verdad.
ANGÉLICA:	¿Cómo puedo salvarla?
PEREGRINA:	Yo te enseñaré el camino. Ven conmigo, y mañana el pueblo tendrá su leyenda. (*La toma de la mano.*) ¿Vamos . . . ?
ANGÉLICA:	Suelta . . . Hay algo en ti que me da miedo.
PEREGRINA:	¿Todavía? Mírame bien. ¿Cómo me ves ahora . . . ?
ANGÉLICA:	(*La contempla fascinada.*) Como un gran sueño sin párpados . . . Pero cada vez más hermosa . . .
PEREGRINA:	¡Todo el secreto está ahí! Primero, vivir apasionadamente, y después morir con belleza. (*Le pone la corona de rosas en los cabellos.*) Así . . . como si fueras a una nueva boda. Ánimo, Angélica . . . Un momento de valor, y tu recuerdo quedará plantado en la aldea como un roble lleno de nidos. ¿Vamos?
ANGÉLICA:	(*Cierra los ojos.*) Vamos. (*Vacila al andar.*)
PEREGRINA:	¿Tienes miedo aún?
ANGÉLICA:	Ya no . . . Son las rodillas que se me doblan sin querer.
PEREGRINA:	(*Con una ternura infinita.*) Apóyate en mí. Y prepara tu mejor sonrisa para el viaje. (*La toma suavemente de la cintura.*) Yo pasaré tu barca a la otra orilla . . .

(*Sale con ella. Pausa. La escena sola. Fuera comienza a apagarse el resplandor de la hoguera y se escucha la última canción.*)

VOZ VIRIL:	Señor San Juan: en la foguera ya no hay qué quemar.[78] ¡Que viva la danza y los que en ella están!
CORO:	Señor San Juan . . .

---

[78]**ya no hay qué quemar** there's no longer anything to burn

(*Vuelve a oírse la gaita, gritos alegres y rumor de gente que llega. Entra corriendo la* SANJUANERA 1ª *perseguida por las otras y los mozos. Detrás,* ADELA *y* MARTÍN.)

SANJUANERA 1ª:	No, suelta . . . Yo lo vi primero.
SANJUANERA 2ª:	Tíramelo a mí.
SANJUANERA 3ª:	A mí que no tengo novio.
SANJUANERA 1ª:	Es mío. Yo lo encontré en la orilla.
ADELA:	¿Qué es lo que encontraste?
SANJUANERA 1ª:	¡El trébole de cuatro hojas!
MOZO 1°:	Pero a ti no te sirve.[79] La suerte no es para el que lo encuentra sino para el que lo recibe.
SANJUANERA 2ª:	¡Cierra los ojos y tíralo al aire![80]
SANJUANERA 1ª:	Tómalo tú, Adela. En tu huerto estaba.
ADELA:	(*Recibiéndolo en el delantal.*) Gracias.
MARTÍN:	(*A* SANJUANERA 1ª.) Mucho te ronda la suerte este año;[81] en la fuente, la flor del agua, y en el maíz la panoya roja.[82]

(*Llegan la* MADRE *y* TELVA. *Después el* ABUELO *con los niños.*)

MADRE:	¿Qué, ya os cansasteis del baile?
TELVA:	Aunque se apague la hoguera, el rescoldo queda hasta el amanecer.
SANJUANERA 1ª:	Yo si no descanso un poco no puedo más.[83] (*Se sienta.*)
TELVA:	Bah, sangre de malvavisco. Parece que se van a comer el mundo, pero cuando repica el pandero ni les da de sí el aliento ni saben sacudir cadera[84] y mandil al "son de arriba."[85] ¡Ay de mis tiempos![86]
ADELA:	¿Va a acostarse, madre? La acompaño.
MADRE:	No te preocupes por mí; sé estar sola. Vuelve al baile con ella, Martín. Y tú, Telva, atiende a los mozos si quieren beber. Para las mujeres queda en la alacena aguardiente de guindas. (*Se detiene al pie de la escalera.*) ¿De quién es ese bordón que hay en la puerta?
ABUELO:	(*Deteniendo a* ADELA *que va a salir con* MARTÍN.) Espera . . . ¿No vieron a nadie en la casa al entrar?
TELVA:	A nadie ¿por qué?

---

[79]**Pero a ti no te sirve** But it won't work for you
[80]**tíralo al aire!** toss it up into the air!
[81]**Mucho . . . este año** Lady luck smiles on you this year
[82]See *Appendix* III, 8
[83]**No puedo más** I won't be able to take it any longer
[84]**sangre de . . . cadera** you good-for-nothing girls of today. It would seem you were to conquer the world, but when the music rings out you have neither the wind nor the ability to move your hips
[85]See *Appendix* III, 9
[86]**¡Ay de mis tiempos!** Oh in the good old days!

ABUELO:	No sé . . . Será verdad que es la noche más corta del año, pero a mí no se me acaba nunca.[87] . . .
TELVA:	Poco va a tardar. Ya está empezando a rayar el alba . . . [88]
	(*Se oye fuera la voz de* QUICO, *gritando.*)
VOZ:	¡Ama! . . .

(*Todos se vuelven sobresaltados. Llega* QUICO. *Habla con un temblor de emoción desde el umbral. Detrás van apareciendo hombres y mujeres, con faroles y antorchas, que se quedan al fondo en respetuoso silencio.*)

QUICO:	¡Mi ama . . . ! Al fin se cumplió lo que esperabas. ¡Han encontrado a Angélica en el remanso!
MARTÍN:	¿Qué estás diciendo? . . .
QUICO:	Nadie quería creerlo, pero todos lo han visto.
MADRE:	(*Corriendo hacia él, iluminada.*) ¿La has visto tú? ¡Habla!
QUICO:	Ahí te la traen, más hermosa que nunca . . . Respetada por cuatro años de agua,[89] coronada de rosas. ¡Y con una sonrisa buena, como si acabara de morir!
VOCES:	¡Milagro! . . . ¡Milagro! . . .

(*Las mujeres caen de rodillas. Los hombres se descubren.*)

MADRE:	(*Besando el suelo.*) ¡Dios tenía que escucharme! ¡Por fin la tierra vuelve a la tierra! . . . (*Levanta los brazos.*) ¡Mi Angélica querida! . . . ¡Mi Angélica santa! . . .
MUJERES:	(*Cubriéndose la cabeza con el manto y golpeándose el pecho.*) ¡Santa! . . . ¡Santa! . . . ¡Santa! . . .

(*Los hombres descubiertos y las mujeres arrodilladas, inmóviles, como figuras de retablo. Desde el umbral del fondo la* PEREGRINA *contempla el cuadro con una sonrisa dulcemente fría. El* ABUELO *cae a sus pies y le besa las manos. La* PEREGRINA *recoge el bordón y sigue su camino. Se oyen, lejanas y sumergidas, las campanas de San Juan.*)[90]

TELÓN FINAL

---

[87]**a mí no se me acaba nunca** to me it seems it will never end
[88]**Poco va a . . . el alba** It won't be long now. Already dawn is breaking
[89]**Respetada por . . . de agua** Unchanged after four years in the water
[90]**Se oyen . . . de San Juan** Far away and muffled one hears the bells of St. John

PREGUNTAS Y TEMAS

ACTO PRIMERO

PREGUNTAS

Páginas S-15–S-19

1. ¿Dónde tiene lugar la acción de esta obra?
2. ¿Cómo se llama la vieja criada?
3. ¿Cuál era el mayor de los niños?
4. ¿Qué cosas sabía hacer muy bien Telva?
5. ¿Qué quería traer Andrés a la mesa?
6. ¿Cómo le gustaban las torrijas al Abuelo?
7. ¿Por qué no deja la Madre que vayan a la escuela los niños?
8. ¿Qué necesitan hacer los niños, según el Abuelo?
9. ¿Por qué piensa la Madre en Angélica este día?
10. ¿Qué se pone Quico en la oreja?
11. ¿A dónde quiere ir Martín aquella noche?
12. ¿Cuántas hijas tenía el alcalde?
13. ¿Dónde está situado el molino?
14. ¿Qué consejos da Telva a la Madre?
15. ¿Por qué había creído Telva que su marido no la quería?

Páginas S-19–S-22

1. ¿Cuántos hijos tuvo Telva?
2. ¿Cómo perdió sus hijos Telva?
3. ¿Dónde se sienta Telva a coser en el verano?
4. ¿Dónde cree la Madre que está su hija?
5. ¿Cuándo podrá la Madre descansar en paz?
6. ¿Quién es Martín? ¿Cómo aparece vestido?
7. ¿Qué quiere hacer Martín en la braña?
8. ¿Cuántos años fueron novios Martín y Angélica?
9. ¿Cuánto tiempo vivieron juntos después de casados?
10. ¿A dónde vuela con frecuencia el pensamiento de Telva?
11. ¿Cómo está vestida la Peregrina?
12. ¿Qué dice la Peregrina al entrar en la casa?
13. ¿A qué tienen derecho los peregrinos? ¿Por qué?
14. ¿Con quién compara Dorina a los peregrinos?

Páginas S-22–S-27

1. ¿Por qué dice la Peregrina que ésta es una casa feliz?
2. ¿Por qué tiene Martín que montar el potro en vez de la yegua?
3. ¿Quién pone la espuela a Martín?
4. ¿Quién le tiene el estribo y la rienda?
5. ¿Por qué quiere volver a su cuarto la Madre?
6. ¿Por qué ladra tanto el perro esta noche?
7. ¿Cuál fué la última vez que la Peregrina estuvo en el pueblo?
8. ¿Qué boda se celebraba aquel día?
9. ¿En qué otras ocasiones pasó por allí la Peregrina?
10. ¿Qué quiere hacer Andrés cuando sea mayor?
11. ¿Dónde está señalado el camino a Santiago?
12. ¿Por qué van los peregrinos a Santiago?
13. ¿Quién hace más preguntas que un sabio contesta?
14. ¿Dónde siente frío siempre la Peregrina?
15. ¿A dónde quiere llevar Telva a los niños?

Páginas S-27–S-31

1. ¿Por qué no termina nunca los cuentos el Abuelo?
2. ¿Qué cuentos sabía contar Angélica a los niños?
3. ¿Sabe la Peregrina jugar algún juego?
4. ¿Dónde se sientan todos?
5. ¿A quién tiene que imitar la Peregrina?
6. ¿Qué tiene que hacer el que se equivoca?
7. ¿Por qué se asustan los niños de la Peregrina?
8. ¿A qué hora tendría que estar despierta la Peregrina?
9. ¿Dónde durmió la Peregrina aquella noche?
10. ¿Qué mujeres no le gustan a Telva?
11. ¿En qué pensaba el Abuelo cuando se quedó solo?
12. ¿Qué hace el Abuelo mientras mira a la Peregrina?
13. ¿Por qué no despertaron los niños a la Peregrina?
14. ¿Qué ruido se oye fuera?
15. ¿Por qué estaba tan cansada la Peregrina?

TEMAS

1. La casa de labranza: dónde estaba—cómo era. Los miembros de la familia.
2. La Peregrina: cómo estaba vestida—de dónde viene—a dónde va—por qué se detuvo en la casa—con quiénes juega.
3. La Madre y Telva: cómo ven la vida—qué las une—en qué se diferencian.

ACTO SEGUNDO

PREGUNTAS

Páginas S-32–S-36

1. ¿Dónde sigue el Abuelo?
2. ¿De dónde viene Telva?
3. ¿Qué le pregunta el Abuelo a Telva?
4. ¿A qué tiene miedo el Abuelo?
5. ¿Qué hace Telva cuando quiere abandonar una idea?
6. ¿Qué pasó el día de la nevadona?
7. ¿Dónde y cómo encontraron al pastor?
8. ¿Qué le pasó al herrero?
9. ¿Qué día explotó el grisú en la mina?
10. ¿Dónde estaba el Abuelo el día de la explosión en la mina?
11. ¿A qué hora se despertó la Peregrina?
12. ¿En busca de quién venía la Peregrina aquella noche?
13. ¿Por qué no se fía el Abuelo de ella?
14. ¿Cómo era la mirada de Nalón el Viejo cuando era niño?
15. ¿Qué hace ahora él en las romerías?

Páginas S-36–S-41

1. ¿Por qué es amargo el destino de la Peregrina?
2. ¿A qué está condenada ella?
3. ¿Cuál es la palabra más hermosa en labios de un hombre?
4. ¿Quién gritaba a la puerta?
5. ¿A quién trae Martín en los brazos?
6. ¿Quién reanimó a la muchacha?
7. ¿Dónde tenía Martín una mancha roja?
8. ¿Qué había querido hacer Adela?
9. ¿Cuál fué el único día feliz para Adela?
10. ¿Cómo tenía ella las manos?
11. ¿Dónde acostaron a Adela?
12. ¿Qué no comprende la Peregrina?
13. ¿Qué promete ella al Abuelo?
14. ¿Cuántos años tiene el Abuelo?
15. ¿Cuándo volvería la Peregrina?
16. ¿Con qué palabras se despidieron la Peregrina y el abuelo?

TEMAS

1. Preocupaciones del Abuelo.
2. El triste destino de la Peregrina.
3. La aparición de Adela.

ACTO TERCERO

PREGUNTAS

Páginas S-42–S-46

1. ¿Cuántos meses han pasado?
2. ¿Qué estación del año es?
3. ¿Qué le gusta oír a Quico?
4. ¿Qué tiene Quico en la mano?
5. ¿Cuándo ocurren historias de encantos?
6. ¿A dónde llevaba su caballo el conde?
7. ¿Quién era Alba-Niña?
8. ¿Por qué no se casaron Alba-Niña y el conde?
9. ¿De quién era el vestido que llevaba Adela?
10. ¿Cómo encontró el Abuelo a Adela?
11. ¿Qué harían los niños aquella noche?
12. ¿Qué noche era aquélla?
13. ¿Para qué pide permiso Falín?
14. ¿Qué recomienda Telva para la educación de los niños?
15. ¿Cómo volvió a casa Andrés el día antes?

Páginas S-46–S-52

1. ¿Qué le dió el cielo a Adela?
2. ¿Qué le falta a Adela para ser feliz?
3. ¿Qué hace Martín cuando se queda solo con Adela?
4. ¿Qué siente Adela por Martín?
5. ¿Por qué cree Adela que no tiene derecho a querer a Martín?
6. ¿Qué pide Martín al entrar? ¿Por qué?
7. ¿Por qué no le gusta a Martín el vestido de Adela?
8. ¿Hasta dónde llegó la madre en su paseo?
9. ¿Había cambiado mucho el pueblo?
10. ¿Cuántos años hace que no va la madre a la fiesta?
11. ¿Qué va a hacer la vieja Telva aquella noche?
12. ¿Qué tiene Quico en la mano?
13. ¿Por qué no se atreve nadie a poner ramo en la ventana de Adela?
14. ¿De qué está hablando la gente del pueblo?
15. ¿De qué acusa alguna gente a Adela?

Páginas S-52–S-58

1. ¿Qué oyó Martín al entrar en la taberna?
2. ¿Qué piensa Telva del vino de la tabernera?
3. ¿Con quién compara Telva a la tabernera?
4. ¿Qué hacía el Abuelo toda la tarde?

5. ¿Cómo era la noche?

6. ¿Cuántas lunas habían pasado desde la llegada de Adela?

7. ¿Es feliz Adela?

8. ¿Cuál es la peor de las angustias, según el Abuelo?

9. ¿Qué le pide el Abuelo a Adela aquella noche?

10. ¿Qué hacen los rondadores por la noche?

11. ¿A qué hora irían todos al baile?

12. ¿Dónde había estado la Peregrina durante este tiempo?

13. ¿Por qué es milagrosa el agua esta noche?

14. ¿En honor de quién se hacen las hogueras?

15. ¿Qué música se oye?

16. ¿Qué le pide el Abuelo a la Peregrina?

Páginas S-58–S-64

1. ¿En qué noche había desaparecido Angélica?

2. ¿Qué le enseñó el Abuelo a la Peregrina?

3. ¿Conocía la Peregrina a Angélica?

4. ¿Quién llamó a Adela?

5. ¿Por qué buscaba Martín a Adela?

6. ¿A dónde pensaba ir Martín?

7. ¿Por qué quiere abandonar Martín la casa?

8. ¿Con qué ojos le miró Adela desde el primer día?

9. ¿Qué le confiesa Martín a Adela?

10. ¿Por qué no pueden amarse Adela y Martín?

11. ¿Cuándo había cambiado Angélica?

12. ¿Quién asistió a la ceremonia de la boda?

13. ¿Cómo y con quién había huído Angélica?

14. ¿Por qué había callado Martín su secreto?

15. ¿Por qué tiene Martín que maldecir el nombre de Angélica?

16. ¿Por qué llora Adela?

17. ¿Por qué está contenta la Peregrina?

18. ¿Qué historia contó la Peregrina a los niños?

TEMAS

1. Cambios en la casa desde que Adela ocupa el lugar de Angélica.

2. Las murmuraciones de la gente.

3. Siguen las preocupaciones del Abuelo.

4. La Noche de San Juan—las hogueras.

5. El secreto y confesión de Martín.

6. La historia que cuenta la Peregrina a los niños.

ACTO CUARTO

PREGUNTAS

Páginas S-65–S-71

1. ¿Qué música se oye fuera de la casa?
2. ¿Qué piden los jóvenes?
3. ¿Dónde está Martín en aquel momento?
4. ¿Para qué quieren la leña los jóvenes?
5. ¿Qué les dió la Mayorazga a los mozos?
6. ¿Cuál es la noche más corta del año?
7. ¿Por qué ponen las muchachas alfileres en el agua?
8. ¿Cuántas veces se confiesa Telva al año?
9. ¿Qué flores tenía el ramo que Martín puso en la ventana de Adela?
10. ¿Cuándo pensaba marcharse del pueblo Martín?
11. ¿Por qué quiere la madre ir a la capilla?
12. ¿Por qué le pide perdón la Madre a Adela?
13. ¿Qué pañuelo le enseña la Madre a Adela?
14. ¿Qué contestó Adela a la pregunta: "Qué es Martín para ti"?
15. Según Telva ¿quién hacía algunos milagros?

Páginas S-71–S-76

1. ¿Qué había observado la Madre desde hacía tiempo?
2. ¿Qué consejo le dió la Madre a Adela respecto a Martín?
3. ¿De quién había sido el pañuelo que llevaba Adela?
4. ¿Qué dice la Peregrina del amor?
5. ¿Ha sentido la Peregrina amor alguna vez?
6. ¿Qué pensaba hacer Adela antes de llegar la Peregrina?
7. ¿Quién esperaba a Adela en el baile?
8. ¿Qué promete la Peregrina a Adela?
9. ¿Qué le da Falín a la Peregrina?
10. ¿Qué debe la Peregrina a los niños?
11. ¿Por quién teme el Abuelo?
12. ¿Por qué esperó Angélica la llegada de la noche para entrar?
13. ¿Quién cree Angélica que no la ha olvidado todavía?
14. ¿Dónde estaba toda la familia cuando llegó Angélica?
15. ¿Cuántos años estuvo Angélica fuera de su casa?

Páginas S-76–S-81

1. ¿Quién había plantado los geranios de la ventana?
2. ¿Qué dice Angélica sobre las grandes ciudades?
3. ¿Dónde creían la Madre y los niños que estaba Angélica?
4. ¿Creía Angélica que Martín la amaba todavía?

5. ¿Quién había ocupado en la casa el sitio de Angélica?

6. ¿Por qué no podría Angélica recobrar el amor de su familia?

7. ¿A quiénes vió Angélica alrededor de la hoguera?

8. ¿Quién estaba bailando con Martín?

9. ¿Qué había encontrado una de las muchachas? ¿Dónde?

10. ¿Qué vió la Madre en la puerta al entrar en la casa?

11. ¿Qué hora era cuando volvieron todos a la casa?

12. ¿Qué gritó Quico al entrar?

13. ¿Dónde habían encontrado el cuerpo de Angélica?

14. ¿Qué hacen todos al oír la palabra "milagro"?

15. ¿Qué se oye a lo lejos?

TEMAS

1. La leña para las hogueras. Manera de obtenerla.

2. Supersticiones y creencias del día de San Juan.

3. La Madre abre su corazón a Adela. Conversación entre las dos mujeres.

4. La aparición de Angélica: Su vida durante los cuatro últimos años y su regreso a la casa materna. Su arrepentimiento y sus esperanzas. Imposibilidad de recobrar el amor de su familia. Su muerte.

APPENDIX

APPENDIX

APPENDIX

I

The eve of and the day of St. John (June 24th) have been an occasion of festivities and much merry-making for young people. Today some of these festivities seem to be the vestiges of the pagan rites celebrating the advent of summer. The Greeks and Romans used to build bonfires in order to help the god of light triumph over the god of darkness.

In some villages of Asturias it is still customary to make *hogueras* at midnight in the middle of the public square, and to dance around or jump over them. The fire is built by the young people with stolen wood or wood given to them by the different families, the amount varying according to their means. In some places the girls prepare chocolate for the men. When the fire dies out in the early hours of the morning all leave in search of four-leaf clovers.

Many traditions, customs, legends and superstitions connected with Midsummer Eve are preserved in Asturias better perhaps than in other sections of Spain, due in part to the mountainous character of the region. Young men, for instance, serenade on the streets and place *ramos* at the door of the maiden of their preference, or on her balcony, after which they promenade through the town singing:

> Mañanita de San Juan
> madruga, niña, temprano,
> a entregar el corazón
> al galán que puso el ramo.

Maidens without *ramo* consider themselves slighted.

Some of the many traditional practices which have been subjects of popular songs, *romances* and legends that form the rich folklore associated with St. John's festival are still in existence.

II

La flor del agua in reality is not a flower, but water taken from the fountain before sunrise.[1] "Flor del agua," then, has a metaphorical sense and according to popular belief the girl who arrives at a fountain first and gets "la flor del agua" before anyone else will marry within a year and have all sorts of good luck. It is reported that at times people travel from one town to another to steal "la flor del agua,"

---

[1] Cf. the ballad of "La flor del agua" in Luis Santullano, *Romancero español,* Madrid, 1930, p. 1579.

leaving a branch to indicate that the water of that fountain has lost its miraculous qualities. The name is derived perhaps from the fact that in old times people used to adorn fountains and streams with branches and flowers. A popular Asturian song describes the grief of someone who did not arrive in time to obtain "la flor del agua.":

> Lleváronme la niña que más amaba,
> y también me llevaron la flor del agua.
> Todo me lo llevaron; no me dejaron nada . . .

"La flor del agua" is believed to have the virtue of granting happiness and to cure eye ailments and other sicknesses.

Superstitions analogous to the ones mentioned in our play are very common and highly significant:[2]

a. The girl who throws pins in a glass of water expects as many years of happiness as there are pins floating on the water the morning of St. John.

b. The young women who dampen their underwear in the morning dew hope to obtain a husband or be safe from illness.

c. Taking the cattle out of the stable at night and leaving them exposed to the morning dew will make them healthy during the year and safe from the wolves when in the mountains.

d. The rite of "salar las vacas con sal bendita" consists of feeding cows salt dampened by the morning dew in the belief that in this manner they will be free from diseases and will give birth only to females.

e. Men with rheumatism and people with skin diseases believe that by rolling naked over grass covered with early morning dew they can be cured.

III

The abundance of folkloric references in Casona's work and the great number of allusions to local customs contained therein, deserve a few notes of explanation, some of which have been offered by the author himself:

1. *Delgadina* is the name of an old ballad. Several versions have been collected in Asturias, one of which begins:

> El buen rey tenía tres hijas,
> muy hermosas y galanas;
> la más chiquitina de ellas
> Delgadina se llamaba.[3]

2. *Xanas* in Asturian mythology are nymphs of small stature but of extraordinary beauty. They are supposed to have long hair, be dressed in the regional costumes and be Christians; they live in fountains or in underground palaces surrounded by treasures of gold which they promise to shepherds or to

---

[2]For further information on superstitions and practices connected with St. John's Day in Asturias cf. Aurelio de Llano, *Del Folklore Asturiano*, Madrid, 1922, pp. 82–84.
[3]For *romances* dealing with this subject cf. Luis Santullano, *op. cit.*, pp. 1399 ff.

other human beings whom they believe capable of freeing them from their enchantment. Of the many *Xana* legends one relates that on the morning of St. John they come out from their hiding places to comb their golden locks, spin their golden threads, tend their golden chickens and play in the meadows before the sun rises.

3. *Serrín-serrán* is a game played often by an adult with a child held on his knees facing him. It begins by a rollicking movement which becomes faster and faster in rhythm with the music. At the end the grown-up clasps the child's hands and shouts the words "truque," "truque," "truque," which usually makes the tot laugh. In Oviedo they accompany the motion with this song:

¡Aserrín, aserrán! Maderinos de San Juan.
Los del rey sierran bien; los de la reina también.
Y los del Duque: ¡truque! ¡truque! ¡truque![4]

4. "Cuando canta el carro . . ." The reference is to the peasants' carts in northern Spain, whose wide rotating wooden axles "sing" or squeak loudly when in motion. Very often young people can be observed putting grease on axles to produce proudly a sharper note than their neighbors.

5. The word "octava" means the complementary festivities eight days after the principal celebration. As a result, when a vow or promise cannot be fulfilled at a certain time, it is possible to fulfill it eight days later. In this particular case, the feast of St. Peter (June 29th), which comes only five days after St. John's, can be considered the *octava* of the latter. This will explain the implication of Telva's words when she says: "I placed my wreath on your window the night of St. Peter. The night of St. John I was unable to do it because of illness."

The whole sentence, *todos los santos tienen octava* is a very common Spanish expression to indicate that there is always time to do something left undone.

6. Actually St. John's Eve is not the shortest night of the year, which is June 21st, the night of the summer solstice. However, for the average person religion was of greater importance than cosmography, and thus it was necessary for the popular imagination to associate a scientific fact with a religious festivity.

7. The blossoms of both the hawthorn and cherry tree are white, the symbol of purity. The fact that Martín places a bouquet of these flowers in Adela's window is intended to be an answer to those who have been questioning her reputation.

8. This is an allusion to a typical Asturian custom called *esfoyaza*: youths of both sexes husk the harvest of corn. Since the corn of Asturias is of a yellow variety and a red ear is a rarity, when an ear of corn of this color appears, the person who finds it has the right to kiss anyone he chooses. It is, therefore, not surprising that young men accelerate their efforts in the hope of finding the much coveted red ear.

9. The "son de arriba" is a very old dance of the Asturian mountaineers. Men and women dance apart from each other to a very primitive tune produced by striking a frying pan with an old iron key. More recently, however, instead of the frying pan and key, they use a very rustic home-made tambourine.

10. The *perlindango* is also a very ancient dance still in existence in a few places

---

[4]A description of this game may be found in the poem entitled "Los maderos de San Juan" by José Asunción Silva (Federico de Onís, *Antología de la poesía española a hispanoamericana*, p. 82).

in Asturias. Only old women dance it occasionally now. According to the folklorist E. Torner, the women form a circle, with hands clasped, moving continually to the right while singing the song. When the moment of singing the refrain arrives, they stop holding hands, raise their aprons and swing them gracefully first to one side and then the other in rhythm with the music.

VOCABULARY

VOCABULARY

This vocabulary is intended to be complete except for personal pronouns whose usage offers no peculiarities, adverbs in -mente when the corresponding adjective is given, and a few words whose spelling and meaning are identical in both languages.

The gender is not indicated in the case of masculine nouns ending in -o and feminine nouns ending in -a, -ad and -ión. Radical changes of some verbs are indicated in parenthesis after the infinitive.

Abbreviations used: *adj.* adjective, *adv.* adverb, *f.* feminine, *m.* masculine, *pl.* plural, *p. p.* past participle, *pres.* present, *pres. p.* present participle, *pret.* preterit.

a to, toward, at, in, on, by, for, from; **al +** *inf.* = upon, when, on
abajo under, underneath, below
abalorio glass bead
abandonar to abandon, get rid of
abandono forlornness
abierto, -a (*p. p. of* **abrir**) open
abrazar to embrace; to surround
abrir to open
abrumado, -a dazed, overcome
absorto, -a lost in thought, absorbed
abuelo grandfather
acabao = acabado ended
acabar to finish, end;—**de** to have just; **-se** to be finished; to end
acariciar to caress, fondle
acaso perhaps; **por si**—in case
acción action
acebo holly (tree)
aceptar to accept
acercar to approach; **-se (a)** to approach, to (come) near
acertar (ie) to succeed;—**(a)** to happen
acodado, -a with the elbows on
acompañar to go (be) with, accompany
acordarse (ue) (de) to remember
acostado, -a in bed, lying down
acostar (ue) to put to bed; **-se** to go to bed
acostumbrado, -a accustomed
acostumbrarse (a) to become accustomed, get used (to)
actitud *f.* attitude

acto act
actuar to act
acusar to accuse
Adela Adele
adelfa rhododendron
ademán *m.* gesture, manner
además moreover, besides;—**de** besides
adiós good-by
adivinar to guess
adonde (to) where
¿a dónde? (*or* **¿adónde?**) whither? where?
adornar to adorn; **-se** to adorn oneself (with)
afán *m.* desire, eagerness, longing
aferrarse (a) to cling (to)
aflojar to weaken
agarrado, -a holding, grasping, clinging
agobiado, -a exhausted
agradecer to thank, be grateful (for)
agrandar to enlarge
agrio, -a acrid; disagreeable
agua water
aguantar to bear, tolerate, stand
aguardar to wait (for)
aguardiente *m.* brandy
aguijada goad
¡ah! ah! oh! **¡**— **de . . . !** Hello . . . !
ahí there; **por**—near by; all around
ahogado, -a drowned; weak; *m.* drowned person
ahogar to drown, choke, stifle
ahora now; right away;—**mismo** right now, this moment

aire *m.* air; ¡aire! go away! mal—
  indisposition
ajeno, -a another's, of another
al = a + el;—+ *inf.* on, when
alacena pantry
alba daybreak, dawn; al rayar el—at
  dawn
Alba-Niña *the name of a character in
  several ballads*
albar white
alborozado, -a excited
alcade *m.* mayor
alcanzar to overtake; to follow
aldabón m. (large) knocker
aldea village
alegre happy, gay, merry
alegremente merrily
alegría joy, happiness; merriment
alejarse (de) to move away, leave
alfiler *m.* pin; *pl.* pins, pin pricks
algo something, anything
alguien someone
alguno (algún), -a some(one), any(one); *pl.*
  a few, some
alhajado, -a adorned with jewels
aliento breath, wind; breathing
aliviar to relieve; to recuperate
aljófar *m.* adornment with pearls
alma soul
almario (armario) wardrobe
almohada pillow
alrededor (de) around
alto, -a tall, high; loud; en lo—de at the
  top of
alumbrando lighting the way
alumbrar to light, illuminate
alzar to raise
allá there;—arribita up there; más—farther
  (on), far beyond
allí there
ama mistress of the house
amanecer *m.* dawn
amanecer to dawn
amar to love
amargo, -a bitter; sad(ly)
amarillo, -a yellow
amasado: pan bien—bread well kneaded
amén *m.* amen; so be it
amigo (amiga) friend
amistad friendship
amo *m.* master
amor *m.* love; *pl.* love, beloved one; love
  making
amorosamente lovingly
amplio, -a wide
Ana Bolena Anne Boleyn (*2nd wife of Henry
  VIII of England; accused of loose morals*)

ancho, -a wide, broad; a sus anchas to
  (their) heart's content
andar to walk, go, run; to behave, act; to
  be; ¡anda! (¡andando!) come on! get
  going
andariega wanderer
Andrés Andrew
angel *m.* angel
Angélica proper name
angustia anguish, anxiety
angustiado, -a distressed; anxious(ly)
anillo ring
animal animal
animar to cheer up; -se to become
  animated
ánimo courage; ¡—! have courage!
anoche last night
ansia desire, anxiety
ante before, in the presence of
antemano: de—beforehand
antes before, rather;—de before;—de
  tiempo ahead of time;—que before,
  rather than; cuanto—without delay
anticipar to precipitate, rush
antiguo, -a old, ancient
antorcha torch
año year; *pl.* years, age; al año every year
apagar(se) to die out, go out, put out
aparecer to appear
aparejar to saddle, harness
aparición apparition
apartar to separate, take away; to sort out;
  -se to step aside, withdraw, draw back
aparte aside, apart
apasionadamente passionately
apenas hardly, scarcely, barely
aplazarse to be postponed
apóstol *m.* apostle (*specifically Santiago or
  St. James*)
apoyado, -a leaning on *or* against
apoyarse (en) to lean (on)
aprender to learn
apresurarse to hurry, hasten
apretar (ie) to squeeze, hold, press (down);
  to clench (fists)
aquel, aquella that; *pl.* aquellos, aquellas
  those
aquél, aquélla that one; *pl.* aquéllos,
  aquéllas those
aquí here;—mismo right here
Aragón *a region in northeastern Spain*
árbol *m.* tree
arca chest
arder to burn
ardilla squirrel
arena sand, gravel
árgoma furze (a bush)

arquitectura architecture

arracadas *pl.* earrings (with pendants attached)

arrancar to pull out;—**de cuajo** to pull by the roots; -se to take away; to wipe off

arranque *m.* start;—**de escalera** the first steps of an ascending staircase

arrastrar to drag

arrebato rage, frenzy

arreglar to arrange, settle, fix

arrepentimiento repentance

arriba above, up

arriero muleteer

arrodillar(se) to kneel down, be on one's knees

arrollado, -a rolled (around)

arroyo brook

arveja green pea

así so, thus, like that, like this, that way, in that manner

asiento seat

asistir (a) to attend, be present (at)

asomarse (a) to come near; to appear (at); to look out (of)

áspero, -a harsh(ly)

Asturias *mountainous region in northwestern Spain*

asustar to frighten; -se to get frightened

atar to tie (up)

atemorizado, -a frightened

atención attention; **prestar**—to pay attention

atender (ie) to attend, take care;—**a la mesa** to wait on the table

atendido, -a cared for

atraer to attract

atrás back, behind; **quedarse**—to be left behind

atreverse (a) to dare, be bold

aullar to howl

aumento increase; **en**—increasing

aún still, yet

aunque although, even if

ausente *adv.* absent(-minded), far away

autoridad authority

auxilio help, aid

avanzar to advance

ave *f.* bird

aveliano hazelnut tree

Avemaría Hail Mary (*a short prayer of the Catholic church*)

avenida avenue

averiguar to investigate, find out

avivar to stir up the fire; to revive

¡ay! oh! ah! oh dear! ¡—**de**! alas for!

ayer yesterday

ayudar to help

azafrán *m.* saffron (*reddish color*)

azote *m.* spanking

azúcar *m.* sugar

azul blue

¡bah! bah!

bailar to dance

baile *m.* dance;—**de noche** night dance

bajar to go (*or* get, come, bring) down; to lower, turn down

bajo, -a under, low, beneath

balcón *m.* balcony

balsa pond

bañar to bathe

baño bath; bathtub

barba beard;—**de hielo** icicle (poetic)

barca boat

Barrabás devil ¡—! you (little) devil!

barrenca revine, cliff

bastante enough, quite

bastar to be enough ¡**Basta!** That's enough! **me basta (con)** it's enough for me

bastidor *m.* embroidery frame

Bautista *m.* (John) the Baptist

bautizar to baptize

bautizo baptism

beber to drink; -se to drink up

belleza beauty

bello, -a beautiful, pretty, lovely

bendecir to bless

bendito, -a blessed

besar to kiss

beso kiss

bien *m.* good

bien well; very; all right; **bien está** fine, it's all right

bienestar *m.* comfort, well-being

bigardo loafer; big fellow

blanco, -a white

blandura softness; gentleness

Blas *imaginary character who always pretends to be right*

boca mouth

boda wedding

boina beret

bombasí *m.* dimity (*a cotton cloth*)

bordado, -a embroidered; *m.* embroidery

bordar to embroider

borde *m.* edge, margin

bordón *m.* pilgrim's staff

borracho drunkard

borrar to erase, wipe out, obliterate

borriquito little donkey

bota boot (riding boot)

botella bottle

botón *m.* button

braña summer pasture in the uplands

brasa live coal
bravo, -a wild; brave
brazo arm; al—on (or over) the arm; en -s in (his) arms
brezo heath (a shrub)
briliar to shine, sparkle
bruja witch
bueno (buen), -a good, kind
Buenos Aires capital of Argentina
bueyes m. pl. oxen
busca search
buscar to look for, seek

cabal perfect, faultless
caballista m. horseman
caballo horse; a—on horseback
cabellos pl. hair
caber to be contained (in)
cabeza head
cada each;—vez más + adj. more and more
cadera hip
caer to fall;—el sol the sun goes down; -se to fall
caja box, can;—de lata tin can
calceta: labor de—knitting
caldear to heat, warm up
caldo broth, beef-tea
calentar (ie) to warm up, heat
caliente hot, warm; hospitable
calor m. heat, warmth
calzar to put on (spurs)
callado, -a silent, speechless
callar to keep (or be) still, be (or keep) quiet; to conceal
cama bed ¡a la—! time for bed!
cambiar to change, exchange
cambio change; en—on the other hand, instead
caminante m. traveler
caminar m. voyage, traveling
caminar to travel, move along, go
camino road, way, journey;—de on the way to, in the direction of
camisa shirt, blouse
campana bell
campanada stroke (of a clock)
campanilla bellflower
campesino, -a rustic; m. peasant; f. peasant girl
campo field, country, country side
canción song
candeal m. wheat (of superior quality)
cándido, -a innocent, simple, candid
cansado, -a tired
cansancio fatigue, tiredness
cansarse to tire oneself; to get (or be) tired; to bother

cantar m. song
cantar to sing
cantera quarry
cañada ravine
capaz (pl. capaces) able, capable
caperuza cap
capilla chapel, church
capucha hood
cara face
carácter m. character, nature
carámbano icicle
carbayón m. large holm-oak
carbón m. coal
carcajada laugh, laughter
carne f. flesh;—y hueso flesh and blood
carro cart, wagon; cartload
casa home, house; household, family; de—en—from house to house; en—at home
casarse to marry, get married
casi almost
caso case; hacer—to pay attention
castañar m. chestnut grove
castaño chestnut tree
castañuela castanet
Castilla central region of Spain
cayado walking staff; shepherd's crook
caza hunting
cazador m. hunter
cazar to hunt
celebrarse to be celebrated
celos pl. jealousy
celoso, -a jealous
cenar to eat (or have) supper; terminar de—to finish supper
ceniza ashes; sucias de—dirty with ashes
centeno rye
ceñir (i) to strap (on); to gird; to press down (against)
cera wax
cerca (de) near, close to; de closely
ceremonia ceremony
cerezo cherry tree
cerrar (ie) to close
cesta basket
cestillo small basket
cesto basket
ciego, -a blind
cielo sky, heaven
ciento (cien) a (one) hundred; a -s by the hundred
cierto, -a certain, a certain; por—surely, to be sure
ciervo deer
cigarrillo cigarette
cigarro cigar, cigarette
cinta ribbon;—s de colores, different-colored ribbons

cintura waist

cinturón *m.* belt

cirio candle (*long and thick*)

cita appointment

cítola clack *or* clapper

ciudad city

claro, -a clear, bright; clearly; of course;
—que of course;—que sí certainly

clavado, -a nailed, stuck, fastened, fixed

clavo nail, hook

cobarde coward(ly)

cobre *m.* copper; *pl.* pots and pans (*made
of copper*)

cocina kitchen

codo elbow

coger to catch, pick (up); to get

cola tail

colgar (ue) to hang (up)

color *m.* color

colorao = colorado red

colorín *m.* bright color

colorista multicolor

comadre *f.* pal, neighbor and friend;
gossiper

comentar to comment (on)

comenzar (ie) to begin

comer(se) to eat (up)

como as, like, as if, as though; unless

¿cómo? how?

cómoda chest of drawers

compañero companion

comparar to compare

compartir to share

completamente completely

Compostela *see* Santiago

comprar to buy

comprender to understand

comprensión understanding

con with; con que and so

concatenación concatenation

conciencia conscience

conde *m.* count

condenar to condemn

conducir to lead

confesar (ie) to confess

confesión confession

confianza trust

confidencia confidence, secrecy

confidencial confidential

confusamente confusedly, vaguely

conmigo with me

conmovido, -a moved (with emotion),
touched

conocer to know, recognize

conseguir (i) to manage, succeed (in),
attain

consejo advice

consentir (ie, i) to tolerate, permit

contagiar to spread by contagion

contar (ue) to tell, count

contemplar to look (at), watch, examine

contener to hold

contento, -a happy

contestar to answer

contigo with you

continuar to continue, keep (*or* go) on

contornada surroundings, neighborhood

contra against

contrario: al—on the contrary

convencerse to be convinced

convenir to suit, be fitting

convulsa convulsed(ly); agitating

corazón *m.* heart

cordialmente cordially

cordón *m.* string, cord

coro chorus, group

corona crown

coronar to crown

corral *m.* corral, yard

corre-calle a lively dance

corredor *m.* gallery, balcony

correr to run; to pass (by); to draw (a
curtain); corre la voz it is rumored

corro: en—in a circle

cortar to cut

cortejar to court, make love

cortejo courtship

corteza crust (of bread)

cortina curtain

corto, -a short

corzo deer

cosa thing; affair; matter; era otra—it was
different; una—something

cosecha crop

coser to sew

costar (ue) to cost;—trabajo to be hard
(difficult)

costumbre *f.* custom; tener—(de) to be
accustomed (to)

costurero sewing box

crecer to grow; os van a—los ojos your
eyes are going to pop out

crecido, -a full-grown, grown-up, old
enough

credo credo (a prayer)

creencia belief

creer to believe, think

criada servant

criatura child, baby

crío small child, brat

crispado, -a annoyed, irritated

crispar to twitch; to clinch

cristal *m.* glass, crystal; *pl.* window

Cristo Jesus Christ

Cristobalón *see* San —

cruel cruel

cruzar to cross, pass;—la cara to hack one's face

cuadro scene, picture

cuajado, -a thick with, decorated

cuajo: arrancar de—to tear up by the roots

cual which, such as; el (lo, la) cual, *pl.* los (las) cuales which, who

¿cuál? ¿cuáles? which one(s)? which?

cuando when; the time of

¿cuándo? when?

cuanto, -a as much as, all the; *pl.* as many as, all the;—antes immediately;— más . . . más the more . . . the more; en—as soon as; en—a with regard to

¿cuánto, -a? (cuánto, -a) how much; *pl.* how many

cuarenta forty

cuartillo (*a measure*) a little over a pint

cuarto, -a fourth; *m.* room

cuatralbo white-hoofed horse

cuatro four

cubierto (*p. p. of* cubrir) covered

cubrir to cover, protect

cuchichear to whisper

cuchillo knife

cuello neck

cuenta bead (of a rosary); account; darse—de to realize

cuento story, tale

cuerpo body

cuesta slope

cuestión matter, affair

cuidado care; tener—to be careful

cuidar(se) to take care of, look out for

culpa blame, fault; sin; tener la—to be to blame

cumplir to fulfil; -se to become true, come to be

cura *m.* parish priest

curar to cure, care for; -se to be cured, cure, take care of

curiosidad curiosity

curioso, -a curious(ly)

chica girl

chico boy

chimenea fireplace, chimney; mantelpiece; — de leña wood-burning fireplace

chispa spark

chorrear to drip, leak (out)

chorro: a—abundantly

¡dale! expression of displeasure

dama lady

danza dance

dañado, -a wicked, bad

daño harm; hacer—to harm, hurt

dar to give;—de sí to have (enough);—flores to bear fruit;—gusto to be pleasing (nice);—miedo to frighten;—(las nueve) to strike (nine); — un paso to take a step;—vergüenza to be ashamed; -se cuenta (de) to realize; -se prisa to hurry

de of, about; from; with; by; in; for; than; as

debajo (de) under, below; underneath

deber to owe; ought to, should, must;—de must

débil weak, feeble

decidir to decide

decir to say, tell, pronounce; es—that is (to say); querer—to mean

decisión decision, determination

declinar to decline

dedo finger

defender (ie) to defend, protect

dejar to let, permit; to leave, abandon; —caer to drop;—de to fail to; to stop; ¡déjame! leave me alone!

del = de + el

delantal *m.* apron

delante (de) in front (of), before

delgado, -a thin

Delgadina *proper name*

demás: los—the others, the rest

demasiado too much; too; *pl.* too many

¡demonio! the deuce!

dengue *m. a kind of shawl worn by women which is tied behind the waist after it is crossed in front*

dentro (de) within, inside; por—inside; me estás leyendo por—you are reading my thoughts

depender (de) to depend (on)

derecha right; right hand; a la—on the right; por la—from (*or* on) the right; primera—first (door) on the right

derecho *m.* right

derrumbe *m.* landslide

desangrar to bleed

desaparecer to disappear

desatar to untie, loosen;—los nervios to ease one's nerves

descalzo, -a barefooted

descansar to rest

descargar to unload; to burst (out)

descolgar (ue) to take down (*or* off)

desconcertado, -a disconcerted

desconocido, -a unknown, unrecognizable; *m.* stranger

descubierto (*p. p. of* descubrir) bare

descubrir to discover, disclose; -se to take off one's hat

desde from, since;—hace tiempo for some time;—que since

desesperadamente desperately

desesperado, -a desperate, hopeless

desfallecer to faint

desgracia misfortune, bad luck

desgranar to shell

deshojar to pull off the petals

desierto desert

desilusionado, -a disillusioned

deslizarse to slip (by)

deslumbrar to shine brightly, daze, dazzle

desmayado, -a fainted

desnudar to undress

desnudo, -a bare; clear

despedida farewell, leave-taking

despedir (i) to send away, take leave of

despertar (ie) to wake up; -se to awaken, be awakened

despierto, -a awake

después afterwards, then, later (on);—de after;—de todo after all

destinado, -a destined

destino fate

destrozar to destroy

destruir to destroy, thwart

desvanecerse to vanish

detener(se) to stop

detrás (de) behind, after

devanar to wind

devolver (ue) to return, give back

dí (*imperative of* decir) speak!

día *m.* day, daytime; birthday; del—of today; por el—during the day; todos los —s every day

diablo devil

diciembre *m.* December

dicho *m.* old saying, proverb

dicho (*p. p. of* decir) said; dichos the same (*characters that remain on the stage*)

diferenciarse to differ, be different

difícil hard, difficult; lo—the difficult thing

dinamita violent explosions

Dios God;—dirá we shall see; ¡Mi—! Good heavens!

dirigir to lead, direct; -se a to go to (*or* toward); to speak to

disculpa excuse

disculpar to excuse

disfrazado, -a in disguise

dislocado, -a dislocated

dispararse to go off (a gun)

disparate *m.* nonsense

diste (*pret. of* dar)

distinguir to distinguish

distinto, -a different

doblarse to bend

doblegar to subdue

doler (ue) to hurt, ache

dolor *m.* sorrow; pain; grief

domar to tame

dominarse to control oneself

domingo Sunday

donde where; (in) which; por—vino the way (she) came

¿dónde? where? ¿a—? (to) where?

Doriña *proper name*

dormido, -a sleeping, asleep; *f.* the sleeping woman

dormir (ue, u) to sleep; -se to fall asleep, go to sleep

dos two; los dos both

dudar to hesitate

dulce sweet, agreeable

dulcemente softly, sweetly

dulcificar to sweeten

durante during

durmiente *m. and f.* sleeping person

durmió *pret. of* dormir

duro, -a hard, stiff

echar to throw, pour, put in; -se a + *inf.* to begin (start) to; to burst out

edad age

educación education

¡eh! huh! what!

ejemplo example

ejercicio exercise

el the (*before parts of the body and clothing*) my, his etc.—de the one with, the one of, that of;—que the one who, the one that, which

él he, it; him

elegancia elegance

elegir (i) to choose, select

ella she, it; her

ellos, ellas they; them

embargo: sin—however, nevertheless

embobado, -a stupefied

emborracharse to get intoxicated

emoción emotion

empedrar to pave

empeñarse (en) to insist (on), persist

empezar (ie) to begin

empinar to raise (a bottle)

empujar to push, impel

empuñar to clutch, grasp

en in; at; on, upon; with; about

enamorado, -a in love

enano dwarf

encalado, -a whitewashed

encandilar to stir (up)

encantado, -a enchanted

encanto enchantment; historias de—s fairy tales

encargar to order; to ask; to entrust

encender (ie) to light, kindle

encendido, -a lighted; lumbre -a burning fireplace

encerrar (ie) to shut in, lock up; -se to lock oneself up

encima over, on top; besides;—de on top of; por—de over; quitarse de—to take off of oneself

encontrar (ue) to find; -se to come across; to find oneself; to be

enérgico, -a energetic; energetically

enfermo, -a sick, ill

enfriar to cool off, get cold

engañar to deceive

enlazadas: con las manos—holding hands

enredar to tangle, involve

enseñar to teach, show

ensillar to saddle

entender (ie) to understand

entero, -a whole; real; strong

enterrado, -a buried; stifled

entonces then

entornando half-closing

entrada entrance, door

entrañas pl. inner being, heart, soul

entrar (en) to enter, go (come) in

entre between, among; on; -tanto meanwhile

entregarse to surrender

envenenar to poison

envidiar to envy

envolver (ue) to confuse; to wrap

equivocarse to be mistaken, make a mistake

era f. place for thrashing (wheat)

esa, ésa see ese, ése

escalera stairs

escalofrío chill; shudder

escaparse to escape, run away

escarcha white frost

escena scene, episode; stage; la—sola no one on stage

escoba broom

esconder to hide

escondidas: a—on the sly

escopeta shotgun

escribir to write

escrito (p. p. of escribir) written

Escritura, la the Holy Writ

escuchar to listen (to)

escudilla bowl

escuela school

ese, esa that; pl. esos, esas those

ése, ésa that one, that person; pl. ésos, ésas those

esfuerzo effort; con un—de recuerdo making an effort to remember

eslabón m. a piece of steel, chain-link shape, which the peasants strike against a flint rock to produce sparks

eso that; ¡eso! that's a good one! eso no that's not so; por eso for that reason, on that account

espadaña reed mace (a plant)

espalda back, shoulders; de -s back to

espantar to scare; to drive away; -se to be frightened

España Spain

espejo windowpane, mirror)

espera waiting

esperanza hope

esperar to hope (for), expect; to wait (for), await

espeso, -a thick, heavy

espiga ear (of grain);—de trigo wheat sheaf

espina thorn

espino hawthorn

espíritu m. spirit

esposa wife

espuela spur

espuma foam

esquivo reserved; evading

esta, ésta see este, éste

establo stable

estación season

estallar to burst

estampa picture, print

estancia room

estaño tin

estar to be; está bien fine, all right; ¡Ya está! That's done!

este, esta this; pl. estos, estas these

éste, ésta this, this one; the latter; pl. éstos, éstas these, they

estera mat; — de soga mat rug

estéril childless, sterile

esto this

estopa tow, flax

estorbar to be in the way

estorbo hindrance

estrechar to press;—la mano to shake hands

estrella star

estremecerse to shudder, tremble

estrenar to put on (for the first time)

estribillo refrain

estribo stirrup

estridencia shrill noise, yell

estruendo: con—noisily

eterno, -a eternal, everlasting

evitar to avoid; to prevent

exageradamente with exaggeration

existir to exist
explicar to explain
explorar to examine, explore
explosión explosion
explotar to explode
expresarse to speak, express oneself
éxtasis *m.* ecstasy
extrañar to surprise; -se to be surprised at (by)
extraño, -a strange, unusual; *f.* stranger

fácil easy
falda skirt
Falín *proper name*
falso, -a false
falta need, lack; no hace—it isn't necessary
faltar to be necessary; to be missing, lack;—(a) to fail (in); to break
familia family
fantasía fantasy, fancy
farol *m.* lantern
fascinado, -a fascinated
fatiga fatigue, weariness
fatigado, -a tired, waned
fe *f.* faith
fecha date
feliz (*pl.* felices) happy
femenino, -a feminine
feria fair
fiarse (de) to trust
fiebre *f.* fever
fiel faithful
fiesta holiday, festival, celebration, merrymaking; día de—grande a big holiday
figura figure
fijamente attentively
fijarse (en) to notice
fijo, -a fixed(ly), steady; con ojos -s staring
filo point; edge
fin *m.* end; al (por)—finally
final *m.* end
fingir to pretend
flor *f.* flower; prime; see *Appendix* II; en— in bloom
flotante floating
flotar to float
fogueral *m.* bonfire
fondo bottom; background (*one of the divisions of the stage*); del (al)—in the background
forastera *f.* stranger
forma form, shape
formar to form, take form
fragua blacksmith's shop
fraile *m.* friar, monk

frasco small bottle
frecuencia: con—frequently, often
frente *f.* forehead; front;—a in front of; de—face to face
fresno ash (tree)
friamente indifferently
friegas *f. pl.* rubbing
frío, -a cold; tener—to be cold
frotar to rub
fuego fire, fireplace
fuente *f.* fountain
fuera outside; away;—de besides, except, away from
fuerte loud(ly); strong(ly); hard
fuerza strength, force, intensity; *pl.* strength; a la—by force; tener—to be strong enough to
fuga escapade, flight
furtivamente secretly, on the sly
fusta whiplash

gaita bagpipe
gaitero bagpiper
gala prize; pride; *pl.* finery; -s de boda wedding outfit
galán (galana) elegant, gallant, goodlooking; *m.* handsome man, ladies' man, young fellow
galerna stormy wind
galopar to gallop
galope *m.* gallop; a—hurriedly
gallina hen
ganado cattle
ganar to win, gain; to come out
garganta throat
garza heron
gato cat
gavilán *m.* hawk
gente *f.* people;—extraña strangers
geranio geranium
gesto gesture
ginesta scotch-broom
giraldilla *a very old popular coral dance of Asturias, of great simplicity*
gloria glory; pride
golpe *m.* blow; de—all of a sudden, suddenly;—de viento gust of wind
golpear to hit, strike
gota drop
gozoso, -a joyous(ly), merry, glad
gracia grace, charm; *pl.* thanks; dar las gracias to thank
grande (gran) large, great, big; los grandes older people, grown-ups
granero granary, barn
grisú *m.* fire damp; gas
gritar to shout, cry (out)

grito shout, yell; sound; **a—s** loudly; shouting

grueso, -a thick, heavy

guapetona goodlooking, handsome

guardar to keep; to put away; to watch (over)

guardia guard, watch

guerra war

guinda (a kind of) cherry

guitarra guitar

gustar to please, like; **le gusta** he likes

gusto pleasure; taste; **dar—**to be pleasing

haber to have (*auxiliary*); to be (*impersonal*);**—de +** *infinitive* to be to; should;**—que +** *infinitive* to be necessary, one must

habitación room

hábito dress, habit (*garment*)

hablar to speak, talk; to say

hacer to do, make; to be;**+** *period of time* ago;**—caso** to pay attention;**—daño** (a) to hurt, harm;**—otra cosa** to do something else;**—pan** to bake bread;**—una pregunta** to ask a question; **-se** to become; **-se un porvenir** to make a future for oneself

hacia toward

hacha axe

¡hala! come on!

hambre *f.* hunger; **con—**hungry, hungrily

harás future of **hacer**

harina flour

harto: estar—to be fed up

hasta until, (up) to, even, as far as; **¿—dónde?** how far?**—que** until;**—luego** good-by for the moment;**—siempre** for always

hay (*impersonal* **haber**) there is, there are;**—que** it is necessary, one must

haz *imperative of* **hacer**

hecho, -a *p. p. of* **hacer**

helado, -a frozen

helar (ie) to freeze

hembra female

hermana sister

hermano brother; *pl.* brothers and sisters

hermoso, -a beautiful, goodlooking

herrero blacksmith

hielo ice

hierro brand; iron

higo fig

higuera fig tree

hija daughter; **¡—!** my dear! my child!**—s mozas** young daughters

hijo boy, son; *pl.* children, sons and daughters

hilar to spin

hilo linen; thread

hincar to sink into

hinchar to swell

historia story; history

hogaza loaf of bread (*large and usually round*)

hoguera bonfire

hoja leaf

hojuela pancake

hombre *m.* man; **¡—de Dios!** My good man!

hombrecito little man

hombro shoulder; **al—**on (his) shoulder; **en (los) -s** on (his, her, *etc.*) shoulders

hondamente deeply (moved), touched; **mirar—**to stare (at)

hondo, -a deep(ly)

honor *m.* honor

honra reputation, honor

honradamente honorably

honrado, -a honest, honorable; *m.* honorable person

hora hour; time;**—s enteras** hours on end; **¿a qué hora?** at what time?

horno oven

hoy today

hubiera *imperfect subjunctive of* **haber**

hubo (*pret. of* **haber**) there was

hueco, -a hollow

huele, huelen (*pres. of* **oler**); **huele a** it smells of *or* like

huerto garden, orchard

hueso bone; **carne y—**flesh and blood

huevo egg

huído, -a avoiding people

huir to flee, run away

humano, -a human

humedad dampness

húmedo, -a wet

humildad humility

humillante humiliating

humo smoke

humor *m.* humor; **de mal—**in bad humor

huyo *pres. of* **huir**

idea idea

iglesia church

igual like (that), the same;**—que** like

iluminado, -a sparkling, bright; in a trance

iluminar to light

imagen *f.* image

imaginación imagination; imagining

imaginar to imagine, think

imitar to imitate

impaciente impatient

impasible indifferent

imperativo, -a imperative, commanding
imponer to impose
importante important
importar to matter, concern; to be
    important; **no importa** it doesn't matter;
    ¡qué importa! what difference does it
    make! **¿le importa?** do you mind?
imposibilidad impossibility
imposible impossible
impresionado, -a impressed
inclinarse to bend over, lean
incorporarse to straighten up, get up
indicar to point out, indicate, show
infernar (ie) to damn
infierno hell
infinito infinite, immense
iniciar to begin, start
inmóvil motionless
inquietante restless(ly), disturbing(ly)
inquieto, -a restless, disturbed
instante *m.* instant, moment
instintivo, -a instinctive
instinto instinct; inclination
intensamente intensely
íntimo, -a intimate(ly); **voz íntima** friendly
    voice
intruso (intrusa) intruder
inútil useless, in vain; **-mento** in vain
invernal wintry
invierno winter; **día de—**winter day; **por
    el—**in winter
invisible invisible
ir to go; **ir a** + *inf.* to be going to; **ir** +
    pres. p. to be, to keep on; **-se** to go away
ira anger, wrath
ironía irony
irrumpir to rush in; to break through
izquierda left; **a la—**on the left; **por la—**on
    or from the left

jamba door jamb
jardín *m.* garden
jarra pitcher, jug
jinete *m.* horseman, rider
Jordán *m.* the river Jordan
joven young; *m. pl.* young people
Juan John; **San—**St. John
juboncillo small doublet *or* blouse
juego game
jugar to play
junco rush (*a plant*)
junio June
juntarse to join, get together
junto, -a near, together;**—a** next to, by; *pl.*
    together
juramento oath
jurar to swear

juventud *f.* youth
juzgar to judge

la the; the one, it; you, her; my, his, *etc.*;
    —de that of, the one with;**—que** which,
    the one that, the one who
labio lip
labor *f.* work; embroidery;**—de calceta**
    knitting
labrador peasant; **señorío—**higher class of
    peasants
labranza farming; **casa de—**farmer's house
lado side; **a mi—**by my side
ladrar to bark
ladrido barking
ladrón (ladrona) thief; *adj.* roguish
lagarta lizard
lágrima tear
largo, -a long; **¡—de aquí!** get out of here!
    pasar de—to pass by *or* through
las the; the ones; them; my, your, *etc.;***—de**
    those of, the ones with;**—que** the ones
    that, the ones who
lástima pity; **¡—!** it's a pity!
lata tin can
latigazos: **a—**with whiplashes
látigo whip
latir to beat, throb
laurel *m.* laurel
lavar to wash
le him; to (for) him; you; to (for) you; her;
    to (for) her; to it
leal frank; **-mente** frankly
lección lesson
leche *f.* milk
lechuza owl
leer to read
legua league (*measure of length*)
leja rack (*in a kitchen*)
lejano, -a far away, in the distance
lejos *adv.* far off, in the distance; **a lo—**in
    the distance; **de** *or* **desde—**from afar,
    from a distance
lengua tongue; language
lento, -a slow(ly); easy; **lentamente** slowly
leña firewood
leño (fire) log; **unos -s** some wood
les them; to them; you; to you
levantar to raise, lift up; **-se** to get up
ley *f.* law; **ser de—**to be legitimate, be
    proper
leyenda legend
liar to roll (a cigarette); to tie
libertad liberty
librar to deliver (from); to free; **-se (de)** to
    escape, be free from
libro book

ligar to tie
limitar to limit
limosna alms
limpiamente clearly; with cleanliness
limpiar to clean
limpio, -a clean, fresh, pure, untarnished
linda pretty; -s palabras sweet nothings
lo it, him, you; the, what is; so;—que what,
    that
lobo wolf
loco, -a crazy, mad
locura madness
lograr to succeed (in)
los the; them, you; his, her, your, *etc.*;—de
    the ones of, those of;—que those of, the
    ones that, those who
losa slab, flagstone
loza earthenware, pottery
Lucía Lucy; Santa—*the patron saint of all
    who suffer eye ailments*
lucir to show off
lucha struggle, fight
luchar to struggle, fight
luego then, later, afterwards; hasta—*see
    you later*
lugar *m.* place
lujo luxury, elegance
luna moon; noche de—moonlight night
luz *f.* light

llaga wound, sore
llama flame, fire
llamada call
llamar to call, name; to knock, ring;
    mandar—to send for; -se to be called, be
    named
llanto weeping; tears
llegada arrival
llegar to arrive, come; to reach;—tarde to
    be late
llenar (de) to fill (with); to gladden
lleno, -a (de) filled (with), full (of)
llevar to carry, take (away); to wear; to
    have; to endure; -se to take, take away
llorar to weep, cry; to mourn;—por to cry
    over

madeja skein
madera wood, lumber
maderito small piece of wood
madre *f.* mother
madrugada dawn; early rising
madrugar to rise early, get up early
madurar to ripen
maduro, -a ripe
maíz *m.* corn; campos de—cornfields
maizal *m.* cornfield

mal *m.* evil, wrong, harm
maldecir to curse, damn
maldito, -a cursed; confounded
malicia malice; suspicion
malicioso, -a malicious(ly)
malo (mal), -a bad; ill
¡malpocada! (*Galician*) silly one!, poor
    girl!
malvavisco marshmallow
mancha spot, stain
mandar to order, give orders; to send;
    —llamar to send for, call; ¡mande! at
    your service!
mandil *m.* apron (*short and narrow*)
manera way, manner; de todas -s at any
    rate, anyway
manga sleeve; en -s de camisa in shirt sleeves
mano *f.* hand; con mis -s with my own
    hands; de—en—from hand to hand
manojo bundle; bunch
mantel *m.* tablecloth; dining room table;
    recoger -es to clear the table
mantellín *m.* sort of mantilla
mantener to keep (up), sustain;—de pie to
    hold up
mantilla shawl
manto cloak, mantle
manzana apple
mañana morning; tomorrow; pasado—day
    after tomorrow
mañanita early morning, dawn
maquila the toll of grain which the miller
    keeps in payment for his services of
    grinding the grain; levy of grain
mar *m.* sea
maravilloso, -a marvellous
marchar to go (away); to leave; -se to go
    away
marido husband
mármol *m.* marble
Martín Martin
marzo March; por—around March
más more, any more; any longer; most;
    else; so; de—too much, in excess;
    no—que only
mastín *m.* mastiff (*shepherd's dog*)
materno, -a maternal
matar to kill
mayo May; sol de—May sunshine
mayor older, oldest; larger; de -es when
    (they) are older (grown-ups)
mayoral *m.* overseer, foreman
mayorazgo, -a *the first born child who
    becomes heir to the family estate*
me me; to (for) me; myself
mecha wick
medallón *m.* medallion

medio, -a middle; half, a half; **a -a noche** at midnight; **a -as** half-way; **por—(in)** between

medroso, -a frightened; timid(ly)

mejor better, best; **lo—**the best thing

melancolía gloom, sadness

memoria memory

mendigar to beg

menor younger, youngest

menos less, least (of all); except;**—mal** so much the better; **por lo—**at least

mentir (ie, i) to lie

mentira lie

merendar (ie) to eat a bite (*in the middle of the afternoon*)

merienda picnic; picnic grounds

mes *m.* month

mesa table

mesón *m.* inn

meter to put (in), place; **-se** to get into; to interfere; **-se a +** *inf.* to start to; **-se en** to enter; **-se por medio** to get in between

mi my, mine

mí me (*after prepositions*)

miedo fear; **dar—**to frighten; **tener—(a)** to be afraid (of)

miel *f.* honey, nectar

miembro member

mientras while; **-tanto** meanwhile

miga crumb (*the inside part of bread*)

migaja crumbs

migar to put crumbs in;**—sopas** to crumble bread

milagro miracle

milagroso, -a miraculous

millar *m.* thousand

mina mine

minuto minute

mío, mía my, mine, of mine; **el (la, lo, etc.)—**mine, of mine

mirada gaze, glance, look

mirar to look, look at, see, watch; to consider;**—hacia atrás** to look back

misa mass

mismo, -a same; self; **ahora—**right now; **aquí—**right here; **ayer—**just yesterday; **él—**he himself; **lo—**the same thing, just the same

misterio mystery

misterioso, -a mysterious

místico, -a mystic

mitad half; middle

mocedad youth

mocerío young people

modo way, manner; **de algún—**in some manner

mojado, -a dipped; wet

molino mill

momento moment

moneda coin

monstruo monster

montaña mountain

montañés *m.* highlander

montar to ride; **botas de—**riding boots

monte *m.* mountain

morado -a black and blue; purple

morder (ue) to bite

morir (ue, u) to die

moro Moor

morro snout

mosquita small fly;**—muerta** prim one (*one who feigns meekness*)

mostrar (ue) to show

motivo reason, cause

mover (ue) to move; to wag; **-se** to move, go away

mozo, -a young; *f.* girl

mozo youth, lad, young man; servant; *pl.* young people;**—del molino** millhand

muchacha girl

mucho, -a much, a great deal (of); very; *pl.* many; **por—que** however much

muebles *m. pl.* furniture

muela molar tooth

muérdago mistletoe

muerte *f.* death

muerto, -a (*p. p. of* **morir**) dead; *m.* and *f.* dead person

mujer *f.* woman, wife

multicolor of many colors

mullir to ready a stable (*usually by spreading straw on the floor*), to bed

mundo world; **todo el—**everyone, everybody

muñeca wrist

murmuraciones *pl.* gossip

muro wall

musgo moss

música music

muy very

nacer to be born

nada nothing, (not) anything; not at all; **—más** only, just

nadador *m.* swimmer

nadie no one; (not) anyone, (not) anybody

naipe *m.* card

Nalón *m. river in Asturias; also a family name*

naranjo orange tree

Narcés *a family name*

narración narration, account

naturalmente naturally

navaja knife, pocketknife
nave *f.* boat, ship
navegante *m.* mariner; traveler
navegar to sail, navigate
neblina fog
necesario, -a necessary
necesitar to need
negar (ie) to deny
negro, -a black
nervio nerve
nervioso, -a nervous(ly)
nevada snowfall
nevadona heavy snow storm
ni nor, not even; **ni . . . ni** neither . . .
  nor;—**siquiera** not even
nido nest
niebla fog, mist
nieto grandson; *pl.* grandchildren
nieve *f.* snow
ninguno (ningún), -a none, (not) any; no
  one
niña girl, child; **de**—in childhood
niño boy, child
no no, not; **no más que** only
¿no? Is it not?
noble excellent; imposing
noche *f.* night, evening; **a media**—at
  midnight; **buenas -s** good night, good
  evening; **de**—at (by) night, night; **es de**—
  it is night; **esta noche** tonight; **por la**—at
  night
nogal *m.* walnut (tree or wood)
nombrar to mention; name
nombre *m.* name
nos us; to us; ourselves, each other
nosotros we; us
novelería story telling
novia sweetheart, betrothed
noviembre November
novillo steer, young bull
novio sweetheart, betrothed
nube *f.* cloud
nudo knot
nuestro, -a our; **el (la,** *etc.***)**—ours
nuevamente again
nueve nine; **las**—**y media** nine thirty
nuevo, -a new; another
nunca never, (not) ever

o or
obedecer to obey
obligar to force, compel
obra work
observar to observe, watch
obsesión obsession
obsesivamente highly moved
obtener to obtain, get

ocasión occasion
ocre *m.* ocher (color)
octava *a period of special worship;* see
  Appendix III, 5
ocultar to hide, to cover up
oculto, -a concealed
ocupar to occupy; to fill one's place
ocurrir to happen, occur; **-se** to occur; to
  strike; **¿no se te ha ocurrido?** Hasn't it
  occurred to you?
ocho eight
odiar to hate
odio hatred
odioso, -a hateful
ofrecer to offer
oído ear; **regalar el**—to flatter
oír to hear, listen (to); to understand; **-se** to
  be heard
¡ojalá! would that! I wish! I hope so!; **¡**—
  que nadie . . . ! let's hope that no
  one . . . !
ojo eye; **¡**—**!** be careful!; **con los -s clavados
  en** staring at; **¡mucho**—**!** look out! watch
  out!
oler (ue) to smell;—**a** to smell of (like)
Olinos *a family name*
olor *m.* odor, smell
olvidar to forget; **-se de** to forget
onza doubloon (*a coin*)
orden *f.* command, order
oreja ear
orgullo pride
orgulloso, -a proud; sensitive
orilla bank, shore; **a la**—**del río** by the
  bank of the river
ornado, -a adorned
oro gold
orvallo dew
os you; each other
oscurecer to get dark
oscuro, -a dark; hidden; **a oscuras** in the dark
oso bear
otro, -a other, another; **los -s** the rest; **otra
  cosa** something (anything) else
oveja sheep
ovillo ball (of yarn)
oye: se—it is heard, one hears
oyó *pret. of* oír

pagar to pay, pay for; to repay; to atone
  (for)
página page
país *m.* country
paisaje *m.* landscape
pájaro bird
pala blade
palabra word

palacio palace

pálido, -a pale, discolored

palmada slap; dar una—to pat on the back

pan m. bread

pandero tambourine; drum

panoya = panoja ear of corn

pañolón m. shawl, scarf

pañuelo handkerchief; bandana

par m. pair, couple;—a—side by side; de —en—wide open

para for, in order to, to;—que so that; ¿—qué? why? what for?

parar to stop; -se to stop

parecer to seem, appear; to seem like, look like;—mal to seem wrong; -se (a) to resemble

parecido, -a similar, like

pared f. wall

pareja couple, pair

parir to give birth

parlero, -a talkative

párpado eyelid

parra vine

parroquia parochial church

parroquial parochial

parte f. part; (dí le) de mi—(tell her) on my behalf

partir to split, cut, break

pasado past;—mañana day after tomorrow

pasar to pass, cross; to happen; to enter; —de largo to pass by (without stopping); ¿qué le pasa? what's the matter with you (him)?

pascua a religious holiday

pasear to walk, promenade

paseo walk

pasión desire, passion

paso passing; step; pass, passage (in the mountains); de—passing through; at the same time; salir al—to confront, face (someone)

pastor m. shepherd

pata paw

pausa pause

paz f. peace

pecho chest, breast, bosom

pedir (i) to ask, ask for, beg

pedrada blow from a stone

Pedro Peter

pegar to beat, strike; -se to stick

peinado hair-do

peinarse to comb (hair)

pelea fight; andar de—to be in a fight

pelearse to fight, come to blows

pelgar m. good-for-nothing rascal

peligro danger

peligroso, -a dangerous

pelo hair

pelliza fur cloak

pena grief

penetrar to penetrate, enter

penitencia penance

pensamiento thought(s)

pensar (ie) to think; to intend, plan; to expect;—en to think of (or about)

pensativo, -a thoughtful, pensive

peor worse, worst

pequeño, -a small, little; m. and f. child; los -s the little ones; de -s when (they are) children

perder (ie) to lose;—el sentido to become unconscious; -se to disappear, get (be) lost

perdón m. forgiveness

perdonar to forgive

peregrino (peregrina) pilgrim

perlindango an old folk dance of Asturias

permiso permission

permitir to allow

pero but

perro dog

perseguir (i) to pursue, follow

personaje m. character

pertenecer to belong; to be

pesado, -a slow; heavy

pesar to weigh, be weighty

peso weight; sin—lifeless

pez m. (pl. peces) fish

pezuña hoof

piadosamente piously

picar to bite (as insects)

pide pres. of pedir

pie m. foot; de—up and doing; standing

piedra stone, rock;—encalada stones covered with whitewash

piel f. skin

pierna leg

pintar to paint

piqueta pickaxe

pisar to step, tread

planta plant;—baja ground floor

plantar to plant

plata silver

platillo plate, saucer;—de estaño tin plate

plato dish

playa shore, beach

plena vibrant;—juventud (the) bloom of youth

plomo lead

pobre poor; m. poor one

poco, -a little; few; short time;—a—not so fast; little by little;—tiempo a short time

poda pruning; firewood (from pruning trees)

podar to prune
poder to be able, can, may; se puede one can
poeta *m.* poet
polvo dust
pomar *m.* orchard (apple orchard)
pomarada apple orchard
poner to put, place; -se to put oneself; to put on; to become; -se a to begin; -se en pie to stand up
por by, through, for, from; as; in; on account of, because of; por + *adj.* + que however;—ahí somewhere around;—allá (allí) that way;—aquí around here, this way
porque because, for
por qué (¿por qué?) why?
porrón *m.* jug
portón *m.* court door (of a house)
porvenir *m.* future
posada lodging
posarse to perch
posible possible
potro colt
pradón *m.* "big" meadow
precioso, -a lovely, beautiful
precisamente just; precisely
preciso: es—it is necessary
predicadora woman preacher
preferir (ie, i) to prefer
pregunta question; hacer una—to ask a question;—preguntas to ask questions
preguntar to inquire, ask
prender to fasten;—fuego to set fire
preocupación worry, preoccupation
preocuparse to be worried, be bothered
preparar to prepare
presa dam
presencia presence
presenciar to witness; to see
presentar to present; to lend; -se to appear
prestar:—atención to pay attention
pretender to pretend; to aspire
primero (primer), -a first; lo—the first thing
prior prior (*head of a monastery*)
prisa hurry; de—fast, quickly; darse—to hurry; darse—en crecer to grow up fast; tener—to be in a hurry
profundo, -a deep; intense
promesa promise
prometer to promise; prometido I promise!
pronto soon, quick; de—quickly, suddenly
propio, -a own
proponerse to plan, intend
propuesto *p. p. of* proponer
pude *pret. of* poder
pudrir to rot

pueblo town, village; todo el—the whole village
puente *m.* bridge
pueril childish
puerta door
pues well; then
puesto *p. p. of* poner; *m.* place
púlpito pulpit
pulso pulse; wrist
punta corner
punto period; point; a—de on the point of, about to; en—sharp, exactly
puño fist
puro, -a pure
puso *pret. of* poner

que that, which, who, whom; when; as; than; for; because; es—the fact is; lo—what, that which
¡qué! how!; what a!; what!; ¿—? what? ¿por—? why?
quedar to have left; to be left; -se to remain, stay; -se + *adj.* to be; to become; -se atrás to be left behind; -se corto to be left short
quehacer *m.* work
queja complaint
quejarse to complain
quemadura burn
quemar to burn
querer to wish, want; to love;—decir to mean
querido, -a dear, beloved
Quico *nickname for Francisco*
quien who, whom; *pl.* quienes who, those who
¿quién? who? whom?; ¿de—? whose?
quieto, -a quiet, still; ¡quieta! keep still!
quinqué *m.* table-lamp (oil lamp)
quintana *group of country houses*
quise, quiso, quisieron *pret. of* querer
quitar to take away, take from; -se to take off, remove
quizá perhaps

rabadán *m.* head shepherd
rabia rage
Rabión *m. an imaginary dangerous pass in the mountains*
racimo bunch (of grapes)
raíz *f.* (*pl.* raíces) root
rama branch (of a tree)
ramo wreath, cluster
rapaz *m.* (*pl.* rapaces) young man
rapaza young woman
rápido, -a rapid(ly); in a hurry
raposa fox

raro, -a strange
rasgar to tear, rip
ratones m. pl. mice
rayar: al—el alba at daybreak
rayo flash of lightning
razón f. reason, cause; tener—to be right
reaccionar to react
realizar to accomplish
reanimar to revive
rebaño flock, herd
rebelarse to rebel, resist
rebelde rebellious
rebrillo shining
rebrincar to leap, frolic
rebullir to boil; me está rebullendo la
    sangre (freely) I am in the mood
recibir to receive, get; to welcome
recitar to recite
recobrar to regain, recover
recoger to pick up;—la mesa and—los
    manteles to clear the table
recomendar (ie) to recommend
reconcentrado, -a concentrating
reconocer to recognize
recordar (ue) to remember; to remind (of)
recuerdo remembrance, memory
redención redemption
redondo, -a round
reducirse to be reduced
refajo skirt
reflejo reflection
regalar to present;—el oído to flatter
regalo gift; offer
regresar to return
reina queen;—de cuento fairy tale queen
reír (i) to laugh; — a gritos to laugh loudly
relámpago lightning
relinchar to bray, neigh
reloj m. clock, watch;—de pared wall clock
remanso backwater
remolino whirlpool
renacuajo tadpole
rencor m. hate, grudge, rancor
rendido, -a tired, exhausted, worn out
renuevo shoot, sprout
renunciar to renounce, forsake
reñir (i) to scold
repelús m. (Asturian word) whiff
repente: de—suddenly
repentinamente suddenly
repentino, -a sudden
repetir (i) to repeat
repicar to beat; to sound, peal
reproche m. reproach; con—reproachably
resbalar to fall down, slip, glide
rescoldo hot ashes, embers
resignado, -a resigned

resistir to resist; to stand
respecto a regarding
respetado, -a respected; spared, preserved
respetuoso, -a respectful(ly)
respiración breathing
respirar to breathe
resplandor m. glare; al—under the glare
responder to respond, answer
restallar to burst out
resuelto, -a determined, resolved
retablo tableau (a vivid representation)
retahíla string, series (of invectives)
retorcer (ue) to twist; -se to squirm
retroceder to turn back, retreat
retumbar to echo; to produce a loud sound
reunir to gather, collect; -se to get together
revés m. opposite; al—in (the) opposite
    direction
rezar to pray
rezongando muttering
rezumar to filter through; to burst forth
rienda reins (of a bridle)
riendo (pres. p. of reír) laughing
rincón m. corner
riñeron pret. of reñir
río river
risa laughter
robar to steal, rob
roble m. oak
roca rock
rocío dew
rodar (ue) (por) to roll (down); to be
    tossed about
rodear to surround
rodeo roundabout way, subterfuge; con -s
    beating around the bush
rodilla knee; de -s kneeling; ponerse de -s
    to kneel
rogar (ue) to beg, ask
rojo, -a red; poner al—to make red hot
romance m. ballad, poem
romería pilgrimage (usually there is a
    picnic and much merriment connected
    with it)
romper to break, tear;—a (llorar) to burst
    out (crying)
rondadores m. pl. serenaders
rondar to court (usually by night); to
    haunt
rosa rose
rosal m. rose bush
rosario rosary
rostro face
rueca distaff for spinning
rueda wheel
ruego pres. of rogar
ruido noise

rumbo display; extravagance
rumor *m.* rumor; noise
rústico, -a simple; coarse

sábana sheet
saber to know, know how; to find out; to taste
sabio sage, wise man
sacar to take out
sacudir to shake (off), move
sagrado, -a sacred
sal *f.* salt; *also imperative of* salir; ¡—de mi casa! leave my house!
salida exit, way out, outlet
salir (de) to come (*or* go) out; leave;—al paso to face, confront (someone)
salmodiar to chant, sing (monotonously)
saltar to jump (over)
saltero, -a frisky, lively
salud *f.* health; es—is healthy
salvar to save
San *m.* Saint
San Cristobalón St. Christopher (*according to legend he was a gigantic man, and in sacred art he is generally portrayed in colossal form*)
sangre *f.* blood
San Juan St. John; St. John's Day (*June 24th*)
sanjuanera *woman who takes part in the festivities of St. John's Day; of (concerning) St. John's Day celebrations*
San Pedro St. Peter
Santa Lucía *see* Lucía
Santiago (St.) James;—de Compostela *city in Galicia, and very famous in the Middle Ages*
santiguarse to make the sign of the cross
santo (santa) saint; holy; santo y bueno well and good
sarmiento vine(s), shoot(s) (*usually grape*)
saya skirt
sayal *m.* coarse woolen cloth, sackcloth
sé *pres. of* saber
se (to) (for) himself, herself, *etc.*; each other
sea *pres. subjunctive of* ser
seco, -a dry, dried up
secreto secret
sed *f.* thirst
segado, -a mowed, cut
seguida: en—right away
seguir (i) to continue, follow;—camino to be on one's way
según according to
segundo second
seguro, -a safe, sure, certain

semana week
sembrar to sow
sencillamente simply
sendero path, road
sensación feeling, sensation
sentar (ie) to seat; -se to sit (down)
sentido sense; perder el—to faint; volver el—to regain consciousness
sentimiento feeling, emotion
sentir (ie, i) to feel; to hear; to experience;—por to feel toward
señal *f.* signal, sign
señalar to point out, indicate
Señor *m.* the Lord ¡Señor! oh Lord!
señora lady, madam
señorio:—labrador higher class of peasants
sepáis *pres. subjunctive of* saber
separar to separate; -se to get away
séptima seventh
sepulcro sepulcher, grave
ser to be; to become; será it is probably
serenamente calmly
serenidad tranquility
sereno: al—outdoors at night
sermón *m.* sermon
servir (i) to serve; to be good for
setenta seventy
severo, -a austere, severe
si if; why!; certainly; si no unless
sí yes; indeed;—misma herself; yo sí I did
sidra cider
siempre always; para—forever; hasta—for always
sien *f.* temple
sierra uplands
siesta siesta (*afternoon nap*)
siete seven
sigo, sigue *pres. of* seguir
siguiente following
silbar to whistle
silencio silence, period of silence; en—silent(ly)
silla chair
sillón *m.* armchair
simplemente simply
sin without;—que without
sino but
siquiera *adv.* at least, even
sirena whistle, siren; mermaid
sitio place
situado, -a located, situated
sobrar to be superfluous, more than enough
sobre on, upon; toward; on top of; about
sobrecogido, -a frightened, surprised
sobresaltado, -a startled, excited
sobresaya (outer) skirt

sofocar to stifle

soga hemp rope, cord

sol *m.* sun; **sale el**—the sun rises; **al**—in the
sun

solamente only, just

solana *tract of land on the sunny side of a
hill*

soledad loneliness

sólido, -a firm, solid

solo, -a alone, single; **a solas** alone

sólo only, alone; empty

soltar (ue) to let loose, let go; to let down
(hair)

soltera unmarried woman, spinster; single

solución solution

sollozar to sob

sombra shadow, shade; **a la**—in the shade

son *m.* tune, rhythm, music;—**de arriba** see
Appendix III, 9

sonar (ue) to sound

sonoramente sonorously, with much noise

sonreír (i) to smile

sonriente smiling

sonrisa smile

soñadora dreamingly

soñar (ue) (con) to dream (of)

sopa soup

sordo, -a deaf

sorprendido, -a surprised

sospecha suspicion

su your, her, their, his, its

suave soft; quiet; **-mente** gently

subir to take (*or* go) up; to raise; to climb;
to mount, get on

sucio, -a dirty

suelo floor; ground

sueño sleep; dream

suerte *f.* luck, fortune

sufrir to suffer

sugestión insinuation

sujetar to hold (in place)

sumergido, -a submerged; muffled,
indistinct

supe, supo *pret. of* saber

superior superior; upper

suspender to interrupt, stop

superstición superstition

suspirar to sigh

suyo, -a his; of his; yours; of yours; theirs,
etc.; **el suyo, la suya,** *etc.,* yours, hers,
theirs

tábano horsefly

taberna barroom, saloon

tabernera saloon-keeper's wife

tafilete *m.* morocco leather

tajada slice

tal such, such a;—**vez** perhaps

también also, too

tamboril *m.* tabor, small drum

tampoco neither, (not) either

tan so, as

tanto, -a so much; *pl.* so many; **entre**—in
the meantime; **mientras**—meanwhile;
otros -s just as many

tapar to stop up, cover

tapia wall fence, mud wall

tapón *m.* cork; stopper

tardar to be long, be late; to take long,
delay

tarde *f.* afternoon; **al caer la**—at nightfall;
es—it is late; **por la**—in the afternoon

te you, to you

teatro theater

techo roof

tejado roof

tejer to knit; to weave

telón *m.* curtain (*theater*)

Telva *proper name*

Telvona *affectionate nickname for Telva*

tema theme

temblar (ie) to tremble, shake

temblor *m.* tremor, shudder

temer to fear

temprano early

tenada shed for cattle, barn

tender (ie) to stretch out;—**al rocío** to
spread out on the dew

tener to have; to hold; — . . . **años** to
be . . . years old;—**cuidado** to be careful;
— **la culpa** to be to blame;—**derecho** to
have a right;—**frío** to be cold;—**lugar** to
take place;—**miedo (a)** to be afraid (of);
— **prisa** to be in a hurry;—**que** + *inf.* to
have to;—**que ver con** to have to do
with;—**razón** to be right; **tiene que haber**
there must be

tentación temptation

tentar (ie) to tempt

tercero (tercer) third

terciopelo velvet

terminante positive, decisive

terminar to end, finish

término term; end; *also one of the divisions
of the stage;* **en primer**—in the foreground

ternero calf

ternura tenderness

terrible terrible

tesoro treasure

testuz *f.* crown of the head

ti you (*after prepositions*)

tibio, -a lukewarm

tiempo time; weather; **a**—in time; **antes
de**—ahead of time; **a su**—in due time;

¿cuánto — ? how long?; **desde hacía** —for some time; **hace**—some time ago; **hace mucho**—a long time ago; **más**— longer; **sin**—in no particular time or date

tierno, -a tender, soft

tierra native country, land; earth, ground; region; dust, dirt

tijera scissors

tímido, -a timid

tira strip

tirar to pull; to throw

tocar to touch; to play; **me toca oír** it falls to my lot to hear

todavía still, yet;—**no** not yet

todo, -a all, every, whole; everything; anything; the whole; *pl.* all; everybody; **con**—however; **del**—completely;—**lo mío** all that is mine; **todos vosotros** all of you

tomar(se) to take; to have; to pick up

tonel *m.* barrel

tono tone (of voice)

tontería nonsense

tormenta storm

torrente *m.* torrent

torrija (de huevo) *small slices of bread dipped in eggs and milk, and fried*

torta cake, pie;—**de maíz** corncake

trabajar to work

trabajo work; effort

traer to bring; to wear

tragar to swallow; to put up with

traición betrayal, treason

traicionar to betray

traidora treacherous

trajo *pret. of* **traer**

trallazo lash; whiff

trampa trick; **hacer**—to cheat

tranquilamente calmly

tranquilizarse to calm oneself

tranquilo, -a calm(ly), tranquil(ly); serene

traperío clothes (finery)

traslucir to show; to transpire

tratar de to try to

travesura prank; **hacer -s** to play pranks

travieso, -a mischievous; restless

trayendo *pres. p. of* **traer**

trébole *m. (old form for* **trébol**) clover

treinta thirty

trenzados:—**de las manos** holding hands

trepar to climb

tres three

trigal *m.* wheat field

trigo wheat

triste sad; **-mente** sadly

triunfal triumphant

tronco trunk; log

trujo *popular form of* **trajo**

tu your

tupido, -a (de) thick (with)

turbado, -a embarrassed

tuvo *pret. of* **tener**

tuyo, -a your, yours, of yours; **el tuyo, la tuya** yours

últimamente lately

último, -a last, final; **el**—the last one

umbral *m.* threshold

uncir to yoke

único, -a only; **el**—the only one; **lo**—the only thing

unir to unite

unísono: al—together, in unison

uno (un), -a a, an, one; *pl.* some, a few, a pair of, about;—**por**—one by one

usar to use

¡va! I'm coming; **¿va?** ready?

vaca cow

vacaciones *f. pl.* vacation; **un día de**—a holiday

vacilar to stagger

vacío, -a empty; vain; idle; *m.* empty space

valer to be worth;—**más** to be preferable; **¿de qué vale?** what good is it?; **¡Válgame Dios!** Heaven help me!

valientemente courageously

valor *m.* courage

vamos let's go; **¡vamos!** well! come!; **¿vamos?** shall we go?

vara stick, rod

varias *f. pl.* several

varón *m.* man, male

vasar *m.* kitchen shelf

vaso glass

vaya *pres. subjunctive of* **ir**; **¡—si . . . !** my, but . . . !

vecino neighbor

veinte twenty

vejez *f.* old age

vela candle, taper

velón *m.* a kind of oil lamp

vena vein

vencido, -a defeated; overcome

venda bandage

vendaje *m.* bandaging

vendar to bandage

vender to sell

¡venga! let's go! come on!

venir to come

ventana window

ver to see; **a**—let's see; **tener que**—to have to do (with) verano summer; por el—in the summer

verdad truth; true; ¿—? is it? isn't it so? don't you?; ¿de—? truly? really?

verdaderamente really

verdadero, -a true, real

verde green

verdín m. mould, mildew

vergüenza shame; dar—to be ashamed

verso verse

vestido m. dress; pl. clothes;—de fiesta holiday attire

vestir (i) to dress; -se de fiesta to dress for the fiesta; -se de hombre to dress as a man

vez f. (pl. veces) time; algunas veces sometimes; a su—in (her) turn, also; a veces sometimes; cada—más more and more; dos veces twice; en—de instead of; otra—again, another time; una—(al año) once (a year); por primera—for the first time

viajar to travel

viaje m. trip; feliz—bon voyage; hacer un—to take a trip

vida life

vieja old; old woman

viejo old; old man; pl. old people, old men

viene pres. of venir;—y se va comes and goes

viento wind

vigilar to watch, keep watch

vinagre m. vinegar

viniera imperfect subjunctive of venir

vino wine

viña vineyard

violento, -a violent; intense

virgen f. virgin

viril virile; vigorous

vistiendo pres. p. of vestir

visto p. p. of ver

¡viva! hurrah! long live!

vivir to live

vivísimo, -a very bright

vivo, -a bright; intense

volar (ue) to fly; vanish

volcar (ue) to overturn, turn over

voluntad will

voluntariamente voluntarily; intentionally

volver (ue) to turn; return; to come (or go) back;—a casa to return home;—en sí to regain consciousness;—a + inf. to . . . again; -se to turn around; -se loco to become crazy

votivo, -a votive (offered by a vow)

voz f. (pl. voces) voice; tone; correr la—to be rumored; en alta—out loud, in a loud voice; en—baja in a low voice

vuela pres. of volar

vuelta f. turn; dar -s a to turn (around)

vuelto p. p. of volver

vuestro, -a your, of yours

Xana nymph of the fountains and forests in Asturian mythology; see Appendix III, 2

y and

ya already, now; yes; ¡ya! yes, I know; I understand; ya no no longer; ya que since, now that; ¡Ya está! That's done!

yegua mare

yendo pres. p. of ir

yerba grass, hay; mala—weed;—segada new mown grass

yerno son-in-law

yugo yoke

zampoña f. (a kind of) flute

zapato shoe